Marcos de Amorim Coelho
Licenciado em Geografia pela
Universidade de São Paulo

Lygia Terra
Licenciada em Geografia pela Universidade de São Paulo,
com experiência na rede pública e particular de ensino

GEOGRAFIA
Geral e do Brasil

VOLUME ÚNICO

1ª edição

Moderna

Moderna

COORDENAÇÃO EDITORIAL	Virginia Aoki
EDIÇÃO DE TEXTO	Sônia Cunha de S. Danelli
PREPARAÇÃO DE TEXTO	Silvana Cobucci Leite
COORDENAÇÃO DE PRODUÇÃO GRÁFICA	Fernando Dalto Degan
COORDENAÇÃO DE REVISÃO	Estevam Vieira Lédo Jr.
REVISÃO	Bel Ribeiro
COORDENAÇÃO DE ARTE	Wilson Gazzoni Agostinho
EDIÇÃO DE ARTE	Flavia Maria Susi
PROJETO GRÁFICO	Christiane Borin de Souza
CAPA	Paulo Manzi
CARTOGRAFIA	Anderson de Andrade Pimentel, Alessandro Passos da Costa, Aline P. Antonini Ruiz, Rodrigo Carraro Moutinho
COORDENAÇÃO DE PESQUISA ICONOGRÁFICA	Vera Lucia da Silva Barrionuevo
PESQUISA ICONOGRÁFICA	Pietra Stefania Diwan As imagens identificadas com a sigla CID foram fornecidas pelo Centro de Informação e Documentação da Editora Moderna.
DIAGRAMAÇÃO	Staf Editoração
COORDENAÇÃO DE TRATAMENTO DE IMAGENS	Américo Jesus Arriate Teixeira
TRATAMENTO DE IMAGENS	Américo Jesus Arriate Teixeira, Evaldo de Almeida, Fábio Novaes Precendo, Ideraldo Araújo de Melo, Rubens Mendes Rodrigues
SAÍDA DE FILMES	Staf Editoração
COORDENAÇÃO DE PRODUÇÃO INDUSTRIAL	Wilson Aparecido Troque
IMPRESSÃO E ACABAMENTO	Prol Editora Gráfica LTDA.

Dados Internacionais de Catalogação na Publicação (CIP)
(Câmara Brasileira do Livro, SP, Brasil)

Coelho, Marcos de Amorim.
Geografia geral e do Brasil, volume único / Marcos de Amorim Coelho, Lygia Terra. — São Paulo : Moderna, 2003.

Bibliografia.

1. Geografia (Ensino médio) I. Terra, Lygia Maria II. Título.

03-2261 CDD-910.712

Índices para catálogo sistemático:
1. Geografia : Ensino médio 910.712

ISBN 85-16-03825-4 (LA)
ISBN 85-16-03826-2 (LP)

EDITORA MODERNA LTDA.
Rua Padre Adelino, 758 - Belenzinho
São Paulo - SP - Brasil - CEP 03303-904
Vendas e Atendimento: Tel. (0_ _11) 6090-1500
Fax (0_ _11) 6090-1501
www.moderna.com.br
2006

Impresso no Brasil

1 3 5 7 9 10 8 6 4 2

APRESENTAÇÃO

Apresentamos a 1ª edição do *Geografia Geral e do Brasil*, uma obra em volume único que articula diversos conteúdos com a finalidade de abranger o programa curricular de todo o Ensino Médio.

Integrando temas dos espaços natural, socioeconômico e político mundiais e brasileiros da atualidade, a obra analisa as principais transformações do mundo contemporâneo e particularmente do Brasil, suscitadas pela revolução tecnocientífica, pela globalização da economia e por novos problemas ambientais.

Traz uma abordagem equilibrada dos aspectos humanos, econômicos e físicos do espaço. Resgata e aprofunda discussões referentes à geografia física, num momento em que as preocupações mundiais se voltam para o entendimento e a solução de questões ambientais que envolvem a natureza e a atuação humana.

Nesta obra apresentamos uma justa proporção no tratamento de tópicos relativos à Geografia do Brasil e à Geografia Geral. O trabalho com Cartografia tem início no quarto capítulo da Unidade I e o desenvolvimento de competências e da linguagem cartográficas se estende por todo o livro, permeando o estudo dos temas.

O(A) professor(a) poderá optar por iniciar o livro por qualquer uma das unidades e dispor os conteúdos de acordo com suas necessidades.

As seis unidades que compõem o volume são:

Unidade I — A organização e a representação do espaço;

Unidade II — Panorama político e socioeconômico contemporâneo;

Unidade III — O espaço natural e o espaço modificado pela humanidade;

Unidade IV — Espaço mundial e brasileiro da produção;

Unidade V — O comércio e a circulação no mundo e no Brasil;

Unidade VI — Dinâmica populacional, urbanização e meio ambiente.

Com o objetivo de tornar a obra mais didática oferecemos:

- tabelas e dados estatísticos atualizados;
- boxes "Mundo curioso" e "Recordando", que objetivam revisar a matéria e fornecer novas informações sobre os temas estudados;
- seção "Avalie seu aprendizado", com atividades problematizadoras (*Construindo conhecimento*) e questões de revisão (*Fixando o conteúdo*);
- seção "Complementação do estudo", com sugestões de leituras, vídeos e *sites*, para o aluno aprofundar os temas abordados ou conhecê-los de outras perspectivas;
- Em pauta: vestibulares e Enem, bateria de questões atualizadas, que contemplam o conteúdo de todos os capítulos;
- Índice remissivo, que lista os principais conceitos e temas citados no volume, para ser utilizado em consultas e pesquisas, permitindo selecionar informações com maior precisão.

Bom trabalho!

Os autores

AGRADECIMENTOS

Agradecemos à competente equipe da Editora Moderna e aos professores Claudete J. Carmona Yonashiro e Marcelo Moraes Paula pela valiosa colaboração e, particularmente, à professora Sarita de Moura pelas críticas e sugestões.

DEDICATÓRIA

Às nossas famílias:

Azilda, Emiliane e Marcel;

Danilo, Thiago, Flora, Maria Clara e Janaína

SUMÁRIO

UNIDADE I A ORGANIZAÇÃO E A REPRESENTAÇÃO DO ESPAÇO

Capítulo 1 Diferentes tipos de espaço: o espaço natural e a produção do espaço geográfico, 12

1. Introdução, **12**
2. Espaço, paisagem e lugar, **12**

Avalie seu aprendizado, **14** Complementação do estudo, **15**

Capítulo 2 A organização do espaço, a origem dos Estados nacionais e os países atuais, 16

1. Território e mobilidade de fronteiras, **16**
2. Etnia, raça, nação e povo: conceitos, **17**
3. Estado: origem e conceito, **18**
4. Os países atuais, os territórios e as possessões, **18**
5. Guerras e conflitos no século XXI: o problema das fronteiras e das nacionalidades, **20**

Avalie seu aprendizado, **22** Complementação do estudo **23**

Capítulo 3 A formação do espaço geográfico brasileiro, as regiões e o planejamento regional, 24

1. A produção do espaço geográfico no Brasil, **24**
2. Expansão territorial, **25**
3. A consolidação do Estado brasileiro, **27**
4. Regionalização e planejamento regional, **27**
5. As regiões geoeconômicas ou complexos regionais, **29**
6. Desigualdades regionais e planejamento no Brasil, **31**

Avalie seu aprendizado, **33** Complementação do estudo, **33**

Capítulo 4 O espaço e suas representações, 34

1. Necessidade de compreensão e de representação do mundo, **34**
2. O espaço e suas representações: o globo terrestre e os mapas, **36**
3. Projeções cartográficas, **38**
4. Novas tecnologias cartográficas, **41**
5. A Cartografia no Brasil, **42**

Avalie seu aprendizado, **43** Complementação do estudo, **44**

UNIDADE II PANORAMA POLÍTICO E SOCIOECONÔMICO CONTEMPORÂNEO

Capítulo 1 A organização do espaço no capitalismo e a globalização, 46

1. Introdução, **46**
2. A produção do espaço geográfico no capitalismo, **46**
3. Primeiros passos para uma integração mundial: o capitalismo comercial, **46**
4. Capitalismo industrial: a Primeira e a Segunda Revolução Industrial ou Tecnológica, **48**
5. Capitalismo financeiro ou monopolista, **50**
6. Terceira Revolução Industrial, Tecnológica ou Informacional, **52**
7. Organização do trabalho e da produção, **53**

8. A globalização, **54**
Avalie seu aprendizado, **56** Complementação do estudo, **57**

Capítulo 2 **A desintegração dos países socialistas, a nova ordem mundial e as conseqüências da globalização, 58**
1. A produção do espaço geográfico no socialismo, **58**
2. Capitalismo *versus* socialismo: Guerra Fria, **58**
3. Desintegração dos países socialistas, **60**
4. A nova ordem mundial e os blocos econômicos, **62**
5. Organizações internacionais e regionais, **64**
6. A regionalização da economia e a globalização: um mundo sem fronteiras?, **66**
7. Conseqüências da globalização, **67**

Avalie seu aprendizado, **68** Complementação do estudo, **69**

Capítulo 3 **Desigualdades mundiais: os grandes conjuntos de países, 70**
1. A divisão ou regionalização do mundo, **70**
2. Os grandes conjuntos de países, **74**
3. Desigualdades mundiais, **79**

Avalie seu aprendizado, **81** Complementação do estudo, **83**

Capítulo 4 **Brasil: globalização, nova ordem mundial e desigualdades sociais, 84**
1. Brasil: de país agroexportador periférico a país industrializado semiperiférico, **84**
2. Crescimento econômico: o Brasil no cenário mundial, **84**
3. O Brasil no processo de globalização, **86**
4. O quadro das desigualdades no Brasil, **88**
5. O Brasil e a nova ordem mundial, **91**

Avalie seu aprendizado, **97** Complementação do estudo, **98**

UNIDADE III **O ESPAÇO NATURAL E O ESPAÇO MODIFICADO PELA HUMANIDADE**

Capítulo 1 **A Terra: movimentos e evolução, 100**
1. Movimentos da Terra, **100**
2. Idade e evolução da Terra, **103**
3. A deriva dos continentes e a tectônica das placas, **106**
4. Estrutura geológica, **110**

Avalie seu aprendizado, **111** Complementação do estudo, **112**

Capítulo 2 **O relevo terrestre, seus agentes e os solos no mundo, 113**
1. Tipos de relevo, **113**
2. Agentes internos do relevo e formação das paisagens, **115**
3. Agentes externos do relevo e formação das paisagens, **118**
4. O que é e como se forma o solo, **120**

Avalie seu aprendizado, **123** Complementação do estudo, **124**

Capítulo 3 **O relevo brasileiro, 125**
1. Formação do espaço natural brasileiro, **125**
2. Estrutura geológica do Brasil, **126**
3. O relevo brasileiro: formas e altitudes, **127**
4. Classificações do relevo brasileiro, **128**

Avalie seu aprendizado, **133** Complementação do estudo, **134**

Capítulo 4 Minerais e rochas: panoramas mundial e brasileiro, 135
1. Minerais e rochas, 135
2. Panorama mundial das matérias-primas minerais, 137
3. Recursos minerais no Brasil, 138
4. Recursos naturais, extrativismo mineral e desenvolvimento sustentável, 144
Avalie seu aprendizado, 145 Complementação do estudo, 147

Capítulo 5 A atmosfera e sua dinâmica: o clima mundial, 148
1. Composição e camadas da atmosfera, 148
2. Tempo e clima, 149
3. Elementos do clima: radiação solar, 150
4. Elementos do clima: temperatura atmosférica, 150
5. Influência das correntes marítimas no clima, 152
6. Elementos do clima: a água na atmosfera, 153
7. Elementos do clima: pressão atmosférica, ventos e massas de ar, 156
8. Mudanças climáticas e microclimas, 158
Avalie seu aprendizado, 161 Complementação do estudo, 161

Capítulo 6 As grandes paisagens naturais da Terra e a destruição dos ecossistemas florestais, fluviais e marítimos, 162
1. Biodiversidade e ecossitemas, 162
2. Formações vegetais no mundo, 163
3. As grandes paisagens naturais, 164
4. As implicações socioambientais do desflorestamento e o desenvolvimento sustentável, 172
5. Os rios: formação e utilização, 173
6. Oceanos e mares: utilização e degradação dos recursos, 175
Avalie seu aprendizado, 178 Complementação do estudo, 179

Capítulo 7 Clima, hidrografia, vegetação e domínios morfoclimáticos no Brasil, 180
1. A dinâmica do clima e a circulação das massas de ar no Brasil, 180
2. Classificação dos climas no Brasil, 181
3. Hidrografia brasileira, 183
4. Vegetação brasileira, 187
5. Domínios morfoclimáticos, 190
6. Áreas especiais ou áreas de proteção ambiental, 191
7. A exploração dos recursos naturais no Brasil e a biopirataria, 192
Avalie seu aprendizado, 193 Complementação do estudo, 194

UNIDADE IV ESPAÇO MUNDIAL E BRASILEIRO DA PRODUÇÃO

Capítulo 1 Indústria I: as transformações no espaço, 196
1. Evolução e classificação das indústrias, 196
2. Fatores de localização industrial: concentração e desconcentração, 197
3. A indústria na era da globalização, 200
Avalie seu aprendizado, 203 Complementação do estudo, 204

Capítulo 2 Indústria II: o desenvolvimento industrial dos países, 205
1. Introdução, 205
2. A indústria nos Estados Unidos, 205

3. A industrialização no Japão, **207**
4. Canadá, **209**
5. A industrialização européia, **210**
6. A Federação Russa e a Comunidade de Estados Independentes, **215**
7. Os novos países industrializados, **217**
Avalie seu aprendizado, **218** Complementação do estudo, **219**

Capítulo 3 O espaço da atividade industrial no Brasil, 220
1. Estrutura e crescimento da indústria no Brasil, **220**
2. A participação da indústria na economia brasileira, **221**
3. A indústria brasileira num mundo globalizado, **222**
4. Atividade industrial nas regiões, **226**
5. Atividade industrial e meio ambiente, **230**
Avalie seu aprendizado, **231** Complementação do estudo, **232**

Capítulo 4 Panorama energético mundial, 233
1. Introdução, **233**
2. Classificação das fontes de energia, **233**
3. Desigualdades mundiais no consumo de energia, **234**
4. Carvão mineral, **234**
5. Petróleo, **236**
6. Usinas termoelétricas, **238**
7. Hidroeletricidade, **238**
8. Energia nuclear ou atômica, **239**
9. Fontes de energia alternativas, **241**
Avalie seu aprendizado, **243** Complementação do estudo, **244**

Capítulo 5 A importância da energia no crescimento econômico do Brasil, 245
1. O setor energético brasileiro, **245**
2. Hidroeletricidade, **246**
3. O petróleo na economia brasileira, **250**
4. Carvão mineral, **252**
5. Alternativas energéticas, **254**
Avalie seu aprendizado, **255** Complementação do estudo, **256**

Capítulo 6 Agropecuária mundial, 257
1. Tipos de agricultura, **257**
2. Mudanças na agricultura num mundo tecnológico, **258**
3. Sistemas ou modos de produção agrícolas, **260**
4. A agricultura no mundo, **262**
5. Geopolítica, ecologia e agricultura, **266**
Avalie seu aprendizado, **268** Complementação do estudo, **269**

Capítulo 7 A atividade agropecuária no Brasil, 270
1. Introdução, **270**
2. Estrutura fundiária, êxodo rural e violência no campo, **271**
3. Organização do espaço agrário, **274**
4. Mudanças nas relações de trabalho no campo, **276**
5. Produção agropecuária brasileira, **278**
6. Agricultura, alimentação, meio ambiente e solos, **279**
Avalie seu aprendizado, **281** Complementação do estudo, **282**

UNIDADE V O COMÉRCIO E A CIRCULAÇÃO NO MUNDO E NO BRASIL

Capítulo 1 A globalização e o comércio mundial e brasileiro, 284

1. Introdução, **284**
2. Organismos internacionais e dívida externa, **284**
3. Comércio internacional: desigualdades, **286**
4. Comércio globalizado, **288**
5. Comércio no Brasil, **290**

Avalie seu aprendizado, **293** Complementação do estudo, **295**

Capítulo 2 Comunicações, transportes e turismo no mundo e no Brasil, 296

1. Comunicações: novas tecnologias, **296**
2. Comunicações no Brasil, **297**
3. Evolução e localização dos meios de transporte e vias de circulacão, **297**
4. Os transportes no Brasil, **302**
5. O turismo como atividade econômica, **306**
6. O turismo no Brasil, **307**

Avalie seu aprendizado, **308** Complementação do estudo, **308**

UNIDADE VI DINÂMICA POPULACIONAL, URBANIZAÇÃO E MEIO AMBIENTE

Capítulo 1 Conceitos demográficos fundamentais e distribuição da população mundial e brasileira, 310

1. Introdução, **310**
2. População absoluta, densidade demográfica e superpovoamento, **310**
3. Taxa de natalidade, taxa de mortalidade e crescimento vegetativo, **312**
4. Distribuição geográfica da população, **312**
5. Distribuição geográfica da população brasileira, **314**

Avalie seu aprendizado, **315** Complementação do estudo, **316**

Capítulo 2 Crescimento demográfico no mundo e no Brasil, 317

1. Evolução do crescimento demográfico, **317**
2. Fases do crescimento populacional, **318**
3. Teorias demográficas e desenvolvimento socioeconômico, **320**
4. O crescimento da população brasileira, **321**

Avalie seu aprendizado, **324** Complementação do estudo, **325**

Capítulo 3 Estrutura da população mundial e do Brasil, 326

1. Estrutura ocupacional da população, **326**
2. Estrutura populacional e divisão do trabalho por sexos, **328**
3. Pirâmides etárias, **329**
4. Estrutura da população brasileira, **332**

Avalie seu aprendizado, **337** Complementação do estudo, **338**

Capítulo 4 Migrações populacionais no mundo, 339

1. Por que as pessoas migram?, **339**
2. Tipos de movimentos migratórios, **339**

3. As migrações e as transformações no mundo no século XX, **341**
4. Conseqüências das migrações, **344**
Avalie seu aprendizado, **345** Complementação do estudo, **346**

Capítulo 5 Etnia e migrações populacionais no Brasil, 347
1. Formação étnica da população brasileira, **347**
2. O indígena na população brasileira, **348**
3. O branco na população, **350**
4. O negro no Brasil, **351**
5. Imigração no Brasil: histórico e causas, **353**
6. De país imigratório a emigratório, **355**
7. Migrações internas: o país em movimento, **356**
Avalie seu aprendizado, **359** Complementação do estudo, **360**

Capítulo 6 Urbanização mundial, 361
1. Conceitos e evolução, **361**
2. Urbanização nos diferentes grupos de países, **361**
3. Urbanização e desequilíbrios sociais, **364**
4. Aglomerações urbanas, **366**
Avalie seu aprendizado, **369** Complementação do estudo, **370**

Capítulo 7 A urbanização brasileira, 371
1. Introdução, **371**
2. Histórico da urbanização brasileira, **371**
3. Metropolização no Brasil, **374**
4. Hierarquia e rede urbanas no Brasil, **376**
5. O espaço urbano: problemas e reforma, **378**
Avalie seu aprendizado, **380** Complementação do estudo, **381**

Capítulo 8 O meio ambiente, 382
1. Impactos da atividade humana sobre o meio ambiente, **382**
2. Consumo e natureza, **383**
3. Poluição das águas oceânicas e fluviais, **384**
4. Poluição atmosférica, **385**
5. Poluição urbana, **388**
6. A questão ambiental no Brasil, **389**
7. Buscando soluções, **392**
Avalie seu aprendizado, **392** Complementação do estudo, **393**

Em pauta: Vestibulares e Enem, 394
Glossário, 442
Bibliografia, 446
Índice remissivo, 449

UNIDADE I

A organização e a representação do espaço

HUBERT STADLER/CORBIS-STOCK PHOTOS

Capítulo 1
Diferentes tipos de espaço: o espaço natural e a produção do espaço geográfico, *12*

Capítulo 2
A organização do espaço, a origem dos Estados nacionais e os países atuais, *16*

Capítulo 3
A formação do espaço geográfico brasileiro, as regiões e o planejamento regional, *24*

Capítulo 4
O espaço e suas representações, *34*

COLEÇÃO PARTICULAR, LONDRES

A Geografia procura entender as relações entre a natureza e a construção do espaço nas diferentes sociedades. A representação dos fatos geográficos em mapas e cartas facilita o entendimento dessas relações e de como o espaço chegou a tal configuração. Vista aérea da cidade de Arcos de la Frontera (Andaluzia, Espanha), em 1999; mapa-múndi de Hondius, 1630.

CAPÍTULO 1

Diferentes tipos de espaço: o espaço natural e a produção do espaço geográfico

1 Introdução

Apesar de a presença da humanidade na Terra representar um acontecimento muito recente em comparação à história do nosso planeta, as modificações que ela imprimiu e continua a imprimir nele são enormes e atingem praticamente todo o globo. Mesmo os lugares que não foram tocados ou os que só o foram parcialmente não deixam de ser objeto de especulação ou de dominação econômica, política ou estratégica.

Nosso planeta foi e é palco de diversas transformações, tanto naturais quanto produzidas pela humanidade. O principal objetivo da **Geografia** é a descrição, a análise e a explicação dessas transformações e de suas interações num determinado espaço.

O **espaço**[1] é um conjunto indissolúvel, resultado de fenômenos naturais e ações humanas; portanto, implica uma série de ações e relações naturais e sociais.

O meio concreto de que os seres humanos dispõem para garantir sua subsistência é a natureza. Toda produção, incluindo a atividade intelectual de planejar, é **trabalho**. É por meio do trabalho que os seres humanos se relacionam com a natureza.

Os primeiros grupos humanos, providos de ferramentas mais simples, tinham uma relação mais harmoniosa com o meio ambiente. Em sua luta pela sobrevivência, a humanidade produziu e aperfeiçoou instrumentos, aumentando o seu poder sobre a natureza e, conseqüentemente, o de transformação do espaço. Diversos momentos e processos da história da humanidade foram importantes para o aumento desse domínio sobre a natureza, como, por exemplo, o desenvolvimento da agricultura, do pastoreio, da navegação, do comércio, da ciência e da indústria e o crescimento populacional.

O século XX trouxe grandes possibilidades para os seres humanos, colocando à sua disposição meios técnico-científicos e permitindo intervenções na natureza em nível planetário.

Como conseqüência, os problemas ambientais também atingiram escala mundial.

2 Espaço, paisagem e lugar

Diferentes tipos de espaço: o espaço natural e o espaço geográfico

A palavra **espaço** pode ter diferentes significados. Pode indicar, por exemplo, o conjunto de sistemas de astros, significando nesse caso o **espaço sideral**. O espaço social e o espaço econômico referem-se às relações sociais e econômicas.

O espaço mais significativo para a Geografia é o que se apresenta como uma totalidade, no qual ocorrem relações econômicas, políticas e sociais em escalas local, regional, nacional e global.

Quando afirmamos que a humanidade modifica e organiza o espaço, queremos dizer que ela transforma a **natureza primitiva**, também chamada de **primeira natureza** ou espaço natural, em uma espécie de **segunda natureza**, que corresponde à natureza humanizada, também chamada de **espaço artificial** ou **cultural**.

O **espaço natural**, cada vez mais reduzido e modificado pelos seres humanos, é aquele que resultou da evolução da natureza, da ação de fenômenos geológicos, climáticos e outros.

O **espaço geográfico**, que corresponde ao espaço que está sendo ou foi produzido pelos seres humanos,

1. Os conceitos principais estão indicados em **negrito** e compõem o Índice Remissivo, à página 449.

Figura 1

As paisagens das fotos são exemplos de espaços natural e artificial. À esquerda, floresta do Parque Nacional Banff, no Canadá, e, à direita, celeiro e silo próximos à cidade de Nova York, nos Estados Unidos (fotos da década de 1990).

se relaciona com a dinâmica da natureza e com o contínuo movimento de transformação da sociedade. Sendo um espaço social, expressa o trabalho humano, as relações e as práticas sociais que se sucederam no tempo. Corresponde, por exemplo, aos campos cultivados e às cidades, que são ambientes humanizados e artificializados. Observe a figura 1.

A organização e a produção do espaço geográfico

Ao estudar os espaços geográficos, constituídos ao longo do tempo por diferentes sociedades, percebemos que existe uma inter-relação entre eles, ou seja, que esses espaços são partes constituintes de um mesmo processo histórico mundial. Para entender a organização e a produção do espaço, precisamos entender as relações entre os seres humanos, pois os espaços geográficos materializam essas relações.

A partir do momento em que a natureza foi colocada a serviço da produção, a organização do espaço passou a ser determinada principalmente por relações socioeconômicas, de poder e de dominação de um grupo sobre outro. Essas relações, que condicionam a organização e as desigualdades espaciais, dependem em grande parte do grau de desenvolvimento tecnológico de determinada sociedade.

Tantas paisagens, tantas informações

Dependendo da relação que se estabelece com a natureza, surgem sociedades diferentes, caracterizadas pela capacidade e pela forma de produzir objetos. Dessas atividades resultam espaços transformados, que se traduzem em diferentes tipos de paisagens.

Quando olhamos para um lugar, estamos vendo a sua paisagem. Portanto, **paisagem** é tudo o que vemos, tudo o que nossa percepção distingue.

Observe a paisagem da figura 2. Nela estão presentes heranças de sucessivas relações e interações entre elementos socioculturais, resultantes de um processo histórico de formação das sociedades, de sua cultura, de suas emoções, e elementos físicos e biológicos, resultantes da dinâmica natural.

Numa paisagem encontram-se registradas a história dos indivíduos e dos grupos, a cultura, as diferentes formas de produção, além das características naturais, como o relevo, a distribuição hidrográfica e até as marcas do clima.

Figura 2

Dois tempos que se sucederam na história da Grécia, reunidos num mesmo espaço, formam uma paisagem onde o antigo e o novo subsistem lado a lado em Atenas. A Acrópole (cidade alta), vista na foto (década de 1990), foi por muito tempo o mais importante centro religioso da Grécia.

Aqui é o meu lugar

Lugar é a porção ou parte do espaço onde vivemos, é o palco de existência real. É nele que ocorre o nosso cotidiano, que vivenciamos nossas experiências. Todos criamos uma identidade com o lugar em que vivemos; isso quer dizer que ele significa algo para nós, que nossa memória guarda sobre ele determinadas percepções e vivências com as quais nos identificamos. Portanto, estabelecemos com o lugar uma relação de afetividade. Quando mudamos, por exemplo, de uma cidade para outra ou mesmo de um bairro ou de uma rua para outra, dentro de uma mesma cidade, temos de nos adaptar às novas condições não só materiais, mas também de significados, de vínculos (figura 3).

Figura 3

ALEX SALIM

Diamantina, Minas Gerais, 2000. "O lugar traduz os espaços com os quais as pessoas têm vínculos afetivos: uma praça onde se brinca desde criança, a janela de onde se vê a rua [...]. É por intermédio dos lugares que se dá a comunicação entre homem e mundo." (*Parâmetros curriculares nacionais*. Brasília, MEC/SEF, 1998.)

AVALIE SEU APRENDIZADO

Construindo conhecimento

Observando paisagens, analisando o trabalho e os meios de produção nelas envolvidos e comparando níveis tecnológicos.

Observe as paisagens e responda às questões.

CID

Cidade de Rajasthan (década de 1990), na Índia.

CID

Cidade do México, década de 1990.

CID

Agroindústria na província canadense de Saskatchewan, década de 1990.

1 Descreva os elementos que compõem cada uma das paisagens.

2 "Descobrir se um objeto é natural ou artificial exige a compreensão de sua gênese, isto é, de sua história." (SANTOS, Milton. *Metamorfoses do espaço habitado*. São Paulo, Hucitec, 1988. p. 75.)

a) Quais elementos, naturais ou artificiais, predominam em cada paisagem?

b) Para identificar os elementos naturais e artificiais, você utilizou a história ou a gênese desses elementos? Explique.

3 Aponte algumas diferenças entre as paisagens.

4 Você consegue ver, em alguma das paisagens, heranças de sucessivas relações e interações no tempo? Quais?

5 Vamos analisar o trabalho envolvido na construção de cada paisagem.
   a) O que, nas paisagens, é produto do trabalho humano?
   b) Você pode imaginar quem fez essas construções presentes nas paisagens?

6 Escolha um adjetivo para caracterizar cada uma das paisagens quanto ao nível tecnológico das sociedades.

Fixando o conteúdo

7 Leia o trecho a seguir e responda às questões.

"O espaço habitado se tornou um meio geográfico totalmente diverso do que fora na aurora dos tempos históricos.

[...]

Agora, o fenômeno se agrava, na medida em que o uso do solo se torna especulativo e a determinação do seu valor vem de uma luta sem trégua entre os diversos tipos de capitais que ocupam a cidade e o campo. O fenômeno se espalha por toda a face da Terra, e os efeitos diretos dessa nova composição atingem a totalidade da espécie. Senhor do mundo, patrão da Natureza, o homem se utiliza do saber científico e das invenções tecnológicas sem aquele senso de medida que caracterizará as suas primeiras relações com o entorno natural. O resultado, estamos vendo, é dramático."

SANTOS, Milton. *Metamorfoses do espaço habitado*. p. 44.

   a) O autor considera dramático o resultado das relações entre a humanidade e a natureza. Cite pelo menos um exemplo de desequilíbrio provocado pelo ser humano no seu município.
   b) Descreva ou fotografe uma paisagem da área urbana de seu município que apresente algum problema.

8 Tente descrever o lugar onde você vive quanto:
   a) ao significado que ele tem para você.
   b) ao tipo de construção que nele predomina.
   c) às dificuldades que você encontrou para se adaptar a ele, caso tenha vindo de outro bairro ou cidade.
   d) aos aspectos em que se diferencia ou se assemelha a outros lugares.

9 Pode-se dizer que hoje quase não existem mais espaços naturais totalmente livres da ação direta ou indireta do ser humano e quase nada escapa a seu interesse mercantilista.
A afirmação está:
   a) totalmente errada.
   b) parcialmente errada porque a Antártida está totalmente livre da ação do homem.
   c) certa.
Justifique sua resposta.

Complementação do Estudo

Leituras

- MENDONÇA, Francisco. *Geografia física, ciência humana?* São Paulo, Contexto, 1996.
- VESENTINI, José William. *Geografia, natureza e sociedade*. São Paulo, Contexto, 1989.

Filme

- *Koyaanisqatsi* (EUA, 1983); dir. Godfrey Reggio. Sem diálogos e com trilha sonora de Philip Glass, o filme é, na definição de seu diretor, "um passeio delirante pelo mundo". *Koyaanisqatsi*, da língua indígena hopi (povo do nordeste do Arizona, nos Estados Unidos), significa "vida em desequilíbrio".

Sites

- *http://www.geocities.com/geografiaonline/ Site* da equipe de Geografia da Universidade Estadual de Londrina sobre geografia geral, regional e do Brasil.
- *http://www.iis.com.br/%7Erbsoares/geo1.html* Informações sobre o que é geografia, sua história e temas geográficos variados.
- *http://www.profissoes.med.br/profiss/Geografia.htm* Informações sobre a profissão de geógrafo.
- *http://www.vestibular.ufba.br/guia/geografia.html* Guia de orientação profissional.

CAPÍTULO 2

A organização do espaço, a origem dos Estados nacionais e os países atuais

1 Território e mobilidade de fronteiras

Todo grupo social precisa apropriar-se de uma porção do espaço, para nele viver. Em termos biológicos, o **território** é a área na qual as espécies animais e vegetais vivem e se desenvolvem. Em Geografia, o território representa o espaço concreto dominado e apropriado por uma sociedade ou por um Estado. Nele podemos encontrar um conjunto de paisagens. Por ser uma forma de apropriação do espaço, o território é resultado de uma criação humana, um produto do trabalho social. Isso significa que o espaço se transforma em território por meio da ação coletiva e política e pelo exercício do poder. A formação econômica das sociedades sempre esteve relacionada à constituição e à expansão dos territórios.

Nas antigas sociedades nômades, que se moviam por um vasto espaço, a apropriação do território era coletiva. Nesse caso, havia uma delimitação flexível de **fronteiras**, entendidas como áreas que separam ou delimitam dois territórios, definindo sua extensão, e que são muitas vezes marcadas por uma linha, o **limite**. Fronteiras mais fixas passaram a existir com o surgimento da propriedade privada[1] e com a formação de grandes impérios (romano, chinês, inca), que acarretaram forte centralização do poder e grande expansão territorial.

Observe, na figura 1, o exemplo da China.

As fronteiras hoje existentes formaram-se ao longo da história, com o processo de povoamento, e modificaram-se de acordo com as conquistas, a exploração de novos recursos, a expansão e a demarcação de novos territórios. Não é à toa que muitas vezes associamos fronteiras com guerras. As forças militares têm sido constantemente utilizadas para redefini-las.

As guerras impuseram uma mobilidade constante das fronteiras e dos territórios do mundo. Observe na figura 2 as fronteiras imperiais no século XVIII.

Figura 1

Fonte: MARTIN, André Roberto. *Fronteiras e nações*. São Paulo, Contexto, 1992. p. 25. (Coleção Repensando a Geografia)

Maior fronteira artificial do mundo, a construção da Grande Muralha, na China, iniciou-se no século III a.C. à custa de muito trabalho humano, para delimitar o território chinês e defendê-lo contra invasões. No alto, foto de trecho da muralha na província de Shanxi (década de 1990).

1. As expressões sublinhadas constam do Glossário, à página 442.

Figura 2

Fonte: SILVA, Rogério Forastieri. *Geopolítica mundial: uma perspectiva histórica*. São Paulo, Núcleo, 1993. (Coleção Núcleo de Bolso)

Um vasto império colonial, no século XVIII, estendia as fronteiras européias até os continentes americano, asiático e africano.

2 Etnia, raça, nação e povo: conceitos

Todos os povos criam laços afetivos e atitudes socioculturais em relação ao território e à sua paisagem. Em um determinado território pode conviver uma diversidade de crenças, valores, idéias, sistemas de pensamento e tradições de diferentes povos e etnias.

O que define a **etnia** é a identidade cultural do grupo, indicada por elementos como a tradição e a língua. O conceito de **raça** baseia-se em fatores biológicos, como a cor da pele, o formato da cabeça, o tipo de cabelo. Esse conceito tem sido questionado porque, apesar das diferenças de traços físicos e de cor entre os seres humanos, pesquisas científicas indicam que todos descendemos de um mesmo grupo ancestral. Leia o texto do boxe ao lado.

A idéia de **nação** está geralmente associada ao sentimento e à consciência coletiva de valores e de tradições históricas e culturais (língua, religião, costumes), bem como a um destino comum que confere a um grupo de pessoas um sentimento de identidade nacional, tendo, nesse caso, o mesmo significado da palavra **povo**.

No entanto, o conceito de nação é muito discutido. O historiador Eric Hobsbawm, em seu livro ***Nações e nacionalismo desde 1780***, afirma que "nenhum critério satisfatório pode ser achado para decidir quais das muitas coletividades humanas deveriam ser rotuladas desse modo".

A palavra nação muitas vezes foi associada a um grupo de pessoas que se diferenciava dos outros ou a um grupo étnico específico. Era também comumente associada aos habitantes de um território que possuíam interesses comuns e estavam subordinados a um poder central, confundindo-se, nesse sentido, com o Estado.

Genes comuns

"Ao se compararem diferentes povos, os únicos fatores a serem considerados devem ser os que eles transmitem por intermédio da geração, seus patrimônios genéticos, e não as aparências, que não passam da manifestação desse patrimônio.

A primeira providência consiste em buscar genes 'marcadores', cuja presença determinaria a filiação a uma raça. Se todos os membros de um povo específico possuíssem um determinado gene não encontrado nos demais, tudo seria simples. Mas tais genes nunca foram encontrados. A maioria dos genes está presente em quase todos os seres humanos."

O Correio da Unesco. Rio de Janeiro, FGV/Unesco, maio 1996. p. 23.

3 Estado: origem e conceito

Desde o aparecimento das primeiras comunidades humanas, no período pré-histórico denominado Paleolítico (que vai de mais ou menos 1 milhão a.C a 10000 a.C.), até a estruturação dos primeiros Estados (por volta de 4000 a.C.), passou-se um período muito longo.

A formação de Estados e seus objetivos variaram muito durante a história da humanidade. A constituição dos Estados-nações é um processo que transcorre até os dias atuais.

Mas, o que é o Estado? **Estado** é um conjunto de instituições, normas e funcionários que exercem uma autoridade e um controle sobre determinado território. Podemos associar esse conceito a elementos como território, governo e poder político, ou seja, ao controle das atividades desenvolvidas dentro de um território.

A formação dos Estados-nações

O **Estado moderno** é uma instituição político-administrativa relativamente recente, que surgiu na Europa ocidental no século XVIII. Chamamos de Estado moderno para diferenciá-lo das instituições ou organizações anteriores, como, por exemplo, as cidades antigas, também denominadas **cidades-Estados** (Atenas, Veneza, Roma, Machu-Picchu e outras), e os grandes impérios do passado (chinês, romano etc.), que possuíam características sociais e estrutura de poder diferentes. Vejamos como se formaram os Estados modernos.

Nas sociedades feudais, o poder, descentralizado, estava nas mãos de diversos senhores feudais que dominavam seus territórios. O rei quase não tinha poder, a não ser em alguns casos, como Portugal e Inglaterra.

Com a desagregação do sistema feudal, essa situação começou a mudar. O poder dos senhores feudais enfraqueceu, e passou a se centralizar nas mãos dos reis que, apoiados pelas burguesias, formaram as monarquias nacionais ou os Estados nacionais. O sentimento de pertencer a uma nação cresceu na população.

> "Desde a revolução francesa, a nação-Estado vinha sendo o modelo da política moderna. Nessa visão, nação e Estado eram congruentes entre si. A identidade coletiva, baseada numa tradição comum, proporcionava a base para a identidade política. O Estado assumia valores que encaminhavam para a criação da nação."
>
> SAFRAM, William. In: *Folha de S.Paulo*, 20 jul. 1991, Caderno Especial, Planeta em movimento, p. 3.

Os Estados que se formavam estavam vinculados a um poder, a um povo, a um território e às suas fronteiras, que no período moderno emolduravam os Estados-nações. Na realidade, esses Estados não eram homogêneos, pois formavam-se com a unificação de diversas nações, que possuíam diferenças lingüísticas e étnicas.

Atualmente utilizamos também a palavra **país** para designar os Estados-nações.

4 Os países atuais, os territórios e as possessões

Em 1900 existiam apenas 46 Estados no mundo. Observe a figura 3, na página ao lado.

No decorrer do século XX, marcado pelo desmantelamento de diversos impérios, o número de Estados aumentou muito. A partir da metade do século, após o término da Segunda Guerra Mundial, houve um aumento no número de Estados-nações independentes sobretudo na África. Por meio de movimentos de emancipação, muitos povos conseguiram se libertar, redesenhando o mapa político do mundo.

Ainda existem diversos territórios não-independentes no mundo. Muitos deles lutam por sua **soberania**, ou seja, pelo direito de obter autonomia política e de não estar submetidos a nenhum organismo ou subordinados a nenhum Estado soberano. Muitos desses territórios são disputados por dois países. Observe o quadro 1, ao lado.

No início do século XXI, em 2002, o número de Estados existentes no mundo elevou-se para 196. Veja o planisfério ao final deste volume.

Mundo curioso

- País com o maior território: Rússia, com 17.075.400 km².
- País com o menor território: Vaticano, com uma área de apenas 0,44 km².
- Existem 23 Estados conhecidos como microestados, com área inferior a 1.000 km². Entre eles estão: San Marino (60 km²), na Europa, Tuvalu (24 km²) e Nauru (21 km²), na Oceania.
- Territórios de um país encravados em outro são chamados de **enclaves**, como, por exemplo, Kalingrado, pertencente à Rússia e disputado pela Alemanha; Cabinda, território encravado na República Democrática do Congo e pertencente a Angola; Goa, em solo indiano, pertencente a Portugal desde 1510; Nagorno-Karabakh, pequeno enclave montanhoso que a Armênia conquistou do Azerbaijão na guerra de 1994.

Figura 3

MULTIPLICAÇÃO DOS ESTADOS

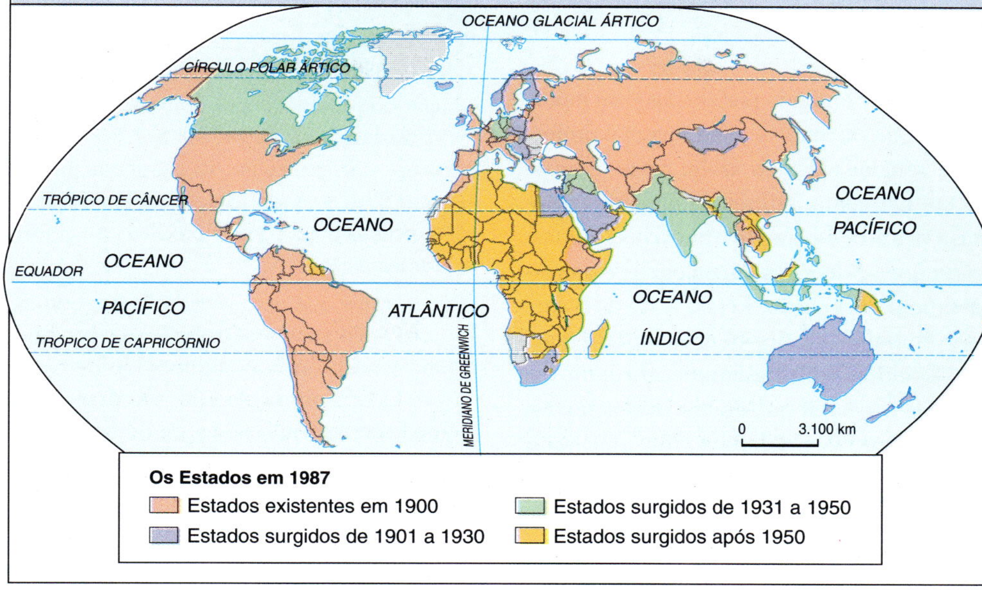

Fonte: CHALIAND, Gérard e RAGEAU, Jean-Pierre. *Atlas politique du XXe siècle*. Paris, Seuil, 1988. p. 29.

Observe que não estão representados os microestados insulares e que os territórios não independentes em 1987 aparecem em cinza. A Arábia Saudita tornou-se um Estado entre 1904 e 1932. A Noruega se separou da Suécia em 1905. Independente em 1900, o Marrocos foi recolonizado e reconquistou sua independência em 1956. O Canadá, domínio britânico (1867), obteve sua plena soberania em 1949. O Saara Ocidental foi anexado pelo Marrocos em 1975.

Quadro 1

Territórios não-soberanos e territórios autônomos associados a um país soberano — 2002

Território	Estado soberano	Exemplos
Possessões ou ilhas sob autoridade ou administração de um Estado soberano	França	Guiana Francesa, Guadalupe, Ilhas da Reunião, Martinica
	EUA	Guam, Samoa Americana, Ilhas Virgens Americanas, Ilhas Midway, Atol Johnston, Ilhas Wake
	Chile	Ilha de Páscoa
	Equador	Ilhas Galápagos
	China	Macau
Territórios autônomos associados (têm autonomia interna e podem decidir pela independência)	Reino Unido	Anguilla, Bermudas, Gibraltar (reivindicado pela Espanha), Ilhas Cayman, Ilhas Geórgia do Sul (reivindicadas pela Argentina), Ilhas Sandwich (reivindicadas pela Argentina), Ilhas do Canal, Ilhas Man, Ilhas Pitcairn, Ilhas Turks e Caicos, Ilhas Virgens Britânicas, Ilhas Malvinas (pretendidas pela Argentina), Montserrat, Ilhas Santa Helena, Território Britânico do Oceano Índico.
	EUA	Ilhas Marianas do Norte, Porto Rico
	França	Nova Caledônia, Wallis e Futuna, Polinésia Francesa
	Holanda	Antilhas Holandesas, Aruba
	Nova Zelândia	Ilhas Cook, Ilhas Niue
Território externo pertencente a um Estado soberano	EUA	Havaí, Alasca
	Nova Zelândia	Touquelau
	Dinamarca	Groenlândia, Ilhas Faroe
	Austrália	Ilhas Norfolk, Cocos, Christmas, Lord Howe e do Mar de Coral

Fonte: *Calendario Atlante De Agostini 2002*. Novara, Istituto Geografico De Agostini, 2001. p. 221, 222, 328, 343, 398-400, 459-468, 726, 727, 736, 790-796, 881-885.

5 Guerras e conflitos no século XXI: o problema das fronteiras e das nacionalidades

Um Estado pode ser formado por grupos com múltiplas identidades, que falam mais de uma língua e professam mais de uma religião. Mesmo assim, esses grupos podem conviver em harmonia, influenciando-se reciprocamente. É o caso dos suíços, que falam várias línguas, ou dos holandeses, que se dividem em católicos e protestantes, mas constituem uma nação. Leia o texto do boxe.

Essa convivência, contudo, nem sempre é harmônica. Alguns **Estados multinacionais** abrigam em seu território povos ou nacionalidades minoritárias, conhecidas como **minorias nacionais**, que em geral lutam por sua soberania.

Principais conflitos do mundo atual e suas causas

Muitas guerras e conflitos têm ocorrido no mundo como resultado do processo histórico de ocupação, de invasão de territórios e delimitação de fronteiras. Desde o século XVI, durante a colonização dos continentes (América, África e Ásia), por exemplo, as grandes potências dividiram e redistribuíram territórios, juntando povos e nações diferentes num mesmo território, excluindo e/ou separando grupos sociais em vários territórios. No posterior processo de descolonização, territórios também foram construídos e desconstruídos. A constituição dos Estados modernos, embora tenha separado muitas etnias preexistentes, não conseguiu impedir a sua sobrevivência. Foi o que ocorreu, por exemplo, com os curdos, distribuídos em diversos países.

A maioria dos confrontos que ocorrem atualmente no mundo tem origem interna, ou seja, é decorrente de guerras civis ou da luta entre forças militares e movimentos rebeldes ou separatistas.

Questões religiosas e étnicas muitas vezes encobrem os verdadeiros motivos dos conflitos, que têm como origem questões territoriais e econômicas, como a disputa por riquezas naturais, principalmente minerais (como o petróleo).

Dentre os fatores que levam aos conflitos entre nacionalidades, podemos citar as diferenças socioeconômicas, responsáveis pela transformação de muitas etnias em povos oprimidos (de baixa renda) no interior dos Estados-nações. Esses grupos passam a lutar por seus direitos econômicos e sociais.

O povo brasileiro

O Brasil constituiu-se da fusão de muitas etnias. Essa grande diversidade étnica resultou em uma sociedade **multicultural**. Enorme riqueza cultural caracteriza o modo de ser dos brasileiros (fusão de artes, música, culinária e crenças diversas). A própria língua, importante fator de unidade nacional, expressa a adição de palavras originárias de diferentes etnias.

"Mais que uma simples etnia, porém, o Brasil é uma etnia nacional, um povo-nação, assentado num território próprio e enquadrado dentro de um mesmo Estado para nele viver seu destino. Ao contrário da Espanha, na Europa, ou da Guatemala, na América, por exemplo, que são sociedades multiétnicas regidas por estados unitários e, por isso mesmo, dilaceradas por conflitos interétnicos, os brasileiros se integram em uma única nação unificada, num Estado uniétnico."

RIBEIRO, Darcy. *O povo brasileiro*. São Paulo, Círculo do Livro, 1995. p. 22.

O aumento de migrações forçadas ou por necessidade econômica forma grupos estrangeiros dentro de diversos países. Por exemplo, em Kosovo, na atual Sérvia e Montenegro (ex-Iugoslávia), 90% da população era composta por albaneses, em 1999.

Abaixo estão relacionados alguns conflitos atuais e suas causas.

• No **Oriente Médio** têm ocorrido confrontos decorrentes do expansionismo e de invasões estrangeiras, envolvendo Israel, Síria, Líbano, Egito, Jordânia e o território da Palestina (figura 4). Desde a fundação

Figura 4

DAVID SILVERMAN/GETTY IMAGES

Ruínas na cidade de Jenin, na Cisjordânia, área de conflitos entre judeus e árabes palestinos pela posse do território (foto de maio de 2002).

de Israel, em 1948, os palestinos lutam pelo reconhecimento e pela demarcação de fronteiras que configurem um Estado palestino independente. Nas guerras que se sucederam, muitos territórios da Palestina, do Egito, da Síria, da Jordânia e do Líbano foram ocupados por Israel.

• A **Caxemira** (maioria de religião muçulmana) foi incorporada à Índia em 1947 e posteriormente dividida entre a China, a Índia e o Paquistão. Essa área continua sendo foco de conflitos entre a Índia (maioria de religião hindu) e o Paquistão (maioria muçulmana), países que têm realizado testes nucleares na área. A população da Caxemira indiana quer a reunificação com o Paquistão. Somam-se motivos religiosos, reivindicações de posse de territórios e redefinição de fronteiras.

• Os separatistas **bascos**, localizados entre a Espanha e a França e organizados no ETA (Pátria Basca e Liberdade), lutam pela independência do País Basco e pela definição de territórios autônomos.

• Na **Irlanda do Norte** (também chamada de Ulster), dominada há séculos pelo Reino Unido, os conflitos religiosos assumem grande proporção. Os protestantes (maioria do povo irlandês, 58%) controlam o governo, ocupam todos os postos políticos e querem a unificação com a Coroa britânica. A minoria católica (42%) luta — por meio do IRA (Exército Republicano Irlandês) — por sua autonomia e quer a integração com a Irlanda (Eire), país de maioria católica.

• Com a dissolução da **Iugoslávia** socialista — país multiétnico que tem hegemonia dos **sérvios** —, na década de 1990, eclodiram diversos conflitos pela independência e pela soberania, envolvendo as seis repúblicas (Sérvia, Montenegro, Eslovênia, Croácia, Bósnia-Herzegovina e Macedônia) e duas regiões autônomas (Voivodina e Kosovo) que compunham esse país. Após a independência da Eslovênia e da Croácia eclodiu a Guerra da Bósnia (1992–1995) entre muçulmanos (maioria da população), favoráveis à emancipação, e sérvios e croatas, a favor da unificação. Na década de 1990, a Bósnia-Herzegovina e a Macedônia conseguiram sua independência. Em 1999, tropas sérvias massacraram albaneses em Kosovo. Em 2002, a Iugoslávia deixa de existir, formando uma nova federação composta pela Sérvia e Montenegro.

Observe na figura 5 a heterogeneidade étnica da população da antiga Iugoslávia.

• Na **Federação Russa** ocorrem diversos conflitos étnicos, como por exemplo nas repúblicas da **Chechênia** e do **Daguestão**, ambas de maioria muçulmana. Separatistas exigem a formação de um Estado islâmico independente.

• **Repúblicas do Cáucaso** — O povo da **Ossétia do Sul** (maioria de origem persa) tem lutado por sua independência desde que seu território foi dividido entre a então URSS e a Geórgia. Na **Abkházia** (maioria muçulmana), separatistas lutam para se tornar independentes da Geórgia.

• Considerada a maior etnia sem Estado do mundo, os **curdos**, que ocupam territórios da Turquia, do Iraque, da Síria, do Irã e da Armênia, lutam pela formação do Estado Curdo.

Figura 5

Fonte: OLIC, Nelson Bacic. *A desintegração do Leste: URSS, Iugoslávia, Europa Oriental*. São Paulo, Moderna, 1993. p. 39. (Coleção Polêmica)

• No **Afeganistão**, a guerra civil entre etnias e religiões, manipuladas por interesses estrangeiros, durou mais de duas décadas e levou ao poder o **Taliban** (milícia sunita de etnia patane), que implantou o regime teocrático fundamentalista islâmico. Atos terroristas, de grupos fundamentalistas, nos EUA envolveram este país numa guerra contra o Afeganistão em 2001, que acabou levando à derrocada do regime Taliban.

Observe a figura 6.

Figura 6

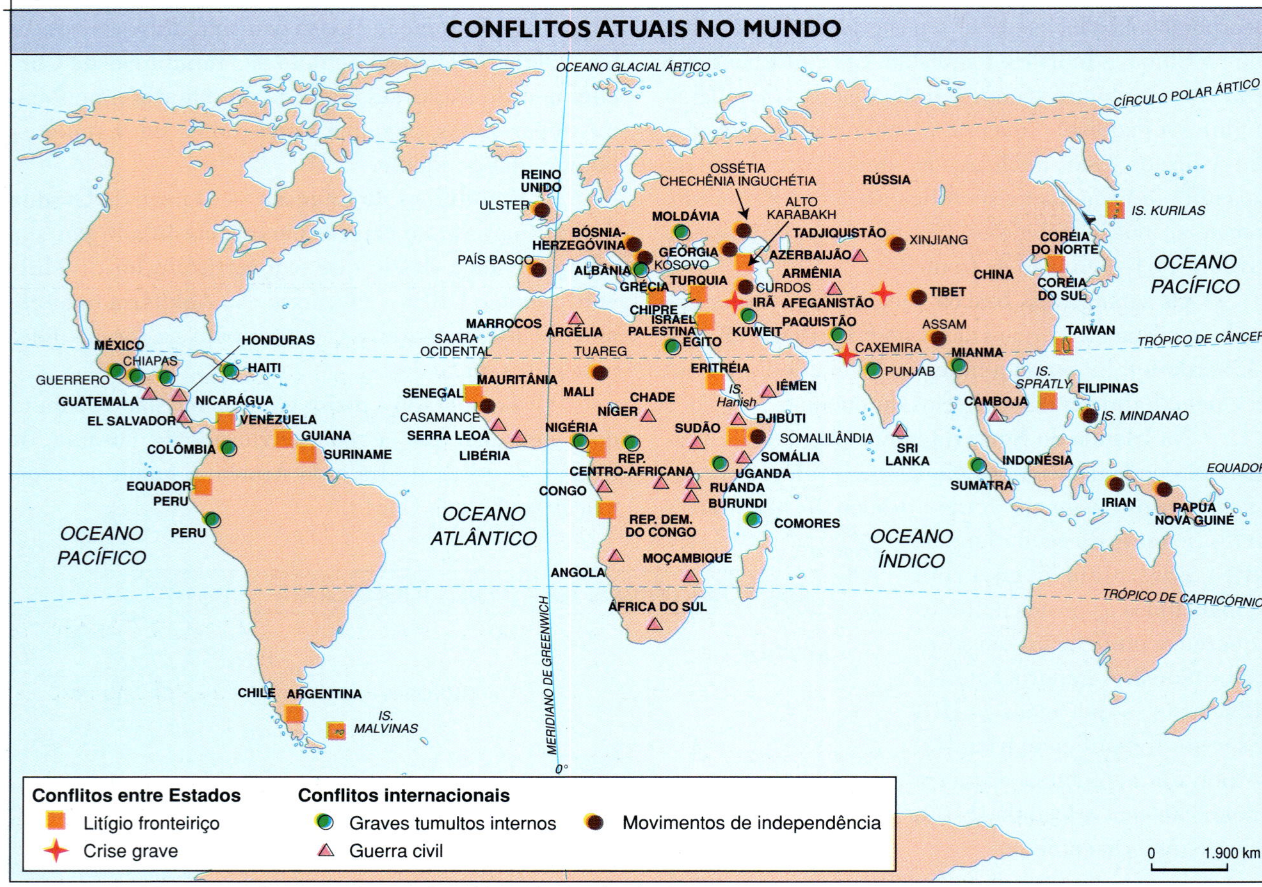

Fonte: *Le Monde Diplomatique* — Edición Española. *Geopolítica del caos.* Madri, Editorial Debate, 1999. p. 193.

AVALIE SEU APRENDIZADO

Construindo conhecimento

Discutindo o direito à soberania.

1 Leia o texto a seguir e discuta as questões propostas com seus colegas.

"Autonomia: essa palavra, oriunda do grego e que designa uma realidade político-social concretizada pela primeira vez através da *pólis* grega, significa, singelamente, o poder de uma comunidade se reger por si própria, por leis próprias [...]. Uma coletividade autônoma tem por divisa e por autodefinição: nós somos aqueles cuja lei é dar a nós mesmos as nossas próprias leis [...]."

CASTRO, Iná Elias de; GOMES, Paulo César da Costa e CORRÊA, Roberto Lobato (org.). *Geografia, conceitos e temas.* Rio de Janeiro, Bertrand Brasil, 1996. p. 105.

a) Que importância pode haver, para um povo ou país, determinar as próprias leis?

b) Qual a diferença entre os conceitos de autonomia e soberania?

c) Que conflitos a atitude de lutar pela soberania pode trazer?

Fixando o conteúdo

2 Assinale a alternativa correta sobre a formação dos Estados-nações.

a) Todos os povos passaram pelo processo de formação de Estado-nação ao mesmo tempo e da mesma forma.
b) Os Estados modernos são formados por uma única nação.
c) Os Estados modernos se formaram desde a Antigüidade, constituindo cidades-Estados como Atenas e Roma.
d) O Estado é um conjunto de instituições, normas e funcionários que exercem uma autoridade e um controle sobre um determinado território.

3 Cite dois exemplos de Estado formado depois de 1900 em cada um dos continentes. Analise o planisfério ao final deste livro e compare-o com a figura 3 da página 19.

4 O mapa a seguir mostra alguns conflitos atuais. Escreva o nome dos países, povos ou regiões envolvidos em cada caso e as causas desses conflitos.

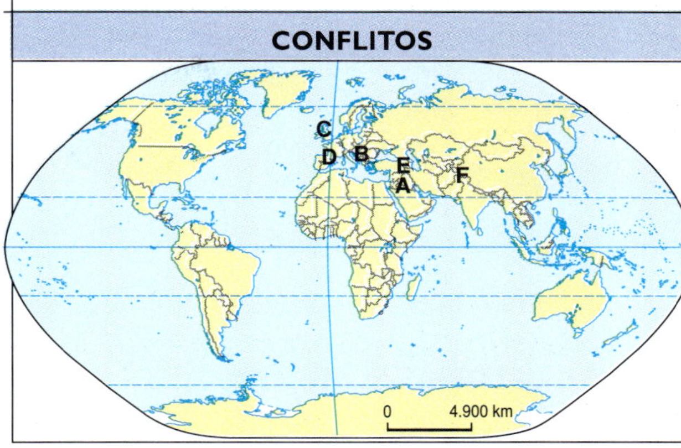

5 Localize outra área de conflito na figura 6, da página 22, e faça uma pesquisa sobre essa área e os motivos das divergências.

COMPLEMENTAÇÃO DO ESTUDO

Leituras

- ANDRADE, Manuel Correia de. *Imperialismo e fragmentação do espaço*. São Paulo, Contexto/Edusp, 1991. (Coleção Repensando a Geografia)
- BARBOSA, Elaine Senise. *A encruzilhada das civilizações. Católicos, ortodoxos e muçulmanos no Velho Mundo*. São Paulo, Moderna, 1997. (Coleção Polêmica)
- FERON, Bernard. *Iugoslávia. Origens de um conflito*. Porto Alegre, L&PM, 1993.
- MARTIN, André Roberto. *Fronteiras e nações*. São Paulo, Contexto, 1992. (Coleção Repensando a Geografia)
- OLIC, Nelson Bacic. *A desintegração do Leste: URSS, Iugoslávia, Europa Oriental*. São Paulo, Moderna, 1993. (Coleção Polêmica)
- ______. *Conflitos do mundo: questões e visões geopolíticas*. São Paulo, Moderna, 1999. (Coleção Polêmica)
- ______. *Oriente Médio, uma região de conflitos*. São Paulo/Campinas, Moderna, 1991. (Coleção Polêmica)
- POMER, Leon. *O surgimento das nações*. São Paulo/Campinas,/Atual/Editora da Unicamp, 1985. (Coleção Discutindo a História)
- SILVA, Rogério Forastieri. *Geopolítica mundial: uma perspectiva histórica*. São Paulo, Núcleo, 1993. (Coleção Núcleo de Bolso)

Vídeos

- *Antes da chuva* (França/Macedônia/Reino Unido, 1994); dir. Milcho Manchevski; 113 min. Com três histórias interligadas, o diretor macedônio narra o confronto entre muçulmanos, albaneses e macedônios ortodoxos na região da antiga Iugoslávia. (Lumière Home Vídeo)
- *Em nome do pai* (Irlanda/Reino Unido/EUA,1993); dir. Jim Sheridan; 132 min. Na Irlanda da década de 1970, o conflito entre católicos e protestantes através da história de uma família acusada de ter ligações com o IRA. (CIC Vídeo)

Sites

- *http://www.libreria.com.br/portal/paises/* Informações sobre os países.
- *http://www.nationalgeographic.com/* Em inglês, traz mapas, artigos e fotos de todo o mundo.
- *http://www.ieducacao.pro.br/sala/noticias/agua.htm* Informações sobre as guerras do século XX.

CAPÍTULO 3

A formação do espaço geográfico brasileiro, as regiões e o planejamento regional

1 A produção do espaço geográfico no Brasil

A formação do espaço geográfico brasileiro iniciou-se milhares de anos antes da chegada dos colonizadores europeus.

Enquanto o território brasileiro esteve ocupado apenas pelos povos indígenas que antecederam os conquistadores lusitanos, a natureza era predominante na paisagem brasileira. No entanto, em pouco mais de quinhentos anos, esta foi profundamente modificada. As diferentes nações indígenas que se encontravam espalhadas nesse extenso território viviam em relativa harmonia com o ambiente. Agrupadas nas aldeias, utilizavam apenas o necessário para a subsistência, sem causar alterações de grande impacto na natureza.

Com a chegada do colonizador, iniciou-se uma nova etapa no relacionamento do homem com a natureza, marcada pela exploração irracional ou predatória.

Leia o boxe.

Longa história de ganância

"O Brasil mal acabava de completar um século de descoberto, e o pau-brasil já clamava por proteção, tamanho era o furor predatório de portugueses, franceses e espanhóis. Há relatos de que os colonizadores chegaram a cortar 186 mil árvores em um só ano. O pau-brasil era vendido para a produção de corantes destinados ao tingimento de tecidos. Para conter essa destruição, em 12 de dezembro de 1605, o soberano Felipe II, rei de Portugal e Espanha, assinou a primeira lei de proteção florestal brasileira, batizada de 'Regimento Pau-Brasil', proibindo a extração daquela madeira vermelha sem a autorização real. A lei vetou também o corte de árvores jovens de qualquer espécie e criou uma guarda de fiscalização.

As razões dessas medidas, porém, não eram beneméritas. É que o pau-brasil, na época, era o principal item da pauta de exportação da Colônia, seguido do açúcar e do ouro, e os portugueses não podiam permitir que ele se esgotasse. [...] Com a escassez, aos poucos a exploração da árvore tornou-se antieconômica. Além disso, na segunda metade do século 19, as indústrias desenvolveram os primeiros produtos sintéticos para tingir tecidos, dispensando o corte de tantas árvores. [...]

Agora os cientistas brasileiros correm contra o tempo, instigados pela recente descoberta de que a planta tem poder de combater alguns tipos de câncer e não somente fornecer corante para tingir tecidos [...]."

Globo Ciência. São Paulo, Globo. Ano 6, n. 65, p. 46 e 49.

DEPARTAMENTO DE CARTAS E MAPAS DA BIBLIOTECA NACIONAL, PARIS

Os indígenas retiravam o pau-brasil das florestas e o transportavam. No escambo (atividade de trocas) recebiam dos comerciantes portugueses produtos como facões, machados e espelhos. Detalhe do mapa *Terra Brasilis*, atribuído a Lopo Homem (manuscrito iluminado sobre pergaminho do *Atlas Miller*, datado de 1515-1519).

Em nome da acumulação de riquezas e sustentados na exploração das terras e dos povos conquistados, os europeus e aqueles que os sucederam não apenas danificaram a natureza (vegetação, solo, águas, fauna), como ainda dizimaram grande parte dos primeiros habitantes.

Na época colonial, a organização do espaço brasileiro esteve condicionada à evolução de seu sistema produtivo. Este, por sua vez, sempre se organizou para atender as demandas externas, as necessidades de um espaço subordinante.

Desde o século XVI, com o cultivo da cana-de-açúcar, o litoral brasileiro representou a principal área de povoamento. A ocupação do território teve como base o latifúndio e a monocultura de produtos tropicais.

No decorrer de sua história, até a década de 1930, os espaços econômicos brasileiros encontraram-se desarticulados, isolados ou precariamente interligados, caracterizando-se como "**arquipélagos econômicos**". O Nordeste açucareiro, o Sudeste cafeeiro e a Amazônia extrativista (borracha) foram as principais "ilhas" desse arquipélago.

Esses fatos tiveram grande influência na organização do espaço geográfico brasileiro atual. Podemos citar a localização das grandes metrópoles e as altas densidades populacionais próximas ao litoral; a injusta distribuição de terras e o predomínio atual do latifúndio; as grandes disparidades entre as regiões brasileiras etc.

2 Expansão territorial

Ao comparar a extensão atual do território brasileiro (8.547.403,5 km^2), com aquela decorrente do Tratado de Tordesilhas, de 1494 (cerca de 2.800.000 km^2), verificamos que a área inicial foi mais que triplicada. Observe a figura 1.

A maior parte das terras que hoje integram esse território foram conquistadas pelos lusos-brasileiros durante o período colonial. Os cerca de 5.700.000 km^2 incorporados ao território inicial são produto do processo expansionista realizado por portugueses e brasileiros (bandeirantes, expedições militares a serviço de Portugal, no final do século XVI e século XVII,

Figura 1

Fonte: IBGE. *Atlas nacional do Brasil*. 3. ed. Rio de Janeiro, 2000. p. I-3.

expansão da pecuária etc.) para áreas de domínio espanhol e, posteriormente, de países independentes (Bolívia, Paraguai, Peru).

Para conseguir a posse definitiva das áreas conquistadas, Portugal valeu-se do princípio *uti possidetis*, fórmula diplomática que estabelece o direito de um país sobre determinado território, com base na sua ocupação efetiva e prolongada. Embora esse princípio nunca tenha sido respeitado pelos colonizadores nas relações com os povos nativos, foi com base nele que Portugal e Espanha assinaram o **Tratado de Madri** em 1750. Esse tratado legalizou a posse efetiva pelos portugueses das terras situadas além dos limites de Tordesilhas, pertencentes à Espanha.

Nessa época o Brasil adquiriu quase a mesma extensão e configuração que possui hoje. As demais áreas, todas fronteiriças, foram incorporadas ao território durante o período imperial (1822-1889) e republicano (pós-1889). Totalizam cerca de 1 milhão de km² e, de modo geral, eram utilizadas ou ocupadas por brasileiros e anexadas por arbitramento internacional ou por acordos e tratados bilaterais.

Recordando

Brasil: localização geográfica, limites e pontos extremos

A atual área territorial brasileira corresponde a:

- 1,6% da superfície total da Terra. Ocupa o 5º lugar no mundo, antecedido pelos países: Federação Russa (17.075.400 km²), Canadá (9.970.610 km²), China (9.571.300 km²) e Estados Unidos (9.372.614 km²). Em terras contínuas, o Brasil ocupa o 4º lugar;
- 6% das terras emersas;
- 20,8% do continente americano, o que lhe garante o 3º lugar, antecedido por Canadá (9.970.610 km²) e Estados Unidos (9.372.614 km²). Se considerarmos apenas a área contínua dos Estados Unidos, isto é, sem o Alasca e o Havaí (7.852.155 km²), o Brasil fica com o 2º lugar.
- 47,7% da América do Sul, ocupando o 1º lugar, seguido por Argentina (2.780.272 km²), Peru (1.285.216 km²) e Colômbia (1.141.748 km²).

O Brasil é cortado ao norte pela linha do **Equador** e ao sul pelo **Trópico de Capricórnio**. Possui 93% do seu território no **hemisfério sul** e 92% na **zona tropical**.

Os **limites territoriais** do Brasil totalizam 23.086 km, dos quais 7.367 km com o Oceano Atlântico e 15.719 km com os países da América do Sul, com exceção do Chile e do Equador.

Os **pontos extremos** do Brasil são os seguintes:

- norte — nascente do Rio Ailã, no Monte Caburaí, em Roraima;
- sul — Arroio Chuí, no Rio Grande do Sul;
- leste — Ponta do Seixas, na Paraíba;
- oeste — nascente do Rio Moa, na Serra Contamana, no Acre.

As **distâncias máximas** entre os pontos extremos norte e sul (4.394 km) e leste e oeste (4.319 km) são enormes e quase equivalentes.

BRASIL: LOCALIZAÇÃO, LIMITES, PONTOS EXTREMOS E DISTÂNCIAS

Fonte: IBGE. *Anuário estatístico do Brasil 2000*. Rio de Janeiro, 2002.

3 A consolidação do Estado brasileiro

A república federativa presidencialista, atual forma de organização política do Brasil, foi proclamada em 1889 e legitimada pela Constituição promulgada (votada e aprovada) de 1891.

Denomina-se **federação** a união política entre estados ou províncias, que se associam sob um governo central sem perder a autonomia legislativa.

A organização político-administrativa da República Federativa do Brasil compreende a União, o Distrito Federal, os estados e os municípios. Pela Constituição Federal de 1988, todas as unidades políticas são autônomas, ou seja, regem-se por constituições e leis próprias, não-conflitantes com os princípios e normas nela estabelecidos e, no caso dos municípios, não-conflitantes com a respectiva Constituição estadual.

A **União**, ou **governo federal**, é representada pelo **poder Executivo** (exercido pelo presidente), pelo **Legislativo** (constituído pelo Senado Federal e pela Câmara dos Deputados Federais) e pelo **Judiciário** (exercido pelo Supremo Tribunal Federal e pelo Superior Tribunal de Justiça). São atribuições da União, entre outras: emitir moeda, administrar as reservas cambiais do país, recolher impostos, garantir a soberania nacional, elaborar planos nacionais, regionais e setoriais de desenvolvimento econômico e social.

O **Distrito Federal** é a unidade político-administrativa em que se encontra o governo federal, com seus poderes Executivo, Legislativo e Judiciário. Por lei, o Distrito Federal não pode ser dividido em municípios. A cidade de Brasília, que o sedia, é a capital federal.

Os **estados**, em número de 26 (em 2002), constituem as unidades de maior hierarquia na organização político-administrativa do país. São compostos pelos municípios. Observe a figura 2.

Os **municípios** (em número de 5.548, em 2001) constituem as unidades autônomas de menor hierarquia. Regem-se por leis próprias, desde que observados os princípios estabelecidos na Constituição Federal e nas constituições dos estados onde se situam. Toda sede de município recebe a categoria de **cidade**.

Após 1960, foram criados os seguintes estados: Acre (1962); Mato Grosso do Sul (1977); Rondônia (1981); Tocantins (desmembrado do Estado de Goiás), Roraima (antigo território do Rio Branco) e Amapá (1988). Em 1974, houve a fusão dos estados da Guanabara e do Rio de Janeiro. Em 1988, o território federal de Fernando de Noronha foi transformado em Distrito Estadual de Pernambuco. Em 2002 o Brasil contava com 26 estados e um Distrito Federal.

4 Regionalização e planejamento regional

Por **regionalização** entende-se a divisão de um espaço ou território em unidades de área que apresentam características que as individualizam.

Na década de 1930, impulsionado pela política de industrialização e de integração econômica e territorial do país, o governo Getúlio Vargas desmontou a estrutura espacial da economia de arquipélago, criando em seu lugar uma **economia nacional**.

A integração econômica e a centralização do poder político na esfera federal geraram a necessidade do conhecimento estatístico e do potencial de recursos do território. Por isso o interesse do governo federal em estabelecer, pela primeira vez, no Brasil, uma divisão regional oficial. Fruto dessa meta governamental foi a criação, em 1938, do Instituto Brasileiro de Geografia e Estatística (IBGE).

Figura 2

BRASIL: DIVISÃO POLÍTICO-ADMINISTRATIVA — 2002

Fonte: IBGE. *Anuário estatístico do Brasil 2000*. p. 1-38.

Divisão regional do Brasil

Em 1969, o IBGE estabeleceu uma divisão regional do Brasil que continua em vigor com apenas uma modificação: o estado de Tocantins, criado em 1988 e desmembrado do estado de Goiás, foi incluído na Região Norte. Observe o mapa da figura 3.

Essa divisão baseou-se no conceito de **regiões homogêneas**, definidas pela combinação e predominância de aspectos naturais, sociais e econômicos que permitem diferenciá-las. Apesar de não haver uma delimitação precisa dos elementos físicos e humanos entre uma região e outra, o IBGE utilizou a delimitação político-administrativa: nenhum estado ou território pertence a duas ou mais regiões. Assim foram estabelecidos inicialmente dois níveis hierárquicos básicos: as **microrregiões**, de nível mais baixo (Médio Amazonas Paraense, Médio São Francisco, Vale do Paraíba etc.) e as **macrorregiões homogêneas**, de nível mais alto (Norte, Nordeste, Sul, Sudeste e Centro-Oeste).

Figura 3

Fonte: IBGE. *Anuário estatístico do Brasil 1999*. p. 1-31.

Observe, na tabela 1, alguns dados sobre as regiões brasileiras.

Tabela 1

Dados sobre as regiões brasileiras — 2000

Região	Área (em km²) e % do Brasil	População (milhões de hab.)	Densidade demográfica (hab./km²)	Unidades da federação
Norte (N)	3.869.637,9 45,27	12,8	3,3	AC, AM, AP, PA, RR, RO, TO
Nordeste (NE)	1.561.177,8 18,27	47,6	30,5	MA, PI, CE, RN, PB, PE, AL, SE, BA
Sudeste (SE)	927.286,2 10,85	72,2	77,9	MG, ES, RJ, SP
Centro-Oeste (CO)	1.612.077,2 18,86	11,6	7,2	MT, MS, GO, DF
Sul (S)	577.214,0 6,76	25,0	43,4	PR, SC, RS
Total	8.547.403,5[1] 100,00	169,5	19,8	27 unidades (26 estados e um Distrito Federal

[1] A área total das regiões é de 8.547.393,1 km². Acrescentando as áreas das ilhas da Trindade (10,1 km²) e Martin Vaz (0,3 km²), temos o total de 8.547.403,5 km².

Fonte: IBGE. *Anuário estatístico do Brasil 2000*.

5 As regiões geoeconômicas ou complexos regionais

A divisão em **regiões geoeconômicas** é uma proposta de estudo do espaço brasileiro com base em três grandes unidades territoriais: Amazônia, Nordeste e Centro-Sul, individualizadas segundo critérios geográficos e econômicos. Trata-se de uma proposta não-oficial, elaborada em 1967 pelo geógrafo Pedro Pinchas Geiger. Observe o mapa (figura 4).

Figura 4

Fonte: baseado em IBGE. *Atlas nacional do Brasil.*

Nessa divisão, ao contrário do que ocorre com a do IBGE, os limites das regiões não coincidem com os dos estados. Isso significa que um estado, dependendo de suas características, pode ter parte do seu território em uma região e parte em outra. É o caso do Maranhão e de Minas Gerais. Vejamos as principais características das regiões geoeconômicas.

Amazônia

Com uma área de aproximadamente 5 milhões de km² (58% do país), distribuídos por nove estados, é a mais extensa das regiões geoeconômicas. Seus limites ultrapassam muito os da Região Norte do IBGE, abrangendo a maior parte dos estados de Mato Grosso e do Tocantins e a metade oeste do Maranhão. O quadro natural é o traço marcante do complexo amazônico. São

Figura 5

Zona Franca de Manaus (2000), localizada na parte central da Amazônia brasileira, encravada no meio da selva. O projeto, que visava integrar a região ao país e instalar um programa de desenvolvimento industrial, comercial e agropecuário, contou com a isenção de alguns impostos e atraiu grande contingente populacional.

os seus principais elementos formadores: a extensa planície, o clima equatorial quente e úmido, a exuberante floresta equatorial e a riquíssima rede hidrográfica.

A Amazônia apresenta população absoluta, relativamente pequena, baixíssima densidade demográfica e economia baseada no extrativismo mineral e vegetal (látex, açaí, madeira e castanha) e na agropecuária. Nas últimas décadas, manifesta-se expressivo crescimento industrial no setor da mineração (implantação de grandes projetos) e no da indústria eletroeletrônica (Zona Franca de Manaus, na figura 5).

Além de ser o principal reduto dos povos indígenas e palco de graves problemas fundiários (questões de acesso à terra), ecológicos (desmatamentos, queimadas), sociais (invasões de domínios indígenas) e outros, a Amazônia apresenta-se ainda como fronteira da expansão agropecuária. Em conseqüência da ocupação populacional, houve intenso desmatamento. As previsões indicam que, se for mantido o ritmo atual, 42% da Amazônia estará desmatada até 2020.

Nordeste

O complexo regional do Nordeste ocupa uma área de 1,5 milhão de km² (18% da área do país) e estende-se desde a metade leste do Maranhão até o norte de Minas Gerais. Concentra cerca de 30% da população do país, constituindo região-problema, em virtude da grave situação social e econômica, marcada por: pobreza, fome, subnutrição, elevadas taxas de mortalidade infantil e de analfabetismo, baixos salários, grande concentração da renda e das terras, secas.

Figura 6

Fonte: IBGE. *Atlas nacional do Brasil.*

Caracterizado por acentuados contrastes naturais (litoral úmido, interior seco), o complexo regional do Nordeste compreende quatro porções ou sub-regiões: Meio-Norte, Sertão, Agreste e Zona da Mata (figura 6).

Meio-Norte. Formado pelos estados do Maranhão e do Piauí, constitui uma área de transição entre a Amazônia e o Nordeste. No seu quadro natural, destacam-se o clima tropical úmido, a mata dos cocais (figura 7) e o relevo formado por planaltos, planícies e chapadas. Apresenta população relativamente pouco numerosa e economia baseada no extrativismo vegetal (babaçu e carnaúba) e na agricultura tradicional (algodão, arroz).

Sertão. É a mais extensa das sub-regiões e corresponde ao domínio do clima semi-árido, da vegetação de caatinga (figura 8) e dos rios temporários. A área afetada por secas periódicas constitui o chamado **Polígono das Secas** e inclui o norte de Minas Gerais e todo o sertão do Nordeste. O único rio perene que a atravessa é o São Francisco.

Diversos governos têm adotado uma política de combate aos efeitos das secas principalmente por meio da construção de açudes e da distribuição de verbas aos municípios das áreas atingidas. Essa política, no entanto, tem servido muito mais para beneficiar grandes fazendeiros e políticos locais do que para resolver os graves problemas que afligem os sertanejos pobres: a destruição das lavouras, a fome, o êxodo rural. Essas verbas têm sido usadas freqüentemente com fins eleitoreiros (para conseguir votos). A distribuição das cestas de alimentos para socorrer a população flagelada pelas secas tem sido igualmente usada de modo inadequado. **Indústria da seca** é como ficou conhecida essa vergonhosa prática.

O Sertão é área de baixa densidade demográfica e de economia baseada na pecuária extensiva de corte e na agricultura tradicional (milho, arroz, feijão, mandioca, algodão e cana-de-açúcar), cultivada

Figura 7

HAROLDO PALO JR./KINO

A Mata dos Cocais é formada por palmeiras nativas, dentre as quais se destaca o babaçu. Deste coqueiro obtêm-se óleo, fibra, madeira e alimento. Na foto, babaçual em Imperatriz, no Maranhão (1999).

Figura 8

FÁBIO COLOMBINI/KINO

Vegetação de caatinga, com seus arbustos espinhosos, cactáceas e solo arenoso. Estação Ecológica do Seridó, no Rio Grande do Norte (2000).

nos vales mais úmidos e nas encostas e pés de serras. A agricultura irrigada, voltada para a produção de frutas (uvas, melões, por exemplo), vem obtendo expressivo crescimento.

Agreste. Área de transição entre o litoral (Zona da Mata) e o Sertão, é uma faixa de terras que se estende desde o Rio Grande do Norte até o sul da Bahia. A parte do Agreste que está em contato com a Zona da Mata apresenta solos férteis e boas condições de umidade. Já a que se aproxima do Sertão possui solos de baixa fertilidade e pouca umidade. A densidade demográfica no Agreste é muito superior à do Sertão, porém inferior à da Zona da Mata.

Com predomínio de médias e pequenas propriedades, o Agreste tem como principais atividades econômicas a policultura comercial e a pecuária leiteira, ambas voltadas principalmente para o abastecimento da Zona da Mata.

Zona da Mata. Primeira área do Brasil ocupada pelo colonizador europeu, sempre foi, e continua sendo, a mais importante sub-região do espaço geoeconômico nordestino. Reúne a maior parte da população, os principais centros urbanos e industriais (Salvador, Recife) e as duas mais importantes monoculturas latifundiárias de exportação do Nordeste: a cana-de-açúcar e o cacau. Reúne também grande parte dos problemas que afetam o Nordeste: pobreza, desemprego, subemprego, favelas, elevadas taxas de mortalidade infantil, forte concentração da renda e das terras.

Centro-Sul

Abrange cerca de 2 milhões de km^2 (24% da área do país) e inclui, além das duas porções mais industrializadas (Sudeste e Sul), as áreas de economia mais dinâmica do Centro-Oeste: o sul do estado do Mato Grosso e os estados de Goiás e Mato Grosso do Sul.

O Centro-Sul constitui o núcleo econômico do país. Concentra mais de 60% da população brasileira, a maior parte do parque industrial e da agropecuária, os maiores portos e aeroportos, a grande maioria dos cientistas e as maiores cidades do país, além de possuir a maior densidade rodoferroviária e as maiores e melhores universidades.

Mas o Centro-Sul não se destaca apenas pela pujança e dinamismo da sua economia. Destaca-se ainda pelos graves problemas sociais, encontrados principalmente nas grandes cidades: criminalidade, mendicância, desemprego, subemprego, falta de moradias, poluição ambiental e outros. Observe a figura 9.

6 Desigualdades regionais e planejamento no Brasil

Na década de 1940, quando se estabeleceram as primeiras divisões regionais oficiais do Brasil, as disparidades de desenvolvimento já eram muito grandes. O Sudeste industrial exercia amplo domínio econômico sobre as demais regiões. Em 1940 respondia por 73,4% do valor da transformação industrial do país. Em 1960 esse porcentual elevou-se para 79,2%, aprofundando as desigualdades de desenvolvimento, pois a Região Sul respondia por 12,4%, a Região Nordeste por 6,8% e as regiões Norte e Centro-Oeste por apenas 1,6% do valor da transformação industrial brasileira.

Se as disparidades de desenvolvimento entre as regiões são grandes, elas são ainda maiores entre as unidades federativas. Observe as figuras 10 e 11, na página seguinte.

Figura 9

JUCA MARTINS/PULSAR

Pólo econômico e financeiro do país, o Centro-Sul apresenta graves problemas sociais. Na foto, favela do Morumbi, bairro considerado de alto padrão, na cidade de São Paulo (1995).

Figura 10

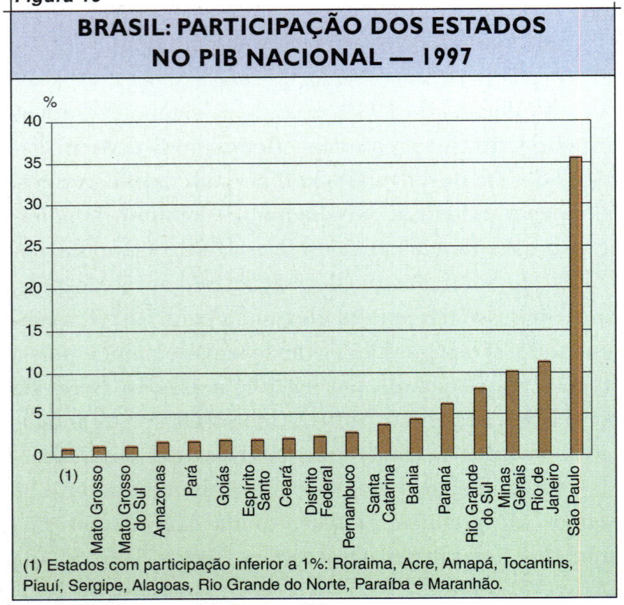

BRASIL: PARTICIPAÇÃO DOS ESTADOS NO PIB NACIONAL — 1997

(1) Estados com participação inferior a 1%: Roraima, Acre, Amapá, Tocantins, Piauí, Sergipe, Alagoas, Rio Grande do Norte, Paraíba e Maranhão.

Fonte: IBGE. *Atlas nacional do Brasil*. p. 120.

Figura 11

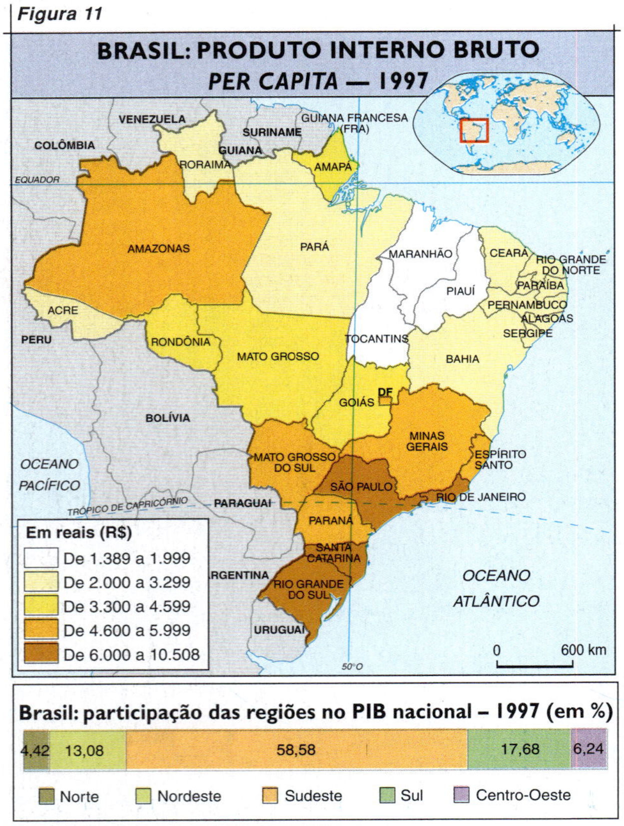

BRASIL: PRODUTO INTERNO BRUTO *PER CAPITA* — 1997

Fonte: IBGE. *Atlas nacional do Brasil*. p. 120.

Planejamento regional

A crítica situação socioeconômica em que se encontrava o Nordeste no final da década de 1950 foi um dos principais fatores invocados para a adoção dos planejamentos regionais. O objetivo era promover o desenvolvimento social e econômico das regiões mais pobres e reverter o quadro daquelas disparidades entre elas.

A **Sudene** (Superintendência do Desenvolvimento do Nordeste), criada em 1959, foi o primeiro organismo brasileiro do planejamento macrorregional. Sua área de atuação abrangia toda a Região Nordeste do IBGE e o norte de Minas Gerais, incluído no Polígono das Secas.

Na década de 1960, com a política de integração e desenvolvimento nacional foram criados mais três órgãos: em 1966, a **Sudam** (Superintendência do Desenvolvimento da Amazônia); em 1967, a **Sudesul** (Superintendência do Desenvolvimento da Região Sul); e, em 1968, a **Sudeco** (Superintendência do Desenvolvimento da Região Centro-Oeste).

A área de atuação da Sudam era a chamada **Amazônia Legal**, que compreendia toda a Região Norte do IBGE, mais o estado do Mato Grosso e a porção oeste do Maranhão.

A Sudesul e a Sudeco, extintas em 1990, atuavam, respectivamente, nas regiões Sul e Centro-Oeste do IBGE.

A Sudam e a Sudene chegaram a ser extintas em 2001. O principal motivo da extinção desses órgãos foram as inúmeras denúncias de irregularidades, corrupção e desvio de recursos públicos destinados a projetos de desenvolvimento. Em 2004, tendo em vista sua importância, essas superintendências foram recriadas com novas funções de planejamento e articulação e para promover o desenvolvimento regional e a integração competitiva da base econômica da Amazônia e do Nordeste nos mercados nacional e internacional.

Situação atual

Decorridas mais de quatro décadas desde a implantação do planejamento regional no Brasil, verifica-se que, embora as regiões tenham apresentado um significativo crescimento econômico, os principais problemas não foram resolvidos. Por exemplo:

- A economia brasileira continua bastante concentrada na Região Sudeste.
- O Nordeste e a Amazônia, as duas principais regiões de planejamento, ainda apresentam as mesmas questões sociais do passado: pobreza generalizada, desigualdades na distribuição de renda e de ter-

ras, conflitos fundiários, desemprego, fome, elevados índices de mortalidade infantil e de analfabetismo.

- As indústrias e os grandes projetos minerais e agropecuários implantados no Nordeste e na Amazônia com a política de incentivos fiscais e de outras facilidades (créditos oficiais) pertencem a empresários do Centro-Sul do país e do exterior, que se beneficiaram muito mais do que a própria população.
- Os produtos fabricados são consumidos, em geral, na Região Sudeste, uma vez que a maior parte da população do Nordeste e da Amazônia dispõe de pouco poder aquisitivo.
- A falta de mercado consumidor, conseqüência da desigual distribuição de renda, é o principal obstáculo ao desenvolvimento do Nordeste e da Amazônia.

AVALIE SEU APRENDIZADO

Fixando o conteúdo

1 "No caso específico do Brasil, o sentimento de pertinência ao território nacional envolve a compreensão da diversidade das culturas que aqui convivem e que, mais do que nunca, buscam o reconhecimento de suas especificidades, daquilo que lhes é próprio."

PIRES, Célia Maria Carolino e outros. *Parâmetros curriculares nacionais*. Brasília, MEC, 1998.

a) Procure exemplos de conflitos entre culturas na história do Brasil.

b) No Brasil existem cerca de 200 comunidades indígenas, que falam aproximadamente 180 línguas. Em sua opinião, qual é a melhor forma de esses grupos preservarem suas especificidades: mantendo sua cultura ou integrando-se à cultura dos não-índios?

2 O que é o princípio *uti possidetis* e qual é a sua importância na expansão territorial do Brasil?

3 O que é o sistema federativo e como está organizada a República Federativa do Brasil?

4 Quais foram os órgãos de planejamento criados no final da década de 1950 e as suas respectivas regiões?

5 Quais são as características que aproximam o norte de Minas Gerais à Região Nordeste?

6 Cite duas diferenças entre a divisão regional oficial do IBGE e a divisão em regiões geoeconômicas.

COMPLEMENTAÇÃO DO ESTUDO

Leituras

- ANDRIGUETTI, Yná. *Nordeste: mito e realidade*. São Paulo, Moderna, 1998.
- ARBEX JR., José e OLIC, Nelson Bacic. *A hora do Sul; Nordeste; Norte; Rumo ao Centro-Oeste; Sudeste*. São Paulo, Moderna, 2000. (Série O Brasil em regiões)
- BRANCO, Samuel Murgel. *O desafio amazônico*. São Paulo, Moderna, 1997.
- COSTA, Wanderley Messias da. *O Estado e as políticas territoriais no Brasil*. São Paulo, Contexto, 1995.

Filme

- *Brava gente brasileira* (Brasil, 2000); dir. Lúcia Murat; 103 min. Ambientado no final do século XVIII, no atual Mato Grosso do Sul, aborda o choque cultural entre o português colonizador e os indígenas kadiwéus, povo nativo da região.

Sites

- *www.municipionline.com.br* Informações sobre os municípios brasileiros.
- *www.ibam.org.br* Informações sobre a criação de municípios no Brasil.
- *http://www.ibge.net/cidadesat/default.php* Dados sobre os municípios brasileiros.
- *www.cdbrasil.cnpm.embrapa.br/* Imagens de estados e municípios brasileiros.

CAPÍTULO 4 O espaço e suas representações

1 Necessidade de compreensão e de representação do mundo

A **Cartografia** é uma ciência voltada para o estudo e o desenvolvimento de técnicas de elaboração de mapas.

A humanidade sempre questionou e tentou entender o que acontecia à sua volta. Quanto mais longe os povos iam em suas andanças pelo mundo, maior era o perigo de se perderem. Conservar na memória os caminhos percorridos e ainda, muitas vezes, ter de transmitir o percurso para outros era uma tarefa difícil. A solução encontrada foi desenhar os caminhos. Era o início da Cartografia.

Na Babilônia (atual Iraque), os mapas eram impressos num disco liso de madeira. Eratóstenes (276 a.C.–194 a.C.) e Hiparco (190 a.C.–125 a.C.) confeccionaram mapas em papel, em forma de globo, com sistema de longitudes e latitudes (leia o texto do boxe, na página 35). O mapa de Ptolomeu (100 d.C.–178 d.C.) foi desenhado dentro de um círculo, mostrando a forma da Terra.

Muitos povos da Antigüidade, como os fenícios, os gregos, os assírios e os egípcios, eram comerciantes e navegadores. Nessa expansão em busca de novos territórios e mercados, era preciso conhecer os fenômenos naturais e dominar as rotas terrestres e marítimas.

Em razão de objetivos expansionistas, a Cartografia se desenvolveu bastante no mundo árabe desde o século VII. Na China, principalmente após a invenção do papel (século 100 d.C.), fizeram-se muitos mapas.

Na Idade Média, a Igreja começou a ter grande influência na representação do mundo, e os mapas passaram a ser confeccionados segundo a concepção religiosa. Jerusalém, a Cidade Santa, ocupava nessa época o centro do mapa. O conceito de Terra esférica foi esquecido e ela passou a ser representada num disco plano circundado de água. Esses mapas tinham a forma de um "T" dentro de um "O" e eram chamados de *Orbis Terrarum*. Veja um exemplo na figura 1.

A Cartografia aperfeiçoou-se e desenvolveu-se paralelamente à compreensão do mundo e à expansão do horizonte geográfico.

Durante o século XIII o horizonte geográfico dos europeus restringia-se a áreas imediatas da Europa, como o norte da África e o Oriente Médio.

Foi só na época das grandes explorações e conquistas do século XV e XVI que o aperfeiçoamento de embarcações, de instrumentos de navegação como a bússola (que permitiu o desenho de vários rumos nos mapas) e o astrolábio, e a confecção de mapas mais precisos permitiram que os navegantes se aventurassem a empreender viagens por mares mais distantes.

Figura 1

BIBLIOTECA BRITÂNICA, LONDRES

Fonte: WHITFIELD, Peter. *The images of the world; 20 centuries of world maps*. 5. ed. Londres, 1994.

O mapa produzido por Jean Corbichon, em 1482, mostra a visão do mundo na Idade Média, representada nos mapas chamados *Orbis Terrarum*. A letra T, constituída pelo Mar Mediterrâneo, pelo Mar Negro e pelo Rio Nilo, dividia as regiões dos três continentes conhecidos: Europa, oeste da Ásia e norte da África.

Os cartógrafos faziam parte das expedições exploradoras. Além de medir as novas terras, não raro eles colocavam nos mapas informações temáticas sobre os novos territórios conquistados. Desenhavam as paisagens, os animais, os povos nativos, as plantas, enfim, os recursos que poderiam ser utilizados pela mentalidade mercantilista da época (figura 2). Dessa época até o presente, a Cartografia evoluiu muito.

Figura 2

MAPOTECA DO MINISTÉRIO DAS RELAÇÕES EXTERIORES, RIO DE JANEIRO

Portulano do século XVI, de Lázaro Luís, em que aparece o Atlântico e o litoral do Brasil e da África. Frutos da introdução da bússola na navegação, esses mapas tinham como objetivo facilitar a navegação: descreviam os oceanos, os litorais, os portos e documentavam a geografia econômica e cultural dos locais.

Fonte: *Imagens da formação territorial do Brasil.* Rio de Janeiro, Fundação Emílio Odebrecht, 1993. p. 56.

Recordando

Coordenadas geográficas são um conjunto de linhas imaginárias (paralelos e meridianos) que servem para localizar um ponto ou um acidente geográfico na superfície terrestre.

Os **paralelos** são linhas imaginárias traçadas paralelamente ao Equador (0°). Existem 180 paralelos, sendo 90 no hemisfério norte (hemisfério setentrional ou boreal) e mais 90 ao sul do Equador (hemisfério sul, austral ou meridional). São identificados por sua localização em graus. Os locais próximos ao Equador têm baixa latitude e os situados perto dos pólos, altas latitudes. Observe na figura os principais paralelos.

Os **meridianos** são semicírculos imaginários traçados sobre a Terra de pólo a pólo. Existem 360 meridianos, 180 a leste (hemisfério leste ou oriental) e 180 a oeste (hemisfério oeste ou ocidental) de Greenwich, que é o meridiano de 0° (cada meridiano corresponde a 1°).

Por meio dos paralelos e meridianos determinamos a **latitude** — que é a distância em graus de um lugar até o Equador — e a **longitude** — distância em graus até o Meridiano de Greenwich (0°).

Observe na figura que a latitude do navio é de 20° norte e a longitude é de 140° oeste.

PLANISFÉRIO: COORDENADAS GEOGRÁFICAS

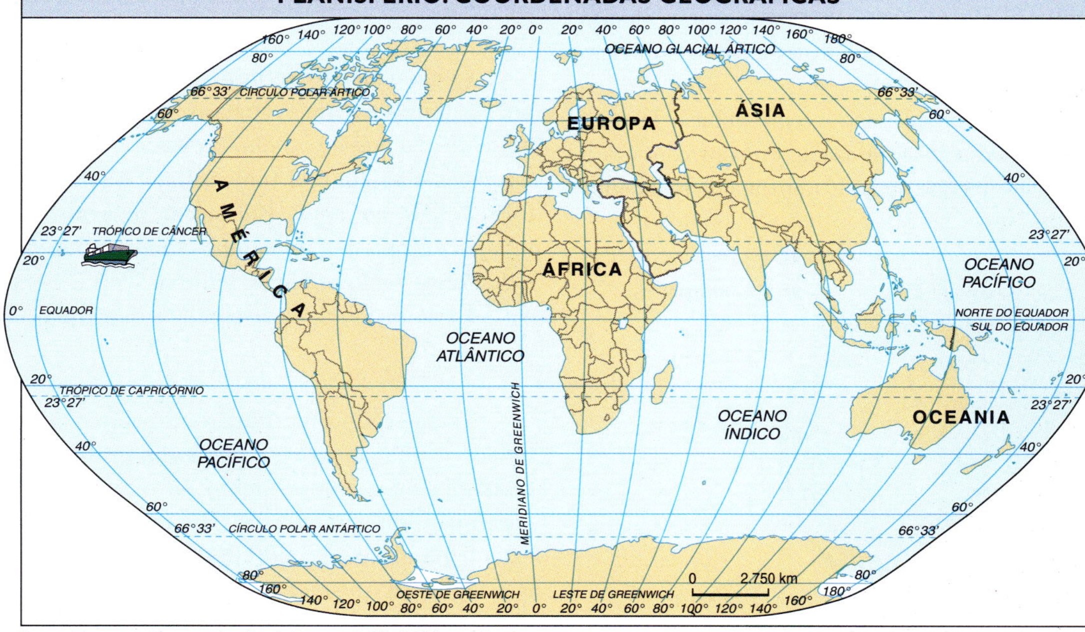

Fonte: *Atlas geográfico escolar.* Rio de Janeiro, IBGE, 2002. p. 38.

A importância da Cartografia

Os mapas representam um dos principais instrumentos não só para analisar e interpretar a realidade espacial, mas também para interferir nela, planejando ações e propondo mudanças. Além de representar o espaço, os mapas também refletem conhecimentos variados sobre o que está contido nele. Podemos até dizer que o conhecimento do espaço garante a autonomia político-financeira de um povo. Um exemplo disso é que o desconhecimento das riquezas do solo e do subsolo de uma região pode resultar em mau uso ou evasão de riquezas.

Os mapas podem conter um conjunto de conhecimentos considerados estratégicos, que podem ser utilizados como instrumentos de poder (político, militar e econômico). Desde a época da grande expansão marítima, as informações e os mapas sobre as novas terras eram vitais para as conquistas. Por esse motivo, muitos eram secretos e ficavam em poder dos reis. Atualmente, uma parte dos mapas e dos dados estatísticos, considerados estratégicos, fica reservada à minoria dirigente dos países.

2 O espaço e suas representações: o globo terrestre e os mapas

O **globo terrestre** (figura 3) é a representação da Terra que mais se aproxima da realidade. Apesar de ser uma representação extremamente reduzida e simplificada, não permitindo uma riqueza de detalhes, apresenta algumas vantagens: sua forma é semelhante à da Terra e nele se vêem os continentes e oceanos em suas posições relativas reais.

Dentre as várias maneiras de representar a Terra, o mapa é sem dúvida a mais utilizada, embora não seja a mais perfeita, isto é, a que mais se aproxima da realidade.

Figura 3

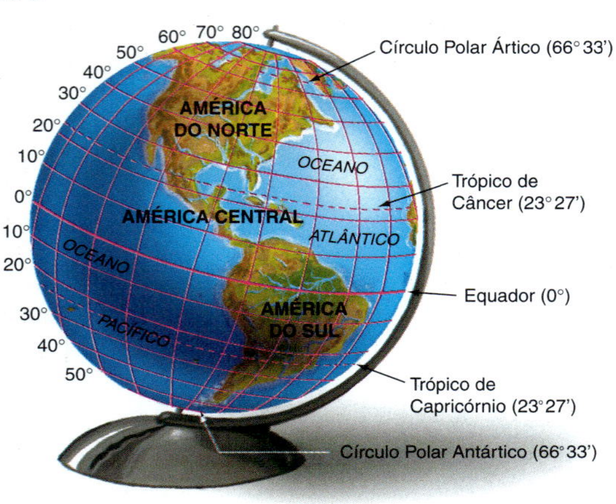

O **mapa** é a representação da Terra ou de partes dela numa superfície plana e constitui uma ferramenta importante para a apresentação espacializada de informações. Sua confecção abrange um conjunto de operações que vão desde o levantamento do terreno e a análise da documentação (fotos aéreas, dados estatísticos etc.) até a elaboração da legenda.

Sendo uma representação gráfica do mundo, o mapa emprega uma linguagem visual e simbólica. Os símbolos utilizados transmitem diversas informações estatísticas ou de fatos. Os elementos que compõem um mapa são escala, projeções cartográficas, símbolos ou convenções, legenda e título.

Símbolos ou convenções cartográficos

Considerando-se que o mapa não é uma reprodução da realidade terrestre e sim uma representação dessa realidade, o cartógrafo recorre a símbolos e convenções que auxiliam na leitura ou interpretação dos mapas. Os **símbolos** são, portanto, a linguagem visual dos mapas.

Existe uma grande variedade de símbolos e de cores utilizadas pelos cartógrafos nos diferentes tipos de mapa, apesar de ainda não haver uma padronização total e universal. Quanto às cores, as principais convenções são as seguintes: azul (hidrografia); verde (vegetação); castanho (relevo e solos); preto ou vermelho (acidentes geográficos artificiais, como rodovias, ferrovias etc.).

Escala

Como o mapa é infinitamente menor que a Terra, necessitamos de uma escala que indique a proporção entre ele e o nosso planeta. A **escala** nos informa quantas vezes o objeto real (no caso, a Terra ou parte dela) foi reduzido no mapa. Em outras palavras, escala é a relação entre a distância ou o comprimento no mapa e a distância real correspondente na Terra.

Existem dois tipos de escala: a numérica e a gráfica.

Escala numérica

Trata-se de uma fração ou proporção que estabelece a relação entre a **distância gráfica**, ou seja, a distância ou o comprimento no mapa, e a distância correspondente no terreno. Por exemplo: se um mapa estiver na escala 1 : 200.000 (um por duzentos mil), isso significa que cada unidade de distância no mapa (1 cm, por exemplo) corresponde a 200.000 unidades (200.000 cm, no caso) no terreno.

A utilização dos símbolos

"Mas os mapas podem mostrar algo mais do que apenas a posição do lugar, isto é, fazer mais do que responder à questão 'onde?'. Eles podem dizer muito mais sobre cada lugar, caracterizando-o. Entramos, assim, no domínio dos **mapas temáticos**."

MARTINELLI, Marcello. *Gráficos e mapas, construa-os você mesmo*. São Paulo, Moderna, 1998. p. 10 e 70.

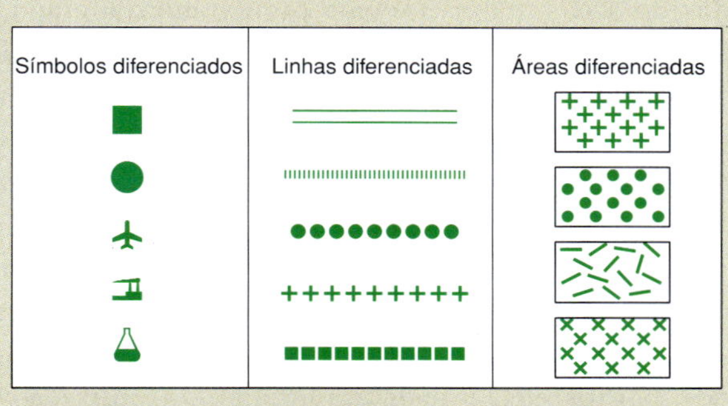

"O aspecto qualitativo responde à questão **'o quê?'**, caracterizando relações de diversidade entre os lugares."

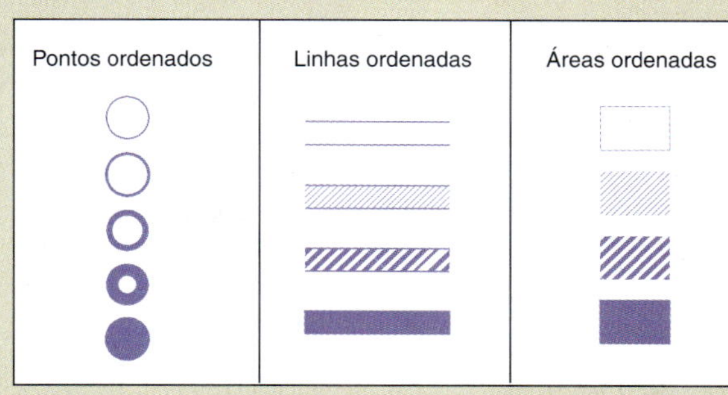

"O aspecto ordenado responde à questão **'em que ordem?'**, caracterizando relações de ordem entre os lugares."

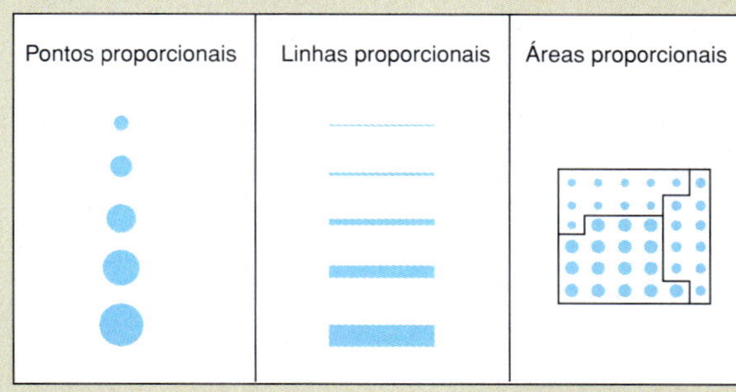

"O aspecto quantitativo responde à questão **'quanto?'**, caracterizando relações de proporcionalidade entre os lugares."

Quando observamos um mapa, podemos querer conhecer alguns desses elementos: a medida real (D), a distância gráfica (d) ou o denominador da escala (E). Observe algumas fórmulas sugeridas por Cêurio de Oliveira, em seu livro *Curso de Cartografia moderna*, para resolver esses problemas.

- Para saber a **medida real**, conhecendo a distância gráfica e o denominador da escala:

$D = E \times d$

Exemplo: a distância gráfica (d) entre as duas cidades é de 65 milímetros e a escala (E) é de 1 : 500.000.

$D = 500.000 \times 65$ mm

$D = 32.500.000$ mm ou 32,5 km

- Para saber a **distância gráfica** (distância no mapa), conhecendo a medida real e o denominador da escala:

$d = D \div E$

Exemplo: a escala (E) é de 1 : 500.000, e a medida real (D) é de 32,5 quilômetros.

$d = 32,5$ km $\div$ 500.000

$d = 32.500.000$ mm $\div$ $500.000 = 65$ mm

- Para saber o **denominador da escala**, conhecendo a medida real e a distância gráfica:

$E = D \div d$

Recordando

Para transformar centímetros em metros ou quilômetros (unidades mais utilizadas para medir distâncias), usa-se a **escala métrica**:

km | 10 | hm | 10 | dam | 10 | m | 10 | dm | 10 | cm | 10 | mm

Existe uma regra simples para realizar as transformações: para transformar centímetros em quilômetros, temos de deslocar cinco casas decimais para a esquerda e colocar uma vírgula. (cada casa é 10 vezes maior que a unidade imediatamente anterior).

Exemplo: numa escala de 1 : 150.000, cada centímetro no mapa corresponde a 150.000 centímetros na realidade. Transformando isso em quilômetros, temos para cada centímetro no mapa 1,5 quilômetro na realidade (deslocamento de cinco casas decimais).

Para transformar quilômetros em milímetros, deslocamos a vírgula seis casas decimais à direita, acrescentando um zero para cada casa, caso seja necessário.

Exemplo: a medida real (D) é de 32,5 km e a distância gráfica (d) é de 65 milímetros.

$E = 32,5$ km $\div$ 65 mm

$E = 32.500.000 \div 65 = 500.000$

Escala gráfica

Apresenta-se sob a forma de um segmento de reta graduado. Por exemplo:

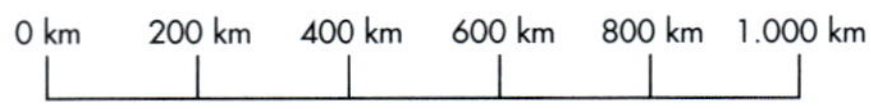

Nesse caso, a reta foi seccionada em cinco partes iguais, cada uma medindo 1 centímetro. Isso significa que cada uma dessas partes no mapa (1 cm) corresponde a 200 quilômetros no terreno.

A riqueza de detalhes do mapa é diretamente proporcional à escala, ou seja, quanto maior for a escala, maior será a riqueza de detalhes. Entretanto, devemos lembrar que a **escala grande** tem o denominador da fração pequeno e a **escala pequena** tem o denominador da fração grande. Observe a figura 4, que mostra o Brasil em três escalas diferentes. Quanto menor for a escala (denominador da fração maior), menor o tamanho do mapa e conseqüentemente menor a riqueza de detalhes. Assim, a escala de 1 : 68.000.000 é maior que a de 1 : 175.000.000, pois a primeira apresentará mais detalhes visto que cada centímetro corresponde a 680 quilômetros. Na segunda, cada centímetro representa 1.750 quilômetros.

Figura 4

O MAPA DO BRASIL EM DIFERENTES ESCALAS

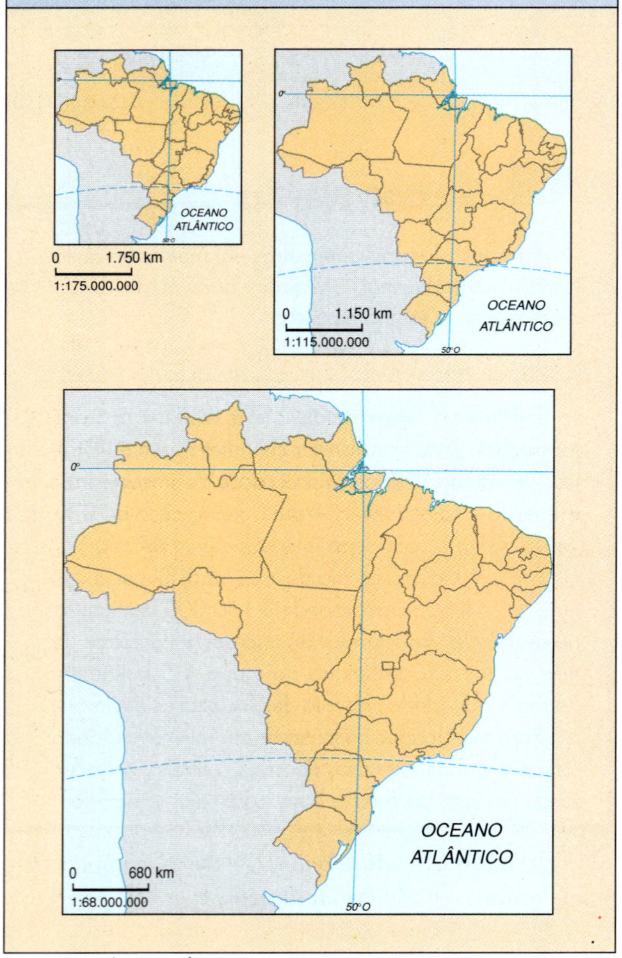

Fonte: IBGE. *Atlas geográfico.*

Embora o mapa e a carta tenham quase tudo em comum, sendo até considerados sinônimos, no Brasil costuma-se diferenciá-los. Emprega-se a expressão **mapa** para representações mais generalizadas de áreas maiores, como por exemplo o mapa do Brasil ou o planisfério. Já a expressão **carta** é utilizada para as representações mais detalhadas e mais precisas de áreas menores, como por exemplo cartas urbanas e de navegação (cartas náuticas e cartas aeronáuticas).

Ao elaborar um mapa, devemos primeiramente determinar em que escala ele será construído. Se quisermos, por exemplo, representar pequenas áreas, cidades, bairros etc., o mais apropriado é a utilização da grande escala, normalmente de 1 : 500 até 1 : 50.000, que permite elevado grau de detalhamento e de precisão. É o caso das **plantas** urbanas. A visualização das características ou elementos geográficos de uma região, país ou continente ou mesmo do mundo exige o emprego de escalas pequenas (de 1 : 500.000 a 1 : 1.000.000).

3 Projeções cartográficas

O impulso definitivo para o desenvolvimento da Cartografia deu-se a partir de 1569, com a publicação do mapa-múndi do cartógrafo belga Mercátor (1512-1594), que criou a projeção cilíndrica. Pela primeira vez uma projeção era utilizada para representar uma superfície esférica sobre uma superfície plana. No **mapa-múndi**, a Terra é representada em dois hemisférios. Os mapas mais utilizados atualmente são os **planisférios**, que representam toda a superfície esférica em um plano.

Para a elaboração de mapas utilizamos as projeções cartográficas.

Projeção cartográfica é a representação de uma superfície esférica (a Terra) num plano (o mapa).

O grande problema da Cartografia consiste em ter de representar uma superfície esférica num plano, pois, como é sabido, a esfera é um sólido não-achatável, isto é, não-planificável. Assim, sempre que achatarmos uma esfera, ela necessariamente sofrerá alterações ou deformações.

Isso quer dizer que todas as projeções apresentam deformações em relação às distâncias, às áreas ou aos ângulos. Assim, cabe ao cartógrafo escolher o tipo de projeção que melhor atenda aos objetivos do mapa.

A maior parte das projeções existentes atualmente deriva dos três tipos ou métodos originais, a saber: cilíndricas, cônicas e planas ou azimutais. Veja as figuras 5, 6 e 7.

Figura 5

PLANISFÉRIO EM PROJEÇÃO CILÍNDRICA

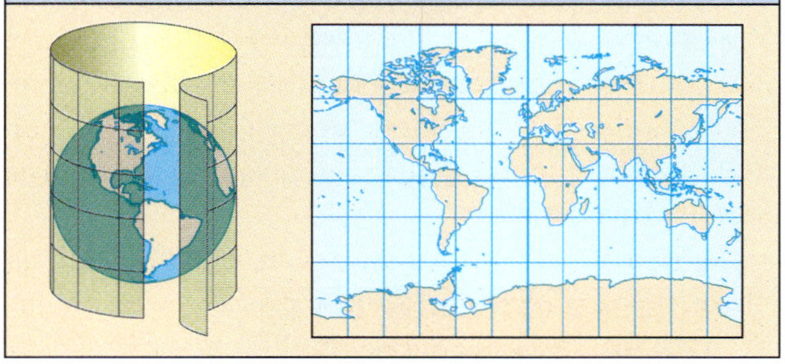

Fonte: *Atlante geografico moderno.* Novara, Istituto Geografico De Agostini, 1998. p. 226.

A **projeção cilíndrica** possibilita a representação total da Terra, sendo muito utilizada para elaborar planisférios e para a navegação. Ela é feita como se uma luz atravessasse o globo e projetasse os paralelos e meridianos sobre um cilindro envolvente, que depois é planificado. Nesse tipo de projeção:

- os paralelos e meridianos ficam retos e perpendiculares;
- como o cilindro é tangente à linha do Equador, ele toca unicamente essa linha, assinalando os únicos lugares que conservam suas dimensões originais; as demais áreas projetadas não guardam as medidas originais;
- quanto mais perto dos pólos (altas latitudes), maior a deformação; os países parecem grandes ou esticados.

Figura 6

PLANISFÉRIO EM PROJEÇÃO CÔNICA

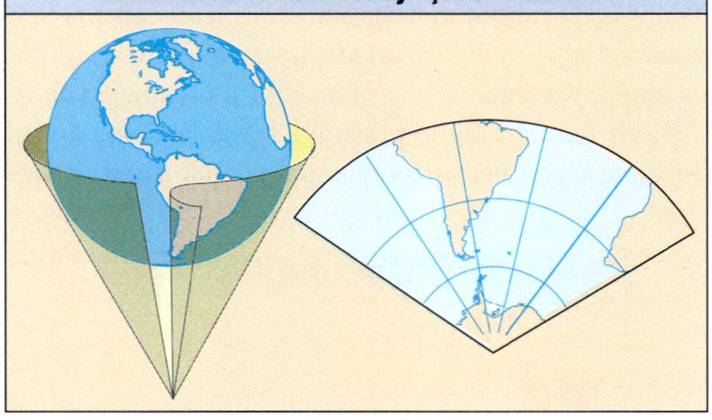

Fonte: *Atlante geografico moderno.* p. 226.

A **projeção cônica** é usada principalmente para a representação de países ou regiões de latitudes intermediárias, embora possa ser empregada para outras latitudes. Ela resulta da projeção do globo terrestre sobre um cone, que posteriormente é planificado. Esse tipo de projeção:

- apresenta paralelos circulares e meridianos radiais, isto é, retas que se originam de um único ponto;
- contém como única linha que apresenta grandezas reais o paralelo de tangência.

Figura 7

PLANISFÉRIO EM PROJEÇÃO PLANA OU AZIMUTAL

Fonte: *Atlante geografico moderno.* p. 226.

A **projeção plana** ou **azimutal** é empregada na confecção de mapas especiais, principalmente os náuticos e aeronáuticos. Como mostra metade do mundo, é muito utilizada para representar as regiões polares. Ela resulta da projeção da superfície da Terra sobre um plano a partir de um determinado ponto (ponto de vista). Esse tipo de projeção:

- contém paralelos projetados em círculos concêntricos e meridianos projetados em linhas retas;
- as linhas e proporções se deformam na medida em que se afastam do ponto de tangência.

Formas de ver o mundo: projeções de Mercátor, Peters, Aitoff e Goode

Todos os tipos de projeção apresentam deformações. Muitas tentativas continuam a ser feitas, buscando-se maior precisão. Vejamos a seguir alguns outros tipos de projeção cartográfica.

Projeção de Mercátor

A projeção cilíndrica de Mercátor (1512-1594) tornou-se a preferida dos navegantes desde o século XVI, por ser a única em que as direções podiam ser traçadas em linha reta sobre o mapa. É ainda utilizada em muitos atlas e livros da atualidade.

Nessa projeção, os paralelos e os meridianos são linhas retas que se cruzam, formando ângulos retos. Pertence ao tipo chamado **conforme**, porque não deforma os ângulos. No entanto, a projeção de Mercátor mantém a forma dos continentes e países, mas distorce suas áreas. As distorções aumentam com a latitude. Observe a figura 8.

No século XX, esse tipo de projeção acabou recebendo muitas críticas de caráter político, pois nela os países ricos e desenvolvidos, que se situam exatamente nas latitudes médias e altas, aparecem com dimensões demasiado ampliadas, predominando no espaço mundial, o que foi associado ao seu expansionismo e domínio. Além disso, nessa projeção, o centro do mundo é a Europa. O contrário acontece com os países pobres ou em desenvolvimento, localizados em baixas latitudes. Foi a partir desse europocentrismo que se adotaram expressões como **Oriente Próximo**, **Oriente Médio** e **Extremo Oriente** para indicar as regiões da Ásia, respectivamente Ásia ocidental, Península Arábica e Ásia oriental.

Figura 8

PROJEÇÃO DE MERCÁTOR

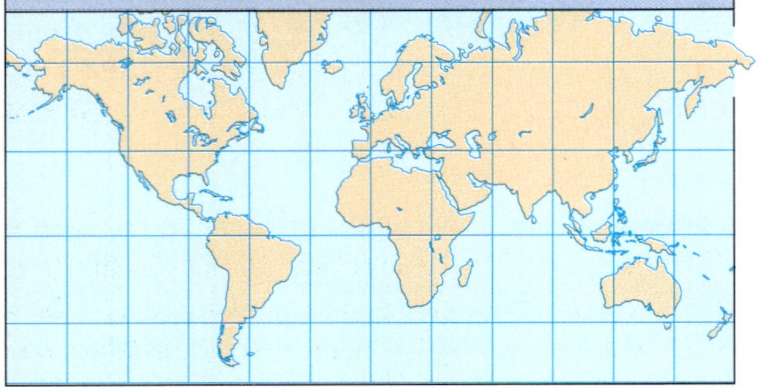

Fonte: SERRYN, Pierre. *Atlas universel Bordas*. Paris, Bordas, 1998. p. 1.

Projeção de Peters

Com a finalidade de dar aos países em desenvolvimento o seu real tamanho e posição, Peters propôs uma nova projeção, também cilíndrica, mas **equivalente**, ou seja, as áreas da Terra conservam o tamanho proporcionalmente correto, porém encontram-se esticadas, por meio de uma deformação dos ângulos das coordenadas. Observe na figura 9 que essa representação fiel das áreas relativas dos continentes valoriza o mundo subdesenvolvido, que possui maior área.

Figura 9

PROJEÇÃO DE PETERS

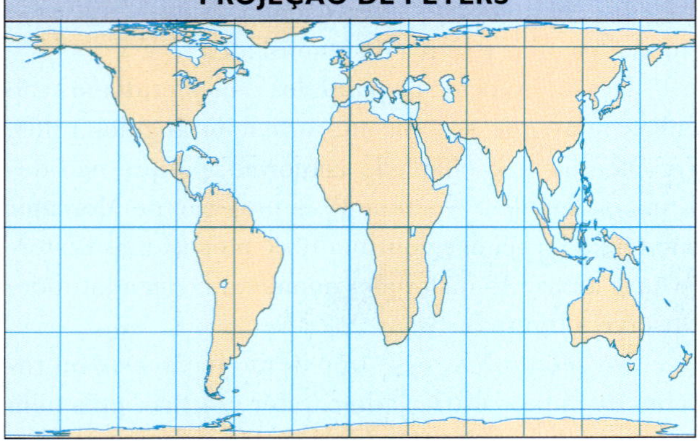

Fonte: OLIVEIRA, Cêurio de. *Dicionário cartográfico*. Rio de Janeiro, IBGE, 1983.

Projeções de Aitoff e de Goode

Diversos outros tipos de projeção foram criados. Observe as figuras 10 e 11. Na projeção de Aitoff, a América ocupa o centro do planisfério. A projeção de Goode tem a finalidade de mostrar a equivalência das massas continentais e oceânicas; por isso, elas estão interrompidas ou descontínuas.

Figura 10

PROJEÇÃO DE AITOFF

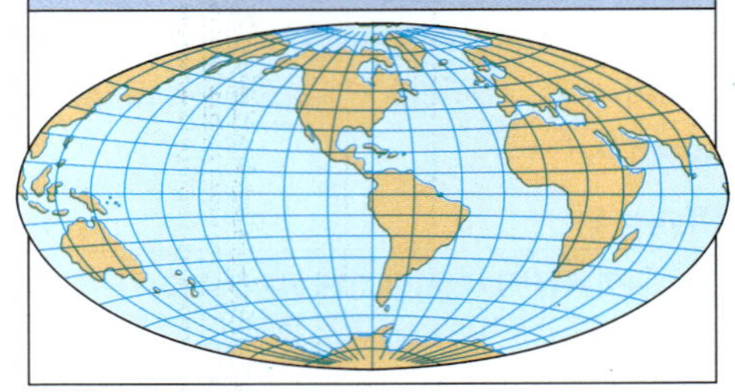

Fonte: SERRYN, Pierre. *Atlas universel Bordas*. p.1

A projeção equivalente conserva a proporção da área representada, em detrimento da forma. Essa tem formato elíptico e é muito utilizada na confecção de planisférios.

Figura 11

PROJEÇÃO INTERROMPIDA DE GOODE (Massas continentais)

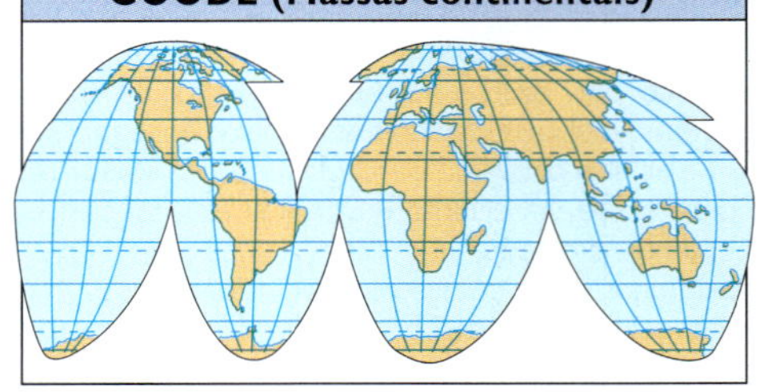

Fonte: *Atlas Mirador internacional*. Rio de Janeiro, Encyclopaedia Britannica do Brasil, 1975.

Anamorfoses

Para converter números e estatísticas em mapas, podemos utilizar as **anamorfoses**, planisférios em que as áreas de um país ou de um continente assumem o tamanho proporcional ao dado que se quer mostrar. Por exemplo, para que se possa mostrar a população mundial, a China e a Índia passam a ser as maiores áreas, pois têm maior contingente populacional (figura 12).

Figura 12

ANAMORFOSE (População do mundo)

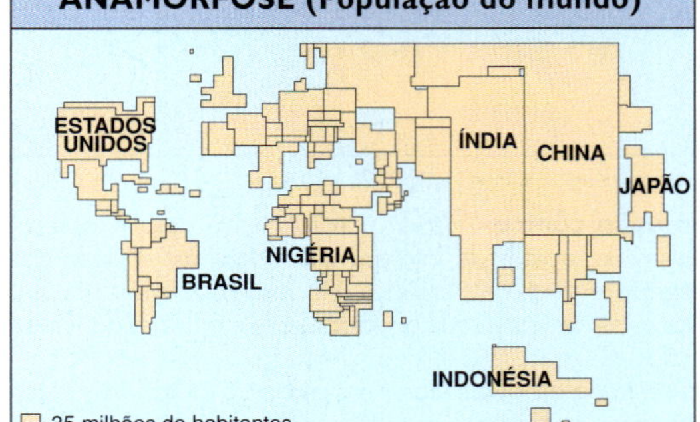

Fonte: FERREIRA, Graça M. Lemos. *Atlas geográfico: espaço mundial*. São Paulo, Moderna, 2000. p. 5.

4 Novas tecnologias cartográficas

Satélites artificiais e sensoriamento remoto

Atualmente o emprego de novas tecnologias tem contribuído muito para a observação da Terra e o desenvolvimento de diversos campos do conhecimento.

Observe a figura 13. Esse mapa só se tornou possível a partir de imagens de satélites enviadas do espaço. Nele é possível distinguir as áreas mais frias, em branco (topo das montanhas cobertos de neve, planícies e continentes congelados), as florestas (verde), as áreas desérticas da África e da Ásia (marrom), o continente congelado (branco).

O **sensoriamento remoto** constitui-se na captação e registro de imagens da energia refletida por elementos (acidentes geográficos, objetos etc.), sem que haja contato físico. É um importante sistema de aquisição aérea ou espacial de informações. A coleta e a análise de dados ampliam os sentidos naturais do homem, permitindo conhecer regiões do espectro eletromagnético inacessíveis à visão humana. Utiliza instrumentos modernos, como **sensores** (dispositivos que captam e registram a energia refletida por objetos); equipamentos para processamento e transmissão de dados; plataformas (aéreas ou espaciais) para carregar tais instrumentos e equipamentos. Leia o boxe da página seguinte.

O sensoriamento remoto por meio de satélites artificiais teve início no final da década de 1950, logo após o primeiro satélite artificial, o *Sputnik*, ter sido lançado pelos soviéticos, em 1957.

Existem vários programas ou sistemas de sensoriamento por satélite: Tiros, Nimbos, Apolo, Spot e o Landsat, desenvolvidos pela Nasa (National Aeronautics and Space Administration).

Hoje, o sensoriamento remoto por meio de satélites permite rapidez e precisão nos processos de levantamento de dados e mapeamento. Além de sua aplicação em campos de conhecimento como Geologia, Geomorfologia, Oceanografia, Meteorologia, é utilizado na localização de recursos naturais, de áreas de vegetação natural, agropecuárias, urbanas. Permite avaliar o uso da terra, a ação antrópica e os seus impactos (áreas com tendência a erosão e enchentes), caracterizar os solos, planejar, traçar políticas ambientais, sociais e econômicas em diversos níveis.

Sistema de posicionamento global

Diversas outras técnicas são utilizadas atualmente. O **GPS** (*Global Positioning System*) é um sofisticado sistema eletrônico que se apóia em uma rede de satélites que oferece localização instantânea, em qualquer ponto da Terra, com uma precisão quase perfeita. Veja a figura 14.

Figura 14

SISTEMA DE POSICIONAMENTO GLOBAL

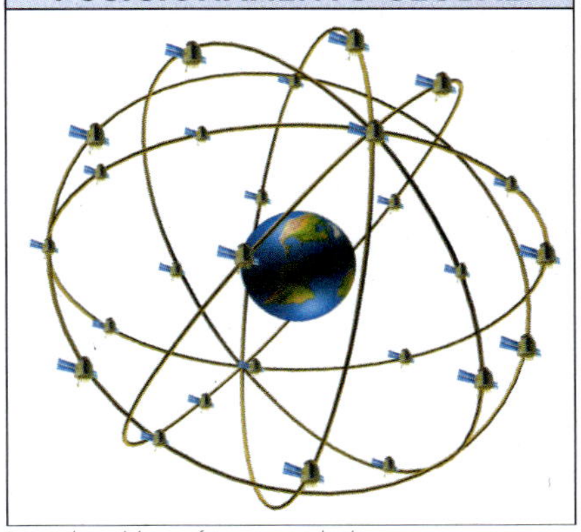

O GPS conta com 26 satélites orbitando a Terra a cerca de 20.000 quilômetros de altitude. Cada satélite tem um período útil de doze horas sobre o horizonte. Esse arranjo garante que, a qualquer momento, pelo menos cinco satélites estejam sobre o céu do receptor de um usuário em qualquer ponto do mundo.

Fonte: http://www.fatorgis.com.br/gps.asp

Figura 13

PLANISFÉRIO FÍSICO

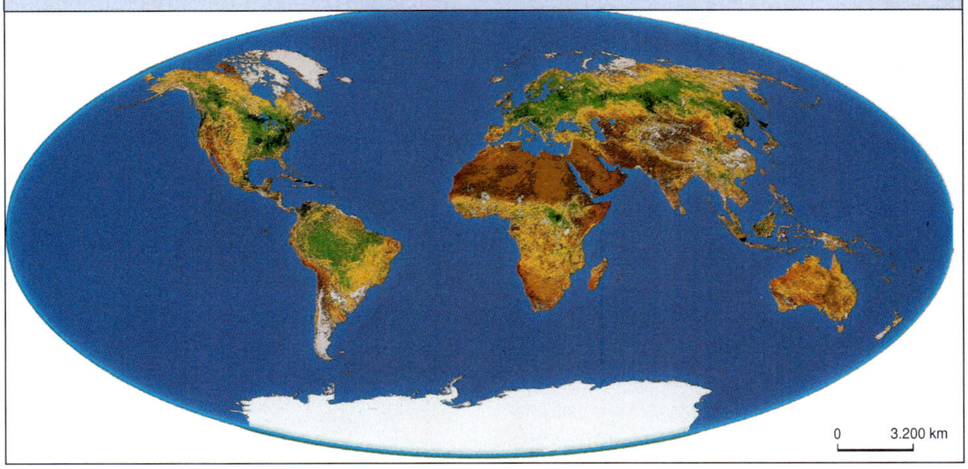

Fonte: CID.

Como funciona o sensoriamento remoto

"Os sensores captam informações resultantes da interação da energia eletromagnética com os objetos e fenômenos (matéria) da superfície terrestre. Essa energia pode ser refletida, transmitida, absorvida ou emitida pela superfície e, a partir destas interações, derivar em informações importantes sobre características físicas (dimensão, forma, temperatura, cor etc.) e químicas (composição) dos alvos em estudo.

[...]

A detecção da radiação depende de certos requisitos. [Observe a figura.] Em primeiro lugar, deve haver uma **fonte** (1) de radiação eletromagnética. Essa radiação deve propagar-se pela **atmosfera** (2) (ou pelo meio físico entre a fonte e o objeto observado) até atingir a **superfície terrestre** (3) (ou o objeto observado). Ao atingir a superfície terrestre, ela sofrerá interações, produzindo uma radiação de retorno. Tal radiação se propagará pela **atmosfera** (4) (ou pelo meio físico existente entre o objeto observado e o sensor), atingindo o **sensor** (5). O que chega até o sensor é uma certa intensidade de energia eletromagnética (radiação) que será posteriormente transformada em um sinal (6) passível de interpretação (7)."

http://www.fatorgis.com.br/sensorem.asp

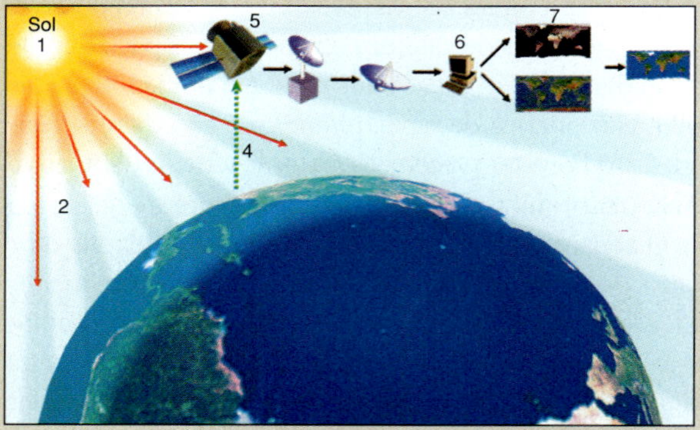

O GPS é muito utilizado no transporte aéreo, marítimo ou terrestre, para fornecer a posição e o trajeto de veículos ou localizá-los, no caso de desaparecimento. Nos serviços de mapeamento, ele determina a posição de objetos como construções, limites de propriedades rurais, postes de redes elétricas etc., tendo grande utilidade na confecção de cartas temáticas, no cadastro de propriedades, na coleta de dados para planejamento ambiental, na construção de estradas, barragens etc. O GPS provocou uma grande revolução na **Geodésia** (medição da Terra), fornecendo dados confiáveis e precisos. Antes de seu advento, os topógrafos e cartógrafos tinham de utilizar trenas para medir os lugares, mesmo que eles fossem inacessíveis, o que elevava o custo e o tempo.

No entanto, a aplicação do GPS não se restringe à área civil. Tendo surgido a partir de interesses bélicos e militares, essa tecnologia foi muito utilizada pelos Estados Unidos, na Guerra do Golfo (1991), para orientar os mísseis para o alvo, que poderia ser um quarto localizado em um dos andares de um prédio.

Geoprocessamento e SIG

"**Geoprocessamento** é a tecnologia que abrange o conjunto de procedimentos de entrada, manipulação, armazenamento e análise de dados espacialmente referenciados.

Geo-referenciamento é uma situação em que uma entidade geográfica é referenciada espacialmente ao terreno por meio de sua localização, utilizando-se para tal um sistema de coordenadas conhecido."

TEIXEIRA, Armando Luís de Almeida e CHRISTOFOLETTI, Antonio. *Sistemas de informação geográfica*: dicionário ilustrado. São Paulo, Hucitec, 1997.

As técnicas são desenvolvidas por computadores e por sistemas de processamento e análise de dados espaciais. O **SIG** (Sistema de Informação Geográfica) é uma delas, composto de *softwares* (programas de um sistema de computador) e *hardwares* (componentes físicos de um computador, como impressoras, *scanners*) que têm como finalidade integrar bancos de dados, e processar e analisar dados geo-referenciados, criando arquivos digitais de mapas, gráficos, tabelas etc.

5 A Cartografia no Brasil

A Cartografia surgiu no Brasil com a chegada dos portugueses. Durante o período colonial, fizeram-se diversos mapas com objetivos náuticos, de inventariamento do território brasileiro, de delimitação da América portuguesa da espanhola ou com objetivos militares.

Observe algumas medidas que impulsionaram a Cartografia no Brasil:

- criação do Serviço Geográfico Militar (1890);
- elaboração da Carta Geral da República (1896) pelo Estado Maior do Exército;

• organização do Serviço Geográfico do Exército (1922);

• criação do Instituto Brasileiro de Geografia e Estatística (IBGE) (1936), responsável até hoje pela Geodésia e pela Cartografia do país;

• mapeamento de todo o território após a Segunda Guerra Mundial em função de interesses militares: criação do Instituto Cartográfico da Aeronáutica (ICA), da Diretoria do Serviço Geográfico do Exército (DSG) e da Diretoria de Hidrografia e Navegação (DHN);

• criação do **projeto Radam**, Radar da Amazônia (1972), um sistema de sensores aerotransportados, posteriormente estendido a todo o território, com o nome de Radam Brasil. Em 1985 o projeto foi extinto;

• inauguração, em 2002, do monitoramento aéreo do Serviço de Inteligência e Vigilância da Amazônia, **Sivam**, projetado para coletar, processar e integrar informações sobre a Amazônia Legal e examinar os 5,2 milhões de km^2 da área utilizando seis satélites, 18 aviões, 25 radares, estação meteorológica e mais de 200 plataformas de coletas de dados em rios. Visa realizar o monitoramento ambiental, garantir a soberania, controlar o tráfego aéreo, orientar ações de combate ao narcotráfico, entre outros.

AVALIE SEU APRENDIZADO

Construindo conhecimento

Medindo distâncias e comparando as formas dos continentes em duas projeções.

1 Observe os mapas abaixo.

1. PROJEÇÃO CILÍNDRICA DE MERCÁTOR

Fonte: SERRYN, Pierre. *Atlas universel Bordas*. p. 1.

2. PROJEÇÃO CILÍNDRICA DE PETERS

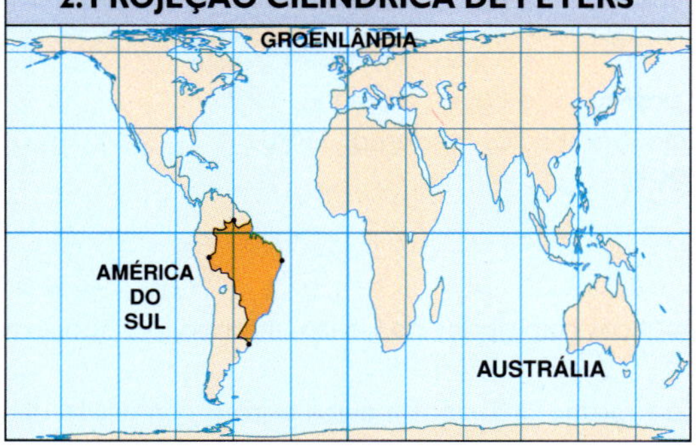

Fonte: OLIVEIRA, Cêurio de. *Dicionário cartográfico*. 59.000 km NO EQUADOR

a) Observe, a seguir, a área de algumas regiões da Terra. Descreva o que acontece com a área de cada uma dessas regiões na projeção cilíndrica de Mercátor (mapa 1).
Groenlândia: 2.175.000 km^2
Austrália: 7.680.000 km^2
América do Sul: 18.000.000 km^2

b) Veja abaixo a distância dos pontos extremos do Brasil e analise a projeção cilíndrica de Peters (mapa 2).
Leste–Oeste: 4.394 quilômetros
Norte–Sul: 4.319 quilômetros
• Calcule a diferença entre essas distâncias.
• Meça com uma régua essas distâncias nos dois mapas e compare o resultado obtido com as medidas reais.
• O que acontece com as terras próximas aos pólos e as localizadas no Equador, no mapa 2?

c) Compare as duas projeções (mapas 1 e 2) quanto:
• aos paralelos e aos meridianos;
• às áreas de maior deformação.

d) Descreva as diferenças do território brasileiro e dos países subdesenvolvidos nas duas projeções.

Fixando o conteúdo

2 Leia o texto a seguir.

Acesso ao mapa da Terra

"Um novo mapa do nosso planeta, 30 vezes mais preciso do que os atuais, está sendo elaborado com base nas imagens captadas com novíssima tecnologia pela recente missão do ônibus espacial Endeavour, da Nasa, a agência espacial estadunidense. As imagens têm resolução de até 30 metros, um avanço notável. No entanto, só as de 90 metros serão distribuídas à comunidade mundial. As fotos mais detalhadas e exatas serão de uso exclusivo do Departamento de Defesa e dos serviços secretos dos Estados Unidos, segundo informação da própria Nasa. O fato levanta sérias questões políticas, éticas e jurídicas internacionais. Fotografar a Terra a partir do espaço exterior é uma atividade de sensoriamento remoto, com implicações econômicas, estratégicas e culturais que interessam a todos os países e povos, indistintamente. Sua regulamentação começou a ser criada pela Resolução 41/65 da Assembléia Geral da ONU, aprovada em 9 de dezembro de 1986, após 12 anos de intensos debates. O documento consagra os 'Princípios sobre Sensoriamento Remoto'. Como toda resolução da Assembléia Geral da ONU, é uma recomendação aos países, não tendo a força obrigatória dos tratados. [...]

Seja como for, é impossível ignorar que já há normas básicas em formação, com amplo apoio da comunidade internacional, segundo as quais o país gerador de imagens da Terra deve beneficiar a todos os demais países e povos, não pode causar danos a nenhum deles e deve permitir aos países fotografados o acesso às fotos e dados sobre o território deles, de forma não discriminatória e a um custo razoável. São disposições ainda vagas, sem dúvida. Mas marcam com suficiente clareza a tendência dominante na sociedade das nações.

Fica difícil justificar ética e legalmente ao mundo a decisão do governo dos Estados Unidos de reservar para suas Forças Armadas as mais avançadas e valiosas informações sobre a topografia do planeta. Será a geografia global problema de segurança para apenas um país? Não será melhor para todos que a questão da segurança dos países seja também globalizada, para nenhum deles se sentir mais ou menos seguro do que os outros? Ou ainda no século XXI viveremos resignados com a idéia de que certos países e povos 'merecem' ter mais segurança do que os demais?"

MONSERRAT FILHO, José. *Jornal do Brasil*, 3 abr. 2000, Opinião, p. 11.

a) Discuta com seus colegas as implicações do uso do sensoriamento remoto e responda às três questões levantadas pelo autor no último parágrafo.
b) Retire do capítulo exemplos do uso da Cartografia e de tecnologias com finalidades bélicas e militares.
c) Faça uma pesquisa sobre o significado das siglas Inpe e Nasa e cite uma área de atuação de cada um desses órgãos.

3 Resolva os seguintes problemas com escala e explique os seus cálculos.

a) Duas cidades distam, em linha reta, 60 quilômetros uma da outra. Num mapa com escala de 1 : 2.500.000, a quanto corresponderá essa medida em centímetros?
b) A distância real entre dois pontos é de 60 quilômetros e sua distância gráfica é de 3 centímetros. Qual será a escala do mapa?
c) Num mapa com escala de 1 : 5.000.000, a distância entre duas localidades é de 64 milímetros. Qual é a distância em quilômetros entre esses dois locais?

COMPLEMENTAÇÃO DO ESTUDO

Leituras

- HASLAM, Andrew e TAYLOR, Barbara. *Mapas, a Geografia na prática*. São Paulo, Scipione, 1999.
- MARTINELLI, Marcello. *Gráficos e mapas, construa-os você mesmo*. São Paulo, Moderna, 1998.
- ______. *Curso de cartografia temática*. São Paulo, Contexto, 1991.

Sites

- *http://www.ibge.gov.br/ibgeteen/mapas/index.html* Mapas temáticos com dados do Censo, informações sobre municípios, estados e regiões.
- *www.terra.com.br/kids/geo.htm* *Site* sobre a importância da Cartografia; traz ferramentas para a confecção de mapas, além de mapas interativos.
- *http://www.uel.br/projeto/cartografia* Cartografia temática e escolar, galeria de mapas e *links* para os atlas disponíveis na internet.
- *www.ikonos.com.br* Imagens de alta resolução geradas pelo satélite *Ikonos II*.
- *www.intersat.com.br* Disponibiliza imagens dos satélites *Intersat* e *Spot* de 50% do território brasileiro.

UNIDADE II

Panorama político e socioeconômico contemporâneo

CID

CID

Pluralidade cultural no mundo: ao lado, mulher samburu da cidade de Barajoi, no Quênia; acima, mulher com trajes de gueixa em Tóquio, no Japão (fotos da década de 1990).

Capítulo 1
A organização do espaço no capitalismo e a globalização, *46*

Capítulo 2
A desintegração dos países socialistas, a nova ordem mundial e as conseqüências da globalização, *58*

Capítulo 3
Desigualdades mundiais: os grandes conjuntos de países, *70*

Capítulo 4
Brasil: globalização, nova ordem mundial e desigualdades sociais, *84*

CAPÍTULO 1

A organização do espaço no capitalismo e a globalização

1 Introdução

A história das transformações do espaço geográfico está fortemente vinculada à história do desenvolvimento da produção. Isso significa que as formas visíveis no mundo atual resultam essencialmente de processos históricos, construídos em diferentes tempos. Estudaremos como o espaço geográfico se configurou sob o capitalismo, sistema econômico que imprimiu profundas mudanças na organização e no conteúdo desse espaço.

2 A produção do espaço geográfico no capitalismo

A partir do século XI, o feudalismo foi sendo substituído pelo **modo de produção capitalista**. Veja, a seguir, as principais transformações dessa época.

- No plano político, o poder feudal declinou e centralizou-se nas mãos dos reis, surgindo as monarquias absolutistas com caráter nacional, que por sua vez deram origem, a partir do século XV, às nações e aos Estados centralizados.
- A produção artesanal foi substituída pela **manufatura**, caracterizada pela produção em oficinas, com o auxílio de ferramentas manuais ou de máquinas movidas pela energia humana. Posteriormente introduziu-se a **maquinofatura**, que utilizava máquinas movidas a vapor e, depois, a energia elétrica.
- O comércio gerou lucros para a nova classe social surgida nas cidades, a **burguesia**, que enriqueceu e passou a controlar o desenvolvimento econômico. Surgia também outra classe social, o **proletariado** ou operariado, constituída por trabalhadores das indústrias que passaram a produzir grande parte das riquezas.
- As cidades tiveram grande desenvolvimento.
- No capitalismo, embora tenham subsistido diversos tipos de relações de produção, as **relações servis**, predominantes no mundo feudal, foram em grande parte substituídas por relações assalariadas de trabalho. Adotou-se a **divisão de trabalho** (cada operário realizava uma tarefa).

Em síntese, a economia capitalista é regulada pelo mercado, fundamenta-se na propriedade privada dos meios de produção e tem como finalidade principal o lucro. Podemos dividir esse sistema econômico em três fases: capitalismo comercial, industrial e financeiro.

3 Primeiros passos para uma integração mundial: o capitalismo comercial

Com o crescimento do comércio e dos centros urbanos, além do incremento da atividade agrícola e artesanal, desenvolveu-se na Europa, a partir do século XII, uma camada social de mercadores. Tornou-se possível assim uma acumulação de recursos que — somada às inovações nos transportes marítimos, nos armamentos e nas técnicas de navegação — levou à expansão comercial do final do século XV e início do século XVI.

Começava a surgir um mercado mundial que interligava diversas regiões da Terra. Era a fase do **capitalismo comercial** ou **mercantil**.

Nessa época, Portugal, Espanha, Holanda, Grã-Bretanha, França e Dinamarca formaram vastos impérios. Com a intensificação do comércio houve também uma expansão do consumo e do capitalismo, iniciando-se uma **redistribuição mundial de recursos**. Os produtos originários de um continente eram levados para outras partes do mundo, passando a ser consumidos em lugares distantes. Essa prática aumentou com o decorrer dos séculos.

Observe na figura 1 a difusão de plantas pelo mundo do século XVI ao XIX, que ampliou a oferta de alimentos nos diversos continentes.

Figura 1

DIFUSÃO DE PLANTAS NO MUNDO — século XVI ao XIX

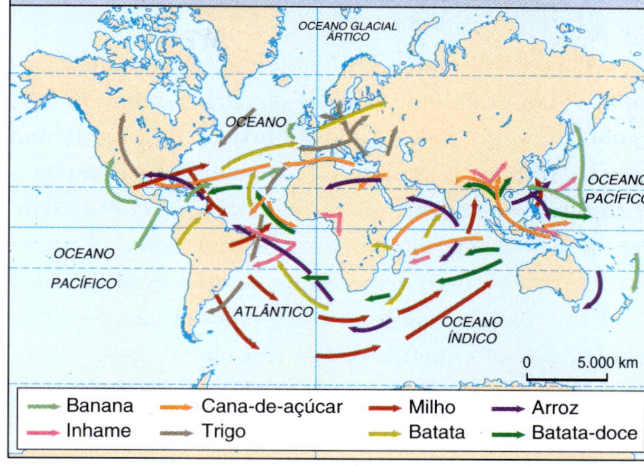

Fonte: *Atlas da história do mundo*. Londres/São Paulo, The Times/Folha de S.Paulo, 1993. p. 151.

Divisão internacional do trabalho e produção de espaços geográficos desiguais

O sistema capitalista, que se iniciou na Europa, expandiu-se para outros continentes ao longo dos séculos.

Desde que o poder se centralizou nas mãos dos reis, constituindo as monarquias nacionais, a prática do **mercantilismo** passou a ser adotada inicialmente pela Inglaterra e pela França, no século XV, estendendo-se depois para outros Estados-nações, como Portugal e Espanha. Observe algumas das características do mercantilismo.

- Intervenção estatal na vida econômica.
- Manutenção de uma balança comercial favorável, na qual as exportações superassem as importações, de modo a aumentar as riquezas do país. Vender mais do que comprar era uma forma de proteger os estoques de metais preciosos. Leia o texto do quadro ao lado.

Recordando

Balança comercial

É a relação entre **exportações** (vendas para o exterior) e **importações** (compras do exterior) de um país. Quando as compras (em dólares) no mercado internacional são maiores do que as vendas, há déficit comercial, e o país se torna devedor. Na situação inversa, ou seja, quando as vendas (em dólares) são maiores do que as compras, há superávit, e o país torna-se credor.

- Adoção do **metalismo**, sistema que tem como moeda padrão metais preciosos como ouro e prata.
- Impulso ao comércio exterior, com a formação de marinhas mercantes, investimentos portuários e a criação de companhias de navegação.
- **Protecionismo** alfandegário, isto é, cobrança de altas taxas alfandegárias para proteger o mercado nacional ante os produtos estrangeiros. Aplicava-se sobretudo aos produtos manufaturados.
- Formação de **monopólios**, com o surgimento de grupos que se uniam para ter privilégios exclusivos sobre um ramo da produção manufatureira ou do comércio de uma localidade ou colônia.

A intensificação do comércio obrigava a fabricar mais mercadorias. Por isso tornou-se necessário descobrir novas fontes de matérias-primas baratas e novos mercados consumidores, nos quais os produtos seriam vendidos por preços mais elevados.

No século XVI, vastas regiões da América, da Ásia e da África, entre elas o Brasil, foram invadidas, conquistadas e incorporadas ao mercado mundial e ao sistema capitalista, iniciando-se a exploração de seus recursos e de sua mão-de-obra. A busca do lucro provocou a desestruturação das relações de produção existentes e o aparecimento de novas relações de trabalho, assim como o restabelecimento da escravidão.

O mercantilismo orientou a organização da produção das novas colônias, que passaram a constituir uma economia complementar para atender aos interesses dos mercados europeus. O comércio com as colônias era monopolizado pelas metrópoles.

As áreas coloniais tornaram-se periféricas do sistema capitalista mundial por meio do estabelecimento de uma **divisão internacional do trabalho (DIT)**. Nessa época, as nações se especializaram na produção de determinadas mercadorias: aos países ricos cabia a produção e a comercialização de produtos industrializados, máquinas e tecnologia, enquanto os países periféricos tornaram-se produtores, fornecedores e exportadores de produtos primários como açúcar, café, fumo, algodão e minérios. O capítulo 3 desta unidade traz mais informações sobre a DIT.

O comércio intercontinental, antes restrito à Europa, à Ásia e a algumas áreas da África, ampliou-se e mudou de qualidade. Além de artigos de luxo (como seda, perfumes, porcelanas e especiarias) passou-se a comercializar intensivamente produtos de consumo de massa (como rum, tecidos e armas, que iam da Europa para a África), bem como escravos, que eram levados da África para a América. Esta, por sua vez, fornecia tabaco, açúcar e metais para a Europa.

Durante séculos, guiados pelo **colonialismo**, isto é, pela política de ocupação de territórios e de formação de colônias, os europeus lançaram-se sobre os novos territórios, escravizando povos nativos, para organizar o sistema de ***plantations*** — grandes propriedades agrícolas monocultoras voltadas para a exportação — e empreender a extração de diversas riquezas. Dessa forma, o sistema colonial contribuiu para a acumulação de riquezas e capitais nos países colonialistas e para a manutenção das condições de vida precárias das populações dos países colonizados, impedindo até mesmo sua industrialização e mantendo-os subordinados ao mercado internacional. O capítulo 6 da unidade IV traz mais dados sobre as *plantations*.

As grandes desigualdades econômicas e sociais existentes atualmente entre os países devem-se em boa parte ao desenvolvimento do capitalismo em escala mundial.

4 Capitalismo industrial: a Primeira e a Segunda Revolução Industrial ou Tecnológica

A expansão comercial e a ampliação da economia de mercado permitiram que a Europa acumulasse capital, que foi empregado em investimentos e na mecanização da produção. A utilização do carvão, das máquinas e dos transportes a vapor impulsionou as indústrias têxtil, naval e siderúrgica (figura 2). Nesse primeiro período, conhecido como **Primeira Revolução Industrial ou Tecnológica**, que ocorreu entre meados do século XVIII e meados do século XIX, a Inglaterra tomou a dianteira, pois contava com estabilidade política, equipamentos e capital.

Do setor têxtil a mecanização estendeu-se à metalurgia, aos transportes, à agricultura e a outros setores da economia. As fábricas empregavam grande número de trabalhadores.

Com a construção dos trens a vapor e de estradas de ferro, era possível ir muito mais longe, transportando mais mercadorias em tempo muito menor. Os automóveis também começavam a fazer parte das paisagens desse novo mundo tecnológico.

Economistas da época desenvolveram a doutrina econômica liberal, ou **liberalismo econômico**, defendendo que o Estado deveria garantir a propriedade privada e a livre iniciativa como as bases para o desenvolvimento econômico. A lei da oferta e da procura de mercadorias se encarregaria de regular os mercados. O liberalismo econômico caracterizou

Figura 2

MUSEU ALEMÃO, MUNIQUE

Caminho de ferro das minas de carvão inglesas em 1767. Posteriormente o vapor foi utilizado para o transporte ferroviário, possibilitando maior rapidez.

essa fase do capitalismo, conhecida como **capitalismo industrial.**

Pode-se dizer que o capitalismo produziu um novo espaço geoeconômico: um espaço de produção industrial, agrícola, pecuária e extrativa; um espaço de troca (comercial); um espaço de circulação de riquezas e de consumo. As cidades se desenvolveram e ganharam novos equipamentos à medida que recebiam novos moradores. O capitalismo propiciou também uma nova função para as cidades: a produção industrial.

O processo de desenvolvimento do capitalismo foi lento e ocorreu de maneira diferenciada nas diversas regiões do planeta.

Novas invenções e a Segunda Revolução Industrial ou Tecnológica

A grande revolução no modo de produzir mercadorias iniciou-se na Inglaterra e espalhou-se para outros países da Europa (França, Alemanha) e para os Estados Unidos e o Japão.

A partir de meados do século XIX, período conhecido como **Segunda Revolução Industrial ou Tecnológica**, novas invenções se sucederam. Observe a figura 3.

Grandes modificações ocorreram nas condições de vida das pessoas e na velocidade e na qualidade

Figura 3

SEGUNDA REVOLUÇÃO INDUSTRIAL OU TECNOLÓGICA

1858

A geladeira nº 1 é concebida e produzida pelo francês Ferdinand Carré. Na foto, casal mostra uma "moderna" geladeira no ano de 1955.

HULTON ARCHIVE/GETTY IMAGES

1876

O inventor norte-americano de origem inglesa Alexander Graham Bell faz a primeira ligação num telefone. Na foto, telefone da década de 1920.

CID

1879

A lâmpada elétrica nasce nos Estados Unidos, no laboratório de Thomas Edison. Na foto, lâmpada de 1928.

SCHENECTADY MUSEUM/CORBIS-STOCK PHOTOS

1901

O italiano Guglielmo Marconi inaugura a era do rádio, transmitindo sinais entre a Inglaterra e os Estados Unidos. Foto de rádio da década de 1950.

CID

1938

O iconoscópio, peça fundamental da câmara de tevê, é montado pelo russo Vladimir Zworykin. Televisão de 1953 (foto).

HULTON ARCHIVE/GETTY IMAGES

1946

O computador começa a funcionar no laboratório dos norte-americanos John Mauchly e John Eckart. Na foto, técnica opera um dos primeiros computadores da IBM, em 1955.

HULTON ARCHIVE/GETTY IAMGES

Fonte: baseado em *Superinteressante*. São Paulo, Abril, set. 1997, pôster 400 anos em 10.

Figura 4

As cidades apresentavam as condições ideais para o desenvolvimento da indústria e outras atividades não agrárias: concentração de população, dos meios de produção e de capitais. Na foto, detalhe de litografia com vista de Sheffield, na Inglaterra, em 1858.

dos transportes, entre outras. Todas essas inovações influenciaram a aceleração do contato entre culturas e a reorganização do espaço capitalista (figura 4).

Nessa fase o Estado passou a participar cada vez mais da economia, regulando o mercado e criando uma infra-estrutura nos transportes, na mineração e em setores que exigiam muito investimento, abrindo caminho para o capital privado, além de investir em políticas sociais e de intervir em crises econômicas.

Para equipar as unidades produtoras com as novas tecnologias, era necessário aumentar o espaço de produção, despendendo grandes somas de capital. Como as pequenas e médias empresas não podiam arcar com essas despesas, elas faliram ou se uniram a outras, formando grandes empresas, altamente lucrativas.

Algumas dessas grandes empresas passaram a dominar o mercado ou ramos de produção, dando origem aos oligopólios, trustes, cartéis etc. (leia o texto do boxe). Veja mais sobre as concentrações financeiras no capítulo 1 da unidade IV.

5 Capitalismo financeiro ou monopolista

No início do século XX, a fase da livre iniciativa ficou para trás e o capitalismo tornou-se cada vez menos competitivo e mais monopolista. Empresas ou países passaram a monopolizar o comércio. Era a fase do **capitalismo financeiro ou monopolista**.

Concentrações econômicas ou empresariais

Monopólio é o domínio do mercado de um determinado produto ou serviço por uma única empresa ou pelo Estado (monopólio estatal).

O domínio do mercado por um pequeno grupo de empresas chama-se **oligopólio**.

Com a finalidade de aumentar ainda mais os lucros, acabar com pequenas concorrentes e impor preços, muitas firmas se fundem em uma só, formando os **trustes**, que passam a controlar um produto desde a retirada da matéria-prima necessária para sua fabricação até a sua distribuição. Embora proibidos em muitos países (leis antitrustes), eles continuam a existir na prática, ainda que de modo disfarçado. Ao monopolizarem o mercado, impedem a prática da livre iniciativa.

Os grandes trustes muitas vezes se unem e formam um **cartel**, fazendo acordos acerca de medidas de interesse comum ou de vantagens recíprocas, para controlar ou dominar a produção de determinado(s) produto(s), dividindo mercados, estabelecendo preços etc. Embora alguns países tenham leis de restrição à formação de cartéis, estes geralmente têm caráter internacional e, em alguns casos, são formados até mesmo por países.

Financiando toda essa expansão e os investimentos em novas tecnologias, os bancos adquiriram cada vez mais importância, pois faziam empréstimos às empresas e posteriormente investiam no comércio e na indústria. Como resultado dessa fusão surgiu o **capital financeiro** (composto de ações, certificados, títulos etc. que podem ser convertidos em dinheiro), que passou a dominar e a controlar a economia dos países, adquirindo cada vez mais poder.

No final do século XIX, as grandes empresas que tinham filiais em diversos países eram chamadas de **multinacionais**. Mais recentemente, passaram a ser denominadas empresas **transnacionais**, termo mais apropriado, pois elas atingem mercados muito além de suas fronteiras.

Imperialismo e descolonização

No final do século XIX, as potências capitalistas iniciaram a disputa pela redivisão e pela incorporação de novos territórios. Essa nova fase expansionista, caracterizada pelos monopólios e pelo domínio do capital financeiro, ficou conhecida como **imperialismo**.

A necessidade de matérias-primas e de formação de novos mercados consumidores determinou a chamada **corrida imperialista**. Lugares distantes, antes isolados, pouco a pouco se renderam e se incorporaram ao capitalismo mundial. O modo de vida de populações inteiras dos mais distantes lugares do planeta se desestruturou para se reestruturar conforme os preceitos da sociedade de consumo.

Os continentes asiático e africano já haviam sido alvo da cobiça expansionista do século XVI, mas as potências da época se limitaram a estabelecer feitorias no litoral, para possibilitar o comércio. No século XIX, porém, os países imperialistas, além de dividir entre si os continentes africano e asiático, impuseram aos países da América Latina a dependência econômica. Essa nova modalidade de colonialismo, que se diferenciava do colonialismo do século XVI pelo fato de garantir mercados por meio da dependência econômica, recebeu o nome de **neocolonialismo**.

O mapa-múndi passou por contínuas modificações. O mundo foi redividido pelos centros de poder: inicialmente a Inglaterra e a França, seguidas pela Bélgica, pela Ale-

Figura 5

HULTON ARCHIVE/GETTY IMAGES

Novas tecnologias como submarinos, bombas e aviões passam a ser utilizadas na Primeira Guerra Mundial. Aviões ingleses preparam-se para atacar em 1915.

manha, pela Itália e pela Rússia, que também disputavam mercados.

Toda essa disputa entre os países por áreas coloniais e de influência e por expansão de mercados acabou por envolver as potências da época em dois conflitos mundiais: a Primeira e a Segunda Guerra Mundial. O uso de tecnologias modernas chegou às guerras. As batalhas, que antes ocorriam em terra, atingiram os céus e os mares (figura 5).

Terminadas as grandes guerras, que levaram ao enfraquecimento geopolítico dos países europeus, surgiram diversos movimentos de libertação nacional nas colônias africanas e asiáticas, que buscavam, entre outros objetivos, autonomia política e econômica.

Ocorreu então um rápido processo de **descolonização** desses continentes, o que deu origem a dezenas de países independentes. Observe, na figura 6, as modificações decorrentes desse processo.

Figura 6

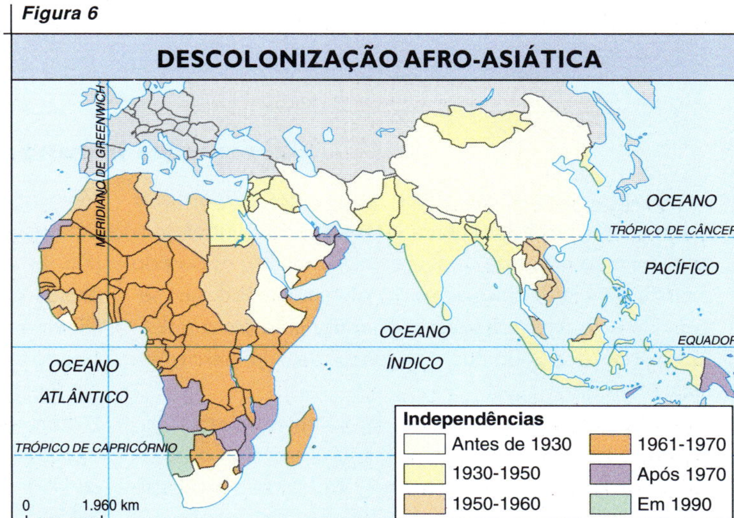

Fonte: CHALIAND, Gérard e RAGEAU, Jean-Pierre. *Atlas politique du XXe siècle*. Paris, Seuil, 1988. p. 75 e *L'etat du monde 2002*. Paris, La Decouverte, 2001.

6 Terceira Revolução Industrial, Tecnológica ou Informacional

Após as duas grandes guerras, o mundo capitalista se reorganizou, retomando o seu crescimento. Novas atividades, como a informática, a química fina, a biotecnologia, a pesquisa espacial etc. foram criadas ou ampliadas. O Estado exerceu nesse período o papel de centralizador das economias dos países.

As empresas transnacionais continuaram a se expandir pelo mundo. Interessadas no mercado internacional, elas ampliaram suas atividades, ultrapassando as fronteiras nacionais e percorrendo distâncias nunca antes vistas. Dominaram assim os mercados de diversos países, exercendo poder econômico e político sobre eles. Leia o texto do quadro abaixo.

Essa mobilidade das empresas e do capital acentuou a internacionalizacão da economia. Tudo isso, somado à revolução tecnológica, principalmente a ocorrida na informática e nas telecomunicações, foi a base da **globalização**.

As pesquisas em informática, em química fina e em biotecnologia reforçaram e facilitaram o processo de monopolização, pois os países mais ricos e as grandes empresas dominavam e dominam a tecnologia moderna, manipulando toda a economia mundial.

Os avanços tecnológicos proporcionaram precisão, rapidez de informações e facilidade de comunicação, provocando transformações no sistema capitalista. Iniciou-se assim, em meados da década de 1970, a fase da **Terceira Revolução Industrial, Tecnológica ou Informacional**.

Nas indústrias, o processo de produção se acelerou com a automação, baseada no emprego de computadores e de braços mecânicos.

As novas tecnologias em computação e em telecomunicações e as facilidades nos transportes permitiram uma expansão ainda maior das empresas transnacionais, que instalaram unidades produtoras de peças em diversos países ou continentes do mundo, em busca de redução de custo e isenções fiscais, além de mão-de-obra e matéria-prima baratas. Assim o processo de produção pôde espalhar-se, permitindo montar o produto final com peças provenientes de diversos lugares do mundo. Os produtos deixaram de ter nacionalidade definida. Os países desenvolvidos, evidentemente, ficaram encarregados de produzir as peças que requerem maior tecnologia. Dessa forma, a tradicional DIT sofreu modificações.

O capital também adquiriu maior mobilidade. Uma rede financeira expandiu-se pelo mundo. O setor financeiro ampliou seu controle sobre o setor produtivo e passou a usufruir de grande autonomia em relação aos bancos centrais e às instituições públicas.

Um volume cada vez maior do **capital produtivo** — que se compõe de investimentos de longo prazo aplicados na instalação de unidades produtivas, na compra de equipamentos, em investimentos imobiliários, na fabricação de produtos, na mineração, entre outras coisas — passou a ser destinado à especulação.

Fundos de pensão e de seguros passaram a operar nos mercados sem a intermediação das instituições financeiras oficiais. Atualmente os investidores realizam transações em nível global com o auxílio da informática. Os controladores desses **capitais voláteis** fazem investimentos especulativos que podem sair de um país

Corporações transnacionais

Desde a década de 1980, as grandes corporações aumentaram seu faturamento e tornaram-se gigantescas também pelo processo de fusões e anexações, acelerado a partir de 1998. Elas controlam atualmente todos os setores da economia: desde o cultivo agrícola até a industrialização dos produtos, passando pelo comércio em grande escala.

Segundo a revista *Fortune*, de 1998, as dez principais corporações do mundo — General Motors Corporation, DaimlerChrysler, Ford Motors, Wal-Mart Stores, Mitsui, Itochu, Mitsubishi, Exxon, General Electric e Toyota Motor — ganharam juntas naquele ano 1,2 trilhão de dólares, valor 50% maior do que o produto interno bruto (PIB) brasileiro. O faturamento de cada uma dessas empresas compara-se ao PIB de importantes países como Dinamarca, Noruega, Polônia, África do Sul, Finlândia, Grécia e Portugal.

Em 1996 as maiores empresas transnacionais localizavam-se em nove países, que detinham 96% de seus lucros: Japão (62), Estados Unidos (52), Alemanha (23), França (19), Grã-Bretanha (11), Suíça (8), Coréia do Sul (6), Itália (5) e Países Baixos (4).

de uma hora para outra, bastando que se aperte um botão (via internet) para produzir imensos desequilíbrios financeiros e instabilidade política. Foi o que abalou o México no final de 1994 e em 1995. Em nove dias, 8 bilhões de dólares deixaram aquele país. Essa fuga de investimentos de curto prazo foi provocada pelo aumento de juros nos Estados Unidos, ocasionando o chamado "**efeito tequila**", com a queda, em todo o mundo, das cotações de títulos dos países em desenvolvimento.

Os países subdesenvolvidos e socialistas aumentaram seu endividamento na década de 1970, acentuando-se ainda mais as desigualdades entre os blocos de países. Organismos internacionais como o **FMI** (Fundo Monetário Internacional) e o Gatt (Acordo Geral de Tarifas e Comércio), atual **OMC** (Organização Mundial do Comércio), instituições controladas pelos países ricos, passaram a fornecer empréstimos a esses países e a interferir cada vez mais no destino deles.

Figura 7

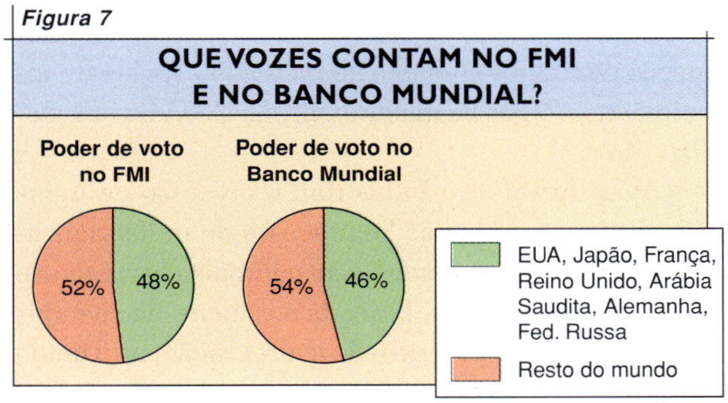

Fonte: ONU/PNUD. *Relatório do desenvolvimento humano 2002*. Nova York/Lisboa, Trinova, 2001. p. 113.

Cerca de metade do poder de voto no FMI e no Banco Mundial encontra-se nas mãos de sete países.

7 Organização do trabalho e da produção

Desde a Primeira Revolução Tecnológica o trabalho artesanal e personalizado pouco a pouco foi substituído pela produção em massa e padronizada das fábricas.

No início do século XX, Henry Ford introduziu em suas fábricas de automóveis inovações no processo de produção, que ficou conhecido como **regime fordista**. Com a finalidade de produzir mais em tempo menor, instituiu-se uma divisão e hierarquização do trabalho, de modo que cada trabalhador realizava apenas uma etapa do processo produtivo. No sistema de linha de montagem, uma esteira move as peças (visando acelerar o ritmo da produção) enquanto o trabalhador permanece fixo, realizando tarefas especializadas, simples e repetitivas. Nesse caso, os trabalhadores não precisam de muita qualificação e os produtos finais são homogeneizados, de qualidade padronizada e com preço relativamente baixo. Frederick Taylor sistematizou o processo fordista propondo a separação entre trabalho intelectual e manual. Como o regime fordista incorporou a doutrina de Taylor, é chamado também de **fordista/taylorista**.

Durante muito tempo o modelo fordista predominou na produção industrial. A inflexibilidade desse modelo, no qual cada operário deve entrar no ritmo repetitivo e na rotina da esteira de montagem, acarretou problemas, como defeitos em alguns produtos, obrigando a despender enormes somas com fiscalização e controle de qualidade. Para inserir alguma mudança no produto, era necessário reestruturar totalmente as máquinas e a linha de montagem. Veja a figura 8.

O chamado modelo pós-fordista ou **capitalismo flexível** foi introduzido na economia a partir de experiências realizadas na década de 1950 na fábrica Toyota. O chamado modelo **toyotista** baseia-se numa reestruturação produtiva, com inovações tecnológicas, organizacionais e de gestão. Propõe trabalho em equipes, com utilização de máquinas de ajuste flexível, tornando possíveis modificações rápidas, difíceis de realizar no esquema fordista/taylorista. Esse modelo possibilitava também reduzir custos e fugir da padronização rígida e massificada do fordismo, diversificando e variando a produção, além de permitir a desconcentração espacial da atividade industrial.

Figura 8

HULTON ARCHIVE/GETTY IMAGES

O filme *Tempos modernos*, de Charles Chaplin, estreou em 1936. Era um protesto contra a desumanização e a repetição mecânica de tarefas. Como disse Chaplin num discurso: "a máquina que produz em grande escala tem provocado a escassez. Mais do que máquinas precisamos de humanidade, mais do que inteligência, precisamos de afeição e doçura".

Com o processo ***just in time*** (tempo justo), passou-se a fornecer mercadorias sob encomenda, padronizadas mas com características personalizadas segundo as necessidades do mercado e da demanda. Desse modo foi possível reduzir os estoques, abundantes no regime fordista. Nesse esquema, estimulava-se a polivalência e a atualização dos funcionários fixos, aumentando a participação e a responsabilidade destes nas empresas. Com isso, economizava-se com controle de qualidade, pois o trabalho era supervisionado e fiscalizado pela própria equipe.

No entanto, a grande maioria dos funcionários passou a ser contratada em regime temporário ou **terceirizado**, sem os benefícios destinados aos empregados permanentes, o que debilitou a organização dos trabalhadores e enfraqueceu os sindicatos. O desemprego, que já marcava as sociedades desde a automação da produção, se acentuou nesse período.

O papel do Estado

O capitalismo globalizado tem como principal sustentáculo ideológico o **neoliberalismo**, que basicamente propõe total liberdade às leis de mercado e mudanças no papel do Estado, limitando a intervenção deste na economia. Observe outras características do Estado nessa fase.

- Deixa de ser o regulador da economia, iniciando uma fase de **desregulamentação**, ou seja, de eliminação das normas ou regras que podem impedir a expansão e ação das empresas.
- De protetor das economias nacionais, o Estado passa a promover a abertura dos países para o mercado externo, reduzindo ou eliminando taxas alfandegárias sobre as importações.
- Assegura liberdade de ação ao capital internacional.
- Passa a garantir o equilíbrio no balanço de pagamentos e a **privatização** (venda de uma empresa pública para uma particular) das empresas estatais (tabela 1), entregando-as a grandes grupos. Nos países subdesenvolvidos, a venda das companhias estatais é uma condição imposta pelo FMI e pelo Banco Mundial, em troca de ajuda econômica.

Tabela1

Receita mundial com privatizações — 1988 a 1995 (em bilhões de dólares)	
América Latina	68,1
Leste europeu e Ásia central	25,1
Sudeste asiático	24,7

Fonte: dados da OCDE.

- No neoliberalismo, o Estado tem o papel de institucionalizar os mercados e se descompromete, em grande parte, com os investimentos sociais, reduzindo cada vez mais suas obrigações. É o chamado **Estado mínimo**.

Na Europa, iniciou-se em 1999 o processo de circulação de uma moeda única, o **euro**, que substituiu as moedas nacionais de onze países daquele continente, representando mais um passo para a globalização.

8 A globalização

Desde que as sociedades estabeleceram contatos entre si, houve a troca de informações, de técnicas e de cultura. Em determinados períodos da história da humanidade esses contatos se aceleraram. As Grandes Navegações, as expansões colonialista e imperialista foram alguns dos momentos que permitiram ao europeu expandir a sua civilização. A ampliação dos **espaços de lucro** (obtenção de mercados, locais de investimento e fontes de matérias-primas) conduziu à globalização.

Até a Revolução Industrial, o processo de internacionalização foi lento. No processo de industrialização, os hábitos de consumo foram padronizados por meio de uma **mídia** poderosa, baseada nos meios de comunicação de massa. O processo de globalização, utilizando os avanços tecnológicos (meio técnico-científico), produziu a maior aceleração de todos os tempos. Informações, hábitos, técnicas que levavam anos ou décadas para ir de um continente a outro passaram a poder chegar instantaneamente. Ocorreu também uma interligação acelerada dos mercados.

Figura 9

ATTA KENARE-AFP/CORBIS-STOCK PHOTOS

Apesar da universalização dos mercados e do consumo, a diversidade cultural ainda marca os lugares do mundo. Jovem iraniana, vestida com chador, utiliza a internet em um cybercafé, em Teerã.

A globalização se faz sentir não só na esfera econômica. Ao longo do século XX, a globalização do capital foi conduzindo à globalização da informação, dos padrões culturais e de consumo. Leia o texto do boxe ao lado.

A **globalização** é, portanto, um conjunto de mudanças que estão ocorrendo na esfera econômica, financeira, comercial, social e cultural, intensificando a relação entre os países, os povos e os sistemas produtivos. Implica a uniformização global de padrões econômicos e culturais.

Trata-se de um processo em curso, uma nova fase do capitalismo e do imperialismo, comandado pelas grandes empresas transnacionais, que procuram abrir novos mercados. O poder dessas empresas ultrapassa cada vez mais o poder das economias nacionais.

Vale ressaltar que nem todos os países se inserem na economia global no mesmo ritmo.

No quadro a seguir sintetizamos as principais características das fases do capitalismo.

"A Terceira Revolução Industrial teria produzido um 'meio técnico-científico' [...] e um 'ciberespaço' pautado em relações ditas em 'tempo real' através das 'infovias', interligando instantaneamente os diferentes espaços do planeta [...]. Cria-se assim um novo conjunto de redes informacionais, dentre as quais a internet é o exemplo mais expressivo, envolvendo até agora uma elite de cerca de 60 milhões de usuários. Começa assim a ser forjada, ao lado de uma globalização econômico-financeira, uma espécie de 'cultura global' pautada na cibernética e nas múltiplas conexões que ela permite ativar. [...]

A construção de uma 'memória internacional popular' traduziria o 'imaginário das sociedades globalizadas', onde a mídia e as grandes empresas tornam-se agentes preferenciais, fornecendo novas referências culturais para a identidade social através de esferas como o lazer (o cinema e os *westerns* americanos), o vestuário (a universalização do *jeans*) e a alimentação (as redes de *fast-food*)."

HAESBAERT, Rogério (org.). *Globalização e fragmentação do mundo contemporâneo*. Rio de Janeiro, EdUFF, 1998. p. 18 e 20.

Quadro 1

Características das fases do capitalismo

Característica	*Capitalismo comercial*	*Capitalismo industrial*	*Capitalismo financeiro*
Período aproximado	Século XVI a 1850	1850 ao início do século XX	Século XX
Prática econômica	Mercantilismo	Liberalismo econômico	Neoliberalismo
Escala espacial	Formação de grandes impérios	Soberania para o Estado-nação e neocolonialismo	Imperialismo e domínio dos blocos econômicos
Papel do Estado	Intervenção na economia	Regulação da economia, defesa da propriedade e da livre iniciativa	Desregulamentação, abertura da economia para as transnacionais
Centro de decisões	Nacional	Nacional	Supranacional
Principais inovações tecnológicas	Transportes marítimos, armamentos e técnicas de navegação	1ª Rev. Industrial: máquina a vapor 2ª Rev. Industrial: motores, química, aparelhos eletrônicos, trens elétricos, petróleo, automóveis	3ª Rev. Industrial: computação, química fina, telecomunicações, nuclear, robótica, biotecnologia
Mercado	Protecionismo alfandegário	Barreiras alfandegárias	Internacionalização da economia
Organização do trabalho	Artesanal e personalizado	Produção em massa e padronizada (fordismo/taylorismo)	Toyotismo, inovações, ajustes flexíveis, *just in time*
Economia	Expansão comercial	Produção industrial	Período técnico-científico: informação e comunicação
Principais espaços de referência	Portugal, Espanha, Inglaterra, Holanda, França	Grã-Bretanha, França, Alemanha, EUA, Japão	EUA, Japão, União Européia, Tigres Asiáticos

AVALIE SEU APRENDIZADO

Fixando o conteúdo

1 O mapa abaixo apresenta os principais produtos do comércio mundial do século XVIII.

PRINCIPAIS PRODUTOS DO COMÉRCIO MUNDIAL — século XVIII

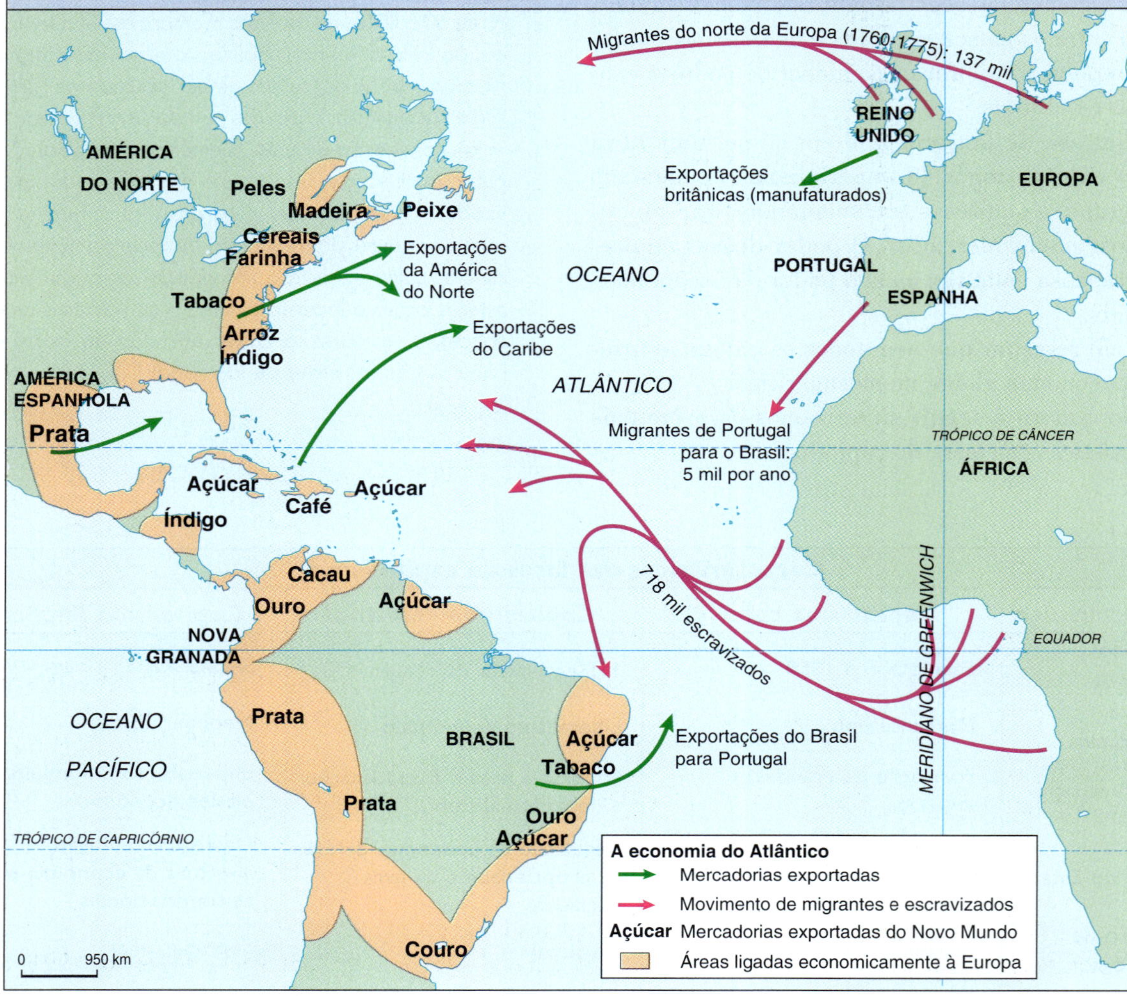

Fonte: *Atlas da história do mundo*. p. 194.

a) Observe as principais mercadorias produzidas na Europa, na América do Norte, na América Central, na América do Sul e na África e explique a divisão internacional do trabalho.

b) Analise o fluxo de saída de pessoas da África e fale sobre a sua necessidade no projeto colonial.

c) A partir da interpretação do mapa explique a frase seguinte: "As economias periféricas subdesenvolvem-se em proveito das economias industrializadas do centro."

SALAMA, Pierre. *O processo de subdesenvolvimento*. Petrópolis, Vozes, 1976.

2 Compare as três fases da Revolução Industrial ou Tecnológica quanto às inovações tecnológicas.

3 Organize um quadro, listando pelo menos duas características de cada fase do capitalismo: comercial, industrial e financeiro.

4 Observe a foto e responda às questões.

NORBERT SCHILLER/GETTY IMAGES

Cairo (Egito), maio de 2002.

a) É possível identificar na foto o encontro de culturas diferentes?

b) Que papel desempenharam as inovações tecnológicas na aceleração do contato entre os povos?

5 Quais são as diferenças existentes entre as políticas ou doutrinas econômicas que orientaram cada fase do capitalismo?

6 Cite duas diferenças entre o processo de produção fordista/taylorista e o processo toyotista.

COMPLEMENTAÇÃO DO ESTUDO

Leituras

ANDRADE, Manuel Correia de. *Imperialismo e fragmentação do espaço*. São Paulo, Contexto/Edusp, 1991. (Coleção Repensando a Geografia)

BRIGAGÃO, Clóvis e RODRIGUES, Gilberto. *Globalização a olho nu: o mundo conectado*. São Paulo, Moderna, 1998. (Coleção Polêmica)

IANONE, Roberto Antônio. *A Revolução Industrial*. São Paulo, Moderna, 1993. (Coleção Polêmica)

MAGNOLI, Demétrio. *Globalização, Estado nacional e espaço mundial*. São Paulo, Moderna, 1997. (Coleção Polêmica)

MARTINEZ, Paulo. *Multinacionais, desenvolvimento ou exploração?* 16. ed. São Paulo, Moderna, 1994. (Coleção Polêmica)

NOVAES, C. E. e RODRIGUES, V. *Capitalismo para principiantes*. São Paulo, Ática, 1991.

SINGER, Paul. *O capitalismo, sua evolução, sua lógica e sua dinâmica*. 7. ed. São Paulo, Moderna, 1991. (Coleção Polêmica)

Vídeo

- *Tempos modernos* (EUA, 1936); dir. Charles Chaplin; 85 min. Crítica à industrialização "desumana", mostra o dia-a-dia de um operário de uma grande indústria. (Continental Home Vídeo)

Sites

- *www.diplo.com.br* Edição brasileira do *Le Monde Diplomatique*, com análises geopolíticas.
- *http://www.vestibular1.com.br/revisao/rv1_geo.htm* Oferece texto sobre a globalização.
- *http://www.ieducacao.pro.br/geografia/didatico/didatico.htm* Enciclopédia *on line* com textos sobre globalização e conflitos atuais, entre outros.

CAPÍTULO 2

A desintegração dos países socialistas, a nova ordem mundial e as conseqüências da globalização

1 A produção do espaço geográfico no socialismo

Inicialmente o socialismo era apenas um conjunto de idéias contra a exploração de uma classe social por outra e contra o capitalismo, pelo fato de este sistema ter feito do capital, do lucro e da competição seus principais objetivos. Os principais teóricos do socialismo, Karl Marx (1818-1883) e Friedrich Engels (1820-1895), propunham, entre outras coisas, a abolição da propriedade privada, a formação de uma sociedade sem classes, a igualdade salarial, a emancipação da humanidade por meio do retorno às atividades em que a produção associativa estivesse controlada e voltada para o trabalhador, e não este para aquela.

Desde o final do século XIX as idéias socialistas ou comunistas de Engels e Marx, o **marxismo**, deram origem a movimentos políticos.

No século XX, o socialismo foi instituído como sistema político. Em 1917, a classe trabalhadora russa, liderada por Lênin e pelos bolcheviques, fez eclodir uma revolução que resultou no surgimento do primeiro país socialista do mundo: a Rússia. Em 1922, formou-se a URSS, União das Repúblicas Socialistas Soviéticas ou União Soviética, inicialmente composta pela Rússia, Ucrânia, Belarus, Azerbaijão, Armênia e Geórgia.

Desde o final do século XIX, o movimento socialista passou a abrigar correntes antagônicas: a ala mais radical passou a ser chamada de **comunista** (significando a verdadeira teoria revolucionária marxista) e os outros movimentos passaram a se denominar **socialistas**, englobando tanto a política dos partidos social-democratas quanto a dos reformistas.

O modo de produção socialista apresenta as seguintes características fundamentais:

- a propriedade privada dos meios de produção é substituída pela propriedade social, agora pertencente ao Estado e controlada pelos trabalhadores;
- o Estado tem a função de distribuir bens e serviços de acordo com as necessidades de cada indivíduo;
- o poder do proletariado é exercido por intermédio do Estado socialista, que passa a planejar a economia, estipulando o quê e como produzir. Vale lembrar que a simples intervenção do Estado na economia não caracteriza o socialismo, e muito menos o comunismo, e sim o **capitalismo de Estado**.

No entanto, houve muitas modalidades de socialismo nos países que adotaram esse regime.

2 Capitalismo *versus* socialismo: Guerra Fria

Depois da Segunda Guerra Mundial, o socialismo se expandiu, sendo adotado por outros Estados europeus: Polônia, Bulgária e Iugoslávia (todos em 1945), Romênia (1947), Tchecoslováquia (1948), República Democrática Alemã e Hungria (ambas em 1949). O socialismo foi instituído também em países asiáticos — como Mongólia (1921), Coréia do Norte (1948), China (1949), Vietnã do Norte (1950), Camboja (1951) e Laos (1975) —, em países africanos — como Angola e Moçambique (ambos em 1975) — e na América — em Cuba (1959).

A reorganização econômica do mundo capitalista depois da Segunda Guerra Mundial foi comandada pelos Estados Unidos, com o auxílio de diversas estratégias, planos e instituições (Plano Marshall, FMI, Tratado de Roma etc.). Veja mais sobre essas instituições no capítulo 1 da unidade V.

Temendo a expansão do socialismo para o Ocidente, o governo dos Estados Unidos financiou a recuperação econômica de alguns países destruídos pela guerra. O **Plano Marshall**, posto em prática a partir de 1947, fornecia alimentos, matérias-primas, capitais, projetos, técnicos e tecnologia, para ajudar na recuperação daqueles países, fortalecendo e consolidando a influência estadunidense no mundo.

A destruição e o enfraquecimento geopolítico das grandes potências capitalistas européias e do Japão, após a guerra, somados ao avanço do socialismo, possibilitaram um confronto tecnológico e econômico e a divisão do mundo entre dois modos de produção, entre duas superpotências emergentes e ideologicamente antagônicas. De um lado os Estados Unidos (líder do bloco capitalista) e do outro a União Soviética (líder do bloco socialista) deram origem a uma **bipolarização** do mundo.

A URSS preocupava-se em expandir o sistema socialista para outros países com a finalidade de garantir suas conquistas internas, enquanto os EUA preocupavam-se em manter seus mercados compradores e o sistema capitalista mundial, que passavam a liderar. Os dois blocos tentavam manter sua área de influência com a formação de alianças econômicas — como o Mercado Comum Europeu (MCE), do lado capitalista, e o Conselho de Ajuda Econômica Mútua (Comecom, extinto em 1991), do lado socialista. Os dois blocos formaram organizações militares, em aliança com diversos países: do lado capitalista, a Organização do Tratado do Atlântico Norte (Otan), fundada em 1949, e comandada pelos EUA, e, do lado socialista, o Pacto de Varsóvia (estabelecido em 1955 e extinto em 1991), comandado pela URSS.

Esse período de conflitos e hostilidades ficou conhecido como **Guerra Fria** (figura 1), pois constituía uma guerra não-declarada. Observe, agora, alguns fatos que marcam esse período de hostilidades entre as duas superpotências.

- Em 1945, no final da Segunda Guerra, a Coréia foi dividida pelo paralelo 38° em duas zonas de ocupação. Em 1948 foram criados dois Estados. De 1950 a 1953, iniciou-se a Guerra da Coréia, em que a China e a URSS apoiaram a Coréia do Norte, socialista, e os EUA, a Coréia do Sul, capitalista.
- Em 1959, Cuba tornou-se socialista, contrariando interesses estadunidenses na ilha. Em 1961, exilados cubanos treinados pela CIA (Agência de Inteligência dos EUA) desembarcaram na Baía dos Porcos, numa tentativa frustrada de restabelecer o antigo regime capitalista.
- A Alemanha, dividida desde 1949 em República Federal da Alemanha ou Alemanha Ocidental (capitalista) e República Democrática Alemã ou Alemanha Oriental (socialista), tornou-se um símbolo da

Figura 1

Fonte: *Atlas da história do mundo*. Londres/São Paulo, The Times/Folha de S.Paulo, 1993. p. 293.

Guerra Fria. Em 1961, as autoridades orientais ergueram o **Muro de Berlim.** O imenso paredão, que dividia a cidade em duas partes, tentava deter a grande migração rumo ao lado ocidental, que, estimulado pelo Plano Marshall, se mostrava mais próspero.

• As duas grandes potências passaram a disputar a primazia de chegar ao espaço, dando início à **corrida espacial**. Em 1961, a URSS liderou o primeiro vôo espacial tripulado. Em 1969, o primeiro homem (dos EUA) desceu na Lua.

• Em 1963, os EUA se envolveram na Guerra do Vietnã, numa ofensiva contra o comunismo.

• Com o fim das duas guerras e a explosão pelos EUA de duas bombas atômicas sobre Hiroshima e Nagasaki, no Japão, iniciou-se uma **corrida armamentista** entre os EUA e a URSS. Como as duas potências desenvolveram grande poder bélico, passou a vigorar nessa época o chamado "**equilíbrio do terror**", que contribuiu para que um enfrentamento nuclear não ocorresse de fato.

Observando novamente a figura 1, na página anterior, podemos avaliar a situação de tensão existente na época entre as duas potências, evidenciada na localização de seus mísseis e bases militares.

3 Desintegração dos países socialistas

O desenvolvimento do **socialismo**, modo de produção fundado na idéia de igualdade social e na planificação da economia, foi muito grande. Sob esse regime, muitos países obtiveram conquistas sobretudo na área social, embora não tenham conseguido alcançar a produção econômica dos países capitalistas desenvolvidos.

Os investimentos em infra-estrutura e em indústrias de base permitiram um grande crescimento econômico à União Soviética.

O Estado foi o agente centralizador e planificador das economias socialistas, regulando, administrando, distribuindo a produção e definindo padrões de consumo. No entanto, alguns fatores contribuíram para a dissolução da maior parte dos países socialistas do mundo.

• A supercentralização estatal funcionou como uma faca de dois gumes. Por um lado, permitiu uma produção acessível a toda a população, eliminando diversos intermediários presentes na economia de mercado. Por outro lado, o controle excessivo, a corrupção e a falta de motivação, entre outros fatores, fizeram subir o custo da produção.

• As estruturas burocráticas, o excessivo controle estatal, o regime de partido único e os privilégios da classe dirigente anulavam as liberdades individuais dos cidadãos comuns e essa falta de perspectiva coletiva limitou o desenvolvimento.

• A dificuldade de ingressar na economia mundial.

Diversos protestos e contestações criaram as condições para as mudanças estruturais que passaram a ocorrer a partir da década de 1980 na maior parte dos países socialistas. Teve início uma onda de reformas políticas, sociais e econômicas que visavam não apenas corrigir as distorções, como também adotar práticas típicas do capitalismo (livre iniciativa, propriedade privada, economia de mercado, pluripartidarismo etc.), na tentativa de superar o relativo atraso econômico e tecnológico.

Tudo isso contribuiu para a derrocada do socialismo no Leste europeu. Durante esse processo, alguns países da Europa Ocidental mergulharam em turbulências políticas e militares. A Tchecoslováquia se

Figura 2

DAVID BRAUCHLI-REUTERS/CORBIS-STOCK PHOTOS

Momento histórico: foi autorizada a destruição do Muro de Berlim, símbolo da Guerra Fria e da separação entre os blocos capitalista e comunista. Na foto, flagrante da destruição do Muro nas imediações do Portão de Brandemburgo, em novembro de 1989.

fragmentou em duas novas repúblicas. A Iugoslávia mergulhou numa sangrenta guerra civil. Observe no quadro 1 outros fatos desse período.

Em 1991, a URSS deixou de existir. Em seu lugar surgiu a Federação Russa (tradicionalmente chamada de Rússia) e foi criada a **Comunidade de Estados Independentes** (CEI), que passou a coordenar as várias ex-repúblicas soviéticas. Em 1992, com o programa de transição para o capitalismo, iniciou-se na Federação Russa o processo de desestatização e de liberalização econômica, que deu origem a problemas como inflação, recessão, desemprego e crescimento da criminalidade.

Com a desintegração da União Soviética e o colapso do socialismo, muitos novos países surgiram no cenário mundial. Observe a figura 3.

Quadro 1

Implosão do comunismo no Leste europeu

País	Acontecimento
Alemanha Oriental	Em 1989 o Muro de Berlim, símbolo da Guerra Fria, é derrubado.
Polônia	Operários poloneses, reunidos no movimento sindicalista Solidariedade, derrubam o monolitismo do Partido Comunista (PC). Lech Walesa, do Solidariedade, é eleito presidente em 1990.
Bulgária	Estabelecimento do pluripartidarismo, desde 1988, e derrota do comunismo, em 1991.
Hungria	Dissolução do PC, em 1989, e abandono do comunismo, em 1990.
Romênia	Uma revolução derruba o regime ditatorial de Ceaucescu, que é executado junto com sua mulher em 1989.
Tchecoslováquia	A Revolução de Veludo termina com o regime comunista de forma não-violenta, em 1989. Divisão do país (1993) em República Tcheca e Eslováquia.
Países que se tornaram independentes	Ucrânia (1990), Estônia, Lituânia, Letônia (todas em 1991).
URSS	Mikhail Gorbatchov inicia em 1985 a abertura política (*glasnost*) e a reestruturação econômica (*perestroika*). Dissolução da URSS (1991) e formação da Comunidade de Estados Independentes(CEI).

Figura 3

ESTADOS CRIADOS COM A DESINTEGRAÇÃO DOS PAÍSES SOCIALISTAS

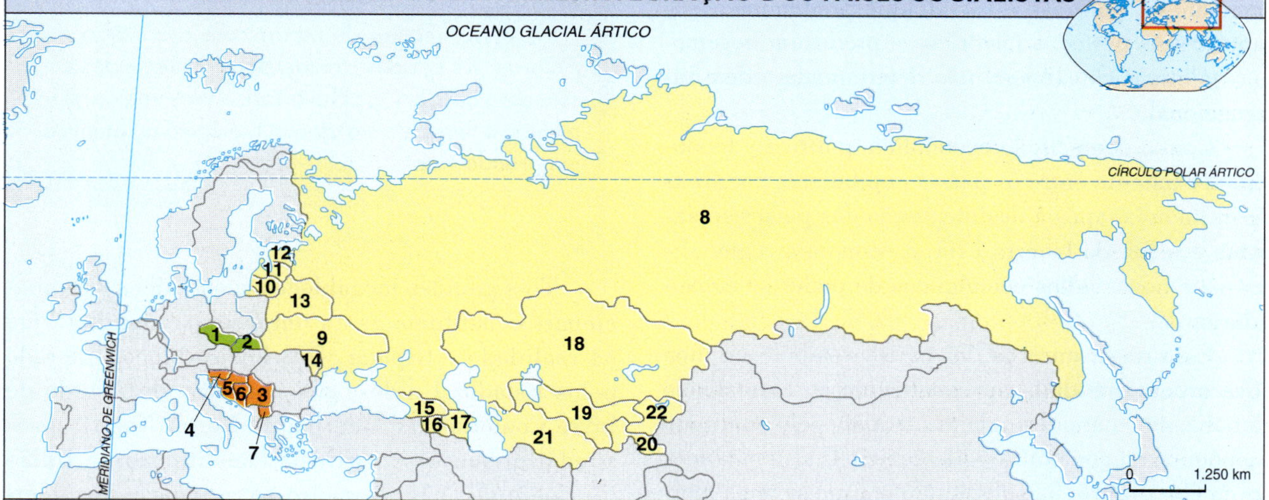

Antigo país socialista	Novos Estados
Tchecoslováquia	República Tcheca (1) e Eslováquia (2)
Iugoslávia	Sérvia e Montenegro (3), Eslovênia (4), Croácia (5), Bósnia-Herzegóvina (6) e Macedônia (7)
União Soviética	Fed. Russa (8), Ucrânia (9), Lituânia (10), Letônia (11), Estônia (12), Belarus (13), Moldova (14), Geórgia (15), Armênia (16), Azerbaijão (17), Cazaquistão (18), Uzbequistão (19),Tadjiquistão (20), Turcomenistão (21) e Quirguistão (2)

Fontes: organizado a partir de dados do *L'état du monde 2001. Paris, La Découverte*, 2000; e *Calendário Atlante De Agostini 2000*. Novara, Istituto Geografico De Agostini, 1999.

A atual Sérvia e Montenegro é formada também pelas províncias de Voivodina (autônoma) e de Kosovo (sob administração da ONU).

Fim da Guerra Fria

Desde 1985, com a ascensão ao poder do líder Mikhail Gorbatchov, na URSS, a tensão entre as duas superpotências começou a diminuir. Com a queda do Muro de Berlim e o desmantelamento dos países socialistas, a Guerra Fria terminou, pondo fim ao sistema bipolar que dividia o mundo entre as duas superpotências, entre o capitalismo e o comunismo.

As mudanças no Leste europeu levaram a Otan a propor, em 1994, um programa de cooperação militar na Europa, a **Parceria pela Paz**. A Rússia se opôs, mas em 1998 assinou a ampliação da aliança, marco formal do fim da Guerra Fria. A partir de 1999, a Polônia, a República Tcheca e a Hungria passaram a integrar essa organização como países-membros.

Todos esses acontecimentos e o esfacelamento da URSS em 15 repúblicas trouxeram à luz um grave problema: o contingente nuclear armazenado durante anos de Guerra Fria. Leia o texto do boxe ao lado.

Potências nucleares

Depois de anos de negociações e tentativas de desarmamento, após o final da Guerra Fria, muitas potências se comprometeram a reduzir seus arsenais nucleares. Em 1968 foi criado o **Tratado de Não-Proliferação Nuclear** (TNP ou NTP, em inglês), que proíbe o desenvolvimento, a produção, o armazenamento, a comercialização e o uso de armas nucleares e ainda prevê o desarmamento dos países que já as possuem.

Os **Tratados de Redução de Armas Estratégicas** (Start, em inglês) também têm contribuído para a redução dos arsenais.

No entanto ainda vivemos em um mundo perigoso. Por volta de 40 países possuem capacidade técnica e material para desenvolver armas nucleares de destruição em massa; mais de 15 nações contam com mísseis balísticos de curto alcance e aproximadamente 20 países têm programas de armas químicas.

Os Estados Unidos e a Federação Russa são as grandes potências nucleares do planeta, seguidos por França, China e Reino Unido. A Índia e o Paquistão possuem armas nucleares. Israel, embora nunca tenha realizado testes, é considerado uma potência nuclear, pois calcula-se que tenha um importante arsenal. Suspeita-se que alguns países (Irã, Iraque, Coréia do Norte e Líbia) mantenham programas nucleares secretos.

A disseminação de cartas com a bactéria do Anthrax nos Estados Unidos, após os atentados em setembro de 2001 em Nova York e Washington, aumentou o temor de um ataque biológico ou químico em grande escala.

4 A nova ordem mundial e os blocos econômicos

Considera-se que o conjunto de características econômicas, políticas e sociais que predominam durante certos períodos históricos e produzem hegemonias políticas constituem uma determinada **ordem internacional**.

Com a competição econômica, política e tecnológica existente entre os países capitalistas por áreas de influência, após a desintegração dos países socialistas e o fim da Guerra Fria, a economia regionalizou-se e novos pólos econômicos de poder se consolidaram.

Essa reestruturação dos países estabeleceu uma **nova ordem mundial**, correspondente ao capitalismo globalizado e caracterizada muito mais pelo confronto econômico do que político-ideológico. O sistema bipolar da Guerra Fria foi substituído por um sistema multipolar.

Essa nova ordem caracteriza-se pela hegemonia de países que apresentam elevada produtividade, competitividade e domínio técnico e científico. Por isso observa-se a liderança de países como os EUA, a Alemanha e o Japão, aglutinados em pólos nos quais se acelera a concentração do capital.

Três grandes megablocos econômicos supranacionais constituem agora um sistema mundial, que na realidade é tripolar. O primeiro bloco, liderado pelos Estados Unidos, gira em torno do Acordo de Livre Comércio da América do Norte (Nafta); o segundo formou-se a partir da constituição da União Européia (UE) e o terceiro surge com o fortalecimento da Cooperação Econômica da Ásia e do Pacífico (Apec), liderada pelo Japão. Observe os mapas da figura 4.

Dois processos antagônicos e complementares subsistem lado a lado na economia mundial: a globalização e a regionalização (formação de blocos regionais).

Figura 4

OS GRANDES BLOCOS ECONÔMICOS — 2002

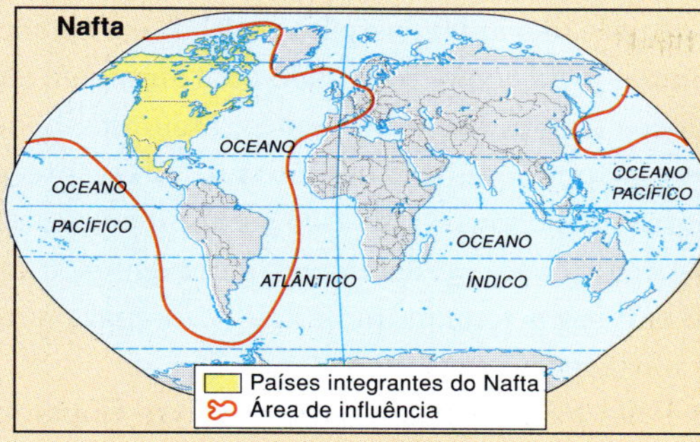

Nafta (Acordo de Livre Comércio da América do Norte) — desde 1988
Objetivos: eliminação das barreiras alfandegárias; integração das economias dos países-membros.
Integrantes: Canadá, Estados Unidos e México.
PIB: 10.270.733 milhões de dólares.
PIB *per capita*: 25.341 dólares.

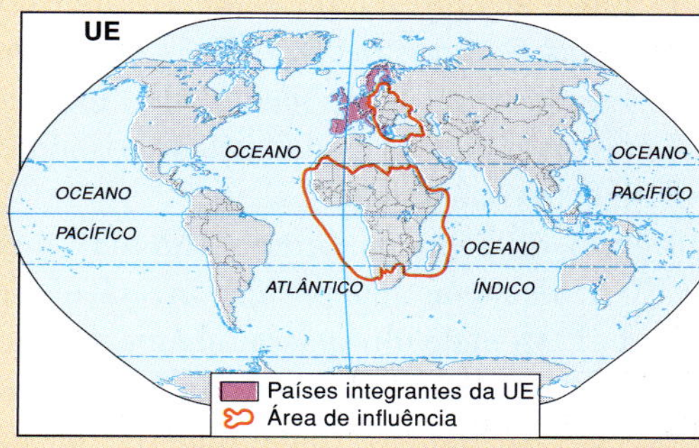

UE (União Européia) — desde 1993
Objetivos: integração econômica; eliminação de barreiras alfandegárias; criação de um banco central da comunidade; circulação de uma moeda comum (o euro) em substituição às moedas dos países-membros; livre circulação de pessoas, mercadorias, capitais e mão-de-obra.
Integrantes: Alemanha, Áustria, Bélgica, Dinamarca, Espanha, Finlândia, França, Grécia, Irlanda, Itália, Luxemburgo, Países Baixos, Portugal, Reino Unido e Suécia.
PIB: 8.497.382 milhões de dólares.
PIB *per capita*: 22.636 dólares.

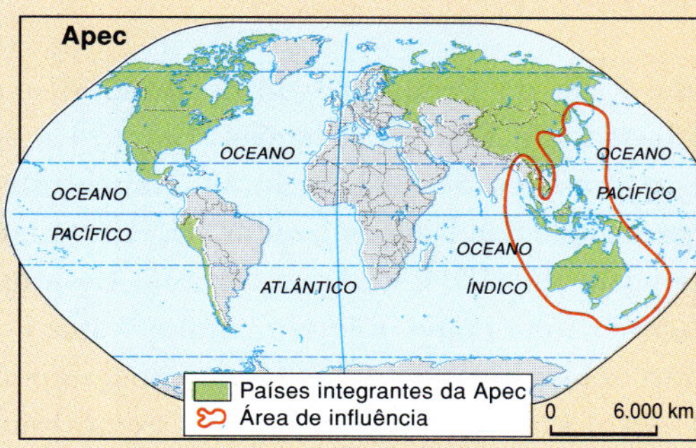

Apec (Cooperação Econômica da Ásia e do Pacífico) — desde 1993
Objetivos: abertura de mercados entre os países-membros; estabelecimento de uma zona de livre comércio até 2020.
Integrantes: Austrália, Brunei, Canadá, Chile, China, Cingapura, Coréia do Sul, EUA, Filipinas, Indonésia, Japão, Malásia, México, Nova Zelândia, Papua Nova Guiné, Peru, Rússia, Tailândia, Taiwan, Vietnã e Hong Kong.
PIB: 17.538.130 milhões de dólares.
PIB *per capita*: 7.037 dólares.

Fontes: *L'état du monde 2002*; *Calendário Atlante De Agostini 2002*.

O bloco econômico europeu: União Européia

Com o objetivo de se fortalecer e eliminar obstáculos aduaneiros entre os países-membros, de modo a fazer frente ao poderio econômico dos EUA, após a Segunda Guerra Mundial os países europeus se uniram, criando diversos blocos econômicos. Observe alguns deles:

- **Benelux,** em 1944, composto por Bélgica, Países Baixos (Holanda ou Nedherlands) e Luxemburgo. A abolição de barreiras alfandegárias ampliou o mercado consumidor desses países.
- **Comunidade Européia do Carvão e do Aço** (Ceca), em 1952, formada por Alemanha, França, Itália, Bélgica, Países Baixos e Luxemburgo, com o objetivo de estabelecer um mercado comum para a siderurgia, o carvão, o ferro e o aço.
- Em 1957, França, Itália, Alemanha Ocidental, Holanda, Bélgica e Luxemburgo assinaram o **Tratado de Roma** formando a **Comunidade Econômica Européia** (CEE) ou o **Mercado Comum Europeu** (MCE), cuja finalidade era eliminar obstáculos aduaneiros entre os países-membros. Em razão de suas ligações com os países da Comunidade Britânica, o Reino Unido não fazia parte dessa instituição. Somente em 1973 Inglaterra, Irlanda e Dinamarca ingressaram no MCE. Na década de 1980, aderiram Grécia, Portugal e Espanha. Áustria, Finlândia e Suécia ingressaram em 1995.

O MCE foi o início de um grande sonho europeu: a formação de uma poderosa comunidade, a **União Européia** (UE). O **Tratado de Maastricht**, que foi assinado em 1991 e entrou em vigor em 1993, deu origem ao bloco, que representa o estágio mais avançado do processo de formação de blocos econômicos no contexto da globalização.

Formada por 15 países da Europa ocidental, com relações econômicas privilegiadas, a UE é o segundo bloco econômico mundial em termos de PIB. Em janeiro de 1999, foi lançado o euro, moeda unificada. Em 2002 as moedas nacionais de 11 países da UE — com exceção do Reino Unido, Suécia e Dinamarca — foram extintas e substituídas pelo euro.

Bloco econômico japonês ou asiático

O Japão sempre tentou evitar as interferências das potências estrangeiras ocidentais expansionistas. Após a segunda metade do século XIX, implementou políticas econômicas de modernização, visando ao desenvolvimento econômico.

Depois da Segunda Guerra Mundial, auxiliado pelos EUA, alcançou uma posição invejável no cenário mundial. Além de ultrapassar alguns de seus principais concorrentes do bloco capitalista (Reino Unido, França e Alemanha), transformou-se na segunda maior economia mundial e no mais importante rival econômico da maior potência capitalista mundial, os Estados Unidos.

Apesar da presença dos EUA na **Apec**, o Japão lidera um bloco de países asiáticos, estendendo sua influência à China, à Austrália e à Nova Zelândia.

Após se recuperar dos principais efeitos da Segunda Guerra Mundial, o Japão passou a realizar investimentos econômicos e financeiros em países da região, entre eles os **Tigres Asiáticos**, grupo composto pela Coréia do Sul, Taiwan, Hong Kong e Cingapura. Esse grupo, que recebeu investimentos para conter o avanço comunista durante a Guerra Fria, destacou-se no mundo subdesenvolvido, apresentando elevadas taxas de crescimento e melhoria no nível socioeconômico, em conseqüência das exportações de produtos eletrônicos, automóveis etc. O Japão tem investido também na China, e nos **novos Tigres Asiáticos** (Malásia, Indonésia, Filipinas e Tailândia).

Bloco econômico norte-americano

Como vimos, os norte-americanos ainda mantêm uma área de influência que se estende além do continente americano.

Na América do Norte, o Canadá e os EUA se uniram desde 1988 e receberam a adesão do México em 1993, consolidando o comércio daquela região. Em 1994 entrou em vigor o **Acordo de Livre Comércio da América do Norte** (Nafta), cujo objetivo era eliminar as barreiras alfandegárias entre os países.

As principais vantagens para os EUA e o Canadá foram o aumento da competitividade num ambiente global de blocos comerciais emergentes, além dos benefícios aos consumidores em função dos baixos preços dos produtos mexicanos. O México garantiu acesso aos mercados americanos, crescimento econômico e aumento de empregos e da entrada de divisas para cumprir suas obrigações com os credores.

Em 1994 foi proposta a Área de Livre Comércio das Américas, a **Alca**, com o objetivo de reunir todos os 34 países americanos, exceto Cuba, integrando os mercados americanos e eliminando barreiras alfandegárias. No capítulo 4 desta unidade você pode encontrar mais informações sobre a Alca.

5 Organizações internacionais e regionais

Desde o fim da Primeira Guerra Mundial, em 1920, foi formada a **Liga das Nações**. Em 1945, as funções e atribuições dessa Liga foram transferidas para a **Organização das Nações Unidas** (**ONU**), atualmente composta de 191 Estados-membros. Essa organização, que tinha como objetivo manter a paz e a justiça internacionais, desempenhou um papel importante na Guerra Fria, mas não conseguiu evitar muitos conflitos e guerras nem defender povos ameaçados. Ao contrário, a ONU tem ultimamente contribuído para manter as injustiças, como no caso da Líbia, à qual impôs severas sanções econômicas em 1992, e do Iraque, ao qual decretou embargo econômico desde 1990.

Fazem parte da ONU alguns organismos, como o Banco Mundial, que engloba o Banco Internacional para a Reconstrução e o Desenvolvimento (Bird), a Organização das Nações Unidas para a Alimentação e a Agricultura (FAO), a Organização Internacional do Trabalho (OIT), a Organização das Nações Unidas para a Educação, a Ciência e a Cultura (Unesco), o Fundo das Nações Unidas para a Infância (Unicef) e diversos outros.

Um grupo de potências constituído pelos sete países mais ricos do mundo — Estados Unidos, Japão, Alemanha, França, Itália, Reino Unido e Canadá — reuniu-se no chamado **Grupo dos Sete** (**G-7**). Em 1998, a Rússia passou a integrar esse grupo, dando origem ao **G-8**. Graças à sua força econômica, esses países influenciam os padrões mundiais de desenvolvimento, controlam a maior parcela da produção econômica mundial e, conseqüentemente, interferem no destino de toda a humanidade.

Organizações regionais

Após a Segunda Guerra Mundial, além de se formarem os grandes blocos, diversos países se reuniram em organizações geopolíticas e econômicas, constituindo blocos econômicos regionais de diversos tipos.

Na Europa, a Islândia, Liechtenstein e a Noruega compõem o **Espaço Econômico Europeu** (EEE), área de livre comércio, criado em 1992.

Brasil, Argentina, Paraguai e Uruguai integram o **Mercado Comum do Sul** (Mercosul), criado em 1991 com o objetivo de adotar políticas de integração econômica e comercial. Chile e Bolívia são membros associados do Mercosul desde 1996. O capítulo 4 desta unidade traz mais informações sobre o Mercosul.

Os países africanos e do Oriente Médio também formam diversas organizações. Veja na figura 5 a distribuição de importantes organizações regionais da atualidade.

Figura 5

PRINCIPAIS ORGANIZAÇÕES REGIONAIS — 1999

CEI (Comunidade de Estados Independentes) — desde 1991
Objetivos: reunião das ex-repúblicas socialistas em uma confederação de Estados, com preservação da soberania; centralização das forças armadas; uso de moeda comum (o rublo).
Integrantes: Armênia, Azerbaijão, Belarus, Cazaquistão, Federação Russa, Geórgia, Moldávia, Quirguistão, Tadjiquistão, Turcomenistão, Ucrânia e Uzbequistão.
PIB: 516.528 milhões de dólares.
PIB *per capita*: 1.825 dólares.

Asean (Associação das Nações do Sudeste Asiático) — desde 1967
Objetivos: estabilidade política; aceleração do processo de desenvolvimento da região.
Integrantes: Brunei, Camboja, Cingapura, Filipinas, Indonésia, Laos, Malásia, Mianma, Tailândia e Vietnã.
PIB: 545.505 milhões de dólares.
PIB *per capita*: 1.074 dólares.

Caricom (Mercado Comum e Comunidade do Caribe) — desde 1973
Objetivos: cooperação econômica e política; livre comércio.
Integrantes: Antígua e Barbuda, Bahamas (não participa do mercado comum), Barbados, Belize, Dominica, Granada, Guiana, Haiti, Jamaica, Santa Lúcia, São Cristóvão e Nevis, São Vicente e Granadinas, Suriname, Trinidad e Tobago. Territórios: Anguilla, Monte Serrat, Ilhas Turks e Caicos, Ilhas Virgens Britânicas. Cuba é observadora.
PIB: 29.050 milhões de dólares.
PIB *per capita*: 2.012 dólares.

Mercosul (Mercado Comum do Sul) — 1991
Objetivos: instalação de zona de livre comércio; eliminação de barreiras alfandegárias; união aduaneira.
Integrantes: Argentina, Brasil, Paraguai, Uruguai, Chile e Bolívia (os dois últimos não participam da união aduaneira).
PIB: 1.063.217 milhões de dólares.
PIB *per capita*: 4.985 dólares.

Fontes: *L'état du monde 2000*; e *Calendário Atlante De Agostini 2000*.

Recordando

Integração econômica

Existem diversos tipos de integração econômica:

- **zona de livre comércio** — circulação de bens com taxas alfandegárias reduzidas ou eliminadas.
- **união aduaneira** — abertura de mercados internos e padronização das tarifas para diversos itens relacionados com o comércio com países que não pertencem ao bloco.
- **mercado comum** — permite a livre circulação comercial, financeira, de pessoas e de serviços.

6 A regionalização da economia e a globalização: um mundo sem fronteiras?

A internacionalização da política macroeconômica transforma países em territórios econômicos abertos e economias nacionais em reserva de recursos naturais e de mão-de-obra barata.

A proliferação de blocos econômicos em todos os continentes mostra uma tendência à regionalização da economia. No entanto, essa regionalização não impede a integração global dos mercados e o avanço da globalização, que nos dá a impressão de um mundo homogêneo, em que as fronteiras nacionais estão superadas, um mundo no qual podemos encontrar na Ásia, na América ou na Europa os mesmos produtos como *jeans*, as mesmas redes de *fast-food*.

A universalização e homogeneização do mundo podem ser constatadas em diversos espaços (sejam urbanos ou rurais) e atividades. Todo o processo produtivo tem estreita relação com a mídia, a propaganda e a tecnologia da internet.

A informação globalizada, somada à massificação da cultura, é manipulada pelos que controlam a economia global e pode constituir instrumento de domesticação social, descaracterizando e alienando o indivíduo. No entanto, existem hábitos regionais e resistências culturais à produção globalizada. Observe a figura 6.

O que temos visto é que, se por um lado todo esse processo retira a identidade individual, por outro alimenta a busca de identificações. Como já vimos, os povos procuram sua identidade na religião, na cultura, em sua história comum. Assistimos, assim, a uma explosão de movimentos de afirmação de nacionalidades e de identificações étnicas no mundo atual. Esse neonacionalismo, de cunho separatista, tem caráter diferente dos movimentos nacionalistas do século XIX (unificação da Alemanha e da Itália) ou do século XX (independência dos países asiáticos e africanos), que tinham caráter unificador e emancipatório.

Com tudo isso, podemos falar atualmente na existência de um Sistema Mundial ou de uma Sociedade Global?

Para isso seria necessário uma interconexão de todo o planeta em todos os sentidos: cultural, social, com relação aos gostos, ao consumo etc. Além da continuidade da existência dos Estados-nações, há fatos concretos que impedem essa mundialização total: a definição dos territórios, a língua, os costumes, a diversidade cultural e as particularidades regionais e étnicas dos povos.

Na realidade, o que tem acontecido é que, por um lado, as tendências mundiais muitas vezes assumem um caráter local, regional, ou seja, paralelamente ao espaço global, continua a haver um espaço local. Mesmo nos grandes blocos, como a União Européia, o conceito de nação continua forte entre os países-membros. Por outro lado, a orientação neoliberal tem

Figura 6

CAREN FIOCRUZ/REUTERS-NEWSCOM

Universalização dos costumes: jovens iranianas observam um eclipse solar com modernos óculos (Isfahan, agosto de 1999).

deixado de lado políticas protecionistas e privilegiado as grandes empresas transnacionais, em detrimento de interesses nacionais.

Pode parecer paradoxal que, ao lado do despertar de movimentos nacionalistas e da regionalização econômica, subsista a intenção de universalização do mundo. No entanto, o processo de expansão e de internacionalização do capitalismo trouxe consigo essas duas tendências.

7 Conseqüências da globalização

Vimos que o quadro político e socioeconômico existente hoje no mundo é resultado do processo de surgimento e expansão do modo de produção capitalista e, mais recentemente, da expansão do processo de globalização. Vejamos algumas conseqüências desse processo.

Com a globalização, houve, a partir dos anos 1980, um crescimento do comércio mundial. No entanto, a concorrência intercapitalista cria um espaço econômico mais instável, que exige competitividade. Os países subdesenvolvidos participaram com apenas 30% desse comércio.

Está ocorrendo maior concentração de riquezas: os países ricos ficam mais ricos e os pobres, mais pobres. Essa concentração de renda explica-se, entre outros motivos, pela redução das tarifas de importação, que beneficiou muito mais os produtos exportados pelos mais ricos. Os países mais pobres não têm conseguido exportar produtos agrícolas para os mais ricos, pois estes subsidiam a própria produção interna.

Com o declínio das taxas de crescimento econômico e com a crise da economia capitalista, os resultados da globalização são dramáticos. Para os países pobres, os custos sociais da globalização são muito altos, pois ela tem ocasionado a minimização do valor da mão-de-obra e o aumento do desemprego e, por conseqüência, dos excluídos. Soma-se a isso o desenvolvimento tecnológico, com a automação da produção e a dispensa de um número maior de trabalhadores. Esse tipo de desemprego, que afasta os trabalhadores de seu emprego por um longo período e não apenas em situações de crise (**desemprego conjuntural**), é denominado **desemprego estrutural**.

Para concorrer com o capital externo, as empresas nacionais são obrigadas a diminuir custos e demitir empregados. A mão-de-obra menos qualificada é descartada e adota-se a prática da terceirização do trabalho, eliminando-se muitos dos direitos dos trabalhadores.

Mesmo nos países desenvolvidos, as transnacionais diminuem seus custos reduzindo salários, aumentando a jornada de trabalho e eliminando conquistas sindicais. Observe, nas tabelas 1 a 4, a evolução das taxas de desemprego em alguns países.

Tabela 1

Desemprego na América do Norte[1] (%)

País	1994	1996	1998	1999[2]
EUA	6,1	5,4	4,5	4,2
Canadá	10,4	9,7	8,4	8,1

[1] Metodologia: pesquisa domiciliar por amostragem. [2] Dados de maio.
Fontes: OIT e OCDE.

Tabela 2

Desemprego na América Latina[1] (%)

País	1990	1995	1998	1999[2]
Argentina	7,4	17,5	13,8	15,6
Brasil	4,3	4,6	7,6	7,8
Chile	9,2	7,4	6,4	9,5
Colômbia	10,5	8,8	15,3	19,7
México	2,7	6,2	3,2	2,8

[1] Metodologia: Pesquisa domiciliar por amostragem. [2] Dados do primeiro semestre.
Fontes: Cepal e OIT.

Tabela 3

Desemprego na Europa oriental[1] (%)

País	1992	1996	1998	1999[2]
Fed. Russa	4,7	9,3	11,9	14,1
Lituânia	3,5	6,2	6,4	8,1
Polônia	14,3	13,6	10,0	11,9

[1] Metodologia: Bancos de recolocação. [2] Dados de fevereiro.
Fonte: OIT.

Tabela 4

Desemprego na Europa ocidental[1] (%)

País	1991	1996	1998	1999[2]
Alemanha	7,2	8,9	9,4	8,8
Países Baixos	7,0	6,3	4,0	3,3
Itália	10,9	12,0	12,3	12,0[3]
Portugal	4,1	7,3	5,1	4,8

[1] Metodologia: Pesquisa domiciliar por amostragem. [2] Dados de maio. [3] Dados de abril.
Fontes: OIT e OCDE.

Como se pode ver, a globalização não beneficiou a todos. A riqueza concentra-se nas mãos de poucos, o progresso beneficia as elites. Nos anos 1990 milhares de pessoas foram lançadas na pobreza e milhares de outras continuaram a viver na miséria. Muitos problemas sociais apareceram com a redução dos salários e a deterioração das condições de trabalho. A globalização tem aumentado as migrações de pessoas dos países pobres para os países ricos. A economia informal ganhou espaço, tornando-se a única opção para muitos desempregados. No mundo de hoje faltam escolas, assistência social e, como conseqüência destas e de outras carências, a violência aumenta.

Figura 7

ANDRES HERNANDEZ/GETTY IMAGES

Mendigos nas ruas de Jacarta (Indonésia) pedindo dinheiro (janeiro de 1999). Segundo o *Relatório sobre o desenvolvimento mundial 2000-2001*, 44% das pessoas que vivem com menos de 1 dólar por dia (num total de 1,2 bilhão) moram no sul da Ásia.

AVALIE SEU APRENDIZADO

Construindo conhecimento

O que vai acontecer com o trabalho?

Nova era

"As alterações no mercado de trabalho no decorrer deste século [século XX], em especial nos últimos 30 anos, a 'Terceira Revolução Industrial', criaram o que tem sido chamado de 'sociedade global de risco', caracterizada, entre outros aspectos, pelo desemprego estrutural.

Os sindicatos têm sido lentos para responder aos desafios da globalização e da substituição acelerada do trabalho humano pelo de computadores, que vêm atingindo os três setores econômicos.

[...] os Estados capitalistas perderam o medo da revolução comunista internacional, que em oito décadas havia justificado uma série de concessões deles para os trabalhadores.

[...]

Na maioria dos países do Ocidente, o temor de que a escassez de benefícios sociais poderia criar instabilidade propícia para a disseminação de idéias marxistas fez com que quase todos os governos investissem em educação, saúde e habitação públicas e criassem redes de segurança contra desemprego e para a aposentadoria.

Essa situação mudou depressa e radicalmente nos últimos vinte anos.

Tempo de trabalho cai, mas não para todos

Vamos trabalhar menos no futuro, como prevêem alguns teóricos? Provavelmente sim. Mas essa previsão não valerá para todos.

Os dados mostram que ao longo deste século [século XX] a carga de trabalho média caiu a dois terços ou mesmo à metade, dependendo do país. O problema é saber quem vai se beneficiar dessa tendência.

Para entender melhor a situação, vale lembrar a velha piada: se uma pessoa comeu um frango e a outra, nenhum, na média ambas comeram meia ave. Do mesmo modo, a regra secular de diminuição da jornada de trabalho exclui uma parte significativa da humanidade."

Folha de S.Paulo, 30 maio 1999, Caderno especial Ano 2000, Trabalho.

1 Consulte o texto do capítulo e diferencie o desemprego conjuntural do desemprego estrutural.

2 Procure no texto três fatos que contribuem para a deterioração das condições de trabalho e para o aumento do desemprego.

3 Segundo dados da *Folha de S.Paulo*, de 30 de maio de 1999, no Brasil a média de trabalho, em 1996, era de 2.102 horas anuais; nos Estados Unidos era de 1.951 horas; no Japão, de 1.899; e nos Países Baixos de 1.372 horas.

a) Comparando esses dados, discuta o "mito de Macunaíma", segundo o qual o brasileiro é preguiçoso.

b) A diminuição da jornada de trabalho irá beneficiar qual grupo de países?

Fixando o conteúdo

4 Cite três características do modo de produção socialista.

5 Quais eram os objetivos propostos pelos teóricos do socialismo?

6 Cite alguns motivos que levaram a ex-URSS a se desviar das propostas iniciais de alcançar os objetivos do socialismo.

7 Em 1999, o desemprego já atingia 14,2% na Federação Russa e 35% da população vivia abaixo da linha de pobreza. Analisando a experiência socialista da ex-URSS, que problemas a transição para o capitalismo trouxe para a Federação Russa?

8 Quais eram os objetivos do Plano Marshall?

9 A disputa conhecida como Guerra Fria teve grandes momentos de tensão. Responda:
a) O que foi a Guerra Fria?
b) Quais foram as principais organizações econômicas e militares surgidas após a Segunda Guerra Mundial?

10 Discuta com seus colegas as conseqüências do processo de globalização para os países pobres e para os trabalhadores.

Complementação do Estudo

Leituras

ARBEX JR., José. *Guerra Fria: terror de Estado, política e cultura.* São Paulo, Moderna, 1997. (Coleção Polêmica)
______. *Revolução em 3 tempos: URSS, Alemanha, China.* São Paulo, Moderna, 1993. (Coleção Polêmica)
CARMO, Paulo Sérgio do. *O trabalho na economia global.* São Paulo, Moderna, 1998. (Coleção Polêmica)
CHIAVENATO, Júlio José. *Ética globalizada e sociedade de consumo.* São Paulo, Moderna, 1998. (Coleção Polêmica)
COELHO, Lauro Machado. *O fim da União Soviética: dez anos que abalaram o mundo.* São Paulo, Ática, 1996. (Coleção História em Movimento)
HUNT, E. K. & SHERMAN, Howard J. *Economia comparada: mundo socialista, URSS, China, Iugoslávia.* Petrópolis, Vozes, 1977.
MAGNOLI, Demétrio. *O novo mapa do mundo.* 9. ed. São Paulo, Moderna, 1994. (Coleção Polêmica)
OLIC, Nelson Bacic. *A desintegração do Leste: URSS, Iugoslávia, Europa Oriental.* São Paulo, Moderna, 1993. (Coleção Polêmica)
VICENTINO, Cláudio e SCALZARETTO, Reinaldo. *O mundo atual, da Guerra Fria à nova ordem internacional.* São Paulo, Scipione, 1994.

Vídeo

- *Chá com Mussolini* (Itália, 1998); dir. Franco Zeffirelli; 117 min. Em Florença, na década de 1940, grupo de senhoras inglesas comenta a situação da Itália, posicionando-se contra o pacto nazi-fascista. (CIC Vídeo)

Sites

- *www.libreria.com.br/portal/países* Informações sobre países e geopolítica.
- *http://www.terra.com.br/almanaque/nova_ordem_1.htm* Página com artigos sobre organizações e blocos econômicos, nova ordem mundial etc.
- *http://www.culturaemtopicos.hpg.ig.com.br/geo.htm* Portal educacional e cultural com artigos sobre o socialismo e a nova ordem mundial.

CAPÍTULO 3

Desigualdades mundiais: os grandes conjuntos de países

1 A divisão ou regionalização do mundo

Durante muito tempo, na história da humanidade, as diferenças existentes no mundo eram vistas como conseqüência de climas, culturas e etnias desiguais. A partir do século XIX surgiu a consciência de que as desigualdades na distribuição de riquezas acarretaram desigualdades econômicas e sociais entre as pessoas e entre as regiões do planeta.

Muitas tentativas de classificação econômica dos países foram feitas. Com base em diversos critérios de entendimento das diferenças entre os países, estes foram agrupados ou **regionalizados** segundo características comuns.

Os países ricos e pobres do mundo receberam diversas denominações. Após a Segunda Guerra Mundial, ficaram conhecidos como países do Primeiro Mundo ou países desenvolvidos e países do Terceiro Mundo ou países subdesenvolvidos. O Segundo Mundo era composto pelos países socialistas.

Na década de 1950, muitos dos países subdesenvolvidos foram chamados de **países em desenvolvimento**, pois passavam por um processo de industrialização. Um segundo grupo passou a se industrializar nos anos 1970, e foram denominados **países recentemente industrializados**. Na década de 1980, outros países eram classificados como **países endividados** devido ao constante aumento de sua dívida externa.

Como a maior parte dos países desenvolvidos encontra-se no hemisfério norte e a maior parte dos subdesenvolvidos no hemisfério sul, na década de 1980 esses países foram chamados de **países do norte** ou **países ricos** e **países do sul** ou **países pobres**, embora muitos dos pertencentes ao último grupo se encontrem ao norte da linha do Equador, e muitos países do hemisfério norte, como os ex-socialistas, sejam hoje tão pobres quanto alguns países do sul.

Mais recentemente, na época da globalização, com a expansão e a internacionalização dos mercados, os países foram divididos em países centrais, mercados emergentes e países periféricos.

A seguir, apresentamos algumas propostas de regionalização.

Primeiro Mundo, Segundo Mundo e Terceiro Mundo

Uma das classificações, feita após a Segunda Guerra Mundial, agrupou os países em três grandes conjuntos: **Primeiro Mundo**, que reunia os países capitalistas desenvolvidos; **Segundo Mundo**, formado pelos países socialistas; e **Terceiro Mundo**, o dos países subdesenvolvidos. Nesse caso, o critério para classificar o Primeiro e o Segundo Mundos foi o modo de produção (capitalista ou socialista). Para distinguir os países capitalistas, foram utilizadas as diferenças no nível de desenvolvimento. Observe na figura 1 esses conjuntos de países.

Embora a expressão Terceiro Mundo tenha se popularizado, essa classificação em três mundos caiu em desuso não só pela conotação pejorativa contida na expressão Terceiro Mundo, mas principalmente porque, após o colapso do socialismo, o Segundo Mundo quase desapareceu, restando poucos países socialistas, como veremos adiante.

Desenvolvimento e subdesenvolvimento

Outra forma de classificação levou em conta o nível de desenvolvimento econômico dos países, que foram divididos em **países subdesenvolvidos** e **países desenvolvidos**.

Figura 1

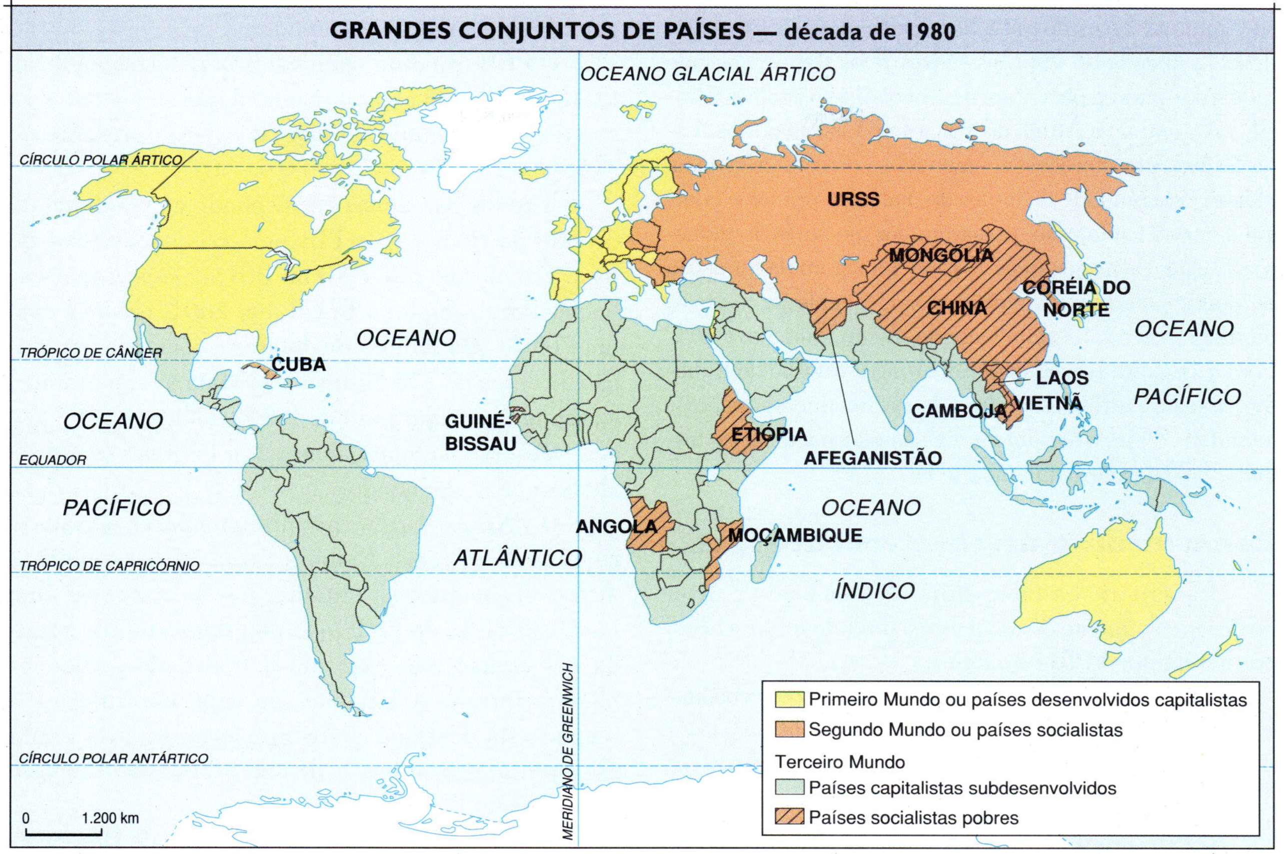

Fonte: organizado pelos autores.

Os termos **subdesenvolvimento** e **desenvolvimento**, adotados depois da Segunda Guerra Mundial, sugerem a existência de atraso de alguns países em relação aos outros.

No entanto, quase todos os países chamados subdesenvolvidos têm uma forte herança colonial, da qual ainda se ressentem. O Brasil e outros países da América, da África e da Ásia, por exemplo, foram **colônias de exploração** antes de se tornar independentes. Essas colônias tiveram suas forças produtivas desorganizadas e sua economia submetida aos interesses externos, com a utilização de grandes propriedades monocultoras e de trabalho escravo, servindo como fonte de enriquecimento das metrópoles. O passado colonial não permitiu o desenvolvimento de instituições democráticas, favorecendo uma estrutura elitista de poder. Atualmente, esses países se defrontam com problemas como agravamento das condições de vida da população, elevada dívida externa e incapacidade de integração no mundo competitivo.

Por outro lado, os atuais países desenvolvidos que já foram colônias, como os Estados Unidos, o Canadá, a Austrália e a Nova Zelândia, não sofreram esse processo de exploração predatória de riquezas, tendo se constituído em **colônias de povoamento**. Os europeus (dissidentes religiosos) que vinham colonizar essas áreas temperadas reconstruíam o modo de vida que tinham na Europa, estabelecendo-se em pequenas e médias propriedades policultoras.

Segundo a **Teoria do Desenvolvimento**, elaborada na década de 1960, o atraso econômico não é um estado permanente dos países nem tampouco um estágio de transição pelo qual passam, ou seja, hoje subdesenvolvido, amanhã desenvolvido. Os países subdesenvolvidos não são países atrasados em situação isolada. O atraso econômico resulta de um processo histórico e significa de fato uma condição inerente ao capitalismo, que em sua expansão criou uma divisão internacional do trabalho, com subsistemas periféricos (países subdesenvolvidos), especializados na produção e na exportação de produtos primários, e subsistemas dominantes (países desenvolvidos), baseados na produção e na exportação de produtos industrializados.

Essa divisão internacional do trabalho tradicional tem sofrido modificações; na realidade não podemos falar que exista uma única DIT atualmente. Diferentes divisões internacionais do trabalho coexistem e se sobrepõem: desde a década de 1960 os países ricos têm transferido indústrias para os países em desenvolvimento como o Brasil, a Argentina, a África do Sul, a Índia, entre outros. Estes países, por oferecerem vantagens como salários mais baixos, proximidade de fontes de matérias-primas e energia a custos vantajosos, passaram por um surto de industrialização. Os países ricos se especializaram na indústria de ponta (informática, aeroespacial, tecnologia nuclear, bioindústrias etc.), estabelecendo, assim, uma **nova DIT**. Com a Terceira Revolução Industrial, a divisão do trabalho se faz a partir do domínio do conhecimento técnico-científico. Veja mais sobre a divisão internacional do trabalho no capítulo 1 da unidade IV.

Como medir o desenvolvimento

Um critério bastante utilizado para medir o nível de desenvolvimento de um país é o produto interno bruto por habitante, o PIB *per capita*.

PIB, PNB e renda *per capita* são expressões econômicas utilizadas para medir ou indicar a riqueza de um país.

PIB, PNB e renda *per capita*

O **PIB (produto interno bruto)** corresponde à soma do valor de toda a produção econômica (ou de toda a renda) gerada no interior de um país em determinado período (um ano, por exemplo).

O **PNB (produto nacional bruto)** corresponde ao PIB acrescido do capital nacional que se encontra no exterior e diminuído do capital externo presente no país.

A **renda *per capita*** corresponde ao resultado da divisão do PNB ou do PIB pela população total do país. É o mesmo que PNB ou PIB *per capita* (por cabeça). Por exemplo, o Brasil, em 2001, contava com um PIB de 504 bilhões de dólares e com uma população de cerca de 170 milhões de habitantes, portanto a sua renda *per capita* era de 2.940 dólares.

Observe no mapa, figura 2, o PNB *per capita* de alguns países do mundo.

O PNB *per capita* permite comparar o grau de riqueza dos países. Embora razoável para medir o desenvolvimento, no entanto, por se tratar de uma média (divisão do PNB pela população total), a renda *per capita* não exprime a realidade socioeconômica interna dos países, ou seja, não informa a respeito da desigual distribuição interna da renda nem tampouco sobre o desenvolvimento humano nos países.

Por esse motivo, foi criado o Índice de Desenvolvimento Humano (IDH).

Figura 2

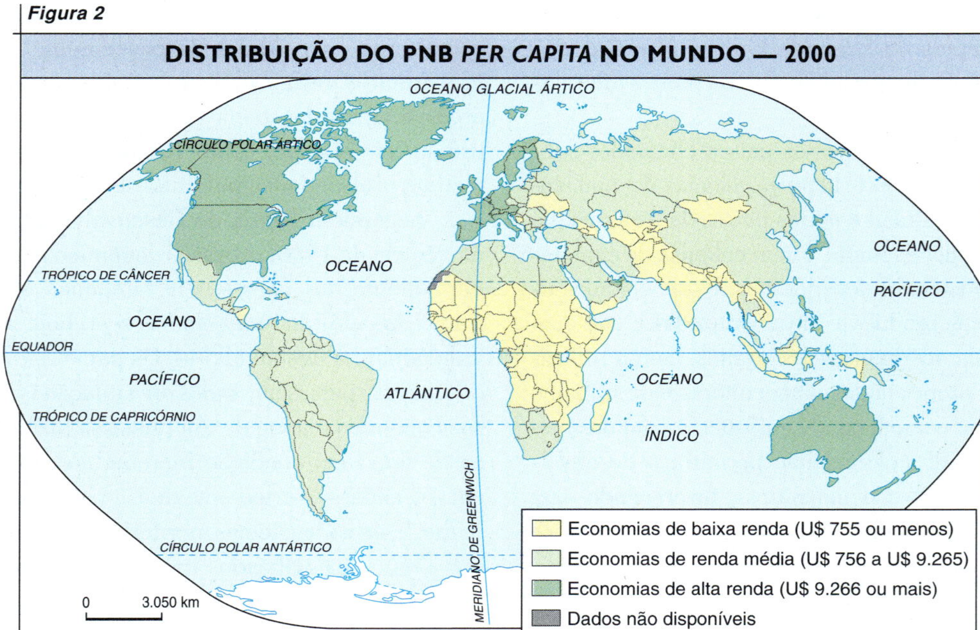

Fontes: BANCO MUNDIAL. *Relatório sobre o desenvolvimento mundial 1997*. Washington. p. 219; e ONU/PNUD. *Relatório do desenvolvimento humano 2002*. Nova York/Lisboa, Trinova, 2001. p.190.

Segundo a Unesco (maio de 2000), a soma do PIB dos países subdesenvolvidos mais pobres é inferior à fortuna das três pessoas mais ricas do mundo.

O desenvolvimento humano no mundo

A palavra "desenvolvimento" significa avanço potencial ou gradual para um estado mais completo ou melhor. No entanto, essa palavra muitas vezes se refere a crescimento econômico sem levar em conta quem se beneficia com o desenvolvimento, ou qual o seu preço.

> "Os indicadores econômicos tradicionais — a começar pelo produto nacional bruto *per capita* — dão apenas uma visão bem parcial das condições socioeconômicas reais da população. Para melhor se aproximar da realidade, o Programa das Nações Unidas para o Desenvolvimento (Pnud) criou em 1990 o **Índice de Desenvolvimento Humano (IDH)**, que sintetiza três tipos de dados: a longevidade, medida pela expectativa de vida; os conhecimentos, medidos pela taxa de analfabetismo e pela duração média de escolarização; e o nível de vida, medido pelo poder de compra real.
>
> Esse índice varia de um (o melhor) a zero (o pior). O desenvolvimento humano é considerado elevado quando o índice é superior a 0,8, médio quando se situa entre 0,8 e 0,5, e baixo quando é inferior a 0,5."
>
> *O Correio da Unesco*. Rio de Janeiro, FGV/Unesco, maio 1999. p. 18-19.

Dessa forma, o país que apresentar melhoras nesses índices, realmente estará em desenvolvimento. Observe a figura 3.

A Noruega é o país de maior IDH entre os 173 listados no *Relatório do desenvolvimento humano 2002*, seguido por Suécia, Canadá, Bélgica e Austrália.

Assim, comparando o PIB *per capita* e o IDH, podemos analisar melhor a situação dos países. Muitos deles, apesar de apresentarem renda média, não conseguem alcançar níveis consideráveis de desenvolvimento humano, como por exemplo o Catar, que tem um PIB *per capita* de 18.789 dólares, bem acima dos 11.243 dólares da Eslováquia, ocupando posição inferior em termos de desenvolvimento humano (0,803 e 0,835 respectivamente). Veja, na página seguinte, a figura 4 e observe na tabela 1 os dados de outros países.

Devemos salientar que as fontes de dados em diversos locais nem sempre são confiáveis. Principalmente alguns países subdesenvolvidos não apresentam estrutura adequada para a coleta de informações.

Figura 3

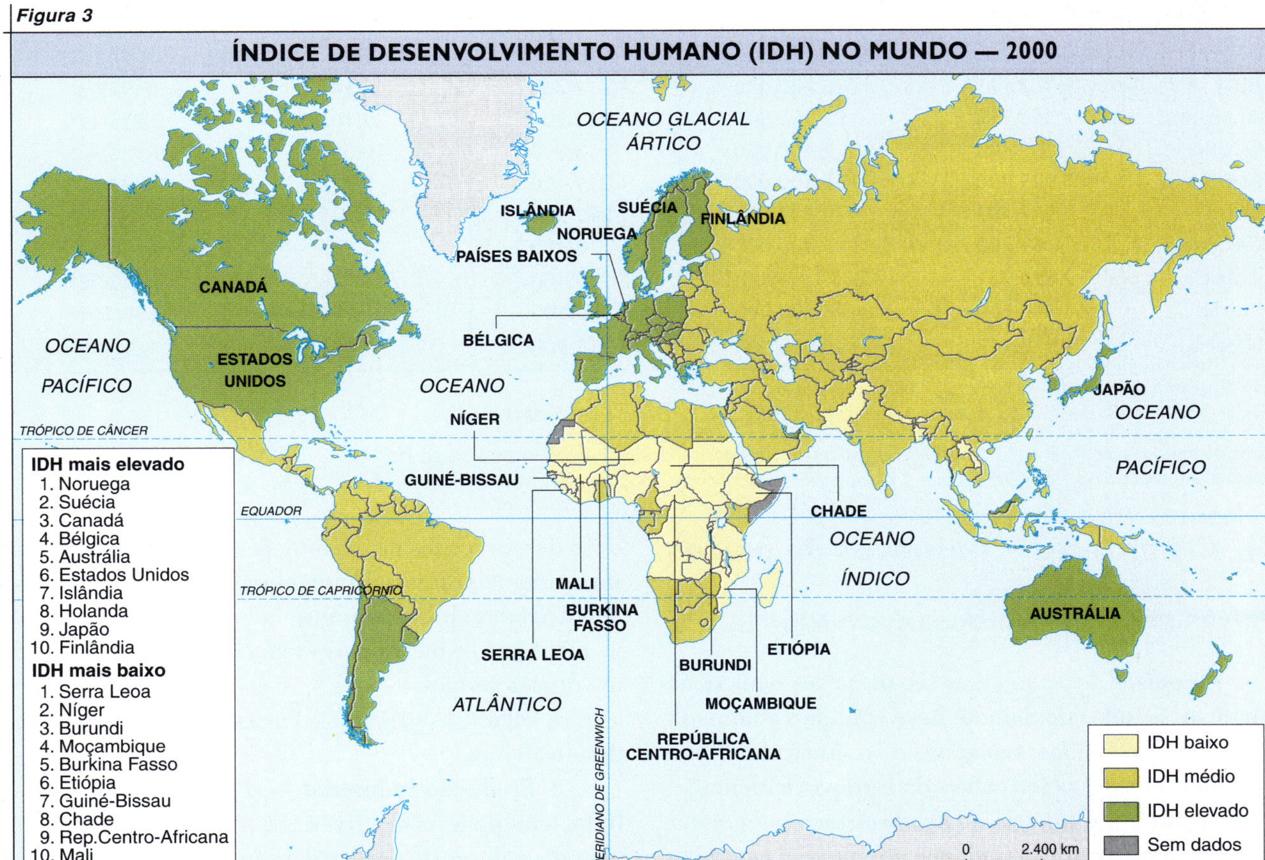

Fonte: ONU/PNUD. *Relatório do desenvolvimento humano 2002*. p. 149.

Figura 4

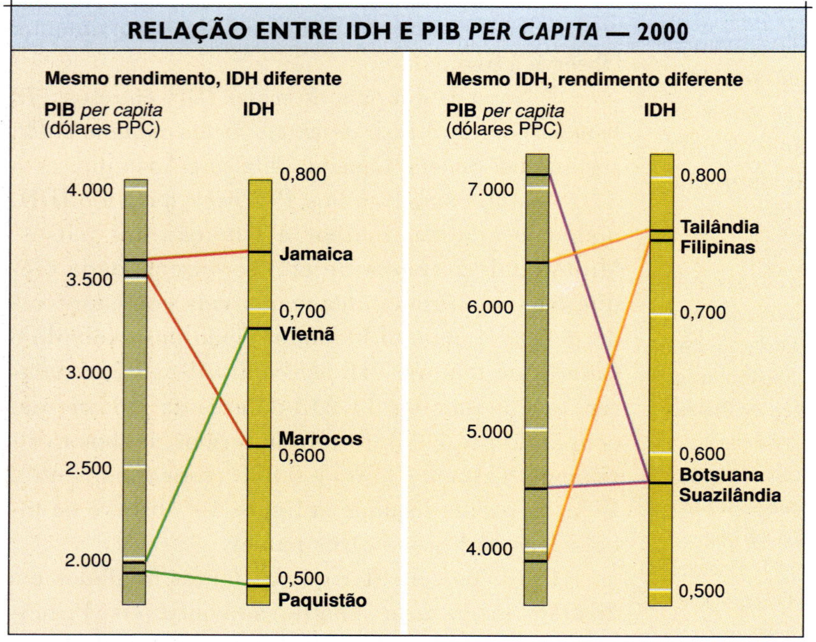

Fonte: ONU/PNUD. *Relatório do desenvolvimento humano 2002*. p. 35.

No gráfico à esquerda, vemos que Jamaica e Marrocos apresentam PIB *per capita* semelhantes, mas IDH bem diferenciados; situação semelhante caracteriza Vietnã e Paquistão. No outro gráfico, a situação inverte-se: observe que países de mesmo nível de IDH registram PIB *per capita* muito diferentes.

Tabela 1

Dados comparativos de alguns países — 2000

País	Área (km²)	Número de habitantes	PIB (milhões de dólares PPC[1])	PIB per capita (dólares PPC)	IDH / Posição
EUA	9.363.123	283.200.000	9.612.700	34.142	0,939/6ª
Alemanha	356.733	82.100.000	2.062.200	25.103	0,925/17ª
Estônia	45.100	1.400.000	13.800	10.066	0,826/42ª
Fed. Russa	17.075.400	145.500.000	1.219.400	8.377	0,781/60ª
Brasil	8.547.403	170.400.000	1.299.400	7.625	0,757/73ª
Geórgia	69.700	5.300.000	13.400	2.664	0,748/81ª
China	9.596.961	1.275.100.000[2]	5.019.400	3.976	0,726/96ª
Vietnã	236.800	78.100.000	156.800	1.996	0,688/109ª
Nigéria	923.768	113.900.000	113.700	896	0,462/148ª

[1] PPC – Paridade de poder de compra. [2] Não inclui Taiwan.
Fonte: ONU/PNUD. *Relatório do desenvolvimento humano 2002*. p. 149-152, 162-165, 190-193.

O PIB medido pela PPC é o PIB convertido em dólares dos Estados Unidos pela taxa de câmbio PPC, na qual 1 dólar tem o mesmo poder de compra em relação ao PIB nacional que o dólar norte-americano em relação ao PIB dos Estados Unidos.

2 Os grandes conjuntos de países

Países centrais ou desenvolvidos

Os países desenvolvidos são os países mais ricos e industrializados do mundo. Esse conjunto é formado pelos Estados Unidos, Canadá, Japão, Austrália, Nova Zelândia, Israel e pelos países da Europa Ocidental.

Segundo o *Relatório do desenvolvimento humano 1999*, a quinta parte da população mundial que vive nos países de maior renda tem 86% do PIB mundial, 82% dos mercados de exportações mundiais, 68% dos investimentos diretos estrangeiros e 74% das linhas telefônicas mundiais; por outro lado, a quinta parte que vive nos países mais pobres tem cerca de 1% em cada um desses setores.

A seguir, as principais características dos países desenvolvidos.

• **Produção industrial** — Possuem um parque industrial poderoso e diversificado, apresentando os maiores valores de produção industrial e a maior concentração de indústrias de ponta (informática, aeroespacial, tecnologia nuclear, bioindústrias etc.).

• **Tecnologia** — Estão na vanguarda da pesquisa e da inovação tecnológica. Eles detêm 97% das patentes mundiais.

• **Consumo** — Constituem as maiores **sociedades de consumo**, ou seja, os habitantes desses países podem adquirir muitos bens e serviços existentes no mundo moderno e usufruir deles. Segundo o *Relatório de desenvolvimento humano 1999*, apenas 20% da população mundial participa dos 86% dos gastos com consumo individual.

• **Comércio mundial** — São exportadores de produtos industrializados e de tecnologia avançada, importando produtos do **setor primário**, ou seja, produtos agrícolas e minérios. São sede das maiores multinacionais do planeta.

• **Urbanização** — São sociedades predominantemente urbanas que contêm um moderno **setor terciário** da economia (comércio e serviços), como empresas financeiras, setor de propaganda e *marketing*, laboratórios que desenvolvem novas tecnologias etc. Sediam os principais bancos internacionais e são os maiores investidores de capitais no exterior. Nos países desenvolvidos, o setor terciário é o grande gerador de empregos.

Apesar de terem elevada renda *per capita*, indicadores socioeconômicos favoráveis ou positivos e desigualdades sociais internas não tão marcantes, esses países vêm apresentando alguns problemas, como o aumento da concentração de renda, o crescimento do desemprego e a ampliação de ondas migratórias, provenientes das áreas mais pobres. Segundo a Unesco (maio de 1999), em 1960 os 20% da população mundial que viviam nos países mais ricos tinham uma renda 30 vezes superior à dos 20% mais pobres. Em 1995, sua renda era 82 vezes superior. Observe a figura 5.

Figura 5

BOSSU REGIS/CORBIS SYGMA-STOCK PHOTOS

Apesar dos mercados de trabalho serem mais eficientes nos países desenvolvidos, a taxa de desemprego em muitos deles tem aumentado. Fila de desempregados na cidade alemã de Chemnitz, em março de 1996.

O destino dos países socialistas

Restaram poucos países socialistas no mundo, entre eles a China, Cuba, o Vietnã e a Coréia do Norte.

China — Desde o final da década de 1970, a China vem apresentando um surto de crescimento econômico decorrente da efetivação de uma série de reformas. Essas medidas, chamadas de **economia socialista de mercado**, não abandonaram o socialismo, iniciando com sucesso um processo de reestruturação econômica: modernização dos setores econômicos; melhoria tecnológica de empresas estatais; incentivo à propriedade privada no campo etc.

Além dessas medidas, foram criadas as **Zonas Econômicas Especiais** (ZEE) e portos livres, regiões onde a economia de mercado pode se desenvolver. Essas áreas, abertas aos investimentos estrangeiros, oferecem incentivos fiscais e isenção alfandegária para equipamentos, absorvendo tecnologias e experiências administrativas avançadas. Geram um crescimento econômico que acaba dinamizando a economia de todo o país.

A China tem conseguido crescer economicamente e controlar a inflação, tornando-se um país receptor de investimentos estrangeiros. Ao longo dos últimos quinze anos suas exportações aumentaram em mais de dez vezes e obtiveram-se importantes melhorias nos níveis de saúde e educação.

A ilha de Hong Kong, cedida ao Reino Unido em 1842, voltou à soberania da China em 1997 como Região Administrativa Especial. Sendo o quarto mercado financeiro do mundo e o porto mais movimentado da Ásia, Hong Kong ampliou a abertura para o mercado e o poder econômico chinês. No entanto, têm ocorrido muitos protestos contra o autoritarismo do governo chinês.

Cuba — Neste país, o governo tenta sobreviver ao fim da URSS, seu principal aliado e investidor, e ao embargo comercial imposto pelos EUA. Embora tenha ampliado a participação do capital externo em sua economia a partir de 1995, resiste em adotar medidas de liberalização do regime.

Vietnã e **Coréia do Norte** — Pouco avançaram na transição para a economia de mercado e continuam socialistas. A Coréia do Norte se mantém num regime fechado para o mundo, tendo enfrentado, a partir dos anos 1990, graves crises econômicas e catástrofes naturais (secas, inundações) que provocaram a morte de milhares de pessoas em conseqüência da fome.

Outros países do mundo socialista, como Laos, Camboja e Angola, enfrentam muitos problemas para manter a economia socialista planificada e continuam apresentando baixo padrão de vida, com poucas perspectivas de desenvolvimento.

Economias de transição

Os antigos países socialistas que atualmente estão realizando a liberalização econômica e política, implementando a economia de mercado, instituindo a propriedade privada e a privatização de empresas estatais estão sendo chamados de **economias de transição.** Essa transição tem sido problemática e apresentado crises, com o aumento do desemprego e da inflação. No regime socialista, os índices de inflação eram baixos e havia a política do "**pleno emprego**", que procurava garantir emprego para todos. Na economia privatizada de mercado, o lucro e a rentabilidade estão acima dessas políticas, ocasionando um grande desemprego. Como conseqüência, a desigualdade de rendimentos e a pobreza aumentaram em um ritmo sem precedentes.

Observe os gráficos da figura 6.

Vejamos agora algumas características das economias de transição.

• Entre os países que estão obtendo sucesso com a transição está a antiga Alemanha Oriental, hoje uma província da nova Alemanha, uma das grandes potências mundiais. Outros países que vêm crescendo a cada ano sem muitos problemas de desemprego ou de inflação e que têm conseguido manter bons níveis de igualdade entre a sua população são a República Tcheca, a Eslovênia, a Hungria, a Polônia e a Croácia.

• As repúblicas bálticas (Letônia, Lituânia e Estônia) recuperaram-se após um período de hiperinflação e de queda da produção.

• O Uzbequistão, o Cazaquistão e o Turcomenistão começam a apresentar algum crescimento. Ainda nesse grupo incluem-se a Romênia e a Bulgária, embora elas sejam bem menos industrializadas.

• Na Federação Russa, a maior parte da população perdeu com a transição. No final dos anos 1990, o padrão de vida caiu, as exportações diminuíram, o desemprego atingiu cerca de 14% da população e 35% das pessoas já viviam abaixo da linha de pobreza. Em 1996, os 5% mais ricos tinham a mesma renda que os 60% mais pobres, evidenciando o aumento das desigualdades entre as pessoas.

• Tadjiquistão, Geórgia, Armênia, Quirguistão e Azerbaijão enfrentam muitos problemas tanto econômicos quanto sociais.

Figura 6

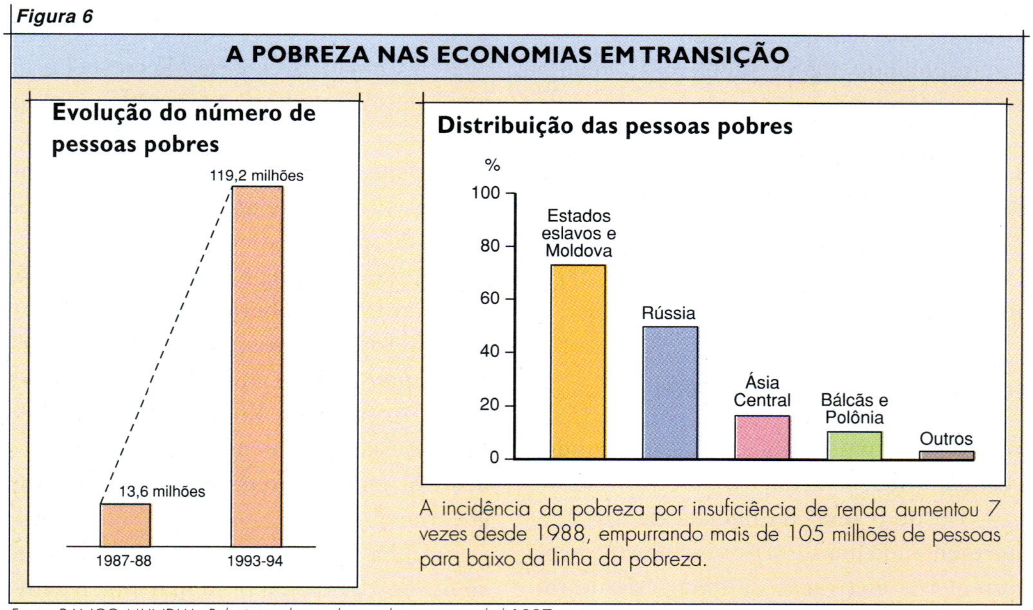

A incidência da pobreza por insuficiência de renda aumentou 7 vezes desde 1988, empurrando mais de 105 milhões de pessoas para baixo da linha da pobreza.

Fonte: BANCO MUNDIAL. *Relatório sobre o desenvolvimento mundial 1997.*

Pobreza humana

Segundo o *Relatório do desenvolvimento humano 1997*, a **pobreza humana** se define pela negação de oportunidades básicas para o desenvolvimento humano, refletida em baixa expectativa de vida, ausência de educação elementar, falta de meios materiais, de liberdade e dignidade e exclusão social.

"Um valor estimado em 1,3 bilhão de pessoas sobrevive com menos de 1 dólar norte-americano por dia. Mas há outras necessidades. Perto de um bilhão de pessoas são analfabetas. Bem mais do que um bilhão não têm acesso à água. Uns 840 milhões têm fome ou enfrentam insegurança alimentar. E cerca de um terço das pessoas dos países menos desenvolvidos — a maior parte dos quais na África subsaariana — não esperam ultrapassar os 40 anos."

O Banco Mundial utiliza uma **linha de pobreza** estabelecida em 1 dólar norte-americano por dia para comparações internacionais. Sugere para a América Latina e Caribe uma linha de pobreza de 2 dólares norte-americanos por dia. Para a Europa do Leste e repúblicas da antiga União Soviética, tem sido usada uma linha de pobreza de 4 dólares norte-americanos por dia. Para a comparação entre países industrializados, tem sido usada uma linha de pobreza correspondente à dos Estados Unidos, que é de 14,4 dólares por pessoa por dia. Observe a tabela.

Parcela da população que vive com menos de 1 dólar por dia — 1999

África Subsaariana	46,7%	América Latina e Caribe	15,1%
Ásia Oriental e Pacífico[1]	14,2%	Europa Central, do Leste e CEI	3,6%
Ásia do Sul	36,9%	Oriente Médio e África do Norte	2,3%

[1] Excluindo a China.
Fonte: ONU/PNUD. *Relatório do desenvolvimento humano 2002*. p. 18.

Países em desenvolvimento ou mercados emergentes

Os **países de industrialização parcial e tardia** ou **novos países industrializados** (NPIs ou NICs, Newly Industrialized Countries, em inglês) são também chamados de **países em desenvolvimento** e a partir da globalização ficaram conhecidos como **mercados emergentes**. Apresentam grande diversidade, como veremos a seguir.

Alguns desses países se industrializaram na década de 1950, com base no capital estatal (acompanhado ou não da entrada das transnacionais) e se caracterizam pela dependência da economia externa. Exportam para os países desenvolvidos mercadorias produzidas com baixo nível tecnológico ou com tecnologia intermediária (microcomputadores, produtos eletrônicos etc.), possuem um razoável mercado de consumo interno e apresentam elevação das taxas de crescimento econômico.

Fazem parte desse grupo a China, que já estudamos, os Tigres Asiáticos (Coréia do Sul, Taiwan, Zona Especial de Hong Kong e Cingapura) e os países mais industrializados da América Latina (Brasil, Argentina e México). Muitos deles formam enclaves econômicos e zonas francas.

Os **Tigres Asiáticos**, desde os anos 1980, experimentaram um grande crescimento do PIB e aumento das exportações. Ligando-se aos mercados mundiais, atraíram investimentos estrangeiros (principalmente japoneses e estadunidenses) e tiraram vantagem dos avanços tecnológicos. Observe a figura 7.

Iniciaram sua industrialização com base no modelo de **plataformas de exportação**: atraíram empresas multinacionais cuja produção era exportada para outros países onde o produto final era montado. Os investimentos estrangeiros foram canalizados lucrativamente para a constituição de uma indústria nacional com-

Figura 7

CID

Após um século e meio de domínio britânico, Hong Kong atualmente é um território sob soberania da China, com autonomia administrativa. Importante centro financeiro e pólo do capitalismo, é um dos Tigres da Ásia oriental (foto da década de 1990).

pleta e valorização do potencial humano. Os produtos tecnologicamente avançados (computadores, automóveis, aparelhos eletrônicos) e a preços muito vantajosos passaram a inundar o mercado mundial. Contaram com mão-de-obra barata mas qualificada devido aos investimentos em educação.

Dessa forma, esses países contam com baixa inflação e pequena dívida externa. Apresentam melhorias socioeconômicas como nível médio salarial alto e um sistema educacional eficiente.

Cingapura, por exemplo, apesar de ser uma cidade-Estado, é um importante entreposto comercial e financeiro. Com uma renda *per capita* superior a 23 mil dólares, no ano 2000, seus habitantes têm um dos mais altos padrões de vida do mundo.

O Brasil, a Argentina, o México e mais recentemente o Chile iniciaram o seu processo de industrialização com a **substituição das importações**, ou seja, produzindo para o mercado interno o que antes era importado, com a finalidade de se libertar da dependência externa.

Brasil, Argentina e México, países bastante industrializados, apresentam rendas *per capita* intermediárias e mercados de consumo razoáveis. No entanto, contam com grandes problemas, como desigualdades sociais, elevada dívida externa etc.

O Brasil, por exemplo, deu ênfase ao desenvolvimento industrial nos anos 1950 e no início dos anos 1960, mas teve agravado o problema da distribuição de renda: os ricos ficaram mais ricos e os pobres, mais pobres. Observe a figura 8.

Outro grupo é composto por países que se industrializaram nos anos 1970 como Chile, República Dominicana, Índia, Polônia, Turquia, Ilhas Maurício, os **novos Tigres Asiáticos** (Malásia, Indonésia, Filipinas e Tailândia), África do Sul, Egito, Venezuela, Colômbia, Peru, Arábia Saudita, Kuwait, Argélia e Marrocos. Esses países têm aumentado as exportações e alguns deles têm diversificado a produção de produtos manufaturados.

Na Indonésia e na Malásia, a partir dos anos 1970, as estratégias de crescimento fizeram aumentar as oportunidades econômicas para os pobres, incluindo a distribuição de terras. Muitos recursos provenientes do crescimento econômico foram aplicados na melhoria da saúde, da educação e da qualificação profissional das pessoas.

Apesar de terem produção considerável, alguns desses países apresentam muitos problemas sociais. A Índia, por exemplo, tem renda *per capita* baixa (2.358 dólares, em 2000) e nesse país setores modernos convivem com outros muito atrasados.

O petróleo ainda dá aos países produtores, como a Arábia Saudita e o Kuwait, uma posição geopolítica de destaque. No entanto, sua economia oscila de acordo com o preço do petróleo, e eles apresentam problemas como o radicalismo religioso.

Figura 8

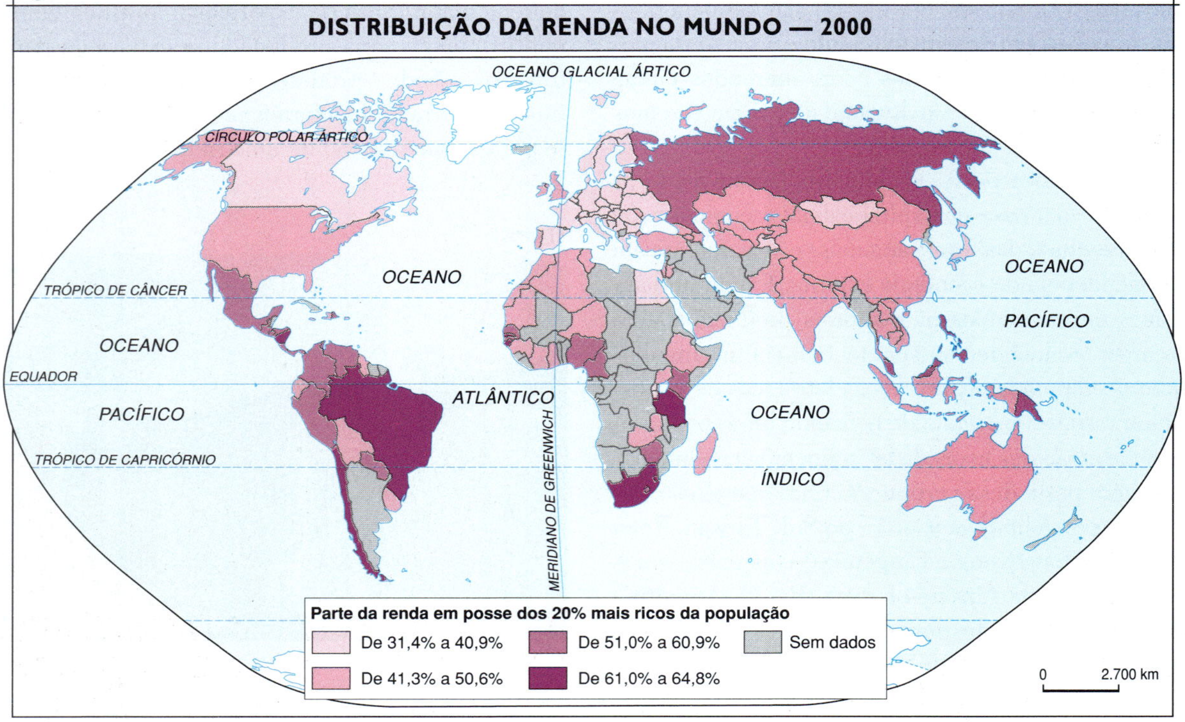

Fonte: PNUD. *Relatório do desenvolvimento humano 2002.*

Países subdesenvolvidos ou periféricos

Este grupo engloba todos os **países pobres e pouco industrializados**, tanto os capitalistas quanto os ex-Estados socialistas situados na Ásia (com exceção dos que já estudamos), na África Subsaariana e na América Latina. Observe a figura 9.

Figura 9

DAVID TURNLEY/CORBIS-STOCK PHOTOS

Na África Subsaariana, a pobreza tem crescido na última década. No Quênia, a agricultura ainda emprega 80% da mão-de-obra do país. As cidades concentram graves problemas: pobreza, habitações precárias. Bairro pobre em Nairóbi (Quênia, 1989).

Nesse extremo estão os muitos países que pouco têm se beneficiado da expansão dos mercados e do avanço da tecnologia.

Apresentam baixa renda *per capita*, altas taxas de analfabetismo e participação da indústria no PIB inferior a 10%, ficando cada vez mais marginalizados e ao sabor dos mercados mundiais, com os preços dos produtos primários tendo atingido seu ponto mais baixo em um século e meio.

Alguns desses países apresentaram ligeiro crescimento nas exportações, mas não atraem investimentos estrangeiros.

3 Desigualdades mundiais

Desigualdades entre os países

Como vimos, com a globalização acentuaram-se as desigualdades de oportunidades entre os países e entre as pessoas. De acordo com o *Relatório sobre o desenvolvimento mundial* (edições 1997, 1998, 1999 e 2002) temos a seguinte situação:

• **PNB *per capita*** — Apenas 27 países alcançaram um crescimento do PNB *per capita* de 3,7% ao ano no período de 1990-2000, entre eles a China e a Índia. A maioria (127 países), com 34% da população mundial, não alcançou esse crescimento. Em diversos países da África Subsaariana e do antigo bloco socialista, o PNB *per capita* decresceu, aumentando as desigualdades e a porcentagem de população na pobreza. Observe a figura 10, ao lado.

• **Comércio internacional desigual** — As tarifas sobre importações provenientes dos países menos desenvolvidos são 30% mais elevadas do que a média mundial, limitando suas chances de desenvolvimento. Com muitos dos países mais pobres dependendo das exportações de ***commodities*** (mercadorias em estado bruto ou produto primário), os preços reais das mercadorias nos anos 1990 foram 45% mais baixos do que os dos anos 1980 e 10% inferiores ao nível atingido em 1932, durante a Grande Depressão.

As economias subdesenvolvidas e mesmo as desenvolvidas não apresentaram o mesmo ritmo de

Figura 10

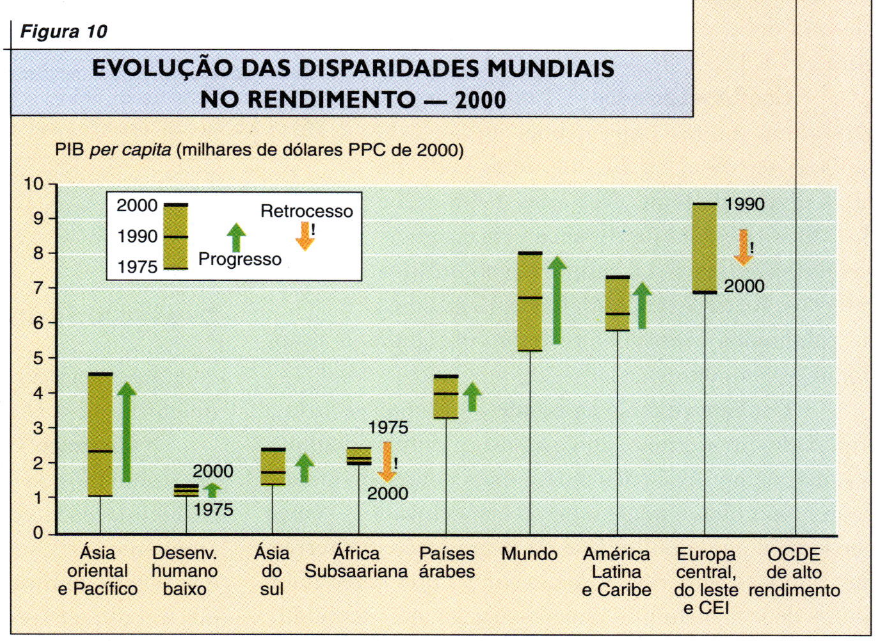

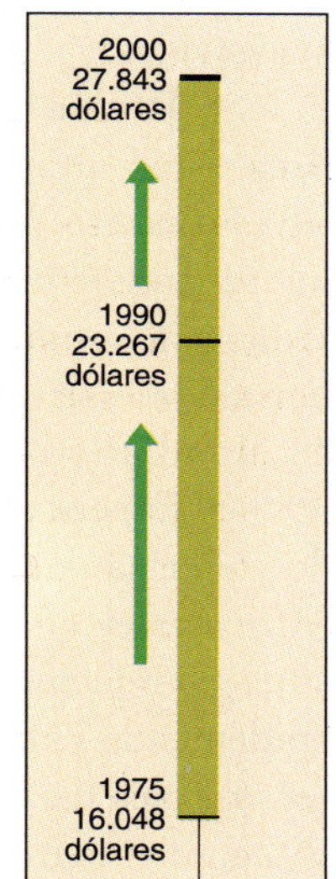

Fonte: PNUD. *Relatório do desenvolvimento humano 2002*. p. 19.

crescimento do comércio. Em 1999, o crescimento dos países subdesenvolvidos ficou em torno de 1,5%.

As 190 maiores empresas transnacionais detêm a maior parte do comércio mundial: cerca de um terço do comércio mundial é realizado entre as matrizes e filiais das empresas transnacionais e um terço, entre as próprias transnacionais.

• **Investimentos** — Mais da metade dos países em desenvolvimento tem sido excluída do investimento estrangeiro direto, do qual dois terços têm ido para apenas oito países em desenvolvimento. A maior parte dos investimentos circula nos países ricos, sendo que apenas 25% vão para os países subdesenvolvidos.

• **Dívida externa** — Os países pobres estão altamente endividados. Sem o investimento adequado em desenvolvimento podem não conseguir pagar suas dívidas e dependerão de novas ajudas financeiras de instituições como o FMI, o Banco Mundial etc.

• **Esperança de vida** — A esperança de vida está em declínio em muitos países (África, países da Europa do Leste e CEI), situação relacionada ao agravamento da epidemia do vírus HIV. Em 2002, ocorreram cerca de 14 mil contágios por dia no mundo inteiro, 90% dos quais em países em desenvolvimento. Observe as figuras 11 e 12.

• **Conflitos armados** — Impedem o progresso em muitos países, pois milhões de pessoas se vêem envolvidas num ciclo de lutas civis e de fome. Nos anos 1990 cerca de 200 mil pessoas perderam a vida em guerras entre países e 3,6 milhões em conflitos internos. No final de 2000, havia 12 milhões de **refugiados**, pessoas que foram obrigadas a abandonar os seus lares.

• **Consumo e meio ambiente** — Os países industrializados modernos são os consumidores dominantes, mas a população dos países mais pobres do mundo paga proporcionalmente o preço mais elevado — como conseqüência da poluição e da degradação das terras, das florestas, dos rios e dos oceanos, que constituem fontes de seu sustento. As agressões ao meio ambiente podem afetar todo o planeta.

Figura 11

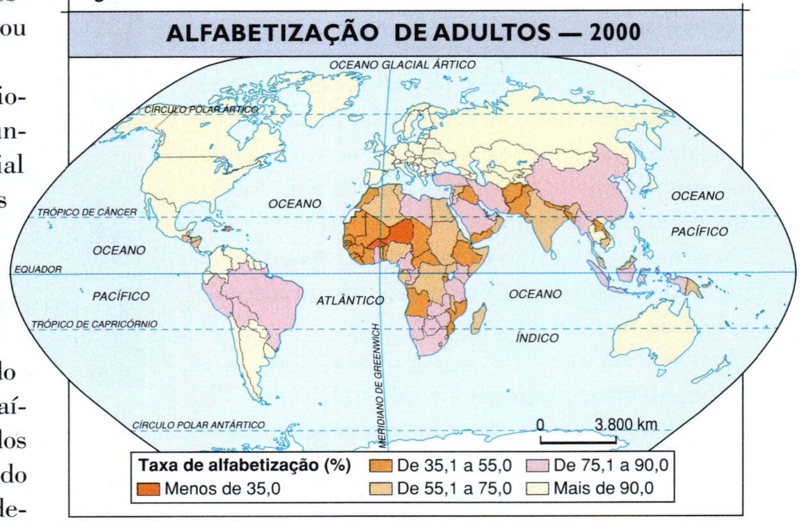

Fonte: PNUD. *Relatório do desenvolvimento humano 2002*. p. 149-152.

Por causa das baixas despesas dos Estados com a educação, a porcentagem de analfabetos é muito alta em países da África, Ásia e América Central.

Figura 12

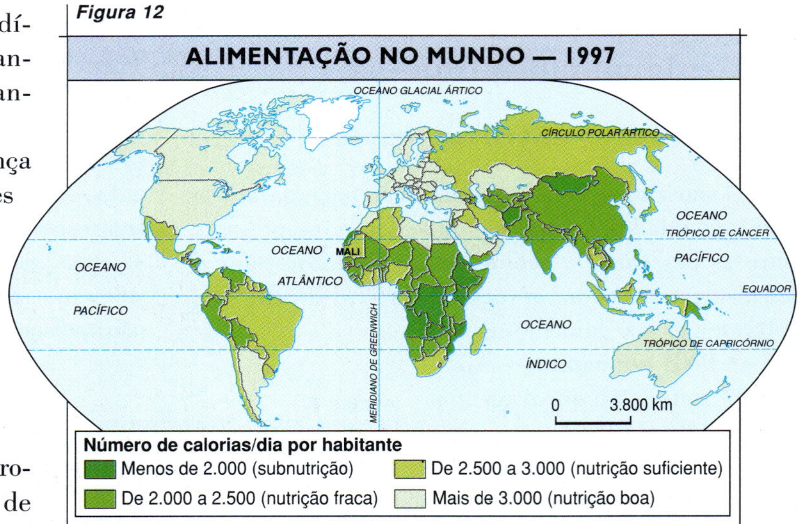

Fonte: BANCO MUNDIAL. *Relatório sobre o desenvolvimento mundial 2000*.

Apesar do crescimento econômico de muitos países subdesenvolvidos, persistem condições de pobreza e de fome, principalmente na África, seguida por Ásia e América Latina.

Desigualdades entre as pessoas

Com relação às desigualdades entre as pessoas, o *Relatório sobre Desenvolvimento Mundial* aponta:

• **Emprego** — Muitas pessoas estão excluídas das oportunidades de emprego. O mercado mundial de trabalho está cada vez mais voltado para os profissionais altamente qualificados, como executivos de empresas, cientistas e muitos outros que constituem a elite global dos trabalhadores especializados, com salários e mobilidade elevados.

• **Consumo** — Bilhões de pessoas dos países subdesenvolvidos não chegam sequer a satisfazer suas necessidades básicas de consumo. Em 1998, um quinto da população mundial (o que corresponde às pessoas mais ricas):

– consumia 45% da carne e do peixe, enquanto as mais pobres (também um quinto) consumiam menos de 5%;

– consumia 58% da energia total, enquanto as mais pobres consumiam menos de 4%; os países de maior rendimento geravam 65% da eletricidade produzida no mundo;

– possuía 74% do total de linhas telefônicas, enquanto as mais pobres só tinham 1,5%;

– consumia 84% do total de papel, enquanto as mais pobres consumiam 1,1%;

– possuía 87% dos veículos existentes em todo o mundo, enquanto as mais pobres tinham menos de 1%.

• **Saúde e educação** — Dos 4,4 bilhões de pessoas que viviam em países em desenvolvimento, em 1998, cerca de três quintos viviam em comunidades sem saneamento básico e um terço dessas pessoas carecia de água potável; um quarto não tinha habitação adequada; o acesso a serviços de saúde modernos estava fora do alcance de um quinto dessa população; um quinto das crianças não chegava a concluir os estudos básicos e o número de crianças malnutridas atingia igual proporção.

AVALIE SEU APRENDIZADO

Construindo conhecimento

Analisando as conseqüências do desmoronamento do socialismo.

"Na ex-União Soviética e no Leste europeu, o desmoronamento da planificação centralizada e, em muitos casos, a ausência de instituições públicas eficazes para amortecer o choque da economia de mercado geraram um empobrecimento e um retrocesso social sem equivalente no mundo. O número de pobres (calculado a partir de um limite de US$ 4 por dia) aumentou mais de 150 milhões em sete anos — mais do que as populações reunidas da França, Reino Unido, Países Baixos e Escandinávia. Na Rússia, a crise financeira de 1998 mergulhou 20 milhões de pessoas na pobreza. Na Romênia e na Bulgária, 5% da população vivem agora com menos de US$ 1 por dia.

Esses países em transição foram os únicos do mundo onde a renda nacional diminuiu em relação a 1990 — em proporções enormes, às vezes de até 60%. O 'bloco do Leste', que sob o antigo sistema tinha uma inflação praticamente nula, subitamente viu-se ante uma catastrófica alta de preços: mais de 500% por ano, de 1990 a 1995. Na Federação Russa, de 1989 a 1994, a expectativa de vida baixou de 64,2 para 57,6 anos [...]. O sistema escolar, que outrora orgulhava-se de ter alfabetizado quase toda a população, encontra-se seriamente ameaçado: nos países da Ásia Central, a pobreza das famílias tornou-se um grande obstáculo — a escolarização e o analfabetismo ameaçam constantemente reaparecer em determinadas regiões.

[...]

O Estado deve retomar o seu papel de regulador

O Estado socialista intervinha em tudo. Após a sua queda, o pêndulo inclinou-se demais no sentido inverso. Com freqüência, por reação ideológica ao passado, as antigas estruturas foram desmanteladas com excessivo ardor. Acontece, porém, que o Estado tem um papel fundamental a desempenhar na transição, como o estão demonstrando os países da Europa central. Liberação excessiva significa monopólios privados, fugas maciças de capitais, desigualdades em uma dimensão intolerável e perda de confiança no mercado, como decorrência das fraudes financeiras."

O Correio da Unesco. Rio de Janeiro, FGV/Unesco, maio 1999. p. 30-31.

1 Retire do texto três indicadores que comprovam que as condições de vida da população dos ex-países socialistas pioraram.

2 Quais são as conseqüências da liberalização excessiva para a economia de um país?

3 Segundo o texto, qual é o papel do Estado no controle de problemas sociais?

Fixando o conteúdo

4 A partir dos anos 1990, com o fim da Guerra Fria, a divisão em três mundos cedeu lugar a uma outra divisão, expressa no mapa abaixo.

PAÍSES DO NORTE E PAÍSES DO SUL

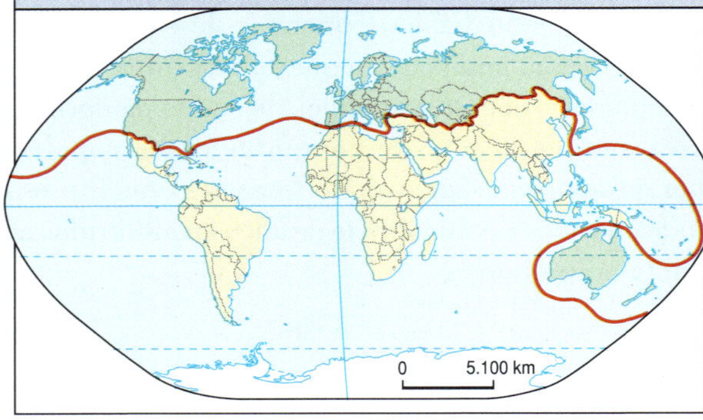

a) Por que não se mostra apropriado, hoje, falar em Primeiro, Segundo e Terceiro Mundo?

b) Em que se baseia a divisão estabelecida no mapa acima?

5 Leia o texto a seguir.

[As calamidades e a oportunidade]

"Falo de calamidades porque o dilúvio que se acaba de abater sobre Moçambique é apenas a ponta do *iceberg*, um elo de uma cadeia de calamidades, algumas bem mais tenazes, com que Moçambique vai se defrontar nas próximas décadas. Por essa razão, é incorreto considerar as inundações como uma calamidade natural. O que torna o drama de Moçambique particularmente excruciante é o nível de subdesenvolvimento sobre o qual se abateram as chuvas torrenciais. Aí residem duas das maiores calamidades que Moçambique vai enfrentar na próxima década: a pobreza absoluta e a Aids. Segundo os dados do *Relatório do desenvolvimento humano 1999*, que será publicado no próximo mês de abril, em 1997, 69% da população de Moçambique vivia abaixo da linha de pobreza absoluta, definida como meio dólar por pessoa por dia. Mas o mais grave é que em duas das províncias mais duramente atingidas pelas cheias, Sofala e Inhambane, essa percentagem era de 88% e 83%, respectivamente. Se a incidência da pobreza não for, entretanto, reduzida, em 2010 haverá 16,8 milhões de pessoas em pobreza absoluta, tantas quanto a população atual do país. Por outro lado, Moçambique, com 0,3% da população mundial, conta atualmente com cerca de 5% a 6% da população mundial infectada com o vírus HIV.

[...]

Se as previsões atuais sobre o impacto da aids se concretizarem, a esperança de vida ao nascer dos moçambicanos diminuirá cerca de oito anos, de 43,5 anos em 1999 para 35,4 em 2010. É essa a verdadeira dimensão das calamidades que se abatem sobre Moçambique. As inundações são tragicamente uma oportunidade.

[...]

Entre 1996 e 1998, enquanto o PIB '*per capita*' nominal rondou os US$ 215, a dívida externa oficial rondou os US$ 325 '*per capita*'. Acresce que a dívida externa de Moçambique é injusta. Uma enorme percentagem dos créditos é, de fato, financiamento a fundo perdido de empresas estrangeiras. Outra parte dos créditos é gasta em assistência técnica estrangeira e outra ainda nas importações dos países credores ou doadores. Nem 10% do dinheiro atribuído entra, de fato, no país."

SANTOS, Boaventura de Sousa. In: *Folha de S.Paulo*. São Paulo, 21 mar. 2000.

a) Aponte no texto características que indicam o estado de subdesenvolvimento de Moçambique.

b) Por que o autor acha que as inundações são apenas a ponta de um *iceberg*?

c) Moçambique foi colônia de Portugal, tendo conseguido sua independência em 1975, sob um governo de orientação socialista. Mergulhado em uma guerra civil, em 1990 iniciou a volta à economia de mercado. De que forma o passado desse país explica a sua situação atual?

6 Segundo dados da Unesco (maio de 1999), cerca de 60% dos 4,4 bilhões de habitantes dos países subdesenvolvidos são privados de infraestruturas sanitárias de base. Cerca de um terço não tem acesso à água potável e um quarto não dispõe de moradias decentes. Observe o mapa e a foto a seguir.

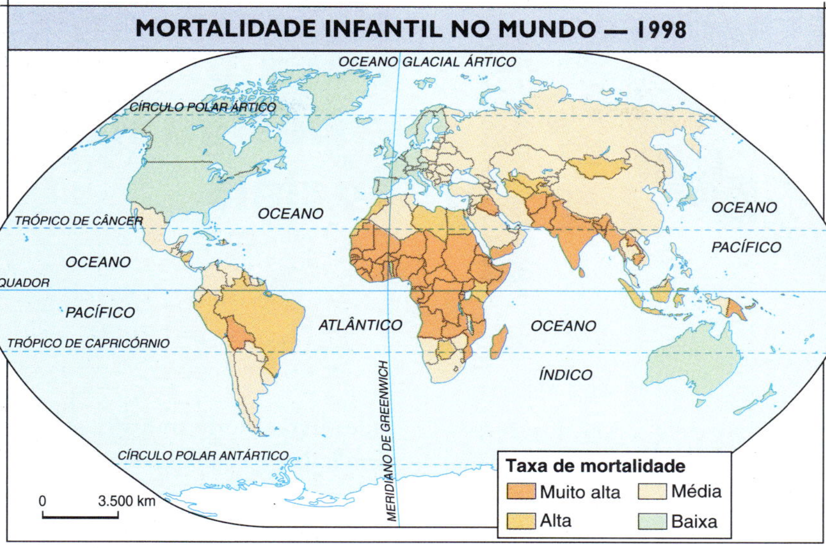

Fonte: *Enciclopédia do mundo contemporâneo*. São Paulo/Rio de Janeiro, Publifolha/Terceiro Milênio, 2000. p. 73.

a) Discuta com seus colegas qual a relação entre a situação de extrema pobreza, como mostra a foto, e as elevadas taxas de mortalidade infantil que podemos observar no mapa.
b) Utilizando o planisfério apresentado no final deste livro, analise o mapa acima e responda: quais países apresentam situação mais grave?

Favela em Manila (Filipinas), às margens do Rio Pasig (foto de 1996).

PAUL A. SOUDERS/CORBIS-STOCK PHOTOS

COMPLEMENTAÇÃO DO ESTUDO

Leituras

ALVES, Júlia Falivene. *A invasão cultural norte-americana*. 25. ed. São Paulo, Moderna, 1995. (Coleção Polêmica)
ARBEX JR., José. *A outra América*; apogeu, crise e decadência dos Estados Unidos. 6. ed. São Paulo, Moderna, 1995. (Coleção Polêmica)
MAGNOLI, Demétrio e outros. *Visões do mundo 2*. São Paulo, Moderna, 1999. (Coleção Polêmica)
STRAZZACAPPA, Cristina e MONTANARI, Valdir. *Globalização, o que é isso, afinal?* São Paulo, Moderna, 1998. (Coleção Polêmica)
TELAROLLI JR., Rodolpho. *Mortalidade infantil: uma questão de saúde pública*. São Paulo, Moderna, 1997. (Coleção Polêmica)

Sites

- *http://www.un.org/Pubs/CyberSchoolBus/infonation/s_infonation.htm* Página da ONU em que é possível analisar e comparar dados estatísticos dos países membros da organização.
- *http://www.undp.org.br/* Fornece as edições do *Relatório de desenvolvimento humano*, publicado pela ONU.
- *http://www.culturaemtopicos.hpg.ig.com.br/geo.htm* Portal educacional e cultural com artigos sobre desenvolvimento e subdesenvolvimento.

CAPÍTULO 4

Brasil: globalização, nova ordem mundial e desigualdades sociais

1 Brasil: de país agroexportador periférico a país industrializado semiperiférico

No período da Segunda Guerra (1939-1945), embora contasse com um parque industrial, o Brasil ainda ocupava na economia mundial a condição de país **agroexportador.** Isso significa que sua economia estava assentada na exportação de produtos primários (alimentos e matérias-primas) para as áreas centrais (Estados Unidos, Japão e países da Europa). Esse mesmo papel exerciam os outros países pertencentes às áreas periféricas (América Latina, África e Ásia). Em troca, recebiam dos países das áreas centrais produtos manufaturados, capital e tecnologia.

Essa estrutura da economia sofreu, após a Segunda Guerra, uma importante mudança: a indústria passou a ser o setor dominante na economia. Foi o caso de Brasil, México, Argentina, África do Sul, Índia, Coréia do Sul, Taiwan e Cingapura.

O rápido processo de industrialização experimentado por esses países alterou a fisionomia das áreas periféricas no pós-guerra. Expressivas concentrações industriais passaram a integrar-lhes a paisagem. Como exemplos, podem ser citadas as áreas localizadas no sudeste do Brasil, no nordeste da Índia (Calcutá) e da África do Sul (Johanesburgo e Pretória), na porção central do México (Cidade do México), no estuário do Rio da Prata (Buenos Aires) e nos Tigres Asiáticos. Contudo, as áreas periféricas não deixaram de ter as características de áreas produtoras e exportadoras de bens primários (alimentos e matérias-primas industriais).

Na segunda metade do século XX, com a forte participação do Estado na economia impulsionada pelos empréstimos externos (endividamento), indústrias estrangeiras instalaram filiais nos novos países industrializados. Os países desenvolvidos buscavam, por um lado, livrar-se de indústrias indesejadas, que utilizavam baixa tecnologia, ocasionando poluição; por outro lado, procuravam vantagens, como matéria-prima barata e salários mais baixos.

Alguns países periféricos conseguiram então um crescimento econômico, mas com graves conseqüências sociais, como: aumento das desigualdades na distribuição de renda, do desemprego e do subemprego, além de urbanização descontrolada, com formação de favelas.

No Brasil, condições internas favoráveis, como mão-de-obra barata, recursos naturais abundantes, isenção de impostos, foram os ingredientes básicos para atrair investimentos estrangeiros.

Podemos dividir o desempenho econômico do Brasil na segunda metade do século XX em quatro fases: estabilização (1964-1967); crescimento (1968-1973); declínio (1974-1980) e recessão (1981-1985).

2 Crescimento econômico: o Brasil no cenário mundial

Desde a década de 1960, governos militares instalaram-se nos mais importantes países latino-americanos. No Brasil (1964 a 1984), de olho no Primeiro Mundo e de costas para os problemas sociais, apoiaram-se em uma política de crescimento acelerado, visando transformar o país em uma grande potência. Por outro lado, ocorreu um acelerado endividamento externo, a redução do salário mínimo real e aumento da concentração da riqueza por uma pequena parcela da população. Observe a figura 1.

O rápido endividamento externo permitiu aos governantes brasileiros investirem em grandes obras de infra-estrutura, como a Transamazônica, a Hidroelétrica de Itaipu e outras. O país ampliou, diversificou e modernizou o seu parque industrial e também a

Figura 1

BRASIL: EVOLUÇÃO DO SALÁRIO MÍNIMO REAL — 1940-2000

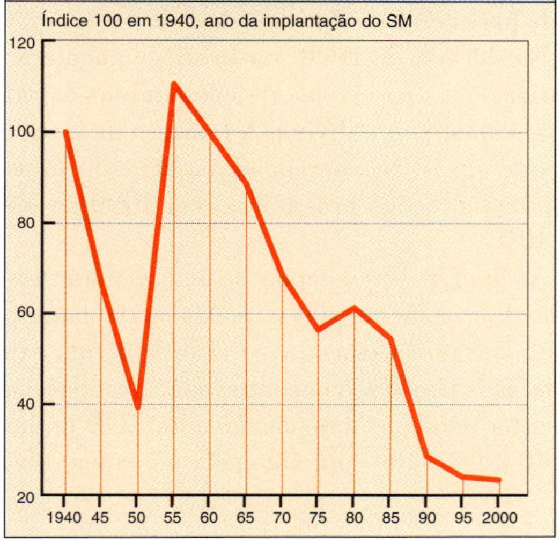

Fonte: MENDONÇA, Sérgio Eduardo Arbulu. In DIEESE. *Salário mínimo: será que desta vez é para valer?* (Disponível em http://www.dieese.org.br/esp/salmin/sergio.html)

agricultura, sobretudo a que se especializou nas culturas destinadas à exportação ou em matérias-primas industriais (soja, laranja, cana-de-açúcar etc.), expandiu a produção de eletricidade e de minérios e melhorou a rede de transportes e de comunicações.

Na década de 1970, a economia expandiu-se tanto que o país era o oitavo com o maior PIB do mundo capitalista e primeiro dentre os países subdesenvolvidos industrializados.

Crises econômicas e endividamento externo

Financiado pelo capital externo e dele dependente, esse modelo de crescimento acentuou sua agonia com as crises do petróleo (1973 e 1979), base energética das indústrias e dos transportes, pois o Brasil importava cerca de 80% do que consumia. A elevação do custo das importações resultou em grandes saldos negativos e intensificou-se a procura por capitais externos.

A contrapartida dessa situação foi que o Brasil apresentou-se como uma das nações mais endividadas do mundo. A figura 2 mostra a evolução dessa dívida, que em 1974 era de 17 bilhões de dólares e saltou para 240 bilhões em 1999.

Na década de 1980, o terrível círculo vicioso da dívida sobre dívida, para pagar as acumuladas, e a disparada dos juros internacionais, provocaram uma grave crise econômica do Brasil (recessão, hiperinflação, congelamento de preços, desemprego), com o conseqüente agravamento das condições de vida da maioria dos brasileiros.

A maior parte das divisas obtidas com as exportações não foram aplicadas nas atividades produtivas (indústria, agricultura etc.) e sim consumidas pela dívida. Apenas no período de 1981-1988, o país enviou para o exterior nada menos do que 75 bilhões de dólares, a título de pagamento do serviço da dívida (juros e amortizações).

O Brasil passou do oitavo (década de 1970) para o décimo lugar (década de 1980) entre as economias de maiores PIB do mundo, declinando também sua renda *per capita*.

A figura 3 mostra o desempenho do PIB brasileiro.

Figura 2

BRASIL: EVOLUÇÃO DA DÍVIDA EXTERNA — 1964-1999

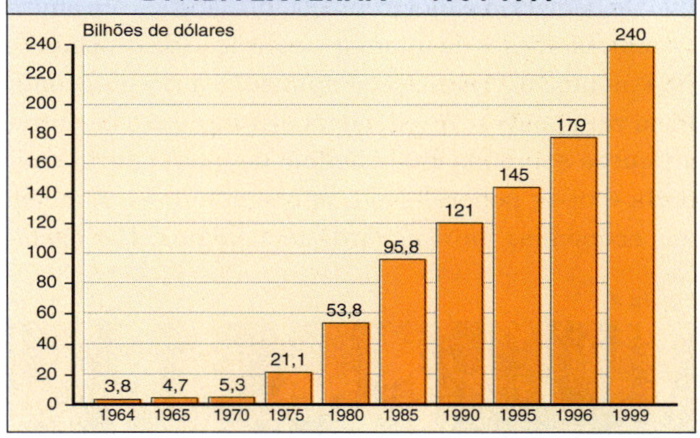

Fontes: BECKER, Bertha K. e EGLER, Cláudio A. G. *Brasil; uma nova potência regional na economia-mundo.* Rio de Janeiro, Bertrand Brasil, 1993. p. 238; e *Brasil em números.* Rio de Janeiro, IBGE, 2000. v. 8, p. 325.

Figura 3

BRASIL: VARIAÇÃO ANUAL DO PIB — 1970-2000

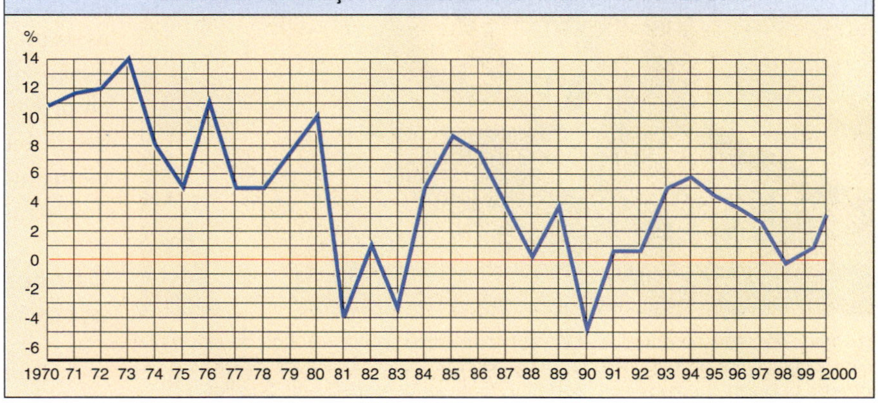

Fontes: *Folha de S.Paulo*, 2 jun. 1991; 1º maio 1994; e IBGE. *Anuários estatísticos*, 1995 a 2002.

O outro lado da moeda: um desenvolvimento excludente e concentrador

As crises econômicas que se sucederam no Brasil interromperam a política "desenvolvimentista". A década de 1980 ficou conhecida como a **década perdida**, pois o país investiu pouco em infra-estrutura produtiva, a economia cresceu pouco e as desigualdades sociais aumentaram. Essas crises decretaram o fim da ilusão, mantida por muitos, de que o crescimento econômico, por si só, seria capaz de eliminar a pobreza e corrigir as violentas desigualdades sociais. Observe a figura 4.

Ocorre que o modelo de desenvolvimento econômico aqui implantado foi a modernização pela via do crescimento acelerado. Em outras palavras, o país aumentou seu PIB, mas a maior parte da população brasileira não participou dos benefícios do crescimento econômico. Por isso, esse modelo é classificado como **excludente e concentrador.**

Na década de 1990 houve um aumento significativo do comércio e da circulação de capitais em âmbito mundial (bases da internacionalização da economia). No entanto, as crises sucederam-se, e a riqueza continuou com poucos. A tendência estrutural a concentrar a riqueza e a renda em benefício de uma reduzida minoria tem-se generalizado, apresentando-se também nas economias da vanguarda tecnológica. Por exemplo, segundo o *Relatório do desenvolvimento humano 1999*, da ONU, as 200 pessoas mais ricas do mundo entre 1994 e 1998 mais do que duplicaram a sua renda líquida para cerca de 1 trilhão de dólares.

Figura 4

ALEXANDRE TOKITAKA/PULSAR

As últimas décadas confirmaram a tendência histórica à concentração da renda no Brasil: acentuou-se a desigualdade, aumentando a porcentagem de excluídos e os pólos de pobreza em áreas metropolitanas. Catador de papelão em São Paulo (SP), em 1999.

Na década de 1990, no Brasil, aumentaram as privatizações e as vendas de companhias estratégicas para amortizar a dívida. A remessa de juros e lucros, que em 1994 correspondia a 20% do valor das nossas exportações brasileiras, em 1999 se elevou para 40%.

Ao final de 1999, depois de duas **moratórias** (suspensão do pagamento, das parcelas ou da maior parte dos juros) e renegociações, o perfil da dívida externa mudou, pois já não se concentrava tão expressivamente no setor público. Aproximadamente 60% do seu total (140 bilhões) foi contraído pela iniciativa privada.

3 O Brasil no processo de globalização

A partir da década de 1990, o governo brasileiro passou a interpretar a globalização de forma receptiva, ampliando a abertura do mercado para o capital estrangeiro e para as transnacionais e aumentando as importações, com prejuízo para a indústria nacional. A política econômica e até mesmo a política social têm sido realizadas segundo as imposições dos países centrais.

Vale lembrar que os países ricos continuam a aplicar o **protecionismo**, ou seja, protegem seus produtos e o mercado interno, restringindo as importações por meio de tarifas ou de cotas alfandegárias.

No processo de globalização, se, por um lado, a empresa privada brasileira tem deixado de exercer um papel importante, por falta de competitividade, por outro lado as transnacionais não têm colaborado no desenvolvimento do país. Pelo contrário, ao procurar os países periféricos em virtude de baixos salários, essas empresas somente aprofundam as questões sociais já desastrosas.

Conseqüências da globalização: incertezas e crises

Entre as conseqüências da globalização na economia brasileira podemos citar:

• as incertezas provocadas por crises financeiras mundiais que afetam principalmente os países periféricos, como por exemplo a crise asiática de 1997, com seqüelas sociais e políticas;

• o constante aumento da dívida externa;

• o desemprego crescente e a redução do papel do Estado nas políticas sociais. Observe a figura 5.

O desenvolvimento do Brasil e a conquista de uma posição importante no cenário mundial apresentam hoje graves problemas. A dependência externa submete o país aos grandes centros de decisão, que resistem em permitir a ascensão de novas potências. Na realidade, o Brasil encontra-se em uma situação de dependência do capital financeiro internacional e dos países do **G-8** (os mais industrializados do mundo). Todos os países periféricos mantêm-se presos às regras de organismos internacionais — como o FMI, o Banco Mundial, a Organização Mundial do Comércio (OMC) —, que passaram a neles interferir e a decidir cada vez mais os seus destinos.

No entanto, nem todos os países se submetem da mesma maneira à globalização. Leia o texto do boxe "Desafios para o século XXI" e observe a figura 6.

Figura 5

BRASIL: TAXA MÉDIA DE DESEMPREGO ABERTO
1991-2002 (meses de agosto)

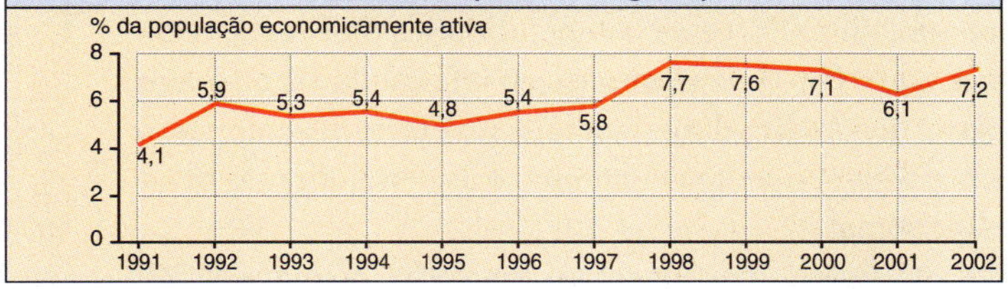

Fonte: IBGE. Diretoria de Pesquisas, Departamento de Emprego e Rendimento. *Pesquisa mensal de emprego*. Disponível em: http://www.ibge.gov.br

Desafios para o século XXI

Dos chamados mercados emergentes, como a China e a Índia, o Brasil é o único que nas últimas décadas do século XX não apresentou um projeto de desenvolvimento centrado em políticas de interesse nacional e o que mais aderiu ao neoliberalismo. Esse fato provocou a desarticulação de setores estratégicos e a perda de conquistas econômicas e sociais.

O projeto de desenvolvimento seguramente não resultará de uma política de concessões ao capital estrangeiro, que conduz ao desemprego crescente, à redução do papel do Estado e à sua desobrigação com políticas sociais. Ao contrário, segundo o *Relatório do desenvolvimento humano 1999*:

"Precisamos de uma nova abordagem para a governança global, uma abordagem que preserve as vantagens oferecidas pela concorrência e pelos mercados mundiais, mas que leve em consideração os recursos humanos, comunitários e ambientais que irão fazer com que a globalização funcione para as pessoas, e não apenas para os lucros".

Os países subdesenvolvidos têm de lutar para desempenhar o papel de protagonistas e não de subalternos e dependentes na economia mundial. Precisam da proteção às iniciativas nacionais contra a concorrência internacional, de mudanças estruturais para assegurar o desenvolvimento de atividades produtivas e superar os desequilíbrios sociais.

Figura 6

STEFANO RELLANDINI-REUTERS/CORBIS-STOCK PHOTOS

O movimento antiglobalização já conseguiu o perdão da dívida externa para dois terços de 23 países extremamente pobres. Na foto, manifestantes antiglobalização em confronto com a polícia em Gênova (Itália), em julho de 2001, durante o encontro dos países mais industrializados do mundo (o G-8).

4 O quadro das desigualdades no Brasil

Os indicadores sociais do Brasil, embora apresentem evolução positiva nas últimas décadas, ainda refletem a deficiência de investimentos em setores básicos, como educação e saúde.

Pobreza

Se levarmos em conta o tamanho do PIB (nono do mundo, em 2000) e as potencialidades do Brasil, veremos que o fato de ocupar posição intermediária na maior parte dos indicadores sociais revela o descompasso entre o crescimento econômico e as condições de bem-estar social.

O Brasil, por exemplo, em 1992 ocupava o 59º lugar em desenvolvimento humano. Caiu para o 70º em 1993, e para o 79º em 1999. Em 2000 chegou à 73ª classificação. Veja a figura 7.

Desigualdades sociais imensas e pobreza generalizada são características marcantes da nossa sociedade. A pobreza é um flagelo que atinge milhões de brasileiros. Em 1999, segundo dados do Instituto de Pesquisa Econômica Aplicada (Ipea), os pobres correspondiam a 57 milhões ou 35% da população total, e os extremamente pobres chegavam a 15%.

Figura 7

JACEK IWANICKI/KINO

O péssimo posicionamento do Brasil em desenvolvimento humano está em flagrante contradição com o seu desempenho econômico. Moradores de rua em São Paulo (SP), em 2002.

Desigualdades sociais

As informações da figura 8 revelam o caráter altamente concentrador do modelo econômico brasileiro: observe que os ricos continuam mais ricos, e os pobres, mais pobres. A classe média ou intermediária tem diminuído também ao longo das décadas.

Figura 8

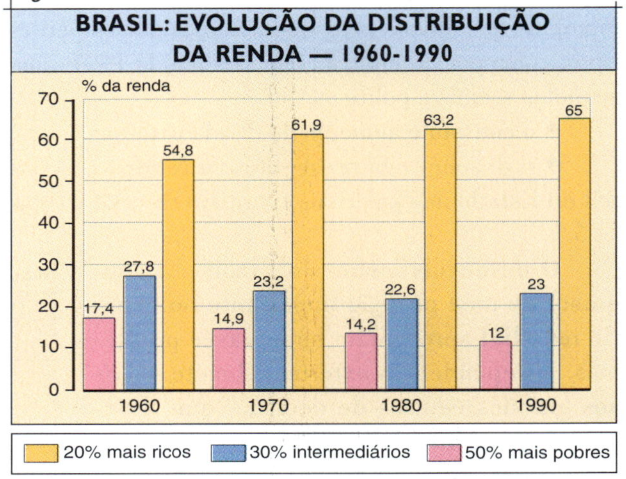

Fontes: *Retrato do Brasil*. São Paulo, Três/Política, 1984. v. 3, p. 170; e IPEA/PNUD. *Relatório sobre o desenvolvimento humano no Brasil 1996*. Rio de Janeiro/Brasília-DF.

Em uma lista de 174 países publicada no *Relatório sobre o desenvolvimento mundial 2001*, o Brasil possuía uma das piores distribuições de renda do mundo em 2000. A renda média dos 20% mais ricos da população brasileira era 25,5 vezes maior que a dos 20% mais pobres. O primeiro grupo apropriava-se de 63,8% da renda, e o segundo de apenas 2,5%.

Um indicador bastante utilizado para medir a concentração ou as desigualdades, em diversas categorias, é o **Índice de Gini**. Seu valor varia de zero (perfeita igualdade) até um (desigualdade máxima).

Segundo o *Relatório do desenvolvimento humano 2001*, a situação do Brasil, conforme Índice de Gini relativo à concentração de renda, é uma das mais desfavoráveis do mundo, ficando à frente apenas da África do Sul, da Suazilândia e da Nicarágua.

Observe na figura 9 a evolução do Índice de Gini quanto à distribuição do rendimento mensal no Brasil.

Figura 9

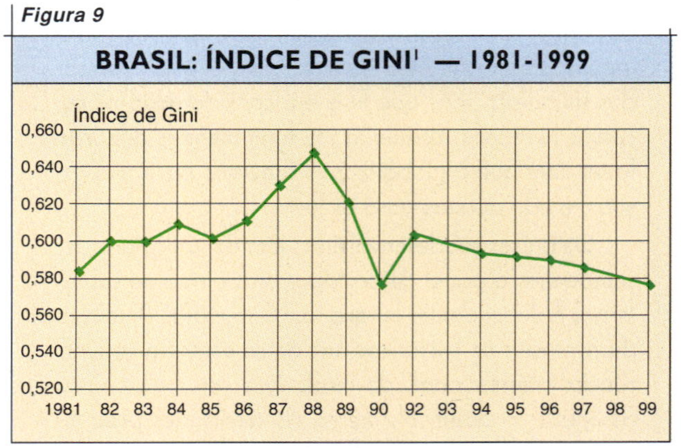

[1] Pessoas com 10 anos ou mais, com rendimento.

Fonte: IBGE. *Atlas nacional do Brasil*. 3. ed. Rio de Janeiro, 2000. p. 165.

Desigualdades regionais no Brasil

As regiões do país também apresentam profundas desigualdades. A figura 10 mostra a distribuição da pobreza nos estados. Observe que os da Região Nordeste (em particular o Maranhão e o Piauí) concentram a maior porcentagem de famílias com rendimento de até meio salário mínimo.

Quanto ao desenvolvimento humano, também existe grande disparidade entre os estados do Nordeste e os do Centro-Sul. Observe o mapa na figura 11.

Analisando esses dados, vemos que os estados de Alagoas, Maranhão e Piauí apresentam IDHs mais baixos. Dentre as unidades da federação, o Distrito Federal possui o maior IDH, seguido pelos estados de São Paulo, Rio Grande do Sul e Santa Catarina. Para explicar essas diferenças, tomemos como exemplo a taxa de analfabetismo: segundo o Censo Demográfico 2000, Alagoas, com 32,8%, e Piauí, com 31,6%, são os estados com o maior número de analfabetos. Os melhores desempenhos são o do Rio de Janeiro, com 6%, e o do Rio Grande do Sul, com 6,1%.

Figura 10

BRASIL: RENDIMENTO FAMILIAR *PER CAPITA* DE ATÉ MEIO SALÁRIO MÍNIMO — 1999

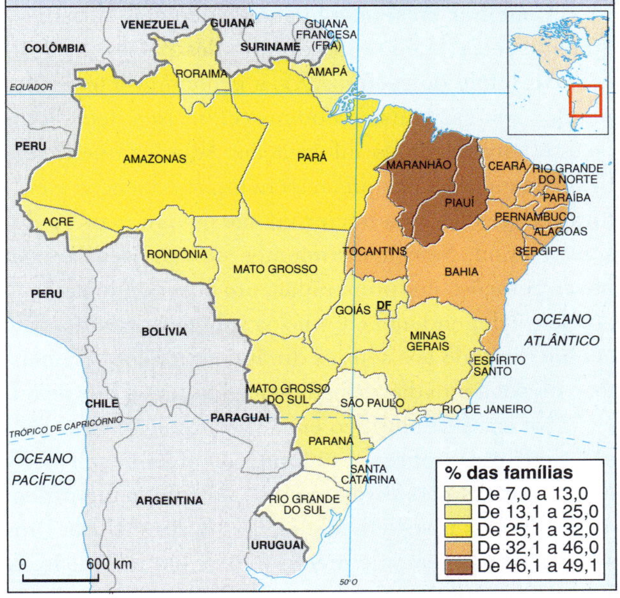

Fonte: IBGE. *Atlas nacional do Brasil*. p. 77.

Figura 11

BRASIL: O IDH DOS ESTADOS — 2000

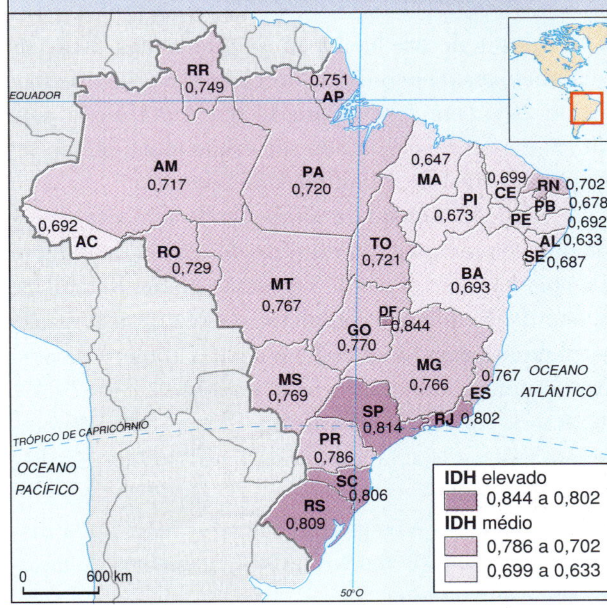

Fonte: IPEA/Fund. João Pinheiro/PNUD. *Novo atlas do desenvolvimento humano no Brasil 2002*. Disponível em: http://www.undp.org.br

Desigualdades raciais

O IBGE usa os termos: pretos, pardos e brancos para se referir à cor de pele da população; utilizaremos também a denominação afro-brasileiros, para os negros.

Levando-se em conta a cor das pessoas e os seus rendimentos salariais, os trabalhadores brancos estão bem à frente dos afro-brasileiros.

Considere alguns dados de 1999 do IBGE, na *Síntese dos indicadores sociais 2000*.

- Famílias que vivem com até meio salário mínimo: 26,2% de afro-brasileiras; 30,4% de pardas; 12,7% de brancas.
- O analfabetismo continuou maior entre afro-brasileiros e pardos (20%) do que entre brancos (8,3%).
- De 1991 para 1999, essas três populações aumentaram seus anos de estudo, no entanto persistem diferenças. Em média, os afro-brasileiros chegam a 4,5 anos de estudo, enquanto os pardos, a 4,6, e os brancos, a 6,7.
- Embora, muitas vezes, a precária estrutura produtiva dos países periféricos não absorva as camadas de maior qualificação, em geral, quanto mais tempo na escola, maior o salário. No entanto, a educação não exerce, na prática, seu efeito de promoção social de forma igualitária: para os brancos, o aumento de um ano de estudo correspondeu à elevação de 1,2 salários mínimos no seu rendimento, ao passo que afro-brasileiros e pardos só tiveram seu rendimento elevado em meio salário mínimo.

O papel da educação no desenvolvimento

Conciliar crescimento econômico com desenvolvimento social é o grande desafio dos países periféricos. No início do século XXI, a economia interna depende cada vez mais do domínio científico, tecnológico e da circulação da informação. Aqueles que investiram na ciência, pesquisa, tecnologia, educação e cultura (pilares da vida moderna) são os que mais se desenvolveram. Sem investimentos nessas áreas e com novas gerações malpreparadas, um país condena-se ao atraso e à dependência. Como os subdesenvolvidos têm acesso limitado aos setores dinâmicos do conhecimento, o crescimento das desigualdades torna-se inevitável.

No campo científico existe um fosso entre os países ricos e os pobres. Enquanto os mais desenvolvidos fazem grandes investimentos no campo científico, os periféricos investem menos de 1% do PIB (no Brasil, 0,7%) na ciência e menos de 5% em educação. O Brasil, apesar de ser a nona economia na escala do PIB mundial, em 2000, era o 70º em investimentos públicos na educação.

Quadro educacional brasileiro

Apesar de ter havido uma queda nas taxas de analfabetismo da população de 15 anos ou mais de idade, de 20%, em 1991, para 15,6% em 1995 e para 13,3% em 1999, elas ainda são muito altas, já que representam mais de 15 milhões de pessoas.

A Unesco considera alfabetizada somente a pessoa que completou a quarta série do ensino fundamental, pois há altas taxas de regressão ao analfabetismo na população que não completou o ciclo básico. A taxa de **analfabetismo funcional**, ou seja, o número de pessoas com menos de quatro anos de estudo, é de 29,4% no Brasil. Na Região Nordeste, chega a 46,2%, enquanto nas regiões Sul e Sudeste é de 21,8% e 22,3%, respectivamente.

Essas taxas e os gastos com educação ainda distanciam o Brasil de muitos países, mesmo os do mundo subdesenvolvido.

Outro problema educacional é a baixa **escolaridade** da população (número de séries concluídas com aprovação). Segundo o IBGE (*Síntese de indicadores sociais 2000*), no Brasil, na década de 1990, a escolaridade média dos jovens de 15 a 24 anos aumentou 1,2 ano. A média de tempo de estudo da população de 10 anos ou mais, que era de 4,9 anos em 1992, passou para 5,8 anos, em 1999. Mas ainda é baixa. Vale lembrar que a simples alfabetização não habilita o cidadão a acompanhar os avanços técnicos e científicos, numa era que requer cada vez mais mão-de-obra qualificada.

Quanto maior o rendimento familiar *per capita*, maior o grau de **escolarização** (porcentagem de pessoas de determinada faixa etária que freqüenta a escola em relação ao total de pessoas nessa mesma faixa). Quanto menor a renda familiar *per capita*, menos tempo de estudo e, conseqüentemente, menor a chance de colocação profissional, ou seja, menos emprego e menos rendimentos. Dessa forma, perpetua-se, por meio da baixa escolarização, a desigualdade na distribuição da renda: acúmulo de riquezas, de um lado, e exclusão, de outro.

Quanto mais estudo, maior a remuneração. No entanto, o Banco Mundial constatou que o fenômeno da desigualdade resiste à escolaridade, ou seja, pessoas com o mesmo grau de escolaridade têm retornos diferentes. Por exemplo, em 1999, entre os trabalhadores que haviam estudado apenas até a quarta série do ensino fundamental, os 10% mais ricos recebiam 34% a mais do que os 10% mais pobres.

Figura 12

MARCO ANTONIO SI/KINO

No Brasil, em 1999, ainda existiam 375 mil crianças, de 5 a 9 anos de idade, ocupadas. A mão-de-obra infantil concentra-se mais em pequenos empreendimentos familiares, especialmente no setor agrícola, e realiza trabalhos sem remuneração. Corte de cana-de-açúcar em Piracicaba (SP), em 1999.

A situação econômica obriga adolescentes e crianças brasileiros a ingressarem cedo no mercado de trabalho, tirando-os da escola. Em 1999, 22,8% dos adolescentes de 15 a 17 anos trabalhavam e estudavam, e 10,3% só trabalhavam. Essa mão-de-obra, que precisou abandonar o estudo e não se preparou devidamente na adolescência, vai engrossar um contingente de trabalhadores com pouca qualificação e ocupar-se no setor informal, quase sempre.

A saúde no país

De modo geral, a saúde pública no Brasil esteve durante muito tempo sob a responsabilidade do Estado. Como outros setores, ela vem sofrendo uma diminuição de investimentos estatais e o aumento da iniciativa privada. Por exemplo, o Censo 2000 indica que o número de estabelecimentos de saúde (por mil habitantes) caiu de 3.005 para 2.946, em 1999, ao passo que houve um aumento da população e da demanda por esses serviços. A oferta de serviços de saúde tem se ampliado em áreas antes desprovidas desses recursos, como as regiões Norte e Nordeste (aumento de 25%), enquanto na Região Sudeste ficou abaixo de 10% e foi negativo na Região Sul. Veja a figura 13.

A mortalidade infantil, considerada um indicador adequado de saúde da população, diminuiu de 43% em 1992, para 34,6% em 1999, taxa ainda moderadamente elevada, se comparada à de países desenvolvidos.

Nesse aspecto encontramos também muitas disparidades, tanto entre as regiões brasileiras quanto em relação à renda da população. As regiões Nordeste e Norte e a população de baixa renda apresentam as piores condições de nutrição, de assistência materno-infantil e sanitárias (saneamento básico, coleta de lixo, tratamento de água). A população de baixa renda é a mais prejudicada no acesso aos serviços de saúde e na sua utilização. Em 1999, dos 40% da população mais pobre, apenas 5% tinham plano de saúde, enquanto entre os 10% mais ricos essa taxa era de 74,2%.

Figura 13

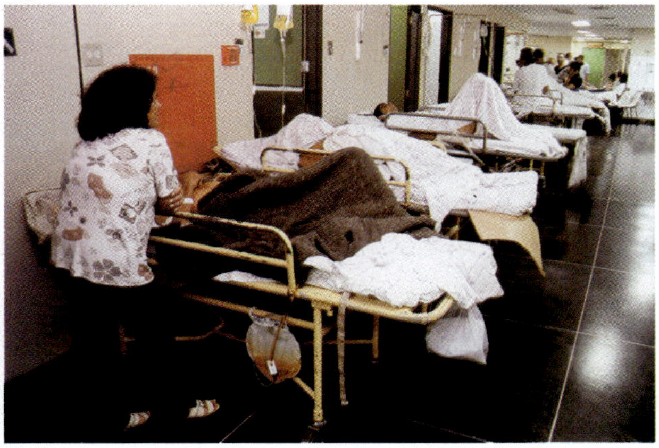

MARCOS PERON/KINO

Os serviços de saúde concentram-se nas áreas mais desenvolvidas do país, e mesmo nessas regiões as desigualdades econômicas e sociais restringem o acesso da população carente aos serviços de saúde particular. Hospital lotado em Campinas (SP), em 2000.

5 O Brasil e a nova ordem mundial

Neste início do século XXI, na era da globalização, como já vimos, ocorre uma rápida integração econômica dos mercados, que ultrapassam intensivamente os espaços nacionais. A economia contemporânea é composta de várias economias nacionais, com estreita interdependência de bens essenciais.

O Brasil e a América Latina: relações comerciais e integração

Na América, desde o século XIX houve diversas tentativas de integração continental. Em 1890, formou-se a União Internacional das Repúblicas Americanas (1910), que se converteu na União Pan-Americana e, em 1948, em **Organização dos Estados Americanos** (OEA).

A criação do MCE repercutiu fortemente na América Latina. Isso porque os latino-americanos perceberam a possibilidade de perder o importante mercado consumidor europeu para outros países, como os africanos que se tornaram independentes, ou para áreas concorrentes na própria América Latina. Essa preocupação, aliada à necessidade de ampliar e diversificar suas economias, constituiu a base da criação e da integração de um mercado comum regional.

O principal marco de referência para a integração econômica e comercial da América Latina foi a proposta para organizar um mercado regional latino-americano, formulada em 1958 pela **Comissão Econômica para a América Latina** (Cepal).

Em 1960 criou-se a primeira grande organização da América Latina: a **Associação Latino-Americana de Livre Comércio (Alalc)**. Argentina, Brasil, Chile, Bolívia, Paraguai, Peru e Uruguai foram seus fundadores. Posteriormente ingressaram, pela ordem, México, Equador, Colômbia e Venezuela.

Entre os objetivos da Alalc estavam: ampliar os mercados nacionais, eliminar gradualmente as tarifas alfandegárias, dinamizar as economias e o comércio entre os associados e com o resto do mundo.

Embora tenha apresentado alguns resultados positivos no início, vários problemas contribuíram para a decadência e extinção da Alalc, em 1980: a falta de cooperação entre os países, as instabilidades políticas e econômicas e a forte dependência econômica e comercial da América Latina em relação às potências capitalistas mundiais.

No lugar da Alalc surgiu a **Associação Latino-Americana de Integração** (Aladi), conservando a mesma sede (Montevidéu) e os mesmos países-membros. Desde a sua criação, a Aladi não reforçou o processo de integração latino-americana. Ao contrário, as novas realidades mundiais (desmoronamento do socialismo, formação de megablocos econômicos etc.) e regionais (crescimento econômico desigual, rivalidades etc.) contribuíram para acentuar ainda mais as diferenças entre os seus membros.

O **Grupo Andino** (Bolívia, Chile, Colômbia, Equador e Peru), bloco econômico criado em 1969, não apenas continuou existindo após a formação da Aladi, como também reforçou a sua diferenciação.

A criação do Mercosul (1991), outro subsistema da Aladi, liderado pelas duas maiores economias sul-americanas (Brasil e Argentina), atesta o fracasso da Aladi.

Em vez de integrar a América Latina, os recentes acontecimentos relativos à conformação ou à reorganização do espaço econômico mundial (como os megablocos) apontam para uma integração de todo o continente sob a liderança dos Estados Unidos. Para tanto, os primeiros passos já foram dados. Consistem na criação:

- do **Acordo de Livre Comércio da América do Norte (Nafta)**, em 1988, unindo Estados Unidos, Canadá e México;
- de uma agenda denominada **Iniciativa para as Américas**, de âmbito continental ou hemisférico,

Recordando

América Latina e América Anglo-saxônica

Geograficamente o continente americano abrange a América do Norte, a América Central e a América do Sul.

No século XIX, recém-libertado do domínio europeu, esse continente passou a ser considerado como dois subconjuntos com características culturais, históricas e lingüísticas semelhantes: a **América Anglo-saxônica**, compreendendo os Estados Unidos e o Canadá, de colonização inglesa e francesa; e a **América Latina**, englobando o restante do continente e composta, na maior parte, por países de língua latina e de colonização ibérica (espanhola e portuguesa).

Ao contrário da **América espanhola**, que se fragmentou em diversos países, a **América portuguesa** constituiu uma só unidade territorial, o Brasil, hoje com 42% do território e 35% da população da América Latina. Observe o mapa.

Fonte: organizado pelos autores.

que pretende estabelecer uma área de livre comércio abrangendo desde o Alasca até a Patagônia. O **Acordo do Jardim das Rosas** (1991), assinado pelos países do Mercosul com os Estados Unidos, insere-se no âmbito da Iniciativa para as Américas.

Leia o texto do quadro ao lado.

A nação americana: do sonho à prática

Guiados pelo sonho de formar uma só pátria e influenciados pela Revolução Francesa, o venezuelano Simón Bolívar, o argentino San Martín e muitos outros americanos dedicaram-se à luta pela independência da América espanhola do domínio espanhol. Simón Bolívar entendia que apenas uma luta unificada e a formação de uma só e grande nação sul-americana poderia enfrentar as pretensões de nações européias e dos Estados Unidos de dominar economicamente a região. Em 1826, logo após a independência da maior parte dos países da América espanhola (1808 a 1825), Simón Bolívar convocou o Congresso do Panamá com a idéia de criar uma associação de Estados no hemisfério.

O sonho tornou-se impossível devido às divergências internas que levaram à fragmentação da América espanhola em diversos Estados.

Outra idéia diferente de integração da América foi elaborada em 1823 pelo presidente dos Estados Unidos, James Monroe. A Doutrina Monroe postulava o princípio "A América para os americanos". Na realidade, os Estados Unidos pretendiam manter os países europeus longe da América e na prática teriam o pretexto para intervir no continente e expandir a sua área de influência.

Área de Livre Comércio das Américas

A **Área de Livre Comércio das Américas (Alca)** está se formando desde 1994, com data-limite para se concretizar até o ano 2005. Seu objetivo é eliminar as barreiras alfandegárias entre os 34 países americanos, exceto Cuba, e pode tornar-se um dos maiores blocos comerciais do mundo.

Observe a figura 14.

Há muitas diferenças entre a Alca e a União Européia. Esta última é uma comunidade de nações que, além da finalidade comercial, visa à união política, monetária e econômica dos países europeus. Os países europeus que a compõem apresentam relativa homogeneidade econômica, contam com estabilidade, inflação e taxas de juros controladas, entre outras semelhanças.

A Alca apenas pretende estabelecer uma zona de livre comércio nas Américas. Os EUA, mais uma vez, ressuscitarão os ideais de Monroe de liderar esse grupo de países, que apresentam grandes desigualdades econômicas e sociais. Quando consolidada, essa aliança deverá preservar a hegemonia política e econômica dos estadunidenses, que não se têm mostrado dispostos a abrir mão de suas legislações protecionistas em nome de acordos com os outros países.

Antes da integração hemisférica, o Brasil procura consolidar-se na região platina. Se, por um lado, a aliança de todas as Américas garantirá certas oportunidades para o comércio e para as empresas brasileiras e latino-americanas, por outro, uma concorrência desigual poderá ameaçar-lhes ainda mais a industrialização.

Figura 14

ALCA (ÁREA DE LIVRE COMÉRCIO DAS AMÉRICAS)

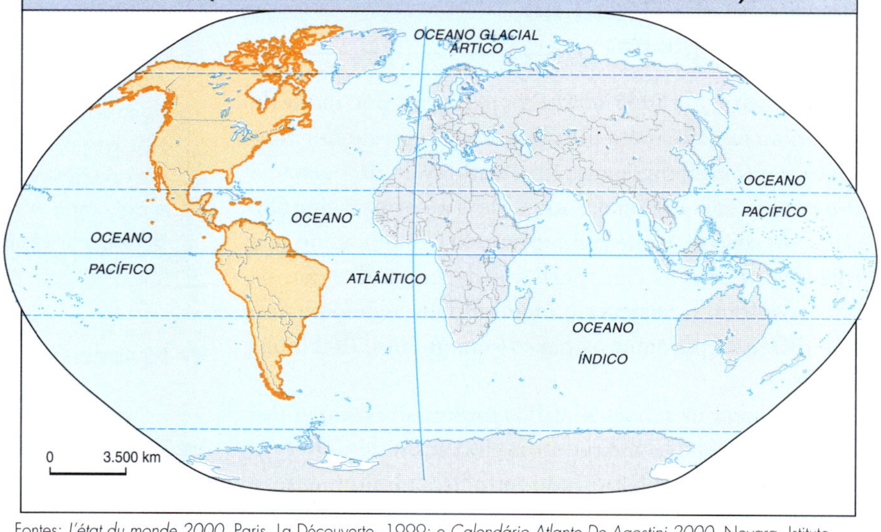

Fontes: *L'état du monde 2000*. Paris, La Découverte, 1999; e *Calendário Atlante De Agostini 2000*. Novara, Istituto Geografico De Agostini, 1999.

Objetivo: eliminação das barreiras alfandegárias entre os países americanos até 2005.
Integrantes: 34 países americanos, exceto Cuba.
PIB: 9.700.000 milhões de dólares.
PIB *per capita*: 12.388 dólares.

Observe o mapa na figura 15 com as instituições econômicas regionais americanas da atualidade.

Figura 15

Fonte: organizado pelos autores.

Projeção do Brasil no cenário regional

Se integrar toda a América Latina por meio de um único órgão é meta difícil, por se tratar de um conjunto muito heterogêneo e desequilibrado de países, a integração sub-regional é uma idéia a ser perseguida.

No caso do Cone Sul, apesar da existência de boa infra-estrutura de transportes e de comunicação, os países sofrem ameaças de instabilidade econômica, o que dificulta planejar os passos em um mundo globalizado.

Integrar os países platinos tornou-se possível depois que o Brasil e a Argentina deixaram de lado certas rivalidades, substituindo-as pelo entendimento e pela cooperação.

A projeção do Brasil como potência regional implicou o emprego de uma estratégia para ampliar a sua presença econômica e política na Bacia do Prata, unindo-se à Argentina com a finalidade de atrair o Uruguai, o Paraguai e a Bolívia para sua área de influência. Por exemplo, a construção, em sociedade com o Paraguai, da gigantesca Usina Hidroelétrica de Itaipu, no Rio Paraná. Essa usina proporcionou ao Paraguai a auto-suficiência na produção de eletricidade, permitindo-lhe exportar 50% da energia excedente para o Brasil.

No caso da Bolívia, construiu-se uma estrada de ferro ligando esse país ao Porto de Santos, no litoral paulista. Também merece destaque a construção do maior gasoduto da América Latina, destinado a transportar o gás boliviano para o Brasil. Leia o texto do boxe e observe a figura 16.

Entendimentos foram iniciados há 50 anos

Com 3.150 quilômetros, dos quais 2.593 quilômetros em solo brasileiro, e capacidade de transporte para até 30 milhões de m³/dia, o **gasoduto Bolívia—Brasil** estende-se desde Santa Cruz de La Sierra, na Bolívia, até Canoas, na Grande Porto Alegre. Somente em 1992 a Petrobras assumiu a responsabilidade de viabilizar a construção dos dutos.

A venda de gás natural para o Brasil aumentará o PIB da Bolívia, fornecendo-lhe recursos para programas sociais e outros investimentos públicos e ao mesmo tempo ajudando a equilibrar o seu déficit comercial.

No Brasil, o projeto facilitará uma mudança significativa na composição de sua matriz energética, possibilitando uma menor dependência das hidrelétricas da Bacia do Rio Paraná, que estão no limite máximo do seu aproveitamento. Usinas termelétricas (localizadas perto dos grandes centros consumidores) gerarão energia a partir da combustão (queima) do gás natural, que é visto como um combustível mais limpo e mais barato que o carvão ou o óleo diesel, por exemplo.

O Mercosul

Seguindo a tendência mundial de integração dos países em blocos econômicos regionais, a Argentina e o Brasil elaboraram a Ata de Integração e Cooperação (1986). A seguir veio a assinatura do Tratado de Integração e Cooperação (1989), que incluiu também o Uruguai.

Finalmente, em 26 de março de 1991, com a inclusão do Paraguai, os quatro países (Argentina,

Figura 16

A GEOPOLÍTICA DA REGIÃO PLATINA

Fonte: Baseado em FERREIRA, Graça Maria L. *Atlas geográfico: espaço mundial.* São Paulo, Moderna, 2002.

Brasil, Paraguai e Uruguai) assinaram o Tratado de Assunção, que formalizou o **Mercado Comum do Sul** (Mercosul).

A participação do Brasil no Mercosul tem o objetivo de fortalecer e consolidar a sua posição no quadro regional para um melhor desempenho no quadro internacional. A médio prazo, o Mercosul pretende atrair outros países da América do Sul.

O Chile e a Bolívia são membros associados ao Mercosul desde 1996. Eles participam da zona de livre comércio, mas não da união aduaneira. Peru, Venezuela e Colômbia, integrantes da **Comunidade Andina**, formada em 1960, serão os próximos países a se associar ao Mercosul.

Os objetivos do Mercosul estão centrados nos seguintes pontos:

- formação de uma zona de livre comércio, eliminação de todas as barreiras tarifárias e não-tarifárias na movimentação de bens e serviços (cada país tem autonomia nas transações com terceiros);
- adoção de uma tarifa e de uma política de comércio externo também comuns;
- coordenação das políticas macroeconômicas (globais) e setoriais em áreas como comércio exterior, indústria, transportes e comunicações, monetária, de serviços aduaneiros e outras;
- harmonização das legislações internas, a fim de assegurar e fortalecer o processo de integração.

O Mercosul oferece as seguintes áreas de interesse: intercâmbio de bens e serviços; cooperação científico-tecnológica; *joint ventures* (associação de empresas); medidas operacionais (financeiras e administrativas) e outras.

Quanto à importância política, econômica e estratégica do Mercosul, podem-se destacar:

- o aumento da competitividade e do poder de barganha com as grandes potências e blocos econômicos mundiais;
- o atendimento dos interesses dos países do Mercosul no plano internacional, por exemplo, a busca de alternativas de intercâmbio diante de eventuais restrições impostas pelos megablocos econômicos;
- ampliação das possibilidades de acesso ao desenvolvimento científico e tecnológico.

Observe a tabela 1.

Tabela 1

O Mercosul em números — 1999

País	Área (km²)	População (milhões de hab.)	PIB (bilhões de dólares)	PIB per capita	Dívida externa (bilhões de dólares)
Brasil	8.547.403	164,0	558,0	3.401	243,1
Argentina	2.780.272	32,6	295,1	8.380	93,8
Uruguai	176.215	3,1	18,4	5.760	5,8
Paraguai	406.752	4,1	9,1	1.850	2,1
Total parcial	11.910.642	203,8	962,5	4.847,7[1]	344,8
Países associados					
Chile	756.626	13,3	70,0	4.860	27,4
Bolívia	1.098.581	6,4	6,3	830	5,1
Total geral	13.765.849	225,5	1.038,8	4.180,1[1]	377,3

[1] Média.

Fontes: *Calendario Atlante De Agostini 2000*; e IBGE. *Atlas nacional do Brasil.*

Em termos globais o Mercosul é ainda um bloco de pequena expressão. No entanto, compreende uma área de quase 14 milhões de km² e estende-se da Terra do Fogo a Roraima, representando um grande mercado, com uma população total de mais de 200 milhões de habitantes. Interesses internacionais têm determinado uma política de aproximação entre a União Européia e este bloco latino-americano.

A **Hidrovia Tietê—Paraná**, com 2.400 quilômetros de extensão, unindo os quatro países-membros, deve constituir o principal eixo de transporte na integração econômica e comercial do Mercosul. Observe o mapa (figura 17).

Figura 17

A HIDROVIA TIETÊ—PARANÁ

Fonte: baseado em *Folha de S.Paulo*, 15 mar. 1994, p. 1-11.

As dificuldades conjunturais enfrentadas pelos países integrantes do Mercosul, no início do século XXI, têm colocado em risco o sucesso desse organismo.

A Argentina, por exemplo, sempre foi a segunda maior economia do Mercosul e em 1998 ocupava o 39º lugar em IDH na escala da ONU. Apresentava maior expectativa de vida, melhor sistema educacional e maior renda *per capita* do que os outros membros. Em 2002, chegou a uma situação econômica e social bastante caótica. Com uma enorme dívida externa e atendendo às regras impostas pelo FMI, desde 1985, com o **Plano Austral**, assumiu a política neoliberal, desmontando a sua infra-estrutura do Estado, congelando preços e salários. Para fazer frente à hiperinflação, o governo argentino atrelou sua moeda, o peso, ao dólar.

A crise no Leste asiático em 1997 alastrou-se por toda a área financeira mundial, e as taxas de juros aumentaram, pressionando o orçamento argentino. Em 2000 iniciou-se uma fase de desaquecimento global que, somada à produção industrial negativa, à asfixia da dívida externa (em 2001 era de 146,1 bilhões de dólares) e a outros fatores, levou a Argentina a uma crise sem precedentes. Observe a figura 18.

As conseqüências foram: aumento da pobreza (um terço dos argentinos vive na linha de miséria), altas taxas de desemprego (em torno de 18,3%), moratória, refinanciamento de créditos, fuga de capitais e de investimentos, entre outras.

Também como resultado dessa situação, a parceria com o Brasil vem sofrendo abalos. Mas o Mercosul é uma zona de livre comércio, e a tendência, com o tempo, é de retomada das exportações argentinas para o Brasil. A Argentina é um parceiro fundamental para nós, sempre contou com uma renda *per capita* maior do que a nossa, alto nível educacional e grandes riquezas naturais. E o Brasil tem todo o interesse em que o país vizinho restabeleça a economia e recupere os seus mercados.

Figura 18

ENRIQUE MARCARIAN-REUTERS/CORBIS-STOCK PHOTOS

Como conseqüência do desemprego, do aumento da pobreza e da instabilidade econômica, multiplicaram-se os protestos políticos na Argentina. Manifestação nas ruas de Buenos Aires contra o confisco do dinheiro pelo governo (abril de 2002).

AVALIE SEU APRENDIZADO

Construindo conhecimento

Reconhecer as estruturas e os processos em que se inserem as situações individuais.

1 Leia os textos seguintes e responda às questões.

Texto 1

"Em Jacarta, onde automóveis de luxo, etiquetas famosas e ambições desenfreadas simbolizavam ainda há pouco tempo o *boom* do crescimento, a recente crise financeira oprimiu a economia da noite para o dia e submergiu na pobreza setores inteiros da sociedade indonésia. No coração do condomínio de classe média Buni Serpong Damai, por exemplo, as crianças reviram o lixo para recuperar garrafas usadas e jornais velhos."

O Correio da Unesco. Rio de Janeiro, FGV/Unesco, maio 1999, p. 17.

Texto 2

"[No Brasil] Carmem trabalhou durante quatro anos em uma indústria de tintas, no controle de qualidade. Há seis meses, foi demitida e vem procurando emprego. Como o seguro desemprego já terminou, aceitou costurar o uniforme do filho da vizinha, em troca de remuneração."

Cadernos do Terceiro Mundo. Rio de Janeiro, Terceiro Mundo, n. 204, dez. 1997, p. 19.

a) Quais foram os motivos do empobrecimento da população da Indonésia, descrito no texto 1?

b) Pesquise e responda: de que forma uma crise financeira pode arrasar a economia de um país?

c) O Dieese classifica o trabalho de Carmem (texto 2) como desemprego oculto pelo trabalho precário. Por que você acha que esse organismo utilizou tal expressão?

d) Segundo o *Relatório do desenvolvimento humano 1997*, a pobreza é uma conseqüência não apenas de reveses e de capacidades limitadas das pessoas, mas também das estruturas e processos que determinam a distribuição de renda. A partir dessa afirmação, estabeleça possíveis relações entre a situação das pessoas dos textos 1 e 2.

Fixando o conteúdo

2 Analise a evolução da balança comercial com os dados do gráfico a seguir, que mostra o desempenho do comércio externo brasileiro no período de 1970 a 1979.

BRASIL: COMÉRCIO EXTERNO — 1970-1979

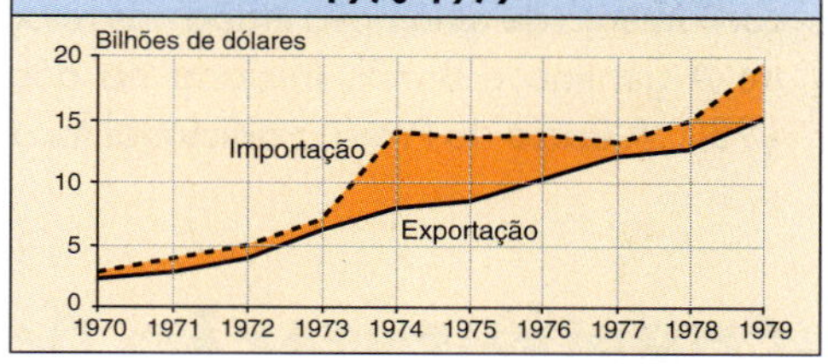

Fonte: IBGE. *Anuário estatístico do Brasil 1980*. Rio de Janeiro, 1981. p. 505.

a) Em qual ano ocorreram os maiores déficits?

b) Explique as razões desses déficits.

3 Sobre os países industrializados semiperiféricos ou novos países industrializados:

a) Cite exemplos e duas características do processo de industrialização desses países.

b) Qual foi a participação do Estado no crescimento econômico desses países? Quais as conseqüências sociais desse processo?

4 Leia o texto do boxe da página 87.

a) Compare a política do Brasil com a de outros países do mundo subdesenvolvido no processo de globalização.

b) Quais seriam as melhores medidas para um país desenvolver suas potencialidades no século XXI e resolver questões sociais elementares?

5 Por que o modelo de desenvolvimento econômico do Brasil é qualificado como excludente e concentrador?

6 Speridião Faissol, em seu livro *O espaço, território, sociedade e desenvolvimento brasileiro*, cita Dudley Seers, que apresenta três questões sobre a natureza do processo de desenvolvimento: "O que tem acontecido com a pobreza? O que tem acontecido com o desemprego? O que tem acontecido com a desigualdade? Se todas essas [condições] declinaram de níveis elevados, então é fora de dúvida que este tem sido um período de desenvolvimento para o país em questão".

a) Analise os indicadores sociais apresentados no capítulo e responda às questões propostas pelo autor: o que tem acontecido com a pobreza, com o desemprego e com a desigualdade no Brasil?
b) Segundo o autor, tem sido um período de desenvolvimento para o Brasil? Por quê?

7 A criação do Mercosul, em 1991, representou o coroamento de uma nova etapa nas relações entre Argentina e Brasil, iniciada na década de 1980. A Bacia do Prata, tradicional foco de tensões entre os países platinos, tem importante papel a desempenhar no processo de integração e no desenvolvimento dos membros do Mercosul. Responda:

a) Quais são os países que integram o Mercosul?
b) Quais são os três principais rios formadores da Bacia Platina?
c) Qual é o rio da Bacia Platina de maior aproveitamento hidroelétrico e qual é a maior usina hidroelétrica construída nesse rio?
d) No setor de transporte, que importante obra hidroviária inaugurada em 1994 possibilitou maior interligação entre o Brasil e seus parceiros do Mercosul?

8 Cite duas diferenças entre a Alca e a União Européia.

COMPLEMENTAÇÃO DO ESTUDO

Leituras

ANDRADE, Manoel Correia de. *O Brasil e a América Latina.* 5. ed. São Paulo, Contexto, 1996.
DALLARI, Sueli Gandolfi. *A saúde do brasileiro.* São Paulo, Moderna, 1993.
LACERDA, Antônio Corrêa de. *O impacto da globalização na economia brasileira.* São Paulo, Contexto, 1999.
MAGNOLI, Demétrio e ARAÚJO, Regina. *Para entender o Mercosul.* São Paulo, Moderna, 1994. (Coleção Polêmica)
OLIC, Nelson Bacic. *Geopolítica da América Latina.* São Paulo, Moderna, 1994.
PINSKY, Jaime e ELUF, Luiza Nagib. *Brasileiro é assim mesmo: cidadania e preconceito.* São Paulo, Contexto, 1996.
PRAXEDES, Walter e PILETTI, Nelson. *O Mercosul e a sociedade global.* São Paulo, Ática, 1994.
SABBI, Alcides Pedro. *A questão da dívida externa.* São Paulo, Brasiliense, 1993.
SINGER, Paul. *O Brasil na crise: perigos e oportunidades.* São Paulo, Contexto, 1999.

Vídeo

- *Policarpo Quaresma — Herói do Brasil* (Brasil, 1998); dir. Paulo Thiago; 123 min. Adaptação do romance de Lima Barreto, mostra a história do patriota Policarpo, que quer que o tupi seja adotado como língua oficial do Brasil, em substituição ao português. (Filmark)

Sites

- *http://www.ipeadata.gov.br/* Dados econômicos e indicadores de desenvolvimento social do Brasil.
- *http://www.ipea.gov.br/TemasEspeciais/desigualdades/DesigualdadesRaciais.htm* Estudo sobre as desigualdades raciais no Brasil.
- *http://www.undp.org.br/IDHM-BR%20Atlas%20Webpage/index.htm* *Site* do Pnud/Ipea com o *Atlas do desenvolvimento humano no Brasil* e IDH dos estados.

UNIDADE III

O espaço natural e o espaço modificado pela humanidade

CID

CID

A Terra manifesta sua força e beleza: cachoeira Victoria Falls, no Zimbábue, e vulcão em erupção em East Vent, Mauna Ulu, no Havaí (fotos da década de 1990).

Capítulo 1
A Terra: movimentos e evolução, *100*

Capítulo 2
O relevo terrestre, seus agentes e os solos no mundo, *113*

Capítulo 3
O relevo brasileiro, *125*

Capítulo 4
Minerais e rochas: panoramas mundial e brasileiro, *135*

Capítulo 5
A atmosfera e sua dinâmica: o clima mundial, *148*

Capítulo 6
As grandes paisagens naturais da Terra e a destruição dos ecossistemas florestais, fluviais e marítimos, *162*

Capítulo 7
Clima, hidrografia, vegetação e domínios morfoclimáticos no Brasil, *180*

CAPÍTULO 1

A Terra: movimentos e evolução

1 Movimentos da Terra

A impressão que temos é que o planeta Terra está parado. No entanto, com sua forma ligeiramente esférica, ou seja, um pouco achatada nos pólos e abaulada no Equador, a Terra realiza diversos movimentos. Os movimentos que mais afetam a vida em nosso planeta são o de rotação e o de translação.

Movimento de rotação, o dia e a noite e os fusos horários

A Terra gira em torno de si mesma ou de um eixo imaginário que passa pelos pólos, num movimento conhecido como **rotação**. Esse movimento dura 24 horas ou, mais precisamente, 23 horas, 56 minutos e 4 segundos, a uma velocidade de 1.666 km/h na altura do Equador. Nos pólos, a velocidade de rotação é nula.

Esse movimento interfere na circulação atmosférica e nas correntes marítimas. É responsável pelo achatamento dos pólos, pela dilatação da região equatorial e pelos dias e noites. Enquanto de um lado da Terra (voltado para o Sol) é dia, do outro, é noite.

Da Terra, temos a impressão de que o Sol "aparece" todos os dias em lugares próximos ao leste e "desaparece" em locais próximos ao oeste de onde estamos. Trata-se de um **movimento aparente**, pois na realidade é a Terra que, ao executar o seu movimento de rotação, gira de oeste para leste, dando-nos a impressão de que o Sol se move ao redor dela.

Com base no movimento de rotação, os seres humanos determinaram as horas e os fusos horários. A Terra é esférica e pode ser dividida em 360° ou 360 meridianos. Como demora aproximadamente 24 horas para girar completamente sobre si mesma, a cada hora ela gira a distância de 15 meridianos ou 15° em relação ao Sol. Com base nesse fato, o globo terrestre foi dividido em 24 fusos horários, cada um deles equivalendo a 1 hora, 15 meridianos ou 15° de longitude.

Adotou-se como fuso de referência o de **Greenwich** (localidade situada nos arredores de Londres, na Inglaterra), para indicar a hora oficial mundial ou hora GMT (Greenwich Meridian Time). Esse fuso é formado pela soma de 7,5° a leste e 7,5° a oeste do Meridiano de 0° ou de Greenwich.

Como a Terra gira de oeste para leste, vemos o Sol primeiro a leste. Portanto, as horas estão sempre adiantadas no sentido leste, diminuindo para oeste. Cada fuso a leste de Greenwich indica uma hora a mais e cada fuso a oeste, uma hora a menos.

O meridiano escolhido para dar início à contagem de um novo dia foi o de 180° (o antimeridiano internacional), que é considerado a **linha internacional de data**, pois nele se processa a mudança de um dia para outro. Escolheu-se um lugar pouco habitado, pois, se um viajante cruzar essa linha no sentido oeste–leste, ele deverá acrescentar um dia (24 horas) à data atual e, se cruzá-la no sentido leste–oeste, deverá subtrair um dia. Observe a figura 1, ao lado.

Fusos horários no Brasil

Devido à grande extensão leste–oeste de seu território, o Brasil possui quatro fusos horários, todos situados a oeste de Greenwich e, portanto, com horários sempre atrasados em relação a Londres. O fuso horário do Brasil que determina a hora oficial do país (hora legal ou hora de Brasília) corresponde ao segundo fuso brasileiro ou ao terceiro fuso a oeste de Greenwich, portanto com três horas a menos em relação a Londres.

Observe na figura 2 que há uma linha correspondente ao **limite teórico** e outra correspondente ao **limite prático**. Este último é um recurso mundialmente utilizado para uniformizar os horários, evitando que pequenos países ou Estados tenham horários diferentes em seu território.

Figura 1

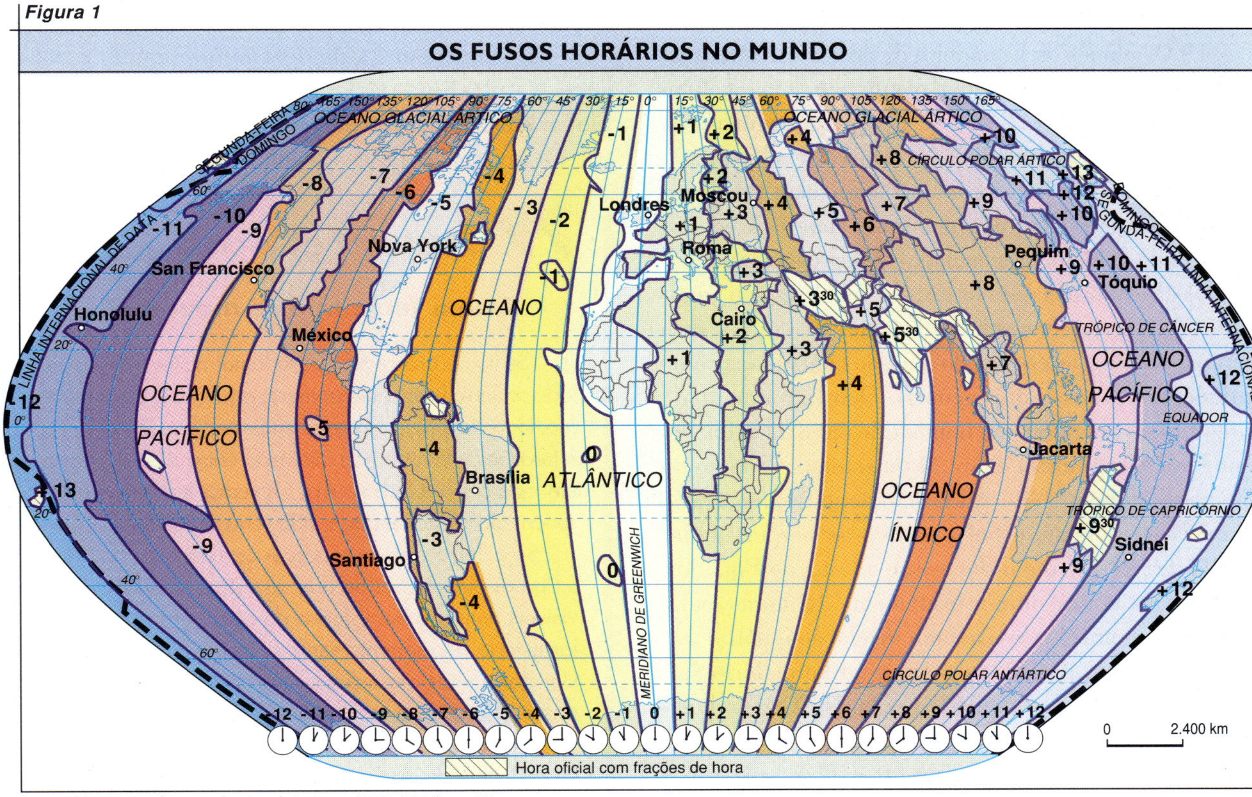

Fonte: *Atlas geográfico escolar*. Rio de Janeiro, IBGE, 2002. p. 40.

Movimento de translação

É o movimento que a Terra e os demais planetas executam ao redor do Sol. A trajetória (caminho) percorrida chama-se **órbita** e tem forma ligeiramente oval, ou seja, elíptica. Devido a essa forma, a distância entre o Sol e a Terra varia durante o ano, sendo de 147,1 milhões de quilômetros no início do ano, quando o planeta se encontra mais próximo do Sol (**periélio**), e de 152,1 milhões de quilômetros no meio do ano, quando a Terra está mais distante do Sol (**afélio**).

Figura 2

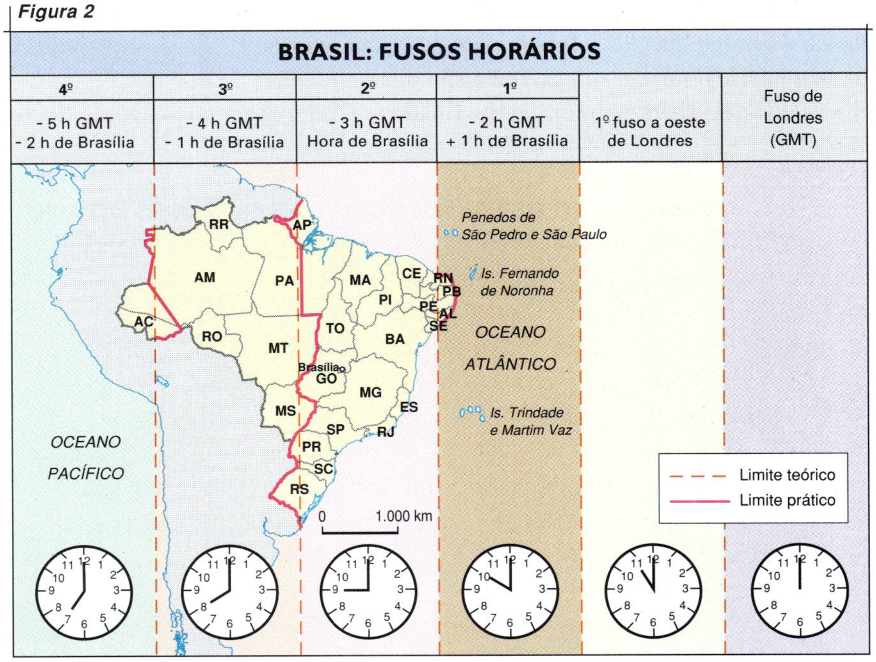

Fonte: *Atlas geográfico escolar*. p. 96.

Essa órbita mede cerca de 930 milhões de quilômetros e é percorrida pela Terra em 365 dias e 6 horas ou, mais precisamente, 365 dias, 5 horas, 48 minutos e 48 segundos, a uma velocidade média de 29,9 km/s.

A principal conseqüência do movimento de translação é a ocorrência das **estações do ano**, períodos durante os quais, dependendo da posição da Terra em relação ao Sol, os hemisférios norte e sul de nosso planeta poderão ser igual ou desigualmente iluminados.

Por que existem as estações do ano? Por duas razões:

1ª) Os planos do Equador e da órbita terrestre (**plano da eclíptica**) não coincidem, resultando numa inclinação da ordem de 23°27'. Ou seja, o eixo imaginário da Terra está inclinado em relação ao plano da eclíptica.

2ª) Durante a translação, a Terra ocupa diferentes posições em relação ao Sol, expondo sua superfície aos raios solares de maneira diferenciada. Observe a figura 3.

Só em duas ocasiões os dois hemisférios são igualmente iluminados e recebem de maneira eqüitativa a energia solar. Essas épocas do ano são conhecidas como **equinócios** (noites e dias iguais). Ocorrem em 21 de março (início do outono no hemisfério sul e da primavera no hemisfério norte) e em 23 de setembro (início da primavera no hemisfério sul e do outono no hemisfério norte). Nessas datas, o Sol encontra-se perpendicular (ângulo de 90°), ao meio-dia, sobre a linha do Equador. Os dias e as noites duram exatamente 12 horas cada, pois os dois hemisférios recebem insolação igual.

A partir do dia 21 de março, no hemisfério sul, vemos o Sol, ao meio-dia, cada vez mais baixo no horizonte em relação ao norte (essa direção é a mais iluminada e aquecida no inverno do hemisfério sul), até o dia 21 de junho, quando o Sol se encontra na altura do Trópico de Câncer. Nessa data inicia-se o verão no hemisfério norte e o inverno no hemisfério sul. Essa época é conhecida por **solstício**, isto é, época em que os hemisférios norte e sul da Terra são desigualmente iluminados (a Terra mantém-se inclinada em relação ao plano de sua órbita). O solstício de verão no hemisfério sul ocorre em 21 de dezembro, quando o Sol se encontra na altura do Trópico de Capricórnio. No verão, os dias são mais longos e as noites são mais curtas; no inverno, acontece o contrário.

Mundo curioso

E se a Terra não se movesse?

"Se isso acontecesse, não teríamos noites e dias e um lado da Terra ficaria intensamente aquecido e outro muito frio. Haveria, provavelmente, tempestades muito violentas e furacões, em razão da interação entre o ar quente de um lado e o ar frio do outro. Os ventos e a temperatura seriam tão rigorosos que a vida seria impossível.

Se a Terra não se movesse ao redor do Sol, não teríamos as estações do ano; as estrelas nunca seriam visíveis num dos hemisférios do céu, porque a luz solar estaria permanentemente presente e as ofuscaria. Um dos efeitos mais diretos da rotação da Terra é o nascer e o pôr-do-sol. Porém, o ponto em que o Sol surge a cada dia no horizonte leste depende da translação inclinada da Terra. Quando o hemisfério sul da Terra se inclina para o Sol, este nasce a sudeste e se põe a sudoeste; quando se inclina para o lado oposto ao Sol, este nasce a nordeste e se põe a noroeste."

Investigando a Terra. Versão brasileira. São Paulo, McGraw-Hill do Brasil, 1973. v. 1, p. 93.

Figura 3

O MOVIMENTO DE TRANSLAÇÃO E AS ESTAÇÕES DO ANO

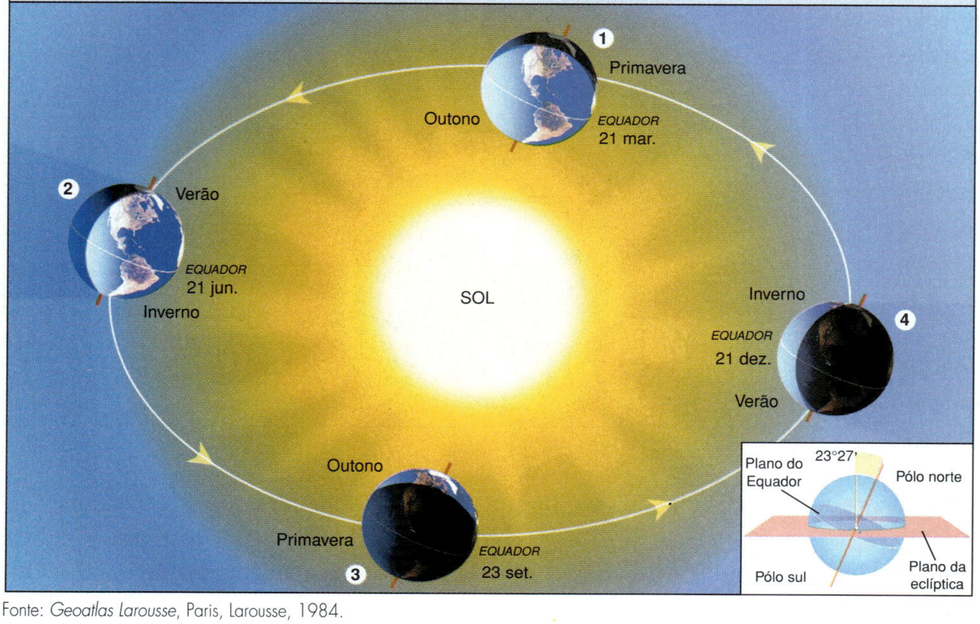

Fonte: *Geoatlas Larousse*, Paris, Larousse, 1984.

As posições 1 e 3 da Terra correspondem aos equinócios e as posições 2 e 4, aos solstícios. No detalhe, a inclinação do eixo da Terra em relação ao plano de sua eclíptica.

2 Idade e evolução da Terra

A questão da idade da Terra vem sendo objeto de especulação desde tempos remotos. Atualmente calcula-se que essa idade gire em torno de 4,5 a 5 bilhões de anos. Só foi possível chegar a essa conclusão com a descoberta da radioatividade de alguns elementos, que permitiu calcular a idade das rochas que formam a crosta terrestre (leia o texto do boxe). Na Groenlândia, foram encontradas rochas de 3,8 bilhões de anos, o que levou a concluir que a Terra tem entre 4,5 e 5 bilhões de anos, tempo decorrido desde a sua formação, em estado gasoso e superaquecido, até a solidificação das primeiras rochas. Além disso, um meteorito do Arizona foi datado em 4,6 bilhões de anos. Como se supõe que os planetas e os meteoritos se formaram juntos, acredita-se que essa é a idade aproximada da Terra.

A ciência que estuda a constituição e a evolução física da Terra é a **geologia**. Por meio da análise das rochas e dos **fósseis**, isto é, dos restos ou vestígios biológicos preservados em rochas, pode-se saber muito sobre o passado da Terra (figura 4).

Figura 4

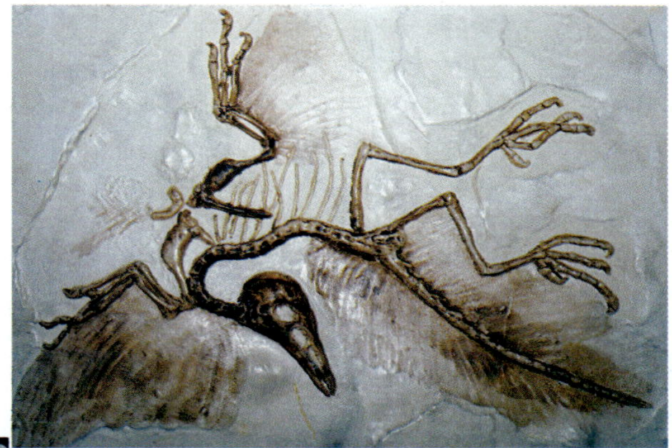

SALLY A. MORGAN-ECOSCENE/CORBIS-STOCK PHOTOS

LAYNE KENNEDY/CORBIS-STOCK PHOTOS

No processo de formação das rochas sedimentares, quando ocorre a deposição dos sedimentos, restos de vegetais ou animais mortos que viveram há milhões de anos podem ser soterrados e petrificados. Acima, fóssil de *Archaeopterix*, do Período Jurássico, encontrado em Workerszell, na Alemanha, em 1951, e, ao lado, fóssil de flores encontrado em Ontário, Canadá, em 1964.

Como se determina a idade de um fóssil

Pode-se determinar a idade dos fósseis por meio do teor de carbono radioativo (C^{14}) neles presente. Os seres vivos absorvem carbono da atmosfera. Essa absorção cessa quando eles morrem e o C^{14} neles contido começa a se desintegrar para formar o nitrogênio.

Todo elemento radioativo possui o que se chama de **meia-vida**, ou seja, perde metade de seus átomos por decomposição num certo período de tempo; depois metade da metade, e assim sucessivamente.

Conhecendo-se a velocidade dessa desintegração (a meia-vida do C^{14} é de 5.730 anos), é possível estabelecer a idade de um fóssil pela contagem de seu carbono radioativo. O esquema abaixo mostra o ritmo de desintegração do C^{14}.

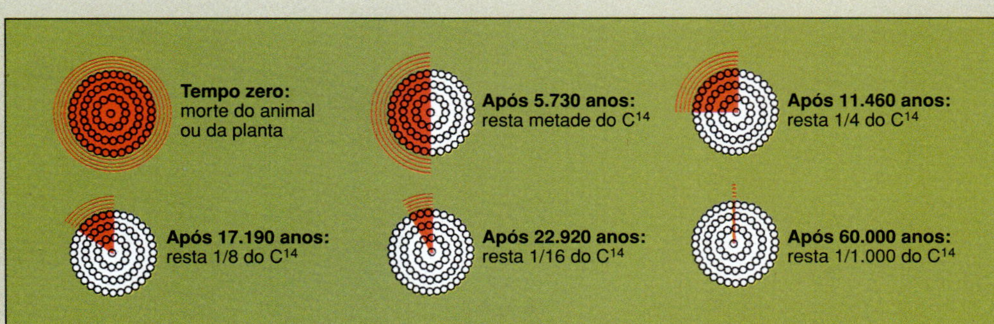

Eras geológicas

Após a sua formação, a Terra passou por um longo período de resfriamento, transformando-se de uma massa gasosa aquecida em um planeta dotado de ar, água, rochas, minerais e solo, isto é, de todas as condições que tornaram possível a existência da vida.

Para sistematizar o estudo, dividiu-se a evolução da Terra em eras, períodos, épocas, idades e fases.

O quadro 1 apresenta as **eras geológicas** e seus respectivos períodos e tempo decorrido, bem como a presumível evolução dos seres vivos desde seus primórdios até o aparecimento da humanidade. Como os acontecimentos vêm do passado para o presente, para ler corretamente o quadro é preciso começar pela parte de baixo, em que estão representados os eventos mais antigos.

Após a formação da Terra, os minerais densos afundaram e se concentraram no centro, constituindo o núcleo do planeta. Os minerais mais leves produziram uma fina crosta que pouco a pouco se resfriou, dando origem às rochas.

Os gases que escapavam formaram a atmosfera. Quando a temperatura diminuiu, o vapor de água aí contido se precipitou, ocasionando grandes dilúvios, que deram origem aos mares e oceanos.

Quadro 1

Escala geológica do tempo

Eras		*Períodos*	*Tempo decorrido (anos)*	*Formas de vida* Vegetal	*Formas de vida* Animal
CENOZÓICA (*vida atual*)	Quaternário	Holoceno	11 mil		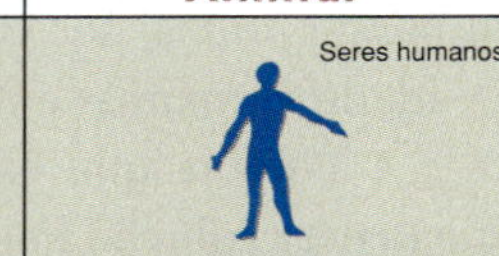
		Pleistoceno	1 milhão		
	Terciário	Plioceno	12 milhões		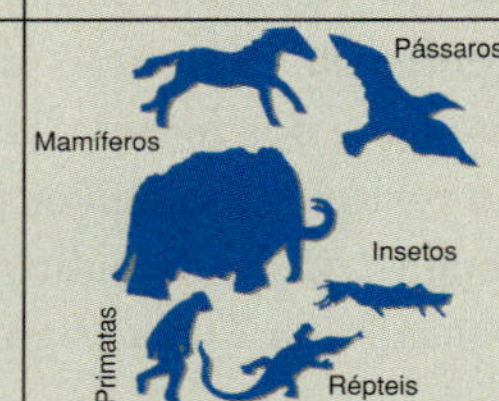
		Mioceno	23 milhões		
		Oligoceno	35 milhões		
		Eoceno	55 milhões		
		Paleoceno	70 milhões		
MESOZÓICA (*vida intermediária*)		Cretáceo	135 milhões	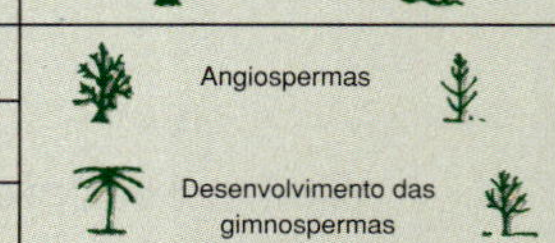	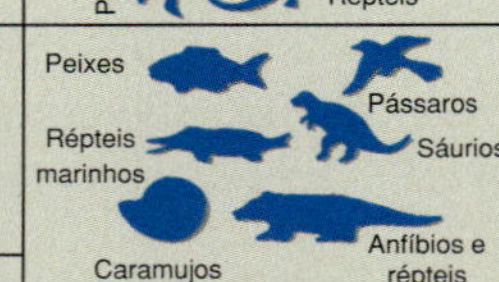
		Jurássico	180 milhões		
		Triássico	220 milhões		
PALEOZÓICA (*vida antiga*)		Permiano	270 milhões	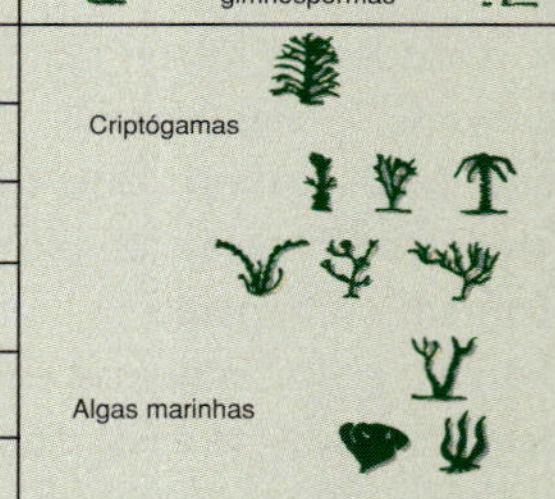	
		Carbonífero	350 milhões		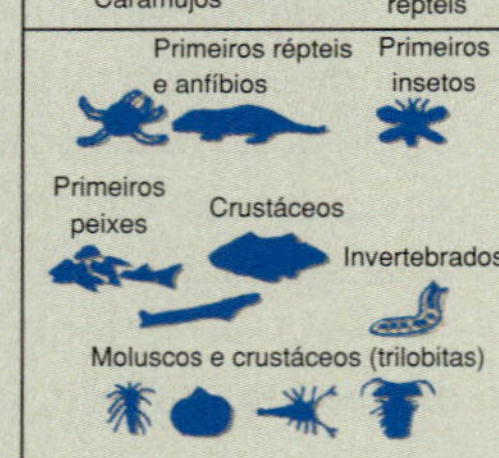
		Devoniano	400 milhões		
		Siluriano	430 milhões		
		Ordoviciano	490 milhões		
		Cambriano	600 milhões		
PRÉ-CAMBRIANA (*vida primitiva*)	Proterozóica	Algonquiano	3,9 bilhões		
	Arqueozóica	Arqueano		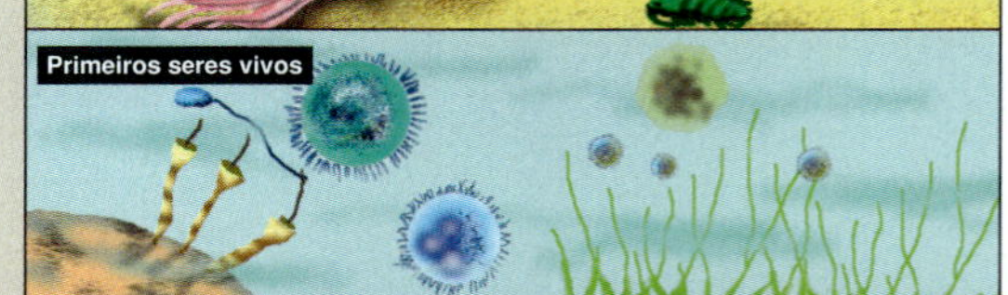	
Início da Terra Azóica (*sem vida*)			± 4,5 bilhões		

Fonte: LEINZ, Viktor e AMARAL, Sérgio Estanislau do. *Geologia geral*. São Paulo, Nacional, 1989. p. 27.

Recordando

Estrutura da Terra

Nosso planeta ainda não se resfriou totalmente. Dos 6.400 quilômetros, aproximadamente, que separam a superfície da Terra de seu núcleo, o ser humano perfurou cerca de 10 quilômetros. À medida que se aprofunda para o interior, nas camadas superficiais ocorre um aumento médio de temperatura de 1 °C a cada 33 metros de profundidade, que é o chamado **grau geotérmico**.

Os elementos que constituem a Terra foram se agrupando em camadas diferentes. Se analisarmos a Terra do ponto de vista de sua composição podemos dividi-la em litosfera e magma.

A **litosfera**, também chamada de crosta terrestre, corresponde à parte sólida da Terra. Subdivide-se em **sial** (silício e alumínio; solo e subsolo) e **sima** (silício e magnésio).

O **magma** é uma vasta camada com temperaturas elevadas constituída basicamente de materiais em estado pastoso. Pode ser subdividido em **manto**, **camada intermediária** e **núcleo** ou **nife**.

Litosfera	Sial: 15 a 25 km; predomínio de rochas sedimentares e magmáticas e dos **si**lício e **al**umínio.
	Sima: 30 a 35 km; predomínio de rochas basálticas e dos minerais **si**lício e **ma**gnésio.
Magma	Manto: 2.900 km; predomínio de silicatos ferromagnesianos.
	Camada intermediária: 1.700 km; ± 4.000 °C.
	Núcleo ou nife: 1.700 km; + de 6.000 °C; predomínio de **ní**quel e **fe**rro.

Fonte: ENS, Hendrik Herman e MORAES, Paulo Roberto. *A história da Terra.* São Paulo, Harbra/Anglo, 1997. p. 18.

As primeiras formas de vida apareceram no mar só há 3,9 bilhões de anos (Era Pré-Cambriana). No entanto, a vida demorou a se desenvolver plenamente. Foi só há 600 milhões de anos (Era Paleozóica, Período Cambriano) que os seres vivos começaram a se diversificar, evoluindo dos invertebrados primitivos e das plantas marinhas para peixes, anfíbios, répteis e insetos. No Período Siluriano apareceram as plantas terrestres e as florestas de samambaias e coníferas, que, mais tarde, quando soterradas, originaram o carvão fóssil (Período Carbonífero). Na Era Mesozóica surgiram os mamíferos primitivos, as aves e as plantas com flores. Na Era Cenozóica, Período Quaternário, ocorreu o desenvolvimento dos mamíferos e dos seres humanos. Muitas espécies de animais e plantas evoluíram, ao passo que outras, como os dinossauros, por exemplo, se extinguiram. Leia o boxe ao lado.

Mundo curioso

Vamos comparar a escala de tempo geológica com a passagem de um ano e com a nossa vida. Observe o que aconteceria: a Terra surgiria no dia 1º de janeiro (±4,5 bilhões de anos atrás). Somente no final de novembro apareceriam as primeiras plantas e animais (3,9 bilhões de anos atrás). Às 17 horas e 26 minutos do dia 26 de dezembro (70 milhões de anos atrás) desapareceriam os dinossauros. Às 21 horas e 21 minutos de 26 de dezembro (63 milhões de anos atrás) surgiria a Cordilheira dos Andes. Apenas às 23 horas e 48 minutos do dia 31 de dezembro (100 mil anos atrás), surgiriam os seres humanos.

Quanto à evolução física ou estrutural da Terra, mostramos, no quadro 2, a constituição de algumas formas de relevo características de cada era geológica. Aqui também encontramos grandes transformações: os continentes se separaram, cadeias de montanhas surgiram e desapareceram. O clima no planeta sofreu enormes mudanças, e períodos de frio intenso (**glaciações**) alternaram-se com períodos mais quentes. Veja o quadro 2 a seguir.

Quadro 2

Evolução física ou estrutural da Terra		
Eras	**Características gerais**	**Acontecimentos no Brasil**
CENOZÓICA	• Quaternário: aparecimento do homem, glaciações • Terciário: mamíferos, formação dos dobramentos modernos (Alpes, Andes, Himalaia, Rochosas)	• Quaternário: formação das bacias sedimentares (litoral, Pantanal, Amazônica) • Formação das bacias sedimentares terciárias • Atividade vulcânica com a formação de ilhas oceânicas (Fernando de Noronha, Trindade etc.)
MESOZÓICA	• Répteis gigantescos, mamíferos e aves • Intensa atividade vulcânica • Início da separação dos continentes • Formação das bacias sedimentares e do petróleo	• Atividade vulcânica no sul do país (derrames de lavas, formação de petróleo e dos terrenos basálticos que originaram o solo terra roxa) • Bacias sedimentares
PALEOZÓICA	• Vida aquática, invertebrados • Peixes, anfíbios e vegetação nos continentes • Desenvolvimento do processo de sedimentação • Formação de jazidas carboníferas	• Formação de bacias sedimentares antigas • Soterramento de florestas e formação do carvão mineral no sul do país
PRÉ-CAMBRIANA (Proterozóica e Arqueozóica)	• Seres unicelulares (algas e bactérias) • Formação de escudos cristalinos (rochas magmáticas e metamórficas) • Formação de minerais metálicos • Formação das rochas mais antigas (magmáticas) e dos dois primeiros continentes	• Formação dos escudos cristalinos (Brasileiro e Guiano) e das principais jazidas de minerais metálicos • Formação das serras do Mar e da Mantiqueira
AZÓICA	Resfriamento da terra, ausência de vida	

Fontes: LEINS, Viktor e AMARAL, Sérgio Estanislau do. *Geologia geral*. p. 27; e ALMEIDA, Fernando F. de. Os fundamentos geológicos. In: AZEVEDO, Aroldo de (org.). *Brasil, a terra e o homem*. São Paulo, Nacional, 1968. v. 1, p. 55-110.

3 A deriva dos continentes e a tectônica de placas

Analisando um planisfério, podemos notar que a costa leste da América do Sul tem uma forma que quase se encaixa na forma da costa oeste da África. Alfred Wegener (1880-1930) estudou essa questão e em 1910 elaborou uma hipótese que tentava explicar o arranjo e a distribuição das massas continentais atuais — a **Teoria da Deriva Continental** ou **da Translação dos Continentes**. Mais recentemente, na década de 1960, um grupo de cientistas, reunindo diversas evidências para tentar explicar como esse processo teria ocorrido, elaborou a **Teoria da Tectônica de Placas**.

Teoria da Deriva Continental

Além do contorno dos continentes, outras evidências reforçavam a teoria de Wegener. No Brasil e na África foram encontrados fósseis de plantas e de animais semelhantes, que não poderiam ter se desenvolvido de modo independente. O mesmo ocorreu na América do Norte e no oeste da Europa. Wegener agrupara os continentes, desenhando-os como um só bloco, próximos ao pólo sul, porque as rochas do Período Carbonífero estavam cobertas de gelo, evidenciando a situação polar dessas massas continentais. Marcas deixadas pelas geleiras indicavam que elas se moviam a partir da África.

De fato, supõe-se que as massas menos densas e mais leves do sial flutuam e se deslocam no substrato mais denso do sima até que ocorra um equilíbrio das camadas. Esse fenômeno recebe o nome de **isostasia** (*iso*, "igual"; *stásis*, "equilíbrio").

Os cientistas supõem que a América do Norte estava ligada à Eurásia (Europa e Ásia) e a América do Sul estava ligada à África. A Austrália e a Antártida também estavam unidas ao mesmo conjunto, e a Índia, por sua vez, encaixava-se perfeitamente entre a África e a Austrália atuais.

De acordo com a teoria de Wegener, no final do Período Carbonífero existia uma única e gigantesca massa continental, que ele denominou **Pangéia** (*pan*, "todo"; *gea*, "terra"), da qual teriam resultado, inicialmente, dois continentes menores. Observe outras divisões dos continentes, nas figuras 5 a 7.

A colisão dos continentes e a compressão de suas bordas deram origem às grandes cordilheiras atuais, tais como as Montanhas Rochosas e os Andes (no oeste das Américas), os Alpes e o Himalaia

Figura 5

DIVISÃO DA PANGÉIA

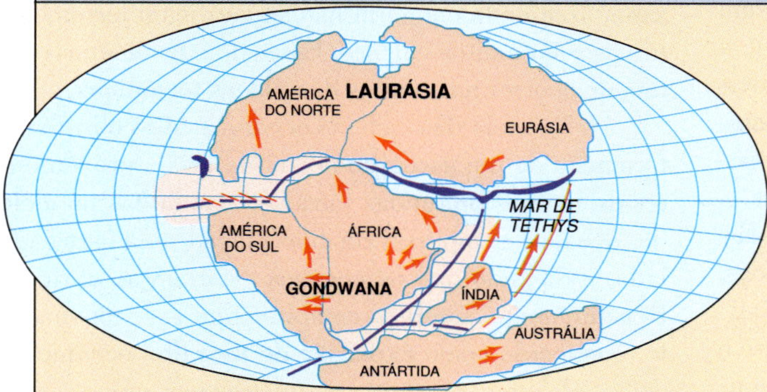

Entre 180 e 200 milhões de anos atrás, mais ou menos a partir do Período Jurássico, os continentes começaram a se afastar tanto na direção oeste (América) quanto em direção à linha do Equador. Formaram-se dois supercontinentes: Laurásia e Gondwana. Observe que a América do Norte afastou-se da África e a Índia separou-se da Antártida, indo em direção à Ásia.

Figura 6

PANGÉIA DESFIGURADA

Há 65 milhões de anos, no início do Terciário, a América do Sul separou-se da África e, a seguir, a América do Norte separou-se da Laurásia. A Índia continuava a se deslocar em direção à Ásia. A Austrália e a Antártida mantinham-se ligadas.

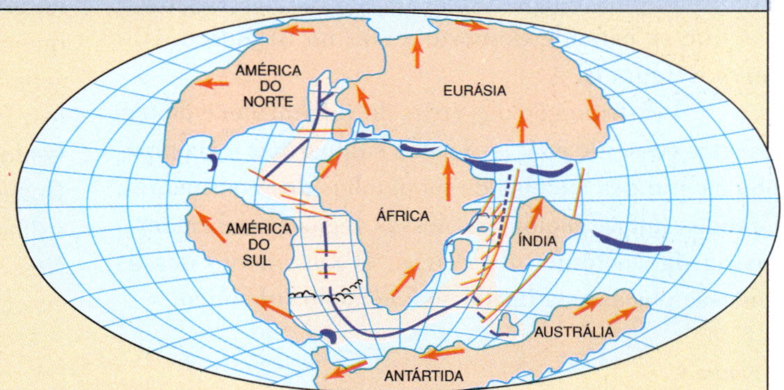

Figura 7

DISTRIBUIÇÃO ATUAL DOS CONTINENTES

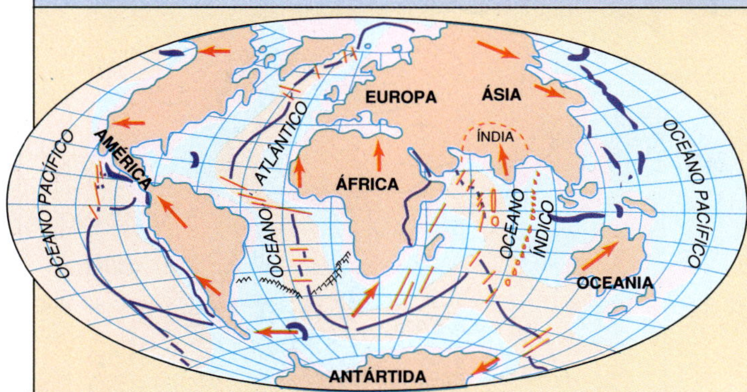

Finalmente, nos últimos 65 milhões de anos, as Américas se juntaram, a Austrália separou-se da Antártida e a Índia "chocou-se" com a Ásia, provocando a formação da Cordilheira do Himalaia. A Groenlândia afastou-se da América, e os blocos continentais ficaram separados pelos oceanos.

0 4.200 km

Fonte dos mapas: *Atlas of the world*. Nova York, Oxford University Press, 1988. p. 10.

(no sul da Eurásia), a cadeia do Atlas (no norte da África) etc.

Uma parte das ilhas e dos arquipélagos são fragmentos deixados para trás durante o deslocamento dos continentes. As **ilhas continentais**, como as ilhas Britânicas ou de Madagáscar, estão sobre a plataforma continental ou são restos de antigos continentes. As **ilhas isoladas** ou **oceânicas** são as que aparecem em meio ao oceano, não tendo relação direta com os continentes. Podem ser de origem vulcânica ou biológica. Alguns exemplos são a Nova Zelândia e as ilhas ao leste da Ásia.

Na época em que foi apresentada, a teoria de Wegener não foi aceita, pois não havia indicação de que os continentes se movessem nem uma explicação razoável para tal fato.

Teoria da Tectônica de Placas

Novos estudos e descobertas geológicas levaram à Teoria da Tectônica de Placas, que considera que a crosta terrestre ou litosfera está dividida e se movimenta em grandes placas, denominadas **placas tectônicas.** Essa teoria praticamente comprovou a de Wegener e conseguiu explicar como esse processo ocorre.

Analisemos algumas das evidências e descobertas que vieram comprovar a Teoria da Tectônica de Placas.

- Com o desenvolvimento da sondagem acústica, pôde-se conhecer o fundo oceânico. Realizou-se o mapeamento das **dorsais submarinas**, cadeias montanhosas submersas cujos picos mais altos emergem formando ilhas, como por exemplo a **Dorsal Meso-Atlântica**, uma longa cadeia de montanhas submarinas que se estende de norte a sul, no Atlântico. Observe a figura 8.
- A distribuição das áreas de vulcanismo e de terremotos coincide com as dorsais submarinas e acompanha as grandes cadeias de montanhas dos continentes. Grandes falhas geológicas nessas regiões confirmam a Teoria da Tectônica de Placas. O movimento dessas imensas placas está ligado ao fenômeno vulcânico.

Observe na figura 9, ao lado, que o território brasileiro ocupa uma posição central na **Placa Sul-Americana**, área onde em geral não se verificam terremotos intensos ou muitos vulcões. Esses dois fenômenos costumam ocorrer nas bordas das placas tectônicas.

- No meio das cadeias oceânicas descobriu-se a formação de um assoalho novo. Materiais provenientes de regiões profundas jorravam das falhas no meio dos oceanos e empurravam duas placas, uma para cada lado, indicando que os oceanos estariam se abrindo. Recentemente, satélites comprovaram esse movimento, conhecido como **expansão do assoalho oceânico** e calculado em cerca de 2 centímetros por ano.

A partir da Teoria da Tectônica de Placas ficou fácil entender diversos fenômenos. Forças provenientes do interior da Terra fazem com que as placas se desloquem, provocando várias deformações e fenômenos em seus limites externos, como o surgimento de dobramentos, falhas, erupções vulcânicas e terremotos. As áreas geologicamente instáveis da crosta terrestre (Andes, Rochosas, Himalaia etc.) nada mais são do que o resultado de tais colisões ou seccionamentos das placas. Nesses choques, muitos sedimentos marinhos foram incorporados aos continentes. Leia as informações do boxe.

Figura 8

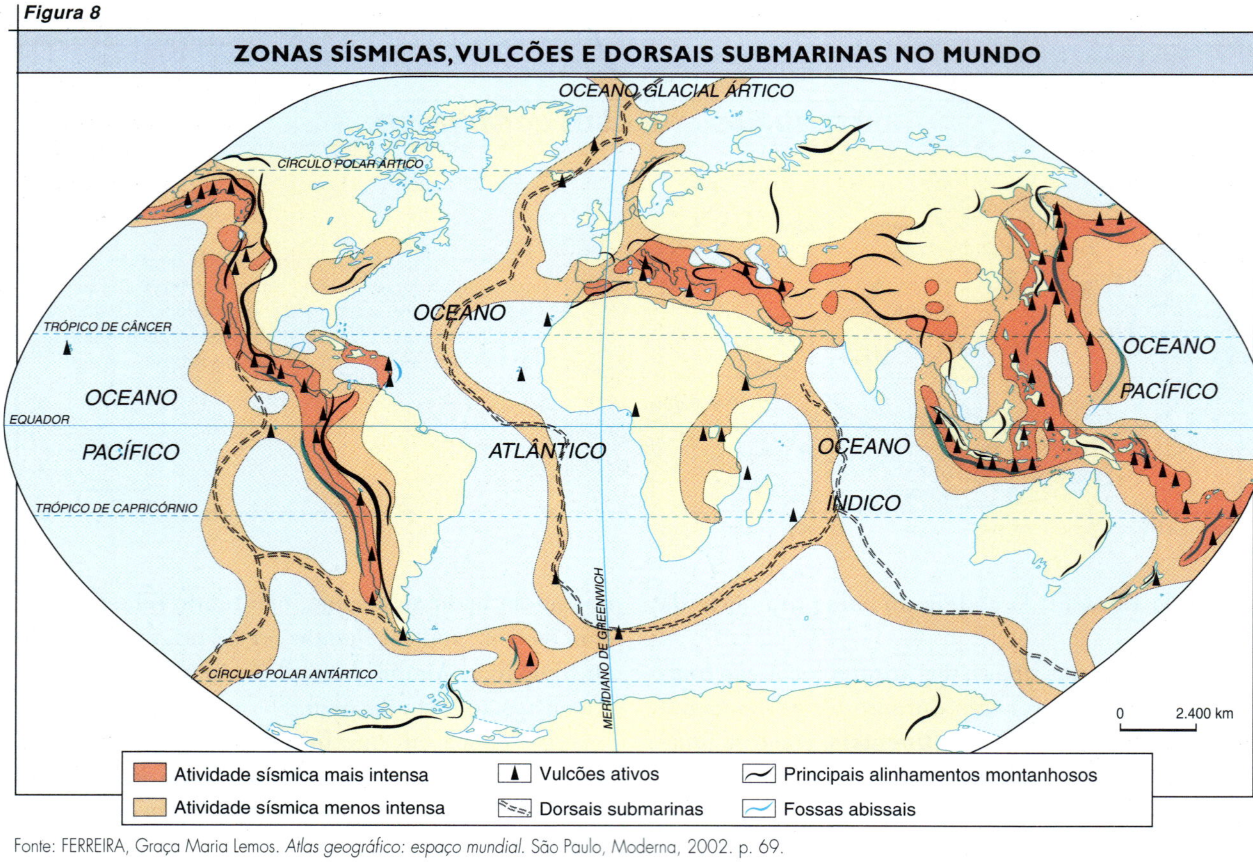

Fonte: FERREIRA, Graça Maria Lemos. *Atlas geográfico: espaço mundial.* São Paulo, Moderna, 2002. p. 69.

Figura 9

DISTRIBUIÇÃO DAS PLACAS TECTÔNICAS NO MUNDO

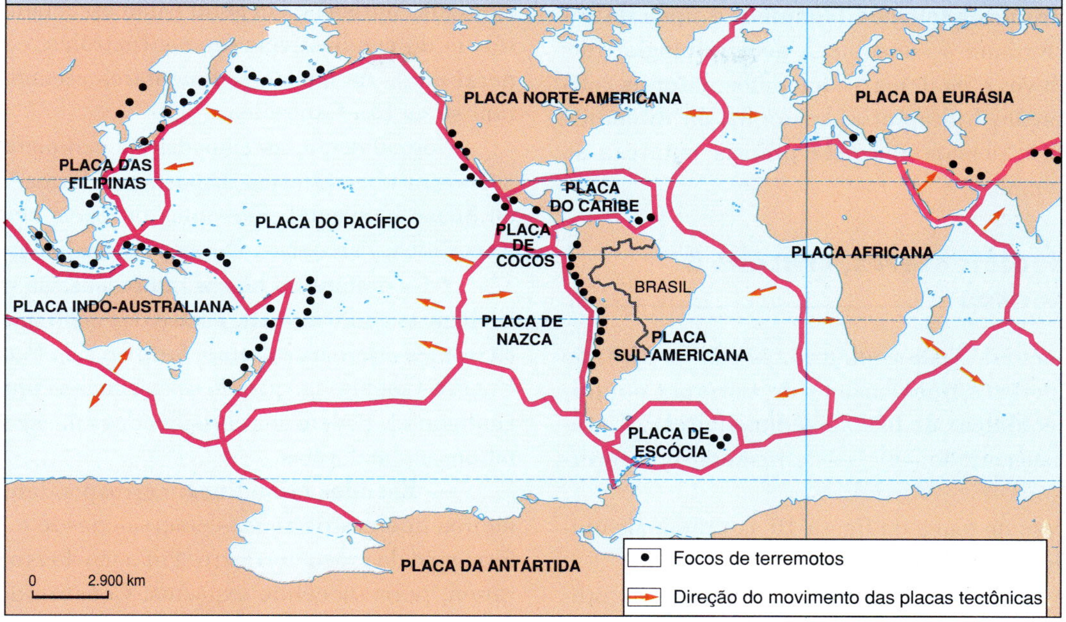

Fonte: *Os caminhos da Terra*. São Paulo, Azul, ano 4, n. 3, set. 1996, p. 166.

Como se dá o movimento das placas tectônicas

"[...] A litosfera é constituída por placas semi-rígidas que derivam umas em relação às outras sobre a **astenosfera** subjacente (uma camada parcialmente fundida ao manto). Esse processo é conhecido como tectônica de placas. Quando duas placas se separam, formam-se ***rifts*** (fendas) na crosta. No meio dos oceanos, esse movimento resulta na expansão dos fundos oceânicos e na formação das cadeias oceânicas; nos continentes, a expansão da crosta pode formar ***rift valleys*** (vales de afundamento). Quando as placas se movem uma em direção à outra, pode ocorrer **subducção**: uma das placas é forçada a mergulhar sob a outra. No meio dos oceanos, esse processo dá origem às fossas oceânicas, atividade sísmica e arcos de ilhas vulcânicas. As montanhas podem formar-se onde há subducção da crosta oceânica sob a crosta continental ou onde os continentes colidem. As placas podem também deslizar uma ao longo da outra — como ao longo da Falha de San Andreas [Califórnia, EUA], por exemplo [...]."

A Terra. São Paulo, Ática, 1998. p. 12. (Série Atlas Visuais)

MOVIMENTO DAS PLACAS TECTÔNICAS

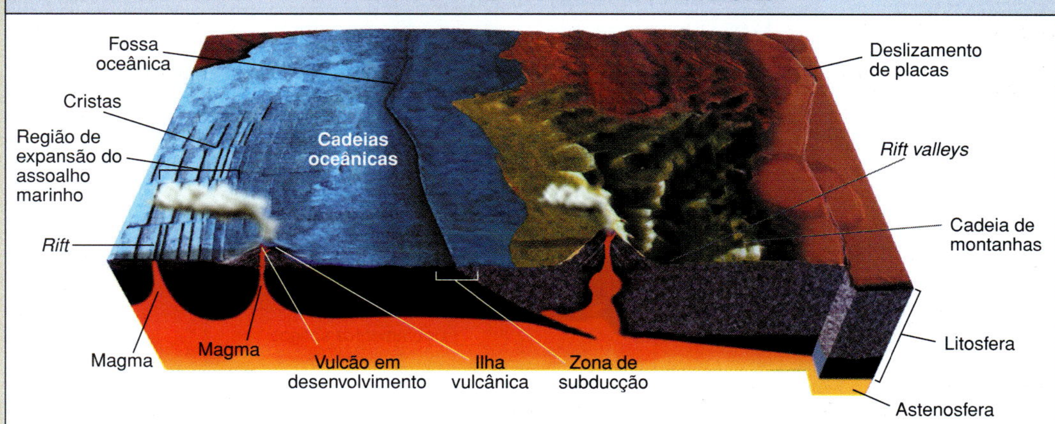

Fonte: *A Terra*. p. 12.

4 Estrutura geológica

A **estrutura geológica** (conjunto e tipos de rochas que formam o subsolo), a **geomorfologia** (formas de relevo) e os demais elementos naturais (clima, vegetação, hidrografia) resultam da dinâmica processada e comandada pela própria natureza ao longo do tempo.

Bacias sedimentares, crátons e dobramentos

Do ponto de vista geológico, os continentes são formados por três tipos básicos de **estrutura** ou **unidade geotectônica**: as bacias sedimentares, os crátons ou blocos cratônicos e os dobramentos ou cordilheiras.

Observe no mapa da figura 10 as principais unidades geotectônicas.

• **As bacias sedimentares** são depressões preenchidas por detritos ou sedimentos provenientes das áreas vizinhas (montanhas, planaltos etc.). Quando formadas nas eras Paleozóica e Mesozóica, são consideradas antigas e em geral estão associadas à ocorrência de combustíveis fósseis (petróleo, carvão mineral etc.). As bacias sedimentares recentes formaram-se na Era Cenozóica.

Normalmente, as camadas de sedimentos depositados nas bacias estão dispostas de forma horizontal ou quase horizontal. Exemplos de bacia sedimentar: Amazônica, Parisiense, Russa e Australiana.

• Os **crátons** ou **blocos cratônicos** são estruturas geológicas muito antigas, a base dos continentes, onde os montes originais sofreram forte erosão. Pertencem à Era Pré-Cambriana, quando só existia uma única massa continental. Podem ser classificados em escudos cristalinos e plataformas.

— **Escudos cristalinos**: correspondem aos primeiros núcleos de rochas emersas desde o início da formação da crosta terrestre. Por ação da erosão, afloraram, permanecendo expostos. Constituídos de rochas muito antigas (magmáticas e metamórficas), são

Figura 10

PLANISFÉRIO: ESTRUTURA GEOLÓGICA

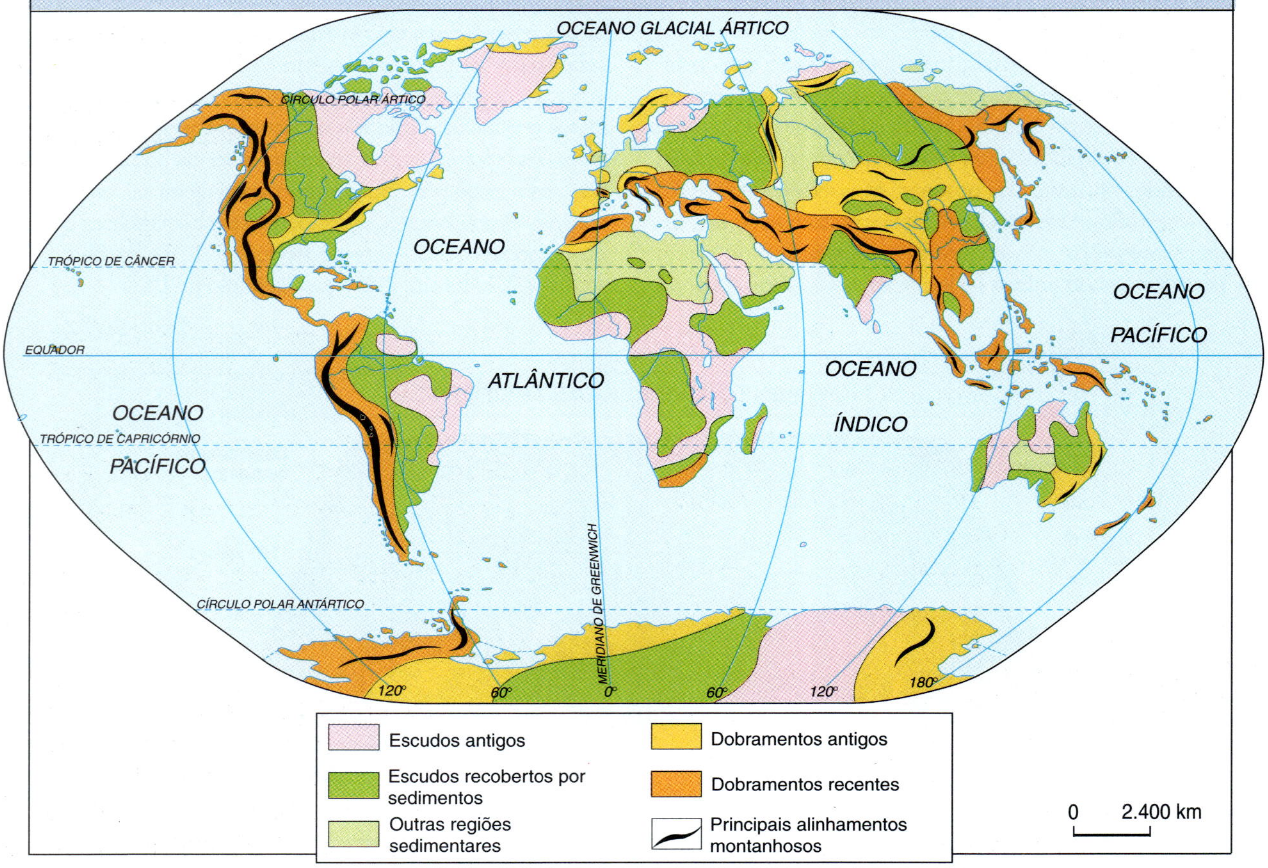

Fonte: FERREIRA, Graça M. Lemos. *Atlas geográfico: espaço mundial*. p. 69.

áreas estáveis com relação à tectônica. Apresentam jazidas de minerais metálicos. Os principais escudos são o Canadense, Brasileiro, Guineano, Escandinavo e Siberiano.

— **Plataformas**: correspondem às áreas cratônicas mais baixas, que foram recobertas de sedimentos, como a Plataforma Sul-Americana.

• Os **dobramentos** resultam de enormes pressões exercidas no sentido horizontal contra as camadas de rochas mais elásticas, provocando-lhes o encurvamento. Essa pressão ocorreu, por exemplo, quando os continentes se separaram ou com a colisão de duas placas tectônicas, formando as cadeias montanhosas ou as cordilheiras.

Os **dobramentos modernos** são grandes curvamentos côncavos e convexos que existem desde a Era Cenozóica (Terciário), há aproximadamente 60 milhões de anos. Foram formados por **movimentos tectônicos**, também chamados de **movimentos orogenéticos** (provocados por forças do interior da Terra que atuam de modo lento e prolongado na crosta) e são responsáveis pela constituição de **cordilheiras** ou dobramentos (Alpes, Andes, Himalaia, Rochosas). Essas áreas são geologicamente instáveis e por isso estão sujeitas a vulcanismos e terremotos.

Os **dobramentos antigos** foram formados em eras geológicas mais antigas, como a Pré-Cambriana e a Paleozóica.

AVALIE SEU APRENDIZADO

Construindo conhecimento

Analisando evidências e formulando hipóteses

1 Há cerca de 65 milhões de anos, uma grande mudança aconteceu na Terra, provocando a extinção dos dinossauros e de grande número de plantas e animais.

a) Considere as descobertas abaixo para tentar elaborar uma hipótese, ou seja, uma sugestão provisória sobre o que originou a extinção.

- As camadas de rochas com 65 milhões de anos apresentam uma grande quantidade de irídio (metal raro), superior às das camadas mais antigas ou mais recentes.
- Esse fato foi constatado em todo o mundo.
- Na Terra, o irídio se concentra principalmente no núcleo ferroso.
- O irídio é uma matéria comum nos meteoritos.

b) Considere a afirmação abaixo para julgar uma possível grande catástrofe como positiva ou negativa. Justifique sua resposta.
Após a catástrofe, os mamíferos, que antes não podiam competir com os grandes dinossauros, tiveram a chance de se multiplicar, ocorrendo o desenvolvimento das espécies atuais, inclusive o homem.

Fixando o conteúdo

2 Observando a figura 3 deste capítulo (página 102), responda:

a) Em qual situação ocorre o inverno? E o verão? No solstício ou nos equinócios? Por que isso acontece?

b) Quais são os períodos e as datas em que ambos os hemisférios se encontram igualmente iluminados?

3 Os fusos horários são uma criação humana ou da natureza?

4 Em relação ao horário de Greenwich, as horas do Brasil estão adiantadas ou atrasadas? Por quê?

5 A longitude da cidade de Salvador é de 38°O, e a de Brasília é de 47°O. Podemos dizer que essas cidades têm a mesma hora legal? Explique.

6 Qual a necessidade de se estabelecer um limite teórico e um limite prático para os fusos horários?

7 Sabendo que são 9 horas em Brasília, determine as diferenças horárias entre a capital do Brasil e as localidades de Fernando de Noronha (PE), Belém (PA), Recife (PE), São Paulo (SP), Porto Alegre (RS), Cuiabá (MT), Manaus (AM) e Rio Branco (AC).

8 Em 540 a.C., o filósofo grego Xenófanes, ao encontrar conchas marinhas nos cumes de montanhas, imaginou que estas pudessem ter estado no fundo do mar em alguma época.

a) Relacione essa idéia do filósofo grego com a Teoria da Deriva Continental e da Tectônica de Placas.

b) Na sua opinião, por que essa teoria não foi levada a sério na época?

9 Observe as figuras 5, 6 e 7 deste capítulo, sobre a deriva continental. Que transformações ocorreram na distribuição dos continentes e oceanos?

10 Observe no capítulo o mapa das placas tectônicas no mundo (figura 9) e responda:

a) Em que placa tectônica se localiza o Brasil?

b) Por que não há ocorrências de vulcões e grandes terremotos no território brasileiro? Explique.

c) Qual é a causa de as grandes cadeias montanhosas da América ocorrerem na sua parte oeste? Observe as setas do mapa para responder.

11 Que evidências e descobertas comprovariam a Teoria da Tectônica de Placas?

12 Explique o processo de subducção e de formação dos *rifts* e as conseqüências desses processos.

COMPLEMENTAÇÃO DO ESTUDO

Leituras

- *A Terra.* São Paulo, Ática, 1998. (Série Atlas Visuais)
- BRANCO, Samuel Murgel e BRANCO, Fábio Cardinale. *A deriva dos continentes.* São Paulo, Moderna, 1994. (Coleção Polêmica)
- ENS, Hendrik Herman e MORAES, Paulo Roberto. *A história da Terra.* São Paulo, Harbra/Anglo, 1997.

Vídeo

- *Cosmos* (Videociência); Enciclopédia Britânica; 42 min. Documentário dividido em duas partes: "A Lua e um passo gigantesco na geologia", com a primeira viagem do homem à Lua e as amostras de rochas coletadas na expedição; e "Além do Sistema Solar", uma viagem que começa no Sistema Solar e se estende aos confins do Universo.

Sites

- *http://www.centroastronomico.com.br/flash/index.html* Centro de estudos do universo, com imagens de galáxias, da Terra vista do espaço, do Sol, dos planetas etc.
- *http://www.ronaldomourao.com/* Página de astronomia com informações variadas: movimentos dos astros, posições relativas do Sol e da Lua, entre outras.
- *http://www.ieducacao.pro.br/geografia/didatico/didatico.htm* Definição de conceitos geológicos.
- *http://www.igc.usp.br/museu/geo_deriva.htm* *Site* do Museu de Ciências do IGC, USP, com informações sobre a deriva dos continentes, idade e evolução da terra etc.

CAPÍTULO 2

O relevo terrestre, seus agentes e os solos no mundo

1 Tipos de relevo

O **relevo** corresponde às diversas configurações da crosta terrestre (montanhas, planaltos, planícies, depressões etc.). A **altitude** do relevo (distância vertical de um ponto em relação ao nível dos oceanos) é medida em metros e pode ser positiva (acima do nível do mar) ou negativa (abaixo do nível do mar).

Existem diversas classificações das formas de relevo. Elas consideram, entre outros elementos, a estrutura, a constituição, as origens, o estágio ou idade. Em função das altitudes, da morfologia, dos processos dinâmicos predominantes em sua formação, o relevo pode receber as denominações de montanhas, planaltos, planícies e depressões.

Observe o planisfério, com as principais formas de relevo (figura 1).

As áreas verdes representam as **planícies**, superfícies pouco acidentadas, mais ou menos planas, geralmente situadas a poucos metros do nível do mar, mas que podem ocorrer em altitudes maiores. Nessas áreas, os processos de deposição de sedimentos superam os processos de erosão. Por serem formadas pelo acúmulo contínuo de sedimentos, as planícies são áreas de relevo relativamente recentes. Veja a figura 2, na página seguinte.

Figura 1

PLANISFÉRIO: RELEVO

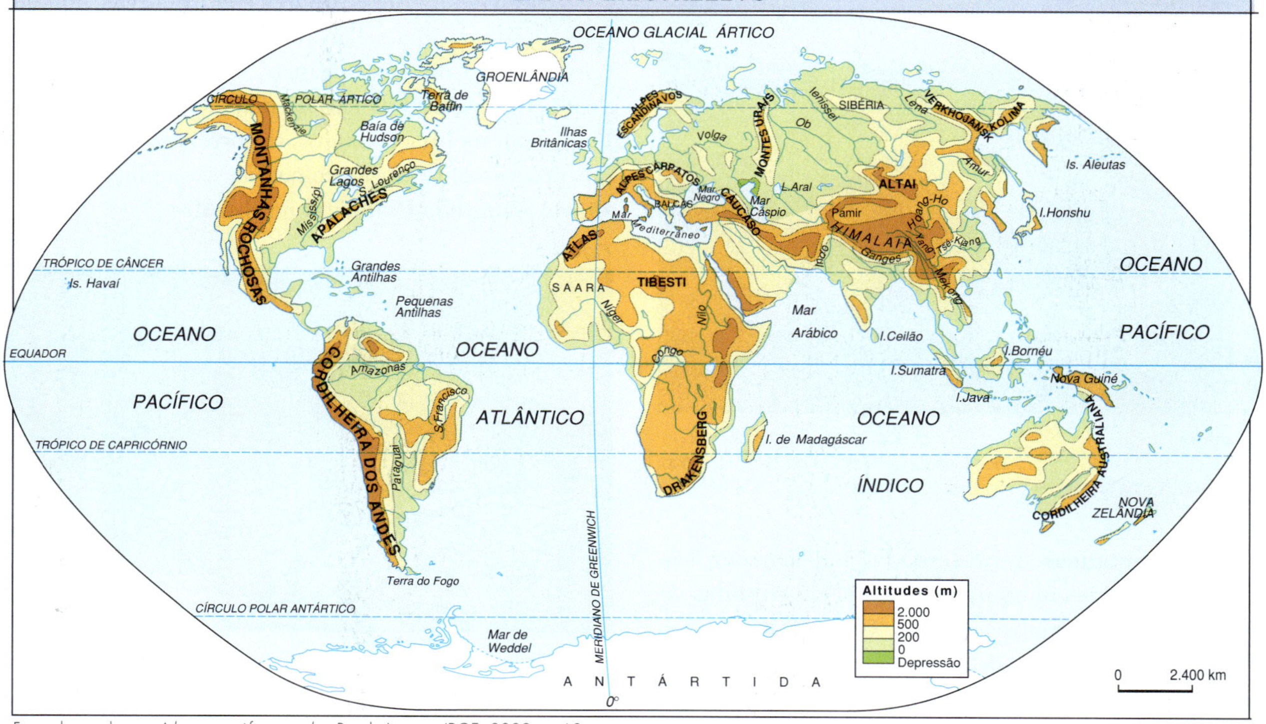

Fonte: baseado em: *Atlas geográfico escolar*. Rio de Janeiro, IBGE, 2002. p. 62.

Figura 2

BOB KRIST/CORBIS-STOCK PHOTOS

Planície com vinhedos às margens do Rio Reno, em Rudeshein (Alemanha, 1995).

Fonte: *Nova Escola*. São Paulo, Abril, out. 1995. p.13.

Quanto à situação, as planícies podem ser classificadas em:

- **costeiras** ou **marinhas** — próximos aos oceanos;
- **continentais** — nas proximidades de rios (**planície aluvional** ou **fluvial**), lagos (**planície lacustre**) ou na parte baixa entre montanhas (**planície de piemonte**).

As áreas em amarelo e laranja, na figura 1, correspondem aos **planaltos** (figura 3), superfícies irregulares ou mais ou menos planas, nas quais os processos de erosão predominam e superam os de sedimentação. Situam-se acima de 200 metros, podendo ultrapassar os 2 mil metros de altitude. Nas bordas dos planaltos, muitas vezes aparecem escarpas ou cuestas, comumente denominadas **serras**.

Figura 3

MAURÍCIO SIMONETTI/PULSAR

Relevo planáltico, com morros arredondados (Mares de Morros) na Serra da Mantiqueira, em Passa Quatro (MG, 1993).

As **montanhas**, representadas em marrom, são grandes elevações naturais do terreno, constituídas de agrupamentos de morros e vales. Os principais tipos de montanhas resultam de processos como a movimentação das placas tectônicas, que provocam dobramentos, falhas e vulcanismo. Quanto à idade, as montanhas podem ser jovens, geralmente constituídas no Terciário, assumindo então formas agudas (como os Alpes e os Andes, por exemplo), ou podem ser velhas, constituídas nas primeiras eras, apresentando-se então rebaixadas e com formato suavizado (como a Serra do Mar, entre outras). Veja a figura 4.

Figura 4

CID

Montanhas jovens, como estas dos Alpes (Suíça, década de 1990), apresentam forma pontiaguda.

Outra forma de relevo que também merece destaque corresponde às **depressões continentais** (figura 5), que podem ser absolutas ou relativas. São consideradas **depressões absolutas** aquelas que, em áreas continentais, se situam abaixo do nível do mar, ou seja, abaixo de 0 metro de altitude. É o caso do Mar Morto, no continente asiático, localizado a 395 metros abaixo do nível do mar.

São consideradas **depressões relativas** aquelas que se situam abaixo do nível das regiões vizinhas, porém acima do nível do mar, em altitudes que vão desde 100 até 500 metros ou mais. Constituem superfícies com inclinação suave, decorrentes de prolongados processos de erosão como, por exemplo, a Depressão da Amazônia Ocidental no Brasil.

Figura 5

MARCOS ROSA/ANGULAR

Depressão continental relativa em Guaratinguetá, no Vale do Paraíba (SP), entre as serra do Mar e Mantiqueira (foto da década de 1990).

Existe grande variedade de formas de relevo que apresentam menores extensões, como cristas, cavernas, chapadas e muitas outras.

A disciplina científica que estuda as formas de relevo, sua origem, estrutura e os processos responsáveis por sua evolução é a **geomorfologia**.

O relevo resulta da combinação de diversos fatores. Podemos distinguir dois grandes conjuntos de fatores, denominados **agentes do relevo**, que modificam interna e externamente a configuração da crosta terrestre.

2 Agentes internos do relevo e a formação das paisagens

Os **agentes internos** (ou **endógenos**) do relevo são processos estruturais, como o tectonismo, o vulcanismo, os terremotos e os abalos sísmicos, que atuam intensamente do interior para a superfície da Terra, às vezes com grande violência e rapidez, criando ou modificando a fisionomia do relevo. Esses processos estão relacionados ao movimento das placas tectônicas e a fenômenos magmáticos.

Tectonismo ou movimentos tectônicos

Os **movimentos tectônicos**, também chamados de **diastrofismos** (distorções), são provocados por forças do interior da Terra que atuam de forma lenta e prolongada na crosta terrestre. Ocasionam, entre outras deformações, falhas e dobramentos na superfície, produzindo diversos tipos de relevo.

Quando essas forças atuam verticalmente sobre camadas de rochas resistentes e de pouca plasticidade, os blocos continentais podem se fraturar, se deslocar, sofrer levantamentos ou abaixamentos, constituindo as **falhas** ou falhamentos, ou seja, as diversas rupturas e desnivelamentos das camadas do relevo. Esses movimentos verticais são chamados de **epirogenéticos**. Observe as figuras 6 e 7.

Quando as pressões agem horizontalmente sobre as camadas de rochas mais elásticas, provocam o encurvamento das camadas rochosas — os **dobramentos** ou **dobras** — podendo formar montanhas e cordilheiras. Os movimentos horizontais são chamados de **orogenéticos** (figura 8). Uma dobra é constituída por duas partes: a côncava ou sinclinal e a convexa ou anticlinal. As dobras podem estar associadas às falhas, compondo as grandes cordilheiras de dobramentos, como os Alpes, os Pirineus, a Serra Nevada, o Himalaia, os Andes etc. Esses altos maciços montanhosos nada mais são do que sedimentos que, depositados em antigos mares, foram comprimidos e dobrados por movimentos orogenéticos do Período Terciário, até emergirem do fundo.

Figura 6

PRINCIPAIS TIPOS DE FALHAS

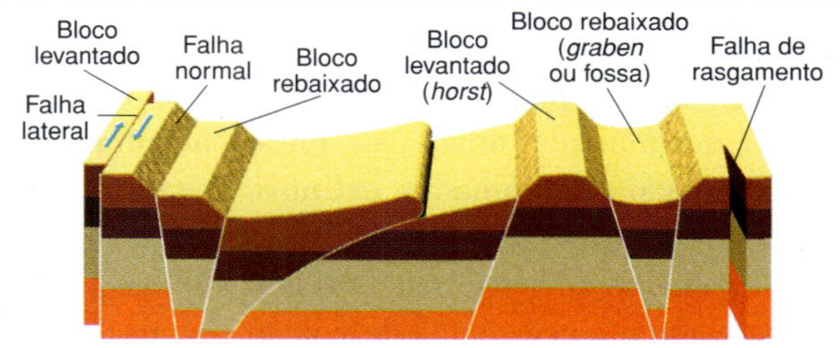

Fonte: FONT-ALTABA, M. e ARRIBAS, A. San Miguel. *Atlas de geologia*. Rio de Janeiro, Livro Ibero-Americano, 1975. p. D-3.

Figura 7

LLOYD CLUFF/CORBIS-STOCK PHOTOS

Forças descomunais provenientes do interior da Terra podem provocar falhas de milímetros ou de quilômetros nas rochas. Na Falha de San Andreas, na Califórnia (EUA), o movimento das placas tectônicas deixou marcas visíveis na paisagem (foto de 1995).

Figura 8

DOBRAMENTOS

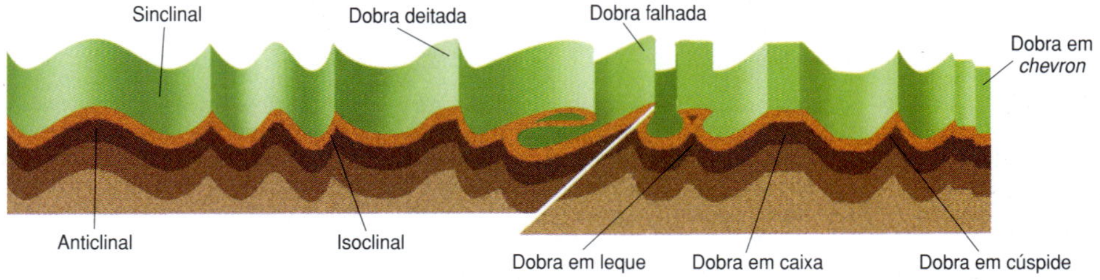

Fonte: FONT-ALTABA, M. e ARRIBAS, A. San Miguel. *Atlas de geologia*. p. D-2.

Vulcanismo

O magma pastoso, presente no interior da Terra, ainda continua a se resfriar lentamente, solidificando-se. Os gases liberados nesse processo acumulam-se e pressionam a crosta até rompê-la nas partes menos resistentes. **Vulcanismo** é a atividade de expulsão do material magmático do interior para a superfície. **Vulcão** é a montanha formada a partir das erupções, com uma cratera pela qual saem **lavas** (material magmático em estado de fusão), fragmentos de rochas, cinza, gases e vapores.

O material vulcânico que se acumula na superfície produz o chamado **relevo vulcânico** ou relevo postiço, que geralmente tem forma de cone e altura muito variável. Observe na figura 9 as partes que compõem um vulcão.

Os vulcões que entram constantemente em erupção são denominados **ativos** e os que se encontram sem atividade são denominados **extintos**. A maioria dos vulcões localiza-se nas bordas das placas tectônicas, principalmente ao longo das costas oceânicas, sendo menos comum a ocorrência de vulcanismo no interior dos continentes. Onde as placas colidem, ocorrem as erupções mais violentas. Onde elas se separam, as erupções são menos explosivas.

As duas áreas que concentram a maior parte dos vulcões são o Círculo de Fogo do Pacífico e o Círculo de Fogo do Atlântico.

O vulcanismo é um fenômeno de grande importância na história geológica da Terra. É responsável pela formação e expansão do fundo oceânico (composto de lavas) e de dorsais suboceânicas (sucessão ininterrupta de vulcões). Provoca tremores de terra e o soerguimento de montanhas.

Figura 10

GARY BRAASCH/CORBIS-STOCK PHOTOS

Monte Saint Helens (Washington, EUA) em erupção, em 1980. Além das lavas, muitas vezes com temperaturas superiores a 1.000 °C, são expelidas cinzas que cobrem extensas áreas.

Figura 9

ESQUEMA GERAL DE UM VULCÃO

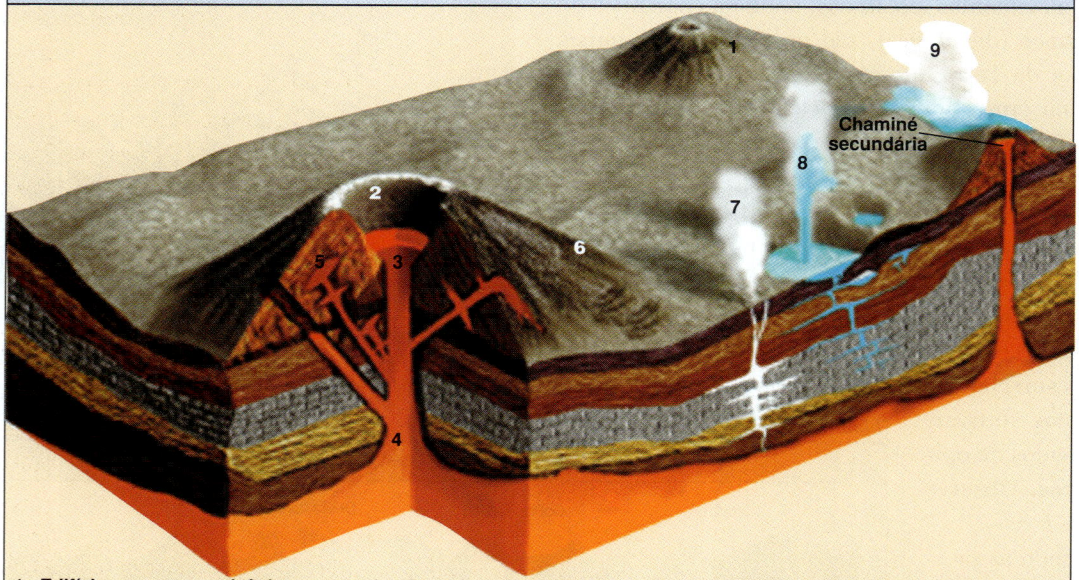

1. Edifício ou cone vulcânico: montanha formada pelo acúmulo de materiais magmáticos. **2. Cratera:** cavidade superior (boca). **3. Chaminé ou conduto:** abertura ou fenda pela qual os materiais são expelidos do interior para a superfície. **4. Caldeira ou câmara magmática:** cavidade profunda preenchida pelo magma. **5. Lacólito:** intrusão de magma com estreitamento inferior e alargamento da massa superior. **6. Material piroclástico:** blocos, pedras, fragmentos de lava solidificada. **7. Gases sulfurosos. 8. Gêiser:** as rochas quentes do subsolo aquecem a água, aumentando a pressão; jatos de água e vapor quentes são expelidos de forma contínua ou intermitente. **9. Fumarolas:** nuvens ardentes provenientes da água superaquecida, com temperaturas que podem alcançar 800 °C.

Fonte: baseado em *A Terra*. p. 19.

Abalos sísmicos ou terremotos

São movimentos naturais da crosta terrestre que se propagam através de vibrações. Podem ser percebidos diretamente pelas pessoas ou por meio de instrumentos especiais, os **sismógrafos**, que captam as ondas sísmicas.

Anualmente registra-se em média 1 milhão de abalos sísmicos, dos quais cerca de 5 mil são perceptíveis diretamente pelo homem e vinte a trinta produzem efeitos danosos.

A intensidade dos terremotos é bastante variável. Os fatores que mais influem nessa intensidade são a distância entre o local de origem do terremoto (**hipocentro** ou **foco**) e o local onde ele se manifesta (**epicentro**) e a heterogeneidade das rochas. Quanto maior a distância, menor a intensidade; quanto mais resistentes as rochas, menores os danos. Observe a figura 11.

Atualmente, a escala mais utilizada para medir a intensidade dos abalos sísmicos é a **Escala de Richter**, que mede a quantidade de energia liberada em cada terremoto.

Nessa escala, os números mais baixos correspondem aos terremotos de menor intensidade. Porém, um terremoto de índice 5 não é aquele que liberou cinco vezes mais energia que o de índice 1, porque a quantidade de energia liberada cresce geometricamente. Por exemplo, a energia liberada por um terremoto de índice 8 equivale à energia liberada por 216 mil abalos de índice 5.

Figura 11

ORIGEM E PROPAGAÇÃO DOS TERREMOTOS

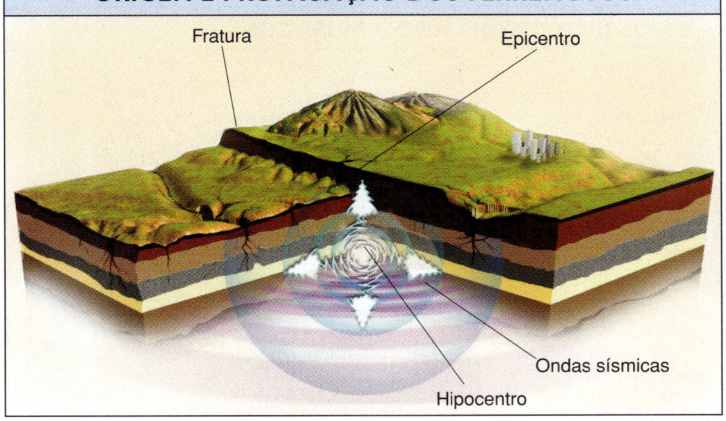

Fonte: PARKER, Steve; MORGAM, Sally e STEELE, Philip. *Quase tudo sobre o mundo.* São Paulo, Impala, 1998. p. 14.

No local de origem ou hipocentro, as tensões acumuladas por longo período de tempo provocam a ruptura das camadas de rochas, às vezes seguida da formação de fraturas. Em conseqüência ocorre uma propagação de ondas sísmicas ou tremores, que se manifestam em determinados lugares da superfície terrestre, constituindo o epicentro do terremoto.

Figura 12

JASON REED-REUTERS/CORBIS-STOCK PHOTOS

Dependendo da intensidade e do local (epicentro) em que se manifestam, os terremotos podem em alguns segundos ocasionar grande destruição e mortes. Na foto, equipes internacionais de resgate tentam encontrar sobreviventes do terremoto ocorrido em 2000, na cidade de Bhachua, na Índia.

O grande número de perdas humanas pode dar uma idéia das proporções catastróficas atingidas por alguns terremotos, como os ocorridos em Lisboa (1755, 60 mil mortes), Krakatoa, Indonésia (1883, 80 mil mortes), São Francisco (1906, 1 milhão de vítimas), Tóquio (1923, 200 mil mortos) e China, Guatemala, Itália, Chile etc. (1976, 700 mil mortes no total). Observe a foto (figura 12).

Os efeitos dos terremotos sobre o relevo podem ser de grandes proporções. Normalmente provocam deslizamentos, desmoronamentos, formação de fendas no solo, entre outros. A ocorrência de terremotos está ligada a três tipos de causas: desmoronamentos internos, vulcanismo e tectonismo.

- **Desmoronamentos internos.** O desmoronamento de camadas de rochas no interior da Terra costuma provocar terremotos geralmente locais e de pequena intensidade. No Brasil, esse tipo de tremor de terra tem sido registrado esporadicamente nos estados de Minas Gerais, Rio de Janeiro, Rio Grande do Norte e Ceará. Às vezes, os terremotos são provocados também pela acomodação das camadas de sedimentos, em razão de seu próprio peso. Esse parece ser o caso de alguns tremores ocorridos na cidade de São Paulo.
- **Causas vulcânicas.** São explosões internas ou acomodações de materiais nos bolsões ou vazios que surgem após a expulsão do magma do interior da Terra. Os terremotos provocados por essas causas costumam ser também de pequena intensidade.
- **Causas tectônicas.** Nas bordas das placas tectônicas que ocorrem os maiores e mais

violentos terremotos. Verifica-se uma grande coincidência entre a localização dos terremotos e as áreas vulcânicas e tectônicas. Cerca de 42% dos epicentros situam-se no Círculo de Fogo do Pacífico, 25% nos Alpes, Apeninos, Atlas e Himalaia e 23% nas regiões de falhas, como os Bálcãs e a África oriental.

Nos mares e oceanos, os tremores e os terremotos podem provocar outro fenômeno com conseqüências catastróficas: os **maremotos**, que podem dar origem aos **tsunamis**, ondas de até 40 metros de altura que, quando invadem as áreas litorâneas, destroem quase tudo por onde passam. São mais freqüentes nos mares do Pacífico.

3 Agentes externos do relevo e formação das paisagens

O relevo terrestre encontra-se em permanente evolução. Suas formas, criadas pelos agentes internos, sofrem constantemente a ação de **agentes externos**, como a ação das águas, do vento, do mar, das geleiras e dos seres vivos etc. Esses agentes realizam um trabalho escultural ou de modelagem da paisagem terrestre e têm atuação contínua e prolongada.

Apesar de esses processos atingirem toda a superfície terrestre, é fundamental entender que a participação de cada um dos agentes difere bastante de acordo com a área em que atua. Por exemplo, nas regiões de elevadas latitudes e altitudes, o trabalho do gelo é muito mais importante do que o dos demais agentes; nos desertos (como o Saara), o trabalho do vento é que se sobressai; nas regiões equatoriais (como a Amazônia), o trabalho das águas é fundamental.

O conjunto de processos que provocam a alteração e a decomposição das rochas recebe o nome de **intemperismo** ou **meteorização**. Podem ser químicos (alteração da constituição das rochas), físicos (desintegração mecânica) e biológicos (ação dos seres vivos). O processo de transporte de substâncias fragmentadas é chamado de **erosão** e o acúmulo e deposição desses materiais é conhecido como **sedimentação**.

Em síntese, podemos dizer que esses processos possuem dupla ação: por um lado, efetuam o desgaste e a destruição das rochas e do relevo e, por outro, são responsáveis pelo transporte, acúmulo e deposição desse material em outros lugares, exercendo assim um papel de construção do relevo. Analisemos alguns tipos de agentes externos do relevo.

• **Rios**. A erosão provocada pelos rios recebe o nome de **erosão fluvial**. Em seu curso, os rios escavam leitos, formam vales, destroem e transportam rochas e sedimentos, depositando-os e produzindo novas feições de relevo, como por exemplo as planícies e os **deltas** (depósitos de sedimentos na foz de um rio, que o levam a se dividir para desembocar). Veja a figura 13. A desembocadura do rio por um só canal recebe o nome de **estuário**.

• **Geleiras**. O trabalho realizado pelas geleiras chama-se **erosão glaciária**. Grandes blocos de gelo movem-se lentamente, por ação da gravidade, causando desgastes nas rochas. As geleiras cavam profundos vales em forma de "U" ou de "V", estes últimos conhecidos como **fiordes**. O congelamento

Figura 13

O TRABALHO DAS GELEIRAS E DOS RIOS, MODELANDO PAISAGENS

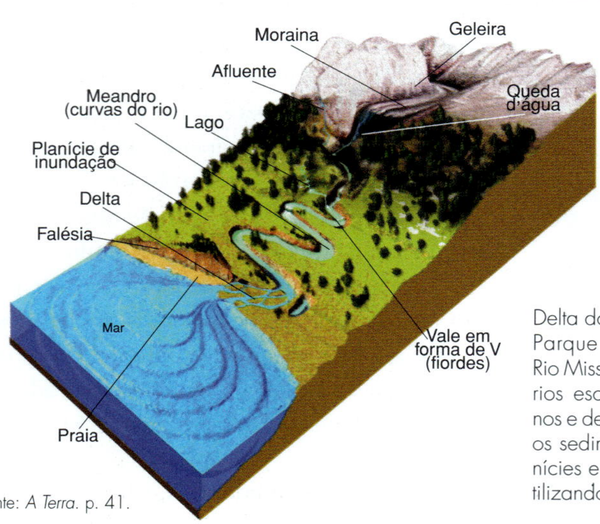

Fonte: *A Terra*. p. 41.

Delta do Rio Negro no Parque Nacional do Rio Mississípi (EUA). Os rios escavam os terrenos e depois depositam os sedimentos nas planícies e nos deltas, fertilizando-os.

e o degelo também atuam sobre o relevo, fragmentando as rochas. Os sedimentos acumulados nos sopés das montanhas são chamados **morainas**. Reveja a figura 13.

• **Chuvas**. A erosão decorrente das chuvas é denominada **erosão pluvial**. Além de provocar grandes desbarrancamentos, as **enxurradas** (escoamento superficial das águas das chuvas) e **torrentes** (curso de água periódico, provocado pela chuva) desgastam o terreno e formam depósitos sedimentares.

• **Ventos**. Seu trabalho no relevo recebe o nome de **erosão eólica**. A figura 14 ilustra o trabalho de destruição e de construção do relevo realizado pelo vento, bem como e as paisagens formadas nesse processo.

• **Mar**. O trabalho de destruição e de construção do relevo realizado pelo mar nas áreas litorâneas, transformando — e por vezes mudando muito rapidamente — as paisagens, chama-se **erosão marinha**. A partir da deposição de sedimentos, formam-se as **praias**, os **tômbolos** (depósitos de areia que ligam uma ilha ao continente), as **restingas** ou cordões litorâneos (faixas de areia depositada paralelamente ao litoral, podendo originar lagunas ou lagoas costeiras). Como resultado do trabalho de destruição, denominado **abrasão marinha**, formam-se as **falésias** (costas altas e abruptas). O acúmulo de areia e carapaças de animais marinhos dá origem aos **recifes**, que podem ser de **arenito** ou **coral** (ecossistemas constituídos por animais e plantas). Observe a figura 15.

Figura 14

AS PAISAGENS EM LUGARES ÁRIDOS

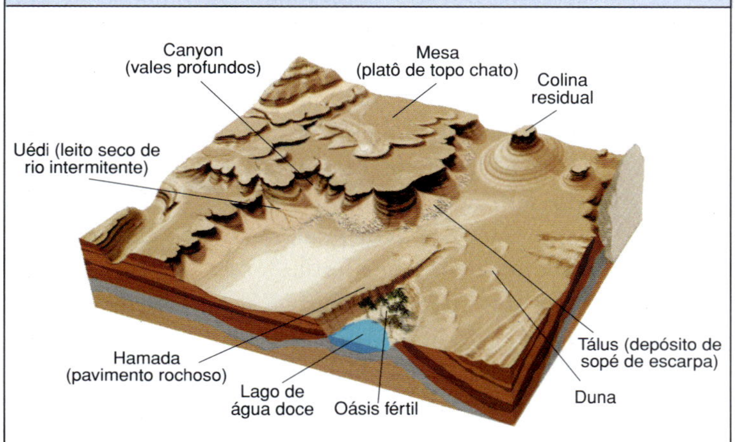

Fonte: *A Terra*. p. 35.

Ação dos seres vivos sobre o relevo

Diversos seres vivos atuam sobre o relevo, modificando-o. Animais (seres humanos, tatu, formigas, minhocas etc.) e raízes de plantas escavam a terra, podendo provocar fendas profundas no solo e nas rochas, contribuindo para a sua desagregação.

As plantas têm um papel importante como protetoras dos solos: fornecem matéria orgânica e impedem a sua destruição, protegendo-os também contra as oscilações de temperatura.

A intervenção humana sobre a superfície terrestre, modificando paisagens, construindo e destruindo formas de relevo recebe o

Figura 15

O MAR FORMA PAISAGENS

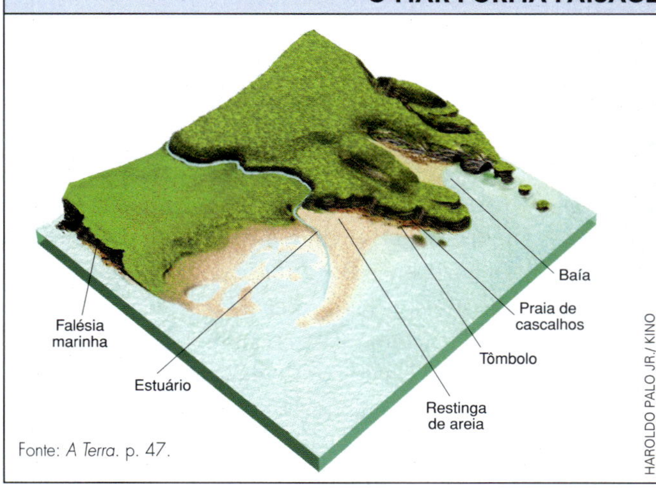

Fonte: *A Terra*. p. 47.

No Brasil, as falésias podem ser formadas por rochas sedimentares (barreiras sedimentares do litoral nordestino), magmáticas (costões ou falésias cristalinas do litoral sudeste-sul) e vulcânicas (falésias basálticas do litoral sul do país). Na foto, falésia em Arraial da Ajuda, Bahia, 1998.

Figura 16

SIDNEY LOPES-ESTADO DE MINAS/AE

Erosão causada por enxurradas provocou o desabamento de parte da BR-381 (Fernão Dias), na saída de Belo Horizonte (MG, 2002). O trabalho humano transforma a paisagem e provoca a erosão antrópica, acelerando os processos naturais.

nome de **erosão antrópica** (figura 16). Por contribuírem para acelerar os processos naturais, essas ações também são conhecidas como **erosão acelerada**. Além da ocupação direta, ações como o desmatamento ou o corte de barrancos para a construção de estradas causam grandes desequilíbrios e aceleram a erosão superficial.

4 O que é e como se forma o solo

O **solo**, a camada superficial da crosta terrestre, é um complexo composto de materiais minerais e orgânicos. A ciência que trata de seu estudo é a **pedologia**.

Os solos se formam inicialmente pela desintegração das rochas por ação do **intemperismo** (físico, químico e biológico), que originam os componentes minerais. Posteriormente, a decomposição e a incorporação de elementos orgânicos animais e vegetais, chamados de **húmus**, dão fertilidade aos solos.

Solos de diversos tipos formam-se a partir da ação conjugada de vários fatores, como temperatura, vento, águas correntes, topografia, vegetação, tipo de **rocha matriz** (rocha que origina o solo).

Horizontes ou camadas do solo

A figura 17, na página ao lado, mostra a evolução de um solo e seus respectivos **horizontes** (ou camadas), identificados pelas letras **O**, **A**, **B** e **C**, que estão situados acima da rocha matriz (**R**). A figura mostra também o perfil do solo, no qual se pode ver a seqüência vertical dos horizontes ou camadas. No quadro anexo à figura, você pode observar as principais características dos horizontes.

Classificação dos solos

Os solos podem ser agrupados em três categorias: zonais, interzonais e azonais.

• Os solos **zonais** compreendem aqueles em que o principal elemento responsável por sua formação é o clima. São solos bem-formados (maduros) e geralmente apresentam os horizontes (**A**, **B** e **C**) bem caracterizados. A seguir, alguns exemplos (e características) de solos zonais:

— latossolo (clima quente e úmido; muito profundo; pobre em minerais);

— podzol (clima temperado ou frio; pouco profundo; fértil, porém ácido);

— brunizen ou de pradaria: clima temperado subúmido; raso; bastante fértil.

— desértico (clima árido; raso; horizonte **A** arenoso; pouco fértil);

— tundra (clima frio; raso; fertilidade média).

• Os solos **interzonais** correspondem àqueles cujas características indicam a influência preponderante do relevo local ou da rocha de origem. Como exemplos podemos citar:

— hidromórfico (local alagado; fértil, quando drenado; espessura média);

— salino ou halomórfico (local árido ou semi-árido; baixa fertilidade; espessura média);

— grumossolo (topografia plana; argiloso; boa fertilidade; espessura média).

• Os solos **azonais** são os que não apresentam características bem desenvolvidas. São geralmente recentes e desprovidos do horizonte **B**; podem ocorrer sem os horizontes **B** e **C** (caso dos litossolos). Veja as características desses solos:

— litossolo (relevo inclinado; raso);

— regossolo (colinas e declives suaves; raso);

— aluvial (desenvolve-se sobre sedimentos fluviais; raso);

— cambissolo (com incipiente desenvolvimento de horizonte **B**).

Reveja a figura 17.

Figura 17

EVOLUÇÃO E PERFIL DE UM SOLO

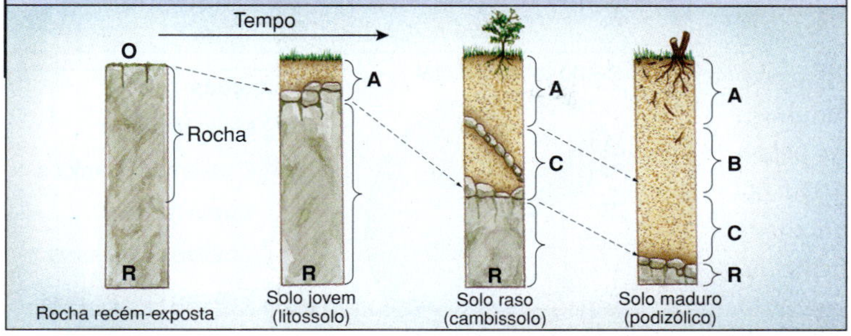

Horizonte	Características
O	É o horizonte superficial. Pode conter mais de 20% de matéria orgânica (animal e vegetal) em diferentes graus de decomposição.
A	Apresenta maior quantidade de matéria orgânica decomposta e misturada com elementos minerais. Sofre perdas de minerais (ferro, alumínio) pela lixiviação (ação das águas). Nas áreas cultivadas, está em contato direto com a atmosfera. Contém as raízes dos vegetais.
B	Bastante intemperizado. Pouco afetado pela erosão natural e pela ação do homem. Pouca matéria orgânica, muita matéria mineral e cor geralmente vermelha ou amarela. Recebe materiais lixiviados do **A**.
C	Chamado de **regolito**, material decomposto, proveniente da rocha matriz.
R	Rocha matriz ou rocha não-alterada.

Fontes: baseado em FONT-ALTABA, M. e ARRIBAS, A. San Miguel. *Atlas de geologia*. p. E-1; GUERRA, Antônio Teixeira. *Dicionário geológico e geomorfológico*. Rio de Janeiro, IBGE, 1972.

Quanto à origem, os solos podem ser:

- **eluviais**, quando são formados no próprio local, a partir da desagregação e da decomposicão das rochas (massapê e terra-roxa, por exemplo);
- **aluviais**, quando são formados pelo acúmulo de materiais transportados pelas águas correntes (solos de várzeas e de deltas fluviais, por exemplo) e pelos ventos (solos de loess, entre outros).

Com relação à cor, a maior parte dos solos pode ser agrupada em três tipos:

- **escuros** ou **orgânicos**, que indicam forte presença de matérias orgânicas e possuem alto valor agrícola;
- **avermelhados** e **amarelados**, forte presença de óxido de ferro;
- **claros**, fraca presença ou ausência de matéria orgânica.

Distribuição geográfica dos solos férteis

Os solos mais férteis do mundo são os escuros e avermelhados, presentes nas estepes da Ucrânia (solo negro de **tchernozion**), na Europa central, nas pradarias do Canadá e dos Estados Unidos, no pampa argentino, entre outras regiões. O **loess**, um solo muito procurado para a agricultura na Europa (França, Bélgica, Holanda, Alemanha etc.) e na China, é formado por sedimentos depositados pelo vento e apresenta coloração amarelada, sendo constituído de argila e rico em calcário.

No Brasil, os solos mais férteis são o **massapê**, escuro e orgânico, oriundo da decomposição do granito (Estado de São Paulo), ou do calcário (Zona da Mata nordestina), e o **terra-roxa** do Planalto Meridional (castanho-avermelhado e vulcânico), formado pela decomposição do basalto e diabásio. Esses dois tipos de solo já se encontram bastante exauridos pelas prolongadas monoculturas da cana-de-açúcar e do café, respectivamente.

Degradação dos solos

A erosão, no caso dos solos, consiste na retirada ou no transporte destes ou de parte de seus componentes. Os principais agentes da erosão dos solos são a água das chuvas e das enxurradas, o vento, os animais e também o ser humano. A aceleração do ritmo de erosão produz condições anormais: voçorocas, queda de barreiras, inundações em campos e cidades ribeirinhas.

Nas áreas equatoriais (clima úmido), os solos sofrem o processo de **lixiviação**, ou seja, eles são lavados e muitos de seus minerais são escoados pelas águas das chuvas, abundantes nessas regiões. O processo de **assoreamento** dos rios (depósito de sedimentos em seu leito) também pode ser amenizado e até mesmo impedido, se a cobertura vegetal for mantida.

O solo necessita de um tempo muito longo para se formar, e seu equilíbrio é bastante delicado. Mesmo dispondo de inúmeros recursos e técnicas de conservação, alguns simples e acessíveis, a humanidade infelizmente tem contribuído muito mais para a destruição dos solos, necessários ao cultivo, do que para a sua conservação.

A degradação dos solos provocada pela ação humana decorre de uma série de práticas e atitudes inadequadas — cobrir a terra produtiva com concreto e construções, desmatamento (provoca erosão e esgotamento dos nutrientes), queimadas, exploração excessiva, não-utilização de terraceamento e curvas de nível, monoculturas prolongadas, aumento de áreas para pasto (provocam compactação) e outras —, ocasionando a perda de nutrientes e de matéria orgânica.

A falta de conservação do solo leva o agricultor nos países pobres a utilizar mais insumos químicos (adubos, por exemplo), que podem ser levados para os rios pelas águas das chuvas, comprometendo a vida aquática. Quando mal administrados, esses insumos contaminam também os alimentos e, direta ou indiretamente, toda a vida da região, como os pássaros, insetos etc.

Figura 18

RICARDO AZOURY/PULSAR

AGLIBERTO LIMA/AE

Queimadas, como esta em Rondônia, e a ação das chuvas e enxurradas (aqui na Cidade Tiradentes, Região Metropolitana de São Paulo, em 2000) são duas formas de degradação dos solos, bastante comuns no Brasil.

Figura 19

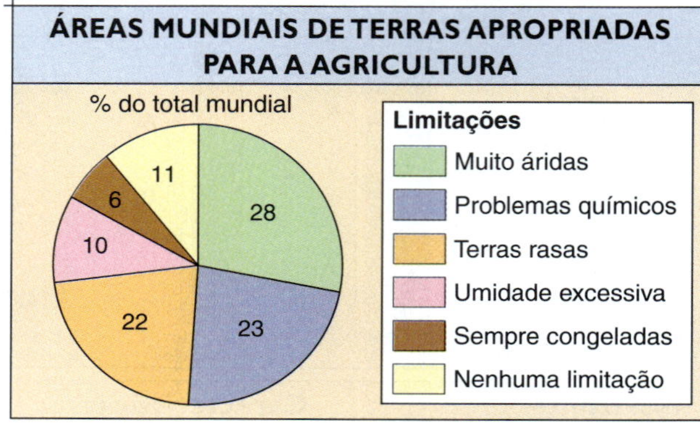

Fonte: LEPSH, Igo F. *Formação e conservação do solo.* São Paulo, Oficina de Texto, 2002. p. 122.

O comprometimento dos solos

A expansão das áreas de cultivo se defronta com diversos problemas, como relevo, fertilidade dos solos, limitações climáticas, erosão, desertificação, laterização, entre outros. Observe a figura 19.

Somente 11% das terras do planeta não apresentam nenhuma limitação para a agricultura. Além da baixa fertilidade e outros problemas, o grau de acidez também pode ser um fator limitante.

A acidez e a alcalinidade dos solos é medida por seu **pH** (potencial de hidrogênio), numa escala que vai de 0 a 14. O pH da água pura é igual a 7, sendo também o pH ideal para os solos (nem ácido, nem alcalino). A **acidez** se expressa pelo número de íons de hidrogênio que um solo contém. Os **solos ácidos** têm pH baixo (abaixo de 7) e os **solos alcalinos** ou **básicos** têm pH alto (acima de 7). Tanto a acidez quanto a alcalinidade dos solos são problemas para a agricultura, necessitando de corretivos como a administração de calcário (para a acidez) e de enxofre (para solos básicos).

Em áreas de clima intertropical (com estações chuvosa e seca alternadas) e relevo plano, verifica-se o processo de **laterização:** com a lixiviação intensa dos solos, muitos minerais são levados pelas águas, ocorrendo uma concentração de hidróxidos de alumínio e de ferro. Este último dá ao solo uma coloração avermelhada e um pH alto (8 ou 9). Como resultado desse processo, forma-se a **laterita** (crosta endurecida), e os solos ficam pouco férteis. No Brasil, o solo laterítico é denominado **canga** e aparece principalmente nas chapadas da Região Centro-Oeste.

Outro problema grave é a **salinização** do solo, que ocorre principalmente em áreas de clima árido e semiárido ou em regiões cobertas por oceanos em eras geológicas passadas. A constante irrigação utilizada na agricultura também pode deixar os solos improdutivos. Quando a água evapora, deixa depósitos de sal.

O Brasil apresenta, em muitas partes de seu território, sinais evidentes de erosão acelerada do solo. Com terras para explorar em abundância, os agricultores brasileiros abriram caminho despreocupadamente rumo ao Centro-Oeste e ao Norte, deixando em seu roteiro solos desgastados. Foi o caso da chamada "marcha do café": esse cultivo caminhou em busca de novas terras férteis, abandonando terras empobrecidas nos estados do Espírito Santo, Rio de Janeiro, São Paulo e Paraná.

Figura 20

O COMPROMETIMENTO DOS SOLOS NO MUNDO

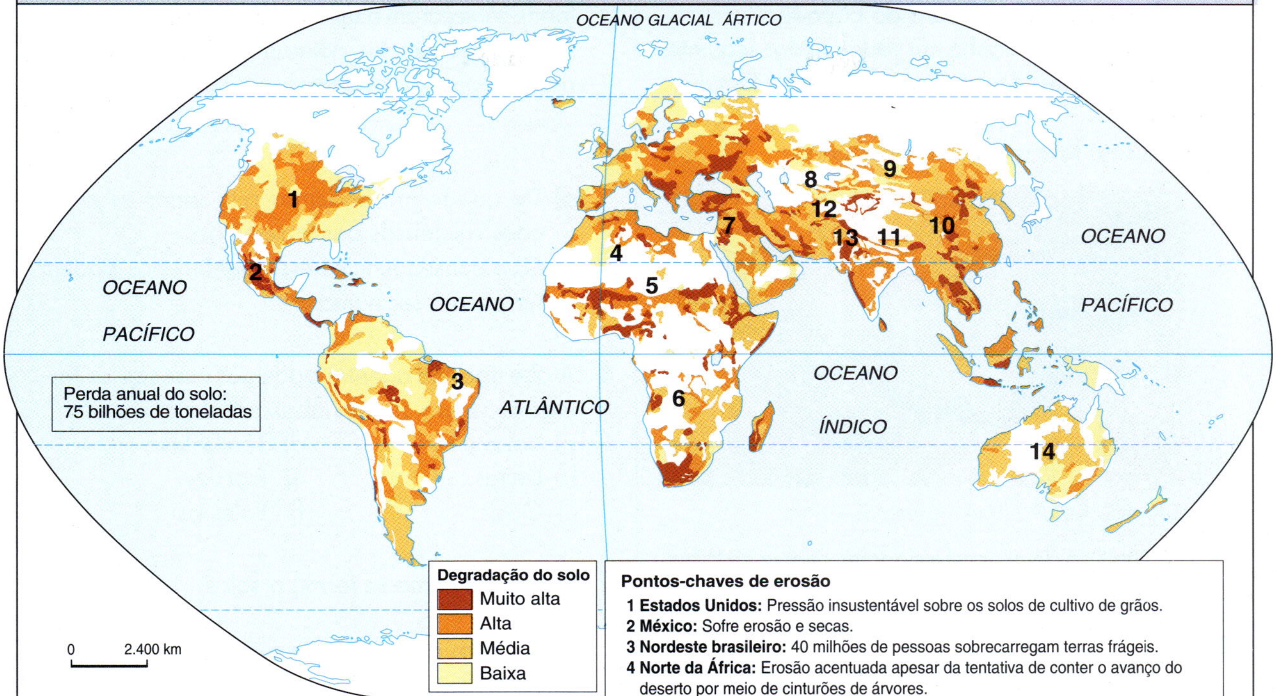

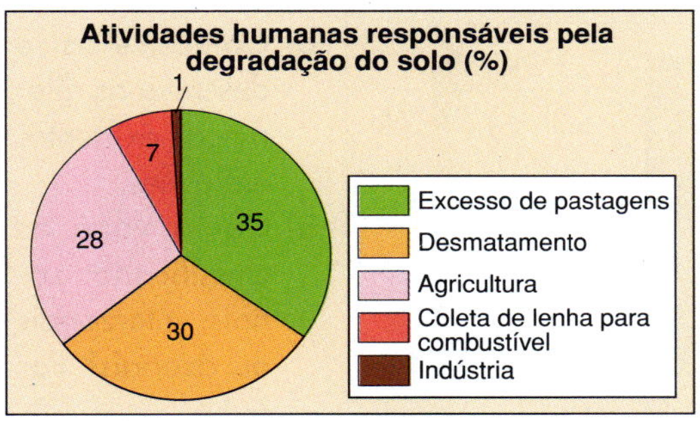

Pontos-chaves de erosão

1 **Estados Unidos:** Pressão insustentável sobre os solos de cultivo de grãos.
2 **México:** Sofre erosão e secas.
3 **Nordeste brasileiro:** 40 milhões de pessoas sobrecarregam terras frágeis.
4 **Norte da África:** Erosão acentuada apesar da tentativa de conter o avanço do deserto por meio de cinturões de árvores.
5 **Sahel:** Provavelmente a pior área de erosão eólica da Terra.
6 **Botsuana-Namíbia:** O excesso de gado acelera a erosão.
7 **Oriente Médio:** A erosão, um problema de séculos, se alastra com muito mais rapidez atualmente.
8 **Ásia Central:** Excesso de gado e descaso administrativo.
9 **Mongólia:** O crescente número de pessoas e o aumento dos rebanhos sobrecarregam o meio ambiente.
10 **Yang-Tsé:** A China perde, segundo estimativas, 5 bilhões de toneladas ao ano de *loess*, solo de grande fertilidade.
11 **Base do Himalaia:** Área de grande erosão.
12 **Beluquistão** (região do Paquistão a noroeste do Rio Indo): A pecuária tradicional e os grandes rebanhos são os responsáveis pela deterioração.
13 **Rajastão** (estado da Índia, a noroeste, cuja capital é Jaipur): As secas estão se tornando um fenômeno permanente.
14 **Austrália:** Longas secas agravadas por excesso de gado.

Fontes: MYERS, Norman e outros (org.). *Gaia: el atlas de la gestión del planeta.* Madri, Tursen/Hermann Blume, 1994. p. 37; e *National Geographic*, set. 2002. Encarte A saúde do planeta.

AVALIE SEU APRENDIZADO

Construindo conhecimento

Analisando um ambiente fluvial

1 Descreva um rio da região em que você mora quanto aos seguintes aspectos:

a) características gerais: nome, traçado (linear ou em curvas), condição (principal ou afluente);
b) relevo (planície, planalto);
c) leito (pedregoso ou arenoso);
d) curso (com quedas bruscas, cascatas ou cachoeiras);
e) nascente (a que distância aproximada está de sua região);
f) desembocadura (do tipo delta ou estuário);
g) alterações que provoca no relevo (desbarrancamentos, enchentes);
i) a utilização (irrigação, indústria, transporte, abastecimento de água).

Fixando o conteúdo

2 Analise o mapa da figura 1 deste capítulo e responda às questões.

a) Em todos os continentes existem planícies? Cite exemplos em cada continente.

b) Que tipos de relevo encontraríamos se atravessássemos a África e a América do Sul de leste a oeste, na altura do Equador?
c) Cite uma montanha em cada um dos seguintes continentes: América, África, Ásia e Europa.

3 Analise a foto a seguir e responda:

CID

Coyote Buttle, Utah (EUA, década de 1990).

a) Que tipo de processo podemos associar à formação desse relevo: movimentos epirogenéticos ou orogenéticos?
b) Como você chegou a essa conclusão?

4 Explique as principais diferenças entre as dobras e as falhas quanto à pressão exercida e à resistência das rochas.

5 Leia o texto a seguir e responda às questões.

"O que causa tais fenômenos? Podemos descartar as teorias dos deuses vingativos, dos espíritos de fogo e demais do gênero. Aristóteles era da opinião de que havia ar preso em vários pontos subterrâneos, sendo que as ocasionais descargas desse ar causavam os terremotos. As pessoas, entretanto, conforme começaram a refletir sobre as erupções vulcânicas e os terremotos, notaram que a grande maioria deles ocorria em áreas específicas."

ASIMOV, Isaac. *111 questões sobre a Terra e o espaço*. São Paulo, Nova Cultural/Best Seller/Círculo do Livro, 1991. p. 56.

a) De que forma podemos relacionar as erupções vulcânicas aos terremotos?
b) Que conseqüências esses fenômenos podem ter para o ser humano?

6 A que tipos de agentes podemos associar as formas de relevo citadas abaixo?

a) Vales em "U".
b) Deltas.
c) Oásis.
d) Tômbolos.
e) Fiordes.
f) Falésias.

7 O que é e como se forma o solo?

8 Observe os dois perfis de solo abaixo.

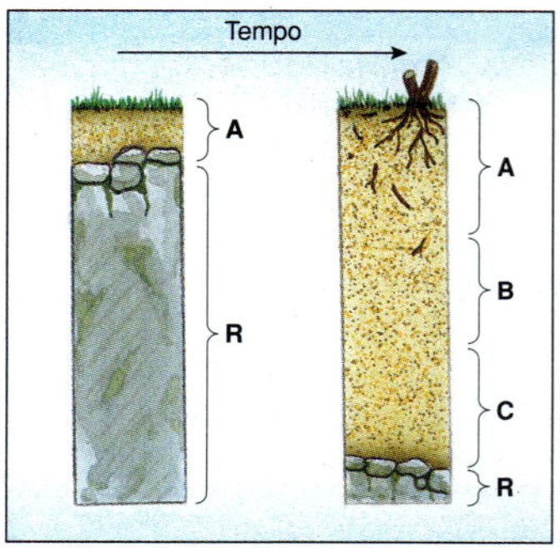

a) Compare-os e descreva as diferenças existentes entre eles.
b) Como você os classificaria: zonais, interzonais ou azonais? Por quê?

COMPLEMENTAÇÃO DO ESTUDO

Leituras

- BRANCO, Samuel Murgel e BRANCO, Fábio Cardinale. *A deriva dos continentes*. São Paulo, Moderna, 1994. (Coleção Polêmica)
- KOHLER, Pierre. *Vulcões, sismos e deriva dos continentes*. Portugal, Bertrand, 1985.

Vídeo

- *O inferno de Dante* (EUA, 1997); dir. Roger Donaldson; 108 min. Com bons efeitos especiais, é a história da erupção de um vulcão, inativo há séculos, na pequena cidade de Dante. (CIC Vídeo)

Sites

- *http://www.ieducacao.pro.br/geografia/didatico/geomorfologia.htm* Traz informações sobre geologia, camadas e evolução da Terra.
- *http://www.planeta.terra.com.br/educacao/ugbr* Dados sobre geomorfologia, camadas da Terra e eras geológicas, entre outros temas.
- *http://www.lagesolos.ufrj.br* Oferece glossário geológico e geomorfológico.

CAPÍTULO 3 O relevo brasileiro

1 Formação do espaço natural brasileiro

O espaço natural brasileiro começou a se formar há alguns bilhões de anos, juntamente com as massas continentais.

Como parte da Pangéia, e mais tarde do bloco continental sul-americano, o território brasileiro também é produto das transformações físicas, químicas e biológicas ocorridas ao longo dos últimos 4 ou 4,5 bilhões de anos.

Há pouco mais de 65 milhões de anos, a América do Sul ainda estava separada do restante do continente americano, e não existiam as cordilheiras que hoje ocupam a porção oeste da América (Rochosas e Andes).

A separação entre o bloco continental sul-americano e o africano, a junção da América do Norte com a América do Sul, a formação das cordilheiras e o estabelecimento da atual configuração e do contorno do continente americano processaram-se nos últimos 65 milhões de anos.

Por volta de 40 ou 50 milhões de anos atrás, quando a América teria recebido seus primeiros habitantes, o contorno e a geografia física do continente já estavam praticamente delineados.

Vulcanismo no Brasil

Atualmente não existem vulcões ativos no Brasil. Entretanto, em épocas geológicas passadas, nosso país foi palco de movimentos tectônicos e de diversas atividades vulcânicas. A mais recente ocorreu na Era Cenozóica (Terciário). A maior parte dessas atividades não atingiu a porção continental do território brasileiro, tendo sido responsável pela formação de nossas ilhas oceânicas, tais como Trindade, Fernando de Noronha, rochedos de São Pedro e São Paulo.

As atividades vulcânicas intensas que atingiram a área continental do Brasil datam do final da Era Mesozóica e início do Período Terciário, destacando-se as seguintes ocorrências:

- Poços de Caldas e Araxá (MG), São Sebastião (SP), Itatiaia e Cabo Frio (RJ) e Lajes (SC);
- no sul houve um dos maiores derrames basálticos do mundo, abrangendo uma área de 1 milhão de km^2, que vai desde o estado de São Paulo até o do Rio Grande do Sul, onde diversas manifestações podem ser observadas na região de Torres, como as belíssimas falésias basálticas. Os derrames basálticos que ocorreram no Planalto Meridional deram origem ao fértil solo terra-roxa;
- a Bacia Amazônica também foi afetada por atividades vulcânicas em algumas áreas.

Observe a figura 1.

Figura 1

Símbolos	Era	Área de ocorrência
•	Cenozóica (Terciário)	Ilhas oceânicas e interior do Nordeste.
★	Mesozóica e Cenozóica	Poços de Caldas (MG); Itatiaia e Cabo Frio (RJ); São Sebastião e Cananéia (SP); Lajes (SC).
(verde)	Mesozóica	Derrames basálticos na Bacia do Paraná. Diabásicos encobertos nas bacias Amazônica e do Parnaíba.

Fonte: baseado em POPP, José H. *Geologia geral.* São Paulo, Livros Técnicos e Científicos, 1988. p. 212.

2 Estrutura geológica do Brasil

O território brasileiro é formado, basicamente, por dois tipos de estrutura geológica: os escudos cristalinos (blocos cratônicos) e as bacias sedimentares.

As formações serranas originaram-se de **dobramentos antigos**, constituídos antes da Era Cenozóica. Por exemplo: os dobramentos que originaram a Serra do Mar e a Serra da Mantiqueira remontam à Era Arqueozóica, e os que originaram a Serra do Espinhaço, datam da Era Proterozóica. Considere a figura 2.

Figura 2

As serras brasileiras são relevos geologicamente antigos e desgastados pela erosão. Na foto, Serra do Mar, no Rio de Janeiro, 1997.

Áreas cratônicas: terrenos arqueozóicos e proterozóicos

Geologicamente estáveis, os crátons têm grande importância econômica porque abrigam as principais jazidas de minerais metálicos, como ferro, manganês, cobre. Por serem muito antigos, a ação dos agentes externos do relevo (clima, rios, mar etc.) modelou-os, dando origem a formas arredondadas, os **planaltos cristalinos**. Do território brasileiro, 36% correspondem aos escudos cristalinos, assim distribuídos:

- 32% são da Era Arqueozóica. Esses terrenos, os mais antigos do país, são constituídos por rochas magmáticas intrusivas ou internas (como o granito) e metamórficas (como o gnaisse) e formam o chamado **Embasamento** ou **Complexo Cristalino Brasileiro**;
- 4% são terrenos da Era Proterozóica, em que predominam as rochas metamórficas. Possuem grande importância econômica porque neles se localizam as principais jazidas de minerais metálicos do país. É o caso das jazidas de ferro do Quadrilátero de Ferro (MG), da Serra dos Carajás (PA) e do Maciço de Urucum (MS); das jazidas de manganês da Serra do Navio (AP); da bauxita de Oriximiná (PA); da cassiterita de Rondônia.

Podemos também considerar os escudos cristalinos em dois grandes blocos: o **Escudo das Guianas**, situado ao norte, e o **Escudo Brasileiro**, que abrange as porções central, leste e sul do país e se encontra subdividido em várias partes denominadas **núcleos** ou **escudos** propriamente (Sul-Amazônico, Atlântico, Uruguaio-Sul-Rio-Grandense). Observe o mapa da figura 3.

Figura 3

Fontes: IBGE. *Atlas nacional do Brasil*. Rio de Janeiro, 1992; e MENDES, Josué Camargo. *Conheça o solo brasileiro*. São Paulo, Polígono, 1968.

Bacias sedimentares

As bacias sedimentares cobrem 64% da área total do Brasil e classificam-se, quanto à extensão, em grandes bacias (Amazônica, do Meio-Norte, Paranaica, São-Franciscana e do Pantanal) e pequenas bacias (do Recôncavo Baiano, de São Paulo, de Curitiba).

Quanto à idade, classificam-se em bacias antigas — paleozóicas (São-Franciscana e Paranaica) e mesozóicas (Meio-Norte e do Recôncavo) — e bacias recentes — cenozóicas terciárias (Central e Costeira) e quaternárias (Amazônica e do Pantanal).

As bacias sedimentares são estruturas geológicas de grande importância econômica pelo fato de abrigarem jazidas de recursos minerais energéticos, como o petróleo e o carvão mineral.

O petróleo extraído no Brasil é proveniente de bacias sedimentares tanto continentais (por exemplo, a Bacia do Recôncavo Baiano) quanto marítimas (por exemplo, a Bacia de Campos, no Rio de Janeiro). No tocante ao carvão mineral, as principais jazidas e a quase totalidade da produção encontram-se na Bacia Paranaica, a maioria em Santa Catarina e no Rio Grande do Sul.

3 O relevo brasileiro: formas e altitudes

O relevo brasileiro apresenta grande variedade morfológica (de formas), como serras, planaltos, chapadas, depressões, planícies e outras, resultado da ação, principalmente, dos agentes externos sobre estruturas geológicas de diferentes naturezas e idades. Os agentes externos que mais participaram da formação do relevo brasileiro foram o clima (temperatura, ventos, chuvas) e os rios.

Em sua porção continental, o relevo brasileiro não apresenta formas oriundas da atuação recente dos agentes internos (vulcanismo, tectonismo), como as elevadas montanhas que caracterizam as cordilheiras de tipo andino, alpino e himalaio.

Apesar de as estruturas geológicas que lhe deram origem serem em geral antigas, as formas atuais de nosso relevo foram esculpidas principalmente ao longo do Período Terciário e do início do Quaternário. Esses dois períodos pertencem à mais recente das eras geológicas: a Cenozóica.

No aspecto altimétrico, o relevo brasileiro caracteriza-se pelo predomínio de altitudes relativamente modestas. Apenas um ponto do território ultrapassa 3 mil metros de altitude: o Pico da Neblina (3.014 m), **ponto culminante** (mais alto) do Brasil, localizado no estado do Amazonas, próximo à fronteira com a Venezuela (figura 4). Mais de 99% do relevo brasileiro possui altitudes inferiores a 1.200 metros.

O predomínio de altitudes medianas deve-se, de um lado, à inexistência de dobramentos modernos e, de outro, à intensa ação erosiva que, ao longo do tempo, desgastou as velhas estruturas geológicas mais salientes do território brasileiro. A tabela 1 confirma o caráter modesto dessas altitudes.

Figura 4

CARLOS HUMBERTO TDC/IMAGINATTA

Pico da Neblina, na fronteira do Brasil com a Venezuela (AM, 2000).

Tabela 1

Brasil: relevo, segundo classes de altitudes

Classe de altitude (m)	Superfície (km²)	Participação no total (%)
Terras baixas	3.504.435,4	41,00
0 a 100	2.509.069,0	24,09
100 a 200	1.445.366,4	16,91
Terras altas	4.996.812,2	58,46
200 a 500	3.165.103,5	37,03
500 a 800	1.254.758,8	14,68
800 a 1.200	576.949,9	6,75
Áreas culminantes	46.155,9	0,54
1.200 a 1.800	44.446,5	0,52
Acima de 1.800	1.709,4	0,02
Totais gerais	8.547.403,5	100,00

Fonte: IBGE. *Anuário estatístico do Brasil 1999*. Rio de Janeiro, 2000.

Figura 5

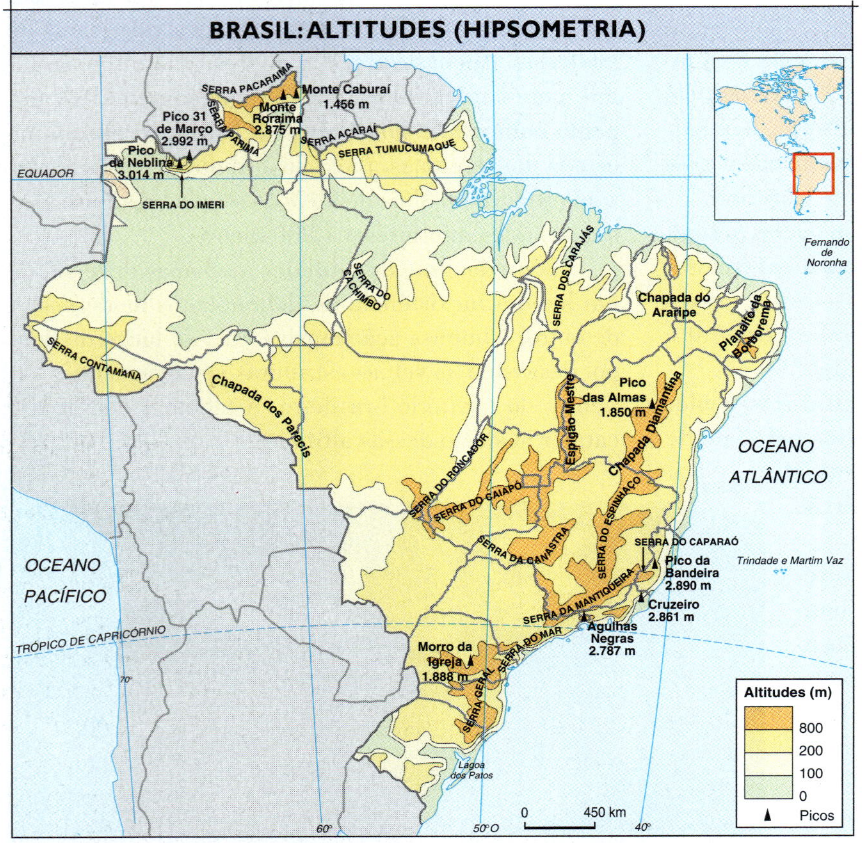

Fonte: IBGE. *Atlas nacional do Brasil 2000*. 3. ed. Rio de Janeiro, 2000. p. 57.

No mapa **hipsométrico** (altitudes) da figura 5, podemos observar, por exemplo, que:

- apesar de o ponto culminante estar situado no norte do país, a maior concentração de terras altas encontra-se na porção sudeste;
- quase a totalidade do relevo possui altitudes inferiores a 800 metros.

4 Classificações do relevo brasileiro

A classificação de Aroldo de Azevedo

Criada em 1949 e ainda em uso, apesar de não incorporar alguns novos conhecimentos adquiridos sobre o relevo brasileiro, a classificação de Aroldo de Azevedo ganhou larga aceitação no país graças, entre outros fatores:

- à preocupação do autor em dar um tratamento mais coerente às unidades do relevo. Assim, ao denominar as grandes unidades do relevo como **planaltos** e **planícies** (Planalto Meridional, Planície Amazônica), Aroldo de Azevedo valorizou a terminologia geomorfológica. A terminologia geológica foi utilizada apenas para as subunidades ou unidades menores. Por exemplo: Planalto Arenito-Basáltico (subunidade do Planalto Meridional) e Chapadas Sedimentares (subunidade do Planalto Central);
- ao cuidado do autor em identificar as áreas bem individualizadas, tanto em relação às características topográficas quanto às geológicas;
- à sua simplicidade e originalidade.

Aroldo de Azevedo dividiu o Brasil em sete grandes unidades de relevo: quatro planaltos (das Guianas, Central, Atlântico e Meridional) e três planícies (Amazônica, Costeira e do Pantanal). Observe o mapa da figura 6.

Mundo curioso

Os pontos culminantes e as maiores depressões (continentes e Brasil)

Continente	Ponto culminante / m	Maior depressão / m
Europa	Monte Branco (Itália/França) / 4.807	Mar Cáspio (Rússia) / -28
Ásia	Everest (Nepal/Tibet) / 8.846	Mar Morto (Israel/Jordânia) / -395
África	Kilimanjaro (Quênia/Tanzânia) / 5.895	Lago Assal (Djibuti) / -155
América do Norte e Central	Mckinley (EUA/Alasca) / 6.164	Vale da Morte (EUA) / -86
América do Sul	Aconcágua (Chile/Argentina) / 6.959	Salinas Chicas (Argentina) / -42
Oceania	Tem. Wilhelm (Papua Nova Guiné) / 4.509	Lago Eyre (Austrália) / -12
Brasil	Pico da Neblina / 3.014	Não existem depressões absolutas

Fonte: *Calendario Atlante De Agostini*, 2000. Novara, Istituto Geografico de Agostini, 1999.

Figura 6

BRASIL: DIVISÃO DO RELEVO, SEGUNDO AROLDO DE AZEVEDO

Fonte: AZEVEDO, Aroldo de. O Planalto Brasileiro e o problema de classificação de suas formas de relevo. *Boletim da AGB*. São Paulo, Associação dos Geógrafos do Brasil, 1949. p. 43-50.

A classificação de Aziz N. Ab'Sáber

Em 1962, o renomado geógrafo Aziz N. Ab'Sáber propôs nova divisão do relevo brasileiro, contando, em algumas regiões, com o uso da aerofotogrametria, que consiste em medições precisas por meio da fotografia aérea. Apesar de ter incorporado outros conhecimentos sobre o relevo brasileiro (acréscimos de novas unidades de relevo etc.), manteve grande parte da proposta elaborada por Aroldo de Azevedo.

Aziz N. Ab'Sáber classificou o relevo com base no tipo de alteração predominante na superfície (erosão ou sedimentação). Compreendeu o Planalto Atlântico como duas unidades (Planalto Nordestino e Serras e Planaltos do Leste e Sudeste) e acrescentou à nova divisão dois outros planaltos (o do Maranhão-Piauí e o Uruguaio-Sul-Rio-Grandense), elevando para dez o total de grandes unidades do relevo brasileiro. Observe o mapa da figura 7.

A classificação de Jurandyr L. S. Ross

Ao contrário das classificações anteriores, em geral elaboradas com base em dados obtidos em longas viagens, por terra, pelo extenso território brasileiro, a classificação de Jurandyr L. S. Ross, divulgada em 1995, resultou do emprego de uma tecnologia mais avançada. Atualmente, grande parte da produção cartográfica brasileira (e mundial) é realizada com modernas técnicas. Esse assunto é estudado também no capítulo 4 da unidade I.

De 1970 a 1985, o **Projeto RadamBrasil** fotografou todo o território brasileiro por meio de um radar instalado na fuselagem de um avião. Desse trabalho resultou um completo e minucioso levantamento da geologia, da geomorfologia e dos recursos naturais (solos, vegetação, hidrografia, minérios etc.) do país.

As novas tecnologias permitiram obter informações de tal modo precisas, que foi possível identificar com clareza os diferentes tipos e as verdadeiras dimensões das unidades de relevo existentes. A **Planície Amazônica**, por exemplo, que nas classificações de Aroldo de Azevedo e Aziz N. Ab'Sáber abrangia uma área de aproximadamente 2 milhões de km^2, ficou reduzida a apenas 5% desse total (cerca de 100 mil km^2) e passou a ser denominada

Figura 7

BRASIL: DIVISÃO DO RELEVO, SEGUNDO AZIZ N. AB'SÁBER

Fonte: AB'SÁBER, Aziz N. O relevo brasileiro e seus problemas. In: AZEVEDO, Aroldo de. *Brasil, a terra e o homem*. São Paulo, Nacional, 1968. v. 1, p. 155.

Planície do Rio Amazonas. Os 95% restantes correspondem a outras formas de relevo (depressões, planaltos).

O **Planalto Central**, outra extensa unidade morfológica, deixou de ser assim considerado. Foi dividido em diversas unidades morfológicas, nenhuma das quais herdou o nome original. As denominações Planalto das Guianas e Planalto Meridional também foram abandonadas.

O critério utilizado por Jurandyr L. S. Ross e sua equipe de geógrafos leva em conta a estrutura geológica na gênese das formas de relevo (fator estrutural), mas valoriza sobretudo a geometria ou o modelado (fator escultural ou morfológico) que essas formas apresentam.

Nessa classificação, o primeiro nível é essencialmente geomorfológico, representado pelos planaltos, depressões e planícies.

O segundo nível considera o caráter estrutural (geológico) dos planaltos. Assim, aparecem os planaltos esculpidos em bacias sedimentares, em núcleos cristalinos. Esse nível não abrangeu as depressões porque estas, segundo o autor, são superfícies de erosão embutidas entre os planaltos. Como algumas delas abrangem mais de uma estrutura, são definidas mais por seu caráter escultural.

O terceiro nível define nominalmente cada uma das unidades geomorfológicas, tanto as de planalto quanto as de planície ou de depressão. Por exemplo: Planalto da Borborema, Depressão do Araguaia e Planície do Rio Araguaia.

Importância e características da classificação de Ross

Em razão da maior complexidade e do detalhamento que a classificação de Jurandyr L. S. Ross apresenta em relação às anteriores, sua importância ultrapassa o âmbito escolar, permitindo o conhecimento pormenorizado do relevo brasileiro, fundamental no planejamento do país — por exemplo, na definição de políticas de ocupação agrícola, de proteção ao meio ambiente, de exploração dos recursos naturais, de colonização. Graças a esse conhecimento detalhado, é possível aproveitar melhor o relevo e protegê-lo.

Nessa classificação, além de o número de grandes unidades geomorfológicas aumentar para 28, introduziu-se um conceito geomorfológico: o de depressão. Nas classificações anteriores, o relevo brasileiro compreendia apenas planaltos e planícies.

Mundo curioso

Na **aerofotogrametria**, um avião devidamente equipado e em condições de tempo apropriadas realiza, ao longo de uma linha (reta) de vôo, sucessivas exposições fotográficas de uma extremidade a outra da área, até cobri-la totalmente. Na montagem das fotos, obtém-se uma visão total da área. Pode-se, então, recorrer ao **estereoscópio**, um instrumento ótico binocular, para chegar à **visão tridimensional** (em alto relevo) do terreno.

No Brasil só existem depressões relativas. É o caso da Depressão do Araguaia e da Depressão do Tocantins.

Observe ao lado, na figura 8, o novo mapa do relevo organizado por Jurandyr L. S. Ross e sua equipe de geógrafos, em que estão indicadas as 28 macrounidades, denominadas **unidades morfoesculturais.**

Unidades dos planaltos

Forma de relevo predominante no país, o planalto pode ter morros, **serras** (terrenos acidentados com fortes desníveis), **chapadas** (elevações íngremes de topo plano) e **cuestas** (camadas com declive suave no reverso e íngreme do outro lado).

Em sua grande maioria, as unidades de planalto apresentam-se como **formas residuais**, ou seja, restos de antigas superfícies erodidas. De acordo com Jurandyr L. S. Ross,

> "o caráter residual decorre do fato de que tais planaltos estão circundados por extensas áreas de depressões relativas e que por conseguinte põem em ressalto os relevos mais altos que ofereceram maior dificuldade ao desgaste erosivo."
>
> ROSS, Jurandyr L. S. (org.). *Geografia do Brasil.* São Paulo, Edusp/FDE, 1996. p. 52.

As unidades de planalto são em número de onze e abrangem a maior parte do território brasileiro. Os planaltos mais extensos são: Planalto da Amazônia Ocidental, Planaltos e Chapadas da Bacia do Paraná, Planaltos e Chapadas da Bacia do Parnaíba e Planaltos e Serras do Atlântico Leste-Sudeste.

Unidades das depressões

As unidades das depressões relativas continentais foram geradas por processos erosivos ocorridos

Figura 8

BRASIL: CLASSIFICAÇÃO DO RELEVO, SEGUNDO JURANDYR L. S. ROSS

Fonte: ROSS, Jurandyr L. S. Relevo brasileiro: uma nova proposta de classificação. *Revista do Departamento de Geografia*. São Paulo, FFLCH/USP, n. 4, 1992.

no contato das extremidades das bacias sedimentares com maciços antigos. Esses processos erosivos originaram os diferentes tipos de depressão existentes no território brasileiro: periféricas, marginais, interplanálticas e outras.

A **depressão periférica** aparece na zona de contato entre terrenos sedimentares e cristalinos. Tem forma alongada. Exemplo: Depressão Periférica da Borda Leste da Bacia do Paraná.

A **depressão marginal** margeia as bordas de bacias sedimentares. Exemplos: Depressão Marginal Norte-Amazônica e Depressão Marginal Sul-Amazônica.

A **depressão interplanáltica** é uma área de altitude mais baixa do que a dos planaltos que a circundam. Exemplo: Depressão Sertaneja e do São Francisco.

As unidades das depressões são em número de onze e constituem a segunda mais importante forma de relevo existente no Brasil.

Unidades das planícies

As unidades das planícies correspondem às áreas de relevo essencialmente plano, formadas pela deposição recente de sedimentos de origem marinha, fluvial e lacustre.

Na proposta de Ross, as planícies ocupam, relativamente aos planaltos e às depressões, pequena superfície do território brasileiro. São exemplos as planícies do Rio Araguaia, do Rio Guaporé, da Lagoa dos Patos e Mirim, do Pantanal Mato-Grossense. A Planície do Rio Amazonas constitui uma estreita faixa de terras planas que margeiam o Rio Amazonas e seus afluentes, incluindo a Ilha de Marajó.

Perfis do relevo brasileiro

O **perfil de relevo** é a representação de uma parte da superfície, mostrando um corte ao longo de um trajeto. Observe, a seguir, três exemplos baseados na classificação de Jurandyr L. S. Ross (figura 9).

Figura 9

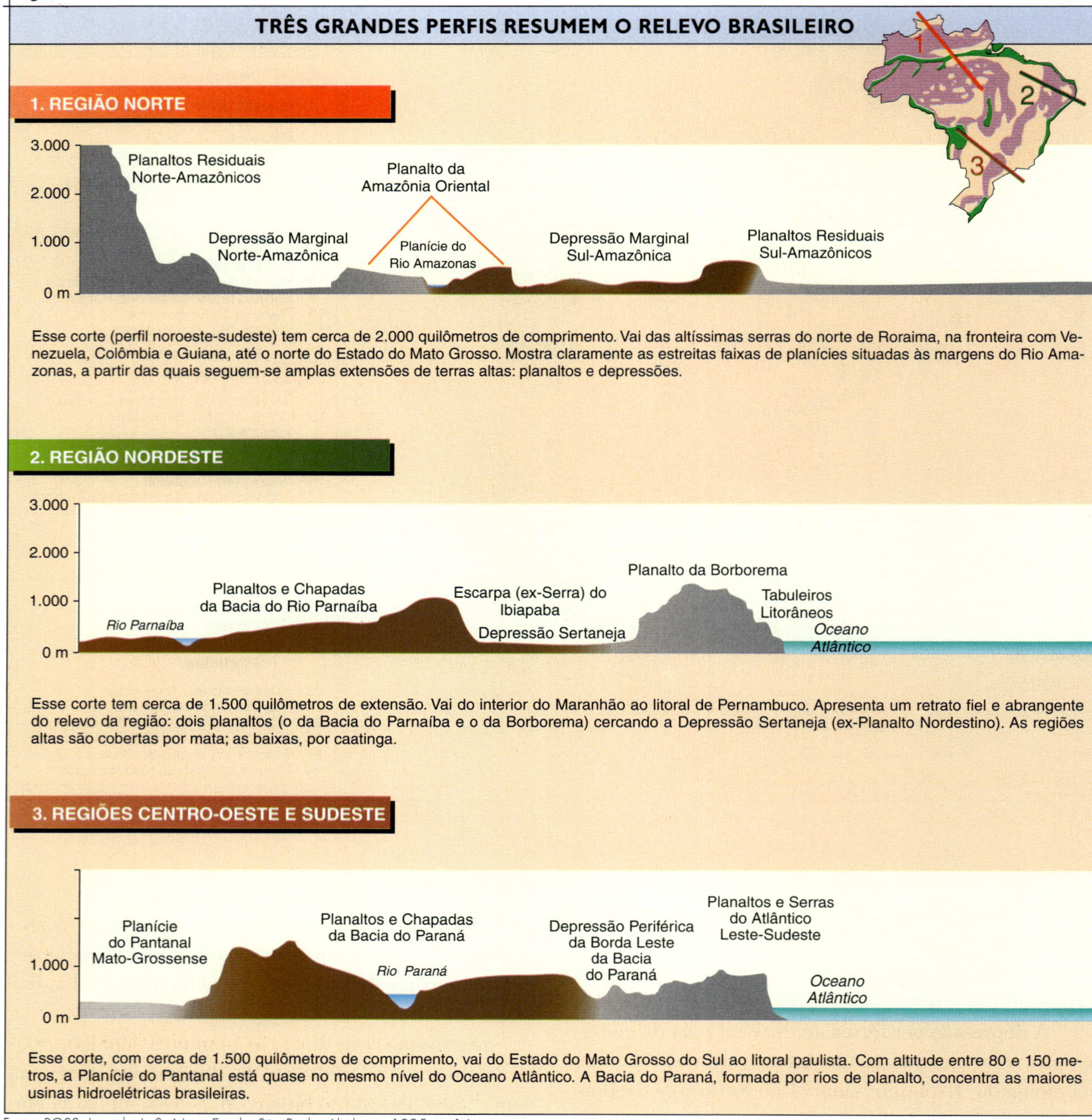

Esse corte (perfil noroeste-sudeste) tem cerca de 2.000 quilômetros de comprimento. Vai das altíssimas serras do norte de Roraima, na fronteira com Venezuela, Colômbia e Guiana, até o norte do Estado do Mato Grosso. Mostra claramente as estreitas faixas de planícies situadas às margens do Rio Amazonas, a partir das quais seguem-se amplas extensões de terras altas: planaltos e depressões.

Esse corte tem cerca de 1.500 quilômetros de extensão. Vai do interior do Maranhão ao litoral de Pernambuco. Apresenta um retrato fiel e abrangente do relevo da região: dois planaltos (o da Bacia do Parnaíba e o da Borborema) cercando a Depressão Sertaneja (ex-Planalto Nordestino). As regiões altas são cobertas por mata; as baixas, por caatinga.

Esse corte, com cerca de 1.500 quilômetros de comprimento, vai do Estado do Mato Grosso do Sul ao litoral paulista. Com altitude entre 80 e 150 metros, a Planície do Pantanal está quase no mesmo nível do Oceano Atlântico. A Bacia do Paraná, formada por rios de planalto, concentra as maiores usinas hidroelétricas brasileiras.

Fonte: ROSS, Jurandyr L. S. *Nova Escola*. São Paulo, Abril, out. 1995. p. 14.

A classificação do IBGE

A partir das informações do Projeto RadamBrasil, em 1996 o IBGE também publicou uma classificação do relevo brasileiro com base em **processos morfoestruturais**, isto é, interação e correlação entre a morfologia e os aspectos geológicos (estrutura geológica e rochas). Os critérios para caracterizar os compartimentos de relevo foram a identificação de feições similares, a altimetria e a gênese. Para compreender a evolução do relevo empregaram-se análises da interação de aspectos geológicos, climáticos, processos de formação dos solos e ação dos componentes bióticos (fauna e flora).

A classificação do IBGE também reconhece que as formas de relevo predominantes no Brasil são os planaltos e as depressões. As planícies ocupam áreas restritas, estendendo-se principalmente ao longo das margens dos grandes rios e do litoral. Veja a figura 10.

Figura 10

Fonte: IBGE. *Anuário estatístico do Brasil 1999.*

AVALIE SEU APRENDIZADO

Construindo conhecimento

Comparar os mapas das classificações de relevo de Aroldo de Azevedo, de Aziz N. Ab'Sáber e de Jurandyr L. S. Ross.

1 Quais são as grandes unidades de relevo estabelecidas por Aroldo de Azevedo?

2 Segundo os três geógrafos, quais são as duas formas de relevo predominantes no território brasileiro?

3 Observe os mapas das figuras 6 e 7 deste capítulo. Quais foram as modificações introduzidas por Aziz N. Ab'Sáber?

4 O emprego de novas técnicas e o maior rigor nas informações permitiram identificar melhor as unidades de relevo. Quais foram as mudanças introduzidas por Jurandyr Ross:

a) relacionadas à Planície Amazônica?

b) nas denominações das unidades de planaltos?

c) no tema das depressões?

Fixando o conteúdo

5 Com relação à estrutura geológica do território brasileiro, qual é a alternativa **incorreta**?

a) Encontramos estruturas cristalinas muito antigas e estruturas sedimentares de diferentes períodos geológicos.

b) Os terrenos cristalinos apresentam valor econômico porque estão associados às jazidas de minerais metálicos.
c) Os terrenos sedimentares compõem cerca de 64% e abrigam jazidas de combustíveis fósseis, por exemplo, petróleo e carvão mineral.
d) Não existe a estrutura geológica de tipo dobramento moderno aqui.
e) Não há terrenos vulcânicos, antigos ou recentes, aqui.

6 O relevo brasileiro é conhecido pela "modéstia" em termos de altitudes. Como se explica essa característica?

7 De que forma novas tecnologias permitiram um avanço na produção cartográfica?

8 Conceitue depressão e diferencie os tipos existentes no Brasil.

COMPLEMENTAÇÃO DO ESTUDO

Leituras

- CASSETTI, Walter. *O ambiente e a apropriação do relevo*. São Paulo, Contexto, 1991.
- MENDONÇA, Francisco. *Geografia física: ciência humana?* São Paulo, Contexto, 1989.

Sites

- *http://www.cnps.embrapa.br/* Endereço eletrônico da Embrapa Solos oferece, entre muitos outros itens, pesquisas sobre solos, limitações dos solos no Brasil, projetos em andamento, documentos.
- *http://www.frigoletto.com.br/Geomorf/menugeomorf.asp* Divisões da geomorfologia, fases e evolução do relevo, bacias sedimentares brasileiras etc.
- *http://www.tvcultura.com.br/aloescola/ciencias/mar/mar.htm Site* sobre relevo e fenômenos naturais, aborda temas variados, por exemplo, correntes marinhas, erosão, montanhas, mares, nuvens, oceanos, relevo e vulcões.

CAPÍTULO 4

Minerais e rochas: panoramas mundial e brasileiro

1 Minerais e rochas

A **crosta terrestre** é uma camada pouco espessa — 30 quilômetros, em média — e muito importante. É nela que se encontra a quase totalidade dos seres vivos (parte superficial) e é dela que o homem retira a maior parte dos recursos naturais.

Dos oito principais elementos químicos que compõem a crosta terrestre, dois são encontrados em grande quantidade: o oxigênio e o silício. Observe na figura 1 a composição média da crosta terrestre e a participação dos elementos químicos quanto à massa.

Figura 1

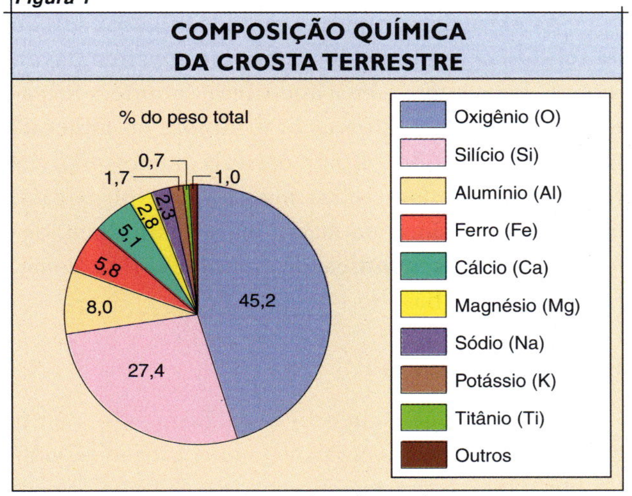

Fonte: THE OPEN UNIVERSITY. *Os recursos físicos da Terra*. Bloco 1 — Recursos, economia e geologia: uma introdução. Campinas, Ed. da Unicamp, 1994. p. 33. (Série Manuais)

Minerais

Mineral é um elemento ou composto químico natural resultante de processos inorgânicos encontrado na crosta terrestre (figura 2). Os minerais têm composição química definida, ou seja, apresentam sempre a mesma composição. Assim, a hematita, por exemplo,

Figura 2

CID

Os minerais, como o cristal de quartzo da foto, podem desenvolver estrutura cristalina, na qual os átomos encontram-se regularmente dispostos, ordenados segundo um sistema fixo.

será sempre Fe_2O_3. Atualmente, é possível produzir minerais artificialmente.

Com exceção do mercúrio e da água, os minerais são encontrados em estado sólido. Eles apresentam graus de dureza diferentes: os mais duros riscam os de dureza igual ou menor. Para comparar a dureza dos minerais, utiliza-se a **Escala de Mohs**, que vai de 1 a 10. Observe no quadro 1 que o talco só risca outro talco. O diamante risca todos os outros minerais e só é riscado por outro diamante.

Quadro 1

Escala de Mohs

1	Talco	6	Ortoclásio
2	Gipsita	7	Quartzo
3	Calcita	8	Topázio
4	Fluorita	9	Coríndon
5	Apatita	10	Diamante

Fonte: BRANCO, Pérsio de Moraes. *Glossário gemológico*. Porto Alegre, Sagra, 1992.

Atualmente são conhecidos aproximadamente 2.400 minerais. Somente alguns são comuns e formam a maior parte das rochas da crosta terrestre.

Os minerais costumam ser classificados em dois grandes grupos: **metálicos** e **não-metálicos**. Observe o quadro 2.

Quadro 2

Classificação dos minerais	
Minerais	*Características*
Metálicos	**Abundantes**: ferro, alumínio, manganês e magnésio
	Escassos: cobre, mercúrio, chumbo, estanho, ouro, prata e urânio
Não-metálicos	**Para usos químicos, fertilizantes**: cloreto de sódio, enxofre, fosfatos e nitratos
	Materiais de construção: areia, argila, cascalho e amianto
	Água (rios, lagos, lençóis subterrâneos)

Fonte: SKINNER, Brian J. *Recursos minerais da Terra*. São Paulo, Edgard Blücher, 1970. p. 8.

Recordando

Embora muitas vezes classificados como minerais, o **carvão** e o **petróleo** formam-se a partir de processos químicos orgânicos e pertencem ao grupo dos **mineralóides** (não possuem estrutura interna ordenada). São **combustíveis fósseis**.

Rochas

Após a formação da Terra, o magma superficial resfriou-se lentamente e se consolidou, originando as primeiras rochas. O processo de formação das rochas é contínuo e se estende até os dias atuais. Mas o que é rocha? **Rocha** é um agregado natural composto por um ou mais minerais. De acordo com sua origem, as rochas são classificadas em três tipos fundamentais: magmáticas ou ígneas, sedimentares e metamórficas.

Rochas magmáticas ou ígneas

São formadas pelo resfriamento e pela solidificação do magma pastoso. Grande parte dessas rochas é bastante antiga e resistente, constituindo o embasamento rochoso dos continentes (**escudos cristalinos**). Entre elas, predominam o granito e o diabásio. Outra parte forma-se constantemente a partir do derrame de **lavas**, ou seja, do material magmático pastoso expelido pelos vulcões.

Figura 3

ANT VIÑAS VALCARCEL/CID

Rocha magmática intrusiva, o granito, formado em profundidade, se resfria lentamente, originando cristais grandes.

As rochas ígneas ou magmáticas podem ser intrusivas ou extrusivas.

As **intrusivas**, **abissais** ou **plutônicas** formam-se no interior da Terra pela lenta solidificação do magma. Por causa de sua lenta formação, apresentam-se compostas por cristais de minerais macroscópicos, de granulação grosseira. Alguns exemplos: granito (figura 3), sienito, diorito, gabro.

As **extrusivas**, **efusivas** ou **vulcânicas** resultam da solidificação rápida do material magmático (lava), quando em contato com a atmosfera durante o vulcanismo. Como a solidificação é rápida, os minerais não têm tempo de formar cristais macroscópicos (como no caso das rochas magmáticas intrusivas), originando, então, uma massa mais homogênea, denominada **massa afanítica**, de granulação fina, como, por exemplo, o basalto.

Rochas sedimentares

Sabemos que a superfície da Terra sofre contínua ação dos agentes erosivos (águas correntes, ventos etc.), que desgastam as rochas e as transformam em detritos ou partículas de vários tamanhos chamados **sedimentos** (argila, areia etc.). A deposição desses sedimentos origina as bacias sedimentares, ambientes propícios à ocorrência de fósseis e de combustíveis orgânicos (carvão, petróleo etc.). Às vezes, a deposição dos sedimentos ocorre por meio de processos químicos, formando as rochas sedimentares de origem química, como as estalactites e estalagmites das grutas.

No processo de formação das rochas sedimentares, os sedimentos se acumulam e se consolidam em camadas ou estratos. Observe a figura 4.

Figura 4

Rochas sedimentares em Dead Horse Point, Utah (EUA, década de 1990). A ação erosiva em rochas sedimentares forma os *canyons*, que são vales profundos, com paredes verticais. A diferença entre o fundo do vale e a superfície pode chegar a 1.800 metros.

Rochas metamórficas

Resultam das transformações (metamorfismos) sofridas pelas rochas magmáticas e sedimentares. Essas mudanças ocorrem quando as rochas são submetidas ao calor e à pressão do interior da Terra. A rocha transformada adquire novas características, podendo ocorrer a recristalização ou a formação de novos minerais, além de modificações na estrutura e alterações na sua composição.

Observe alguns exemplos de metamorfismo no quadro 3.

Quadro 3

Exemplos de metamorfismo

Rocha inicial	Rocha metamórfica
Arenito (sedimentar dedrítica)	Quartzito
Calcário (sedimentar orgânica)	Mármore
Granito (magmática intrusiva)	Gnaisse

Ciclo das rochas

Ao longo da história geológica da Terra, as rochas formam-se e modificam-se constantemente. Rochas antigas transformam-se em rochas novas, num processo conhecido como **ciclo das rochas**. Observe a figura 5.

2 Panorama mundial das matérias-primas minerais

Utilização dos minerais e das rochas

Se observarmos à nossa volta, constataremos que muitos dos objetos foram fabricados a partir dos minerais e das rochas. Do simples cascalho (quase que em estado bruto), da areia, da argila, utilizados em construções, até os elementos químicos extraídos dos minerais, quase todos os elementos conhecidos têm alguma utilidade comercial.

Os metais não são encontrados puros no solo. Eles fazem parte da composição dos minerais. O mineral do

Figura 5

O CICLO DAS ROCHAS

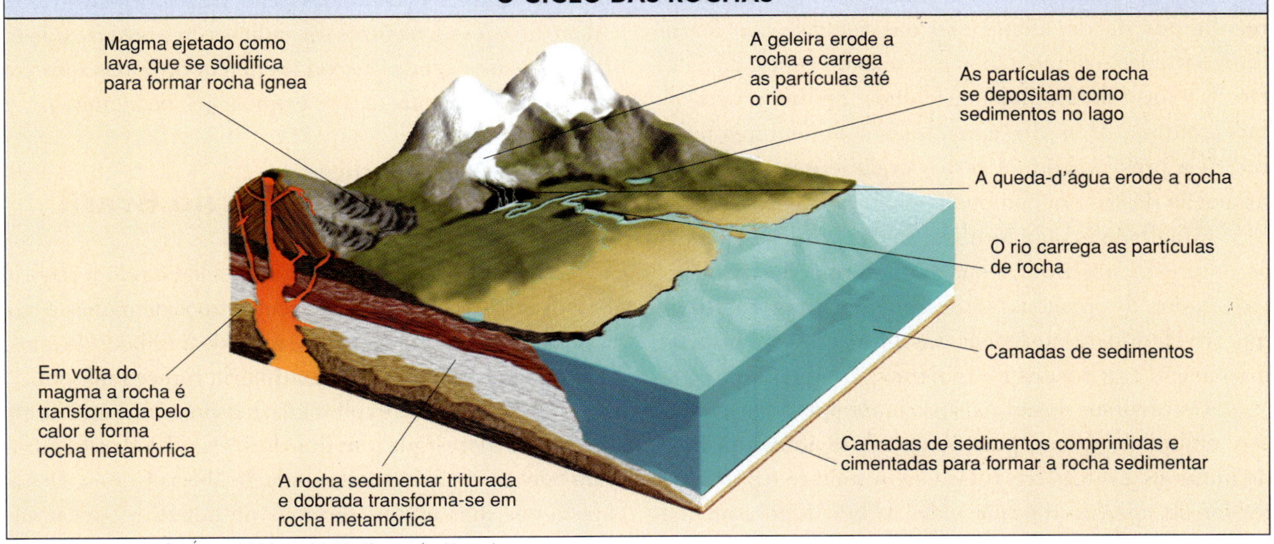

Fonte: *A Terra*. São Paulo, Ática, 1998. p. 20-21. (Série Atlas Visuais)

Quadro 4

Minerais importantes: características e utilização		
Mineral / Minérios	*Características*	*Utilização*
Ferro / Magnetita, siderita, limonita, itabirita, hematita	Um dos metais mais importantes da civilização moderna; ocorre em abundância. O processo de fundição requer minério de ferro, carvão (coque ou lenha), calcário e calor.	Siderurgia (o **aço** é uma liga de ferro e carbono que pode conter outros minerais de liga), construção civil, ferramentas
Manganês / Pirolusita	Pode entrar na composição do aço, matéria-prima industrial	Siderurgia, fabricação de pilhas, vidros, trilhos
Alumínio/ Bauxita	Uso relativamente recente, leve, não-corrosivo, alta condutibilidade	Aeronáutica, indústria automobilística
Cobre / Calcopirita, malaquita, cuprita	Combinado com o estanho, para formar o bronze	Cabos, fios
Chumbo / Galena	Metal não-abundante, conhecido desde a Antigüidade	Tubulações, baterias, placas, isolante de radiação, munição
Estanho / Cassiterita	Reveste a parte interna das latas para proteger o ferro da oxidação	Liga para aço, folha-de-flandres, latas
Níquel / Pentlandita, guarnierita	Elemento raro (0,01 da crosta terrestre)	Liga para aço e niquelação

qual se pode extrair economicamente um ou mais metais é denominado **minério**. Conheça alguns exemplos de minérios de grande importância para o mundo atual, observando o quadro 4.

Extração mundial de minerais

A localização de jazidas minerais depende dos processos de formação das rochas. Grande parte dos minerais metálicos, pedras preciosas e ornamentais encontram-se em áreas de movimentação de placas ou de atividades vulcânicas e nos núcleos cratônicos (terrenos cristalinos e proterozóicos).

Nas áreas sedimentares encontramos sedimentos, resultantes da decomposição das rochas, que foram transportados e depositados por ação do vento, da água etc. É o caso de arenitos, cascalhos, pedras ornamentais e outros. Além disso, as áreas sedimentares favorecem a preservação de restos orgânicos e sua transformação destes em combustíveis fósseis.

Atualmente, para localização das jazidas minerais, as empresas utilizam, além das informações geológicas, dados de imagens aéreas enviadas por satélites, que revelam características das formações rochosas e associação a depósitos de minerais.

Os recursos minerais servem de apoio para o desenvolvimento de um país. A distribuição das jazidas de minerais é muito irregular e nem sempre o país possuidor do minério é o que mais se beneficia com seu uso econômico.

Desprovidos de capital, de tecnologia e de indústrias de base, alguns países subdesenvolvidos limitam-se a fornecer matérias-primas aos países desenvolvidos, que buscam o controle de reservas minerais dentro e fora dos seus territórios. Os primeiros vendem as matérias-primas a baixos preços e as recebem de volta sob a forma de produtos industrializados a preços muito mais elevados. Portanto, podemos dizer que possuir o minério nem sempre é o mais importante. De maior importância é saber como aproveitá-lo e dispor de meios para fazê-lo.

Observe ao lado, na figura 6, que os países subdesenvolvidos são responsáveis por grande parte das reservas de recursos minerais. No entanto, esses produtos são adquiridos e controlados quase em sua totalidade por companhias multinacionais e consumidos pelos países desenvolvidos. Além disso, esses recursos são muitas vezes pouco explorados: os países subdesenvolvidos detêm 66% das reservas mundiais de bauxita, mas só extraem 4% do alumínio.

3 Recursos minerais no Brasil

A antigüidade da estrutura geológica do território brasileiro, associada aos diferentes tipos de rochas e terrenos constituídos ao longo de mais de 2 bilhões de anos, conferem ao país uma extraordinária riqueza mineral.

Os primeiros a explorar essa riqueza mineral foram os colonizadores que, em fins do século XVII, encontraram ouro na área do atual estado de Minas Gerais. Dessa época aos dias atuais, dezenas de outros recursos minerais foram descobertos no território brasileiro.

Figura 6

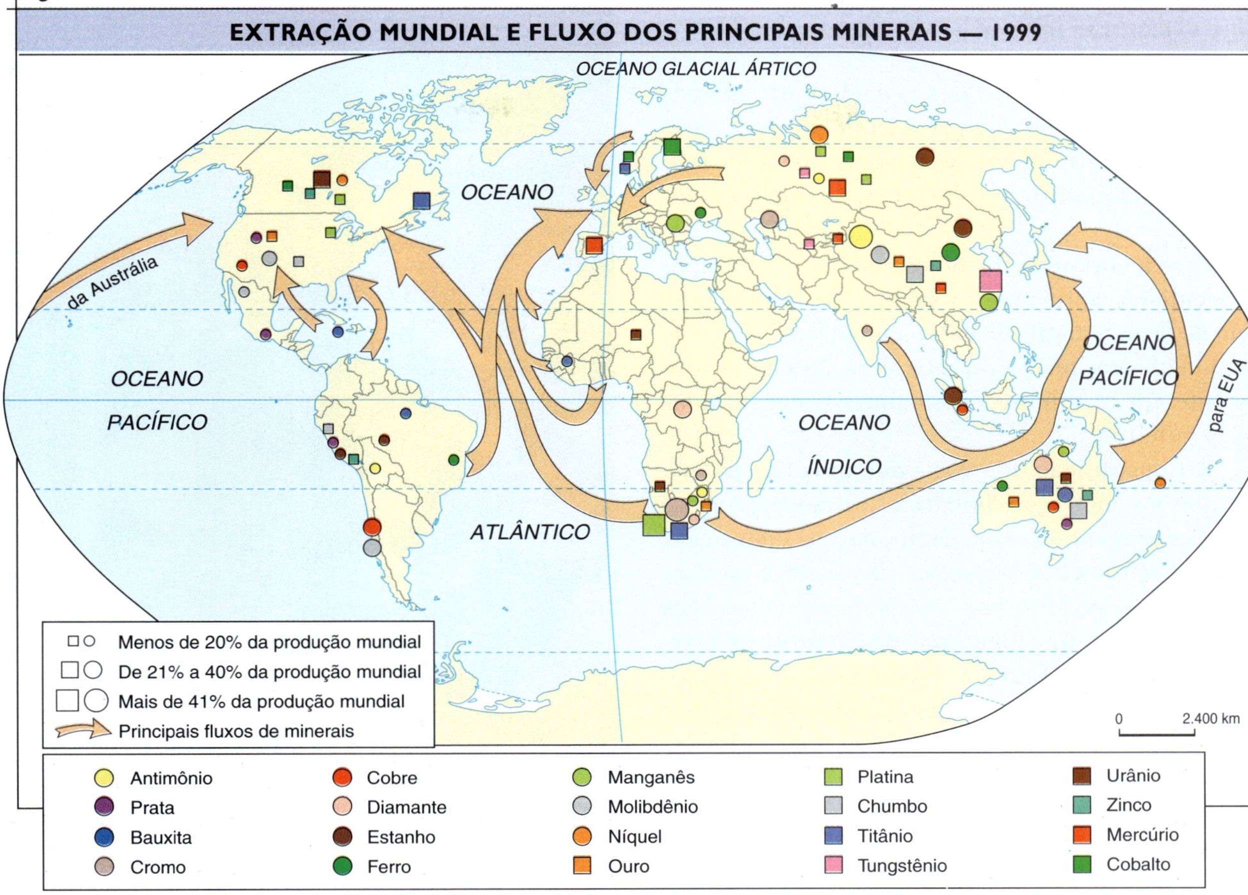

Fontes: *L'état du monde 2001*. Paris, La Découverte, 2000. p. 103-105; FERREIRA, Graça M. *Atlas geográfico: espaço mundial*. São Paulo, Moderna, 1998. p. 80.

Os recursos minerais e a economia brasileira

No século XX, a partir da década de 1940, com a implantação da indústria siderúrgica de grande porte, os recursos minerais transformaram-se no principal alicerce do desenvolvimento industrial do país. A criação da **CSN — Companhia Siderúrgica Nacional** (figura 7), na cidade de Volta Redonda, no estado do Rio de Janeiro, em 1941, bem como sua localização geográfica estavam voltadas principalmente para as ricas jazidas minerais (ferro e manganês) de Minas Gerais.

Figura 7

RICARDO AZOURY/PULSAR

CSN – Companhia Siderúrgica Nacional, em Volta Redonda (RJ, 1995): complexo siderúrgico, fundado em 1941 e privatizado em 1993, possuía em 2002 capacidade de produção de 5,8 milhões de toneladas anuais de aço bruto.

Em 1942, criou-se a **CVRD — Companhia Vale do Rio Doce**, para controlar a extração de parte dos minerais metálicos no Brasil.

A criação da **Petrobras**, no início da década de 1950, impulsionou a extração do petróleo e gerou grande expansão da indústria química e petroquímica.

Breve histórico da legislação brasileira sobre exploração mineral

No Brasil, ao longo das primeiras décadas do século XX, verificou-se uma acirrada disputa entre os interesses estrangeiros e os nacionais, pela definição de uma política de exploração dos recursos minerais.

Com a vitória da Revolução de 1930, os grupos nacionalistas aprovaram o **Código de Minas**, que, além de fazer a distinção entre a propriedade do solo e a do subsolo, reservava a exploração das jazidas somente aos brasileiros ou a empresas constituídas por brasileiros.

A Constituição de 1934 criou uma brecha que facilitou a penetração do capital estrangeiro nessa área: "as concessões serão conferidas exclusivamente a brasileiros ou a empresas organizadas no Brasil". Essa redação tornou possíveis as concessões aos estrangeiros que organizassem empresas no território brasileiro. A Constituição de 1937 corrigiu aquela redação dúbia e voltou a afirmar o direito exclusivo dos brasileiros de explorar as riquezas minerais do país.

O governo militar criou um arcabouço jurídico favorável aos interesses estrangeiros. A aprovação, em 1965, do Plano Decenal de Avaliação dos Recursos Minerais foi um impulso para a corrida extrativista mineral. Depois desse plano, os pedidos de pesquisa mineral saltaram de 2.217, em 1966, para 12.523, em 1974. Algumas das principais descobertas minerais no Brasil ocorreram nesse período (1966-1974).

Ao contrário da Constituição de 1967, que favoreceu a penetração do capital estrangeiro no setor de minérios, a Constituição de 1988 consagrou a vitória dos interesses nacionais e estabeleceu o monopólio da União para a pesquisa, a lavra das jazidas, o comércio e outras atividades relacionadas ao petróleo, ao gás natural e aos minerais de uso nuclear.

Em 1995, após 42 anos de monopólio estatal do petróleo (1953-1995), o Senado Federal aprovou emenda à Constituição de 1988 para alterar os artigos 176 e 177, pondo fim à exclusividade do Estado e do capital nacional sobre as atividades ligadas ao petróleo (pesquisa, prospecção, refino), permitindo que empresas privadas, nacionais e estrangeiras (com subsidiárias no Brasil) participassem nessas atividades.

O governo federal fornece autorização para pesquisa e exploração dos recursos minerais a cidadãos ou empresas (com exceção dos minerais nucleares, que continuam sendo monopólio estatal). Se a jazida apresentar possibilidades de exploração econômica, somente empresas mineradoras podem requerer concessão de lavra. O dono da terra tem direito a uma renda pela ocupação do terreno, a uma indenização pelos danos decorrentes e à participação nos resultados, no período da extração.

Figura 8

JUCA MARTINS/PULSAR

O garimpo a céu aberto de Serra Pelada, no Pará (foto da década de 1980), atraiu milhares de pessoas em busca de ouro, apesar das condições precárias de trabalho. A exploração descontrolada provocou o esgotamento da reserva e a desativação da maior parte das cavas.

Na década de 1990, com a adesão do Brasil às reformas neoliberais, houve um período de **privatizações** (venda total ou parcial a particulares) de empresas estatais, com a criação do Programa Nacional de Desestatização. Inicialmente foram privatizadas dezoito empresas das áreas de siderurgia (Companhia Siderúrgica Tubarão, Acesita, Cosipa, Açominas etc.), fertilizantes (Ultrafértil, Goiasfértil, Fosfértil e outras) e petroquímica (Petroflex, Copesul, Nitriflex, Polisul, Poliolefinas etc.). Estatais produtivas, pertencentes a setores anteriormente considerados estratégicos para o desenvolvimento do país, como a Usiminas (vendida em 1991) e a CSN (privatizada em 1993), passaram para as mãos do capital privado.

Extração mineral brasileira

No conjunto da economia, as **indústrias de transformação mineral** (metalúrgica, química, de cimento) ocupam lugar de destaque no país. A produção da indústria extrativa mineral corresponde a 0,9% do PIB brasileiro. As indústrias de extração e de transformação de minérios respondiam por 8,3% do PIB, em 1999.

A exploração mineral exige investimentos vultosos (pesquisa geológica, infra-estrutura, rodovias, ferrovias, portos) e envolve grandes riscos decorrentes da variação dos preços no mercado. No Brasil esse ramo é dominado pelo capital estatal e por grandes empresas mineradoras.

Cerca de 1.400 empresas extraem em torno de oitenta substâncias minerais no país. Além de alicerçar o desenvolvimento industrial, os recursos minerais detêm uma fatia importante do comércio exportador. Destacam-se nas exportações os seguintes minérios: ferro, bauxita (alumínio), manganês, cassiterita (estanho) e nióbio.

O Brasil é o país de maior extração de **nióbio**, atendendo a 94,5% da demanda mundial. Encontrado nos estados de Minas Gerais e Goiás, esse minério é utilizado na indústria automobilística. O país também ocupa o quarto lugar na extração mundial de **manganês**, de **bauxita** e de **cassiterita**. Observe a tabela 1. Veremos, a seguir, os minerais mais extraídos no Brasil.

Minério de ferro

O Brasil é um dos países mais ricos em jazidas ferríferas e ocupava, em 1998, o segundo lugar na extração desse minério (com 18% do total do planeta). Minério mais exportado pelo Brasil (30% da receita das exportações do setor), ocupa também o segundo lugar em valor no total dos produtos primários (o primeiro lugar é da soja), sendo a Europa e o Japão os principais mercados compradores. Três áreas de extração destacam-se:

• **Quadrilátero Ferrífero** (MG) — principal área extrativa do minério de ferro, é responsável por 79,3% da extração nacional. A produção é escoada por meio de dois corredores: o do Vale do Rio Doce segue pela Estrada de Ferro Vitória—Minas, que liga o Quadrilátero aos portos

Tabela 1

Brasil: extração dos principais minerais metálicos e não-metálicos — 2000

Recurso mineral		Valor da extração (% da extração mineral brasileira)	Principais estados
Minerais metálicos	Ferro	16,07	Minas Gerais, Pará
	Ouro	3,84	Minas Gerais, Pará
	Bauxita (alumínio)	1,84	Minas Gerais, Pará
	Manganês	0,55	Pará, Mato Grosso do Sul
	Níquel	0,43	Goiás, Minas Gerais
	Cobre	0,38	Bahia
	Cassiterita (estanho)	0,38	Amazonas, Rondônia
	Zinco	0,24	Minas Gerais
Minerais não-metálicos	Pedras britadas	5,26	São Paulo, Minas Gerais
	Areia e cascalho	3,31	São Paulo, Minas Gerais
	Calcário	1,99	São Paulo, Pará
	Água mineral	1,67	São Paulo, Mato Grosso
	Fosfato	1,49	Minas Gerais, Goiás
	Argila	1,22	São Paulo, Santa Catarina
	Caulim	1,02	Amapá, Pará
	Granito	0,69	Minas Gerais, Espírito Santo
	Gemas e diamante	0,69	Minas Gerais, Paraná
	Potássio	0,67	Sergipe
Combustíveis fósseis	Petróleo	48,73	Rio de Janeiro, Rio Grande do Norte
	Gás natural	4,44	Bahia, Rio Grande do Norte
	Carvão	1,05	Santa Catarina, Rio Grande do Sul

Fonte: DNPM. *Anuário mineral brasileiro 2000*. Disponível em: http://www.dnpm.gov.br/amb2000.html

de Vitória e Tubarão (ES); e o do Vale do Rio Paraopeba, pela Estrada de Ferro Central do Brasil, que liga o Quadrilátero ao Porto de Sepetiba (RJ). Tubarão (ES) é o principal porto exportador de minério de ferro. A produção atende ao mercado interno e externo. Destaca-se também nessa área a extração de manganês, bauxita e cassiterita.

• **Serra dos Carajás** — situada na porção sudeste do Pará, distante 550 quilômetros de Belém, possui a maior jazida ferrífera do Brasil e do mundo e ocupa o segundo lugar na extração nacional do minério de ferro (aproximadamente 19,5% do total). Daí se extraem também manganês, bauxita, cobre e ouro.

Para explorar os minérios, o governo federal, por meio da estatal Companhia Vale do Rio Doce (privatizada em 1997), implantou a infra-estrutura necessária ao **Projeto Carajás**: construiu a Hidroelétrica de Tucuruí, a Estrada de Ferro Carajás e o terminal de Ponta da Madeira, no Porto do Itaqui, em São Luís (MA) (figura 9).

• **Maciço de Urucum** — localiza-se no Mato Grosso do Sul, próximo à cidade de Corumbá. O minério abastece principalmente o Paraguai, a Argentina e a Bolívia, e o escoamento é feito pelo Rio Paraguai. A área destaca-se também na extração de manganês.

Observe a tabela 2.

Tabela 2

Brasil e mundo: principais áreas extrativas de minério de ferro — 1999

No Brasil	% do total nacional	No mundo	% do total mundial
Minas Gerais	79,3	China	23,8
Pará	19,5	Brasil	17,9
Mato Grosso do Sul	0,8	Austrália	15,8

Fontes: *L'état du monde 2000*. Paris, La Découverte, 1999; DNPM. *Anuário mineral brasileiro 2000*.

Figura 9

RICARDO AZOURY/PULSAR

Maior jazida ferrífera do mundo. O minério extraído da reserva de Carajás (foto da década de 1980), no Pará, é transportado pela Estrada de Ferro Carajás até o terminal marítimo de Ponta da Madeira, no Porto de Itaqui, no Maranhão, para ser embarcado para o exterior.

Manganês

O Brasil tem importantes jazidas de **manganês** e ocupa lugar de destaque na extração e na exportação desse minério metálico. As principais áreas extrativas são: **Marabá-Itupiranga** e Carajás, no Pará, Quadrilátero Ferrífero, em Minas Gerais, e **Maciço de Urucum**, no Mato Grosso do Sul. Observe a tabela 3 e leia o boxe sobre a Serra do Navio.

Tabela 3

Brasil e mundo: principais áreas extrativas de manganês — 1999

No Brasil	% do total nacional	No mundo	% do total mundial
Pará	61,6	China	21,2
Minas Gerais	18,6	Ucrânia	20,3
Mato Grosso do Sul	15,8	África do Sul Brasil	13,8 9,9

Fontes: *L'état du monde 2000*; DNPM. *Anuário mineral brasileiro 2000*.

O caso da Serra do Navio

A província mineral da **Serra do Navio** constitui um dos mais antigos exemplos da dominação do capital estrangeiro no setor de extração mineral e dos impactos ambientais provocados pela atividade.

A Serra do Navio foi uma espécie de possessão mineroterritorial dos Estados Unidos no Brasil. A Icomi (Indústria e Comércio de Minérios S.A.) e a multinacional estadunidense Bethlehem Steel Corp. detinham os direitos de exploração do manganês da Serra do Navio para o período 1957-2003. A Icomi também controla a Estrada de Ferro do Amapá e o porto Santana, em Macapá, responsáveis pelo escoamento do minério para o exterior.

Em 1998, a concessão da exploração foi encerrada antecipadamente, e as jazidas já estavam esgotadas, restando apenas resíduos e minérios de baixo teor.

A Icomi do Amapá estocou milhares de toneladas de manganês durante décadas e diversificou suas atividades: compensados de madeira (Brumasa Madeira S.A.), celulose (Amapá Florestal e Celulose S.A.), óleo de dendê (Companhia Dendê do Amapá S.A.).

Para a população local, além da demissão em massa, restou um grande desastre ambiental: o arsênio proveniente de rejeitos de manganês contaminou o lençol freático, os igarapés, provocando, entre outras doenças, o câncer.

Bauxita (minério de alumínio)

A maior jazida brasileira de **bauxita** situa-se no Vale do Rio Trombetas, no município de **Oriximiná** (Pará), e foi descoberta em 1966 pela multinacional canadense Alcan. Essa empresa e outras cinco gigantes — Alcoa, Reynolds e Kayser (EUA), Pechiney (França) e Alusuisse (Suíça) — detêm o monopólio mundial do alumínio. Observe a tabela 4.

Tabela 4

Brasil e mundo: principais áreas extrativas de bauxita — 1999

No Brasil	% do total nacional	No mundo	% do total mundial
Pará	88,8	Austrália	35,3
Minas Gerais	10,8	Guiné	15,2
		Jamaica	10,0
		Brasil	9,2

Fontes: *L'état du monde 2000*; DNPM. *Anuário mineral brasileiro 2000.*

Para explorar a bauxita, criou-se em 1974 a empresa Rio do Norte, da qual participaram a então estatal brasileira Vale do Rio Doce (46% do capital), a Alcan (24%), a anglo-holandesa Rio Xingu (10%), a Reynolds (5%), a Companhia Brasileira de Alumínio (CBA), do grupo Votorantim (5%) e várias outras com menor participação.

O **Projeto Trombetas** incluiu a construção de um porto (Trombetas) e de uma ferrovia, ligando a mina à usina de beneficiamento situada junto ao porto. A energia, subsidiada pelo governo (com custo de quase um quinto da energia residencial), é fornecida pela Hidroelétrica de Tucuruí, localizada no Rio Tocantins.

A bauxita de Oriximiná e a energia fornecida por Tucuruí motivaram o surgimento de outro grande projeto: a extração de alumínio e alumina (óxido de alumínio) na localidade paraense de **Barcarena**, distante 50 quilômetros de Belém. **Albrás-Alunorte** foi o nome escolhido para o empreendimento, destinado a abastecer principalmente o mercado do Japão.

Outro projeto envolvendo o alumínio é o **Alumar**, em São Luís (MA), cuja implantação ficou a cargo da multinacional estadunidense Alcoa (maior produtora mundial de alumínio) e da anglo-holandesa Billiton-Shell.

Cassiterita (minério de estanho)

O Brasil possui boa parte das reservas mundiais de **cassiterita** (tabela 5). Houve aumento na extração de cassiterita a partir da década de 1970, quando o governo federal proibiu o garimpo e entregou a exploração a grandes grupos econômicos nacionais e estrangeiros (Paranapanema, Brumadinho e Brascon-Patiño).

Veja agora, na figura 10, uma síntese dos grandes projetos minerais implantados a partir da década de 1970.

Tabela 5

Brasil e mundo: principais áreas extrativas de cassiterita — 1999

No Brasil	% do total nacional	No mundo	% do total mundial
Amazonas	56,8	China	33,9
Rondônia	43,1	Indonésia	24,3
		Peru	11,1
		Brasil	8,9

Fontes: *L'état du monde 2000*; DNPM. *Anuário mineral brasileiro 2000.*

Figura 10

BRASIL: GRANDES PROJETOS MINERAIS

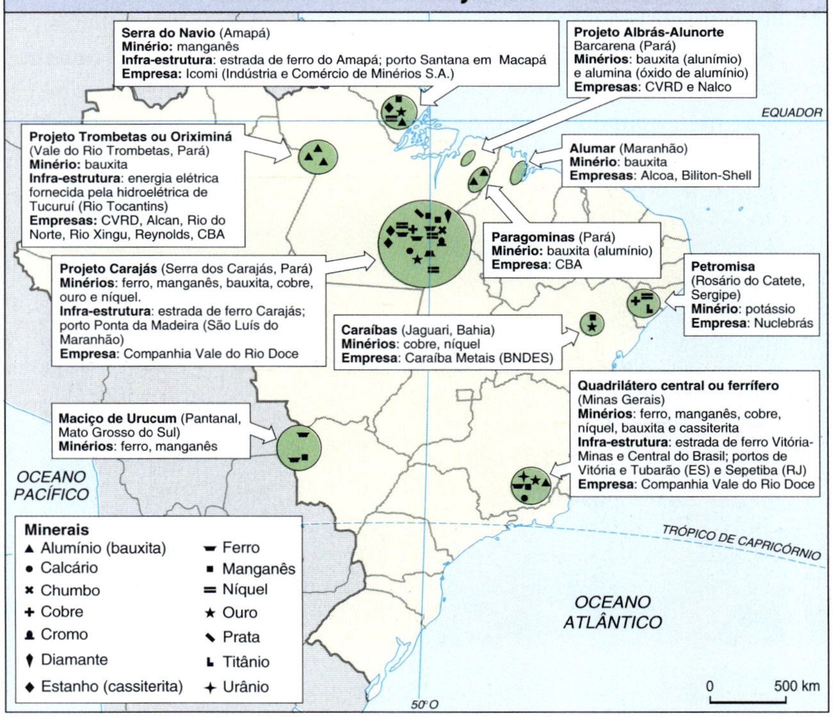

Fontes: FERREIRA, Graça Maria Lemos. *Moderno atlas geográfico.* São Paulo, Moderna, 2002. p. 10; e *Retrato do Brasil.* São Paulo, Três Política, 1984. p. 241.

4 Recursos naturais, extrativismo mineral e desenvolvimento sustentável

Recursos naturais são todos os bens produzidos pela natureza: a energia solar, o ar, as rochas, os minerais, o solo, a água e os vegetais, entre outros.

Os **recursos minerais** são substâncias inorgânicas extraídas da Terra e que têm utilidade como matéria-prima. Embora não sejam propriamente minerais, os combustíveis fósseis podem ser incluídos nessa categoria.

O **extrativismo** é a mais antiga atividade humana e consiste na retirada de recursos da natureza (minerais, vegetais, animais) pelo ser humano.

Com o advento do capitalismo industrial, o consumo e a exploração dos recursos minerais utilizados como matéria-prima aumentaram muito. Toda vez que um recurso mineral é extraído, ocorre uma alteração no ciclo natural. O **extrativismo mineral** (extração de minerais), pela escala em que se realiza, é responsável em grande parte pela degradação da natureza. Veja a figura 11.

Muitos recursos naturais apresentam a capacidade de se auto-renovar. Alguns exemplos são a energia solar, o ar, os vegetais e a água (que retorna à natureza por meio do ciclo hidrológico). Outros recursos, quando usados, se esgotam, não retornam à natureza ou têm um ritmo de reposição muito lento (dependem do ciclo das rochas), como é o caso dos minerais, do petróleo e do carvão mineral.

A humanidade tem apresentado uma grande capacidade de extrair recursos. Assim, atualmente considera-se que, quando o ritmo de extração é superior ao ritmo natural de reposição, temos um **recurso natural não-renovável**. Se o recurso é reposto com a mesma rapidez de sua exploração comercial, temos um **recurso natural renovável**. A exploração irracional e excessiva dos recursos leva a seu esgotamento. Observe o quadro 5.

Quadro 5

Expectativa de duração das reservas de alguns recursos minerais

Mineral	Expectativa de duração
Sal, metal magnésio	Quase infinita
Cal, silício	Mais de milhares de anos
Potassa, minério de manganês, cobalto	Mais de 200 anos
Minério de ferro, cromita, feldspato	De 100 a 200 anos
Bauxita, pedra fosfato, níquel	De 50 a 100 anos
Cobre, mercúrio, zinco, chumbo	Menos de 50 anos

Fonte: CAMERON, Eugene N. *At the crossroads*. Nova York, Wiley-Interscience, 1986. Apud: Corson, Walter H. *Manual global de ecologia*. São Paulo, Augustus, 1993. p. 180.

Para solucionar esses problemas, a humanidade terá de se preocupar em recuperar áreas degradadas e explorar mais racionalmente as áreas mineradoras, além de procurar substitutos para minerais escassos.

O desenvolvimento econômico que respeita a capacidade da natureza de repor os recursos, sem comprometer as gerações futuras, tem sido chamado de **desenvolvimento sustentável**. Esse tipo de desenvolvimento exige uma mudança na concepção de consumo, a produção de materiais mais duráveis, evitando substituições, e a redução do consumo de descartáveis. Com a reutilização e a reciclagem de materiais — tanto dos restos industriais quanto dos objetos produzidos —, aumenta-se o tempo de utilização dos minerais, reduzindo os prejuízos ao meio ambiente.

Figura 11

CARL & ANN PURCELL/CORBIS-STOCK PHOTOS

Mina de extração de cobre próxima a Huncayo, Peru. A atividade humana é um dos principais agentes de mudanças no planeta. A mineração provoca grande impacto sobre o ambiente, como a destruição das florestas e dos ecossistemas, mudanças no solo e nos rios, além do esgotamento das reservas minerais.

Meio ambiente e exploração mineral

A exploração de minerais a céu aberto implica desflorestamento, modificação do relevo, erosão do solo e pode acarretar a destruição de ecossistemas inteiros. Os dejetos das mineradoras poluem os solos e as águas, a poeira polui o ar. A queima de carvão (por exemplo, para transformar o ferro em gusa) também compromete a qualidade atmosférica. As minas de profundidade lançam os entulhos nos arredores, contaminando os solos, os rios e os lençóis subterrâneos (figura 12).

A contaminação por metais pesados (mercúrio, cádmio, chumbo) acarreta sérios problemas à saúde. Para separar o ouro da rocha utiliza-se o mercúrio. As pessoas o respiram quando o manipulam no processo de aquecimento; depois os resíduos são jogados no rio, alterando a composição química de suas águas e contaminando fauna e flora.

Além dos impactos ambientais, existem os impactos sociais. Empresas de mineração cobiçam as riquezas das terras indígenas, invadem seus territórios, colocando em risco nações inteiras e seus meios de subsistência.

Figura 12

CYNTIA BRITO/PULSAR

Rios contaminados por metais pesados (cor azul) — como o da foto, localizado em área de floresta no norte de Mato Grosso (1991) —, assim como vegetação e relevo destruídos são alguns dos resultados da exploração mineral. Essa atividade compromete todo o meio ambiente (rios, solos, ecossistemas terrestres e aquáticos), além de desestruturar a economia baseada no extrativismo.

AVALIE SEU APRENDIZADO

Construindo conhecimento

Analisando e comparando mapas.

1 Considere os mapas a seguir.

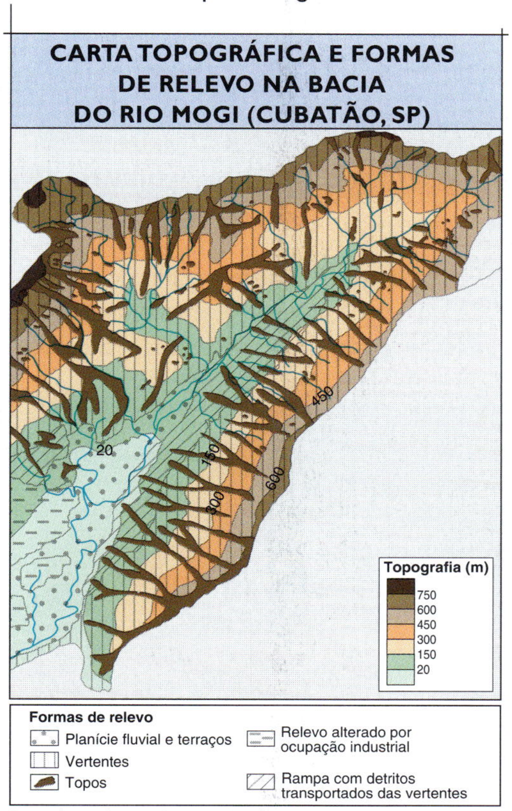

Fonte: baseados em CUNHA, Sandra Batista e GUERRA, Antonio José Teixeira (org.). *Geomorfologia, técnicas e aplicações*. Rio de Janeiro, Bertrand Brasil, 1996. p. 326, 329 e 331.

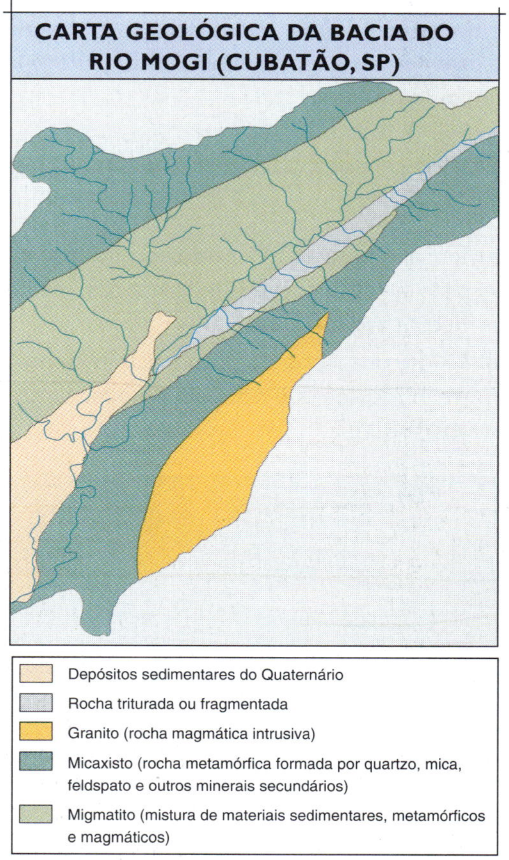

a) Observe a legenda dos mapas. Que informações sobre o terreno podemos obter de cada um deles?

b) Para saber como seria o subsolo se o solo fosse desprovido de terra, vegetação e construções, qual das cartas temos de utilizar?

Observe a carta geológica e responda:

c) Onde poderemos encontrar materiais não-metálicos destinados à construção, como areia, argila, rochas ornamentais etc.?

Observe a carta topográfica e responda:

d) Quais as altitudes menos indicadas para a ocupação humana? Por quê?
e) Quais áreas estão sofrendo a erosão e em quais está ocorrendo a deposição de materiais? Como você chegou a essa conclusão?
f) Qual a área mais alterada pela ação humana?

Fixando o conteúdo

2 Observe as fotos ao lado e identifique a que mostra uma rocha magmática e a que mostra uma rocha sedimentar. Descreva as diferenças existentes entre elas e explique como você identificou as rochas.

EDSON SATO/PULSAR

Formação rochosa em Vila Velha (PR, 1996).

MAURÍCIO SIMONETTI/PULSAR

Pão de Açúcar, no Rio de Janeiro (RJ, 2000).

3 Observe a ilustração abaixo e responda às questões.

a) Em que lugares mostrados na ilustração podem se formar rochas magmáticas, metamórficas e sedimentares?
b) Quais dos tipos de rocha acima dependem de processos que ocorrem no interior da Terra? Explique.
c) Que rochas se formam a partir de processos que ocorrem externamente, na superfície terrestre? Quais são esses processos?

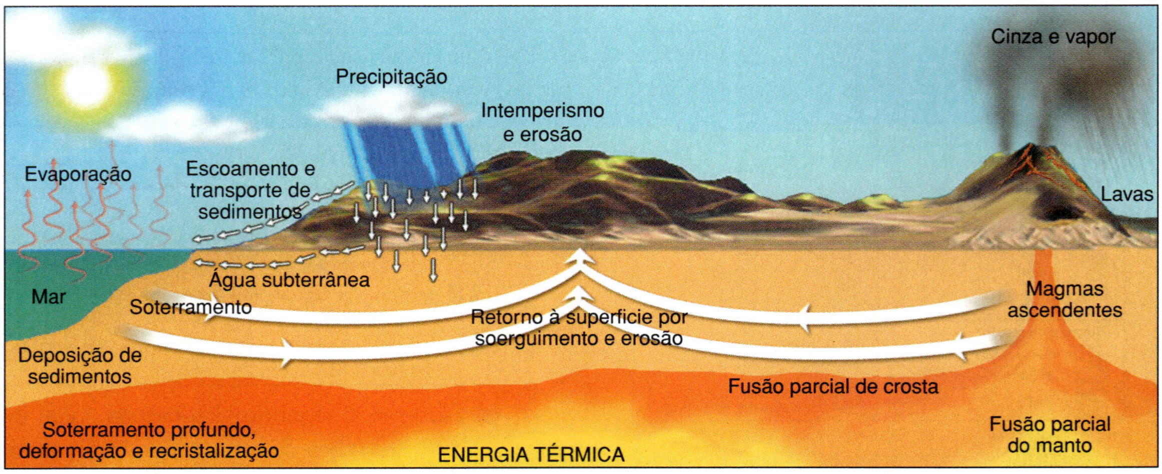

Fonte: THE OPEN UNIVERSITY. *Os recursos físicos da Terra.* Bloco 1 — Recursos, economia e geologia: uma introdução. p. 48.

4 Leia o texto a seguir.

"Da massa de cobre que é transportada anualmente por processos superficiais, somente uma fração mínima acabará eventualmente em um depósito altamente concentrado que pode ser lavrado. Cobre é mobilizado para usos industriais muito mais rápido do que é movimentado por processos naturais."

THE OPEN UNIVERSITY. *Recursos, economia e geologia: uma introdução*. p. 72

a) Que fatores determinam se um recurso é renovável ou não-renovável?
b) Como você classificaria o cobre? Por quê?

5 No Brasil, ao longo das primeiras décadas do século XX, surgiu uma acirrada disputa entre os interesses estrangeiros e os nacionais pela definição de uma política de exploração dos recursos minerais. Identifique, nas legislações citadas a seguir, aquelas que beneficiaram empresas brasileiras e aquelas que beneficiaram o capital estrangeiro, para explorar os minérios.

a) Código de Minas de 1930.
b) Constituição de 1934.
c) Constituição de 1937.
d) Constituição de 1967.
e) Constituição de 1988.
f) Emenda à Constituição, de 1995.

6 Cite os minerais metálicos e os combustíveis fósseis de maior extração no Brasil e suas respectivas áreas extrativas.

7 Qual a importância da atividade mineradora na economia do Brasil?

8 Cite dois exemplos de impactos ambientais e dois de impactos sociais provocados pela extração de minerais.

COMPLEMENTAÇÃO DO ESTUDO

Leituras

- DIXON, Dougal. *Rochas e minerais*. São Paulo, Moderna, 1998.
- CAMPANHA, Vilma Alves e MORAES, Paulo Roberto. *Recursos minerais*. São Paulo, Harbra/Anglo, 1997.
- CANTO, Eduardo Leite do. *Minerais, minérios, metais*. São Paulo, Moderna, 1996. (Coleção Polêmica)
- TOLEDO, Vera Vilhena de e GANCHO, Cândida Vilares. *O brilho dos metais*. São Paulo, Moderna, 1997.

Vídeo

- *Em busca do ouro* (EUA, 1925); dir. Charles Chaplin; preto-e-branco; 82 min. Neste clássico do cinema mudo, as aventuras de Carlitos no Alasca, durante a corrida do ouro. (Continental Home Vídeo)

Sites

- *http://www.rc.unesp.br/museudpm/entrar.html* Página do Museu de Minerais e Rochas da Universidade Estadual Paulista, oferece enciclopédia multimídia de minerais e rochas, com descrições e fotos, e informações sobre geologia.
- *http://www.cprm.gov.br/* *Site* do Serviço Geológico do Brasil, permite pesquisas sobre geologia e recursos minerais, além de acesso aos relatórios anuais e a projetos de meio ambiente, entre outros.
- *http://www.igeologico.sp.gov.br/oficina.asp* Acesso *on-line* ao Museu Geológico, visualização e análise de fósseis, meteoritos, rochas, minerais.
- *http://www.drm.rj.gov.br/fr-ecotu.htm* O Departamento de Recursos Minerais do Rio de Janeiro oferece projetos de educação ambiental, cartilha de geologia, instruções para montagem de pequenos museus.

CAPÍTULO 5 A atmosfera e sua dinâmica: o clima mundial

1 Composição e camadas da atmosfera

Com espessura de aproximadamente 600 quilômetros (observe a figura do boxe abaixo), a atmosfera é a camada gasosa que envolve e acompanha a Terra em todos os seus movimentos, devido à força da gravidade. É composta de vários gases, como o nitrogênio (78%), o oxigênio (21%), o argônio (0,93%) e outros (0,1%), além de vapor de água, partículas de pó, microorganismos, fumaça e cinzas vulcânicas. Atualmente, somam-se à atmosfera diversos elementos químicos estranhos à sua composição original, que podem torná-la imprópria à saúde humana. É o que denominamos **poluição do ar**.

Camadas da atmosfera

Desde a parte mais externa até a superfície terrestre, temos as seguintes camadas:

- **Exosfera**. É a camada mais externa da atmosfera. Começa mais ou menos a 600 quilômetros de altitude. A inexistência de ar permite temperaturas elevadíssimas.
- **Ionosfera** ou **Termosfera**. Prolonga-se da mesosfera até cerca de 600 quilômetros. O ar é muito rarefeito e carregado de íons (partículas eletrizadas que têm a propriedade de refletir as ondas de rádio). É nessa camada que os meteoros (estrelas cadentes) se desintegram. Nela ocorre um grande aumento de temperatura.
- **Mesosfera**. Vai da estratosfera até 80 quilômetros de altitude. Aqui a temperatura diminui com a altitude (o ar é muito rarefeito).
- **Estratosfera**. Estende-se a partir da troposfera até cerca de 50 quilômetros. Aqui a temperatura aumenta com a altitude, chegando a atingir cerca de 2 °C na parte superior. O vapor de água é quase inexistente e conseqüentemente não existem nuvens. O gás ozônio, presente nessa camada (mais concentrado nos pólos), filtra a maior parte dos raios ultravioleta emitidos pelo Sol.
- **Troposfera**. Atinge até cerca de 10 quilômetros de altitude e concentra 75% dos gases e 80% da umidade atmosférica que forma as nuvens. Nessa camada ocorrem as perturbações atmosféricas (chuva, vento, neve, granizo). A temperatura diminui em média 6,5 °C/km à medida que nos elevamos. Sua parte superior é chamada de **tropopausa**.

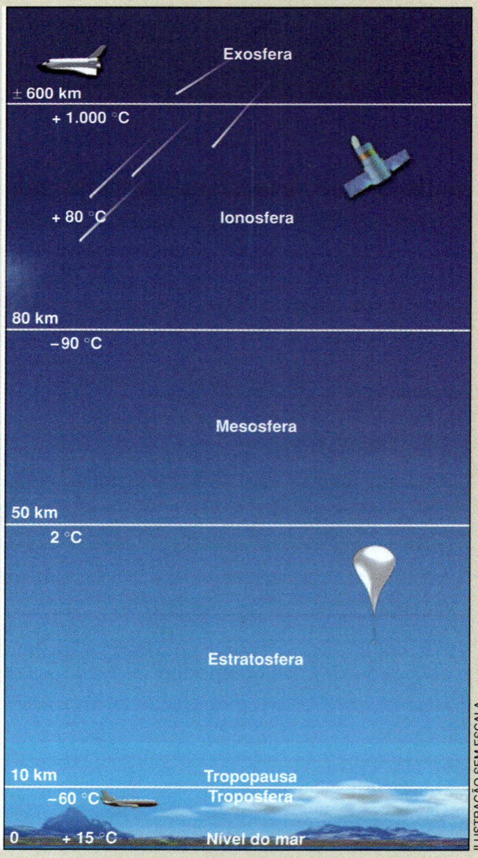

Fontes: *Enciclopédia da ciência*. São Paulo, Globo, 1993. p. 45; e GIOVANNETTI, Gilberto e LACERDA, Madalena. *Melhoramentos: dicionário de geografia*. São Paulo, Melhoramentos, 1996. p. 77, 79, 112, 132 e 212.

Os gases mais pesados concentram-se na camada mais próxima à superfície terrestre, ao passo que os mais leves estão mais distantes. À medida que aumenta a altitude, a atmosfera torna-se cada vez mais rarefeita (por isso, em altitudes mais elevadas sentimos falta de ar). A 80 quilômetros de altitude o oxigênio é quase inexistente, pois, por ser um gás pesado, só se mantém em altitudes mais baixas. Leia o boxe "Camadas da atmosfera", na página anterior.

A atmosfera, entre outras funções, protege a superfície da Terra contra o impacto direto de meteoros e evita que o calor recebido do sol durante o dia retorne rapidamente ao espaço, impedindo variações bruscas de temperatura.

2 Tempo e clima

Clima e tempo são a mesma coisa? Vejamos.

Quando em determinado momento do dia dizemos, por exemplo, que está quente e úmido, estamos nos referindo ao **tempo**, ou seja, às **condições atmosféricas** ou **meteorológicas** (temperatura, umidade, chuva, ventos etc.) desse momento, que podem mudar de um instante para outro. Portanto, o tempo representa as condições atmosféricas de determinado lugar em dado momento.

O **clima** é algo duradouro, é uma sucessão habitual dos tipos de tempo num determinado lugar. Equivale a um padrão geral das condições atmosféricas, às variações das estações do ano em uma região durante um período de mais ou menos 30 anos. Por exemplo, quando dizemos que Manaus é uma cidade quente e úmida, estamos nos referindo ao clima dessa cidade, que é equatorial. Porém, no decorrer dos dias do ano, Manaus conhecerá vários tipos de tempo.

A televisão, o rádio e o jornal nos fornecem diariamente a previsão do tempo, e não do clima. A figura 1 é um exemplo de previsão do tempo nas diversas regiões do país. Na legenda, a barra horizontal mostra a temperatura e os símbolos representam as condições do tempo. As imagens de satélite permitem monitorar o tempo pela

Figura 1

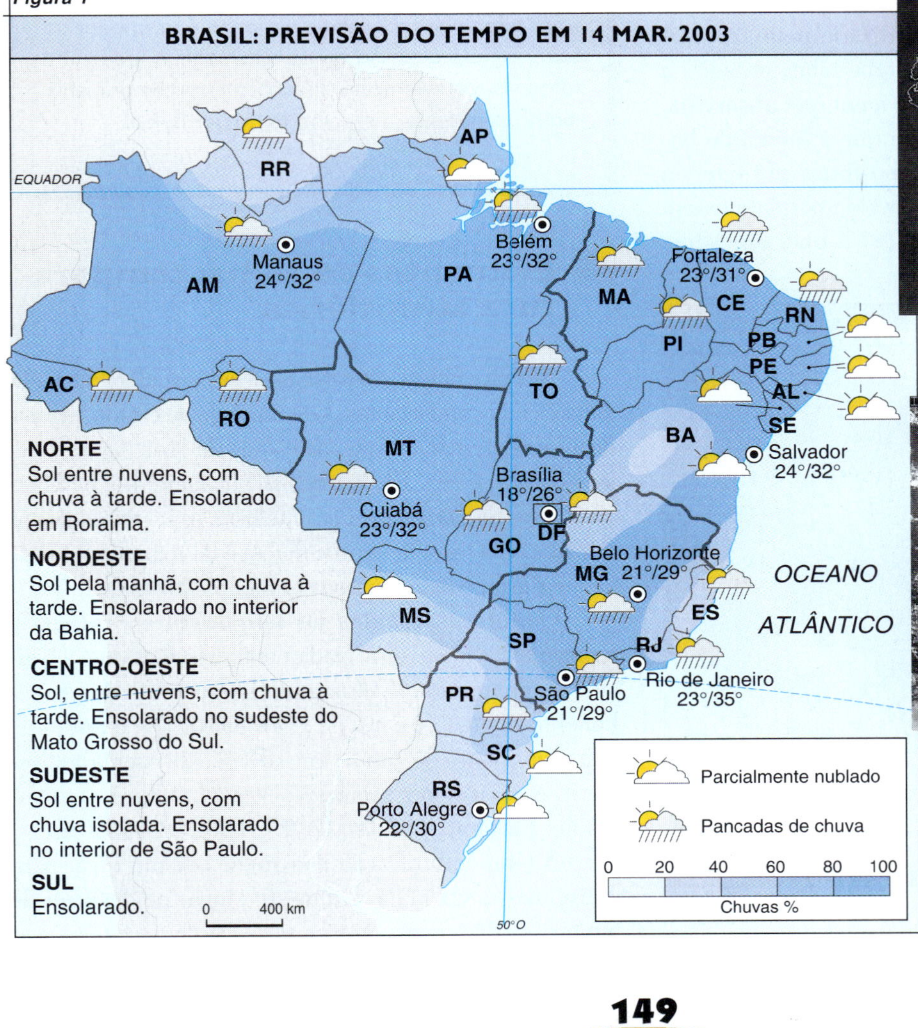

CORTESIA DO INPE

CORTESIA DO INPE

Fontes: Inpe; *Folha de S. Paulo* e *O Estado de S. Paulo*, 14 mar. 2003 observação do deslocamento das massas de ar, calcular a direção, a intensidade dos ventos e a altura das nuvens, verificar a possibilidade de chuvas etc.

Apesar de ser duradouro, o clima não é imutável. As diversas regiões da Terra já conheceram, em épocas remotas, diferentes tipos de clima.

O estudo do clima implica o conhecimento e a análise de inúmeros elementos (temperatura atmosférica, umidade, massas de ar, pressão atmosférica, ventos) e fatores (relevo, vegetação, massas líquidas, correntes marítimas, translação da Terra, presença de cidades etc.), além da utilização de diversos instrumentos.

3 Elementos do clima: radiação solar

Todos os estudos sobre o clima partem do Sol, gigantesca bola de fogo que libera constantemente quantidades enormes de energia. Apesar de nosso planeta receber apenas um milionésimo da energia emitida pelo Sol, este é o principal responsável pelo funcionamento de todo o sistema Terra–atmosfera. O Sol fornece a quase totalidade (99,9%) da energia utilizada pela Terra. A figura 2 ilustra o destino da energia solar, ou seja, a relação entre a energia refletida e a energia absorvida.

A análise da figura 2 mostra que a média do balanço global do sistema Terra–atmosfera é positivo, ou seja, o percentual de energia absorvida pela atmosfera e pelos oceanos e terras é de 64% (47% pela superfície terrestre e 17% pela atmosfera e pelas nuvens), sendo muito superior ao de energia refletida, ou irradiada, que é de 36% (30% pela atmosfera e pelas nuvens e 6% pela superfície da Terra).

A principal importância do que acabamos de constatar está no fato de que o mecanismo climático utiliza a energia solar para fazer evaporar a água existente na Terra, aquecer e conseqüentemente movimentar a atmosfera. A energia solar é o motor que impulsiona o clima.

Figura 2

BALANÇO ENERGÉTICO DA RADIAÇÃO SOLAR

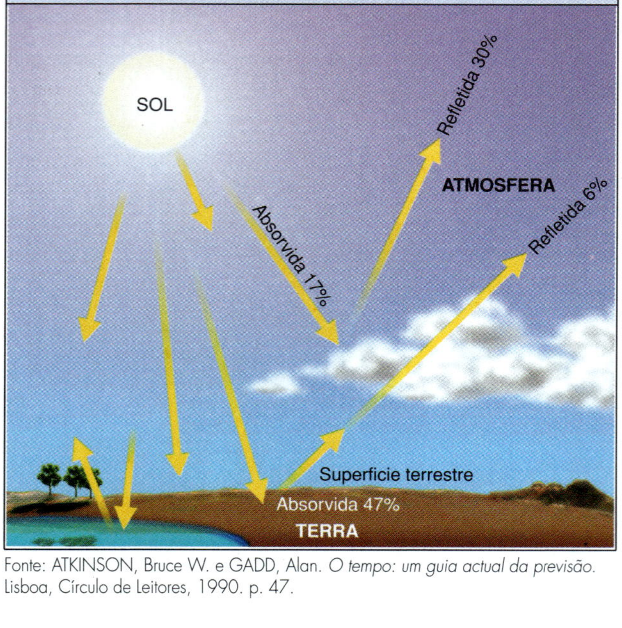

Fonte: ATKINSON, Bruce W. e GADD, Alan. *O tempo: um guia actual da previsão*. Lisboa, Círculo de Leitores, 1990. p. 47.

Mundo curioso

Por que o céu é azul?

Sabemos que a luz é formada pela união de várias cores. Ao entrar em contato com a atmosfera, ela se espalha devido às partículas existentes no ar. Porém, as ondas de cada cor espalham-se de forma diferente, dependendo do seu comprimento. Quanto mais curtas, mais dispersas elas se tornam. O comprimento da onda azul faz com que ela se espalhe o suficiente para dar ao céu a tonalidade que vemos. Já no final da tarde, o Sol ilumina obliquamente, obrigando os raios a fazer um caminho mais longo para chegar ao solo. Tal fato dispersa quase totalmente a luz azul e torna visível a vermelha, que possui um comprimento maior, dando-nos o espetáculo do pôr-do-sol.

Disponível em: *http://www.terra.com.br/curiosidades*

4 Elementos do clima: temperatura atmosférica

A **temperatura atmosférica** é um dos elementos climáticos mais importantes. Corresponde ao estado térmico do ar atmosférico, ou seja, ao estado de "frio" ou de "calor" da atmosfera. Ela é medida por meio de aparelhos chamados **termômetros**. Para medi-la, os meteorologistas utilizam dois tipos de termômetros: o de máximas (à base de mercúrio) e o de mínimas (à base de álcool).

Quanto às **escalas de temperatura** (Celsius e Fahrenheit), a mais utilizada em todo o mundo é a Celsius ou centígrada. Essa escala fixa o ponto de congelamento da água (ponto de gelo) em 0 °C e o ponto de ebulição (ponto de vapor) em 100 °C. Na escala Fahrenheit, esses valores são de 32 °F e 212 °F, respectivamente. Portanto, 0 °C = 32 °F e 100 °C = 212 °F.

A temperatura varia não apenas de um lugar para outro, mas também em um mesmo lugar no decorrer do tempo (em 24 horas, por exemplo). Dentre os fatores responsáveis pela variação ou distribuição da temperatura, destacamos a latitude, a altitude, a distribuição dos oceanos e continentes da Terra, o relevo, as chuvas, os ventos, a vegetação, as correntes marítimas, a urbanização.

Variação da temperatura com a latitude, a altitude e o relevo

A variação da temperatura com a latitude deve-se fundamentalmente à forma esférica da Terra. A insolação diminui a partir do Equador (onde os raios solares incidem perpendicularmente à superfície da Terra) em direção aos pólos (elevada inclinação e reflexão dos raios solares). A regra geral, portanto, é a seguinte: a temperatura diminui com o aumento da latitude. Observe a figura 3.

A altitude exerce grande influência sobre a temperatura. Isso acontece porque o calor é irradiado da superfície terrestre para "cima", e a atmosfera se aquece por **irradiação**. Quanto maior a altitude, mais rarefeito se torna o ar (menor densidade de moléculas), ocorrendo menor irradiação, menor retenção de calor e, por conseqüência, menores temperaturas. À medida que nos elevamos, a temperatura cai 1 °C, aproximadamente, a cada 200 metros.

Nas regiões tropicais, em geral muito quentes, a presença de serras, chapadas e planaltos é um importante fator amenizador da temperatura. No caso do Brasil, é o que ocorre, por exemplo, nas serras do Mar e da Mantiqueira, no Planalto da Borborema e no Planalto Meridional. Nas regiões temperadas (normalmente mais frias), a elevação da altitude (Alpes, por exemplo) acentua ainda mais o rigor da temperatura.

O relevo também pode facilitar ou dificultar a passagem das massas de ar. As grandes planícies norte-americanas facilitam a entrada de massas de ar polar. No Brasil, o "corredor" formado pela Planície Platina e pelo Vale do Rio Paraná pode permitir que a massa polar chegue até a Amazônia, provocando a chamada **friagem**, caracterizada por queda brusca nas temperaturas. Já na parte oeste da América, as altas cadeias de montanhas dificultam a passagem das massas de ar marítimas, contribuindo, assim, para a formação de desertos. Observe a figura 4.

Figura 4

INFLUÊNCIA DO RELEVO NO CLIMA

Fonte: ATKINSON, Bruce W. e GADD, Alan. *O tempo*. p. 32.

As massas de ar úmidas que vêm do oceano são barradas pelo relevo, provocando chuvas do lado ocidental e seca do lado oriental.

Figura 3

INCIDÊNCIA DOS RAIOS SOLARES SOBRE A TERRA

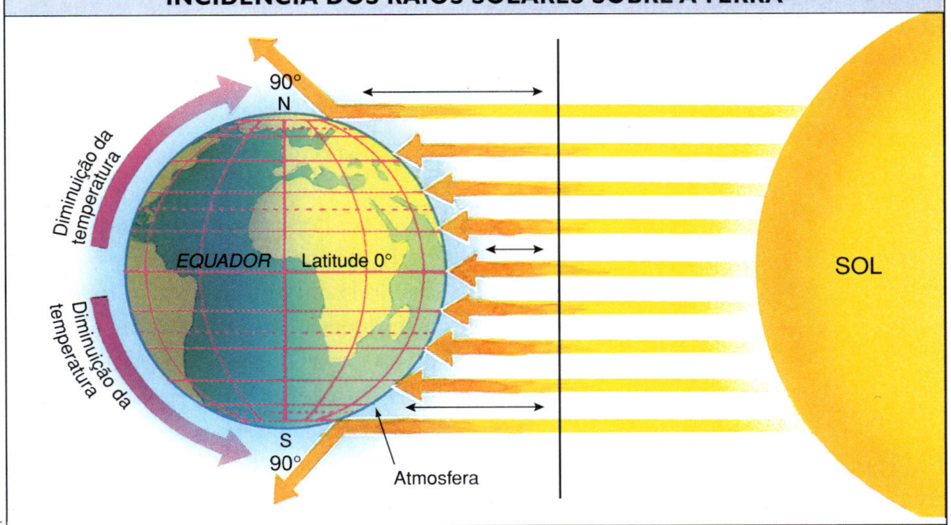

No Equador, os raios solares percorrem uma distância menor e incidem perpendicularmente sobre a Terra (maior temperatura). Nos pólos, os raios percorrem maior distância, com incidência muito inclinada (menor temperatura).

Variação da temperatura nos continentes e oceanos

A distribuição das massas líquidas (oceanos) e sólidas (continentes) exerce influência muito acentuada sobre a temperatura. A razão fundamental é que o comportamento térmico das rochas difere do comportamento da água. As águas demoram mais a se aquecer, mas conservam por mais tempo o calor. Os continentes aquecem-se e esfriam-se mais rapidamente do que os oceanos. Em decorrência disso as variações de temperatura nos continentes são mais acentuadas do que nos oceanos.

Além disso, devemos considerar que, quanto mais distante uma área continental estiver do oceano (ou de sua influência), maiores serão as suas oscilações térmicas (esse fenômeno recebe o nome de **continentalidade térmica**). O caso do Deserto do Saara é exemplar. Nessa área de mais ou menos 7 milhões de km², as **amplitudes térmicas** (diferença entre temperaturas máximas e mínimas) são muito acentuadas, podendo oscilar entre 40 °C e 50 °C durante o dia e 5 °C ou menos à noite. Outro exemplo seria o caso dos dois hemisférios: como o hemisfério norte possui área continental muito maior do que a do hemisfério sul, seus verões são mais quentes e os invernos mais frios do que os do hemisfério sul.

Figura 5

AS ZONAS CLIMÁTICAS DO MUNDO

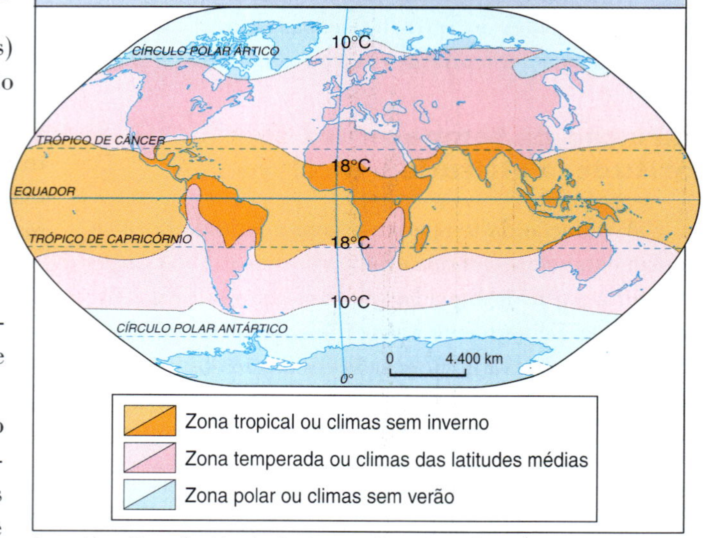

Fonte: *Atlante Geografico Metodico De Agostini*. Novara, Istituto Geografico De Agostini, 1995.

Recordando

Média térmica é a média aritmética das temperaturas. Pode ser diária, mensal e anual.

Isotermas são linhas que, em um mapa, unem os pontos de igual temperatura média.

Zonas climáticas da Terra

Como já vimos no capítulo 1 desta unidade, no solstício de verão no hemisfério sul (21 de dezembro), o Sol se encontra na altura do Trópico de Capricórnio; no solstício de verão no hemisfério norte (21 de junho), o Sol se encontra na altura do Trópico de Câncer. Assim, os paralelos delimitam, *grosso modo*, **zonas climáticas** na Terra: a zona tropical (entre os trópicos de Capricórnio e de Câncer), as zonas temperadas ou climas de latitudes médias (entre os trópicos e os círculos polares), e as zonas polares (círculos polares). Observe a figura 5.

5 Influência das correntes marítimas no clima

Porções de água que se deslocam pelos oceanos, apresentando temperatura, salinidade, pressão e velocidade próprias, as **correntes marítimas** distribuem o calor e influem no clima. Resultam de diversos fatores, como ventos, movimento de rotação da Terra, diferenças de salinidade e temperatura das águas e conformação das bacias oceânicas.

As **correntes quentes** formam-se nas áreas equatoriais e migram para as altas latitudes, onde irradiam calor para o ar atmosférico. As **correntes frias** formam-se nas áreas polares, migram para as baixas latitudes e provocam queda da temperatura nas áreas litorâneas próximas.

Observe na figura 6, ao lado, a corrente quente do Golfo, ou *Gulf Stream*, que ameniza o clima do litoral europeu e impede o congelamento das águas do Atlântico Norte no inverno. Observe também as correntes frias de Humboldt e da Califórnia, que esfriam o ar atmosférico ao longo de seu trajeto.

As correntes marítimas influem também na umidade. As massas de ar quente provenientes do Pacífico se resfriam ao passar sobre essas correntes, ocasionando condensação e chuvas. Elas chegam secas ao litoral e ao interior da América do Sul e do Norte, sendo, além de outros fatores, responsáveis pela existência dos desertos de Atacama e do Colorado, bem como do deserto mexicano.

Figura 6

CORRENTES MARÍTIMAS NO MUNDO

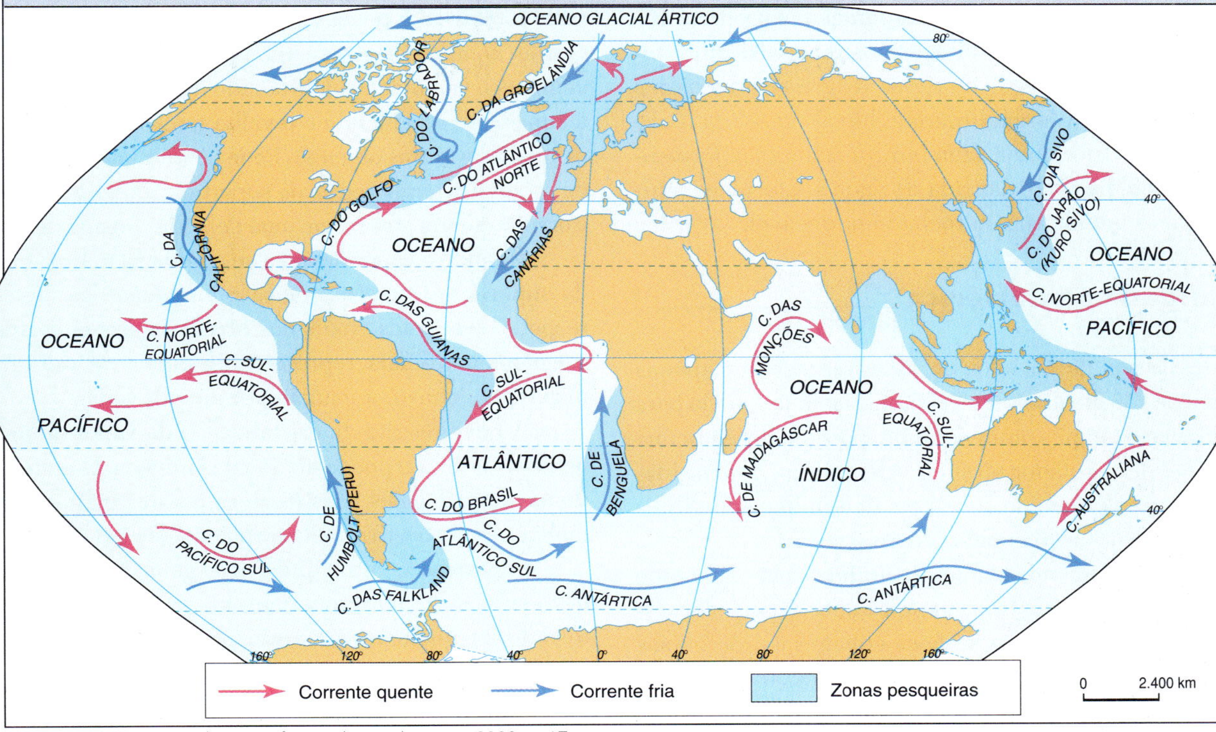

Fonte: baseado em IBGE. *Atlas geográfico escolar*. Rio de Janeiro, 2002. p. 67.

Vale observar ainda que as principais áreas pesqueiras do mundo localizam-se em locais de encontro entre correntes frias e quentes. Para compensar o movimento das águas superficiais, as águas profundas são transportadas verticalmente para cima — fenômeno conhecido como **ressurgência** —, trazendo sedimentos ricos em nutrientes. A iluminação solar aumenta a atividade biológica, concentrando **plâncton** (microorganismos animais e vegetais) e atraindo grande quantidade de peixes.

6 Elementos do clima: a água na atmosfera

Ciclo hidrológico

Uma parcela significativa da água existente na Terra encontra-se em permanente circulação, constituindo o chamado **ciclo da água** ou **ciclo hidrológico** (figura 7), cuja importância é vital para a **biosfera** (camada biológica). Com esse ciclo, parte da água existente

Figura 7

CICLO HIDROLÓGICO

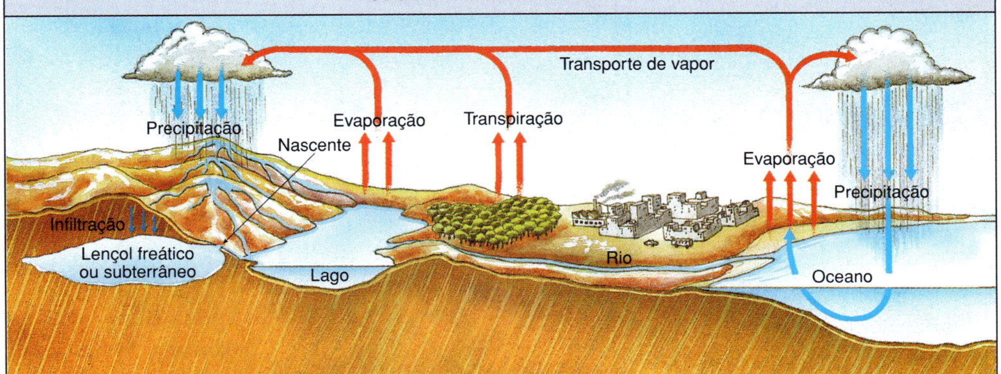

Fonte: *A Terra*. São Paulo, Ática, 1998. p. 40. (Série Atlas Visuais)

na superfície terrestre (oceanos, mares, rios etc.) e nos vegetais é transferida para a atmosfera sob a forma de vapor de água, por meio da **evaporação** (superfícies líquidas) e da **evapotranspiração** (vegetais). Na atmosfera, após a condensação do vapor, a água retorna para a superfície sob a forma líquida (chuva) ou sólida (neve e granizo). Parte dessa água infiltra-se no solo, formando o **lençol freático**, camada de água subterrânea situada sobre um terreno ou rocha impermeável.

Umidade atmosférica

Apesar de o vapor de água representar apenas cerca de 2% da massa atmosférica, sua importância para o clima e o tempo é muito grande, pois ele desempenha o papel de regulador térmico. Além disso, a quantidade de vapor e água na atmosfera determina a possibilidade de ocorrerem ou não precipitações.

A umidade normalmente diminui com o aumento da altitude (além da troposfera, o vapor é quase inexistente) e da latitude (as regiões equatoriais, de baixas latitudes, são mais úmidas). O aparelho utilizado para medir a umidade atmosférica chama-se **higrômetro**.

Umidade absoluta é a quantidade de vapor de água existente na atmosfera em um dado momento; é medida em gramas de vapor de água por metro cúbico de ar. Quando a atmosfera recebe a quantidade limite de vapor de água, dizemos que se atingiu o **ponto de saturação** ou o **ponto de orvalho**, que varia de acordo com a temperatura.

A relação entre umidade absoluta do ar e seu ponto de saturação nos fornece a **umidade relativa** do ar, que é medida em porcentagem. Se a umidade absoluta e o ponto de saturação forem, por exemplo, de 10 g e de 20 g, respectivamente, a umidade relativa será de 50%. A atmosfera estará saturada quando a umidade relativa atingir 100%. Nesse caso, ocorrerá precipitação.

Nuvens e precipitações

As **nuvens** originam-se de pequenas gotas de água ou gelo que flutuam em suspensão nas camadas mais elevadas da troposfera. Formam-se pela **condensação** do vapor de água.

Embora os diferentes tipos de nuvens em geral apareçam associados, há quatro tipos básicos: **cirros**, **cúmulos**, **estratos** e **nimbos**. Veja a figura 8.

Se a condensação ocorrer junto à superfície, teremos as chamadas **precipitações superficiais**. Nesse caso, pode formar-se o **nevoeiro** ou a **neblina** (gotículas suspensas no ar). O resfriamento do ar durante a noite faz com que o vapor de água irradiado da Terra se condense à superfície, originando o **orvalho** (gotas de água sobre as plantas e outros objetos). Pode ocorrer também a **geada**: quando a temperatura da superfície atinge zero grau, o orvalho se transforma em uma delgada camada de gelo.

Quando o vapor de água se condensa muito acima da superfície terrestre, temos a formação das nuvens responsáveis pelas chamadas **precipitações atmosféricas não-superficiais**, representadas pela neve, pelo granizo e pela chuva, a mais importante de todas.

A **neve** resulta da cristalização do vapor de água no interior ou um pouco abaixo das nuvens. O acúmulo da neve nas regiões frias (regiões polares e altas montanhas) é responsável pela formação das geleiras.

O **granizo** é constituído pelo gelo. Sua formação deve-se às fortes **correntes convectivas** (movimento vertical do ar), que realizam o transporte das gotas de água para as camadas mais elevadas e mais frias, onde se dá o congelamento. Pode provocar danos consideráveis, principalmente na agricultura.

A **chuva** é a mais comum das precipitações e a mais benéfica para a humanidade e para os demais seres vivos. Resulta do contato de uma nuvem saturada de vapor de água com uma camada de ar frio. O ar pode ser resfriado de várias formas na atmosfera.

Figura 8

CID

Cirros. São as nuvens mais altas — 8 quilômetros ou mais de altitude — e apresentam aspecto fibroso.

CID

Cúmulos. Situam-se entre 2 e 6 quilômetros de altitude e são semelhantes a flocos de algodão; associadas aos nimbos, podem provocar temporais e chuvas de granizo.

CID

Estratos. Situam-se entre 500 e mil metros de altitude e têm a forma de camadas horizontais.

CID

Nimbos. São as nuvens mais baixas, geralmente escuras. Provocam chuvas.

Em geral consideramos três tipos de chuva (figura 9).

• **Convectiva.** Resulta da ascensão vertical do ar, que, ao entrar em contato com as camadas de ar frio, sofre condensação e se precipita. É geralmente intensa (forte), rápida, acompanhada de trovões e às vezes de granizo (chuva de verão ou equatorial).

• **Frontal.** Resulta do encontro de uma massa de ar frio (frente fria) com uma massa de ar quente (frente quente). É menos intensa e mais duradoura.

• **Orográfica** ou **de relevo**. É resultante do deslocamento horizontal do ar, que, ao entrar em contato com as regiões elevadas (serras e montanhas), sofre condensação e conseqüente precipitação.

Figura 9

TIPOS DE CHUVA

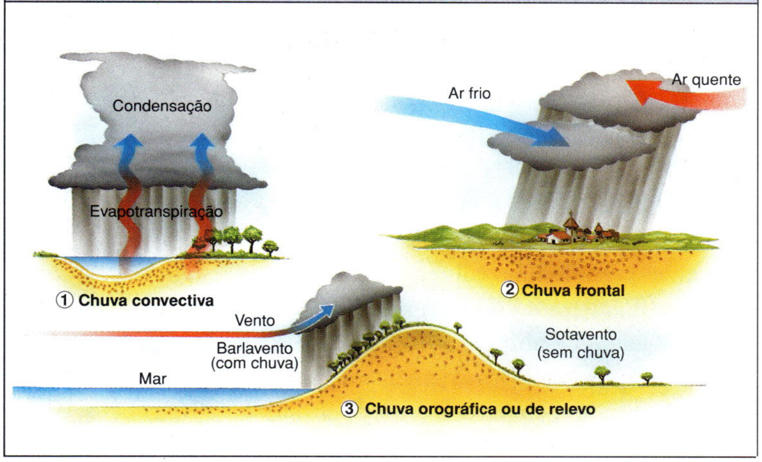

Fonte: FORSDYKE, A. G. *Previsão do tempo e clima.* São Paulo, Melhoramentos/Edusp, 1969. p. 60.

A distribuição das chuvas é bastante irregular, quer do ponto de vista geográfico (mundial ou regional), quer em relação às épocas do ano. De modo geral, podemos afirmar que as chuvas são abundantes nas regiões equatoriais, moderadas nas regiões temperadas e fracas nas regiões polares. A pluviosidade é maior nas proximidades dos oceanos do que no interior dos continentes. Observe a figura 10.

Recordando

Pluviômetro é o aparelho que mede a quantidade de chuva, expressa em milímetros de altura.

Isoietas são as linhas que, em um mapa, unem pontos de igual pluviosidade.

Figura 10

DISTRIBUIÇÃO MUNDIAL DAS CHUVAS

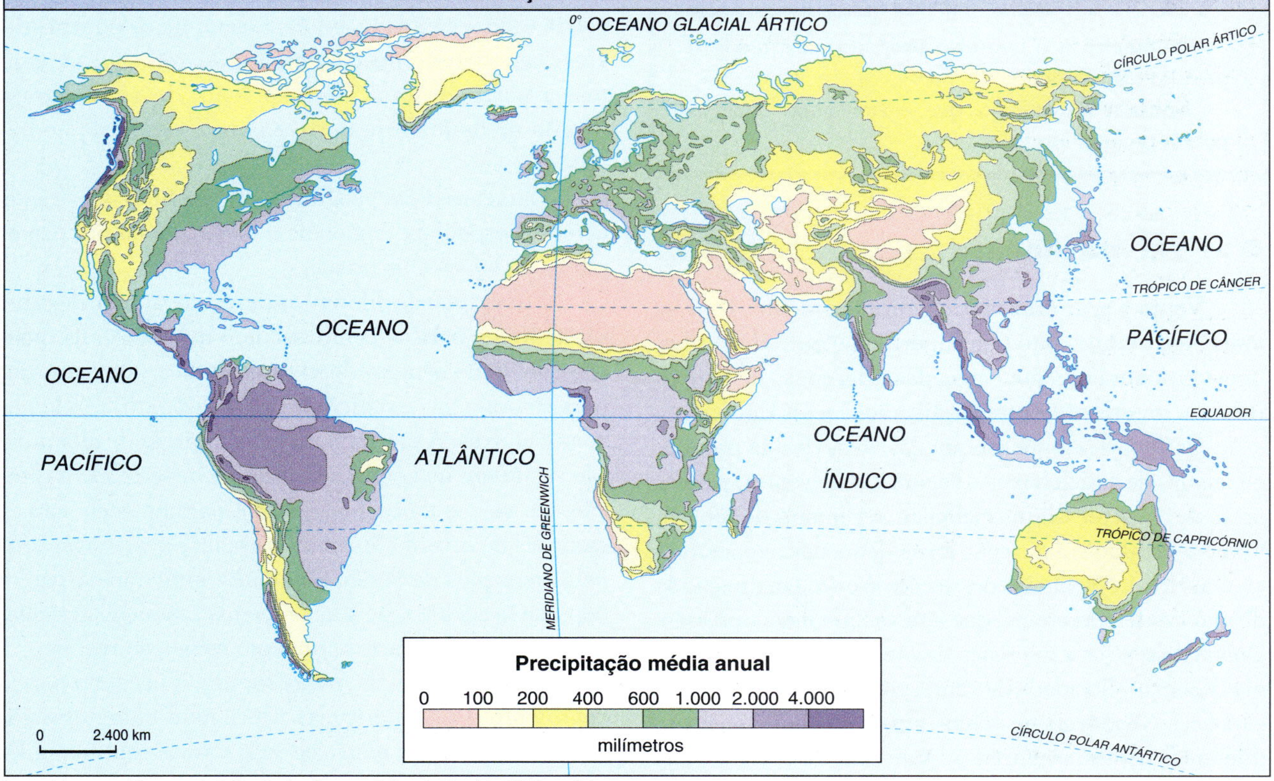

Fonte: *Atlas geográfico mundial.* São Paulo, Empresa Folha da Manhã, 1994. p. 24.

7 Elementos do clima: pressão atmosférica, ventos e massas de ar

Ter peso e estar em constante movimento são duas das inúmeras características da atmosfera.

A famosa experiência do físico italiano Evangelista Torricelli (1608-1647) comprovou que o ar exerce uma pressão sobre os corpos (**pressão atmosférica**), cuja força é igual ao peso de uma coluna de mercúrio de 1 centímetro de diâmetro e 76 centímetros de altura, ao nível do mar. Quando a altitude aumenta, a altura da coluna de mercúrio diminui. Isso demonstra que a pressão atmosférica diminui com o aumento da altitude.

Além de variar em função da altitude, a pressão atmosférica varia também em função da temperatura. À medida que a temperatura se eleva, o ar torna-se mais rarefeito (dilata-se) e, portanto, com menor pressão. Quando a temperatura diminui, o ar torna-se mais denso (comprime-se) e, conseqüentemente, com maior pressão. Quanto maior a latitude, mais frio e maior pressão atmosférica e vice-versa. Como veremos, as áreas de alta pressão (mais frias) são dispersoras de ar e as áreas de baixa pressão (mais quentes), receptoras de ar.

Recordando

Barômetro é o aparelho utilizado para medir a pressão atmosférica.

Isóbaras são as linhas que, em um mapa, unem os pontos de igual pressão.

O ar em movimento

Vento é o ar atmosférico em movimento. O ar se move horizontalmente (em superfície e altitude) e também verticalmente, por causa das diferenças de temperatura e de pressão entre os diversos locais da Terra.

Os ventos sempre sopram das áreas de alta pressão, chamadas de **anticiclonais** (dispersoras de ventos) para as áreas de baixa pressão ou **ciclonais** (receptoras de ventos). Como a pressão é maior nas áreas de menor temperatura ou mais frias, o vento sai dessas áreas e vai em direção às de maiores temperaturas, que apresentam menor pressão. Quanto maior for a diferença de pressão entre as regiões, maior será a velocidade do vento, podendo ocorrer, nessas situações, vendavais ou ventos mais fortes, que recebem diferentes nomes, conforme o local: **furacão** (Caribe), **tornado** (EUA), **tufão** (Ásia). Veja a figura 11.

Figura 11

STEVE BLOOM/TAXI-GETTY IMAGES

Podendo atingir até 300 km/h, os furacões ou ciclones são ventos que se movimentam circularmente em torno de áreas de baixas pressões (áreas ciclonais). Podem arrancar árvores, levantar animais grandes e provocar grandes destruições e danos. Na foto, tornado Fresno, que atingiu o Kansas (EUA), em 1995.

Os **alísios** são ventos que, em superfície, sopram dos trópicos para o Equador (área ciclonal, de convergência de ventos). Nas áreas equatoriais, o ar quente (mais leve) e úmido sobe. Em altitude, o ar esfria e retorna aos trópicos, formando os **contra-alísios**. Em virtude do movimento de rotação, os ventos, a partir da área de dispersão, desviam para a direita no hemisfério norte e para a esquerda no hemisfério sul.

Características geográficas específicas dão origem a ventos especiais, regionais e locais, como por exemplo as monções e as brisas.

Em virtude de diferenças de temperatura e de pressão entre as massas continentais e marítimas, as **monções** de verão sopram do Oceano Índico (alta pressão) para o continente asiático (baixa pressão), trazendo nuvens e chuvas. A partir do inverno, as áreas de alta pressão se situam no continente asiático, invertendo a direção dos ventos e ocasionando um período seco: são as monções de inverno. As chuvas abundantes, provocadas pelas monções de verão, têm muita importância para a população asiática, pois favorecem a produção agrícola, principalmente do arroz, alimento básico da região.

Durante o dia, as **brisas** sopram do oceano para o continente (brisa marítima). Durante a noite, elas sopram do continente para o oceano (brisas continentais). Observe a figura 12.

Figura 12

Massas de ar e frentes

Massas de ar são grandes porções de ar que costumam se originar em áreas extensas e homogêneas, como as planícies, os oceanos e os desertos. Em seu processo de formação, adquirem as características da área de origem (umidade e temperatura). Ao se movimentarem, as massas de ar influenciam as áreas sobre as quais estão se deslocando ou podem adquirir as características dessas áreas. Por exemplo: se uma massa de ar frio e úmido passa sobre uma área de temperatura mais elevada, e essa área sofre queda de temperatura, o tempo fica instável, podendo chover. Isso acontece com freqüência no sul do Brasil, especialmente durante o inverno. Por outro lado, se a área for mais fria do que a massa de ar, esta sofrerá esfriamento por baixo e terá tendência a gerar tempo estável.

Veja no quadro 1 a classificação das massas de ar que caracterizam os vários climas da Terra e determinam os diferentes tipos de tempo no decorrer do ano.

As **frentes** são áreas de transição entre duas massas de ar. O encontro de duas massas de ar, uma fria, geralmente seca, e outra quente e úmida, provoca mudanças significativas no tempo, trazendo nuvens e chuvas. O ar quente, mais leve, eleva-se por cima do ar frio, mais denso. Se o ar frio predominar, teremos uma **frente fria**; se, ao contrário, o ar quente avançar, teremos uma **frente quente**.

Quadro 1

Classificação das massas de ar

Tipo principal	*Subtipo*	*Área de origem*	*Características originais*
Polar (P)	Polar marítima (PM)	Oceanos (acima de 50° de latitude)	Fria, úmida e instável
	Polar continental (PC)	Antártida e áreas continentais mais próximas do Pólo Norte	Fria, seca e estável
Tropical (T)	Tropical marítima (TM)	Oceanos (proximidade dos trópicos)	Quente e úmida, estável na parte leste do oceano e instável a oeste
	Tropical continental (TC)	Desertos tropicais (Saara, Australiano etc.)	Quente, seca e estável
Equatorial (E)	Equatorial marítima (EM)	Oceanos (proximidades do Equador)	Quente e úmida
	Equatorial continental (EC)	Continentes (proximidades do Equador)	Quente e geralmente úmida

Circulação geral da atmosfera

A **circulação geral da atmosfera**, também chamada primária, é responsável pela existência das grandes zonas climáticas (polares, temperadas e tropical). O mecanismo de circulação geral da atmosfera desenvolve-se por meio de circuitos ou módulos circunscritos a cada uma das zonas climáticas.

Existem seis módulos, três em cada hemisfério (norte e sul). Dentro dos limites de cada módulo, o mecanismo de circulação atmosférica tende a se repetir a cada ano. Correntes convectivas dão voltas e se encontram em diferentes latitudes, redistribuindo calor e umidade na superfície terrestre, dando a cada zona climática as suas características fundamentais e produzindo paisagens vegetais diversificadas (florestas, desertos, pradarias etc.). Por exemplo: a zona tropical é normalmente quente e úmida e as zonas polares continentais são frias e secas. Observe a figura 13.

Além dessa circulação geral ou primária, que ocorre em zonas latitudinais e determina o padrão geral ou global dos climas (zonais ou latitudinais), existem as circulações **secundária** e **terciária**, menos abrangentes em relação às grandes zonas climáticas. Elas são representadas, por exemplo, pelos ventos monçônicos, que abrangem áreas menores (circulação secundária), e pelos ventos locais, que abrangem áreas ainda mais restritas (circulação terciária). No último caso estão, por exemplo, os ventos **pampeiro** e **minuano** (Argentina e sul do Brasil, respectivamente), o **simum** (Saara, norte da África) e as **brisas**.

Assim, podemos concluir que, enquanto a circulação geral determina os tipos gerais de clima (polar, tropicais, temperados), a circulação secundária, somada a outros fatores como relevo, vegetação e correntes marítimas, explica os subtipos climáticos.

Figura 13

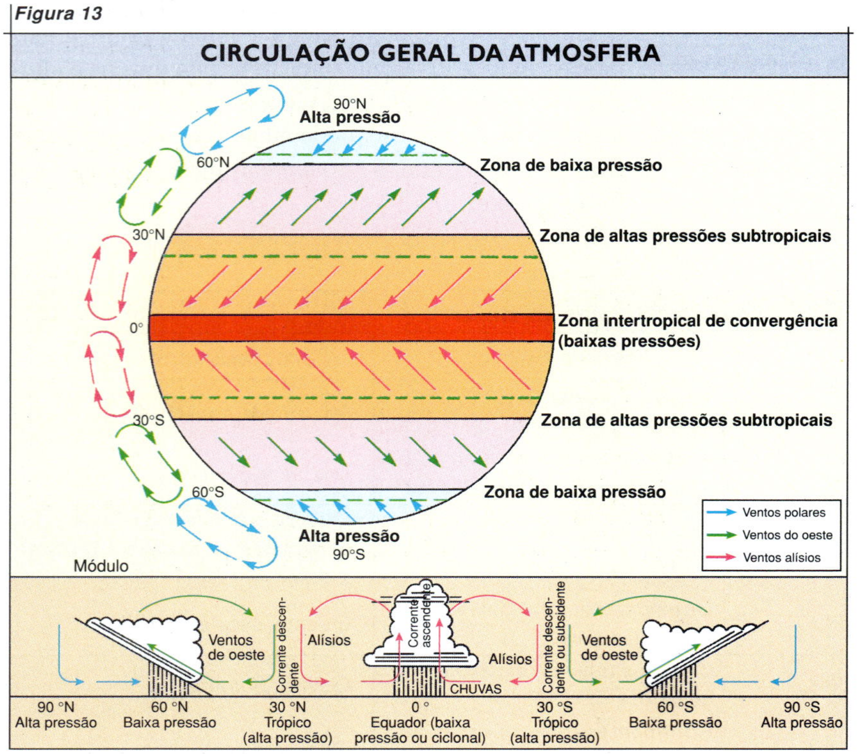

Fonte: *Investigando a Terra*. Versão brasileira. São Paulo, McGraw-Hill do Brasil, 1973. p. 178.

8 Mudanças climáticas e microclimas

O clima da Terra já sofreu muitas mudanças. No passado, ele já esteve mais quente ou mais frio. Em tempo geológico relativamente recente, a Terra viveu **períodos glaciais**, em que as geleiras cobriram grandes extensões, atingindo por vezes quase toda a superfície terrestre. Ocorreram também períodos prolongados de secas naturais em diversas regiões da Terra. O aumento das **manchas solares** provoca um aquecimento global. A diminuição dessas manchas pode fazer a temperatura da Terra cair até 2 °C. O Sol apresenta um período padrão de 11 anos para cada uma das situações.

Outro fenômeno climático natural, cujas causas ainda não foram totalmente esclarecidas e que tem conseqüências globais, é o **El Niño**. De tempos em tempos, uma enorme quantidade de água do Pacífico Sul (equatorial) se aquece mais do que normalmente, mudando o regime dos ventos, o que provoca secas em algumas regiões e inundações em outras (figura 14).

Certas regiões da Terra apresentam um clima peculiar, restrito e isolado da região ao seu redor: são os **microclimas**. Como exemplo podemos citar as áreas florestadas, nas quais as árvores retêm a radiação solar. A temperatura em seu interior se mantém fresca, podendo chegar a ser até 5 °C mais baixa do que a temperatura exterior.

Já as grandes cidades e metrópoles encontram-se cobertas por

Figura 14

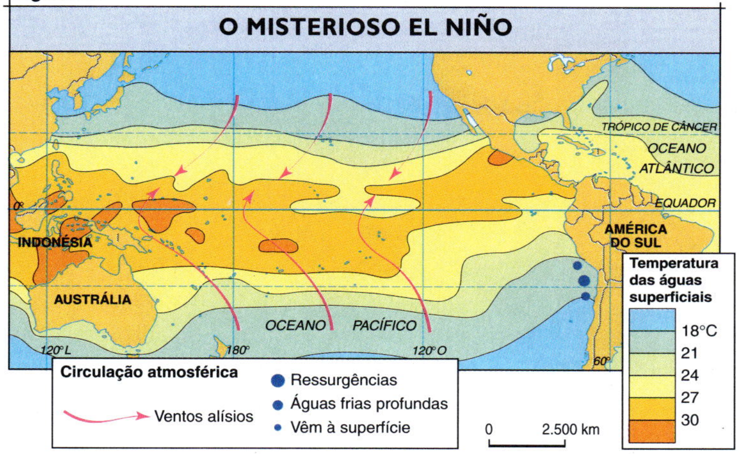

Fonte: *Alexander Pro*. Gotha, Klett-Perthers, 1996.

Os ventos alísios não têm força para deslocar as águas quentes superficiais do oceano, que permanecem na costa oeste da América do Sul. As chuvas caem no Oceano Pacífico, não chegando à Austrália e à Indonésia. O fenômeno da ressurgência não ocorre, por isso diminuem os nutrientes e a quantidade de peixes.

porções de ar quente situadas a aproximadamente 120 metros de altitude. São as **ilhas de calor**, também um microclima. Isso acontece, entre outras causas, porque a falta de vegetação e a combustão de motores aumentam a emissão de calor e a poluição do ar, ao mesmo tempo em que a circulação de ar é limitada pela presença de muitas áreas com concreto, asfalto e prédios. A temperatura pode ficar 6 °C acima da registrada em áreas verdes circundantes.

Classificações climáticas

Podemos afirmar que não existem duas áreas que possuam rigorosamente o mesmo clima, porque este é dinâmico e envolve uma infinidade de elementos. Assim, a classificação climática, a exemplo de tantas outras (dos solos, das rochas, da vegetação, dos elementos químicos etc.), nada mais é do que a tentativa de simplificar ou tornar compreensíveis os complexos modelos climáticos existentes. As modernas classificações podem ser inseridas em dois grupos fundamentais:

- **Classificações estáticas ou genéricas.** Fundamentam-se no comportamento (médio) dos elementos climáticos ou em suas características gerais, como, por exemplo, a classificação de Köppen (1846-1940), que se baseia fundamentalmente nos elementos climáticos temperatura e pluviosidade relacionados com a vegetação.

A **classificação de Köppen** (figura 15, na página seguinte) apresenta cinco tipos climáticos principais, que são representados por letras maiúsculas. Cada um desses climas principais é dividido em subtipos. Letras minúsculas indicam as características adicionais ou complementares de pluviosidade e temperatura. Observe o quadro 2.

- **Classificações dinâmicas ou genéticas.** Baseiam-se no estudo dos elementos que explicam as causas (a gênese) do clima ou de sua dinâmica, como, por exemplo, a **classificação de Strahler**, que se fundamenta no controle do clima pelas massas de ar. Strahler distingue três grupos climáticos: os de latitudes baixas, controlados por massas de ar tropicais e equatoriais; os de latitudes médias, controlados por massas de ar tropicais e polares; e os de altas latitudes, controlados por massas de ar polares e árticas ou antárticas. Veja a figura 16, na página seguinte.

Quadro 2

Classificação climática de Köppen		
Tipo climático principal	*Variação sazonal de pluviosidade*	*Característica complementar de temperatura*
A = tropical chuvoso **B** = seco (árido e semi-árido) **C** = temperado (ou mesotérmico úmido) **D** = frio (ou microtérmico úmido) **E** = polar	**f** = sem estação seca (sempre úmido) **m** = com uma estação seca e chuvas abundantes (tipo monçônico) **w** = chuvas de verão **w'** = chuvas de verão e outono **s** = chuvas de inverno e outono **S** = secas de verão **W** = secas de inverno **T** = tundra **F** = neve e gelo perpértuos	**a** = verão quente **b** = verão brando **c** = verão frio **d** = inverno muito frio **h** = quente ou sempre quente **k** = frio moderado

Fonte: AYOADE, J. O. *Introdução à climatologia para os trópicos*. 2. ed. Rio de Janeiro, Bertrand Brasil, 1998. p. 232-233.

Figura 15

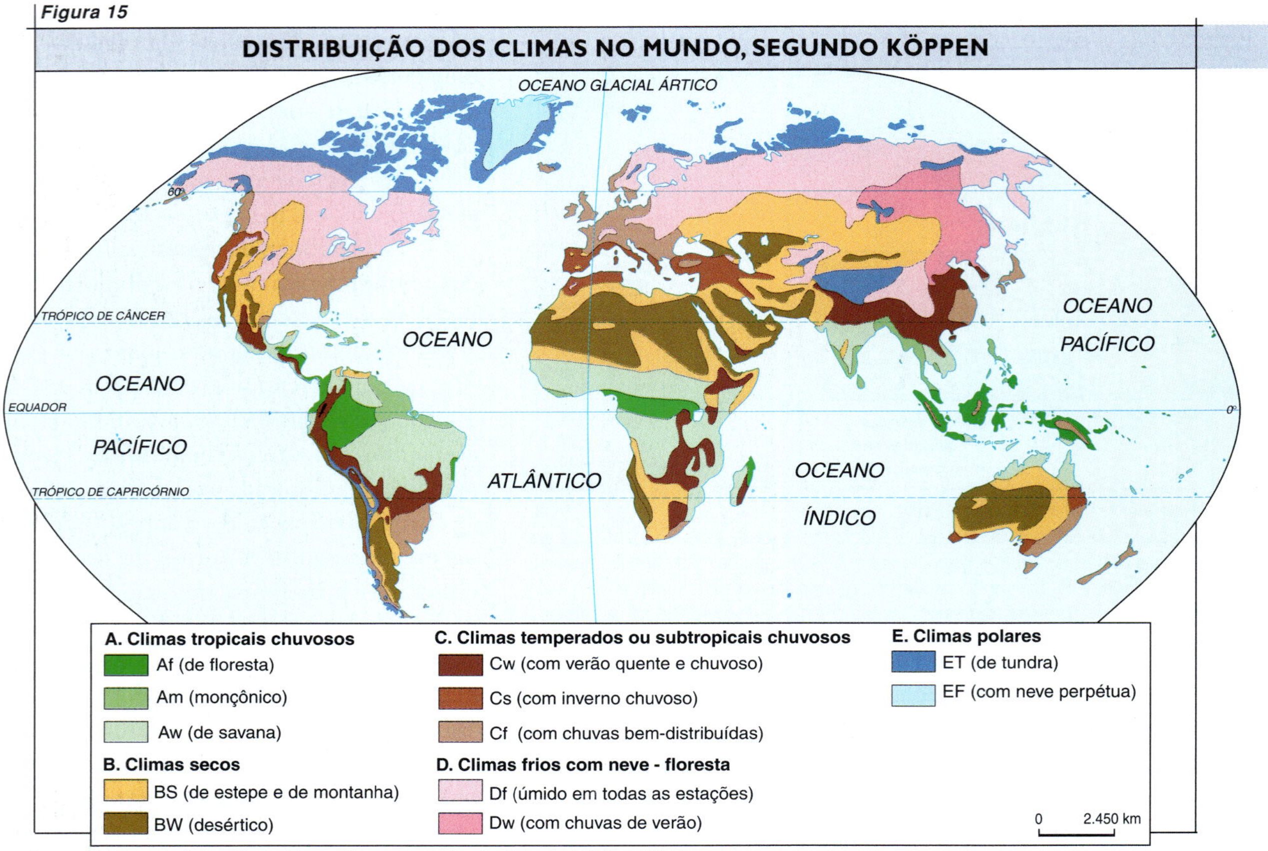

Fonte: *Atlante geografico moderno*. Novara, Istituto Geografico De Agostini, 1998. p. 38-39.

Figura 16

Fonte: *The Times atlas of the world*. Londres, Times Books, 1997.

AVALIE SEU APRENDIZADO

Fixando o conteúdo

1 Organize uma tabela com as seguintes características de cada camada atmosférica: altitude, composição e principais fenômenos.

2 Analisando a tabela que você construiu, responda:
a) Qual é a camada atmosférica mais importante para a vida na Terra? Por quê?
b) Qual é o comportamento geral da temperatura, com o aumento da altitude?

3 Qual é a diferença entre clima e tempo?

4 De que forma a energia solar é responsável pelas diferenças entre temperatura, ventos, pressão e precipitações nos diversos locais da Terra?

5 Observe o mapa com a distribuição dos climas no mundo, segundo Köppen (figura 15).
a) Que climas predominam na parte leste a oeste da América do Sul, na linha do Trópico de Capricórnio?
b) Como podemos explicar as diferenças de clima em regiões que têm as mesmas latitudes, como, por exemplo, as regiões da América do Sul que se encontram na linha do Trópico de Capricórnio?

6 Explique os fatores a seguir em relação à variação de temperatura de um lugar para outro:
a) latitude;
b) distribuição de oceanos e mares;
c) correntes marítimas;
d) relevo.

7 Explique as condições de ocorrência dos três tipos de chuva: frontal, convectiva e orográfica ou de relevo.

8 Observe a foto.

CID

a) Como deve ser esse local, em linhas gerais, quanto à temperatura e à pressão? Caracterize o clima dessa região.
b) Como você chegou a essas conclusões?
c) Compare o relevo, o clima e o modo de vida desse local com os do lugar em que você mora. Quais são as diferenças?

COMPLEMENTAÇÃO DO ESTUDO

Leituras

- BAINES, John. *Preserve a atmosfera*. São Paulo, Scipione, 1994.
- FORSDYKE, A. G. *Previsão do tempo e clima*. São Paulo, Melhoramentos/Edusp, 1975.

Sites

- *http://www.inmet.gov.br/* Portal que traz previsão do tempo, imagem *on line* do satélite Góes etc. O Inmet Jovem disponibiliza o atlas de nuvens, aborda os fundamentos da previsão do tempo e dos fenômenos naturais, esclarece conceitos de meteorologia.
- *http://www.mct.gov.br/clima/default.htm* Página do Ministério de Ciência e Tecnologia com informações sobre mudanças climáticas, convenções, mecanismos de desenvolvimento limpo e outros.
- *http://www.cpa.unicamp.br/* Saiba mais sobre efeito estufa, El Niño, La Niña e buraco na camada de ozônio.
- *http://www.iag.usp.br/meteo/meteo_ativida.htm* O Instituto Astronômico e Geofísico, Departamento de Ciências Atmosféricas, oferece informações sobre processos e sistemas atmosféricos, dinâmica do tempo e clima.

CAPÍTULO 6

As grandes paisagens naturais da Terra e a destruição dos ecossistemas florestais, fluviais e marítimos

1 Biodiversidade e ecossistemas

Cerca de 1 milhão e meio de espécies vivas (animais e vegetais) já foram identificadas na Terra. A partir de estudos e estimativas, os cientistas calculam que possa haver entre 5 milhões e mais de 30 milhões de espécies que povoam desde as profundezas dos oceanos até os mais altos picos das montanhas. O total de espécies de plantas, incluindo plantas altas e baixas (algas e fungos), pode chegar a 473.900, segundo estimativas.

Chamamos de **biodiversidade** a essa variedade de vida presente nos mais diversos ambientes. Ela é composta por uma grande **diversidade de espécies** (indivíduos semelhantes, com capacidade para se reproduzir entre si e naturalmente), que por sua vez apresentam grande **diversidade genética** (variação na informação genética entre indivíduos da mesma espécie) e **diversidade ecológica** (diferentes comunidades biológicas como florestas, desertos, rios, oceanos que interagem entre si e com o ambiente).

Observe na figura 1 que as áreas tropicais, incluindo o Brasil, contêm grande parte (calcula-se em torno de dois terços) das espécies de plantas e animais existentes na superfície do planeta, constituindo a região de maior biodiversidade do mundo. Isso se deve ao fato de essas áreas estarem localizadas em baixas latitudes, nas quais predominam grande luminosidade, temperaturas elevadas e alta pluviosidade, condições excelentes para dar origem à imensa diversidade do mundo tropical. Além disso, as florestas também são responsáveis pela manutenção dessas condições climáticas. Por exemplo,

Figura 1

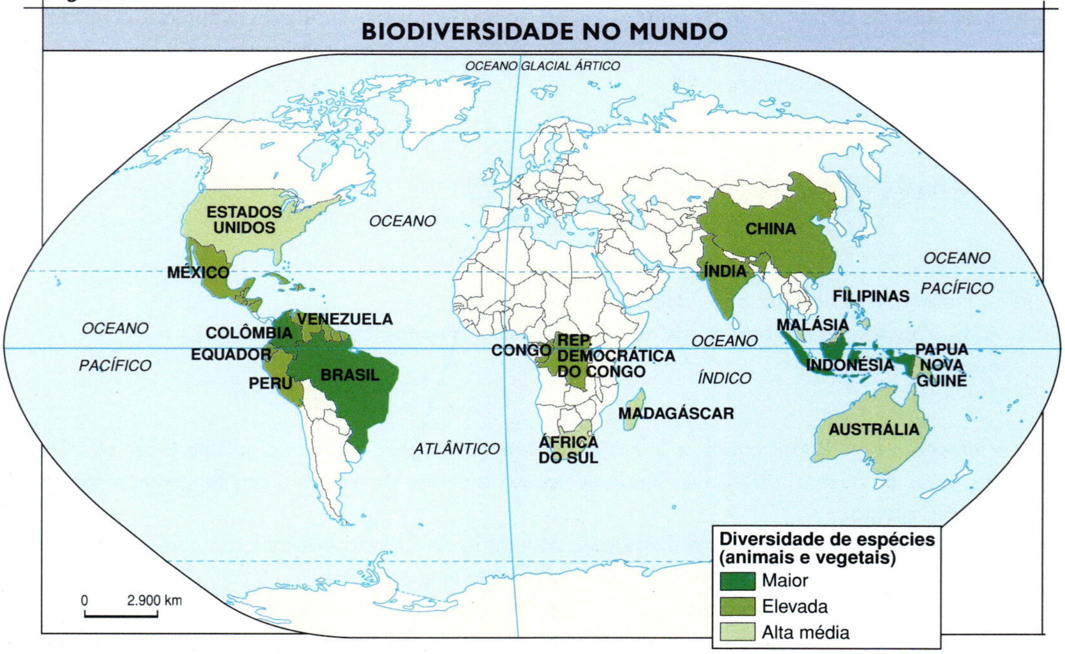

Fonte: elaborado pelos autores com base em dados da União Internacional para a Conservação da Natureza (UICN/Unesco).

a **evapotranspiração** das plantas (trocas gasosas decorrentes da respiração e da fotossíntese dos vegetais, juntamente com a eliminação do vapor de água resultante da transpiração) ajuda a manter o ciclo da água.

A estreita ligação que existe entre os seres vivos e o meio ambiente resulta em sistemas complexos. **Ecossistema** é o conjunto de seres vivos e de fatores ambientais de determinada área que interagem em equilíbrio, realizando trocas de energia e de matéria. As florestas, a caatinga, a tundra, os cerrados, os rios, os oceanos, os lagos e até um tronco de árvore podre são exemplos de ecossistema. A soma de todos os ecossistemas existentes na Terra forma a **biosfera** (camada que engloba os seres vivos). Leia o boxe ao lado.

2 Formações vegetais no mundo

Fatores ambientais como o solo, o clima e o relevo estão em constante interação. A alteração ou a destruição de um elemento podem romper o equilíbrio natural e provocar alterações em todo o ecossistema e na biosfera. O relevo altera o clima e vice-versa. A vegetação também é um reflexo do clima, do solo e do relevo e tem profunda influência sobre eles. A manutenção da cobertura vegetal, além de proteger os solos, faz aumentar os componentes orgânicos aí presentes e eleva a capacidade de retenção de água. Observe, na figura 2, a distribuição da vegetação no mundo.

A dinâmica da natureza e as diversas combinações entre os elementos que a compõem produzem paisagens naturais diferenciadas. Assim, de acordo com a altitude e com a latitude, teremos paisagens naturais com características diferentes. Observe na figura 18 (página 171) alguns tipos de paisagem natural e de plantas cultivadas presentes em diferentes níveis de altitude e de latitude.

Os seres humanos e a biosfera

Em 1971, a Unesco criou o Programa "O homem e a biosfera" (*The man and the biosphere* — MAB), conferindo a determinadas áreas do globo, consideradas de relevante valor ambiental e humano, o título de **reserva da biosfera**. Hoje, são cerca de 330 reservas, nas quais se procura aliar o desenvolvimento social ao desenvolvimento sustentável, por meio da conservação dos ecossistemas e da biodiversidade e da manipulação correta dos recursos naturais.

Figura 2

PLANISFÉRIO: VEGETAÇÃO

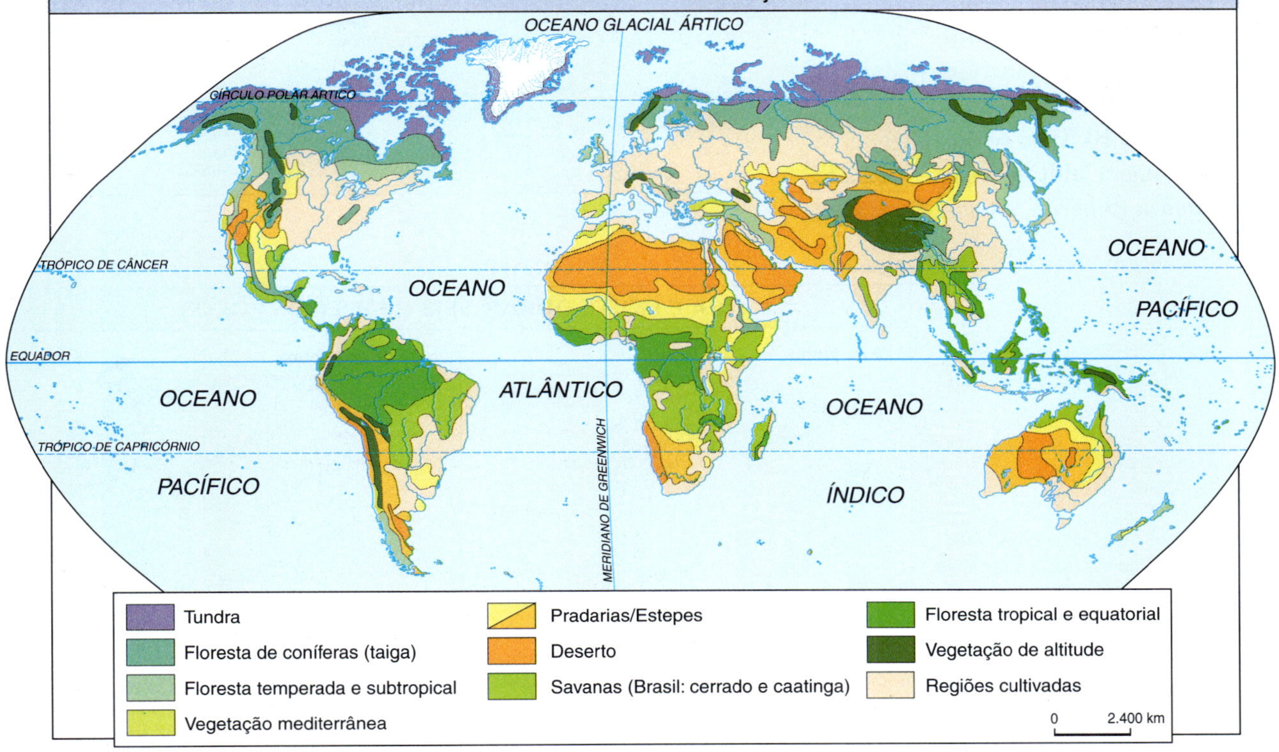

Fonte: FERREIRA, Graça Maria Lemos. *Atlas geográfico: espaço mundial.* São Paulo, Moderna, 2002. p. 72.

3 As grandes paisagens naturais

Regiões polares

Localizam-se além dos paralelos de 66° de latitude norte e sul. Constituem as áreas situadas ao redor dos pólos norte e sul e são representadas pelas regiões ártica e antártica.

Região ártica

Abrange o extremo norte da Europa, da Federação Russa e do Canadá e a quase totalidade da Groenlândia. A maior parte da região é formada pelo Oceano Glacial Ártico e por diversos mares. Grande parte das águas acha-se coberta pelo gelo, constituindo as chamadas **banquisas** (formadas por congelamento de águas do mar), que conferem uma uniformidade característica a todo o território ártico. Veja a figura 3.

Quanto ao quadro natural da região ártica, temos:

• **Clima**. É o elemento mais característico da região. Nas proximidades do pólo (90°), a média térmica fica em cerca de – 35 °C no inverno e pode alcançar 10 °C no verão. Devido à maior altitude, em Verkhoiansk (Sibéria), a temperatura já chegou, de modo excepcional, a – 72 °C. As precipitações (em geral, neve) raramente ultrapassam os 200 milímetros anuais (semelhante ao que ocorre nos desertos).

A figura 4 mostra como o movimento de translação da Terra e a inclinação do eixo terrestre são responsáveis pela pouca distribuição de luz e calor na região e por grandes períodos sem iluminação nos pólos, resultando numa das temperaturas mais baixas do planeta.

• **Vegetação e solos.** Durante o inverno, a vegetação deixa de existir; no verão, com o degelo, desenvolve-se a **tundra**, formada por pequenos arbustos e por gramíneas (musgos e liquens) nas áreas mais frias. Os solos são muito pobres e quase inexistentes.

Figura 3

REGIÃO ÁRTICA: ALTIMETRIA E RECURSOS MINERAIS

Fonte: SERRYN, Pierre. *Atlas universel Bordas*. Paris, Bordas, 1998. p. 57.

Figura 4

DIA E NOITE DURAM SEIS MESES NOS PÓLOS

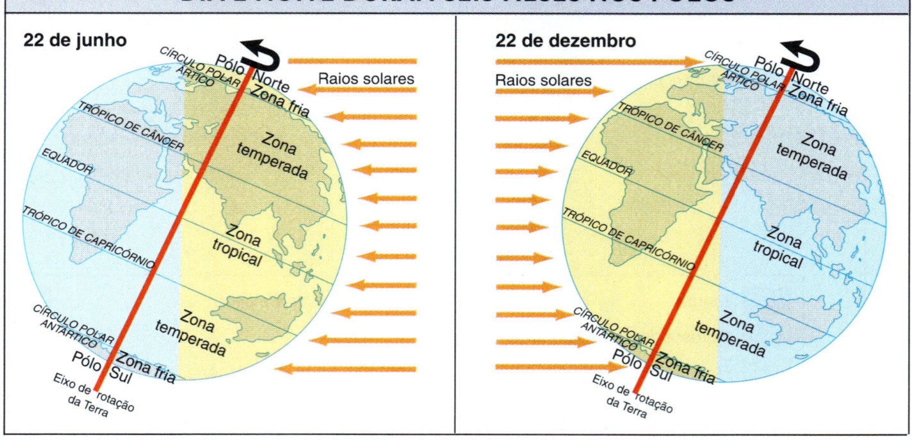

Em 22 de junho é verão no hemisfério norte e inverno no sul. Toda a região a partir do Círculo Polar Ártico permanece iluminada 24 horas por dia, durante 6 meses. No Círculo Polar Antártico a escuridão durará 6 meses. Em 22 de dezembro a situação se inverte: é inverno no Pólo Norte e verão no Pólo Sul. A noite e o dia de 6 meses estão na metade.

Fonte: *Conhecer 2000: enciclopédia ilustrada de pesquisa*. v. 7. São Paulo, Nova Cultural, 1995. p. 117.

• **Fauna**. Destacam-se o urso polar, a rena e o boi-almiscarado (terrestres), além da foca, da baleia e do leão-marinho (aquáticos).

• **Presença humana**. Entre os habitantes nativos destacam-se os esquimós (Alasca, Canadá e Groenlândia), os samoiedas (Eurásia) e os lapões (Escandinávia), que vivem basicamente da caça e da pesca.

A presença dos povos ocidentais já é uma realidade entre a população ártica e está relacionada, por exemplo, à extração mineral (ouro e petróleo no Alasca e na Sibéria, ferro na Escandinávia), ao contrabando de peles e ao comércio. A penetração de produtos industrializados tem provocado alteração dos costumes e do ambiente. Veja a figura 5, ao lado.

Figura 5

CID

Cada vez mais o estilo de vida tradicional tem cedido lugar ao estilo urbano de vida. Na foto, jovens da região ártica (foto da década de 1990).

Antártida ou região antártica

Essa região é quase toda ocupada pelo continente antártico, com área de 14 milhões de km². Cerca de 95% da superfície do continente encontra-se coberta por uma grossa camada de gelo, com espessura média de 2 mil metros. Se esse gelo, que representa em torno de 70% da água doce do planeta, derretesse, o nível dos oceanos seria elevado em aproximadamente 50 metros. Observe a figura 6.

A Antártida possui altitude máxima de aproximadamente 5.100 metros e é considerada a região mais fria do planeta. Ali se registrou a temperatura mais baixa de que se teve conhecimento: – 89,2 °C, na estação Vostok.

• **Clima**. Caracteriza-se por baixíssimas temperaturas (o inverno dura 6 meses) e escassas precipitações. Nessa região originam-se massas de ar frio e fortes ventos. As médias térmicas, no mês mais frio, são de cerca de – 25 °C no interior. No mês mais quente, as temperaturas chegam a 0 °C no litoral.

Figura 6

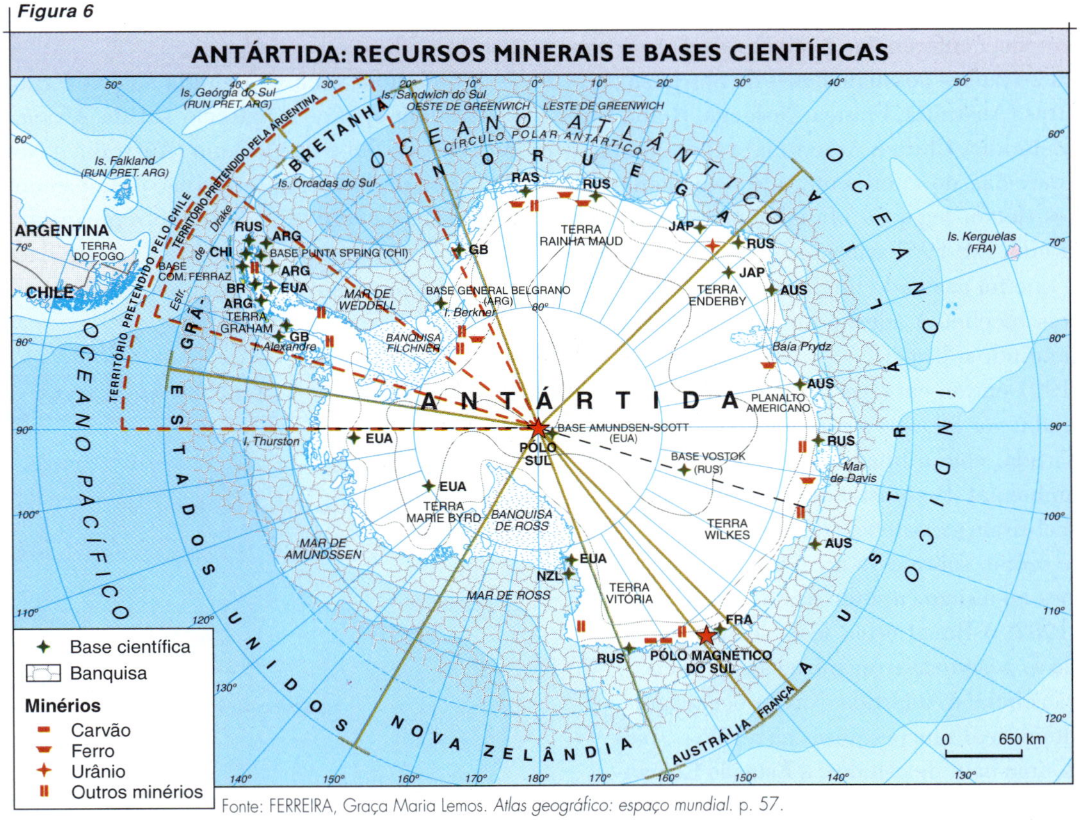

Fonte: FERREIRA, Graça Maria Lemos. *Atlas geográfico: espaço mundial*. p. 57.

Observe ao lado (figura 7), um **climograma** de clima polar: esse gráfico representa as variações de temperatura (linha vermelha) e de precipitações médias (colunas azuis) de um local (neste caso, o Alasca), ao longo dos meses do ano.

Figura 7

CLIMOGRAMA: CLIMA POLAR

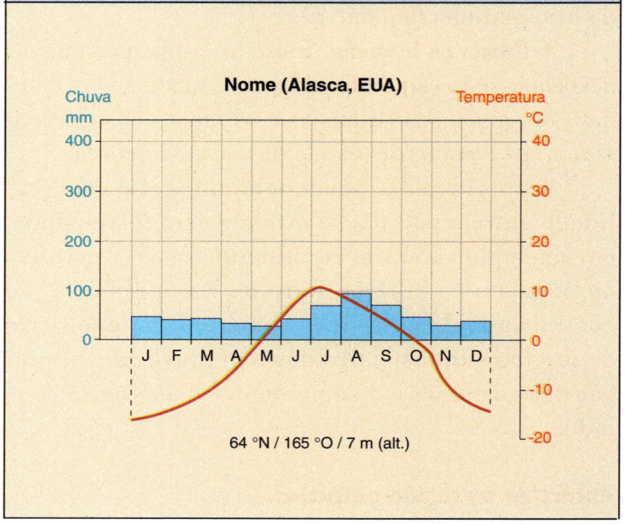

Fonte: *The Times atlas of the world*. Londres, Times Books, 1997. p. 3-4.

• **Vegetação e solos.** Só musgos, liquens e alguns invertebrados são encontrados no continente, uma vez que o rigor climático dificulta a formação de solos e o desenvolvimento de plantas e animais. Em compensação, a região litorânea apresenta fauna rica, em razão principalmente da grande quantidade de *krill* (espécie de camarão, muito nutritivo) que alimenta baleias, peixes, focas e pingüins.

• **Recursos minerais.** O subsolo da Antártida é bastante rico em recursos minerais — ouro, cobre, ferro, urânio, carvão, petróleo —, mas sua exploração é proibida. As atividades econômicas na região restringem-se à pesca (baleia, *krill* etc.) e à caça (foca).

• **Presença humana.** A Antártida é a única das grandes regiões naturais da Terra que ainda está desabitada. A primeira expedição ao continente ocorreu em 1820 (Rússia), seguida por diversas outras expedições e por alguns aventureiros. O primeiro ser humano a alcançar o Pólo Sul foi o norueguês Roald Amundsen, em 1911, desencadeando, a partir de então, várias reivindicações da posse territorial do continente.

• **Acordos, conferências e reivindicações de posse.** Embora 26 países possuam bases de pesquisa científica e outros (Austrália, França, Noruega, Reino Unido, Nova Zelândia, Chile e Argentina) reivindiquem a posse de parcelas do continente, até o momento nenhum deles detém legal ou oficialmente a sua posse total ou parcial. Em 1961 entrou em vigor o **Tratado da Antártida**, que foi assinado inicialmente por doze países e depois recebeu a adesão de mais de trinta nações, incluindo o Brasil.

Em 1991 entrou em vigor o **Protocolo de Madri**, que proíbe por 50 anos a exploração econômica da Antártida, com a finalidade de assegurar a proteção ambiental. Pesquisadores que estudam a região descobriram a existência de um buraco na camada de ozônio sobre essa área, assunto que abordaremos no último capítulo deste livro.

Em 1982, o Brasil criou legislação regulamentando as pesquisas e organizou sua primeira expedição oficial à Antártida. Navios oceanográficos brasileiros realizam pesquisas na região e o país mantém ali uma base de estudos, a **Estação Comandante Ferraz**.

Regiões temperadas

As regiões ou zonas temperadas situam-se entre os trópicos e os círculos polares (figura 8).

Das duas, somente a zona temperada norte (Europa, parte da América do Norte e da Ásia e norte da África) aparece plenamente caracterizada, por ser constituída em sua maior parte por **terras emersas** (continentes e ilhas).

Quanto à zona temperada sul, as terras emersas constituem apenas o extremo sul da África, parte da América do Sul e da Oceania (Austrália e Nova Zelândia). Boa parte dessas terras não é tipicamente temperada; são, na verdade, áreas subtropicais. É o caso do sul do Brasil, que, embora esteja dentro da zona temperada, não possui suas principais características.

Figura 8

PLANISFÉRIO: REGIÕES TEMPERADAS

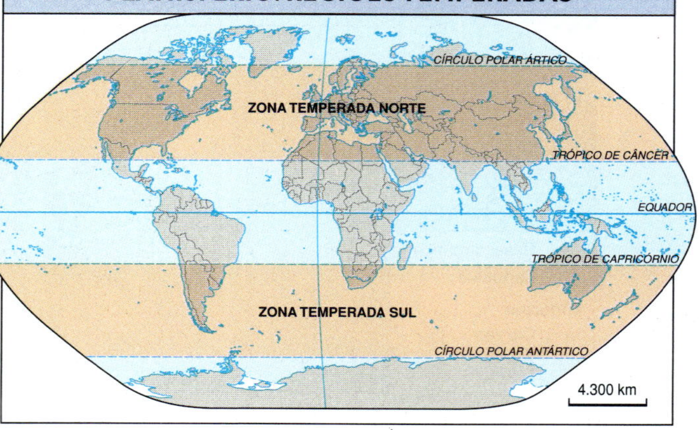

Clima

Estações do ano bem definidas e invernos rigorosos com neve são as principais características desse clima.

Os principais tipos de clima temperado são:

• **Temperado continental.** Ocorre entre as latitudes de 45° e 55°, aproximadamente. Caracteriza-se por apresentar invernos rigorosos e elevadas amplitudes térmicas anuais. As precipitações anuais variam de 500 a 1.200 milímetros e concentram-se mais no verão e na primavera. Ocorre em parte da Federação Russa e nas pradarias da América do Norte. Veja o climograma correspondente (figura 9).

Figura 9

CLIMOGRAMA: CLIMA TEMPERADO CONTINENTAL ÚMIDO FRIO

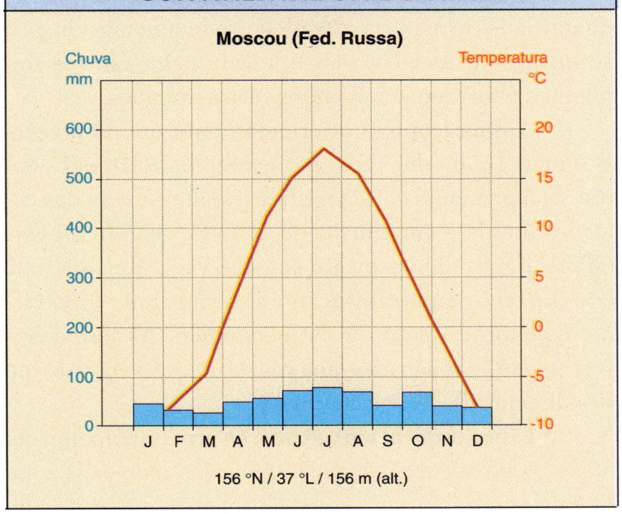

Fonte: *The Times atlas of the world*. p. 3-4.

• **Temperado mediterrâneo.** Ocorre nas costas ocidentais dos continentes — Califórnia (EUA), Chile, África do Sul e Austrália — e principalmente no sul da Europa e no norte da África, nas proximidades do Mar Mediterrâneo. Apresenta verões quentes e secos e invernos amenos e chuvosos. As precipitações variam desde 300 milímetros (regiões mais secas) até 900 milímetros por ano.

• **Temperado marítimo** ou **subtropical úmido.** Ocorre no noroeste europeu e nas Ilhas Britânicas, no leste do Estados Unidos, no nordeste da Argentina, no leste da Região Sul do Brasil, no leste da Austrália e da China, no Japão etc. Os verões são moderadamente quentes e os invernos são amenizados pela ação das correntes marítimas quentes do Golfo (leste dos EUA e noroeste europeu), Brasileira (leste e sul do país), Kuro Sivo (leste do Japão) etc. As precipitações variam de 500 a 2.500 milímetros anuais e concentram-se mais no inverno.

Climas do tipo **árido** e **semi-árido** também estão presentes nas zonas temperadas norte e sul do planalto. Eles aparecem nas seguintes áreas: Deserto de Góbi (na Mongólia e no norte da China), desertos da Ásia central (Cazaquistão), Deserto da Patagônia (sul da Argentina), no centro-oeste dos Estados Unidos, entre outros.

Vegetação

De norte para sul, os principais tipos de vegetação são: floresta de coníferas, como a **taiga** siberiana (pinheiros, faias, olmos) e a floresta canadense (utilizada na produção de papel e celulose); floresta temperada; estepes e pradarias; vegetação herbácea com solos de grande fertilidade (*tchernozion*); e vegetação mediterrânea (oliveiras, castanheiras etc.). Convém lembrar que, devido à antigüidade e à intensidade da ocupação humana, a vegetação natural foi bastante devastada.

As florestas de coníferas (figura 10) não correm tanto perigo de extinção: por serem compostas predominantemente de uma única espécie arbórea, o reflorestamento é mais fácil; o contrário ocorre com as florestas tropicais, caracterizadas pela grande diversidade de espécies.

Figura 10

CID

As coníferas constituem a vegetação característica das regiões temperadas frias. A taiga siberiana (Federação Russa) e as florestas canadenses são as mais extensas do mundo. Floresta de coníferas em Bridalveil Falls, com Rio Mercedes, Yosemite National Park, Califórnia (EUA, década de 1990).

Regiões tropicais ou zona tropical

A zona tropical (figura 11) está situada entre as latitudes 23°27'30" norte e sul do Equador, ou seja, entre os trópicos de Câncer e Capricórnio. As principais regiões tropicais são a África (exceto os extremos norte e sul), a Ásia das monções (sul e sudeste asiáticos), o norte da Austrália, o México, a América Central e a maior parte da América do Sul (centro e norte), além de centenas de ilhas dos oceanos Pacífico, Atlântico e Índico.

Figura 11

PLANISFÉRIO: REGIÕES TROPICAIS

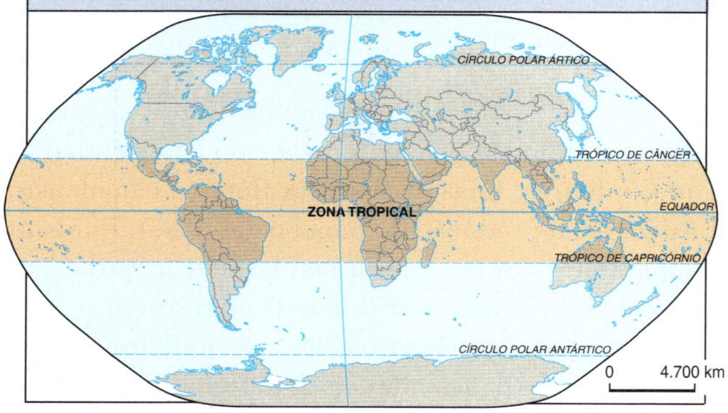

Clima e vegetação

Quanto ao clima, a principal característica dessas regiões é o predomínio de temperaturas elevadas, bem como a ausência de uma estação propriamente fria. O principal elemento diferenciador dos subtipos climáticos é a pluviosidade (e às vezes a altitude). Assim, vamos encontrar, por exemplo, clima quente e úmido, quente e seco e tropical de altitude.

Veja a seguir os principais subtipos do clima tropical e suas respectivas formações vegetais.

- **Clima tropical úmido ou chuvoso.** Também conhecido como **clima equatorial**, ocorre em áreas de baixas latitudes e baixas altitudes, como a Amazônia. As precipitações são abundantes na maior parte do ano e as temperaturas, elevadas (chegam a 40 °C, com médias anuais superiores a 24 °C). As amplitudes térmicas anuais são baixas (inferiores a 3 °C) e a evaporação é muito elevada.

A vegetação é rica e exuberante, do tipo perene, higrófita e latifoliada, como a Floresta Amazônica (figura 12). Serve de **hábitat** (local onde vivem os indivíduos de uma espécie) para diversos animais e plantas.

Apesar dessa abundância de vida, as florestas tropicais geralmente têm solos pobres. A riqueza de nutrientes encontra-se nas plantas e nos animais, ocorrendo trocas energéticas entre eles. A maior parte da enorme quantidade de matéria orgânica produzida não chega a se incorporar ao solo, pois é levada pelas chuvas freqüentes e torrenciais, comuns nessas regiões.

Figura 12

RICARDO AZOURY/PULSAR

Floresta Amazônica, década de 1990. A maior formação vegetal tropical do mundo abriga milhares de espécies que coexistem no mesmo espaço e dependem umas das outras.

- **Clima tropical alternadamente úmido e seco.** É o mais típico e ocorre, por exemplo, no Brasil central. Sua principal característica é a alternância das estações úmida (com chuvas de verão) e seca (no inverno). A amplitude térmica é mais elevada que no clima equatorial, e a precipitação é inferior tanto à do clima equatorial quanto à do monçônico. As formações vegetais típicas são a savana (na África) e o cerrado (no Brasil central). Veja a figura 13.

- **Clima tropical monçônico.** Ocorre principalmente no sul e no sudeste da Ásia (Ásia das monções) e no litoral leste da África. Apresenta verões quentes, com chuvas abundantes ou torrenciais, e invernos secos. As chuvas provêm dos ventos úmidos que sopram do oceano para o continente (monções de verão), e as secas são

Figura 13

CID

A savana, formação vegetal arbustiva tropical da África, é o hábitat de animais de grande porte. Na foto, girafas na savana do Quênia, costa leste da África, na década de 1990.

decorrentes dos ventos secos que sopram do continente para o oceano (monções de inverno). A vegetação é constituída de florestas densas e úmidas (florestas tropicais).

• **Clima tropical árido e semi-árido.** Ocorre normalmente nas proximidades dos trópicos, nas zonas de altas pressões atmosféricas. As temperaturas são muito elevadas (estão entre as mais altas do mundo), e as precipitações, muito baixas e maldistribuídas. As principais áreas de ocorrência são o norte do México, o sudoeste dos Estados Unidos (regiões desérticas e semidesérticas), o norte da África (Deserto do Saara), o Oriente Médio (Deserto da Arábia Saudita), o noroeste da Índia (Deserto de Thar), o norte do Chile e sul do Peru (Deserto de Atacama), o sudoeste da África (Deserto de Kalahari), a Austrália central (desertos australianos) e a Região Nordeste brasileira (sertão). A vegetação é do tipo desértico ou xerófita.

Observe as figuras 14 e 15. Embora ambas sejam climogramas de cidades das regiões tropicais, note que as chuvas e as temperaturas diferem bastante nos dois gráficos.

Figura 14

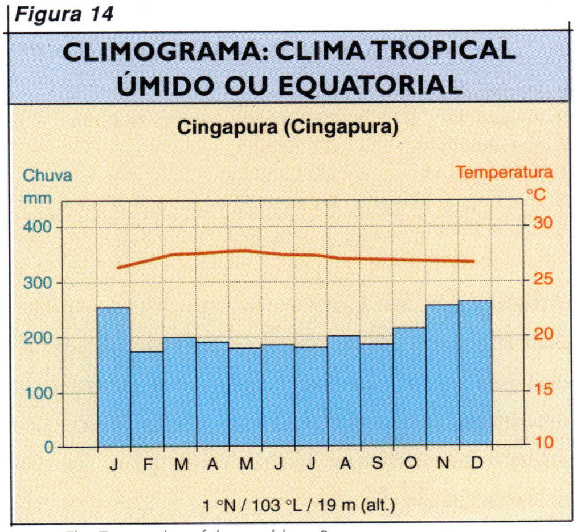

Fonte: *The Times atlas of the world*. p. 3.

Figura 15

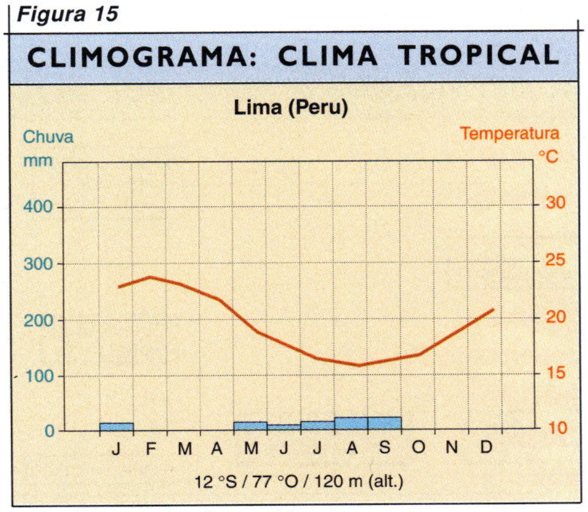

Fonte: *The Times atlas of the world*. p. 4.

Regiões desérticas

Deserto é uma área ou região natural com escassa precipitação e cobertura vegetal praticamente nula ou reduzida a algumas plantas isoladas, com solos em geral rochosos ou arenosos. As regiões desérticas podem ser quentes ou frias.

Os desertos quentes situam-se entre as latitudes 20° e 40° sul e norte, locais em que as massas de ar seco impedem a entrada de frentes frias, que trazem chuvas. Geralmente os dias são quentes e à noite faz frio, pois a falta de vapor na atmosfera impede a retenção de calor. O relevo, a continentalidade, a presença de correntes marítimas, a ação antrópica são alguns dos fatores responsáveis pela formação dos desertos.

Quanto à aridez, as regiões desérticas podem ser classificadas em:

• **extremamente áridas**, como o Deserto do Saara (quente), que podem ficar até 1 ano sem receber chuva, possuem poucas plantas e uma superfície varrida por ventos;

• **áridas**, como os desertos de Góbi (frio) e Australiano (quente), que apresentam escassa precipitação anual;

• **semi-áridas**, como o sertão do Nordeste brasileiro, que apresentam maior precipitação (longa estação seca seguida de breves chuvas) e maior cobertura vegetal do que as regiões anteriormente citadas.

Outros fatores que caracterizam os desertos são:

• **Temperatura.** As médias variam de 0 °C ou menos no inverno a mais de 30 °C no verão, resultando em elevadíssimas amplitudes térmicas. A mais alta temperatura registrada até hoje foi de 58 °C, no Saara.

• **Chuvas.** Os índices pluviométricos anuais variam muito, podendo oscilar entre 0 e 500 milímetros ou mais.

• **Rios.** São **temporários** ou **intermitentes** (secam durante uma parte do ano), também chamados de **ueds**. Como exceções podemos citar os rios Nilo, na África, e o São Francisco, no Brasil, ambos **perenes** (nunca secam).

• **Ventos.** A atuação dos ventos é freqüente e muito marcante. Provocam erosão e acúmulos de areia, formando extensas planícies e grandes elevações chamadas **dunas** ou **ergs**.

• **Relevo.** Localizam-se em planícies, montanhas e extensos planaltos rochosos denominados **hamadas** (desertos de pedras).

• **Solos.** São ricos em sais minerais e pobres em matéria orgânica.

• **Fauna e flora.** Adaptam-se para capturar e conservar a água escassa. Certas plantas absorvem água através de raízes que penetram profundamente no solo. Grossas coberturas externas evitam a perda de água, tanto em animais quanto em vegetais.

Veja a figura 16, a seguir.

Figura 16

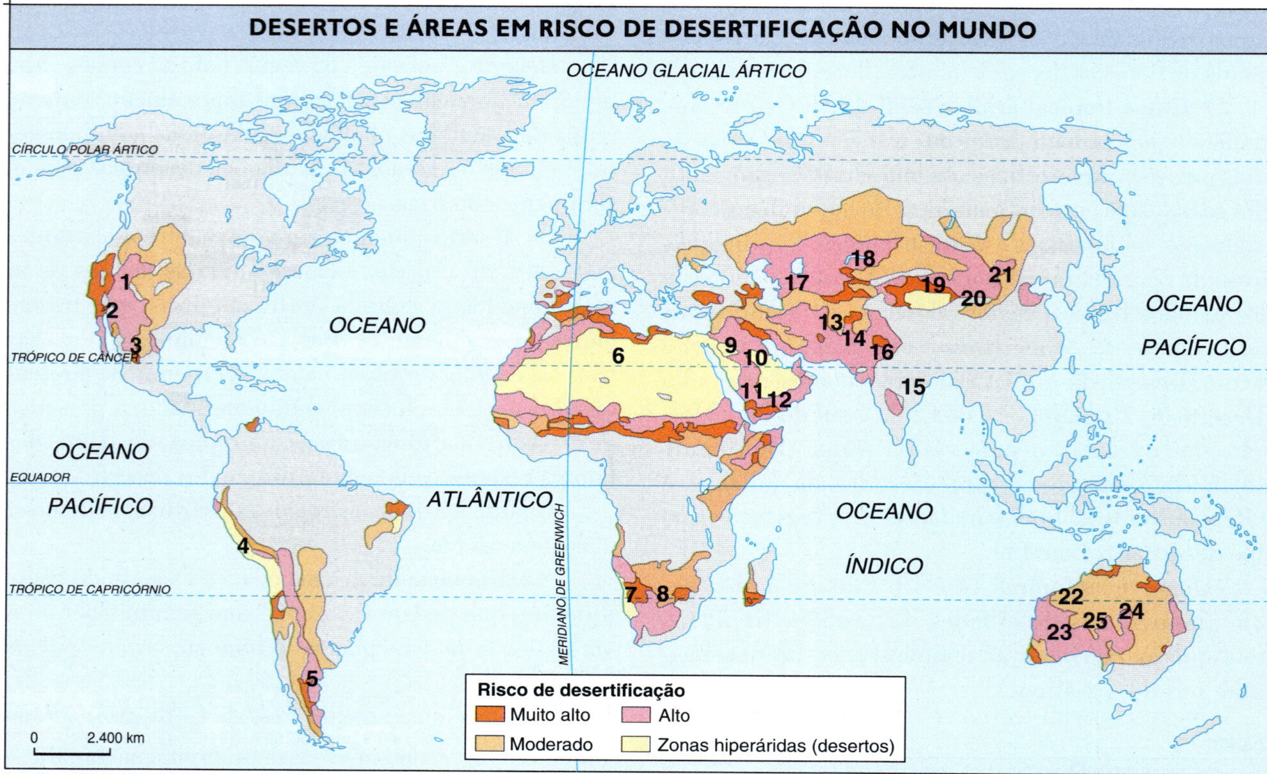

Desertos

1. Grande Bacia e Mojave	**6.** Saara	**11.** Arábico	**16.** Dacht-i-Margo	**21.** Gobi
2. Sonora	**7.** Namib	**12.** Rub al-Khali	**17.** Karakoum	**22.** Grande deserto de Areia
3. Chihuahua	**8.** Kalahari	**13.** Dacht-e-Kavir	**18.** Kyzylkoum	**23.** Gibson
4. Atacama	**9.** Nefoud	**14.** Dacht-e-Lut	**19.** Takla-Makan	**24.** Simpson
5. Patagônia	**10.** Nedjd	**15.** Thar	**20.** Bacia de Tsaidam	**25.** Grande deserto de Vitória

Fontes: *Manual global de ecologia*. São Paulo, Augustus, 1993. p. 78; e *Os caminhos da Terra*. São Paulo, Azul, ano 4, n. 3, set. 1996. p. 42 e 43.

- **Ocupação humana e exploração econômica**. A ocupação tradicional é feita por povos nômades e baseia-se na criação extensiva (carneiros, cabras, camelos etc.), no cultivo de jardinagem junto aos oásis e na extração de certos frutos (tâmaras). A ocupação moderna inclui a exploração de recursos minerais (ouro, cobre, petróleo etc.).

A substituição da vegetação florestal por áreas de cultivo (com o manejo incorreto dos solos) e de pastagens e a expansão dos rebanhos (impacto das patas do gado sobre os solos) aceleram a erosão dos solos e a redução das precipitações, constituindo-se numa das causas da expansão de áreas desérticas no mundo. Veja a figura 17.

Os solos são a base para a produção de alimentos, e sua conservação assume grande importância para qualquer nação. Contando com meios materiais e conhecimentos técnicos é possível preservá-los. Técnicas modernas de irrigação têm permitido transformar regiões improdutivas em verdadeiros pomares altamente produtivos. Como exemplos, podemos citar o Deserto de Negev (Israel), o Deserto do Colorado (EUA) e os desertos do sul da Federação Russa.

Figura 17

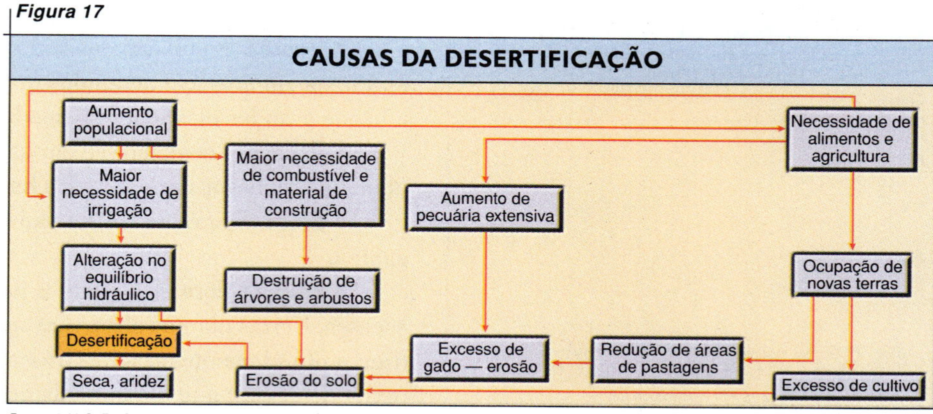

Fonte: NAGLE, Garret e SPENCER, Kris. *Advanced geography*. Oxford, Oxford University Press, 1997. p. 140.

Regiões montanhosas

O ambiente montanhoso é muito diferente das áreas circunvizinhas e varia bastante, em função, por exemplo, da altitude, da latitude e da direção dos ventos. À medida que a altitude aumenta, ocorre gradativa diminuição da temperatura e da pressão atmosférica. O ar torna-se mais rarefeito e o oxigênio, cada vez mais escasso, razão pela qual as pessoas não adaptadas às grandes altitudes estão sujeitas ao chamado "mal das alturas", que pode provocar dor de cabeça, tontura, fraqueza e até morte. A maior elevação do mundo é o Monte Everest, situado na Cordilheira do Himalaia, entre o Tibete e o Nepal. Possui aproximadamente 8.850 metros de altitude, e seu topo foi alcançado pela primeira vez em 1953 por dois alpinistas ingleses.

Nas áreas de latitudes muito elevadas (regiões polares), as temperaturas são em geral muito baixas e o gelo já está presente praticamente desde o nível do mar, o que impede a existência de paisagens muito diferenciadas, de acordo com a altitude.

Nas regiões de baixas latitudes, ao contrário, temos uma sucessão de paisagens diferentes a partir do nível do mar até o topo das montanhas, de certa forma semelhante à que encontramos a partir do Equador em direção aos pólos: passamos de um ambiente quente e úmido com florestas densas (nível do mar) para um ambiente frio, árido e desprovido de vegetação no topo das montanhas. Veja a figura 18.

• **Ocupação das montanhas**. A princípio, a altitude representa um obstáculo à ocupação humana. Entretanto, isso nem sempre ocorre. Uma região montanhosa situada em altitudes de 2 mil, 3 mil metros ou mais, porém em baixa latitude e dispondo de amplos vales, bacias ou altiplanos, poderá ser atraente à ocupação humana. Por isso, podemos falar em montanhas que repelem e em montanhas que atraem o ser humano.

Na Europa, por exemplo, a partir dos 60° de latitude dificilmente encontraremos um povoado a mais de mil metros de altitude, ao passo que no México e nos países andinos a maior parte da população vive acima de 2 mil metros de altitude. É que essas áreas oferecem um clima do tipo temperado, solos férteis, boa pluviosidade, menor incidência de doenças tropicais e intensa atividade mineradora (ouro, prata, cobre).

Figura 18

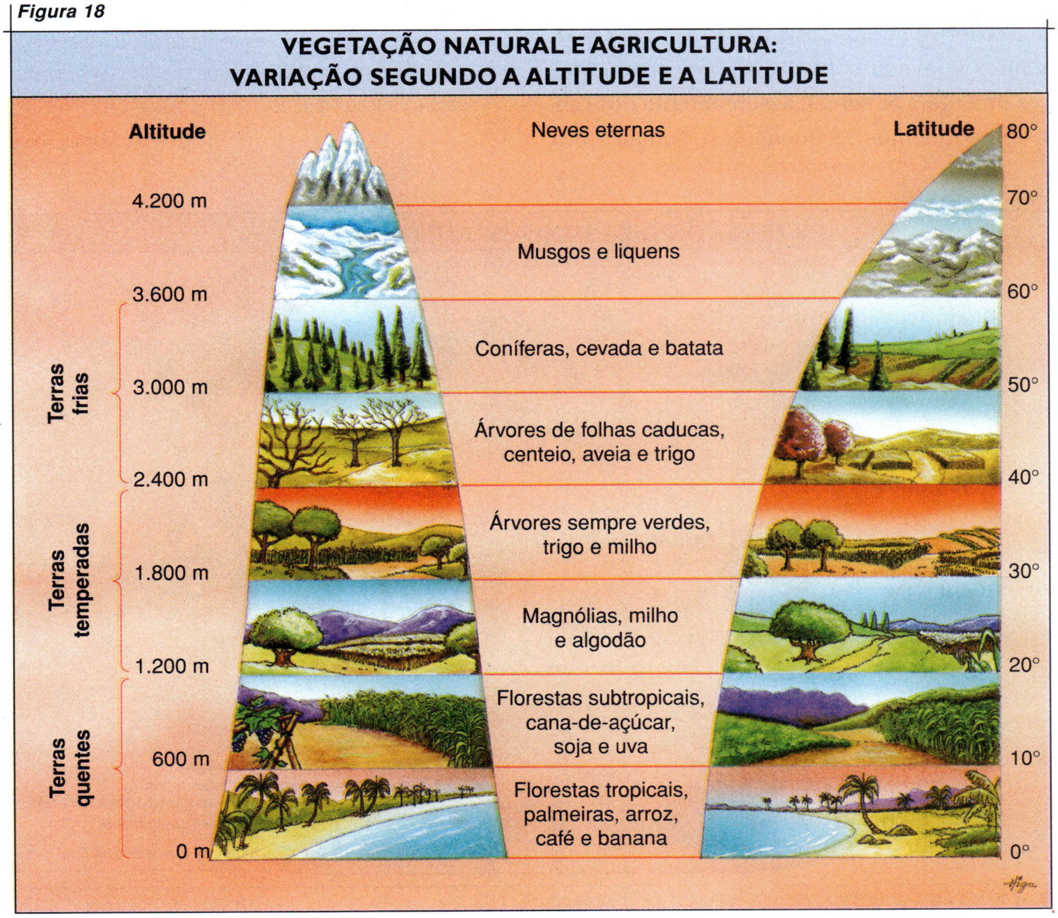

4 As implicações do desflorestamento e o desenvolvimento sustentável

Com o aumento populacional e a expansão das áreas agrícolas e de criação de gado, da urbanização, das atividades de extração de madeira e de lenha, as florestas em todo o mundo (frias, temperadas ou tropicais) sofreram constantes devastações.

Em décadas recentes, o ritmo rápido de desflorestamento em áreas tropicais do mundo (11 milhões de hectares anuais) tem sido motivo de muita preocupação. O crescimento populacional, a agropecuária e a extração de madeira são as razões principais da destruição. Fonte de madeiras, medicamentos e matérias-primas, local de maior biodiversidade do planeta, essas florestas abrigam e sustentam populações humanas nativas de diversos continentes. Atualmente, a área original dessas florestas está reduzida à metade. Mais de 40% concentram-se em apenas três países: Brasil (26,5%), Zaire (9,2%) e Indonésia (6,1%). Se o atual ritmo de desflorestamento for mantido, a maior parte das florestas tropicais desaparecerá em poucas décadas. Observe no mapa (figura 19) a extensão e a localização dos desflorestamentos.

Com o desflorestamento, os solos ficam pobres (a matéria orgânica é levada pela chuva), ocorrendo erosão (as raízes protegem os solos), **assoreamento** dos rios (deposição de sedimentos) e enchentes. Somam-se a isso a alteração do clima local (aumento da temperatura, ação mais danosa dos ventos) e até do clima global, a destruição de madeira e de espécies de plantas e animais de valor inestimável para a medicina e essenciais para a manutenção do delicado equilíbrio de todo o ecossistema da região, além dos prejuízos para a população e para a cultura local.

Sabemos que, num mundo industrializado e com grande aumento da população, dependemos cada vez mais dos recursos naturais. Aliar desenvolvimento e conservação de recursos constitui hoje o grande desafio para toda a humanidade. Essa meta pode ser alcançada por meio do **desenvolvimento sustentável**, que significa a exploração dos recursos de forma planejada, racional e limitada, satisfazendo as necessidades da população sem provocar a destruição dos recursos necessários à vida das gerações futuras.

Leia o texto abaixo, que mostra exemplos de manejo sustentável da floresta, no caso, da Floresta Amazônica.

> "Recentes estudos no Brasil e no Peru têm revelado que o 'modo mais lucrativo e imediato' de combinar os objetivos de desenvolvimento e conservação é explorar as florestas apenas para produtos como alimentos, óleo, borracha e medicamentos. Os estudos indicaram que as rendas líquidas oriundas de atividades a longo prazo de tais produtos não madeireiros são três vezes maiores do que a extração comercial de madeira ou a abertura de clareiras para a criação de gado."
>
> *Manual global de ecologia*. p. 117.

Figura 19

EXTENSÃO DO DESFLORESTAMENTO MUNDIAL

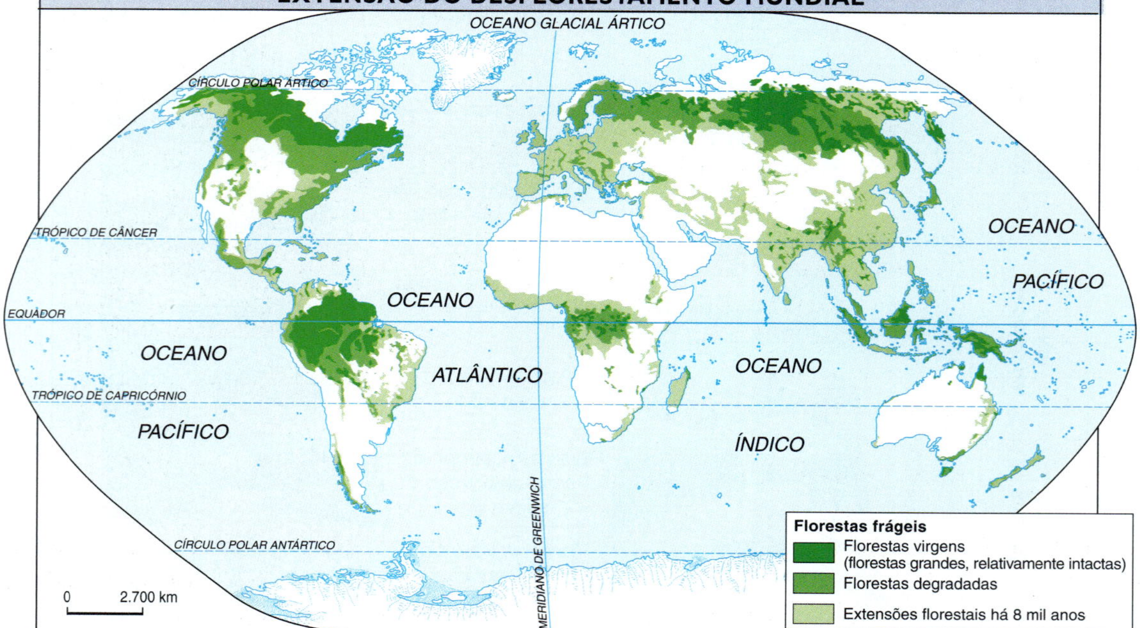

Fonte: *National Geographic Brasil*, set. 2002. Encarte A saúde do planeta.

Biopirataria

As espécies tropicais — não só as das florestas, mas também as do cerrado, da caatinga e da savana — podem fornecer frutas, vegetais, cera e outros produtos de valor comercial, mas a maior riqueza natural são os **recursos genéticos** existentes nesses ecossistemas, que constituem o maior banco de genes do planeta.

Diversos medicamentos utilizados atualmente têm origem nas plantas tropicais, e muitas empresas estrangeiras desenvolvem patentes industriais a partir de descobertas feitas por pesquisadores e depois exigem que o país no qual elas se localizam pague pela fabricação do produto. Coleta ilegal e apropriação de material genético de outro país (por meio de patentes) configuram a prática conhecida como **biopirataria**. Essa atividade constitui um saque à biodiversidade das florestas tropicais.

Na convenção Rio-92 reconheceu-se a soberania de cada nação sobre a riqueza biológica de seu território. Alguns países tropicais propõem **leis de patentes**, para garantir a propriedade intelectual e a participação nos resultados das pesquisas.

Figura 20

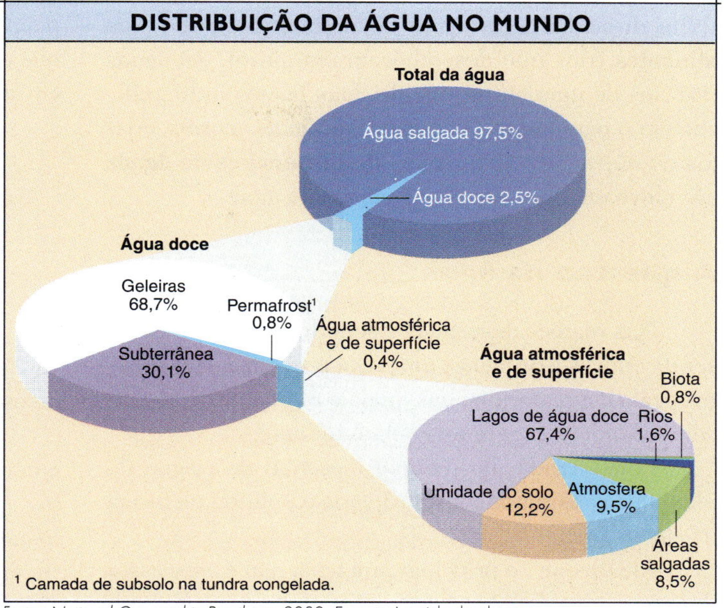

Fonte: *National Geographic Brasil*, set. 2002. Encarte A saúde do planeta.

5 Os rios: formação e utilização

Podemos considerar a Terra um "planeta água", pois esse elemento cobre três quartos da superfície terrestre. No entanto, 97,5% dessas águas encontram-se nos oceanos e mares, isto é, são salgadas. Os 2,5% restantes são águas doces, dos quais quase 70% estão retidos nas geleiras. Apenas 0,4% das águas doces encontram-se na atmosfera, nos rios e lagos, nas plantas e nos animais. Observe os gráficos da figura 20.

Conhecemos a importância histórica das águas. Muitos povos instalaram-se às margens dos rios por causa de seu papel no abastecimento de água, no transporte, na irrigação de áreas agrícolas, no fornecimento de energia etc.

O ciclo hidrológico é o responsável natural pela constante circulação e pelo reabastecimento de água.

Os **rios** são correntes líquidas que resultam na concentração de água em vales. Podem originar-se de **fontes** subterrâneas que se formam com as águas das chuvas ou de **nascentes** (lugar onde a água aflora), do transbordamento de lagos ou da fusão de neves e geleiras.

O **curso dos rios** pode ser dividido em três partes: **curso superior**, próximo à nascente, no qual predomina a erosão; **curso médio**, com predomínio do trabalho de transporte e de modelado das vertentes; e **curso inferior**, no qual predominam os processos de sedimentação. Observe a figura 21, acima.

Figura 21

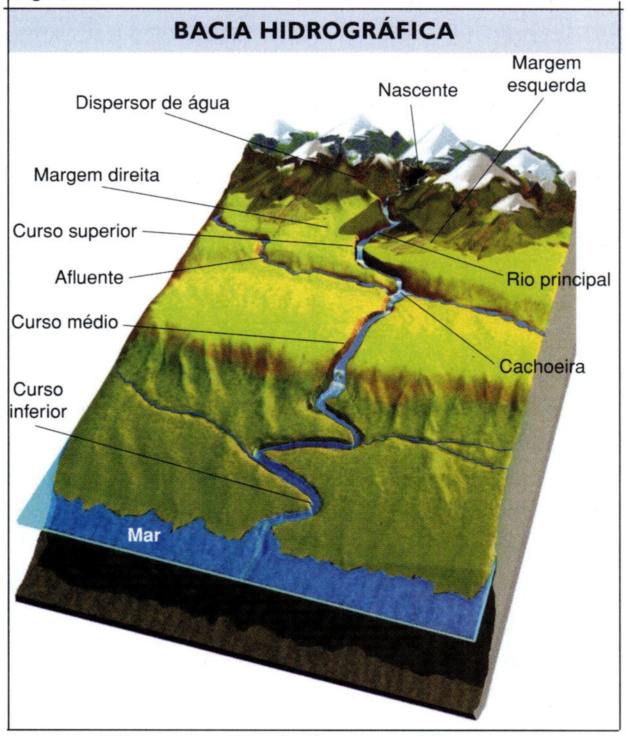

Fonte: NAGLE, Garret e SPENCER, Kris. *Advanced geography*. p. 22.

As bacias hidrográficas são os reservatórios de chuva do planeta, captando as precipitações pluviais e canalizando-as para riachos, rios, lagos e lençóis subterrâneos.

Denominamos **bacia hidrográfica** ao conjunto de terras drenadas pelas águas de um rio principal e seus **afluentes** (rios que desembocam em outro). As águas dos rios de uma ou mesmo de duas bacias hidrográficas são separadas pelos **divisores de águas**, morros, cristas ou elevações. Chamamos de **dispersores de águas** ao relevo em que nascem os cursos de água.

A questão da água

Nas regiões desérticas e semidesérticas, a escassez de chuvas e de água é um grave problema. Nas áreas tropicais e equatoriais, nas quais o índice pluviométrico é elevado, esse elemento é abundante.

Considerada um recurso inesgotável, a água do planeta é consumida, desperdiçada e poluída de forma irresponsável.

Atualmente, o principal problema não é a escassez de água e sim a falta de água potável (falta de saneamento) e a utilização das águas para a irrigação (dois terços do consumo global). Principalmente a partir do processo de urbanização e de industrialização, os suprimentos de águas superficiais e subterrâneas de todo o mundo têm sido poluídos com descargas de detritos, esgotos, produtos químicos utilizados pela agricultura, resíduos industriais etc. Somam-se a isso o desvio de água para a agricultura e a sua utilização para a geração de energia.

A irrigação agrícola descontrolada e o aumento da população, da indústria e do consumo urbano fazem com que em muitos países os lençóis subterrâneos diminuam em até 1 metro ao ano, reduzindo, assim, a oferta de água.

> "Mais de 40% das águas fluviais, das rochas-reservatórios e dos lagos concentram-se em seis países: Brasil, Rússia, Canadá, Estados Unidos, China e Índia. Em compensação, mais de 40% da superfície terrestre não dispõe de mais do que 2%."
>
> *O Correio da Unesco*. Rio de Janeiro, FGV/Unesco, abr. 1999, p. 21.

Observe, na figura 22, as áreas de abundância e de escassez de água e os cursos de água poluídos.

A escassez de água doce no mundo torna esse recurso um foco de interesses internacionais e de conflitos. A água tem se transformado em arma de guerra. As instalações hidráulicas dos inimigos são objetivos estratégicos. A água tem sido motivo de tensões principalmente em três grandes eixos fluviais: na **Bacia do Rio Nilo**, envolvendo o Egito, o Sudão e a Etiópia; na **Bacia do Tigre e Eufrates**, motivo de disputa entre Turquia, Iraque e Síria; e na **Bacia do Rio Jordão**, foco de tensões entre Líbano, Síria, Israel e Jordânia.

As soluções técnicas propostas — construir barragens, dessalinizar a água, captar água da névoa ou conduzi-la através de aquedutos para regiões secas — têm alto custo econômico e ambiental.

Figura 22

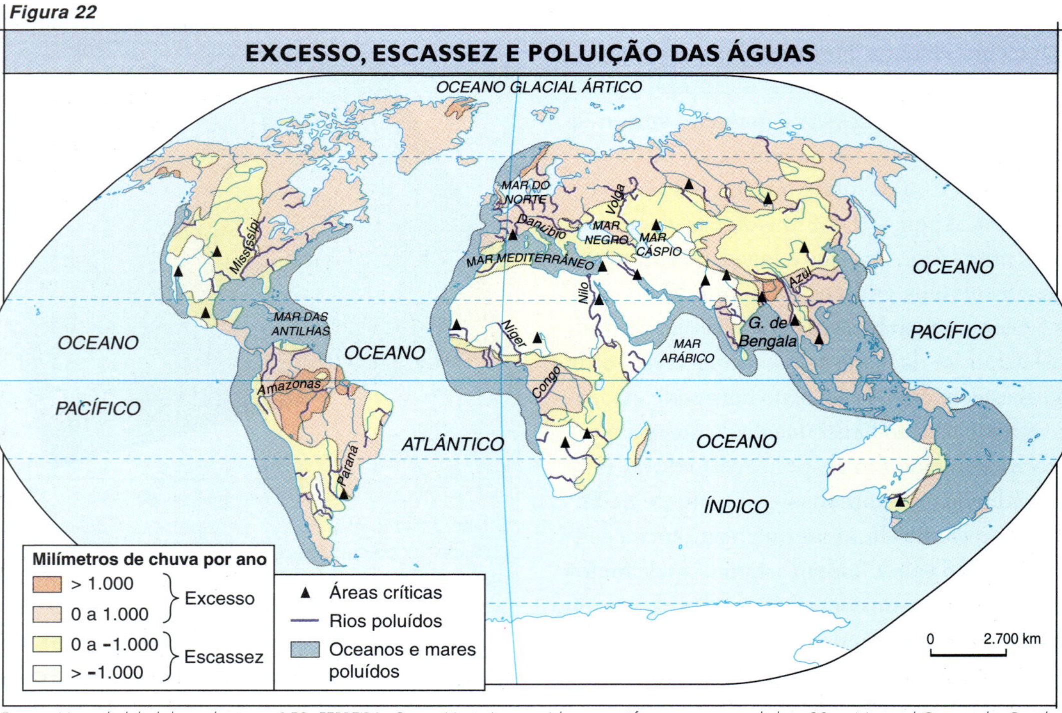

Fontes: *Manual global de ecologia*. p. 158; FERREIRA, Graça Maria Lemos. *Atlas geográfico: espaço mundial*. p. 83; e *National Geographic Brasil*, set. 2002. Encarte A saúde do planeta.

6 Oceanos e mares: utilização e degradação dos recursos

A superfície terrestre mede 510 milhões de km^2, dos quais 360 milhões (mais de 70%) estão cobertos pelas águas oceânicas e marítimas. O restante, cerca de 150 milhões de km^2, corresponde às terras emersas (continentes e ilhas).

Embora a massa líquida oceânica seja uma só, costuma-se dividi-la em grandes porções, chamadas **oceanos**. Os oceanos e mares cobrem cerca de três quintos da área do hemisfério norte e quatro quintos do hemisfério sul. Existem quatro oceanos — Pacífico, Atlântico, Índico e Glacial Ártico — delimitados pelas terras emersas. O Oceano Glacial Antártico é na verdade um prolongamento do Atlântico, do Pacífico e do Índico.

O **Oceano Pacífico** é o mais extenso de todos: mede 165 milhões de km^2. Banha duas grandes potências: Estados Unidos e Japão. Apresenta as maiores profundidades conhecidas e uma infinidade de ilhas e arquipélagos (havaiano, nipônico, filipino, polinésio, melanésio e micronésio, entre outros).

O **Oceano Atlântico** mede aproximadamente 82 milhões de km^2 e é o segundo em extensão. Sua porção norte é particulamente importante porque liga as duas áreas de maior intercâmbio comercial e econômico do mundo: a América do Norte e a Europa ocidental. Possui os maiores portos do mundo. Apresenta também diversas ilhas e arquipélagos (britânico, Antilhas, Bahamas etc.).

O **Oceano Índico** tem aproximadamente 73 milhões de km^2. Por estar situado entre os trópicos de Câncer e de Capricórnio, é o mais tropical dos oceanos.

Mundo curioso

O sal dos mares

Nos oceanos existem grandes quantidades de sais, transportados pelas chuvas e rios desde o início da formação dos mares. O cloreto de sódio (de onde se extrai o sal de cozinha) aparece em maior abundância (77,5%) e vem das rochas magmáticas e erupções vulcânicas.

De 1 bilhão e meio de anos até hoje, a **salinidade** (quantidade de sais dissolvidos na água do mar) não tem aumentado. A maresia é um dos fatores que mantém o constante equilíbrio.

A maioria das águas oceânicas tem salinidade superficial, variando entre 34 e 36 ppt (partes por mil). A salinidade é mais pronunciada nos locais em que a evaporação é intensa, como nos litorais tropicais, próximo a grandes desertos. A quantidade de sal é menor no litoral de áreas em que há mais chuva do que evaporação (áreas equatoriais e úmidas). Nas latitudes médias, no inverno, a superfície congela, aumentando a concentração de sais na água. O **Mar Morto**, situado entre Israel e Jordânia, em área desértica, tem evaporação superior ao recebimento de água doce. Possui esse nome por apresentar salinidade tão alta (280 g/l) que impede a vida marinha. É o mais salgado de todos os mares. Situa-se numa depressão a 395 metros abaixo do nível do mar.

Os mares

São porções de água salgada situadas nas áreas costeiras (porções dos próprios oceanos) ou no interior dos continentes. Possuem características físico-químicas próprias e são influenciados pelas condições ambientais das áreas vizinhas.

Existem três tipos de mares:

- **Abertos** ou **costeiros**. Quando estão ligados aos oceanos por amplas aberturas, por exemplo, o Mar do Norte, o Mar das Antilhas e o Mar Arábico.
- **Mediterrâneos** ou **interiores**. Quando se unem aos oceanos ou a outros mares por meio de aberturas chamadas **estreitos** ou **canais**, como os mares Mediterrâneo, Negro, Vermelho e Báltico. Leia o texto do box acima.
- **Fechados** ou **isolados**. Quando não se comunicam com os oceanos nem com outros mares; exemplos: Mar Morto, Mar Cáspio e Mar Aral (figura 23).

Figura 23

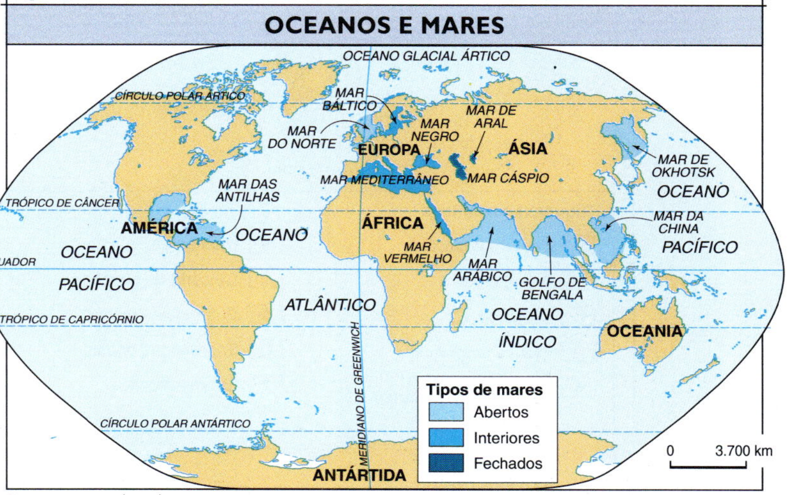

Fonte: organizado pelos autores.

Ecossistemas marinhos

A biodiversidade presente nos oceanos e nos mares é comparável à biodiversidade das florestas tropicais. Metade dessa diversidade encontra-se ao longo das costas e dos litorais, que são áreas rasas, ricas em nutrientes trazidos pelos rios e pela ressurgência.

Os ecossistemas marítimos mais importantes estão nas regiões costeiras, como por exemplo nas ilhas, nos **mangues** (áreas situadas em região tropical alagadas pelas marés), nos **pântanos** salgados (terras de áreas temperadas alagadas pelas marés), nos estuários, nas lagunas e lagoas costeiras e nos **recifes de corais** (ecossistemas formados por animais e plantas). Todos eles reúnem complexas cadeias de vida e servem de hábitat e de local de procriação para várias espécies.

Esses ecossistemas também têm sido alvo de degradação, e a vida encontra-se ali comprometida pelo aumento das atividades humanas, como empreendimentos imobiliários e turísticos, pesca predatória, poluição química, lançamento de partículas nos rios, assoreamento. É o que ocorre, por exemplo, no Brasil, com as lagoas costeiras, as lagunas e os manguezais, que deveriam permanecer intocados, pois são classificados como áreas de preservação permanente.

Utilização e ameaças aos recursos marinhos

Além de fornecer a maior parte dos peixes que consumimos, os oceanos e mares são ricos em minérios como fósforo, cálcio, manganês, ferro, titânio, além de calcário das conchas. A força das ondas e das marés tem sido utilizada para a geração de energia. Por séculos, os oceanos têm servido como meio de navegação, ligando áreas e continentes distantes. Atualmente, o transporte marítimo movimenta mais de dois terços do tráfego mundial.

Além da pesca excessiva, a alta concentração populacional nas margens dos rios e nas áreas litorâneas, em todas as regiões do mundo, ameaça a vida existente nos oceanos e mares. As principais ameaças são a poluição proveniente de esgotos industriais e domésticos, o despejo de lixo atômico, o aumento de sedimentos trazidos pelos rios em virtude dos desflorestamentos, os acidentes com navios petroleiros e o próprio crescimento das áreas urbanas. Observe o mapa da figura 24.

Figura 24

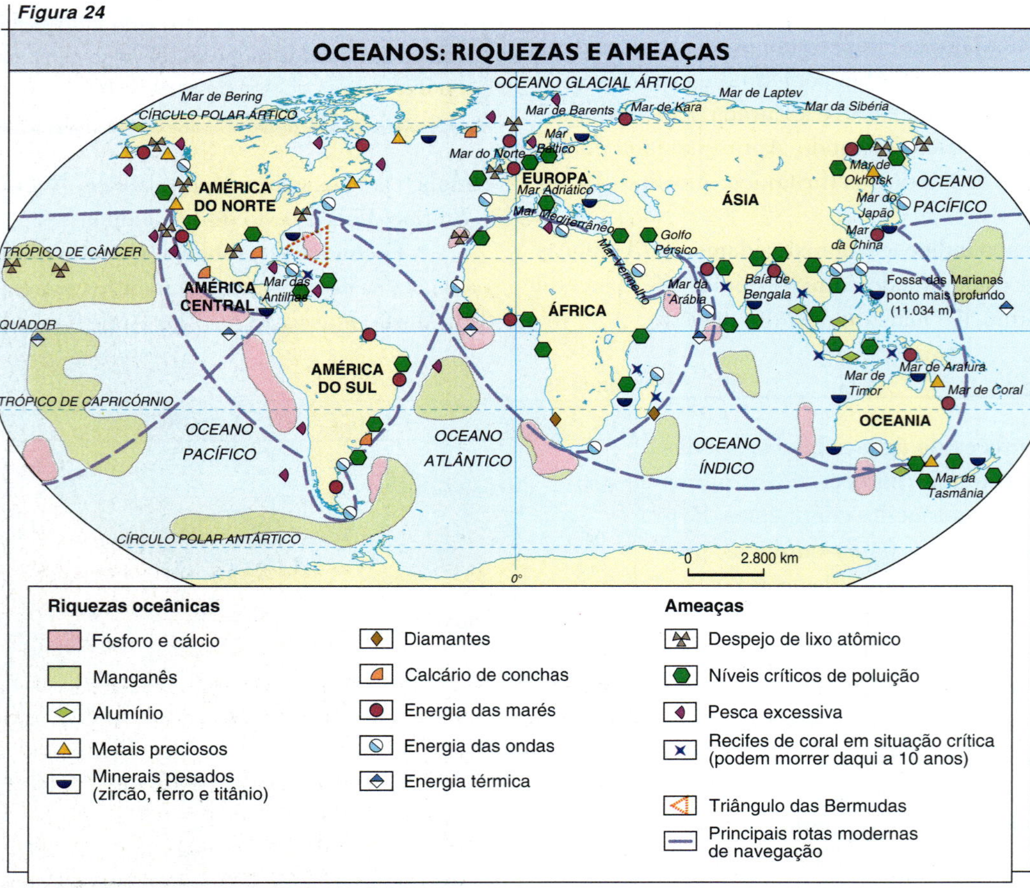

Fonte: *Folha de S.Paulo*, 17 maio 1998, Caderno Especial Oceanos.

Canais oceânicos e estreitos

Muitos mares e oceanos comunicam-se entre si por meio de **canais naturais** (passagens que permitem a comunicação) ou de **estreitos naturais** (braços de mar que ligam dois mares). Essas áreas, situadas em pontos chaves (ligam mares e oceanos), são consideradas importantes para manter posições bélicas, sendo por isso chamadas de **áreas estratégicas**. Observe no mapa ao lado (figura 25) as passagens estratégicas do planeta.

Existem também canais artificiais, entre os quais se destacam o de Suez e o do Panamá.

O **Canal de Suez** (figura 26) liga o Mar Vermelho ao Mar Mediterrâneo e, portanto, os oceanos Atlântico e Índico. Situado em território egípcio, sua construção, obra do francês Ferdinand de Lesseps, foi iniciada em 1859 e concluída em 1869. Esse canal mede 160 quilômetros de extensão e sua largura varia de 80 a 150 metros, com profundidade média de 11 metros. Sua construção facilitou enormemente as comunicações entre a Europa e o Oriente, tornando desnecessário contornar toda a África.

O **Canal do Panamá** (figura 27) liga os oceanos Atlântico e Pacífico, no Istmo do Panamá. Sua construção foi iniciada pelo francês Ferdinand de Lesseps em 1879 e concluída pelos EUA em 1914.

Em 1904, com a independência do Panamá, os Estados Unidos adquiriram os direitos de construção e também a concessão perpétua do canal mediante pagamento ao Panamá de uma indenização e de uma quantia anual. Após um longo período de conversações e reivindicações chegou-se a um acordo e o governo estadunidense devolveu o canal ao Panamá, em dezembro de 1999.

Figura 25

PASSAGENS ESTRATÉGICAS NO MUNDO

Fonte: FERREIRA, Graça Maria Lemos. *Atlas geográfico: espaço mundial*. p. 40.

Figura 26

DELTA DO NILO E CANAL DE SUEZ

Fonte: *Atlas of the world*. Nova York, Oxford University Press, 1998. p. 106.

Figura 27

CANAL DO PANAMÁ

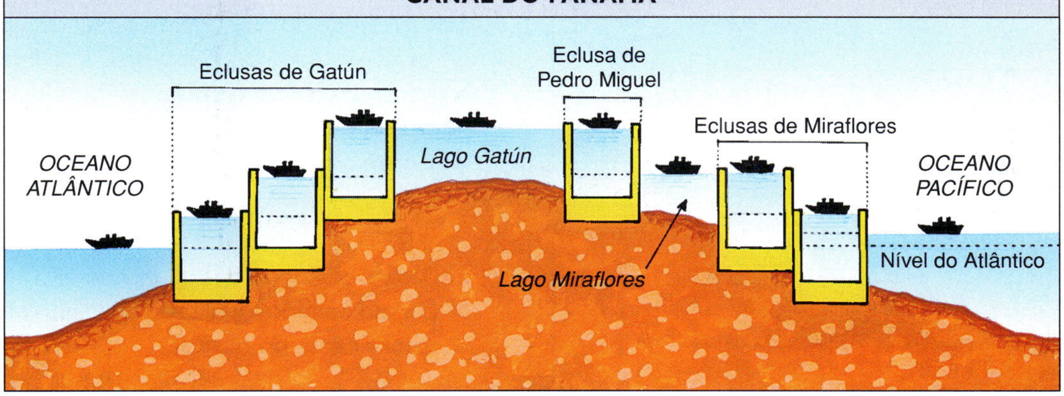

Fonte: CID.

AVALIE SEU APRENDIZADO

Construindo conhecimento

Analisando problemas e impactos ambientais decorrentes do uso inadequado das águas.

1 Procure, em jornais e revistas, notícias sobre a poluição das águas. Elabore um relatório sobre a situação, respondendo:

a) Qual foi o poluente lançado nas águas?
b) Que tipo de prejuízo o acidente causou ao meio ambiente?
c) Qual é a empresa ou o organismo responsável pela poluição?
d) Que medidas foram tomadas para a despoluição das águas?
e) Que medidas foram tomadas pelos organismos governamentais?
f) Em sua opinião, teria sido possível evitar essa tragédia ambiental? Como?
g) Procure saber o que a empresa teria de gastar para não poluir e quais foram os custos da despoluição.
h) Você acha que as medidas tomadas para solucionar o problema foram suficientes? Justifique sua resposta.

Fixando o conteúdo

2 Explique a duração dos dias e das noites polares e relacione esse fato com o clima da região.

3 O clima é um dos elementos fundamentais na caracterização das paisagens naturais. Quais são os tipos climáticos e como devem ser as paisagens dos climogramas 1 e 2?

CLIMOGRAMA 1

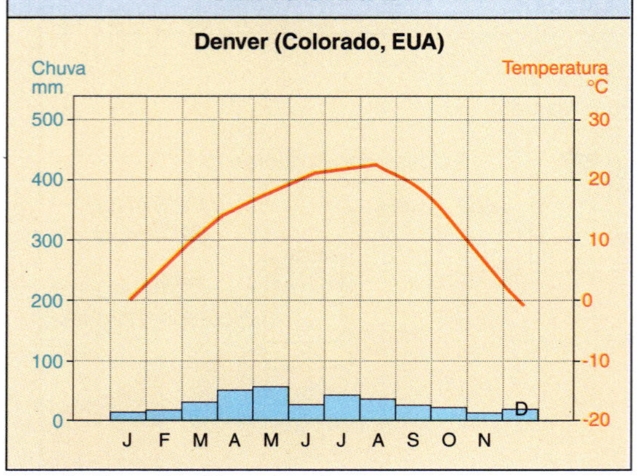

Fonte: *The Times atlas of the world*. p. 3.

CLIMOGRAMA 2

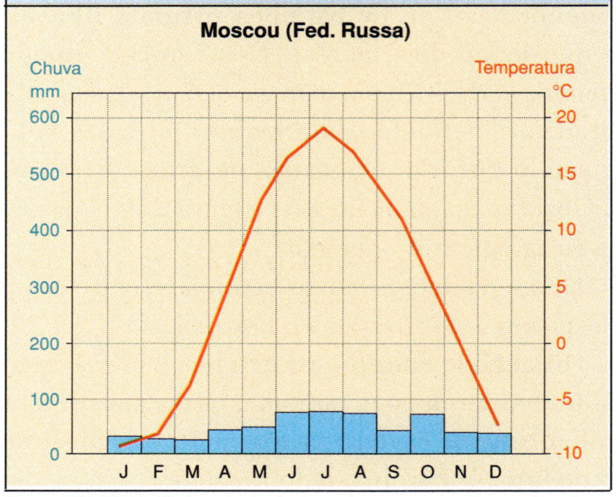

Fonte: AYOADE, J. O. *Introdução à climatologia para os trópicos*. 2. ed. Rio de Janeiro, Bertrand Brasil, 1988.

4 Cite duas diferenças entre a temperatura, a umidade e a vegetação do clima tropical úmido ou equatorial e do clima tropical árido.

5 Com relação ao aproveitamento agrícola das áreas desérticas e polares:

a) Cite pelo menos um obstáculo à ocupação humana nessas áreas.
b) De que forma é possível superar esses obstáculos ao menos parcialmente? Cite exemplos.

6 Cite três causas do desflorestamento tropical e duas vantagens do manejo sustentável das florestas.

7 Leia o texto abaixo:

"Duas espécies da flora brasileira usadas como remédios por índios da Amazônia — o cunani e o tipir — foram patenteadas nos EUA e na Inglaterra pelo pesquisador inglês Conrad Gorinsky. A substância retirada do cunani tem o poder de 'anestesiar' os peixes, facilitando a pesca. Já o tipir é um anticoncepcional usado pelas índias. Gorinsky teria se aproveitado da confiança que tinha conquistado entre alguns índios da Amazônia."

Os caminhos da Terra. abr. 2000. p. 10. Seção Volta ao Mundo.

a) A qual atividade o texto se refere?
b) Em sua opinião, qual seria a melhor forma de resolver esse problema?

8 O que são e como se formam os rios?

COMPLEMENTAÇÃO DO ESTUDO

Leituras

- BAINES, John. *Preserve os oceanos.* São Paulo, Scipione, 1993.
- BANKS, Martin. *Preserve as florestas tropicais.* São Paulo, Scipione, 1993.
- KUPSTAS, Marcia (org.). *Ecologia em debate.* São Paulo, Moderna, 1997.
- MCLEISH, Ewan. *A expansão dos desertos.* São Paulo, Scipione, 1993.

Vídeos e filmes

- *Dersu Uzala* (URSS/Japão, 1975); dir. Akira Kurosawa; 140 min. Com belas imagens da gelada Sibéria, trata da amizade entre um caçador mongol e um pesquisador russo, encarregado de mapear as extensas terras siberianas, no final do século XIX.
- *O paciente inglês* (EUA, 1996); dir. Anthony Minguella; 162 min. Sobrevivente de um acidente aéreo, desfigurado por queimaduras e sem memória, homem relembra aos poucos seu passado de aventureiro no deserto. Segundo críticos especializados, os *flashbacks* do protagonista estão entre as mais cenas do deserto já apresentadas pelo cinema. (Lumière Home Vídeo)

Sites

- *http://www.nationalgeographic.com/* Em inglês, com mapas, artigos e fotos de paisagens naturais do mundo.
- *www.aguaonline.com.br* Página sobre água: vulnerabilidade, saneamento, legislação, degradação, guerras envolvendo as reservas, entre outros temas.
- *http://www.tvcultura.com.br/aloescola/ciencias/aguanaboca/index.htm* Traz tópicos como degradação do meio ambiente, poluição das águas e seu desperdício, desafios ambientais para o século XXI.
- *http://www.tvcultura.com.br/aloescola/ciencias/maravista/index.htm* Dados e informações gerais sobre o mar, desequilíbrios dos sistemas marinhos etc.
- *http://www.biodiversidadebrasil.com.br/* *Site* da TV Cultura e da empresa de cosméticos Natura, oferece artigos, fotos, debates, fórum de discussões sobre biodiversidade e temas correlatos.

CAPÍTULO 7 Clima, hidrografia, vegetação e domínios morfoclimáticos no Brasil

1 A dinâmica do clima e a circulação das massas de ar no Brasil

As massas de ar são de fundamental importância para a explicação da dinâmica do clima brasileiro. As originárias, por exemplo, do Oceano Glacial Ártico levam frio e umidade para os espaços em que circulam. É o que ocorre no sul do Brasil, durante o inverno, quando essa região está sob a influência da Massa Polar Atlântica.

Quase todas as massas de ar que atuam na América do Sul estão também presentes no Brasil. Apenas as que se originam no Oceano Pacífico exercem influência limitada no país. Observe a figura 1.

Quase todos os climas existentes no Brasil são controlados por massas de ar quentes e úmidas (equatoriais e tropicais). A principal exceção é o clima subtropical (no sul do país), parcialmente controlado por uma massa de ar frio, a Polar Atlântica. Veja, a seguir, as principais características das massas de ar que influenciam o clima brasileiro.

Massa Equatorial Atlântica (Ea). É quente e úmida e vem do Atlântico norte. Forma os ventos alísios de nordeste. Sua principal área de atuação no Brasil é o litoral das regiões Norte e Nordeste, principalmente na primavera e no verão.

Massa Tropical Atlântica (Ta). Também é quente e úmida, mas origina-se no Atlântico sul e forma os ventos alísios de sudeste. Atua principalmente na faixa litorânea, desde o nordeste até o sul do país.

Massa Polar Atlântica (Pa). É fria, úmida e originária do Atlântico sul, a mais de 40° de latitude sul. Durante o inverno, quando a Pa encontra-se bastante fortalecida, seus "ramos" abrangem grande parte do território brasileiro.

Massa Tropical Continental (Tc). Quente e seca, surge na Depressão do Chaco, e sua influência no Brasil abrange o sul da Região Centro-Oeste e o interior (oeste) das regiões Sudeste e Sul, provocando longos períodos de tempo quente e seco.

Massa Equatorial Continental (Ec). É a massa de ar de maior atuação no território brasileiro, com influência em todas as regiões. Quente, úmida e ins-

Figura 1

AMÉRICA DO SUL E BRASIL: DISTRIBUIÇÃO DAS MASSAS DE AR, SEGUNDO SUAS FONTES E O DIRECIONAMENTO

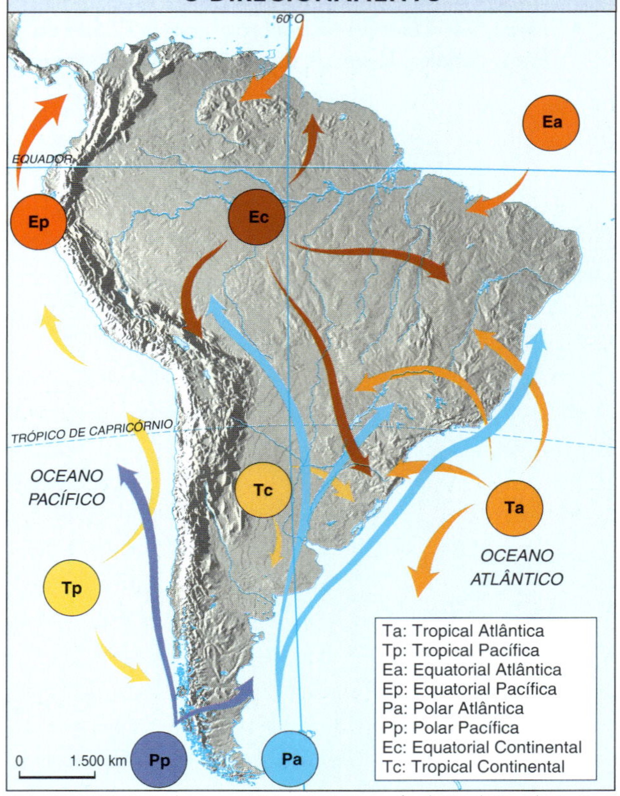

Fonte: MONTEIRO, Carlos Augusto F. In: IBGE. *Geografia do Brasil: Grande Região Sul*. Rio de Janeiro, 1968. v. 4, tomo 1. p. 121.

tável, origina-se na Amazônia ocidental; nessa área, principalmente durante os meses de verão e outono, provoca instabilidades (chuvas abundantes) quase diárias.

2 Classificação dos climas no Brasil

O clima tropical predomina no Brasil (mais de 90% do território localiza-se entre o Trópico de Capricórnio e o Equador), ao lado do clima equatorial e do subtropical, demonstrando assim a diversidade climática do país. A influência de determinados fatores — como a enorme extensão do território, o relevo variado, a continentalidade ou a maritimidade, a latitude e as massas de ar — explica a existência de vários subtipos de clima tropical (continental, de altitude etc.). Observe o mapa da figura 2.

Figura 2

BRASIL: CLASSIFICAÇÃO DOS CLIMAS, SEGUNDO A DINÂMICA DAS MASSAS DE AR

Fonte: FERREIRA, Graça Maria Lemos. *Atlas geográfico: espaço mundial*. São Paulo, Moderna, 2002. p. 11.

Do ponto de vista da produção agrícola, essa diversidade é bastante vantajosa. Graças a ela, o Brasil conta com uma grande variedade de produtos. Isso porque, apesar dos avanços tecnológicos e científicos conquistados pela humanidade, o clima continua sendo importante fator para a produção agrícola.

Vejamos as principais características dos climas no Brasil.

Clima equatorial úmido. Predomina na maior parte da Amazônia. É controlado pela Massa Equatorial Continental e caracteriza-se pela combinação de temperaturas sempre elevadas (médias térmicas anuais de 25 °C a 28 °C), baixa amplitude térmica anual (inferiores a 3 °C) e chuvas abundantes (2 mil milímetros anuais, ou mais) e bem distribuídas durante o ano. Observe, na figura 3, o climograma correspondente a esse tipo de clima.

Figura 3

CLIMOGRAMA REPRESENTATIVO DO CLIMA EQUATORIAL ÚMIDO

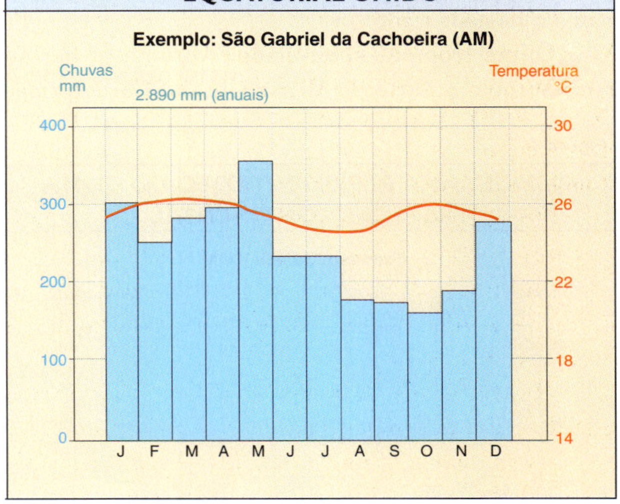

Clima litorâneo úmido. Ocorre principalmente no litoral leste e é controlado, principalmente, pela Massa Tropical Atlântica. Nos litorais sudeste e sul, essa massa de ar provoca chuvas orográficas (ou de relevo) quando se encontra com a Serra do Mar. A localidade de Itapanhaú, em Bertioga (SP), detém o recorde de chuvas no país, com o índice de 4.514 milímetros em um ano.

No litoral nordestino, as chuvas concentram-se no outono e no inverno (o encontro da Pa com a Ta provoca as chuvas frontais).

Clima tropical. É o mais característico do Brasil. Abrange uma vasta porção do país, que inclui a maior parte das regiões Centro-Oeste e Sudeste, grande parte da Região Nordeste (o Meio-Norte, formado por Maranhão e Piauí, o interior da Bahia etc.) e o estado do Tocantins. Caracteriza-se pela existência de duas estações bem diferenciadas: verões quentes e chuvosos e invernos secos.

No verão, atraída pelas baixas pressões no interior do país e pelo enfraquecimento e recuo da Pa, a Massa Equatorial Continental atinge a Região Centro-Oeste e o interior (parte ocidental) das regiões Nordeste, Sudeste e Sul, provocando chuvas de verão ou convectivas.

A Massa Tropical Atlântica atua ao longo dos litorais leste, sudeste e sul e também nos Planaltos e nas Serras do Atlântico Leste-Sudeste, atingindo parte do Sertão nordestino.

No inverno, o enfraquecimento da Ec favorece o avanço da Polar Atlântica, que penetra no continente em três "ramos": o leste ou litorâneo (provoca chuvas frontais, em razão do seu encontro com a Tropical Atlântica); o central (acarreta geadas e, às vezes, neve na Região Sul e quedas de temperatura e chuvas no Sudeste); e o oeste, que penetra até a Amazônia ocidental onde provoca as friagens.

O climograma da figura 4 representa o subtipo **tropical continental** (porção central do país).

Destaca-se ainda o subtipo **tropical de altitude** (terras altas do Sudeste), que apresenta verões brandos e invernos mais rigorosos.

Clima tropical semi-árido. Abrange o Sertão nordestino e o norte de Minas Gerais. Caracteriza-se por temperaturas muito elevadas e chuvas escassas e maldistribuídas durante o ano. Apresenta no ano os menores índices pluviométricos do país (inferiores a mil milímetros) e as médias térmicas mais elevadas (28 °C).

A baixa e irregular pluviosidade do Sertão nordestino assim como as secas prolongadas decorrem, principalmente, da atuação irregular das massas de ar. Isso significa que nenhuma massa de ar úmida atua sobre todo o Sertão nordestino: as que chegam lá normalmente já estão secas, ou seja, descarregaram a umidade antes de atingir a região. Vários fatores impedem ou dificultam a entrada regular das massas de ar mais úmidas na região, por exemplo, as temperaturas constantemente elevadas e a presença do relevo bloqueando a passagem dos ventos oceânicos (como ocorre na Chapada da Borborema).

As principais massas de ar que atuam no Sertão nordestino são a Equatorial Continental e a Tropical Atlântica. Observe a figura 5.

Clima subtropical úmido. Ocorre na Região Sul do país. É controlado pela Massa Tropical Atlântica e bastante influenciado, no inverno, pela Massa Polar Atlântica. Apresenta chuvas bem distribuídas no decorrer do ano, estações bem diferenciadas e invernos relativamente rigorosos. A forte penetração do ar frio (frentes frias) no inverno acarreta quedas de temperatura acompanhadas por geadas e, às vezes, por precipitações de neve nas áreas mais elevadas (por exemplo, São Joaquim, em Santa Catarina).

Figura 4

CLIMOGRAMA REPRESENTATIVO DO CLIMA TROPICAL CONTINENTAL

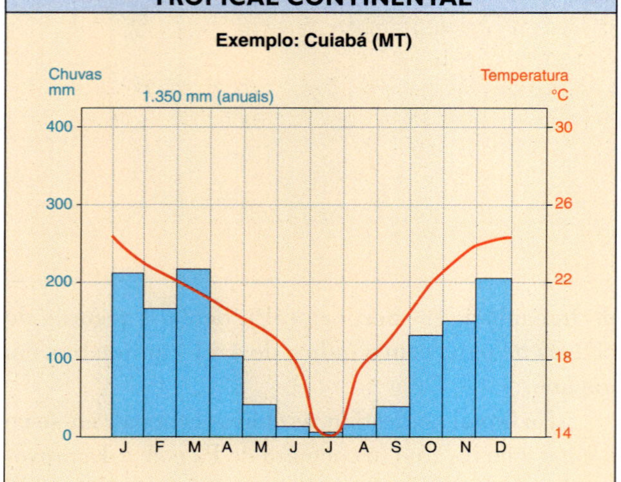

Figura 5

CLIMOGRAMA REPRESENTATIVO DO CLIMA TROPICAL SEMI-ÁRIDO

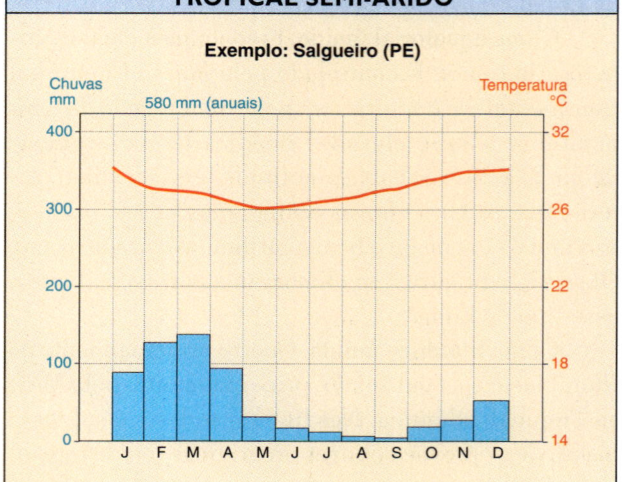

El Niño

El Niño ("o menino", referência a Jesus, por ocorrer após o Natal) é um fenômeno climático natural. Apesar de ainda não ter suas causas totalmente esclarecidas, supõe-se que o fenômeno esteja se acentuando em conseqüência do aquecimento global da atmosfera, provocado pelo aumento de emissões de dióxido de carbono, após a Revolução Industrial. De tempos em tempos, uma enorme quantidade de água do Pacífico sul-equatorial (desde a costa do Peru e do Equador até a parte central) se aquece 2 a 4 °C mais do que o comum, mudando o regime dos ventos no mundo. Os ventos alísios tornam-se mais fracos, e as massas de ar aquecido formam barreiras que impedem o deslocamento normal das frentes frias carregadas de umidade. As frentes frias estacionam e as chuvas concentram-se em certos pontos, provocando inundações em algumas regiões (sul do Brasil e dos EUA, norte da Argentina), secas em outras (nordeste brasileiro, Austrália), e invernos amenos na América do Norte.

O El Niño ocorre aproximadamente a cada quatro anos e pode durar de seis a dezoito meses. Os períodos de 1982-1983 e 1997-1998 foram os mais ativos do século XX e, supõe-se, dos últimos 130 mil anos.

O aquecimento global e o fenômeno climático El Niño estão causando danos à fauna e à flora marinhas, em especial aos corais, provocando descoloração e morte de barreiras de coral em todo o mundo.

RODOLFO BUHRER/GAZETA DO POVO-AE

Enchente em São José dos Pinhais, no Paraná (2001). O fenômeno climático El Niño tem contribuído para agravar os efeitos de catástrofes climáticas em todo o Brasil, como as secas na Região Nordeste e as enchentes na Região Sul.

3 Hidrografia brasileira

A hidrografia é outro elemento natural muito marcante na paisagem brasileira. Embora apresente problemas de escassez de água na Região Nordeste, o Brasil reúne as maiores bacias hidrográficas do planeta, tendo, portanto, abundância de águas de superfície e subterrâneas nas áreas banhadas por essas bacias. Leia o texto do boxe "Mundo curioso".

Alimentada por regimes de chuva abundante (como o equatorial e o tropical), a rede hidrográfica exerce intensa atividade erosiva, principalmente em áreas elevadas do relevo, complementada por outra: a deposição de sedimentos nas regiões mais baixas.

Os rios brasileiros costumam ser agrupados em cinco **bacias hidrográficas principais** (a Amazônica, a do Tocantins-Araguaia, a do São Francisco, a do

Mundo curioso

Lagos brasileiros

No Brasil, os lagos ocupam uma área pequena em relação ao território, ao contrário de outras regiões do mundo, onde eles são numerosos e de grande extensão.

Quando resultado de um lento trabalho de acumulação, na orla litorânea, são chamados **lagoas** ou **lagunas**. É o caso da Lagoa dos Patos, Mirim (RS), Araruama, Saquarema (RJ), Mangaba, Mundaú (AL), Juparanã e Monsaías (ES).

Os demais lagos brasileiros formaram-se em depressões situadas nas planícies que acompanham os cursos dos rios. São os chamados **lagos de várzeas**, comuns na Amazônia.

A Lagoa do Jaburu (na foto em 1999), localizada em Brasília, está secando por causa da excessiva retirada de água do lençol freático que a abastece.

DIDA SAMPAIO-AE

Paraná-Paraguai e a do Uruguai) e quatro **bacias hidrográficas secundárias** (a do Norte, a do Nordeste, a do Leste e a do Sul-Sudeste). Observe o mapa da figura 6.

Estudaremos, a seguir, as principais bacias hidrográficas brasileiras.

A **Bacia Amazônica** (figura 7) é a maior do mundo. Abrange uma extensa área de 6,4 milhões de km^2, dos quais 3,9 milhões (60%) situados no território brasileiro e o restante (2,5 milhões) distribuído por mais sete países sul-americanos: Suriname, Guiana, Venezuela, Colômbia, Peru, Equador e Bolívia, além de abranger a Guiana Francesa (departamento de ultramar da França).

Com cerca de 20 mil quilômetros de percurso navegável em território brasileiro, desempenha considerável papel como via de circulação e possui o maior potencial hidroelétrico, concentrado nos afluentes do Rio Amazonas, os quais percorrem longos trechos em áreas de relevo planáltico. Leia o texto do boxe "O Rio Amazonas que não está no mapa".

A **Bacia do Tocantins-Araguaia**, com 813.674 km^2 de área, é a maior bacia totalmente brasileira. Oferece cerca de 3 mil quilômetros navegáveis.

Figura 7

CARLOS HUMBERTO TDC/IMAGINATTA

A Bacia Amazônica é a maior do mundo. Sua importância decorre do papel que seus rios desempenham na circulação da Região Norte do Brasil, devido às boas condições de navegabilidade que oferecem. Na foto, trecho do Rio Amazonas na cidade de Parintins (AM, 2001).

Figura 6

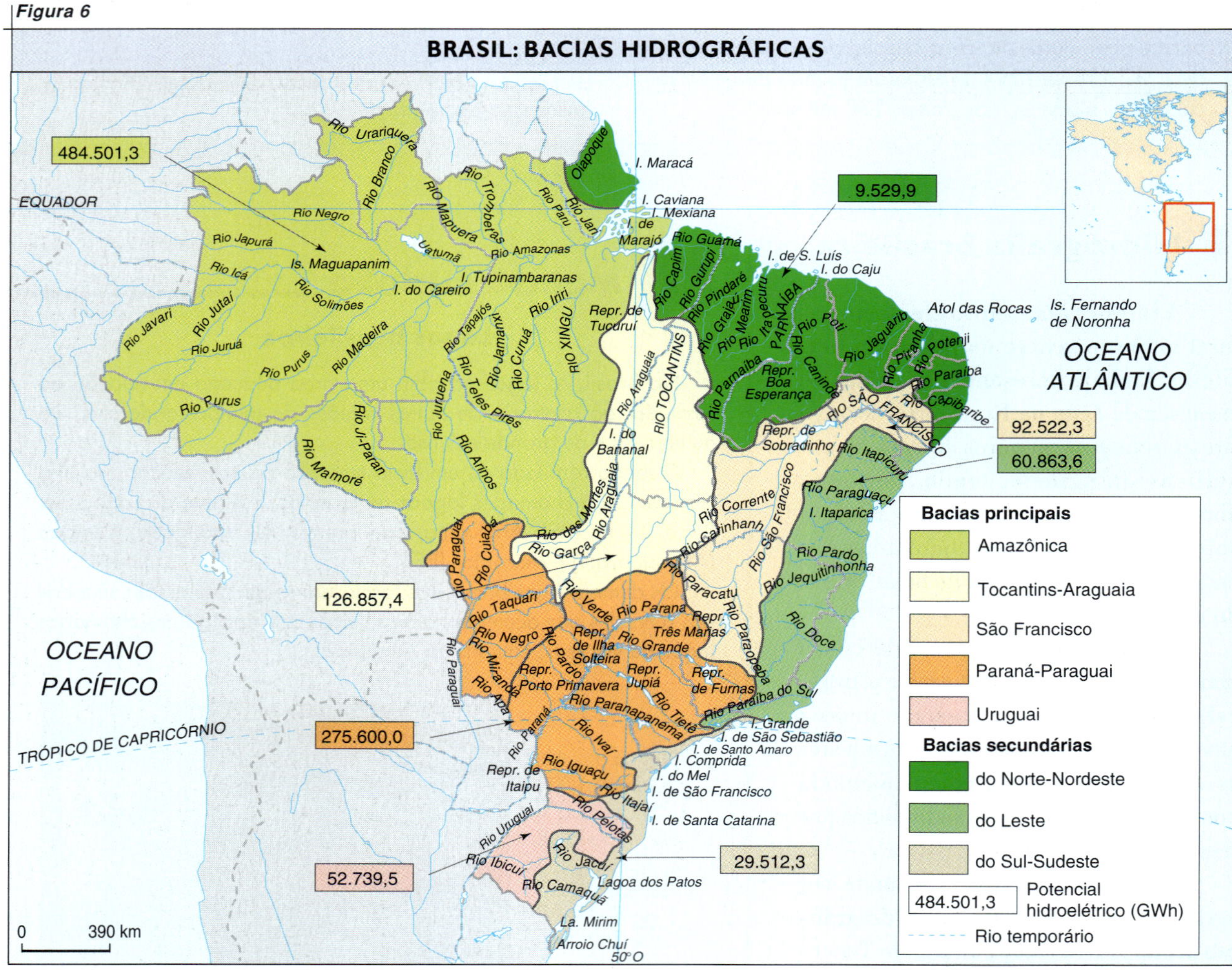

Fontes: IBGE. *Atlas nacional do Brasil 2000*. p. 61; e *Anuário estatístico do Brasil 2000*. p.1-125.

O Rio Amazonas que não está no mapa

"O Rio Amazonas espichou. Não é mais o primeiro do mundo apenas em volume d'água. Uma equipe científica do Instituto Nacional de Pesquisas Espaciais (Inpe), chefiada pelo geólogo Paulo Roberto Martini, está segura de que sua nascente fica no Rio Apurimac, e não no Marañon dos livros e dos mapas. Com isso, o Amazonas passa de cerca de 6.600 para aproximadamente 7.100 quilômetros. Apurimac é a denominação inicial do mesmo rio que vai trocando de nome, sucessivamente, para Ucayali (no qual deságua o afluente Marañon), Solimões (a partir da fronteira do Brasil com o Peru) e Amazonas (depois de Manaus).

Desde que foi explorado pelo espanhol Francisco Orellana, em 1541, o Marañon era considerado o trecho inicial do Amazonas, por ser mais volumoso e largo do que o Ucayali. A moderna geografia, porém, adota o critério de 'curso mais longo possível' para definir a extensão dos rios. [...]

Os dois perdedores. O Amazonas (7.100 km) ultrapassou dois outros rios que já foram os primeiros do mundo em extensão: o Nilo, no norte da África, e o Mississípi, nos Estados Unidos. Há dez anos, o Nilo (6.670 km) era o número um. Foi destronado quando os geógrafos decidiram que o Missouri não era um afluente, mas sim o formador do Mississípi, que passou então a ter 6.800 quilômetros."

Nova Escola. São Paulo, Abril, ago. 1995. p. 30-33.

A **Bacia do São Francisco**, com 645.067 km², ocupa o quarto lugar em área e em potencial hidroelétrico. É a segunda maior bacia hidrográfica totalmente brasileira.

A importância do Rio São Francisco (figura 8) decorre do fato de ser o único rio perene que atravessa o Sertão semi-árido nordestino, ligando as duas regiões mais populosas e de povoamento mais antigo: Nordeste e Sudeste. Rio de planalto, apresenta muitas quedas d'água (aproveitadas para a geração de hidroeletricidade) e 2 mil quilômetros de trechos navegáveis, desde Pirapora (MG) até Juazeiro (BA). Fornece água às populações e possibilita a prática da agricultura, tanto em suas margens (agricultura de vazante) quanto em áreas mais distantes, correndo por canais de irrigação.

A **Bacia do Paraná** ocupa lugar de destaque não apenas por ser a segunda maior em área e em potencial hidroelétrico, mas por localizar-se na principal região geoeconômica do país (Centro-Sul), pela grande produção de hidroeletricidade (a maior do país) e pelas vantagens de navegabilidade que oferece.

A Hidrovia Tietê—Paraná, implantada na Bacia do Paraná e viabilizada com a construção das eclusas de Três Irmãos e de Jupiá, integra cinco estados brasileiros (PR, SP, MG, GO e MS) e aproxima o Brasil de seus parceiros do Mercosul (Argentina, Paraguai e Uruguai). São 2.400 quilômetros de percurso navegável. Veja a figura 9, na página seguinte.

Figura 8

MAURÍCIO SIMONETTI/PULSAR

Denominado rio da integração, o São Francisco atravessa o Sertão semi-árido e tem grande importância para a população ribeirinha: permite a prática da agricultura e da irrigação, além de apresentar grande potencial hidroelétrico e de navegação. Foto do rio na região de Pirapora, em Minas Gerais (1998).

Figura 9

HIDROVIA TIETÊ—PARANÁ

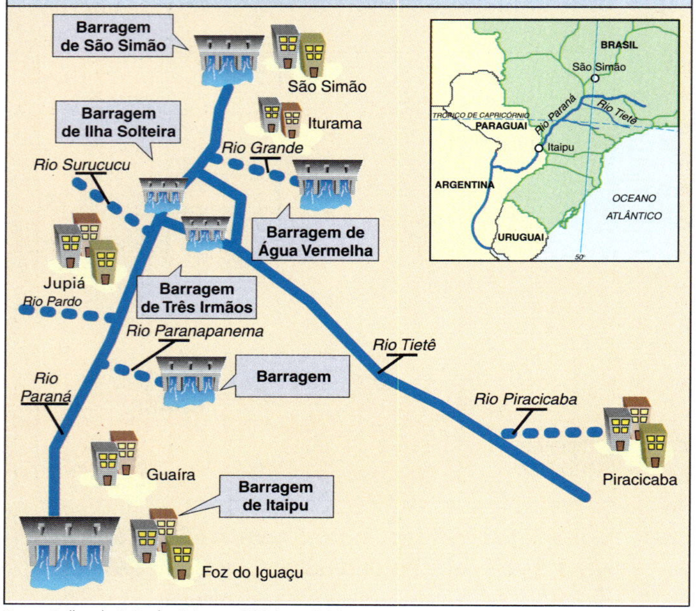

Fonte: *Folha de S.Paulo*, 16 mar. 1994. p. 1-13.

A Bacia do Paraná abriga também um vasto reservatório de água subterrânea, conhecido como **Aqüífero Guarani**. Diante da escassez mundial de reservas de água doce, é urgente a necessidade de preservação desse manancial. Leia o texto do boxe.

O Aqüífero Guarani

"[...] ocorre nos estados de Mato Grosso do Sul, Goiás, Minas Gerais, São Paulo, Paraná, Santa Catarina e Rio Grande do Sul, atingindo também os países Argentina, Paraguai e Uruguai. É, portanto, um sistema transnacional. A área total de ocorrência chega a 1.400.000 km^2, dos quais cerca de 1 milhão está em território brasileiro. Sua dimensão norte—sul no Brasil chega a 2 mil quilômetros. [...]

Esse aqüífero é responsável por cerca de 80% do total da água acumulada na Bacia sedimentar do Paraná. Calcula-se que constitua a maior reserva de água doce do mundo. [...]

Estudos têm revelado que as águas do Aqüífero Guarani ainda estão livres de contaminação. Contudo, considerando que a área de recarga coincide com importantes áreas agrícolas brasileiras, onde se tem usado intensamente herbicidas, é de se esperar que sejam necessárias medidas urgentes de controle, monitoramento e redução da carga de agrotóxicos, sob pena de se vir a ter sérios problemas de poluição."

ZIMBRES, Eurico. *O Aqüífero Guarani*. Disponível em: http://www.meioambiente.pro.br

A **Bacia do Paraguai**, com área de 345.000 km^2 e tipicamente de planície, destaca-se pelo aproveitamento de seus rios para a navegação. O Rio Paraguai, antes de se juntar ao Rio Paraná, formando o Rio da Prata, banha o Paraguai e a Argentina. Sendo um rio de navegação internacional, é parte integrante da **Bacia Platina**, formada pelos rios Paraná, Paraguai e Uruguai.

O aproveitamento econômico da **Bacia do Uruguai**, pela navegação ou pela produção hidroelétrica, é pouco expressivo: apenas 1,6% do potencial hidroelétrico (17,1 milhões de kW) é aproveitado.

O Rio Uruguai nasce no Brasil e, após 1.400 quilômetros de percurso, deságua no Estuário do Prata. Seu curso superior é planáltico, encachoeirado e dotado de expressivo potencial hidroelétrico. Já os cursos médio e inferior, por serem de planície, oferecem boas condições para a navegação.

Impactos ambientais: o caso da transposição do Rio São Francisco

Diversos tipos de dejetos: esgotos domésticos, poluentes químicos industriais e agrícolas, lixo urbano, chegam aos rios brasileiros, tanto no meio rural quanto no urbano.

Aliar desenvolvimento econômico e preservação ambiental tornou-se uma necessidade. As iniciativas legais para a proteção do ambiente no Brasil são antigas. Desde a década de 1980, a legislação brasileira exige, para o licenciamento e a realização de empreendimentos que modificam o meio ambiente, o **Estudo de Impacto Ambiental** (EIA) — feito por especialistas, que buscam avaliar os impactos da intervenção humana no meio ambiente — e o respectivo **Relatório de Impacto Ambiental** (Rima).

O Conselho Nacional do Meio Ambiente (Conama) define o que seja impacto ambiental e estabelece critérios e responsabilidades na sua avaliação:

> "[...] considera-se **impacto ambiental** qualquer alteração das propriedades físicas, químicas e biológicas do meio ambiente, causada por qualquer forma de matéria ou energia resultante das atividades humanas que, diretamente ou indiretamente, afetam: a saúde, a segurança e o bem-estar da população; as atividades sociais e econômicas; a biota; as condições estéticas e sanitárias do meio ambiente; e a qualidade dos recursos ambientais."
>
> TITARELLI, Augusto H. V. In: *Orientação*, n.8, 1990. p. 99.

Um exemplo de aplicação do EIA e do Rima é o projeto de **transposição** do Rio São Francisco, ou seja, de construção de canais para levar a água desse rio aos principais vales do interior do Nordeste. Prevê-se a construção de 600 quilômetros de canais pelos quais as águas serão captadas e levadas para oito açudes que devem abastecer os rios intermitentes nos estados do Ceará, Rio Grande do Norte, Paraíba e Pernambuco. Será necessário, também, o bombeamento das águas, elevando-as em até 300 metros, de onde passarão a correr por força da gravidade.

Os impactos devem ser vistos junto com benefícios que o projeto pode trazer: por um lado, a obra beneficiará milhões de pessoas com aumento da oferta de água, redução do êxodo rural causado pela seca e geração de empregos e rendas; por outro, reduzirá a capacidade hidroelétrica em aproximadamente 2% e provocará desmatamento para a execução das obras e perda de áreas com vegetação nativa.

4 Vegetação brasileira

A prática indiscriminada do **extrativismo vegetal** (retirada de recursos vegetais da natureza pelos seres humanos) destruiu milhões de hectares de matas nativas e dezenas de espécies vegetais valiosas.

Apesar de muito devastada, a vegetação natural continua sendo um dos elementos mais marcantes da paisagem geográfica brasileira. O Brasil concentra 23% de todas as espécies vegetais do mundo e é reconhecido produtor e exportador de bens vegetais (madeiras, ceras, óleos, fibras etc.). O extrativismo vegetal de produtos como o látex (borracha), a castanha-do-pará, o guaraná e o babaçu é realizado predominantemente nas regiões Norte e Nordeste, sendo a madeira o produto extrativo vegetal de maior valor.

A destruição das florestas nativas é uma prática sistemática e o Brasil ocupa lugar de destaque no mundo por conta dessa devastação. Em vez de apoiar ou reforçar o uso sustentável, governos e sociedade, com freqüência, estimulam a colonização, que leva a transformar florestas em áreas de cultivo e pastagens. A queimada tem sido amplamente usada por proprietários na tentativa de descaracterizar a ociosidade da terra. Pela lei, a terra ociosa poderia ser desapropriada para fins de reforma agrária.

As formações vegetais das regiões mais industrializadas ou de ocupação antiga foram muito atingidas pela devastação. É o caso da Mata Atlântica e da Mata dos Pinhais. As figuras 10 e 11 referem-se às formações vegetais primitivas do Brasil e às áreas atingidas pela devastação.

Figura 10

BRASIL: VEGETAÇÃO PRIMITIVA

Fonte: IBGE. *Atlas nacional do Brasil 2000*. p. 65.

Figura 11

BRASIL: DEVASTAÇÃO VEGETAL

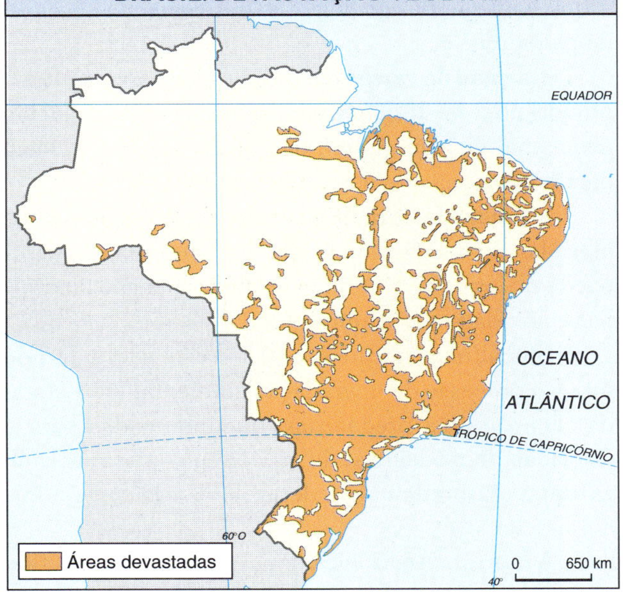

Fonte: IBGE. *Atlas nacional do Brasil 2000*. p. 66.

Características da vegetação brasileira

A vasta extensão territorial, associada à diversidade climática e morfológica, confere ao Brasil uma extraordinária riqueza vegetal. Entre as **formações florestais** (predomínio de árvores), há a Floresta Amazônica, a Mata Atlântica, a Mata de Araucárias e a Mata dos Cocais. A caatinga, o cerrado e os campos compõem as **formações arbustivas** (predomínio de vegetação herbácea). Destacam-se ainda o Complexo do Pantanal e a vegetação litorânea.

Floresta Amazônica

Também conhecida por **floresta pluvial** ou **equatorial**. Estende-se por uma vasta área de quase 5 milhões de km^2, equivalente à metade da Europa, abrangendo, além do Brasil, mais sete países sul-americanos: Suriname, Guiana, Venezuela, Peru, Colômbia, Equador e Bolívia, além da Guiana Francesa (França). É a maior floresta equatorial do mundo.

É uma formação vegetal típica de áreas de clima equatorial (temperatura e pluviosidade elevadas). Apresenta as seguintes características: **latifoliada** (folhas largas), **heterogênea** (variedade de espécies), **higrófila** (de ambiente úmido), **perene** (sempre verde) e **densa** (fechada, com muitas árvores por unidade de área).

Variações locais de clima, relevo e solos explicam a existência de pelo menos três grandes grupos de vegetação dentro do conjunto:

- a **mata de igapó** em terrenos alagados, próximos a rios, onde se desenvolve o extrativismo da piaçava, de palmeiras etc.;
- a **mata de várzea** em terrenos baixos e sujeitos à inundação, com destaque para as seringueiras (caucho, maniçoba, maçaranduba), das quais se extrai o látex para a fabricação de borracha;
- a **mata de terra firme** ou **caaetê** em regiões mais elevadas, livres de inundação, que apresenta as árvores de maior porte (cedro, castanheira, mogno, andiroba) e atividade madeireira.

Nas últimas décadas, essa floresta vem sofrendo intenso processo de degradação ambiental em virtude da caça e pesca predatórias, das queimadas para a formação de pastagens, da atividade madeireira e do garimpo, da implantação de projetos agrícolas e minerais etc.

A Floresta Amazônica desenvolve-se em uma fina camada de solo, a maior parte produzida por ela e que a sustenta. As folhas e galhos que caem são decompostos por fungos e bactérias, formando o solo orgânico. Destruir a vegetação significa alterar esse equilíbrio.

Mata Atlântica

Também conhecida por **floresta latifoliada tropical úmida de encosta**, ocupa a porção oriental do país, principalmente as escarpas voltadas para o mar. Trata-se de uma vegetação exuberante, típica de clima tropical úmido, cuja existência está ligada ao relevo e à umidade (figura 12). Também é uma formação vegetal higrófila, perene, densa e heterogênea e suas principais espécies são: cedro, canela, ipê, jacarandá, jatobá, jequitibá, coqueiros e pau-brasil.

A Mata Atlântica estendia-se desde o Ceará até o Rio Grande do Sul. No entanto, a atividade devastadora do colonizador degradou-a violentamente, quer pela exploração madeireira, quer substituindo a vegetação natural por monoculturas de exportação e pastagens.

Somam-se a isso a exploração madeireira e as queimadas, que têm acarretado o desaparecimento de espécies vegetais raras e valiosas. Ainda assim é possível notar a exuberância da Mata Atlântica em alguns trechos (sul da Bahia, Serra do Mar, faixas estreitas

Figura 12

MAURÍCIO SIMONETTI/PULSAR

A grande densidade de cobertura vegetal da Mata Atlântica regula o fluxo dos rios, protege as escarpas e encostas das serras, assegura a fertilidade do solo e ajuda a controlar o clima. Na foto, Camburi, em São Sebastião, no litoral de São Paulo (1994).

Figura 13

MATA ATLÂNTICA — 1500 E 1995

No início da colonização portuguesa, a Mata Atlântica cobria cerca de 12% do território nacional.

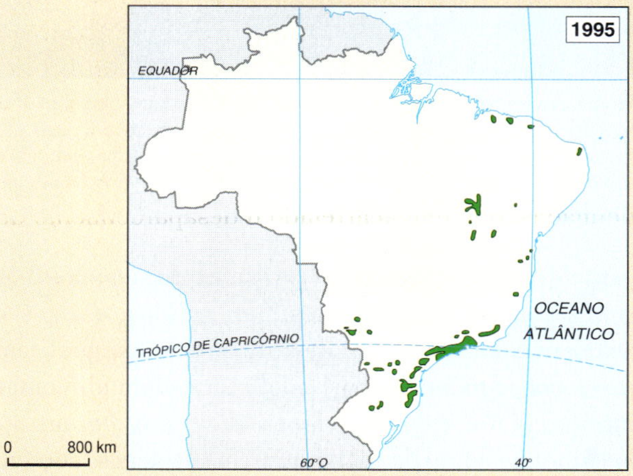

Em 1995, a floresta nativa resumia-se a 95.000 km^2, menos de 10% da cobertura de 1500. Em Sergipe restou apenas 1% da área original.

Fonte: *Veja*. São Paulo, Abril, 16 ago. 1995. p. 58-59.

próximas aos rios) onde a vegetação primitiva não foi totalmente destruída.

Considerada um dos santuários ecológicos mais ricos do planeta, está reduzida a apenas 7% da sua área original, que abrangia 1 milhão de km^2. Observe a figura 13 (acima).

Mata de Araucárias e Mata dos Cocais

A **Mata de Araucárias**, também conhecida por **Mata dos Pinhais** ou **floresta aciculifoliada**, era encontrada no Planalto da Bacia do Paraná, nas áreas mais elevadas e de temperaturas mais baixas (clima subtropical), estendendo-se desde o Paraná até o Rio Grande do Sul. É uma formação vegetal subtropical em que predomina o pinheiro-do-paraná (*Araucaria angustifolia*), associado a outras espécies, como a canela, a imbuia e a erva-mate.

Por ser uma formação vegetal homogênea com madeiras de alto valor comercial (para a produção de papel, móveis), a Mata dos Pinhais sofreu exploração econômica tão intensa que, atualmente, está reduzida a apenas 10% (cerca de 20.000 km^2) da área original. A agricultura (soja, trigo, milho) e a pecuária tomaram-lhe o lugar.

A **Mata dos Cocais** constitui a transição entre a floresta equatorial, a caatinga e o cerrado. Localiza-se em área de clima tropical nos estados do Maranhão, Piauí, parte do Ceará e no Rio Grande do Norte. Essa mata foi bastante devastada no período colonial pelo cultivo de cana-de-açúcar. Nela predominam as palmeiras, como o babaçu, a oiticica, a carnaúba.

A **carnaúba** é conhecida como árvore-da-vida, por seu grande aproveitamento. De suas folhas, também utilizadas para fazer telhados, fabricam-se esteiras e se extrai cera para sapatos e assoalhos; o seu coco fornece óleo; com os troncos constroem-se casas.

O coco do **babaçu** é comestível e dele se extrai óleo, empregado também como combustível. Com suas folhas fabricam-se esteiras, chapéus, cestos etc.

Cerrado, caatinga e campos

Vegetação típica da Região Centro-Oeste, de clima tropical, o **cerrado** ou **savana** estende-se também por estados de outras regiões, como São Paulo, Minas Gerais, Bahia, Tocantins, Maranhão, Roraima, Amapá.

A área original do cerrado, aproximadamente 2 milhões de km^2, está reduzida a menos da metade. Durante muito tempo não foi considerada economicamente viável, devido aos solos ácidos e com poucos nutrientes.

Grande parte da devastação do cerrado foi provocada pela ocupação humana decorrente da marcha do povoamento (a partir da década de 1940) em direção ao oeste, com a construção de Brasília e a implantação de várias rodovias (Belém—Brasília e outras), que ligaram essa região a outras cidades. Tecnologias modernas de correção dos solos (aplicação de calcário etc.) permitiram intensificar a produção agrícola (soja, milho), aumentando a devastação do cerrado.

O cerrado típico é formado pela associação de árvores e arbustos retorcidos (estrato superior) com gramíneas (estrato inferior). A presença de gramíneas e a distância entre os arbustos compõem um ambiente apropriado para a pecuária, atividade econômica tradicional do Centro-Oeste.

A **caatinga** é a vegetação que caracteriza o semiárido Sertão nordestino e o norte de Minas Gerais. Apresenta temperaturas muito elevadas e precipitações baixas e maldistribuídas. É constituída de árvores e arbustos — em geral espinhentos, que perdem as folhas na longa estação seca — e cactáceas. A vegetação é do tipo desértico ou xerófita. A existência de vegetais com folhas pequenas, espinhos, raízes longas e numerosas está relacionada a fatores como aridez e solos pedregosos e pouco profundos.

Mais de 50% da área da caatinga já foi alterada por lavouras e pastagens e sua biodiversidade encontra-se ameaçada pela presença humana. Em muitas regiões a caatinga tende a se transformar em deserto.

Nos **campos** predomina a vegetação herbácea. Nos chamados **campos limpos** predominam as gramíneas. Já nos **campos sujos** aparecem também arbustos e árvores. São encontrados principalmente no Rio Grande do Sul, onde a pecuária extensiva com suas **estâncias** (fazendas de gado) e a agricultura (arroz, milho, soja, trigo) marcam a presença do homem nesse domínio ameaçado pela erosão, desertificação e diminuição da fertilidade dos solos. Aparecem também em regiões elevadas ou serranas (Chapada Diamantina, Pico de Itatiaia) e em áreas inundáveis (Maranhão, Ilha de Marajó, Amapá).

Formações complexas e litorâneas

O **Pantanal** é uma formação complexa, uma faixa de transição, composta de espécies das florestas, dos campos e do cerrado. Localizado em uma extensa planície inundável, na Bacia do Rio Paraguai, no Mato Grosso e Mato Grosso do Sul, é uma das mais diversificadas reservas naturais do planeta. As principais atividades desenvolvidas no Pantanal são a agricultura e a pecuária. Dentre os problemas ambientais, destacam-se a pesca e caça predatórias, o contrabando de animais (jacarés, capivaras etc.) e a poluição dos rios.

A **vegetação litorânea** estende-se por todo o litoral brasileiro e nela destacam-se os **mangues**, ecossistema tropical e subtropical que se desenvolve em áreas costeiras, em solos argilosos e barrentos, alagados pelas marés altas. Os manguezais (figura 14) apresentam espécies arbustivas e arbóreas, com troncos finos e raízes aéreas, adaptadas às inundações. Constituem um sistema de transição entre a vida terrestre e a vida marinha, adaptado à salinidade, fornecendo nutrientes e servindo de berçário para peixes, crustáceos e moluscos.

O intenso processo de urbanização das áreas litorâneas tem levado à degradação desse ecossistema, com o corte de árvores, os aterros para a expansão imobiliária e a contaminação por resíduos sólidos, esgotos e vazamentos industriais. A destruição dos mangues tem graves conseqüências, pois quebra a cadeia alimentar marinha, já que espécies menores, como os caranguejos (filhotes, em especial) e outros crustáceos, servem de alimento para as maiores.

Figura 14

DELFIM MARTINS/PULSAR

Manguezal, vegetação típica de litorais tropicais com solos pantanosos e salinos que ocupa os fundos de baías, estuários e canais. As plantas dos mangues são dotadas de raízes aéreas que lhes permitem respirar o oxigênio. Na foto, manguezal da Ilha da Cassumba, na Bahia (2000).

5 Domínios morfoclimáticos

Já vimos que os elementos naturais que compõem uma paisagem (estrutura geológica, relevo, clima, vegetação, hidrografia, solos) não existem de forma independente. Dependendo das combinações ou síntese dos diversos elementos naturais, há porções diferenciadas ou individualizadas do espaço terrestre que são denominadas **domínios morfoclimáticos** ou **domínios morfoclimatobotânicos**.

O geógrafo Aziz N. Ab'Sáber determinou a existência de seis porções distintas, ou domínios morfoclimáticos no território brasileiro.

As áreas de contato entre os domínios constituem paisagens não-diferenciadas, nas quais os elementos de um e de outro domínio se "misturam". São as chamadas **faixas de transição**.

O quadro 1 refere-se aos domínios morfoclimáticos do Brasil.

Quadro 1

Domínios morfoclimáticos brasileiros

Domínio Amazônico

WAGNER SANTOS/KINO

Predomínio de baixas altitudes (planícies, depressões e baixos planaltos); clima equatorial quente e úmido o ano todo; vasta e rica rede hidrográfica e uma exuberante floresta (Amazônica). Na foto, vista do Rio Vila Nova (AP) em 1997.

Domínio dos Mares de Morros

ROBERTO LOOFEL/KINO

Planaltos e Serras do Atlântico Leste-Sudeste; clima tropical úmido. Morros arredondados, pela ação do intemperismo e da erosão, formam os denominados **mares de morros**, ou meias-laranjas. **Escarpas planálticas** (rampas ou aclives) separam os planaltos e serras da planície costeira. Porção oriental, mais povoada e industrializada do país, sofreu grande devastação. Na foto, mares de morros na Serra da Mantiqueira (Serra da Bocaina), São Paulo, em 1999.

Domínio do Cerrado

DELFIM MARTINS/PULSAR

Planaltos, depressões e chapadas sedimentares; clima tropical com duas estações bem diferenciadas (verão chuvoso e inverno seco); predomínio de vegetação arbustiva e herbácea (cerrado) e solos ácidos. Sua economia baseia-se na agricultura e pecuária extensivas. Foto da vegetação do cerrado com vista para a Chapada dos Guimarães, Mato Grosso.

Domínio da Caatinga

CLÁUDIO LARANJEIRA/KINO

Planaltos (da Bacia do Parnaíba e da Borborema) e depressões (Sertaneja e do São Francisco). Solos pobres em matéria orgânica, e clima predominante semi-árido. Áreas mais elevadas cobertas por matas úmidas, e as mais baixas, pela caatinga. Foto da caatinga no município de Paulo Afonso, Bahia, em 1999.

Domínio da Araucária

RICARDO CAVALCANTI/KINO

Clima subtropical dos planaltos arenito-basálticos da Bacia do Paraná. A Mata de Araucária ou Mata dos Pinhais (na foto, araucárias no Paraná, 1998) encontra-se quase totalmente devastada.

Domínio das Pradarias

DELFIM MARTINS/PULSAR

Também conhecido por **Pampa** ou **Campanha Gaúcha**. Esse domínio subtropical é um prolongamento do Pampa argentino e uruguaio no sul do Brasil. Predomínio de terras baixas e vegetação herbácea, onde sobressaem colinas ou ondulações do terreno denominadas **coxilhas**. Foto de pradaria com gramado e vegetação rasteira em Bagé, Rio Grande do Sul, em 2000.

6 Áreas especiais ou áreas de proteção ambiental

A consciência de que o desenvolvimento baseado na destruição dos recursos naturais traria conseqüências nefastas para o país incentivou a busca de soluções para os problemas ambientais.

As **áreas especiais** são espaços territoriais que visam à proteção do meio ambiente e das comunidades indígenas. Compreendem as terras indígenas, assunto aprofundado no último capítulo do livro, e as unidades de conservação.

Reconhecendo que nossas florestas são bens de interesse comum, e para preservar parte do que restou do patrimônio natural, a Constituição Federal brasileira estabeleceu as **Unidades de Conservação** (UC), áreas destinadas à proteção dos ecossistemas (abrigam espécies raras), à educação ambiental, à pesquisa científica e à recreação em contato com a natureza, por apresentarem características naturais valiosas. No ano 2000, foram definidos dois grupos de UC: de proteção integral e de uso sustentável.

• **Unidade de conservação de proteção integral**. Destinada à preservação de matas e de cursos de água e à pesquisa, permite apenas o uso indireto de recursos. Nessa categoria incluem-se:

— as **Estações Ecológicas**: Anavilhanas (AM), Taim (RS), Serra das Araras (MT);

— os **Parques Nacionais**: Pico da Neblina (AM), Lençóis Maranhenses (MA), Marinho de Fernando de Noronha (PE), Chapada Diamantina (BA), Superagui (PR), Chapada dos Guimarães (MT) e outros;

Figura 15

BRASIL: PRINCIPAIS UNIDADES DE CONSERVAÇÃO — 1999

Fonte: IBGE. *Atlas nacional do Brasil 2000*. p. 42-43.

— as **Reservas Biológicas**: Guaporé (RO), Rio Trombetas (PA), Atol das Rocas (RN) etc.

• **Unidade de conservação de uso sustentável**. Admite a exploração racional, respeitando a capacidade da natureza em repor os recursos utilizados. Essas unidades estão sujeitas à aprovação, por órgão público, de planos de manejo. São exemplos:

— as **Florestas Nacionais**: Amazonas, Mapiá-Inauini (AM), Xingu (PA), Passa Quatro (MG), Chapecó (SC);

— as **Áreas de Proteção Ambiental**: Jericoacoara (CE), Fernando de Noronha (PE), Meandros do Araguaia (TO/GO/MT);

— as **Reservas Extrativistas**: Chico Mendes (AC), Médio Juruá (AM), Marinha do Arraial do Cabo (RJ), entre outras;

— as **Áreas de Relevante Interesse Ecológico**: Javari Buriti (AM), Matão do Cosmópolis (SP), Capetinga/Taquara (DF).

Observe as unidades de conservação no mapa da figura 15.

No *Anuário estatístico do Brasil* (IBGE, 1999), estão relacionadas 230 unidades de conservação. Entre as unidades mais extensas estão os parques nacionais do Jaú (2.272.000 ha) e do Pico da Neblina (2.200.000 ha), a Reserva Florestal de Rio Negro (3.790.000 ha), todos situados no estado do Amazonas, e a Floresta Nacional de Roraima (2.664.685 ha), no estado do mesmo nome.

Na prática, porém, grande parte desse tesouro ecológico está abandonada à própria sorte.

7 A exploração dos recursos naturais no Brasil e a biopirataria

O conhecimento da realidade natural ou físico-ambiental do território é condição fundamental para o desenvolvimento de um país.

O Brasil se inclui entre as nações mais ricas do mundo em recursos naturais. No entanto, desde a exploração do pau-brasil (século XVI), passando pela extração do ouro (século XVIII) e até os dias de hoje, com a exploração de dezenas de outros recursos (ferro, manganês, urânio etc.), boa parte desses recursos foi apropriada pelo grande capital nacional e estrangeiro. A maior parcela da população brasileira foi excluída dos benefícios resultantes da exploração das suas riquezas naturais.

Entre as riquezas do Brasil estão a sua vegetação e uma das mais extensas reservas de água doce do mundo. Porém esses recursos não têm sido bem aproveitados. Os mananciais, por exemplo, continuam sendo desperdiçados, contaminados e poluídos. Os rios que atravessam as cidades maiores foram transformados em esgotos a céu aberto. Apesar da existência de boas vias fluviais, muitos rios estão imprestáveis para pesca, abastecimento e irrigação, por conta da exploração predatória ou pelo lançamento de dejetos residenciais e industriais.

Quanto à vegetação, o Brasil apresenta uma das maiores biodiversidades do mundo, assunto também do capítulo 6 desta unidade. Esse patrimônio genético é objeto de cobiça de multinacionais farmacêuticas e grupos estrangeiros, que sistematicamente retiram espécies vegetais e microorganismos para pesquisas (**biopirataria**). Diversos produtos já foram patenteados por essas empresas, por meio de autorizações legais fornecidas pelo **Ibama** (Instituto Brasileiro de Meio Ambiente) ou pela coleta e pesquisa ilegal de substâncias. Dessa forma, eles adquiriram o direito de cobrar do Brasil a fabricação desses mesmos produtos.

Há ainda uma infinidade de princípios medicinais das florestas tropicais a serem descobertos. Por exemplo, estima-se que apenas 1% do potencial das plantas da Amazônia foi pesquisado.

Mundo curioso

Piratas modernos ou biopirataria

"Se eles pelo menos andassem por aí exalando bafo de rum ou se usassem o indefectível tapa-olho... Mas não, os piratas que estão pilhando o Brasil são insuspeitos, uns indistinguíveis de um ecoturista, outros disfarçados com um avental de cientista. O tesouro que move a cobiça desses corsários modernos é avaliado em 2 trilhões de dólares — o suficiente para pagar oito vezes a dívida externa brasileira...

Biodiversidade vale tanto porque 40% de todos os medicamentos produzidos — um mercado que movimenta anualmente 315 bilhões de dólares — têm seus princípios ativos retirados de bichos ou plantas. [...]"

Superinteressante. São Paulo, Abril, nov. 2001. p. 52.

AVALIE SEU APRENDIZADO

Construindo conhecimento

Comparar as formações vegetais do território brasileiro.

1 Os elementos da paisagem natural (clima, vegetação, hidrografia) estão interligados e formam um conjunto equilibrado e dinâmico. Analise as fotos e responda às questões a seguir.

RICARDO AZOURY/PULSAR

Foto 1. Vegetação característica do Sertão nordestino (Sobral, CE, 1998).

OCTÁVIO CARDOSO/KAMARA-KO-PULSAR

Foto 2. Vegetação típica da Amazônia (Rio Negro, AM, 1994).

a) Como você classificaria esses dois tipos de vegetação: florestal ou arbustiva? Por quê?

b) Como é possível perceber nessas paisagens a interligação entre vegetação e clima?

c) Cite exemplos do fato de uma alteração em um elemento natural afetar os demais e o próprio conjunto natural.

Fixando o conteúdo

2 Identifique as diferentes massas de ar pelas características apresentadas a seguir.

a) Quente e úmida, originária da Amazônia ocidental, tem influência em todas as regiões.

b) Quente e úmida, formadora dos ventos alísios de nordeste, atua no litoral das regiões Norte e Nordeste.

c) Quente e seca, origina-se na Depressão do Chaco, tem influência nas regiões Centro-Oeste, Sudeste e Sul.

d) Quente e úmida, formadora dos ventos alísios de sudeste, atua na faixa litorânea que vai desde o Nordeste até o Sul.

3 As massas de ar constituem um dos elementos mais importantes na dinâmica do clima. A Massa Polar Atlântica exerce grande influência sobre o território brasileiro.

a) Quais são as suas características?

b) Que espécie de instabilidade ela costuma provocar?

4 Observe a figura 11, à página 187. Que motivos históricos explicam a devastação mais intensa nas áreas litorâneas?

5 Organize um quadro sintetizando as principais características das seguintes formações florestais: Floresta Amazônica, Mata Atlântica e Mata das Araucárias, com os tipos de clima, algumas espécies vegetais e a ocupação humana que lhes provocou a degradação.

6 Analise o climograma a seguir e compare-o com o da figura 4, à página 182. Cite duas diferenças entre esses dois tipos de clima.

CLIMOGRAMA REPRESENTATIVO DO CLIMA TROPICAL DE ALTITUDE

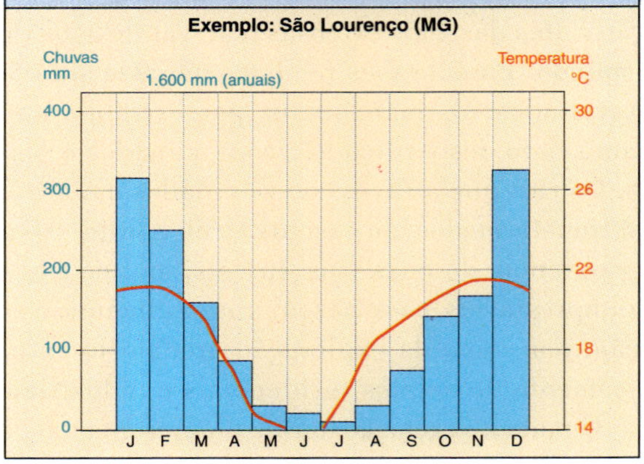

7 A que tipos de vegetação correspondem os fatos e as características a seguir?

a) Devastação provocada pela marcha do povoamento em direção ao oeste, agricultura e pecuária, associação de árvores e gramíneas.

b) Encontra-se em áreas de baixa precipitação e solos pouco profundos, constituída de arbustos espinhentos e vegetação xerófita.

c) Predomínio de vegetação herbácea, encontrada em regiões serranas e áreas inundáveis.

d) Composta de espécies das florestas, campos e cerrados, presente em áreas inundáveis.

e) Vegetação de transição entre a vida terrestre e marítima, desenvolve-se em áreas alagadas pela maré.

COMPLEMENTAÇÃO DO ESTUDO

Leituras

- BAINES, John. *Preserve a natureza.* São Paulo, Scipione, 1994.
- BRANCO, Samuel Murgel. *Caatinga, a paisagem e o homem sertanejo.* São Paulo, Moderna, 1994.
- ______. *Cerrado, origem, natureza e curiosidades.* São Paulo, Moderna, 1996.
- ______. *Pantanal Mato-grossense.* São Paulo, Moderna, 1999.

Sites

- *http://www.brasilchannel.com.br/brasil/index.asp?area=vegetacao* Portal com dados gerais sobre o Brasil, fornece dados sobre clima, hidrografia, relevo, cultura e características de todos os tipos de vegetação brasileira.
- *http://www.sosmataatlantica.org.br/* Endereço eletrônico da Fundação SOS Mata Atlântica, oferece atlas da Mata Atlântica, legislação ambiental, campanhas de preservação do ecossistema etc.
- *http://www.centraldotempo.com.br/casa.htm* Previsões do tempo, mapas, imagens de satélites.

UNIDADE IV

Espaço mundial e brasileiro da produção

CALOS S. BORGES/KINO

FRANS JANSEN/IMAGE BANK-GETTY IMAGES

Capítulo 1
Indústria I: as transformações no espaço, *196*

Capítulo 2
Indústria II: o desenvolvimento industrial dos países, *205*

Capítulo 3
O espaço da atividade industrial no Brasil, *220*

Capítulo 4
Panorama energético mundial, *233*

Capítulo 5
A importância da energia no crescimento econômico do Brasil, *245*

Capítulo 6
Agropecuária mundial, *257*

Capítulo 7
A atividade agropecuária no Brasil, *270*

Diferentes fontes de energia geram força para movimentar a máquina mundial da produção. Ao lado, indústria siderúrgica nos Países Baixos (2001) e Usina Hidroelétrica e, no alto, Lago de Itaipu, no Rio Paraná (2002).

CAPÍTULO 1

Indústria I: as transformações no espaço

1 Evolução e classificação das indústrias

Indústria é a atividade por meio da qual os seres humanos transformam matéria-prima em produtos semiacabados (matérias-primas para outros produtos) ou em produtos acabados. Nos dias atuais essa atividade é muito importante, pois quase tudo o que consumimos e utilizamos é processado ou produzido por ela.

Além de oferecer empregos, a indústria produz capital, desenvolve o comércio, os transportes e os serviços, dinamizando a economia. Um país industrializado pode suprir muitas de suas necessidades de consumo internas, reduzir as importações e aumentar as exportações.

Quanto à evolução histórica da indústria, podemos reconhecer três estágios fundamentais: o artesanato, a manufatura e a maquinofatura.

- **Artesanato**. Estágio em que o produtor (artesão) era responsável por todas as fases da produção e até mesmo pela comercialização (em geral, local) do produto. Quase não havia divisão social do trabalho e não se utilizavam máquinas, mas somente ferramentas simples. O artesanato prevaleceu até por volta do século XVII, porém ainda pode ser encontrado em todas as partes do mundo, sobretudo nos países e comunidades mais defasados tecnicamente.
- **Manufatura**. Apesar de a expressão "manufaturado" ser freqüentemente empregada para designar os produtos industrializados, a manufatura corresponde ao estágio intermediário entre o artesanato e a maquinofatura. Nessa fase, já havia divisão do trabalho (cada operário realizava uma tarefa ou se responsabilizava por parte da produção), mas a produção ainda dependia fundamentalmente do trabalho manual, embora se empregassem algumas máquinas simples. De modo geral, nessa fase o artesão deixou de ser o responsável por todas as etapas da produção e se transformou em assalariado. O capital e os meios de produção já eram propriedade de um patrão. A manufatura caracterizou a fase inicial do capitalismo, sobretudo nos séculos XVII e XVIII.
- **Maquinofatura**. É o estágio atual, iniciado no século XVIII, com a Revolução Industrial. Pode ser caracterizado pelo emprego maciço de máquinas e fontes de energia modernas (carvão mineral, petróleo etc.), produção em larga escala, grande divisão e especialização do trabalho. Em muitos casos, a divisão do trabalho é tão grande ou específica que o trabalhador perde a noção do todo ou do produto final. Em outros casos, o processo está tão modernizado que a mão-de-obra é quase inexistente, sendo a produção quase totalmente realizada por robôs.

Há muitas diferenças na forma como cada país se integrou ou ainda se integra a esses estágios.

Classificações da indústria

As indústrias podem ser classificadas de acordo com vários critérios, como a maneira de produzir, a quantidade de matéria-prima ou de tecnologia, empregadas na produção, entre outros.

Levando em conta a maneira de produzir, temos as **indústrias extrativas**, que utilizam meios financeiros e técnicas modernas para extrair recursos naturais (como, por exemplo, minérios, madeira, pescado); as **indústrias de beneficiamento** ou **de processamento**, que beneficiam ou refinam produtos como o petróleo (petroquímica) e cereais, por exemplo; a **indústria de construção** (como a construção civil); e a **indústria de transformação** (de calçados, de computadores, entre outros), que transforma ou reelabora a matéria-prima. Observe a figura 1.

Quanto à quantidade de matéria-prima e energia empregadas na produção, podemos falar de **indústrias leves**, (de bebidas, de produtos farmacêuticos etc.), que consomem menos energia e matérias-primas e de **indústrias pesadas** (de máquinas, navios, veículos), que, por exigirem

Figura 1

A siderurgia é uma das mais importantes indústrias de transformação. Companhia Siderúrgica Nacional (CSN) de Volta Redonda, Rio de Janeiro (1997).

vultosos investimentos, contaram inicialmente com capital estatal ou pertencem a grandes grupos empresariais.

Quanto à tecnologia empregada, temos as **indústrias tradicionais**, características da Primeira Revolução Industrial, que ainda requerem bastante mão-de-obra, em regime fordista, e utilizam tecnologia tradicional; e as **indústrias dinâmicas**, como a informática, a aeroespacial e outras, que dependem mais de tecnologia moderna e de capital, requerendo menos mão-de-obra (porém mais qualificada).

Quanto ao destino dos produtos, podemos dividir as indústrias em dois grandes grupos:

- **de bens de produção**. São aquelas que produzem bens para outras indústrias. Podem ser de dois tipos: as **indústrias de bens intermediários**, que produzem matérias-primas que servirão de base para outras indústrias, como, por exemplo, a extrativa mineral, a petroquímica, a siderúrgica, a metalúrgica, a do cimento e a química de base; e as **indústrias de bens de capital** ou **de equipamentos**, que produzem equipamentos para outras indústrias, ou seja, são responsáveis em parte pelo funcionamento destas. São exemplos as indústrias que produzem máquinas, motores, outros equipamentos, material de transporte.
- **de bens de consumo**. São as indústrias que produzem bens (mercadorias) para uso e consumo da população, como a indústria têxtil, a alimentícia, a de móveis etc. Geralmente localizam-se nas proximidades dos centros consumidores.

As indústrias de bens de consumo, por sua vez, podem ser divididas em indústrias de **bens de consumo duráveis** (automóveis e eletrodomésticos, por exemplo) e de **bens de consumo não-duráveis** (alimentos, calçados, roupas e remédios, entre outros).

2 Fatores de localização industrial: concentração e desconcentração

As transformações na indústria e nos espaços

Dentre outros assuntos, o capítulo 1 da unidade II trata das fases da Revolução Industrial, que gerou profundas transformações socioeconômicas, decorrentes do progresso da técnica aplicada à indústria.

A partir da industrialização, o espaço geográfico também se modificou: cidades e regiões inteiras se formaram e se organizaram. A função comercial das cidades na Idade Média cedeu lugar à função industrial, o que fortaleceu a divisão territorial do trabalho não só entre o meio rural e o urbano, mas também entre as cidades. Em alguns lugares, a produção em larga escala deu origem à sociedade de consumo; em outros, a ampliou.

Num primeiro momento, a industrialização restringiu-se aos países desenvolvidos. Da Inglaterra, onde se originou na segunda metade do século XVIII, ela se expandiu para os demais países europeus (século XIX), além dos Estados Unidos, do Japão e da Rússia. A etapa em que ocorreu a industrialização dos atuais países desenvolvidos é conhecida como **industrialização clássica**. Durante muito tempo a industrialização foi um privilégio das grandes potências, que fizeram dessa atividade uma forma de domínio, pois países e colônias dependiam de seus fornecimentos.

A nova divisão internacional do trabalho

A etapa relativa à industrialização dos países subdesenvolvidos, que ocorreu após a Segunda Guerra Mundial, é chamada de **industrialização tardia** ou **retardatária**, assunto abordado também no capítulo 3 da unidade II.

Inicialmente esses países apoiaram-se nas indústrias de bens de consumo não-duráveis (alimentícia, têxtil, de vestuário). Foi o caso de Brasil, México, Argentina, África do Sul, Índia, Coréia do Sul, Taiwan e Cingapura.

O surgimento desse novo grupo de países tornou ultrapassada a tradicional DIT e deu lugar à **nova divisão internacional do trabalho**, formada por três conjuntos de países:

- os **industrializados** ou **centrais**, que fabricam e exportam todos os tipos de produtos, além dos produtos da indústria de ponta, e apresentam um setor terciário predominante. As **indústrias de ponta** ou de **alta tecnologia** são indústrias dinâmicas, que utilizam tecnologia sofisticada e trabalho qualificado e fonecem produtos dos seguintes ramos, entre outros: informática (computadores), telecomunicações, *lasers*, eletroeletrônicos, química fina, biotecnologia, tecnologia nuclear, engenharia genética e aeroespacial.

- os **industrializados semiperiféricos**, que fabricam e até exportam produtos com tecnologia tradicional, como a indústria têxtil e a siderurgia, mas ainda exportam produtos agrícolas, matérias-primas brutas minerais e vegetais. É o caso de Brasil, México, África do Sul, Índia, Coréia do Sul, Taiwan e Cingapura, por exemplo.
- os **não-industrializados periféricos**, que continuam gerando e exportando basicamente produtos primários (por exemplo, a maioria dos países africanos e asiáticos e parte dos latino-americanos).

Concentração industrial

As indústrias tradicionais (às primeiras a se formar, pouco automatizadas e que empregavam muita mão-de-obra) procuravam se instalar em áreas que ofereciam o maior número ou a melhor combinação possível de fatores necessários à produção (fontes de energia, capitais, mão-de-obra abundante, transporte eficiente para fornecimento de matéria-prima e escoamento de mercadorias) e à comercialização dos produtos (mercado consumidor). Procuravam assim obter o menor custo de produção e distribuição possível, para ter o máximo de lucro. Em geral, encontravam essas condições nas proximidades dos grandes centros urbanos.

Durante a Primeira Revolução Industrial (meados do século XVIII e primeira metade do XIX), inúmeras cidades industriais surgiram nas proximidades de regiões carboníferas (fonte de energia mais utilizada na época) da Inglaterra (Yorkshire, Lancashire, Midlands), da Alemanha (Vale do Ruhr), da França (Alsácia, Lorena), da Rússia (Donetz) e da Polônia (Silésia).

Durante a Segunda Revolução Industrial (segunda metade do século XIX), com o desenvolvimento de novos meios de transporte e o surgimento de novas fontes de energia, como o petróleo e a eletricidade, mais fáceis de transportar, o carvão foi perdendo importância na localização industrial. Surgiram, assim, novas áreas industriais.

Na segunda metade do século XX, as concentrações de indústrias tradicionais eram importantes pólos econômicos, constituindo verdadeiros complexos, tal sua quantidade e variedade. Alguns exemplos são o ***manufaturing belt*** (cinturão das indústrias) do nordeste dos Estados Unidos e as concentrações industriais da Europa ocidental e do Japão, assim como a concentração industrial do sudeste do Brasil.

Observe a figura 2, que apresenta a distribuição geográfica mundial das indústrias.

Figura 2

DISTRIBUIÇÃO DA INDÚSTRIA NO MUNDO — 2000

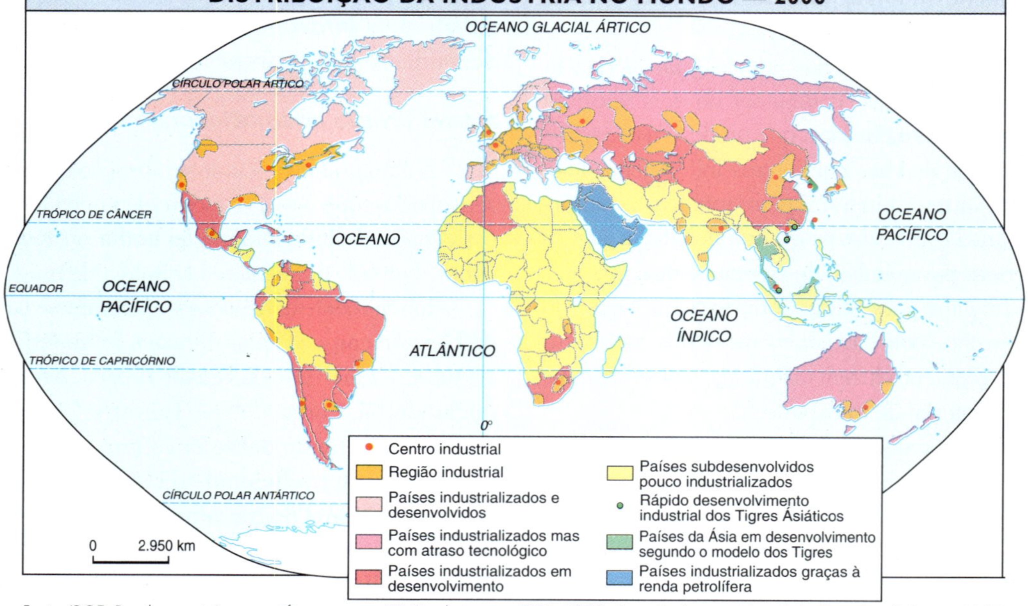

Fonte: IBGE. Brasil: uma visão geográfica nos anos 80. Rio de Janeiro, IBGE, 1988; *Store Verdens — Atlas*. Oslo, Kunnskapsforlagets, 1997 (com atualização).

O Brasil e os países industrializados em desenvolvimento ou semiperiféricos caracterizam-se por exportar produtos que agregam tecnologia tradicional. O Japão, industrializado e desenvolvido, depende de matérias-primas, mas agrega-lhes alta tecnologia, já que as comprou por baixo custo. A solução para o crescimento econômico não é simplesmente exportar grande volume de mercadorias, o que os países periféricos e semiperiféricos fazem desde o século XVI. Para ocorrer entrada significativa de divisas, é preciso agregar tecnologia.

Concentrações financeiras

Paralelamente à formação de grandes concentrações industriais que deram origem a espaços urbanos polarizados (as grandes cidades e as megalópoles), ocorreu a **concentração financeira**, também chamada de concentração econômica ou empresarial. A concentração financeira começou a se acentuar no final do século XIX, com a formação de trustes e cartéis que pretendiam monopolizar o mercado, assunto abordado também no capítulo 1 da unidade II. Embora atualmente o **monopólio** (domínio do mercado por uma única empresa ou um Estado) seja raro, na prática as transnacionais recorrem a vários artifícios ou expedientes com a finalidade de dominar os mercados. Além do constante aumento dos faturamentos, na década de 1990 as grandes corporações aceleraram os processos de fusão. Leia o texto do boxe.

Conglomerados e *holdings*

Conglomerados são grupos de empresas que se associam, atuando em diferentes setores ou ramos da economia, para evitar prejuízos totais em um setor. Em geral nenhuma dessas empresas fornece elementos à linha de produção das demais. É o caso, por exemplo, de um conglomerado que atue simultaneamente nos setores de petróleo, de alumínio, agropecuário e de seguros.

O Grupo Rockefeller (EUA) é um dos maiores conglomerados do mundo. Dele participam algumas das maiores multinacionais — Esso, IBM, GE, Alcoa, Boeing, Kodak, Caterpillar etc. — e um dos maiores bancos do mundo, o Chase Manhattan Bank.

Holding é uma concentração de empresas, em que uma grande empresa ou organização controla outras menores geralmente pela aquisição majoritária de suas ações. Sua função básica não é produzir, mas sim administrar as outras empresas. As multinacionais são normalmente controladas por uma *holding*, que pode estar situada no país-sede ou em outro país.

Além desses tipos de fusão, existem as ***joint ventures***: duas empresas de nacionalidades diferentes, mas do mesmo ramo de produção, que se articulam para operar num mesmo mercado. Visando conquistar o mercado, essas empresas em geral pressionam e por vezes eliminam o empresariado local e outros concorrentes, vendendo produtos a preços baixos (às vezes menores que o custo). A propaganda e o *marketing* constituem os meios para tal ação. Essa prática recebe o nome de ***dumping***.

Desconcentração industrial

Muitas das tradicionais regiões industriais já não são os pólos industriais mais importantes. Nos Estados Unidos, por exemplo, a indústria moderna situa-se nos estados do sul (Texas, Louisiana, Mississípi) e na Califórnia. Na região Sudeste brasileira, o setor de serviços já ultrapassa o setor industrial. A Europa ocidental e o Japão têm exportado muitas indústrias para os chamados "países emergentes" da América Latina e da Ásia.

No pós-guerra, empresas transnacionais estadunidenses, européias e, posteriormente, japonesas estiveram à frente do processo de estabelecimento de modernas regiões industriais em países dos continentes africano, asiático e latino-americano. Aproveitando-se da variedade de recursos naturais, da mão-de-obra e energia baratas e abundantes, dos incentivos governamentais e da falta ou ineficiência de legislações de proteção ao meio ambiente, as corporações multiplicaram o número de filiais, modificando as paisagens dessas regiões.

Atualmente essa **desconcentração industrial** tem-se acentuado e as indústrias abandonam áreas tradicionais (com custos de produção elevados) em busca de localizações mais vantajosas, principalmente em áreas que ofereçam mão-de-obra barata, mercado consumidor expressivo, atuação sindical fraca ou inexistente, isenções de impostos, concessões, incentivos fiscais etc. A modernização dos meios de comunicação permite vender produtos e serviços com mais facilidade (via internet, por exemplo) para qualquer parte do mundo, sem estar fisicamente próximo dos grandes centros de consumo ou das fontes de matérias-primas. As redes de comunicação permitem administrar e controlar, simultaneamente, empresas em todo o mundo.

A indústria têxtil, a siderúrgica e a de bebidas, por exemplo, têm transferido suas fábricas para os países subdesenvolvidos, em busca de mão-de-obra mais barata. Mesmo as indústrias de base, tradicionalmente situadas em locais ricos em matéria-prima, de modo a reduzir gastos com transporte, nas últimas décadas afastaram-se desses locais e, em muitos países centrais, aproximaram-se do litoral.

Com a modernização das comunicações e dos transportes, matérias-primas provenientes do interior ou de outros países podem chegar rapidamente aos portos, nas proximidades dos quais se instalam siderúrgicas, petroquímicas etc. Dessa forma, é possível exportar mercadorias com a mesma facilidade.

Assim, as indústrias já não precisam mais se localizar nos corredores das áreas produtoras, o que dificultava muito o transporte até o mercado de consumo. Elas se espalham pelos continentes em busca de vantagens. Observe a figura 3.

Figura 3

TOSHIFUMI KITAMURA-AFP/CORBIS-STOCK PHOTOS

Ao redor dos grandes portos japoneses concentram-se indústrias e grandes cidades que atraem cada vez mais a população. Porto de Tóquio, setembro de 1996.

3 A indústria na era da globalização

No pós-guerra, os diversos avanços tecnológicos e a internacionalização da economia iniciaram a fase da Terceira Revolução Industrial, Tecnológica ou Informacional (tema abordado também no capítulo 1 da unidade II).

Nas últimas décadas do século XX ocorreram também modificações na forma de produzir. O modelo fordista/taylorista foi substituído pelo modelo toyotista. A capacidade de adaptação ou de flexibilização na produção (modelo toyotista) passou a ser mais valorizada do que as divisões rígidas na produção (fordismo/taylorismo). A produção e os produtos fabricados tornaram-se cada vez mais complexos, impondo a necessidade de integrar indústrias e laboratórios de pesquisa, o que levou a tecnologia a ocupar um lugar cada vez mais importante na produção industrial.

Outra transformação significativa foi a criação e a ampliação da indústria de ponta, com a utilização de máquinas de ajuste flexível, que permitem modificações rápidas no processo produtivo. Essas indústrias dependem de inovações constantes e, portanto, de investimentos em pesquisas científicas e tecnológicas.

Beneficiando-se do progresso nos transportes e nas comunicações, a produção industrial espalhou-se por vários continentes, permitindo separar a concepção e a execução do produto. Leia o texto do boxe ao lado.

Com a globalização, a indústria deixou de ter o espaço local e regional como base, ultrapassando as fronteiras nacionais. Componentes de um produto podem ter origem em países diferentes, pois as corporações aproveitam as vantagens comparativas das economias nacionais. Qualquer desvantagem pode acarretar a troca do fornecedor ou mesmo a transferência de unidades produtoras inteiras.

Estabeleceu-se uma nova divisão de trabalho, a partir de uma **divisão territorial de indústrias**. As indústrias de ponta concentram-se nos países centrais ou desenvolvidos. As economias de maior avanço tecnológico criam novos produtos e investem na comercialização mundial por meio de estratégias de ***marketing*** (estudo dos mercados). Atuam no cotidiano das pessoas, articulando continentes inteiros com os mesmos produtos e as mesmas imagens. Atualmente, esse tipo de indústria é em parte responsável pela preponderância de um país sobre outro.

Empresa global

Apesar de ter sua sede empresarial em Portland, nos Estados Unidos, a Nike não produz tênis nesse país. Até bem pouco tempo, os tênis da Nike traziam algumas dessas inscrições: *Made in China, Made in Korea, Made in Thailand, Made in Indonesia, Made in Brazil* etc.

"A Nike vende tênis no mundo todo, mas não tem uma só fábrica nem emprega nenhum operário. Ela compra os calçados de indústrias instaladas principalmente no leste asiático. Essa é uma característica essencial de uma empresa global: a facilidade para identificar locais onde existam as condições mais atraentes para as suas operações."

Folha de S.Paulo, 2 fev. 1997.
Caderno especial Globalização.

Atualmente, as empresas transnacionais tendem a adotar padrões comuns nas linhas de montagem nos diversos países. Essa prática está colocando um fim à identidade nacional dos produtos, o famoso ***made in***.

Desemprego

Se, por um lado, as inovações tecnológicas introduzidas nas indústrias aumentaram a produtividade, por outro lado, reduziram os empregos, o que implica sérias questões sociais.

Enquanto os empregos, juntamente com as fábricas, foram transferidos para os países subdesenvolvidos, nos países centrais parte da mão-de-obra passou a ser ocupada pelo setor terciário.

Recordando

Setores de atividades

As atividades econômicas geralmente são classificadas em três setores:

- **Setor primário**. Compreende a agricultura, a pecuária, a caça, a pesca e o extrativismo.
- **Setor secundário**. Compreende as atividades industriais (transformação, mineradora e construção civil).
- **Setor terciário** ou **de prestação de serviços**. Abrange o comércio, os bancos, as empresas públicas, os transportes, a educação, a propaganda etc. Esse setor complementa os dois primeiros, pois permite ou induz ao consumo dos produtos e exerce papel fundamental no aumento da produtividade.

Atualmente, com a revolução tecnocientífica, tende-se a redividir os setores de atividade econômica em quatro, incluindo o **setor quaternário**, que abrange a pesquisa de alto nível (biotecnologia, robótica, aeroespacial etc.).

Assim, as inovações tecnológicas do passado acabaram com alguns postos de trabalho, mas deram origem a outros, em novos setores da economia.

Atualmente, as inovações tecnológicas têm provocado não só aumento de produtividade, mas também desemprego em todos os grupos de países. Isso ocorre até mesmo no setor terciário, uma vez que a tecnologia da informação invade o setor de serviços, automatizando bancos, telecomunicações, escritórios, comércio etc. Os computadores, além de diminuir a participação humana, permitem produção programada e variada; a robotização reduz os custos na produção e permite realizar atividades que envolvem riscos de segurança ou ocorrem em lugares de difícil acesso ao ser humano, como dutos ou o fundo do mar (instalação de equipamentos).

Esse processo provoca o **desemprego estrutural**, que afasta do mercado de trabalho grande massa de população durante períodos mais ou menos prolongados, atingindo principalmente jovens (dificuldade de acesso ao primeiro emprego) e trabalhadores de pouca qualificação técnica (assunto abordado, também, no capítulo 2 da unidade II).

O setor terciário, a ciência e a indústria

Com a globalização, os estabelecimentos industriais também sofreram mudanças. As fábricas subsistem, mas criaram-se grandes estabelecimentos industriais, que se especializaram na produção, em pesquisas, na aquisição e na difusão de tecnologias, ou são sede das grandes empresas, nas quais se tomam as decisões importantes.

Verifica-se assim maior interdependência entre o setor secundário e o terciário, pois as indústrias necessitam de tecnologia, de centros de testes e de desenvolvimento de programas, assim como da informática, de transporte rápido, de serviços de *marketing* e de consultoria para vendas e exportações. Observe a figura 4.

Os tecnopólos

Surgiram também os **tecnopólos**, **pólos tecnológicos** ou **parques científicos**, que correspondem aos lugares (cidades ou bairros de uma cidade) nos quais se instalaram instituições de ensino ou empresas

Figura 4

YVES FORESTIER/CORBIS-STOCK PHOTOS

Necessários à indústria no mundo contemporâneo, laboratórios modernos e equipados descobrem a cada dia um imenso potencial de novas aplicações técnicas. Indústria de biotecnologia e pesquisas farmacêuticas Eurofins Scientific Laboratory (França, 2003).

especializadas em pesquisas e na aplicação de **tecnologias de ponta** (inovações tecnológicas que permitem maior produtividade e rendimento). Observe o mapa (figura 5).

Figura 5

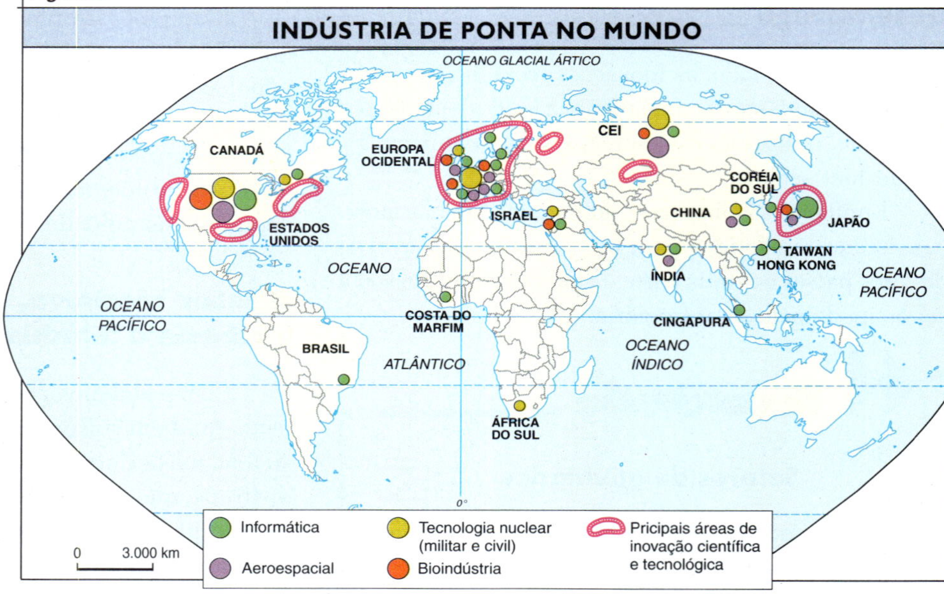

Fonte: FERREIRA, Graça M. L. *Atlas geográfico: espaço mundial*. São Paulo, Moderna, 2002. p. 81.

Na Califórnia (EUA), o **Silicon Valley** (Vale do Silício), implantado na década de 1950, é uma importante área de inovação científica e tecnológica, destacando-se na produção de *chips*, na eletrônica e na informática. A Europa conta com tecnopólos em quase todos os países, destacando-se a França — com Nice, Toulouse, Montpellier e outros —, a Alemanha — com Munique —, a Itália, o Reino Unido, além de Japão e Canadá.

Atualmente os tecnopólos assumem maior importância do que as regiões industriais tradicionais, como a do Vale do Ruhr, na Alemanha, ou Pittsburgh, nos Estados Unidos.

A ciência na era tecnológica

Indiferentes aos efeitos sociais negativos (miséria, desemprego), as indústrias se informatizam, compram robôs, contratam modernos sistemas de comunicação. No mundo atual, a ciência tem sido colocada mais a serviço daqueles que pagam do que a serviço das reais necessidades sociais. No *Relatório sobre o desenvolvimento mundial 1999* afirma-se que, na agenda de pesquisa em biotecnologia, o dinheiro fala mais alto que a necessidade, apontando o contraste entre os tímidos investimentos destinados à investigação de doenças tropicais e à vacina contra o HIV/aids: "Cosméticos e tomate de amadurecimento lento assumem prioridade em relação à vacina contra a malária e às colheitas resistentes à seca em regiões periféricas".

Sem ciência e tecnologia, um país está condenado ao atraso e à dependência. Como os países subdesenvolvidos têm acesso limitado aos setores dinâmicos do conhecimento, o crescimento das desigualdades tem sido inevitável: aumentam as diferenças entre países pobres e ricos, e milhões de pessoas são marginalizadas pela falta de acesso às novas tecnologias, entre elas a internet.

O comércio de novas tecnologias e a lei da propriedade intelectual, assim como a legislação sobre *royalties* e patentes, ilustram essa situação: são realizados com pouca participação dos países subdesenvolvidos. Observe a figura 6.

Figura 6

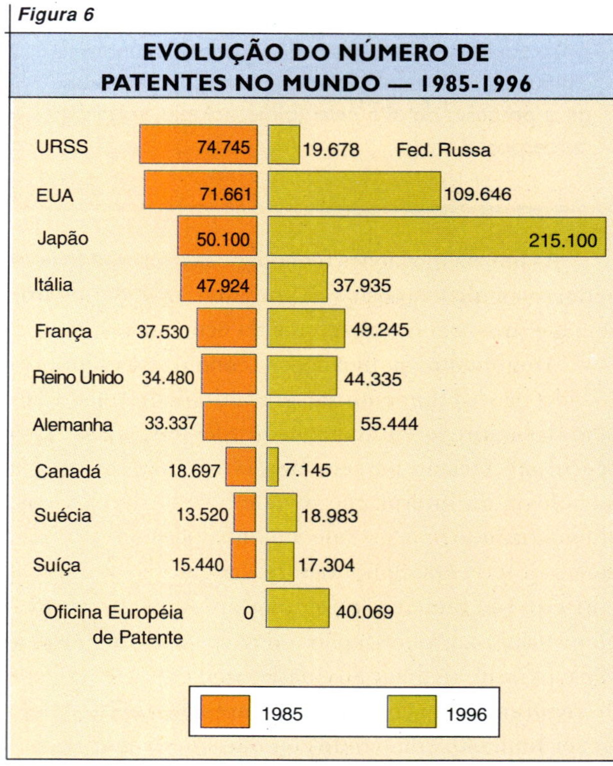

Fonte: *O Correio da Unesco*. Rio de Janeiro, FGV/Unesco, fev. 1999. p. 23.

Novos materiais industriais e meio ambiente

Figura 7

Embalagens plásticas descartadas sem critério acabam contaminando os rios. Rio Tietê em São Paulo, capital, 1996.

A humanidade viveu milhares de anos sem muitas das invenções que só surgiram no século XX, como carros, telefones, energia elétrica, aparelhos elétricos. Atualmente, esses e muitos outros produtos são considerados imprescindíveis para a maior parte da sociedade.

Um dos materiais que hoje faz parte do cotidiano das pessoas é o plástico, que, por sua leveza e capacidade de ser modelado, pode ser transformado em qualquer tipo de artefato. Pesquisas conduziram também à criação de outros **materiais sintéticos**, ou seja, materiais não existentes na natureza, como náilon, acrílico (resistente e transparente), PVC, poliésteres, polietileno, clorofluorcarboneto (CFC) e silicone, entre outros.

Todo esse desenvolvimento tecnológico tem provocado crescentes problemas de contaminação do meio ambiente. Os CFCs, por exemplo, atacam a camada de ozônio na estratosfera, causando sérios danos ambientais, tema abordado também no último capítulo deste volume. Os materiais sintéticos, por não serem **biodegradáveis**, isto é, por não se degradarem naturalmente no ambiente por ação de microorganismos, provocam poluição nos continentes, nos rios (figura 7) e até mesmo nos oceanos, nos quais muitas vezes são despejados. Além disso, podem apresentar toxidade, quando utilizados em embalagens, ou durante o processo de fabricação.

Embora tenha provocado transformações e avanços tecnológicos e sociais jamais vistos em toda a história, propiciando bem-estar e enriquecimento, a atividade industrial também deixou à margem do progresso e do bem-estar milhões e milhões de pessoas, além, é claro, de provocar danos praticamente irreparáveis à natureza e à humanidade.

AVALIE SEU APRENDIZADO

Construindo conhecimento

Discutindo benefícios e problemas dos avanços tecnológicos

1 Considerando o que você estudou e a sua vida cotidiana, cite três avanços tecnológicos que gostaria que houvesse no mundo nos próximos dez anos e justifique.

2 A Agência de Ciência e Tecnologia, do Japão, pede, a cada cinco anos, que os mais importantes pesquisadores de universidades, institutos e empresas do país façam uma lista dos avanços esperados nos anos seguintes. Veja, no quadro ao lado, o resultado da pesquisa realizada no início da década de 1990.

Data	Feito científico
1998	Substitutos para CFCs destruidores de ozônio
1999	Comunicações em massa por meio de luz
2001	Viabilização da reutilização do lixo urbano
2002	*Chips* com memória de 1 *gigabit*
2003	Uso amplo de embalagem biodegradável
2006	Cura da aids (vacina em 2003)
2007	Prevenção da metástase do câncer
2008	Método para limitar emissões de CO_2
2010	Robôs domésticos
Após 2020	Reatores por fusão nuclear

Fonte: baseado na revista *Superinteressante*. São Paulo, Abril, mar. 1993. p. 10.

a) Alguma das suas respostas à questão 1 coincidiu com as respostas dos entrevistados japoneses?

b) Na sua opinião, qual das respostas do quadro é mais importante para o futuro da humanidade? Justifique.

Fixando o conteúdo

3 O que é indústria? Qual a importância dessa atividade para um país?

4 Analisando o mapa da figura 2, cite duas regiões de grande concentração industrial em cada continente.

5 Diferencie a industrialização clássica da industrialização tardia ou retardatária.

6 Compare os principais fatores de localização industrial no início do século XX e depois da Segunda Guerra Mundial. Explique esse fato.

7 Considere os países fictícios apresentados no quadro abaixo.

País A	País B	País C
Conta com apenas uma pequena área industrial.	Tem diversos tecnopólos diferenciados (informática, tecnologia militar, aeroespacial, bioindústria etc.) em diversas regiões do país.	Com uma importante área industrial, tem apenas um tecnopólo (aeroespacial).

a) Qual desses países é desenvolvido? Como você chegou a essa conclusão?
b) Cite um tipo de indústria que pode haver no país C. Justifique sua resposta.
c) Como você caracterizaria o país A?

COMPLEMENTAÇÃO DO ESTUDO

Leituras

- BECKOUCHE, Pierre. *Indústria: um só mundo*. São Paulo, Ática, 1995. (Série Geografia Hoje)
- CARLOS, Ana Fani A. *Espaço e indústria*. São Paulo, Contexto/Edusp, 1988. (Coleção Repensando a Geografia)
- IANNONE, Roberto Antônio. *A revolução industrial*. São Paulo, Moderna, 1993. (Coleção Polêmica)

Vídeo

- *Ou tudo ou nada* (Inglaterra, 1996); dir. Peter Cattaneo; 91 min. Quando a crise econômica se abate sobre a cidade industrial da Inglaterra, provocando desemprego, principalmente entre os metalúrgicos, um grupo de ex-operários decide fazer um espetáculo de *strip-tease* para ganhar algum dinheiro. (Fox)

Sites

- *http://www.edms.hpg.ig.com.br/geografia/industrializacao1.htm* Página de Educação e Diversão, traz temas de diversas áreas de estudo. Em Geografia, destaque para as origens e os tipos de industrialização.
- *http://www.sabertudo.com/geografia/* Oferece classificação das indústrias, organização do espaço, histórico da industrialização, regiões industriais.

CAPÍTULO 2

Indústria II: o desenvolvimento industrial dos países

1 Introdução

Os países centrais dão continuidade a seu desenvolvimento industrial, pois adotam rapidamente as condições modernas de produção, pesquisam novas tecnologias e contam com mercados dinâmicos e financiamentos. Estados Unidos, Canadá, Alemanha, França, Reino Unido, Itália e Japão são as grandes potências industriais da atualidade, responsáveis por 71% do total mundial das exportações industriais. O **Grupo dos Sete** ou **G-7** é formado por essas sete maiores potências industriais do mundo (o **G-8** inclui a Federação Russa).

2 A indústria nos Estados Unidos

Independentes da Inglaterra em 1776 e contando com um território inicial de menos de 1 milhão de km^2 (as Treze Colônias da costa atlântica) e pouco mais de 2 milhões de habitantes, os EUA conseguiram tornar-se a maior potência industrial e econômica do mundo em menos de 150 anos.

Decorridos 77 anos de sua independência, já haviam ampliado o território inicial para 8 milhões de km^2. Com a compra do Alasca (pertencente à Rússia) em 1867 e a incorporação do Havaí em 1898, os EUA passaram a contar com uma área de 9.372.614 km^2 (quarto lugar mundial), estendendo-se desde o Atlântico até o Pacífico.

Terminada a expansão, a conquista territorial e o conflito entre o norte e o sul do país (Guerra de Secessão, 1861-1865), o governo dos EUA estabeleceu uma política protecionista e estimulou o desenvolvimento industrial. Os principais fatores favoráveis à consolidação do país como potência imperialista foram:

- abundância de recursos naturais;
- prática expansionista;
- participação do governo na ocupação e expansão territorial, doando terras (Homestead Act, em 1862) e impulsionando a marcha para o oeste;
- desenvolvimento dos transportes, em especial a implantação de uma importante malha ferroviária ligando o leste ao oeste;
- aniquilamento de milhares de nativos;
- grande afluxo de imigrantes;
- acúmulo de capitais;
- progresso tecnológico.

A crise econômica e industrial dos países europeus envolvidos na Primeira Guerra Mundial serviu para dinamizar a economia estadunidense. A prosperidade dos EUA foi interrompida por um período recessivo conhecido como **Grande Depressão**, que culminou com a quebra da Bolsa de Nova York em 1929. A economia passou a se recuperar com a política conhecida como **New Deal**, aplicada pelo presidente Franklin D. Roosevelt entre 1933 e 1939. A partir de 1937, às vésperas da Segunda Guerra Mundial, a indústria bélica deu o impulso decisivo à recuperação estadunidense. O país não tinha conflitos internos e contava com um parque industrial capaz de fornecer, com rapidez e em larga escala, os equipamentos bélicos e os combustíveis exigidos pelos aliados. Nessa época, os Estados Unidos produziram mais da metade dos bens manufaturados do mundo. A entrada do país na guerra em 1941, depois do ataque do Japão à base naval de Pearl Harbor, deu novo impulso ao New Deal e reforçou o domínio dos EUA no mundo.

Depois de 1945, os EUA mantiveram o ritmo de crescimento em função principalmente da reconstrução da Europa Ocidental e do Japão e das necessidades de abastecimento de um mercado interno em rápida expansão.

A partir da década de 1950, novos fatores iriam manter o ritmo industrial estadunidense:

- o desenvolvimento das pesquisas aeroespaciais;

• a Guerra Fria, que impulsionou o governo a aumentar suas encomendas de material bélico;

• o desenvolvimento das pesquisas aeroespaciais;

• a expansão mundial das empresas estadunidensea (as multinacionais) sustentadas pela política imperialista do país etc.

Esse quadro se manteve até o início da década de 1970, quando surgiram os primeiros sintomas de desaceleração da economia estadunidense. Entre outros motivos desse declínio, podemos citar o déficit de sua balança comercial (em virtude do grande consumo, houve aumento das importações), a redução da produção da indústria armamentista e o rápido crescimento econômico de outras potências, tais como Japão e Alemanha, que depois da guerra privilegiaram a indústria civil.

Atualmente os EUA produzem um quinto dos bens manufaturados do mundo. Um terço de toda a sua produção industrial é feita fora de seu território (multinacionais). Apesar de sua participação no total da indústria mundial ter sofrido redução devido à queda de produtividade e ao rápido crescimento e competitividade de outros países, ainda são o principal pólo mundial de investimentos, contando com o maior parque industrial do mundo e com grande potencial tecnológico.

Distribuição geográfica das indústrias nos Estados Unidos

A indústria estadunidense desenvolveu-se inicialmente no nordeste e nas proximidades dos Grandes Lagos. Chamada de ***manufacturing belt***, essa área de industrialização antiga ainda é a maior e a mais diversificada área industrial dos EUA. Nela encontramos quase todos os tipos de indústria, embora sejam predominantes a siderúrgica, a mecânica, a metalúrgica (automobilística), a petroquímica, a alimentícia e a têxtil. São exemplos de cidades dessa região Nova York, Boston, Baltimore, Chicago, Detroit, Buffalo.

Atualmente, novas áreas industriais se destacam nas proximidades do Golfo do México (siderúrgica, petroquímica, aeroespacial, automobilística), na Flórida (aeroespacial, eletrônica e petroquímica) e no litoral do Pacífico, compreendendo Los Angeles (siderúrgica, petroquímica, automobilística, têxtil), San Francisco e Seattle.

Entre os tecnopólos destacam-se o Silicon Valley, o Silicon Prairie, o Silicon Beach, a Silicon Mountain, o Triangle Research Park e o Electronic Highway. Observe a figura 1.

Figura 1

Fonte: baseado em SERRYN, Pierre. *Atlas universel Bordas*. Paris, Bordas, 1991. p. 198-199; atualizado com base no *Calendario Atlante De Agostini 2003*. Novara, Istituto Geografico De Agostini, 2002.

3 A industrialização no Japão

O Japão ou Nippon ("sol nascente") é um país de civilização milenar, marcada em seus primórdios por forte influência cultural da China.

Alternando longos períodos de governo imperial e militar (xogunato), foi somente no século XVI que os japoneses tiveram seus primeiros contatos com os povos ocidentais (europeus, especificamente). Esses contatos resultaram da presença, no Japão, de comerciantes e missionários católicos portugueses (desde 1543), depois espanhóis e holandeses.

Pode-se dizer que, somente a partir dessa época, os japoneses se iniciaram nas artes da construção naval de maior porte e da navegação de longo curso e conheceram as armas de fogo utilizadas pelos europeus. Entretanto, por razões políticas e religiosas, de 1637 (xogunato de Tokugawa) até 1853 (abertura do comércio ao Ocidente), o Japão permaneceu praticamente isolado do resto do mundo, evitando a interferência das potências expansionistas ocidentais.

País de estrutura feudal, economia agrícola e regime militar, após 1868, com a ascensão ao poder do jovem imperador Matsushito (início da Era Meiji), o Japão abriu-se definitivamente para o Ocidente, dando início ao processo de industrialização e de modernização que conhecemos atualmente.

Para tanto, foi necessário romper com os modelos arcaicos até então dominantes no país. Em outras palavras, procedeu-se a uma verdadeira revolução em quase todas as estruturas e setores essenciais ao desenvolvimento do país: extinção dos domínios feudais e da hierarquia social, modernização do Estado, criação de infra-estrutura industrial, profunda e rigorosa reforma educacional, preparação de educadores, técnicos e cientistas, rigorosa disciplina moral, forte apelo ao nacionalismo etc.

A Era Meiji (1868-1912)

Nessa fase, as empresas industriais foram constituídas pelas antigas famílias enriquecidas no período anterior por meio do comércio, da renda fundiária ou mesmo da manufatura, lembrando que uma das mais tradicionais do país é a têxtil. Essas famílias formaram, no início, quatro grandes grupos empresariais familiares, os chamados *zaibatsu*: Mitsubishi, Mitsui, Sumitomo e Yasuda.

Sendo um país carente de recursos naturais como ferro e carvão e tendo em vista seu rápido crescimento industrial, o Japão lançou-se à corrida imperialista-colonialista. Em 1894 provocou uma guerra contra os chineses (pelo domínio da Coréia), derrotando-os em 1895. Ocupou, então, a porção nordeste da China (Manchúria), que é rica em minérios. Em 1904-1905 foi a vez da Rússia. Ao avançar sobre as áreas de interesse do Japão (Manchúria, Coréia etc.), os russos acabaram sendo derrotados pelos japoneses, perdendo parte das Ilhas Sakalinas.

Assim, o Japão acabou por conquistar uma considerável área (cerca de 300 mil km^2) para satisfazer e justificar suas ambições imperialistas econômicas (matérias-primas, combustíveis e mercados consumidores). O resultado foi que o Japão chegou à Primeira Guerra Mundial na condição de importante potência mundial. O crescimento industrial japonês até a Segunda Guerra Mundial foi espetacular.

A industrialização após a Segunda Guerra Mundial

Após a derrota, em 1945, o Japão ficou sob a ocupação militar dos EUA até 1951, quando foi assinado o Tratado de Paz de São Francisco, na Califórnia. As principais conseqüências econômicas da Segunda Guerra Mundial para o Japão foram:

- queda na produção industrial;
- perda do domínio de áreas produtoras de matérias-primas industriais;
- dissolução dos *zaibatsu*;
- destruição de grande parte de seu parque industrial, das ferrovias e das instalações portuárias;
- proibição de produzir armamentos;
- controle das atividades econômicas pelos Estados Unidos até 1951.

A reconstrução do parque fabril japonês só ocorreu após 1950. Durante a década de 1950, os esforços foram canalizados para a normalização das atividades industriais do país. Para esse empreendimento, o Japão contou com vultoso financiamento externo, principalmente dos EUA. Em 1960, o país iniciou a retomada do crescimento industrial, realizando o chamado "milagre japonês". Na década de 1980, o Japão já se colocava entre os maiores produtores industriais do mundo.

Os fatores que possibilitaram a rápida expansão industrial japonesa foram a abertura de mercado nos moldes estadunidenses, a intensa exploração dos trabalhadores e a qualificação de uma grande parcela da abundante mão-de-obra, a elevada poupança interna, a importação de matéria-prima industrial (petróleo, ferro, carvão, bauxita, cobre etc.), a redução quase total dos gastos militares, a reorganização dos grandes trustes (*zaibatsu*) e os financiamentos externos. A intervenção do governo (representado pelo poderoso Ministério da Indústria e do Comércio Exterior), que organizou o sistema produtivo, além de fornecer financiamentos e subsídios, foi decisiva para o impulso industrial.

O sucesso do avanço industrial japonês deveu-se, além desses fatores, à reestruturação e à modernização da organização industrial e ao domínio do processo de fabricação. Observe, a seguir, outras características da industrialização japonesa.

• **Destino da produção.** Investiu-se na produção em larga escala para conquistar o mercado externo, principalmente o asiático.

• **Tecnologia.** Antes no papel de importador, o Japão passou a dominar gradativamente a produção de tecnologia e a aplicá-la na fabricação de produtos mais complexos. Passou, por exemplo, da eletrônica à produção de circuitos integrados, depois para as telecomunicações e para a informática, até chegar à indústria aeroespacial. Atualmente produz mercadorias utilizando tecnologia de ponta e tem papel de destaque no mercado e na comunidade científica internacional, dominando ramos importantes, como o de supercomputadores e a robótica, além de se destacar na microeletrônica e na informática. Observe a figura 2.

• **Organização da produção.** Preocupação constante com qualidade e prazo; relações estreitas com parceiros comerciais; implantação de grandes unidades fabris ao lado de pequenas e médias empresas, subempreitadas por aquelas. As inovações introduzidas na organização da produção com base no toyotismo (treinamento constante dos operários fixos para o exercício de diversas funções e a operação de novas máquinas com ajustes flexíveis e rápidos, diminuição de estoques, atendimento às variações de preferências dos consumidores) permitiram a redução de custos e prazos e o aumento da qualidade e diversificação dos produtos.

• **Organização empresarial.** Baseada em vínculos do trabalhador com a empresa, que representa para o funcionário o local não apenas de trabalho, mas também de integração pessoal e familiar, bem como de realização profissional. As empresas investem em formação profissional, em todos os ramos da economia que requerem qualidade e precisão.

O Japão é hoje a segunda potência tecnológica econômica do mundo, depois dos EUA. Sua economia é controlada por grandes grupos, como Mitsui, Mitsubishi, Itochu, Marubeni, Sumitomo, Toyota Motors Co., Nissho Iwai etc.

Os dados a seguir, do *Calendario Atlante De Agostini 2000*, nos dão uma idéia da importância da produção industrial japonesa nos dias atuais.

• O Japão ocupa o primeiro lugar mundial nos setores automobilístico (produz mais do que os EUA), de máquinas industriais, de robôs, de ferramentas, de navios (especialista na produção de petroleiros gigantes), de relógios, de aparelhos fotográficos, de *chips* (a participação japonesa ultrapassa 50%), entre outros. Conta com a maior indústria de pesca do mundo.

Figura 2

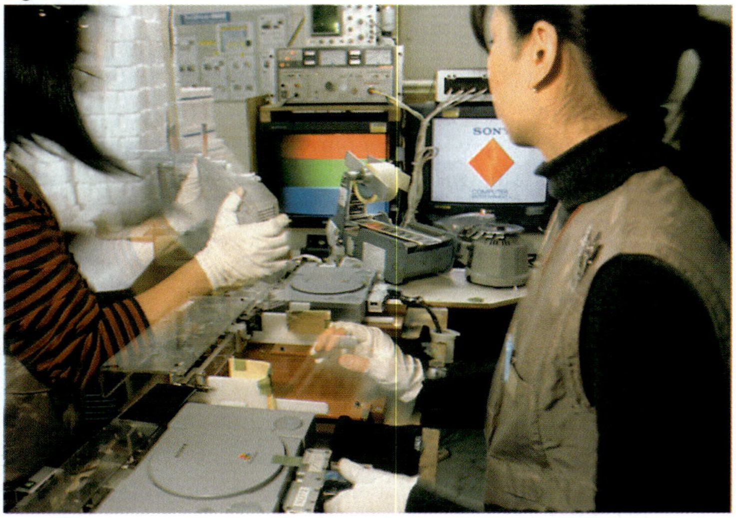

TOM WAGNER/CORBIS-STOCK PHOTOS

A tecnologia de ponta japonesa destaca-se em âmbito mundial. Na foto, interior da indústria da Sony Playstation, em Tóquio (2000).

• Ocupa o segundo lugar na produção de aço, na indústria química e na indústria têxtil.

• A tecnologia japonesa concorre com a estadunidense. O Japão é uma potência aeroespacial, possuindo diversos tecnopólos espalhados por seu território, como em Ube, Hiroshima, Tsukuba, Toyama, Nagaoka.

• É o eixo de uma importante zona de prosperidade econômica que inclui os Tigres Asiáticos (Coréia do Sul, Taiwan, Hong Kong [na China] e Cingapura) e os novos Tigres (Malásia, Indonésia, Filipinas e Tailândia).

• Conta com 22 das 100 maiores empresas transnacionais (7 das 14 maiores são japonesas) e com poderosos bancos, como o Sumitomo e o Bank of Tokio Mitsubishi. Observe a tabela 1.

Tabela 1

As catorze maiores empresas do mundo — 2000

Empresa	País	Rendimentos (em milhões de dólares)
1ª General Motors	EUA	176.558
2ª Wal-Mart Stores	EUA	166.809
3ª Exxon	EUA	163.881
4ª Ford Motor	EUA	162.558
5ª DaimlerChrysler	Alemanha	159.986
6ª Mitsui	Japão	118.555
7ª Mitsubishi	Japão	117.766
8ª Toyota Motor	Japão	115.671
9ª General Electric	EUA	111.630
10ª Itochu	Japão	109.069
11ª Royal Dutch/ Shell Group	Reino Unido/ Países Baixos	105.366
12ª Sumitomo	Japão	95.702
13ª Nippon Telegraph & Telephone	Japão	93.592
14ª Marubeni	Japão	91.807

Fonte: *Enciclopédia do mundo contemporâneo*. São Paulo/Rio de Janeiro, Publifolha/Terceiro Milênio, 2002. p. 61.

Na década de 1990, a economia japonesa já não crescia tão vertiginosamente quanto nos quarenta anos anteriores e começou a mostrar sinais de crise. Chamada de "**bolha especulativa**", a abundância de capitais levou a investimentos no mercado imobiliário e na bolsa de ações, supervalorizando os **ativos** (ações e imóveis). Com a crise, teve início a venda de ativos e os preços desabaram. O setor mais atingido foi o bancário. O PIB japonês também apresentou baixo crescimento nessa década. Como conseqüência, houve queda das exportações e do consumo interno e aumento do desemprego, que atingiu 5,7% em 2002. Na década de 1990, foram adotados pacotes de estímulos à economia, mas estes não conseguiram reverter o quadro de crise e aumentaram a dívida pública que passou a ser a mais alta entre os países industrializados (130% do PIB).

Distribuição geográfica das indústrias no Japão

Embora as pequenas e médias empresas industriais se encontrem disseminadas por todo o território, alguns centros destacam-se quanto à produção industrial.

A área de maior concentração industrial é o eixo Tóquio—Osaka, com 50% do valor da produção. Estão nesse eixo centros como Nagoya, Kobe, Kyoto, Nara e Kamakura. Além desse eixo, há outros importantes centros como Sapporo (na Ilha Hokkaido), Kitakyushu (na Ilha Kyushu), Ube e Shimonoseki (ao sul da Ilha Honshu).

Os complexos industriais japoneses encontram-se nas planícies litorâneas, o que facilita a recepção de matérias-primas e a exportação de produtos industrializados. Nas regiões portuárias destaca-se a indústria naval. Observe a figura 3.

Figura 3

JAPÃO: PRINCIPAIS ÁREAS INDUSTRIAIS — 2002

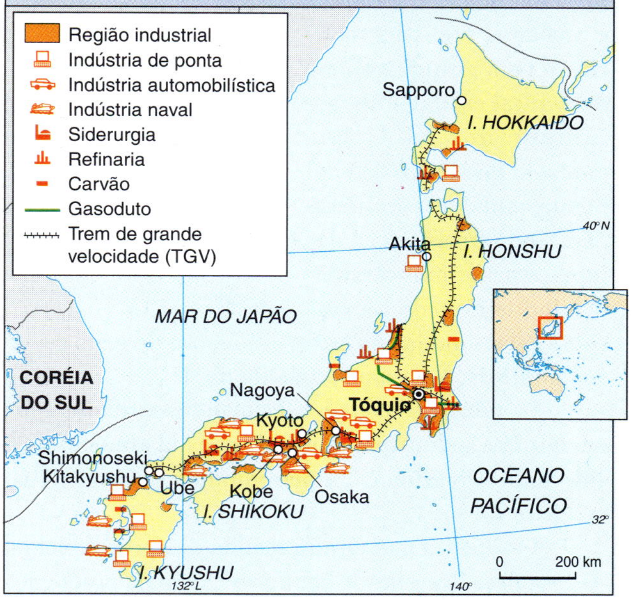

Fonte: baseado em SERRYN, Pierre. *Atlas universel Bordas*. p. 160; atualizado com base no *Calendario Atlante De Agostini 2003*.

4 Canadá

O Canadá integra o grupo das sete maiores potências mundiais e é um dos países mais ricos do mundo em quantidade e variedade de recursos naturais. Esse fator possibilitou o desenvolvimento de uma grande e diversificada produção industrial. Além de possuir o terceiro melhor índice de desenvolvimento humano do mundo, possui elevado nível científico e tecnológico e alto grau de concentração da produção e do capital.

O país exporta, em larga escala, vários recursos energéticos (petróleo, carvão, gás, urânio) e minerais (níquel, zinco, prata, ouro, ferro etc.), além de pescado, madeira, peles etc. Apesar de ser um dos maiores exportadores mundiais de minérios, o Canadá necessita importar alguns deles, tais como estanho, manganês e bauxita.

Características da industrialização

Embora a industrialização canadense tenha se iniciado antes da Primeira Guerra Mundial, foi a partir da Segunda Guerra que o país implantou as bases de seu grande e dinâmico parque industrial. Para isso, o Canadá contou com seus abundantes e variados recursos naturais e com grande volume de capital estrangeiro, sobretudo dos EUA, que controla boa parte da economia canadense (mineração, indústrias etc.). De fato, as principais atividades industriais do Canadá estão relacionadas ao aproveitamento de seus recursos naturais. Veja o mapa da figura 4.

Figura 4

CANADÁ: INDÚSTRIAS, RECURSOS MINERAIS E PARCEIROS COMERCIAIS

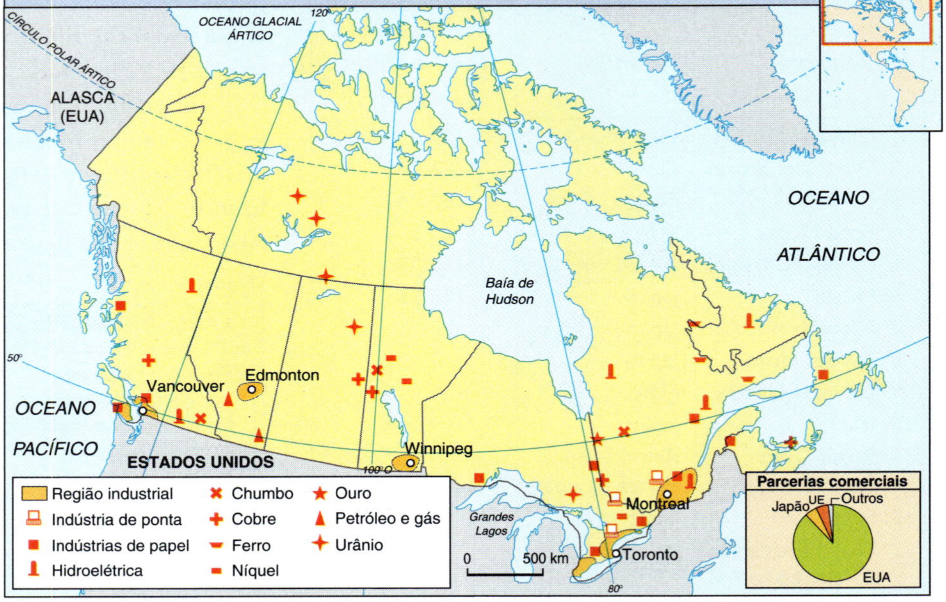

Fontes: SAYWELL, John. *Canadá: passado e presente*. Toronto, Clarke Irwin, 1983. p. 36-37; e FERREIRA, Graça Maria L. *Atlas geográfico, espaço mundial*. São Paulo, Moderna, 2002. p. 48.

As indústrias canadenses mais importantes são a madeireira, a de papel, a metalúrgica, a alimentícia, a siderúrgica, a química, a petroquímica, a espacial e a mecânica.

A indústria madeireira resulta do aproveitamento das imensas florestas de coníferas. Além da produção e da utilização da madeira, o Canadá é o maior produtor mundial de papel-jornal.

A indústria metalúrgica aproveita os minerais existentes no país. A principal exceção é a indústria do alumínio, que, apesar de ser uma das mais importantes, depende da importação da bauxita. Em compensação, o país dispõe de um imenso potencial hidráulico, que é aproveitado na geração da hidroeletricidade (a indústria do alumínio é grande consumidora de eletricidade).

A indústria alimentícia fundamenta-se na grande produção agropecuária e pesqueira do país.

Embora forte e dinâmica, a economia canadense é altamente dependente dos Estados Unidos, dos quais recebe vultosos investimentos e para os quais destina a maior parte de suas exportações. As áreas de maior desenvolvimento industrial localizam-se próximas à fronteira com os EUA, destacando-se as províncias de Montreal, Toronto, Winnipeg, Vancouver. Reveja a figura 4.

5 A industrialização européia

Os primeiros países a se industrializar pertenciam ao continente europeu, que detém, atualmente, um dos mais importantes parques industriais do mundo. A consolidação da União Européia (UE), a integração dos mercados e o estabelecimento da moeda única, o euro, fortaleceram ainda mais a economia dos países da Europa. As empresas européias iniciaram, por meio de fusões, um processo de concentração que fez crescer uma classe empresarial mais européia e menos apegada aos Estados nacionais.

O espaço de economia mais dinâmica da Europa, do qual fazem parte países altamente industrializados como Alemanha, França, Reino Unido, Itália, Países Baixos, Bélgica e Luxemburgo, conta com importantes centros tecnológicos e indústrias de ponta (informática, engenharia genética, aeroespacial, nuclear etc.) ao lado de indústrias clássicas (siderúrgica, química, automobilística, têxtil, alimentícia etc.). Observe a figura 5, na página ao lado. Passemos, a seguir, à análise do desenvolvimento das principais áreas industriais dos países europeus.

Alemanha

Até a sua unificação, em 1871, a Alemanha era constituída por várias regiões autônomas lideradas pela Prússia e pela Áustria. Em 1834, os Estados germânicos criaram

Figura 5

Fonte: FERREIRA, Graça Maria L. *Atlas geográfico: espaço mundial*. p. 58.

um acordo aduaneiro (*Zollverein*), deixando de lado a Áustria e fortalecendo a Prússia. Esse acordo criou condições de desenvolvimento econômico nesse grupo de Estados.

Já por volta de 1869-1870, graças às imensas jazidas de carvão e de ferro existentes no Vale do Ruhr e a um sistema de transporte fluvial e ferroviário bem-estruturado, alguns desses Estados desenvolveram as indústrias siderúrgica, metalúrgica e química (ramos da indústria pesada), além da têxtil.

Em 1871, com a unificação e contando com um grande parque industrial, a Alemanha, assim como os demais países europeus, lançou-se à expansão imperialista, entrando em confronto com a França e a Inglaterra e levando toda a Europa à Primeira Guerra Mundial. Apesar de derrotados pela Tríplice Entente (França, Inglaterra e Rússia), os alemães reorganizaram seu parque industrial nos moldes anteriores à guerra.

Novamente os choques de interesses entre as potências industrializadas se agravaram e em 1939 irrompeu a Segunda Guerra Mundial, que terminou em 1945 com a derrota da Alemanha.

Após a Segunda Guerra, a reorganização da indústria alemã, bem como de toda a sua economia, foi efetuada em novas bases, visto que o capitalismo alemão passou a enfrentar uma nova realidade, a saber:

- o centro de comando do sistema capitalista, antes europeu, deslocou-se para os Estados Unidos;
- na fronteira leste da Alemanha surgiram vários Estados socialistas liderados pela União Soviética, grande potência da época;
- desde 1949, a Alemanha ficou dividida em dois Estados, a República Federal da Alemanha (capitalista), a oeste, e a República Democrática Alemã (socialista), a leste;
- fazendo frente à possível pressão que os soviéticos pudessem exercer sobre a Europa Ocidental, os estadunidenses tomaram várias medidas, entre elas a ajuda econômica para a reconstrução da Europa por meio do Plano Marshall.

A Alemanha Ocidental teve seu desenvolvimento industrial e econômico beneficiado por vários fatores:

- ficou com a região da Renânia, onde se localizam as jazidas de carvão e de ferro e as principais instalações industriais do período anterior à guerra;
- recebeu forte financiamento de capitais estadunidenses para sua reconstrução;
- ficou isenta de gastos e investimentos na área militar, devido à proibição por parte das potências vitoriosas da Segunda Guerra;
- criou, juntamente com França, Itália, Países Baixos, Bélgica e Luxemburgo, duas importantes organizações econômicas que muito contribuíram para o seu desenvolvimento — a Comunidade Européia do Carvão e do Aço (Ceca), em 1952, e a Comunidade Econômica Européia (CEE), em 1957.

Com isso, a Alemanha experimentou na década de 1950 um intenso e rápido desenvolvimento, realizando o seu "milagre econômico", e chegou ao início da década de 2000 na condição de terceira potência mundial, após os Estados Unidos e o Japão, constituindo um dos pólos de poder do mundo atual.

Em 1990, com a reunificação das duas Alemanhas, teve início a privatização de empresas estatais do lado oriental. Diversas indústrias que operavam com tecnologia antiquada e provocavam altos índices de poluição foram fechadas. Esse fato, aliado à automação da produção, provocou desemprego. Dez anos após a queda do Muro de Berlim, que abriu o processo de reunificação, a Alemanha ainda contava com mais de 4 milhões de pessoas desempregadas. No entanto, a economia alemã está aos poucos conseguindo realizar a integração entre as "duas Alemanhas".

A integração européia abriu novos mercados e perspectivas dentro do bloco econômico europeu para a liderança alemã, que conta com grandes empresas, como DaimlerChrysler, Volkswagen, Siemens, Allianz entre outras. Por outro lado, com a globalização da economia, diversas empresas alemãs têm se associado com empresas estadunidenses e japonesas, como é o caso da Basf e da Nixdorf, que se aliaram à Hitachi, ou da Siemens, que se associou à Fujitsu.

Com uma produção industrial sólida e diversificada, a Alemanha se destaca na produção de automóveis, na indústria petroquímica, carbonífera, metalúrgica, mecânica, de transporte etc.

Quanto à localização das áreas industriais alemãs, temos:

- **Porção oeste.** É a mais importante do país, destacando-se a região situada entre a Renânia do Norte e a Vestefália, no curso inferior do Rio Reno e no Vale do Ruhr. Isso se deve a fatores como a existência de tradição industrial, a presença de jazidas de carvão mineral e de ferro e a navegabilidade do Rio Reno, que corta a região e desemboca no Mar do Norte, nos Países Baixos, próximo ao Porto de Roterdã, o maior do mundo em movimento de cargas. Nessa região aparecem cidades importantes, como Bonn, Colônia, Düsseldorf, Essen, Dortmund e outras.
- **Porção norte.** Corresponde à região da Saxônia, onde se destacam cidades como Hannover, Bremen e Hamburgo.
- **Porção centro-sul.** Apresenta também grandes concentrações industriais e importantes cidades, como Frankfurt e Mannheim (no centro), e Stuttgart, Baden e Munique (no sul).

Embora as indústrias ainda se concentrem na região da Renânia, ultimamente tem ocorrido a modernização do parque industrial alemão e uma relativa dispersão das indústrias, seguindo a tendência mundial. Uma ramificada rede de vias de circulação facilita esse processo.

Cidades industriais médias e pequenas espalharam-se pelo país e passaram a sediar setores tecnológicos de ponta, como por exemplo Stuttgart, onde se situa a maior empresa transnacional alemã (a DaimlerChrysler), Frankfurt (indústria naval) e Munique, centro de indústrias químicas, como a Bayer.

Observe a figura 6.

Figura 6

ALEMANHA: PRINCIPAIS ÁREAS INDUSTRIAIS E RECURSOS MINERAIS — 2002

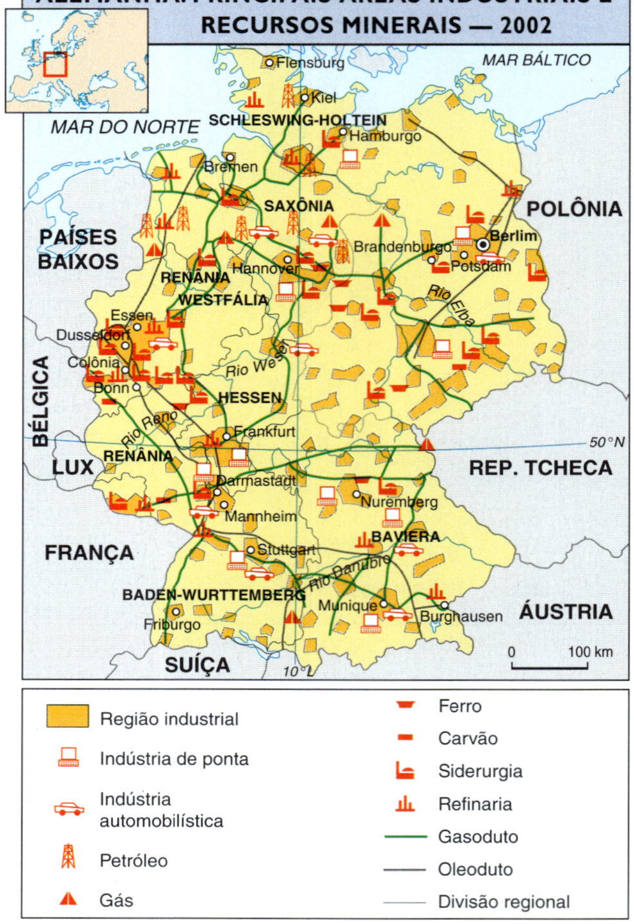

Fonte: baseado em SERRYN, Pierre. *Atlas universel Bordas*. p. 89; atualizado com base no *Calendario Atlante De Agostini 2003*.

Reino Unido

O **Reino Unido** é formado pela unificação dos três Estados que compõem a ilha da **Grã-Bretanha**: Inglaterra, Escócia (desde 1707) e País de Gales (desde 1536), e pela Irlanda do Norte (ou Ulster, incorporada à união em 1800), que luta por sua independência. As **Ilhas Britânicas**, por sua vez, são formadas pelo Reino Unido somado à República da Irlanda (ou Eire). Observe a figura 7.

A indústria pioneira a se desenvolver na Inglaterra foi a têxtil, na segunda metade do século XVIII, sendo que os primeiros teares eram produzidos artesanalmente.

Durante mais de um século, a Inglaterra dominou com exclusividade a produção industrial, organizada para viabilizar a maior concentração de capitais.

Figura 7

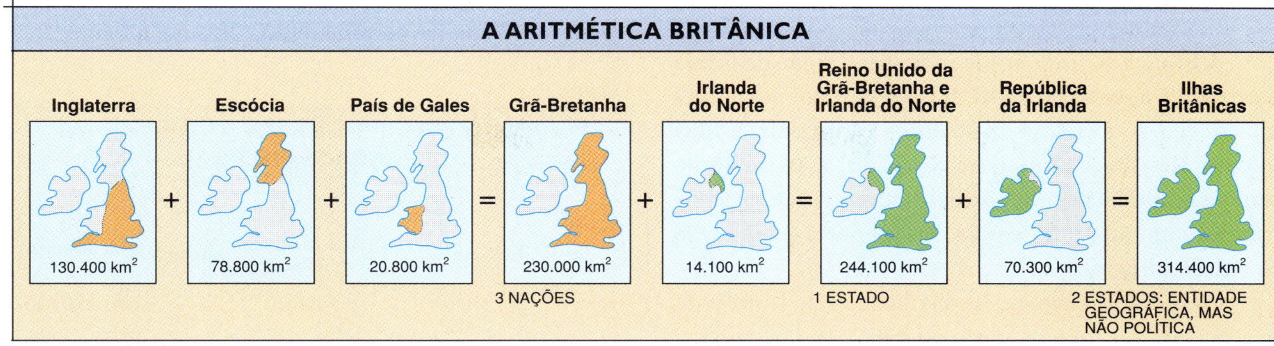

Fonte: organizado pelos autores.

Possuidora de carvão, capital e tecnologia, a Inglaterra (e posteriormente as demais nações desenvolvidas) fortaleceu pouco a pouco as indústrias de base, além de já ter o domínio sobre as de bens de consumo.

Na condição de maior potência industrial e imperial, a Inglaterra passou a importar, principalmente de suas colônias de clima temperado, alimentos e matérias-primas que seriam transformados industrialmente para abastecer os mercados interno e mundial. A concentração e a acumulação de capitais permitiram ao capitalismo britânico criar trustes e cartéis e estabelecer monopólios e oligopólios. O acirramento das disputas por mercados consumidores e domínios coloniais entre as principais potências européias acabou contribuindo para a eclosão das duas guerras mundiais do século XX.

Após a Segunda Guerra Mundial, ocorreu o enfraquecimento econômico e industrial do Reino Unido e a conseqüente perda de sua hegemonia em favor dos Estados Unidos, a nova potência mundial emergente.

O Reino Unido foi também superado pelos países que apresentaram um grande desenvolvimento tecnológico, industrial e econômico a partir da década de 1960, como o Japão e a Alemanha, e mais recentemente pela França e pela Itália.

É importante ressaltar que o Reino Unido ainda é uma das grandes potências da União Européia, embora resista em adotar a moeda única, o euro, em substituição à libra esterlina. Ultimamente tem se alinhado com os EUA, como nos casos dos bombardeios contra o Iraque (1991, 1998 e 2003), a Iugoslávia (1999) e o Afeganistão (2001).

As indústrias britânicas instalaram-se inicialmente no centro do país, próximas às jazidas de carvão de Yorkshire, Lancashire, Midlands etc., áreas industriais tradicionais, atualmente em decadência. Já na Segunda Revolução Industrial, elas passaram a ser instaladas perto de portos como Liverpool, Glasgow e Londres. Atualmente, a Região Metropolitana de Londres e a de Birmingham são os principais centros industriais, polarizando cidades menores. Abrigam modernas e diversificadas indústrias como a automobilística, a mecânica de precisão, a eletrônica, a aeronáutica, de transporte etc. Observe a figura 8.

Figura 8

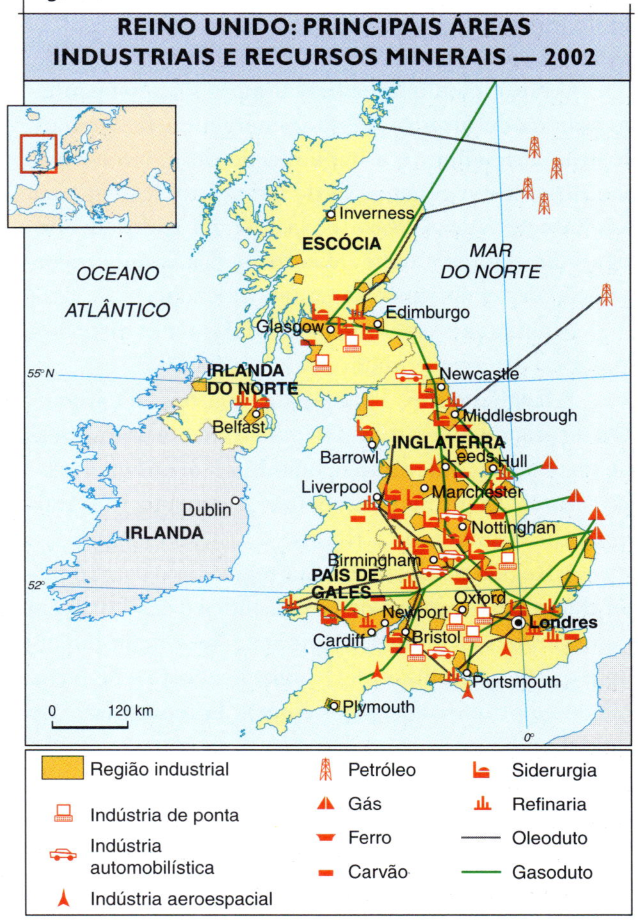

Fonte: baseado em SERRYN, Pierre. *Atlas universel Bordas*. p. 62; atualizado com base no *Calendario Atlante De Agostini 2003*.

França

A França só iniciou sua industrialização de forma sistemática a partir de 1848. Esse retardamento industrial deveu-se a alguns obstáculos e problemas, tais como a Revolução Francesa de 1789, a tradição de pequenas indústrias, que dificultou a acumulação de grandes capitais, e a demora em iniciar a exploração de carvão mineral.

Com o aproveitamento das jazidas de ferro e do carvão do noroeste e do norte do país, a siderurgia e a metalurgia tiveram grande desenvolvimento. A exemplo do Reino Unido, a França também organizou um importante império colonial para se abastecer de matérias-primas e ampliar seu mercado consumidor.

Após a Segunda Guerra Mundial, vários fatores aceleraram o crescimento e a modernização da indústria francesa. Os principais foram:

- o rápido crescimento da indústria alemã;
- o aumento populacional resultante do crescimento interno e do retorno de grandes contingentes populacionais das ex-colônias, pressionando o mercado de trabalho;
- a ajuda financeira dos EUA (Plano Marshall).

O crescimento industrial francês foi acompanhado pela modernização do setor energético, desde a indústria carbonífera e a implantação de hidroelétricas nos Alpes até a construção de usinas nucleares. Uma das características dessa nova fase foi o desenvolvimento de setores altamente sofisticados, com a incorporação de tecnologias bastante avançadas.

Atualmente, o parque industrial francês distribui-se por quatro áreas principais:

- **Região norte.** Trata-se de uma região carbonífera de grande diversificação industrial, em que se destacam os ramos siderúrgico, metalúrgico, químico, têxtil e outros. Os principais centros industriais são Amiens, Lille, Dunkerque e Reims.
- **Região nordeste.** É uma região de extração mineral (carvão e minério de ferro), onde se desenvolvem a siderurgia e a indústria química. Área mais importante quanto a produtos derivados de carvão e de ferro, tem como principais centros Nancy, Lorena, Alsácia e Estrasburgo.
- **Região de Lyon.** Destaca-se pelas indústrias de bens de produção, química, mecânica de precisão.
- **Região parisiense.** Continua a ser a mais importante região industrial da França, com indústrias diversificadas e modernas. Encontram-se aí quase todos os ramos industriais, do têxtil ao aeronáutico.

Além dessas regiões, destacam-se os tecnopólos de Nice e de Toulouse (aeronáutica). Observe a figura 9.

Figura 9

FRANÇA: PRINCIPAIS ÁREAS INDUSTRIAIS E RECURSOS MINERAIS — 2002

Fonte: baseado em SERRYN, Pierre. *Atlas universel Bordas*. p. 50; atualizado com base no *Calendario Atlante De Agostini 2003*.

Itália

A exemplo da Alemanha, a Itália só conheceu o desenvolvimento industrial após sua unificação política, em 1870. Mesmo assim, a industrialização do país foi prejudicada e até retardada em relação aos outros países europeus, em virtude, sobretudo, da escassez de energia e matérias-primas (jazidas de carvão e de ferro).

Antes da Segunda Guerra Mundial, a Itália já possuía os setores têxtil e alimentício bastante evoluídos, mas as indústrias de base (siderurgia e outras) ainda estavam pouco desenvolvidas.

Ao término da guerra, o desenvolvimento industrial italiano recebeu forte incremento, principalmente com a entrada de capitais estadunidenses (Plano Marshall) e a ampliação do mercado consumidor.

Nas últimas décadas, contando com a ajuda de capitais externos, forte participação do Estado e avanço tecnológico, o país modernizou e diversificou seu parque industrial. Com um dos maiores PIBs do mundo, a Itália coloca-se atualmente entre as sete potências capitalistas.

País marcado por grande contraste geoeconômico entre o norte (rico e industrial) e o sul (pobre e agrícola), a Itália apresenta seu parque industrial concentrado no norte do país, onde se destacam Turim (automóveis), Milão (centro industrial, financeiro e comercial), Gênova (indústria naval), Bolonha, Verona e Veneza. Na porção central (Roma e proximidades) destacam-se os ramos têxtil, mecânico, automobilístico e químico. Observe a figura 10.

Figura 10

ITÁLIA: PRINCIPAIS ÁREAS INDUSTRIAIS E RECURSOS MINERAIS — 2000

Fonte: baseado em SERRYN, Pierre. *Atlas universel Bordas*. p. 118; atualizado com base no *Calendario Atlante De Agostini 2003*.

6 A Federação Russa e a Comunidade de Estados Independentes

A análise do passado mostra que, em comparação com os países europeus ocidentais, a atual Federação Russa, tradicionalmente denominada Rússia, sempre foi marcada por considerável atraso social, político e econômico, decorrente, entre outras, das seguintes causas:

- excesso de poder e de riqueza nas mãos do Estado, em contraste com a situação de miséria da grande massa de camponeses e trabalhadores em geral;
- existência de nobreza formada não por meio da produção de riquezas ou do poder econômico, mas pelos favores do Estado;
- militarização do Estado e da sociedade;
- inexistência ou extrema dificuldade de mobilidade social (ascensão) dos camponeses;
- longos períodos de isolamento em relação ao restante do mundo.

Às vésperas da Primeira Guerra Mundial, a Rússia era um país pouco industrializado. Além disso, grande parte de sua frágil indústria era dominada por capitais estrangeiros e estava quase totalmente concentrada na Ucrânia (Donbass), em Moscou e em São Petersburgo.

O desenvolvimento industrial da Rússia (principal república da URSS a partir de 1922 e Federação Russa depois de 1991) só ocorreu de fato após a implantação do primeiro Estado socialista do mundo. Apesar de desencadeada em outubro de 1917, foi somente em 1921 que a revolução socialista de fato se consolidou. A partir de então, a reorganização da indústria e da própria economia do país, seriamente afetadas pela Primeira Guerra Mundial e pela revolução civil, começou a ser feita por meio da implantação da nova política econômica (NEP), sob o comando de Lênin.

Durante a vigência da NEP (1921-1927), o governo restaurou algumas práticas capitalistas; entretanto, isso não impediu que essa política alcançasse grande sucesso econômico. Nesse período, aproveitando as grandes jazidas minerais e os combustíveis do país, os maiores investimentos estatais foram dirigidos aos setores considerados fundamentais, como produção de alimentos, matérias-primas, energia e aquisição de maquinaria pesada.

Por serem setores estratégicos e necessários à defesa do país, a indústria de base (siderurgia, metalurgia, química, energia etc.) e os ramos de transportes também tiveram grande desenvolvimento, enquanto as indústrias de bens de consumo ficaram relegadas a segundo plano.

A partir de 1928 teve início a planificação econômica. Com a implantação de planos qüinqüenais, sob a orientação e a centralização do Estado soviético, o desenvolvimento industrial foi espetacular, apesar de ter sido seriamente abalado pela Segunda Guerra Mundial. Do final da guerra até 1950, os esforços concentraram-se em reconstruir e reinstalar o parque industrial semidestruído. A partir daí, os objetivos principais passaram a ser: a produção de equipamentos industriais, agrícolas e bélicos e o desenvolvimento do setor aeroespacial. Na década de 1960, a URSS já era a segunda potência industrial do mundo.

Após meio século de crescimento, o império soviético se desmantelou e a situação se modificou muito. A transição para o capitalismo deixou graves seqüelas. O capital internacional não investiu significativamente na compra e na modernização das indústrias e das empresas estatais. Muitas delas viraram sucata ou tiveram de fechar as portas, lançando seus trabalhadores nas filas de desempregados. Os conflitos étnicos se multiplicaram. O fim do Comecom (mercado comum do bloco socialista) agravou ainda mais a situação, pois as matérias-primas e os produtos industrializados deixaram de ser comercializados entre esses parceiros comerciais.

A Rússia e outras onze das quinze repúblicas que constituíam a União Soviética formaram, em 1991, a Comunidade de Estados Independentes (CEI). Com a liberação dos preços, o fim dos subsídios e as privatizações desordenadas, os problemas e a crise econômica se agravaram e a qualidade de vida tem piorado não só na Federação Russa, mas em todas as repúblicas que compunham a ex-URSS e as repúblicas da Europa Oriental. Dificuldades econômicas internas, quedas de exportações e a declaração de moratória fizeram da Federação Russa o centro de uma crise financeira de caráter internacional, em 1998.

A CEI continua sendo uma grande potência nuclear e aeroespacial. No entanto, o atraso tecnológico e a falta de conservação das indústrias e do material bélico podem gerar desastres, assim como acidentes nucleares e ecológicos.

Observe as figuras 11 e 12.

Figura 12

AFP/CORBIS-STOCK PHOTOS

Resgate dos restos do submarino nuclear russo Kursk, que afundou em agosto de 2000, no Mar de Barents. Apesar de o governo russo haver informado que não havia armas nucleares a bordo, a tragédia, que levou 118 marinheiros à morte, alerta para os perigos de acidentes nucleares e para o aumento do lixo nuclear no Ártico. Na foto, os restos da embarcação no Porto de Roslyakovo, perto de Murmansk (outubro de 2001).

Figura 11

Fonte: baseado em SERRYN, Pierre. *Atlas universel Bordas*. p. 124; atualizado com base no *Calendario Atlante De Agostini 2003*.

7 Os novos países industrializados

Nesses países de industrialização tardia, o processo industrial resultou fundamentalmente da internacionalização do capital e da expansão mundial das empresas multinacionais após a Segunda Guerra Mundial. Alguns deles já dispõem de parques industriais relativamente grandes, complexos e diversificados, sendo que, em certos setores (aço, cimento, tecidos e automóveis, por exemplo), suas produções aproximam-se e até mesmo ultrapassam a produção de países desenvolvidos de industrialização mais antiga.

Os principais países subdesenvolvidos industrializados — China, Brasil, México, Turquia, Índia, os Tigres Asiáticos e os novos Tigres — apresentam muitas diferenças entre si.

• **Tigres Asiáticos e novos Tigres.** A industrialização tardia (final da década de 1980, já na era da globalização) desse grupo de países situados no sul e no leste da Ásia foi explosiva. Em poucas décadas, o espaço e a economia se modificaram: surgiram metrópoles modernas e centros empresariais, foram implantadas empresas exportadoras etc. Entre 1960 e 1980, o crescimento médio anual do PIB atingiu o excelente desempenho de aproximadamente 8%. De 1990 a 1996 o incremento anual da produção industrial desses países foi de 10,6%. Em 1997, teve início no Sudeste Asiático uma crise financeira que se alastrou por todo o mundo, provocando queda nas bolsas de valores. Os Tigres Asiáticos conseguiram minimizar o impacto da crise cortando salários e reduzindo tarifas portuárias (Cingapura), recorrendo a empréstimos do FMI (Coréia), reduzindo taxas de juros (Taiwan), entre outras medidas. Observe na figura 13 a evolução das exportações de produtos industrializados dos Tigres Asiáticos.

O avanço da industrialização deveu-se principalmente à expansão das transnacionais, à oferta de mão-de-obra abundante, barata e disciplinada, às políticas governamentais favoráveis (incentivos fiscais, facilidades para as exportações e remessas de lucros para o exterior) e à especialização inicial em mercadorias que demandavam tecnologia tradicional (têxtil, calçados, brinquedos), além da exportação de bens de consumo e dos altos investimentos externos. Em 1999, a Ásia recebeu 39,3 bilhões de dólares em investimentos privados estrangeiros.

Incorporando novas tecnologias, os Tigres Asiáticos passaram a produzir e a exportar mercadorias de valor mais elevado, como eletrônicos, máquinas elétricas e posteriormente computadores, automóveis etc.

Figura 13

TIGRES ASIÁTICOS: ESTRUTURA DAS EXPORTAÇÕES — 1960-1990

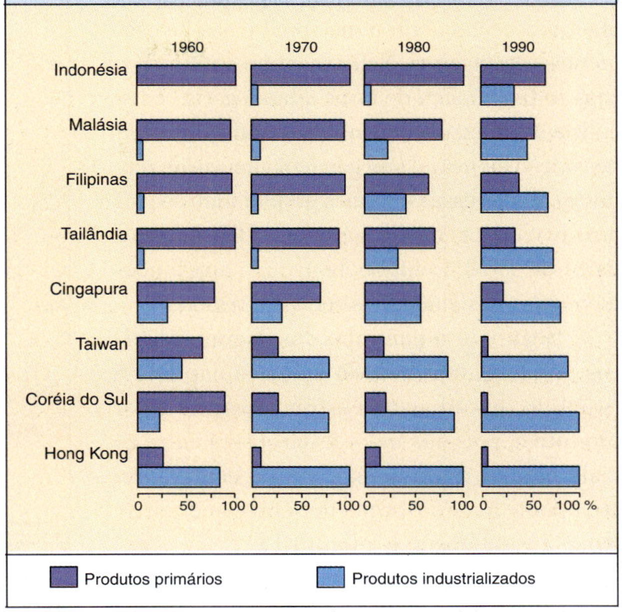

Fonte: FERREIRA, Graça Maria L. *Atlas geográfico: espaço mundial*. p. 64.

Nesse grupo de países destaca-se a **Coréia do Sul**, sétima produtora mundial de máquinas elétricas e produtos da siderurgia e oitava no setor de metalurgia e máquinas não-elétricas. Na Coréia do Sul tem ocorrido um crescimento espetacular de grandes empresas transnacionais, denominadas **chaebol**, como a Daewo, a Sandgong, a Samsung e a Hyundai. Apesar do alto custo social da crise de 1997, que provocou aumento do desemprego, esse país já apresentava superávit externo em 1998.

Taiwan, também conhecida por **Formosa**, tem se destacado, ocupando a posição de oitava produtora mundial de têxteis e máquinas elétricas. Em 2001, contudo, o país foi atingido por uma grave recessão, em decorrência da queda da demanda por produtos de alta tecnologia e da desaceleração da economia dos Estados Unidos.

Os **novos Tigres** não contam com o mesmo dinamismo dos Tigres Asiáticos, mas buscam trilhar o mesmo caminho. Seu crescimento industrial deu uma arrancada no final dos anos 1980, em razão principalmente de uma política agressiva de diminuição de impostos e favorecimento às transnacionais.

• **China.** No final da década de 1970, a China empreendeu uma série de reformas (economia socialista de mercado), dando início a um processo de reestruturação e de modernização dos setores econômicos (assunto também estudado no capítulo 3 da unidade II).

O renascimento das empresas privadas privilegiou as áreas litorâneas. Foram criadas zonas francas, as **Zonas Econômicas Especiais** (ZEE), abertas à economia internacional e aos investimentos estrangeiros. Nelas as empresas e indústrias se beneficiam de taxas alfandegárias e fiscalização reduzidas ou nulas e realizam a terceirização industrial (em geral, montagem de produtos). Todas essas reformas propiciaram ao país um crescimento médio superior a 10% ao ano a partir de 1978. Contudo, houve um aprofundamento das desigualdades sociais e regionais.

Seguindo o caminho dos Tigres Asiáticos, a China tem atraído vultosos capitais e recebido investimentos estrangeiros no setor produtivo, pois sua mão-de-obra está entre as mais baratas do mundo, além de contar com abundante matéria-prima mineral e energia de baixo custo. Observe a figura 14.

Figura 14

Fonte: baseado em SERRYN, Pierre. *Atlas universel Bordas*. p. 151; atualizado com base no *Calendario Atlante De Agostini 2003*.

• **Brasil, Índia, México e África do Sul.** Todos de industrialização tardia, esses países impulsionaram seus setores industriais, permitindo a entrada de empréstimos de multinacionais estrangeiras, como o Brasil, ou desenvolvendo o protecionismo e a intervenção estatal na formação do parque industrial, como a Índia. A indústria tornou-se um setor de peso na economia desses países.

A **Índia** é a quarta produtora mundial de têxteis e a quinta na siderurgia. As principais indústrias indianas situam-se no nordeste do país (metalúrgica pesada) e em Bombaim (indústria leve).

O **México** tem implantado, ao longo de sua fronteira com os EUA, diversas zonas francas que funcionam como **montadoras** para as indústrias estadunidense. Utilizando mão-de-obra barata, essas indústrias recebem peças e montam o produto final. Reveja a figura 1, no início deste capítulo.

O **Brasil**, possuidor de um grande mercado interno e de abundantes recursos naturais, tem uma indústria diversificada (assunto abordado mais detalhadamente no próximo capítulo).

A **África do Sul** conta com importantes jazidas minerais. É a primeira produtora mundial de ouro (20,5% do total mundial), platina (75% do total mundial) e cromo (56,2% do total mundial) e a terceira produtora mundial de titânio, manganês e antimônio, além de outros minerais (*L'état du monde 2000*). Capitais provenientes da exportação desses recursos naturais, investimentos estrangeiros, mão-de-obra barata e um mercado consumidor razoável permitiram a industrialização do país.

AVALIE SEU APRENDIZADO

Fixando o conteúdo

1 O que é G-7 e quais países o compõem?

2 Cite três fatores favoráveis ao desenvolvimento industrial dos Estados Unidos.

3 Qual é a importância do Japão na economia mundial?

4 Cite duas características que fazem da porção oeste da Alemanha, especialmente o Vale do Ruhr, a região industrial mais importante do país.

5 Que fatores foram responsáveis pelo enfraquecimento econômico e industrial da Inglaterra? Que potências a ultrapassaram?

6 Diferencie essas regiões européias: Grã-Bretanha, Reino Unido e Ilhas Britânicas.

7 Após meio século de crescimento, ocorreu o desmantelamento do império soviético. Que conseqüências a transição para o capitalismo trouxe para a indústria russa?

8 O que são ZEE? Como propiciaram crescimento à economia chinesa?

COMPLEMENTAÇÃO DO ESTUDO

Leituras

POMAR, Wladimir. *China, o dragão do século XXI*. São Paulo, Ática, 1996. (Coleção História em movimento.)

Vídeos e filme

- *A classe operária vai ao paraíso* (Itália, 1971); dir. Elio Petri; 115 min. Esse clássico do cinema italiano apresenta a trajetória de um operário que, após perder um dedo em acidente de trabalho, descobre a vida sindical. O filme relata a sua vida cotidiana e seus conflitos diante dos apelos da sociedade de consumo e das convocações da esquerda radical. (Globo)
- *Ladrões de bicicleta* (Itália, 1947); dir. Vittorio de Sica; 92 min. Outro grande clássico do cinema, conta a história de um operário desempregado que tem sua bicicleta roubada no primeiro dia de trabalho. Como a principal exigência do novo emprego é a posse de um meio de transporte, ele sai pelas ruas de Roma atrás do ladrão, numa busca desesperada. (Continental)
- *Fábrica de loucuras* (EUA, 1986); dir. Ron Howard; 108 min. Moradores de pequena cidade norte-americana mobilizam-se após o fechamento da fábrica de automóveis que emprega boa parte da população local. O filme enfatiza o choque cultural instalado com a chegada dos japoneses, que concordam em assumir a empresa falida, mas com os métodos de trabalho oriental. (Paramount Pictures)

Sites

- *http://niponico.tripod.com.br/industria.htm* *Site* sobre o Japão, traz artigo sobre a industrialização no Japão e nos Tigres Asiáticos.
- *http://statcan.ca* Com estatísticas sobre o Canadá, permite conhecer mais sobre o processo industrial desse país.
- *www.childuniversity.org/* Em francês; endereço eletrônico do anuário *L'état du monde*, oferece informações gerais e dados estatísticos de todos os países.

CAPÍTULO 3 O espaço da atividade industrial no Brasil

1 Estrutura e crescimento da indústria no Brasil

O Brasil urbano-industrial que conhecemos atualmente foi forjado a partir da década de 1880, quando, graças à atividade cafeicultora, o país experimentou o seu primeiro surto industrial.

Os principais fatores que possibilitaram o início da industrialização foram a elevação das tarifas alfandegárias, a partir de 1844, que encareceu os produtos industrializados estrangeiros; a disponibilidade de capitais oriundos da expansão cafeeira; a extinção do tráfico negreiro em 1850 (parte do capital antes empregado na compra de escravos passou a ser aplicada na indústria); e a entrada do imigrante europeu, principalmente a partir da década de 1870, que contribuiu para o desenvolvimento industrial e para a expansão do mercado consumidor interno.

No entanto, até a década de 1940, o Brasil ainda possuía economia de base agrária e população predominantemente rural. A partir da década de 1950, impulsionada pelo poder público, a indústria ultrapassou a agricultura e assumiu a liderança econômica. Desde a segunda metade da década de 1950, o ramo automobilístico tornou-se o carro-chefe dessa industrialização.

As principais razões dessa mudança foram a crise cafeeira de 1929, provocada pela queda da Bolsa de Valores de Nova York, e a Revolução de 1930, que conduziu Getúlio Vargas ao poder, destronou a oligarquia cafeeira e promoveu uma política industrializante, apoiada pela burguesia comercial e industrial.

A Segunda Guerra Mundial (1939-1945), que num primeiro momento prejudicou o crescimento industrial do Brasil, acabou se transformando em fator de estímulo ao desenvolvimento industrial: diante da dificuldade ou da impossibilidade de se importar máquinas e equipamentos, a indústria nacional passou a produzi-los aqui mesmo (figura 1).

Assim, o processo de industrialização apoiou-se na proteção do mercado interno e na **substituição de importações**, ou seja, no estabelecimento de indústrias (nacionais e multinacionais) com a finalidade de fabricar aqui os produtos que o país importava e libertar-se da dependência externa.

Nos 110 anos decorridos desde as primeiras iniciativas industriais no país (década de 1880) até a década de 1990, o crescimento do setor industrial foi muito grande. O número de estabelecimentos industriais, por exemplo, passou de 13.336, em 1920, para 389.266, em 1997. Nesse mesmo período, o pessoal empregado passou de 275.512 para 5.978.150.

Figura 1

ICONOGRAPHIA-REMINISCÊNCIAS

Indústria metalúrgica no Brasil na década de 1940, quando se iniciou a ampliação e a diversificação do parque industrial brasileiro.

Na segunda metade da década de 1950, durante o governo Juscelino Kubitschek (1956-1961), a industrialização recebeu grande impulso com o **Plano de Metas**. Dedicou-se especial atenção aos setores de infra-estrutura energética e de transportes (rodovias, principalmente), além de se criar os estímulos fiscais para atrair o capital estrangeiro.

O setor industrial estruturou-se, desde o início até a década de 1960, com base nas indústrias de bens de consumo não-duráveis, voltadas para a produção de bens de consumo imediato. Isso porque essas indústrias não requerem grande investimento de capital, de mão-de-obra qualificada e aparato tecnológico, além de necessitarem de matérias-primas (produtos agropecuários e extrativos, tais como fibras, alimentos, couro, madeira) de fácil obtenção, cujas fontes, em geral, encontram-se no próprio país. Finalmente, esse tipo de indústria permite rápido retorno do capital investido.

Desde o início da industrialização até a década de 1960, as indústrias alimentícias e têxteis foram as mais importantes do país, tanto pelo valor da produção quanto pelo número de estabelecimentos e de operários.

A estrutura da indústria, no Brasil, começou a se modificar na década de 1970, quando as indústrias têxteis e alimentícias foram ultrapassadas, em valor da produção, pelas unidades químicas, metalúrgicas, mecânicas e outras. Observe a figura 2.

Figura 2

BRASIL: PERFIL DA ATIVIDADE INDUSTRIAL — 1986-1996

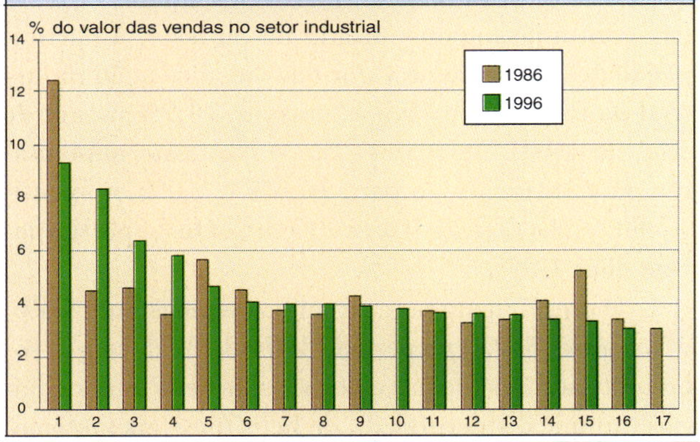

Setores industriais

1. Petrolífero e petroquímico
2. Automóveis, caminhões e ônibus
3. Papel, editorial e gráfica
4. Outras alimentícias e bebidas
5. Máquinas, equipamentos, instalações
6. Siderurgia
7. Beneficiamento de produtos de origem animal e vegetal
8. Elétrico, eletrônico, comunicações
9. Químicos diversos
10. Farmacêutico e perfumaria
11. Outros veículos
12. Abate e preparo de carnes
13. Aparelhos, equipamentos e material elétrico
14. Outros produtos metalúrgicos
15. Têxtil
16. Não-metálicos
17. Vestuário

Fonte: IBGE. *Atlas nacional do Brasil 2000*. 3. ed. Rio de Janeiro, 2000. p. 94.

O gráfico (figura 2) comprova que os ramos petrolífero e petroquímico, de máquinas, equipamentos e instalações e o setor têxtil lideravam a estrutura industrial do país em 1986. Em 1996, o ramo automobilístico apresentou a mais elevada taxa de crescimento no valor das vendas. O setor de alimentos e bebidas passou do 12º para o quarto lugar. Já o ramo têxtil sofreu um declínio, caindo do terceiro para o 15º lugar. Esses dados relacionam-se com as exportações e a intensa urbanização, fatores que contribuíram para o avanço nos ramos automobilístico e de papel. Já a concorrência com centros de produção mais barata (China, Taiwan) contribuiu para a queda do ramo têxtil.

2 A participação da indústria na economia brasileira

Poucos países conheceram um processo tão rápido e intenso de industrialização-urbanização como o Brasil no período pós-Segunda Guerra Mundial. De 1950 a 2000, a população urbana brasileira passou de 36,2% para 81,2% da população total. Observe a tabela 1.

Tabela 1

Brasil: distribuição da população rural e urbana — 1950-2000

Ano	População rural	População urbana (% da pop. total)
1950	64,0	36,0
1960	55,0	45,0
1970	44,0	56,0
1980	32,5	67,5
1990	25,0	75,0
2000	18,8	81,2

Fontes: IBGE. *Anuário estatístico do Brasil 2000*. Rio de Janeiro, 2003; e *Calendario Atlante De Agostini* 2002. Novara, *Istituto Geografico De Agostini*, 2001.

Com a industrialização, acentuou-se a internacionalização da economia brasileira e constituiu-se um modelo de exploração baseado em um tripé: a parceria entre o capital estatal (mais concentrado no setor de bens de produção), o estrangeiro (mais concentrado no setor de bens duráveis) e o capital privado nacional (mais concentrado no setor de bens não-duráveis).

A passagem do processo agrário para o urbano-industrial acarretou profundas mudanças na distribuição espacial da população e também por setores de atividades.

Figura 3

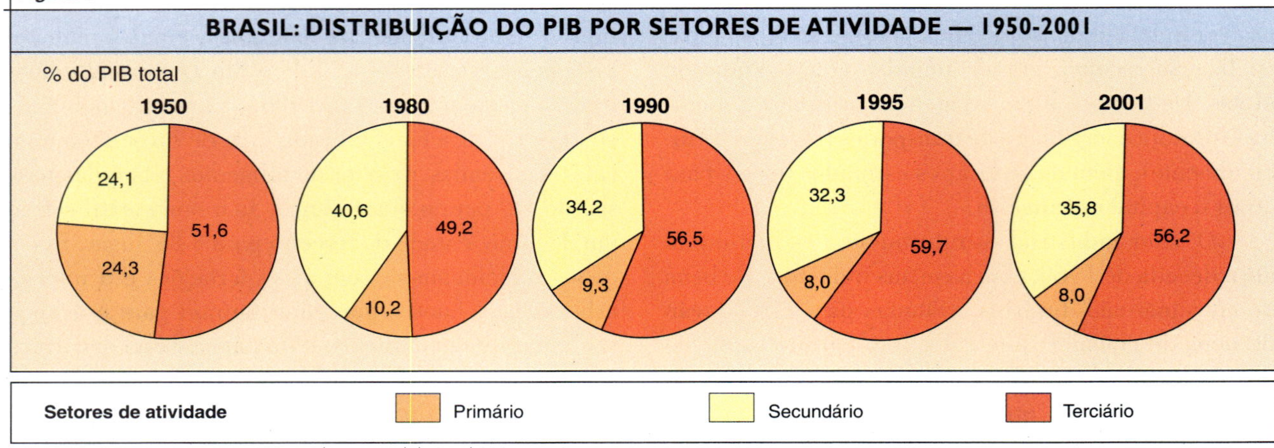

Fontes: IBGE. *Anuário estatístico 2002*; e *Atlas nacional do Brasil 2000*. p. 93.

Na década de 1980, a "década da crise", o fraco desempenho reduziu a participação dos setores primário e secundário na formação do PIB. Já a participação do setor terciário foi ampliada.

Observe na figura 3 o aumento da participação dos setores secundário e terciário na formação do PIB e a redução da participação do setor primário.

A partir da produção industrial, o setor de serviços multiplicou-se rapidamente, viabilizando a dinâmica industrial e englobando atividades diversificadas como comércio, bancos, transportes e outros. Hoje, além dos serviços, quase todas as demais atividades (agropecuária, extrativismo) dependem direta ou indiretamente do setor industrial, ou são controladas por ele. Pense, por exemplo, em serviços necessários para que os automóveis circulem: mecânicos, concessionárias, borracheiros etc.

3 A indústria brasileira num mundo globalizado

Concentração da atividade industrial

Até por volta da primeira metade do século XIX, as poucas e pequenas indústrias de bens de consumo existentes no Brasil encontravam-se relativamente dispersas pelo território. A maior parte localizava-se junto às grandes cidades da época: Recife, Salvador, Porto Alegre e, sobretudo, Rio de Janeiro, capital do país e principal centro portuário e cafeeiro.

Em 1907, o estado do Rio de Janeiro respondia por 37,8% da produção industrial do país, mais que o dobro da produção do estado de São Paulo (15,9%). As regiões Sul e Nordeste de então participavam, respectivamente, com 19,9% e 10,8% do total nacional.

A expansão cafeeira e o rápido desenvolvimento industrial do estado de São Paulo, transformaram-no, desde 1920, no principal centro industrial do país.

A partir da década de 1930, e sob a liderança paulista, a Região Sudeste aprofundou e diversificou o processo de industrialização, o que a distanciou cada vez mais das demais regiões, que permaneciam com uma estrutura econômica tradicional. Em 1970, o Sudeste já alcançava o mais elevado percentual de concentração industrial: 80,7% da produção do país. Os 19,3% restantes estavam assim distribuídos nas demais regiões: Sul, 12%; Nordeste, 5,7%; Norte, 1,0%; e Centro-Oeste, 0,6%.

No censo industrial de 1985, embora a indústria continuasse concentrada no Sudeste, a participação dessa região no valor da transformação industrial do país era de 70,5%, ou seja, 10,2% menor do que em 1970. As regiões Sul e Nordeste aumentaram sua participação para 16,5% e 9,0%, respectivamente. As regiões Norte e Centro-Oeste participavam com 4,0%.

O crescimento percentual das regiões Sul (4,5%) e Nordeste (3,3%) no período 1970-1985 deveu-se sobretudo, ao aumento nas categorias de bens intermediários (química, siderúrgica), de bens duráveis (automobilística, eletrodomésticos) e de capital (máquinas e ferramentas). A Região Norte, por sua vez, apresentou grande crescimento nos ramos eletroeletrônico (Zona Franca de Manaus) e de mineração. Essa desigualdade no desenvolvimento regional acentuou o êxodo rural. O mapa (figura 4) refere-se à distribuição espacial da indústria no Brasil.

Figura 4

BRASIL: DISTRIBUIÇÃO ESPACIAL DAS EMPRESAS INDUSTRIAIS — 1999

Fonte: IBGE. *Atlas geográfico escolar*. Rio de Janeiro, IBGE, 2002. p. 144.

Desconcentração industrial

A partir da segunda metade da década de 1960, quando a concentração industrial e as diferenças regionais já eram excessivamente elevadas, o governo federal decidiu implantar uma série de medidas para dispersar as indústrias.

Instituiu, por exemplo, o mecanismo dos **incentivos fiscais** (isenção total ou parcial de impostos) e os programas de industrialização das áreas periféricas (Norte, Nordeste, Sul e Centro-Oeste).

Resultaram dessa política de desconcentração industrial os pólos petroquímicos da Bahia (Camaçari, figura 5, na página seguinte) e do Rio Grande do Sul (Canoas), os complexos portuário-industriais de Suape (PE) e Itaqui (MA), o Programa Grande Carajás (PA) etc. Atualmente, apesar de a indústria ainda estar espacialmente concentrada na Região Sudeste, aí o setor de serviços (terciário) já ultrapassa o setor industrial (secundário).

Figura 5

MAURÍCIO SIMONETTI/PULSAR

Na Região Metropolitana de Salvador (BA), o pólo petroquímico de Camaçari tem atraído novas indústrias (foto de 1994).

Seguindo a tendência internacional, na década de 1990 assistimos no Brasil a uma acentuação do processo de desconcentração de unidades produtivas. Instalou-se uma verdadeira **guerra fiscal**, com disputas de incentivos entre os estados, que, para atrair as indústrias, ofereciam isenções de impostos, modernização da infra-estrutura, terrenos. Na realidade, essa política foi parte de uma estratégia para expandir as indústrias multinacionais no território brasileiro — a expansão e a modernização das vias de transporte, dos meios de comunicação e da informática permitem essa dispersão.

A desconcentração, que poderia ser benéfica, acabou sobrecarregando financeiramente os estados mais pobres. O fato de a maior parte das indústrias modernas ser bastante automatizada e poupadora de mão-de-obra também resulta em poucos benefícios para a região. Dessa forma, as indústrias têm abandonado áreas como o ABC paulista, as capitais do Rio de Janeiro e de São Paulo, buscando estados com menos tradição no setor, como os do Sul (com destaque para o Paraná), do Centro-Oeste e do Nordeste (principalmente o Ceará). É o caso do ramo automobilístico — tradicionalmente localizado na região do ABC paulista —, que abriu suas novas fábricas nas regiões Sul e Nordeste.

Outra tendência é a migração de indústrias das capitais para o interior de alguns estados, como São Paulo e outros do Sudeste e do Sul, e até mesmo para o Nordeste, no caso das indústrias tradicionais, com o emprego intensivo de mão-de-obra, como a de calçados e vestuários. Esse movimento se dá principalmente para cidades médias dotadas de boa infra-estrutura e com centros formadores de mão-de-obra qualificada (tecnopólos). Além de incentivos fiscais, essas cidades oferecem menores custos de mão-de-obra e de transportes, trânsito menos congestionado e melhor qualidade de vida.

Entre as novas áreas que têm atraído as indústrias está o interior paulista, em especial o Vale do Paraíba e o corredor ao longo da Rodovia Fernão Dias, que liga São Paulo a Belo Horizonte.

Mundo curioso

O trabalho e o futuro

A era tecnológica está associada a novas exigências dos atributos da força de trabalho. Segundo o *Relatório do desenvolvimento humano no Brasil*, de 1996, ela exige conhecimentos para operar os sistemas produtivos, privilegia a capacidade de aprendizado das pessoas (que devem ser treinadas para o exercício de funções mutantes), a capacidade de tomar iniciativas, de comunicação escrita e verbal, a visão do processo de produção, além de conhecimentos técnicos, de gestão da produção, de estatística, de eletrônica e de informática, entre outros.

A revista *Superinteressante* publicou uma série de reportagens com a opinião de 14 especialistas sobre como será o Brasil em 2015. Segundo André Fischer, economista da USP,

> "as áreas de turismo, ambiente e internet serão campos férteis nos próximos anos. Mas, para ter sucesso em 2015, serão necessários, além do diploma, muito estudo 'por fora', visão do mercado e afinidade com a função. Várias profissões irão desaparecer, em especial as operacionais, como cobradores de ônibus, caixas, recepcionistas, balconistas, enfim, tudo o que possa ser substituído por uma máquina".
>
> *Superinteressante*. São Paulo, Abril, set. 2001. p. 75.

A tecnologia e as transformações na indústria

Na década de 1980, os países periféricos mais industrializados (como o México e o Brasil) beneficiaram-se com a expansão do comércio internacional, das atividades das multinacionais e com a valorização do dólar, aumentando suas exportações de produtos industriais.

No caso do Brasil, a concorrência com outros países — por meio de baixos salários (caso da China) ou qualificação técnica e capacidade de comercialização internacional (caso da Coréia do Sul) — impôs a necessidade de acompanhar a evolução tecnológica sob o risco de perder espaço no competitivo mercado exportador.

Atualmente, as indústrias buscam estratégias que as capacitem à maior competitividade, como melhorias tecnológicas nas máquinas, integração a padrões internacionais de qualidade e, principalmente, a qualificação contínua dos seus funcionários.

O primeiro tecnopólo brasileiro formou-se no município paulista de São José dos Campos, onde foram instalados o Instituto Tecnológico da Aeronáutica (ITA), o Instituto Nacional de Pesquisas Espaciais (Inpe) e a Empresa Brasileira de Aeronáutica (Embraer). Outros tecnopólos instalaram-se, principalmente em regiões dotadas de universidades públicas, como São Carlos e Campinas (SP), Rio de Janeiro (RJ), Curitiba (PR), Florianópolis (SC), Campina Grande (PB). Como podemos observar no mapa (figura 6), os tecnopólos concentram-se na Região Sudeste, em especial nos estados de São Paulo e Rio de Janeiro.

Figura 6

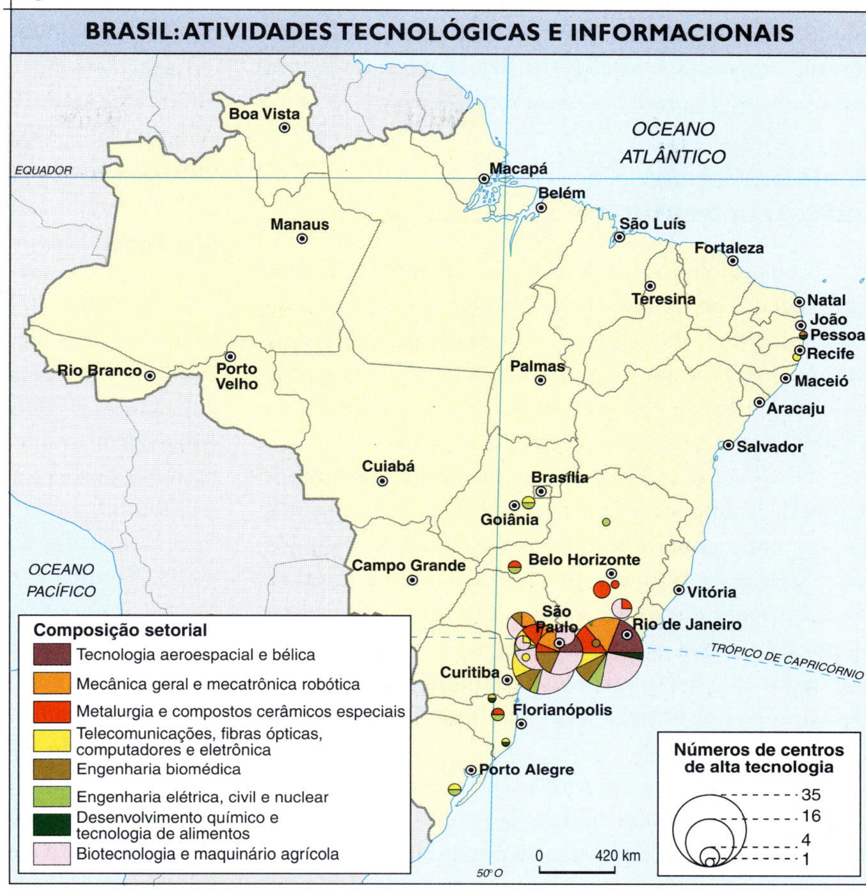

Fonte: IBGE. *Atlas nacional do Brasil 2000*. p. 117.

Os gastos com ciência e tecnologia (C&T) situavam-se em torno de 0,7% do PIB brasileiro, em 2000. Nos Estados Unidos, no Japão e na União Européia, esses gastos significam de 2 a 3% do PIB. No Brasil, o setor público predomina na condução dessas atividades: 80% dos recursos ficam a cargo do governo federal. As multinacionais que aqui se instalam, em geral, não se interessam em desenvolver a pesquisa, pois trazem tecnologia de seus países de origem. Observe a figura 7.

O Brasil vem investindo em ciência e tecnologia desde a década de 1950, com a criação das primeiras agências de financiamento de pesquisas. Embora em número insuficiente, conta com o maior e mais bem qualificado sistema de apoio à pesquisa da América Latina, composto por universidades, centros e fundações de fomento a pesquisas tecnocientíficas. Organismos como o Conselho Nacional de Desenvolvimento Científico e Tecnológico (CNPq), a Empresa Brasileira de Pesquisa Agropecuária (Embrapa), a Fundação Coordenação de Aperfeiçoamento de Pessoal de Nível Superior (Capes) e o Ministério da Ciência e Tecnologia são responsáveis pelos maiores gastos com C&T, com concessões, entre outras medidas, de bolsas de estudo e pesquisa.

O exemplo dos países asiáticos é importante. Investimentos em C&T permitiram que, em menos de duas

Figura 7

RICARDO AZOURY/PULSAR

Laboratório de pesquisas e de produção de vacinas, na Fundação Oswaldo Cruz (Fiocruz), Rio de Janeiro, 1998. Vinculada ao Ministério da Saúde, essa fundação desenvolve atividades de pesquisa e desenvolvimento tecnológico para a área da saúde.

décadas, esses países conseguissem um ensino de qualidade, além de mecanismos de cooperação entre governos, empresas e sindicatos, transformando-se em exportadores de produtos industrializados.

A globalização e a indústria brasileira

Com a globalização, tem havido uma redução proporcional dos produtos de fabricação nacional. Por causa das facilidades das importações e da queda das tarifas, passou-se a importar maquinários, sistemas e peças de maior sofisticação e desempenho, com a finalidade de reduzir custos e tornar o produto competitivo.

Na década de 1990, a taxa média de crescimento anual da indústria brasileira (1,4%) foi inferior à da economia como um todo. No entanto, os avanços tecnológicos permitiram que a produção industrial se tornasse mais eficiente. Como conseqüência do aumento da produtividade (utilização de serviço automatizado) e do baixo crescimento industrial, a taxa de desemprego subiu. Observe, na Unidade II, a figura 5, à página 87.

A concorrência externa — ou mesmo a interna, com grandes empresas multinacionais — tem levado muitas indústrias a fecharem as portas, aumentando o desemprego e por conseqüência o subemprego.

As **microempresas** (pequenas empresas) exercem papel importante no cenário do trabalho. Segundo dados do Ministério do Trabalho, em 1997, dos 204.924 estabelecimentos industriais do país, 97% eram de micro, 2% de porte médio e 1% de grande porte. As microempresas geram 41,6% dos empregos e 25% da produção.

Apesar de sua importância, as pequenas empresas têm dificuldade de encontrar um ambiente favorável para sobreviver e se tornar competitivas, como acesso a créditos, a financiamentos, a incentivos fiscais e às importações e exportações. Assim, em comparação com as empresas de maior porte, participam menos no valor da produção, das vendas e do faturamento.

4 Atividade industrial nas regiões

Região Sudeste

Tradicional pólo industrial, concentra mais da metade da produção industrial do país. Abriga, também, importantes centros comerciais e de serviços, especialmente nas regiões metropolitanas de São Paulo, Santos, Campinas, Rio de Janeiro, Belo Horizonte e Vitória. Em 1997, a Região Sudeste respondia por 52,2% dos estabelecimentos industriais, 57,7% do pessoal ocupado e 68,2% do valor da transformação industrial do país.

São Paulo

O estado de São Paulo apresenta o maior parque industrial do país. Em 1997 respondia por 72,5% do valor da transformação industrial na Região Sudeste e por 49,4% do total nacional. Também nesse estado encontrava-se 38,4% do pessoal ocupado na indústria brasileira e concentrava-se 70% da indústria de ponta brasileira.

A estrutura industrial do estado de São Paulo, embora muito variada, fundamenta-se nos seguintes ramos: químico, mecânico, metalúrgico, alimentício, material eletroeletrônico, automobilístico, de telecomunicações e de material de transportes. A seguir, as principais áreas industriais e os respectivos municípios.

- **Grande São Paulo.** Abrange os municípios de São Paulo (capital) e da região do ABCD (Santo André, São Bernardo do Campo, São Caetano e Diadema), além de Guarulhos, Mogi das Cruzes, Osasco, Suzano, Poá e outros.

Apesar da relativa queda de investimentos no setor industrial, conseqüência dos incentivos fiscais adotados por outras regiões, em 2003 a Grande São Paulo ainda é a sede dos mais importantes complexos industriais. O setor terciário tem crescido nessa área, ocupando o espaço deixado pela indústria. Essa região metropolitana comanda o grande capital privado (comercial e financeiro), que controla as atividades econômicas no país e oferece uma série de serviços sofisticados, como *marketing*, publicidade, seguro, finanças.

Na região do ABCD destacam-se as indústrias metalúrgica, automobilística, de autopeças, de móveis.

- **"Interior".** Corresponde à área externa à Grande São Paulo: regiões de Campinas, Vale do Paraíba (principalmente São José dos Campos), Baixada Santista (Santos e Cubatão), Sorocaba, Ribeirão Preto, São José do Rio Preto. O vigoroso crescimento industrial do interior paulista nas últimas décadas do século XX transformou-o em um dos pólos de atração de investimentos e na terceira maior área industrial do país. A aglomeração industrial de Campinas só perde, em importância, para as regiões metropolitanas de São Paulo e do Rio de Janeiro.

Figura 8

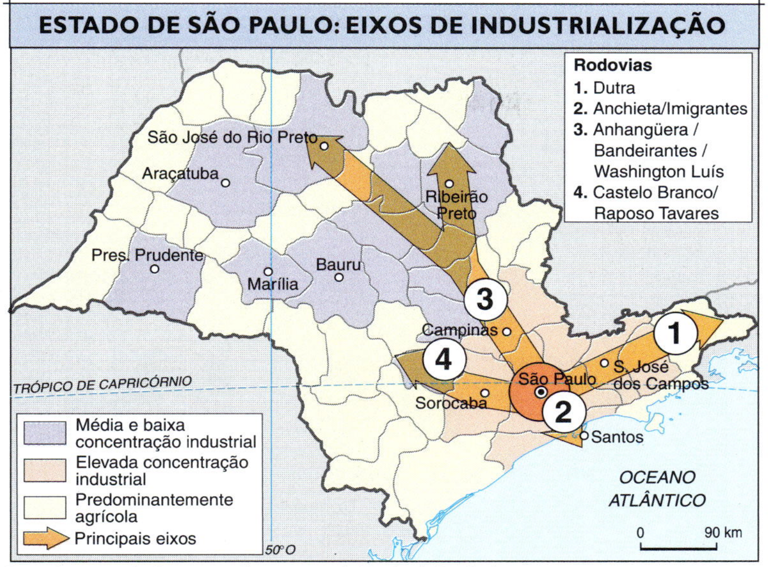

Fonte: Secretaria de Economia e Planejamento do Estado de São Paulo.

Recordando

Complexo industrial constitui uma concentração de indústrias, geralmente interdependentes, num espaço geográfico restrito.

No Estado de São Paulo existem quatro eixos industriais distribuídos ao longo das principais rodovias que ligam o interior à Grande São Paulo (observe o mapa acima, figura 8).

— **Eixo da Via Dutra**: corresponde à região do Vale do Paraíba, onde estão as cidades industriais de Jacareí, São José dos Campos (capital regional, centro das indústrias bélica e aeroespacial do país), Caçapava, Taubaté, Pindamonhangaba e Guaratinguetá.

— **Eixo Anchieta/Imigrantes:** liga a área metropolitana do planalto (Grande São Paulo) ao complexo portuário e industrial da baixada litorânea (Santos e Cubatão).

O complexo industrial de Cubatão é composto principalmente pelos ramos petroquímico, químico, de fertilizantes e siderúrgico. A elevada concentração dessas indústrias, que despejam nos rios, nos solos e na atmosfera poluentes gasosos ou particulados, somada ao fato de um importante obstáculo natural (a Serra do Mar) impedir a boa circulação do ar e a dispersão dos poluentes, transformaram Cubatão em uma área de alta degradação ambiental (figura 9).

Sob pressão da comunidade e orientação da Companhia de Tecnologia de Saneamento Ambiental (Cetesb) — criada em 1968 com a finalidade de controlar a poluição das águas e do ar —, as iniciativas para resolver o problema em Cubatão (final da década de 1980) obtiveram progressos significativos, mas ainda não alcançaram os resultados ideais. Apesar de as principais fontes de poluição ambiental estarem sob controle e monitoramento, o ecossistema na região foi profundamente alterado e ainda mostra a presença de elementos nocivos à saúde e à vida.

— **Eixo Anhangüera/Bandeirantes/Washington Luís**: liga a Grande São Paulo a uma das mais dinâmi-

Figura 9

YOLANDA HUSAK/PULSAR

Poluição no complexo industrial de Cubatão (SP). Na década de 1980, a cidade foi considerada a de maior poluição atmosférica do Brasil e classificada pela ONU como o pior ambiente do mundo para a vida humana (na foto, 1995).

cas regiões industriais do Estado de São Paulo. Além de Campinas, principal pólo industrial desse eixo, destacam-se cidades como Jundiaí, Piracicaba, Limeira, Ribeirão Preto e Franca (Anhangüera/Bandeirantes), Rio Claro, São Carlos, Araraquara e São José do Rio Preto (Washington Luís).

— **Eixo Castelo Branco/Raposo Tavares**: abrange São Roque, Sorocaba (a principal cidade do eixo), Itapetininga, Marília, Presidente Prudente e outras.

Tecnopólos

Campinas, São Carlos, São José dos Campos, a Baixada Santista (Santos e Cubatão) e a capital, entre outras cidades paulistas, caracterizam-se como centros de produção e de difusão de tecnologia de ponta. Em 2001, o moderno pólo tecnológico de Campinas contava com 110 empresas do ramo de tecnologia (63 de informática e 47 de telecomunicações). A presença das universidades Unicamp (Campinas), UFSCar e USP (São Carlos) faz dessa área importante parque científico do país (veja a figura 10).

Figura 10

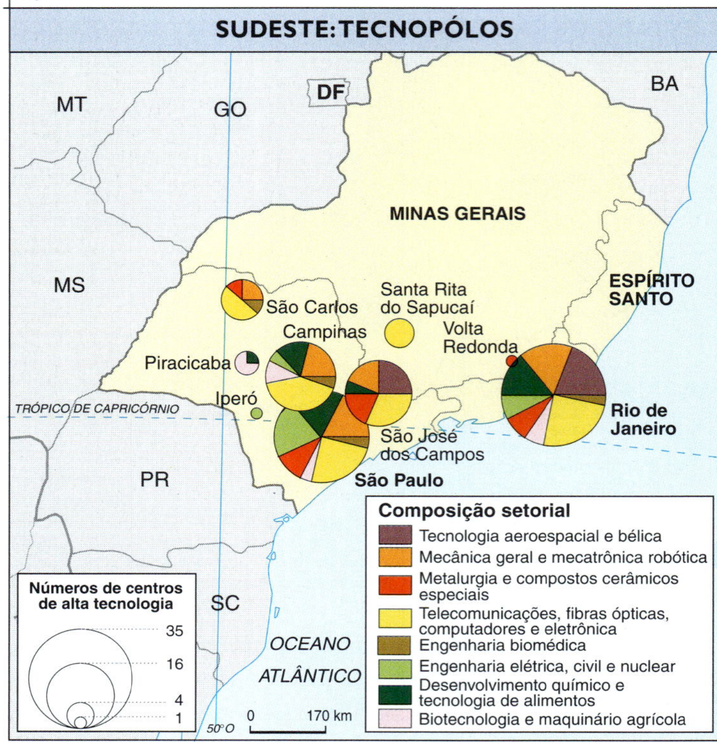

Fonte: IBGE. *Atlas nacional do Brasil 2000*. p. 117.

Minas Gerais

Com a instalação de diversas indústrias atraídas pelos incentivos fiscais, pela oferta de energia barata e abundância de minerais, na década de 1990 o estado de Minas Gerais tornou-se o segundo maior parque industrial da Região Sudeste e do Brasil. Em 1997 contava com 13,6% do valor da transformação industrial regional e 9,3% do total nacional. Os principais ramos, em valor de sua produção, são o metalúrgico, químico, alimentício, automobilístico e extrativo mineral. Veja a figura 11.

Destacam-se as áreas industriais e os respectivos municípios: Grande Belo Horizonte (Belo Horizonte, Betim, Contagem, Nova Lima, Sabará e outros); Zona da Mata mineira (Juiz de Fora, Muriaé e Cataguases); Vale do Rio Doce (Governador Valadares, Coronel Fabriciano e Itabira); Triângulo Mineiro (Araguari, Uberaba e Uberlândia); sul (Poços de Caldas, Pouso Alegre e Varginha), norte (Montes Claros).

Rio de Janeiro

O estado do Rio de Janeiro possui a terceira maior concentração industrial da Região Sudeste e do país. Em 1997, respondia por 11,9% do valor da transformação industrial regional e por 8,1% do total nacional.

A estrutura industrial do estado está assentada em três ramos: químico, siderúrgico e extrativo mineral (petróleo, na Bacia de Campos). As principais áreas industriais e respectivos municípios são: Grande Rio (Duque de Caxias, Nilópolis, Niterói, Nova Iguaçu, Petrópolis e outros); Vale do Paraíba (Volta Redonda, Barra Mansa, Barra do Piraí e Resende); região serrana (Nova Friburgo e Teresópolis); litoral (Angra dos Reis, Cabo Frio e Macaé); norte do estado (Campos).

Figura 11

DELFIM MARTINS/PULSAR

Com a chegada da indústria automobilística Fiat (1973) em Minas Gerais, muitas empresas de autopeças instalaram-se nesse estado. Na foto, vista aérea da Fiat, em Betim (MG), 1998.

Espírito Santo

Em 1997, o Estado do espírito Santo respondia por 1,8% do valor da transformação industrial regional e por 1,2% do total nacional. O principal ramo industrial é o metalúrgico, seguido pelo alimentício e pelo madeireiro. Além da capital (Vitória), destacam-se as áreas industriais nos municípios de Cachoeiro de Itapemirim, Cariacica, Colatina e Vila Velha.

Região Sul

É a segunda região industrial do país. Em 1997 respondia por 27,3% dos estabelecimentos, 23,3% do pessoal ocupado e 17,3% do valor da transformação industrial do país. O Rio Grande do Sul é responsável por 44,6% do valor da transformação industrial regional, seguido pelo Paraná (30,5%) e por Santa Catarina (24,8%).

Suas principais áreas industriais são o eixo que liga as aglomerações industriais da Grande Porto Alegre e de Caxias do Sul e a aglomeração industrial da Região Metropolitana de Curitiba (figura 12). Outra importante área é o eixo Joinville—Blumenau—Brusque, em Santa Catarina.

Desde o início, a Região Sul estruturou-se com base nas chamadas "indústrias tradicionais" (alimentícia, têxtil). Os ramos que mais se desenvolveram foram os voltados para o aproveitamento das matérias-primas locais. São os casos das unidades alimentícias (matérias-primas agropecuárias), têxteis (algodão), de couro e calçados (pecuária), de móveis (pinho) e bebidas (uva, mate).

Figura 12

RICARDO AZOURY/PULSAR

Fábrica robotizada da Audi em São José dos Pinhais, no Paraná, em 1999. Além de ser o elo entre os estados do Sul e os de outras regiões brasileiras, a Região Metropolitana de Curitiba também faz a ligação entre o Brasil e os países do Mercosul.

Da indústria dinâmica, os três principais ramos, em valor de transformação, são o químico, o mecânico e o metalúrgico.

Por localizar-se na fronteira com os parceiros brasileiros do Mercosul, a Região Sul apresentou grande crescimento do setor industrial a partir da segunda metade da década de 1990.

Região Nordeste

Terceira região industrial do país, tem-se mostrado dinâmica nos últimos anos. Em 1997 detinha 11,4% dos estabelecimentos industriais, 11,8% do pessoal ocupado e 7,7% do valor da transformação industrial do país. Quatro estados são responsáveis por 80% do valor dessa transformação no Nordeste: Bahia (35,8%), Pernambuco (20,3%), Ceará (15,8%) e Alagoas (8,2%).

A estrutura industrial nordestina é marcada pelo predomínio das indústrias dinâmicas (química, petroquímica, mecânica) sobre as tradicionais (alimentícia, têxtil).

As principais áreas industriais são as regiões metropolitanas de Salvador, Recife e Fortaleza. Na de Salvador destacam-se o pólo petroquímico de Camaçari, abastecido pela Refinaria Landulfo Alves, e o distrito industrial de Aratu, que tem por base a siderurgia e é abastecido pela Usiba (Usina Siderúrgica da Bahia). Na Região Metropolitana de Recife, há os distritos industriais do Cabo, Paulista e Jaboatão. Fortaleza apresenta uma industrialização menos acentuada.

A maior parte do capital — injetado na região via incentivos fiscais — e a mão-de-obra qualificada vieram do Centro-Sul do país. A mão-de-obra não-qualificada, a eletricidade (hidroelétricas de Paulo Afonso, Boa Esperança ou Castelo Branco e Sobradinho) e parte das matérias-primas (petróleo, cobre, calcário, sal) são fornecidas pelo próprio Nordeste.

Regiões Norte e Centro-Oeste

A **Região Norte**, apesar de contribuir com apenas 4,6% do valor da transformação industrial total do país, apresentou o maior crescimento do setor no período 1970-1980 e a mais profunda modificação na estrutura industrial. Observe:

- em 1970, a região participava com 1% do valor da transformação industrial do país e sua estrutura industrial baseava-se nos bens de consumo não-duráveis (alimentos, tecidos), seguidos por bens intermediários (madeiras e minérios) e bens duráveis e de capital (mecânica e material de transporte);

• em 1980, o valor da transformação industrial na região elevou-se para 2,5%, e a estrutura industrial estava invertida — os bens duráveis e de capital assumiram a liderança, enquanto os de consumo não-duráveis foram ultrapassados pelos bens intermediários.

O motivo fundamental do crescimento e da mudança na estrutura industrial da Região Norte foi, sem dúvida, a transformação de Manaus em zona industrial de livre comércio (criação da Zona Franca de Manaus, em 1967).

O ramo eletroeletrônico (televisores, rádios e aparelhos de som) e o de material de transportes (bicicletas e motocicletas) passaram a dominar a produção industrial da região. No período de 1970 a 1980, o crescimento do ramo eletroeletrônico ultrapassou o índice de 85.000%. Os ramos de papel e papelão e de material de transporte cresceram, respectivamente, 8.719% e 4.684%.

A industrialização de Manaus foi acompanhada por um intenso processo de urbanização. Entre 1970 e 2000, a população da cidade passou de 283.000 para 1.285.841 habitantes. Manaus concentra quase a metade (48,6%) da população e responde por mais de 70% da economia do Estado do Amazonas. No entanto, desde o início da década de 1990, devido à abertura às importações e à concorrência estrangeira, a cidade tem vivido uma crise que acarretou o fechamento de fábricas e o aumento do desemprego.

Os estados do Amazonas (73,3%) e do Pará (22,6%), juntos, respondiam por quase 96% do valor da transformação industrial da Região Norte, em 1997. Além de Manaus, destacam-se também as cidades de Belém, Macapá e Porto Velho.

A **Região Centro-Oeste** é a menos industrializada (2,1% do valor da transformação industrial do país, em 1996) e a única cuja estrutura permanecia apoiada, até 1980, na categoria dos bens de consumo não-duráveis. Apesar disso, o maior crescimento no período 1970-2000 ocorreu principalmente no ramo da indústria extrativa mineral e no de bens de consumo duráveis (material elétrico).

Em 1997, a participação percentual das unidades políticas no valor da produção industrial da região era a seguinte: Goiás, 51,4%; Mato Grosso, 22,8%; Mato Grosso do Sul, 16,2%; e Distrito Federal, 9,6%. Os principais centros industriais são Goiânia, Brasília, Anápolis, Corumbá, Cuiabá e Campo Grande.

5 Atividade industrial e meio ambiente

Todos os aspectos ligados à atividade industrial: a exploração, o transporte e a transformação de matérias-primas, o consumo de energia, o uso e o descarte de produtos pelos consumidores e o próprio estabelecimento físico das indústrias, entre outros, afetam o meio ambiente.

Isso significa que os danos ambientais provocados pelas indústrias não ocorrem apenas nos locais em que elas se encontram. Manifestam-se, também, nas áreas fornecedoras de matérias-primas, nas áreas ao longo das quais se realiza o transporte de matérias-primas e produtos industrializados e junto aos mercados consumidores. A legislação ambiental, menos rigorosa nos países em desenvolvimento, tende a atrair multinacionais que trabalham com produção poluente.

São exemplos de danos ambientais nas áreas fornecedoras de matérias-primas:

• a devastação de florestas para extração de madeira destinada à produção de papel e celulose, móveis;

• a formação de extensas crateras no solo, poluição e assoreamento de rios e lagos, prejuízos à fauna e à flora e deformação da paisagem, em conseqüência da extração de minérios (ferro, manganês etc.), em geral destinados às indústrias siderúrgicas;

• a erosão e o empobrecimento do solo por monoculturas agroindustriais.

O principal problema ecológico envolvido no transporte de matérias-primas e produtos industrializados é a poluição marinha que resulta do derramamento de petróleo e seus derivados por navios petroleiros. Merecem destaque, também, os acidentes com tubulações (gasodutos e oleodutos) que conduzem produtos químicos e com caminhões que transportam substâncias inflamáveis, tóxicas ou corrosivas.

Os problemas ambientais junto aos mercados consumidores de produtos industrializados são vários. Nas cidades, por exemplo, há todo tipo de poluição: do ar (emissão de gases por veículos), do solo (lixo), sonora (aparelhos eletrônicos, buzinas, sirenes e escapamentos de veículos), visual (painéis, letreiros e luminosos, *outdoors*).

A indústria é, sem dúvida, a atividade humana que mais degrada o meio ambiente. Nenhum lugar ou ambiente da Terra está livre dos efeitos da ação predatória da indústria, nem mesmo os desabitados pelo homem: a atmosfera, o fundo dos mares e oceanos, as regiões polares.

AVALIE SEU APRENDIZADO

Construindo conhecimento

Analisar, por meio da evolução do emprego na indústria, a concentração e a desconcentração dessa atividade

Observe as figuras e responda às questões 1 a 4.

BRASIL[1]: EVOLUÇÃO DO EMPREGO INDUSTRIAL — 1970 E 1996

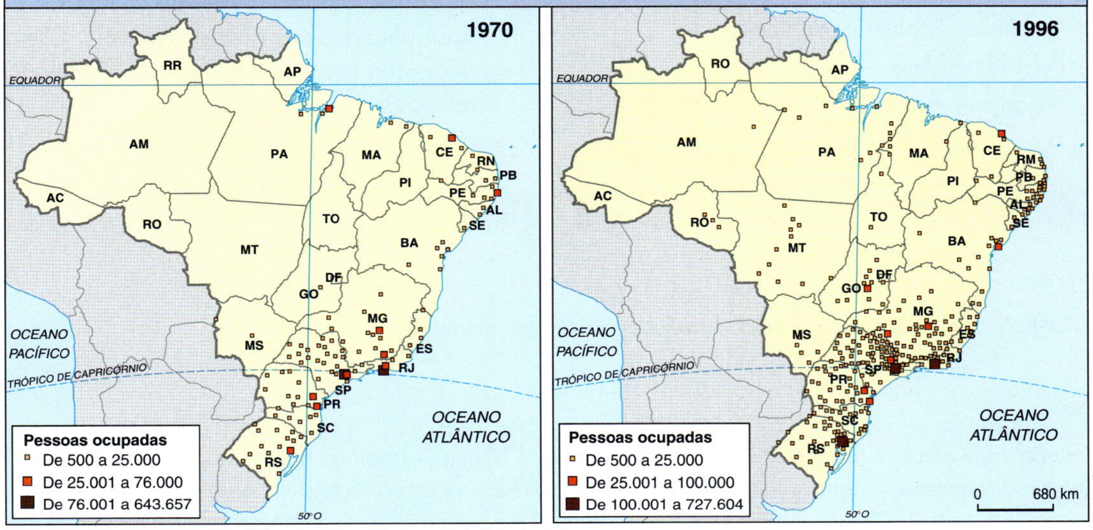

[1] Somente municípios com mais de 500 pessoas ocupadas em atividades industriais.

Fonte: IBGE. *Atlas nacional do Brasil 2000*. p. 99.

1 Cite os dois estados das regiões Sul, Sudeste e Nordeste que até 1970 contavam com o maior número de pessoas ocupadas em atividades industriais.

2 Qual região e estado brasileiro apresentavam a maior concentração de empregos industriais em 1996? Aponte alguns dos fatores que explicam a elevada concentração da indústria nesse estado.

3 Comparando os dois mapas, é possível perceber uma tendência à desconcentração industrial? Para quais regiões?

4 A que região e capitais se refere o texto?
A moderna industrialização dessa região, liderada por ramos dinâmicos, como o químico, o petroquímico e o siderúrgico, resulta do processo de desconcentração ou descentralização industrial no país a partir da década de 1970. Mesmo assim, o parque industrial dessa região encontra-se altamente concentrado em apenas três capitais estaduais.

Fixando o conteúdo

5 O que significa desconcentração industrial? Que fatores explicam essa tendência mundial?

6 Identifique no mapa os grandes eixos industriais do estado de São Paulo e as cidades que neles se destacam como pólos industriais. Os eixos estão assinalados com as letras A, B, C e D, e as cidades, numeradas de 1 a 4.

ESTADO DE SÃO PAULO: EIXOS DE INDUSTRIALIZAÇÃO

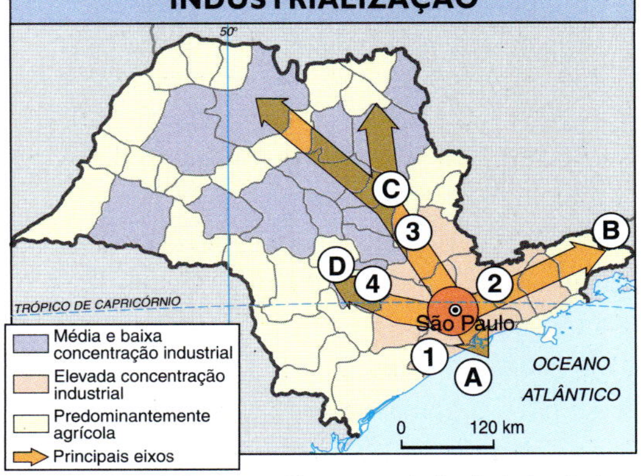

Fonte: Secretaria de Economia e Planejamento do Estado de São Paulo.

7 Classifique os tipos de indústria relacionados de acordo com o seguinte código: ND = bens de consumo não-duráveis; I = bens intermediários; D = bens de consumo duráveis; C = bens de capital.

a) Alimentícia e vestuário
b) Química e metalúrgica
c) Farmacêutica e perfumaria
d) Mecânica e material de transporte
e) Bebidas e fumo
f) Madeira e borracha
g) Automobilística e eletrônica
h) Ótica e eletrodomésticos

8 Qual é o papel atual dos centros tecnológicos na fabricação de produtos? Cite duas características das indústrias de ponta.

9 A indústria ainda é a atividade que mais danifica o meio ambiente. Mesmo os lugares não-industrializadas são afetados por ela. Cite alguns desses lugares e explique como são afetados pela atividade industrial.

COMPLEMENTAÇÃO DO ESTUDO

Leitura

MENDONÇA, Sonia. *A industrialização brasileira*. São Paulo, Moderna, 1996.

Vídeos

- *Eles não usam black-tie* (Brasil, 1981); dir. Leon Hirsman; 127 min. A partir da história do filho de um operário que não quer entrar em greve porque a namorada está grávida, o filme retrata a reconstrução do movimento sindical brasileiro no final dos anos 1970 e as tensões que o fato provoca em uma família de trabalhadores metalúrgicos. Baseado em peça de Gianfrancesco Guarnieri; premiado no Festival de Veneza. (Globo)
- *Doramundo* (Brasil, 1978); dir. João Batista de Andrade; 95 min. Aborda a situação opressora dos trabalhadores da estrada de ferro de Cordilheira, uma pequena cidade na Serra do Mar. Embora ambientado em 1939, é considerado um dos melhores retratos da situação política brasileira nos anos 1970. Baseado no romance homônimo de Geraldo Ferraz; premiado no Festival de Gramado. (Poletel)

Sites

- *http://www.mdic.gov.br/* Portal do Ministério do Desenvolvimento, Indústria e Comércio Exterior, traz indicadores socioeconômicos, estatísticas, tecnologias industriais, entre outras informações.
- *www.todobr.com.br* *Site* de buscas, oferece muitas opções sobre a industrialização brasileira. Basta digitar as palavras-chave para encontrar centenas de *links* correlacionados no Brasil.
- *http://www.estudanet.hpg.ig.com.br/geografia.htm* Endereço eletrônico com diversos temas de geografia geral e do Brasil.

CAPÍTULO 4 Panorama energético mundial

1 Introdução

Nos primórdios de sua história, a humanidade utilizava apenas a energia dos próprios músculos. Com o decorrer do tempo passou a empregar outras fontes de energia, tais como a força animal (boi, cavalo), o fogo (queima de madeira), a água (roda d'água) e o vento (moinhos). A partir do século XVIII, com a Revolução Industrial, desenvolveu o uso das chamadas **fontes de energia modernas** (carvão mineral, petróleo, gás natural, hidroeletricidade, energia atômica ou nuclear) de rendimento muito mais elevado. Veja a figura 1.

Figura 1

CID

A crescente importância dos países produtores de petróleo no cenário mundial deve-se à explosão da demanda de combustíveis. Torres de refinaria de petróleo na Arábia Saudita, década de 1990.

Para que possa se beneficiar de determinada fonte de energia, uma sociedade precisa basicamente dominar a tecnologia necessária para empregá-la ou ter condições para adquiri-la. A energia nuclear, por exemplo, exige um nível de desenvolvimento e condições tais que tornam o seu uso restrito a poucas sociedades atualmente.

2 Classificação das fontes de energia

As **fontes de energia primária**, ou seja, de energia fornecida pela natureza, são classificadas em renováveis e não-renováveis.

• **Fontes de energia renováveis**. São as que têm a possibilidade de se renovar, como a energia solar, a hidráulica, a **eólica** (dos ventos), a das marés e a da **biomassa** (material orgânico em compostagem, que, quando em decomposição, libera gases combustíveis como, por exemplo, a lenha e o carvão vegetal). Muitas dessas fontes renovam-se naturalmente e, se administradas com cuidado (práticas de conservação), podem durar indefinidamente.

• **Fontes de energia não-renováveis**. Recebem essa denominação porque se esgotam com o uso. Foram necessários milhões de anos para que essas fontes se formassem, sob condições específicas da história geológica da Terra que dificilmente voltarão a se repetir. Compreendem os combustíveis fósseis (carvão mineral, petróleo, xisto) e os minerais energéticos e radioativos (como o urânio e o tório).

As fontes de energia também podem ser classificadas em **antigas** ou **arcaicas** (força muscular, tanto animal quanto humana, fogo etc.), **modernas** (carvão mineral, petróleo, hidroeletricidade e energia nuclear) e **alternativas** (energia solar, eólica, das marés, geotérmica e outras).

A Primeira Revolução Industrial (a partir de 1750) foi impulsionada pela energia do carvão. Na Segunda Revolução Industrial (meados do século XIX e começo do século XX), além do carvão, empregaram-se o petróleo, o gás natural e a energia hidroelétrica. Em meados do século XX, utilizou-se a energia nuclear com finalidades não-pacíficas, no Japão (1945). Posteriormente, embora a ameaça das bombas atômicas tenha sido uma constante durante a Guerra Fria, a energia nuclear tem sido utilizada para geração de eletricidade, apesar de comportar também o risco de acidentes graves, como veremos adiante.

3 Desigualdades mundiais no consumo de energia

A distribuição geográfica das fontes de energia no mundo é muito irregular, assim como o seu consumo. Observe o gráfico da figura 2 e a tabela 1.

Segundo o *Relatório sobre o desenvolvimento mundial 1997*, um quinto da população mundial (correspondente aos países e às pessoas mais ricas) consome 58% da energia total, enquanto as mais pobres consomem menos de 4%. Os países desenvolvidos geram 65% da eletricidade mundial.

A utilização mundial de energia quadruplicou nos últimos cinqüenta anos. Apesar disso, quase um terço da população (2 bilhões de pessoas) não dispõe de eletricidade. Estudaremos a seguir as principais fontes de energia modernas.

Figura 2

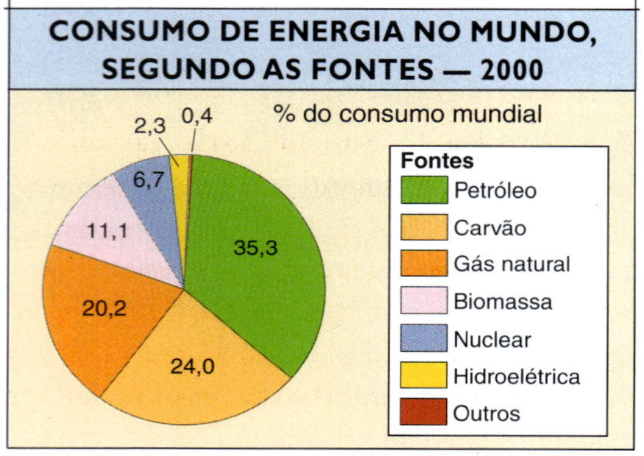

Fonte: Agência Internacional de Energia (AIE).

4 Carvão mineral

Conceito, formação e tipos

O **carvão mineral**, também conhecido como **carvão de pedra** e **hulha**, é uma substância sólida de origem orgânica, resultante da transformação de restos vegetais soterrados e submetidos a intensas pressões. Os principais depósitos formaram-se nos períodos Carbonífero e Permiano (Era Paleozóica), há cerca de 350 milhões de anos.

No processo de formação do carvão mineral ocorrem gradativa perda de água e de oxigênio e aumento de carbono, o que lhe confere maior teor calorífico ou energético. Os estágios ou tipos de carvão mineral, de acordo com o teor calorífico, são **turfa** (deposição e putrefação dos restos vegetais em ambientes de várzea ou de pântano, com baixo teor calorífico); **linhito** (material escuro, com baixo percentual de carbono); **hulha** ou carvão propriamente dito (substância sólida, de cor negra, que pode ser transformada em coque ou carvão metalúrgico); **antracito** (90% a 96% de teor de carbono, negro, brilho vítreo e elevada dureza).

Tabela 1

Consumo de energia primária no mundo, por regiões (em Mtep[1]) — 2001

Região	Combustíveis sólidos[2]	Petróleo e derivados	Gás natural	Eletricidade primária[3]	Total
América do Norte	591,7	980,7	574,7	291,4	2.438,5
Europa[4]	232,0	661,4	369,2	294,4	1.557,0
Ásia (Pacífico)[4]	151,2	299,4	91,6	96,3	638,5
Europa Oriental e ex-URSS	293,3	254,5	527,7	100,7	1.176,2
América Latina	29,0	316,1	119,5	63,4	528,0
Ásia em desenv.	965,5	662,0	168,6	97,8	1.893,9
África	88,5	100,9	47,8	9,8	247,0
Oriente Médio	7,8	190,5	169,5	1,2	369,0
Total	2.359,0	3.465,3	2.068,5	954,9	8.851,8

[1] Milhões de toneladas equivalentes de petróleo. [2] Principalmente carvão mineral. [3] A eletricidade primária compreende a hidráulica, a nuclear, a geotérmica e as energias não-renováveis transformadas em eletricidade. [4] Membros da OCDE.
Fonte: *L'état du monde 2003*. Paris, La Découverte, 2002. p. 78.

Utilização: vantagens e desvantagens

O carvão mineral constituiu a fonte de energia básica desde o final do século XVIII (Revolução Industrial) até a primeira metade do século XX, quando foi superado pelo petróleo e pela eletricidade de origem hidráulica, que começou a ser produzida em 1860. Revolucionou a indústria e os transportes (navegação e ferrovia a vapor).

Seu consumo tem diminuído: em 1950, representava 59% do total mundial, em 1990, 30% e em 2000, 24%. O carvão mineral ainda é um combustível abundante e suas reservas identificadas podem durar até 220 anos. Continua sendo uma das principais fontes energéticas da atualidade e, por seu alto rendimento para produzir calor, é bastante empregado nas siderúrgicas (carvão coque) e na produção de eletricidade.

A queima de combustíveis fósseis lança na atmosfera componentes químicos tóxicos — como o monóxido de carbono e o dióxido de carbono (CO_2), óxidos sulfúricos, hidrocarbonetos —, que causam danos à saúde e ameaçam o clima global, afetando indiretamente diversos ecossistemas. A destruição de florestas por causa da chuva ácida, bem como a poluição de rios, lagos e solos são alguns dos danos causados ao ambiente, assunto estudado mais profundamente no último capítulo deste volume.

As conseqüências para as pessoas que trabalham diretamente na extração do carvão são sérias: a aspiração do pó causa problemas pulmonares. O processo de extração, geralmente com perfuração de túneis, provoca erosão e empobrecimento dos solos, além da contaminação das águas superficiais e subterrâneas por compostos metálicos tóxicos. Para atenuar os impactos negativos sobre o ambiente, adotam-se medidas como o uso de filtros catalisadores e a recomposição paisagística.

Distribuição das jazidas, produção e consumo mundiais

Mais da metade das jazidas carboníferas encontram-se no hemisfério norte, em especial na China (Hopei, Hunan e Manchúria), nos Estados Unidos (Montes Apalaches), na Federação Russa (Donbass, Kuzbass e Karaganda), na Europa (Saxônia e Bacia do Ruhr, na Alemanha; Yorkshire, na Inglaterra; Alta Silésia, na Polônia) e na Índia (Bengala Ocidental, Bihar, Andra Pradesh). No hemisfério sul destaca-se a produção da Austrália (Nova Gales do Sul, Queensland e Austrália Ocidental). Observe a figura 3.

Figura 3

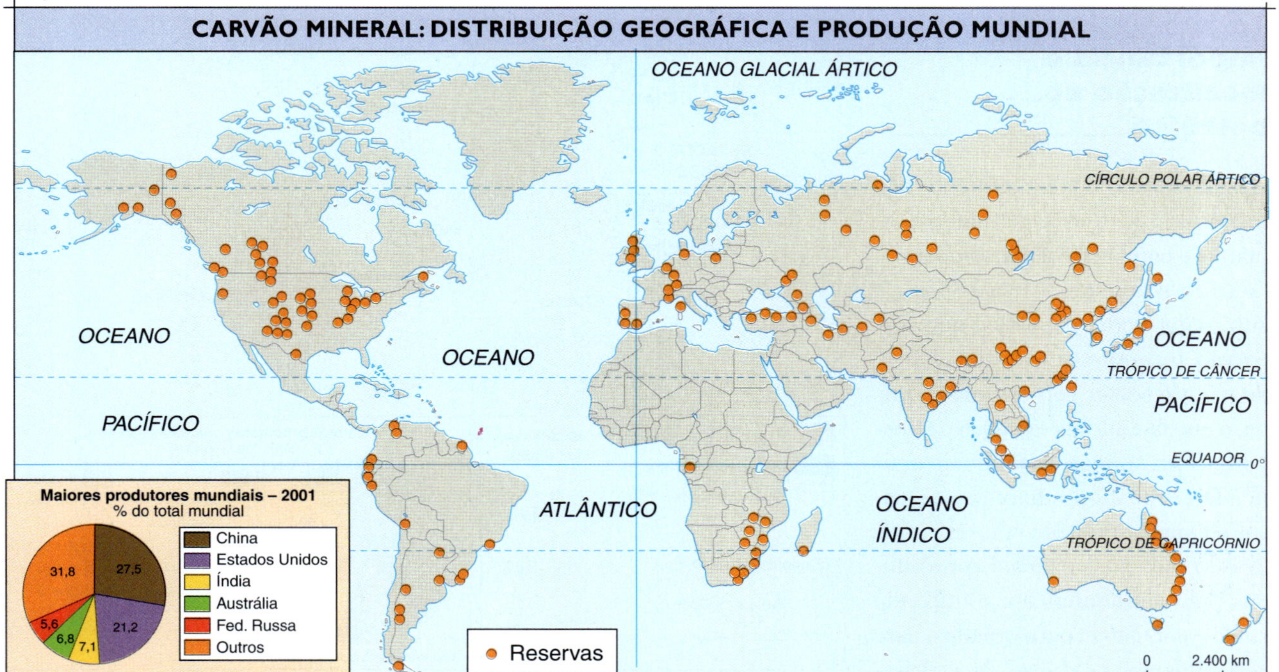

Fontes: SERRYN, Pierre. *Atlas universel Bordas*; e *L'état du monde 2003*. p. 79.

5 Petróleo

Conceito, origem e aproveitamento

O **petróleo** é uma substância oleosa constituída basicamente por uma combinação de carbono e hidrogênio. Trata-se de um hidrocarboneto líquido de densidade inferior à da água. É uma substância de origem orgânica, pois forma-se pela deposição de restos animais e vegetais em ambientes marinhos planctônicos. Com o decorrer do tempo, a matéria orgânica, já decomposta e coberta por sucessivas camadas de sedimentos, sofre transformações químicas e bioquímicas, originando o petróleo.

Os depósitos ou lençóis petrolíferos podem ser encontrados em bacias sedimentares, em profundidades que variam desde algumas dezenas até centenas ou milhares de metros. Na maior parte dos depósitos de petróleo, o gás natural (mais leve) ocupa a parte superior.

Em função do aumento de seu consumo, as refinarias, que antes se situavam junto às áreas de extração, passaram a se localizar nas proximidades dos mercados consumidores. Com isso, o transporte de petróleo bruto substituiu o transporte dos derivados. O Brasil, por exemplo, que no início importava derivados de petróleo, hoje importa petróleo bruto, que é refinado no país.

Importância e localização do petróleo

Utilizado comercialmente há menos de 150 anos, o petróleo tornou-se o combustível mais importante da atualidade. Além de possuir maior poder calorífico que o carvão, o petróleo tem a vantagem de se apresentar sob a forma líquida, o que facilita sua extração e transporte. Tem aplicações muito diversificadas, seus subprodutos (gases, gasolina, querosene, óleo diesel, asfalto etc.) são cada vez mais aproveitados pela petroquímica e é utilizado como combustível para veículos, para aquecimento, produção de eletricidade etc.

Não existe consenso entre os produtores no tocante à duração das jazidas de petróleo. Calcula-se que, mantidas as atuais taxas de consumo, as reservas mundiais conhecidas se esgotarão em cerca de 35 anos.

Observe no mapa da figura 4 as áreas que possuem as maiores reservas de petróleo e os principais fluxos de exportação e importação.

Um breve histórico

Desde a descoberta do "ouro negro" (1859, na Pensilvânia, EUA) até o final do século XIX, já estavam estruturados os fundamentos de uma indústria que iria promover uma revolução econômica e tecnológica no mundo: a indústria petrolífera.

Em 1928 formou-se o famoso cartel das sete irmãs do petróleo, constituído por cinco empresas norte-americanas (Standard Oil de New Jersey ou Exxon, Texaco, Mobil Oil, Gulf Oil e Standard Oil da Califórnia ou Chevron), pela Royal-Dutch Shell (Países Baixos) e pela British Petroleum (estatal britânica).

A partir daí, as sete irmãs passaram a reinar de modo absoluto no mundo do petróleo, dividindo o mercado mundial e uniformizando o preço do produto. Cada uma das empresas obteve prioridade no abastecimento do mercado mais próximo.

Figura 4

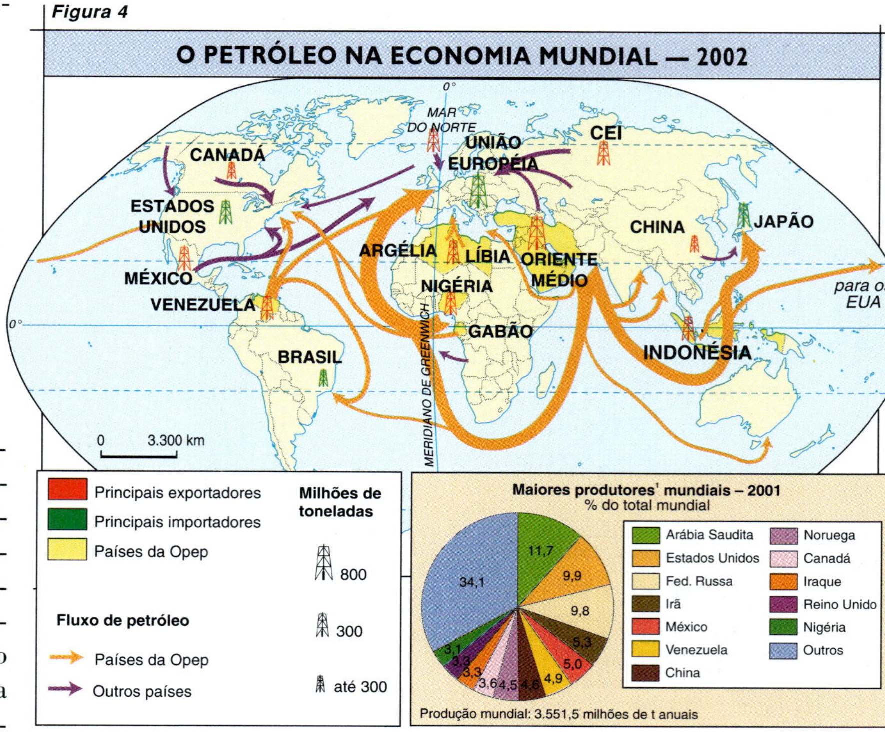

[1] A Opep responde por 40,8% da produção mundial.

Fontes: SERRYN, Pierre. *Atlas universel Bordas*. p. 21; e *L'état du monde 2003*. p. 79.

Os primeiros obstáculos à marcha do cartel das sete irmãs só surgiram a partir de 1938, com a nacionalização do petróleo mexicano e a criação de uma empresa estatal (Pemex) para explorá-lo. A partir de então, a política de nacionalização do petróleo multiplicou-se, estendendo-se, por exemplo, à Itália e ao Brasil (1953) e à Venezuela (1960).

Os países que não nacionalizaram o seu petróleo passaram a apresentar às empresas do cartel novas exigências legais e econômicas, como maior participação nos lucros, por exemplo. Algumas empresas, como a Enti Nazionale Idrocarburi (ENI), da Itália, começaram também a explorar petróleo no exterior (Oriente Médio, África etc.), garantindo aos países produtores participações mais vantajosas nos lucros do que as oferecidas pelo cartel.

Criação da Opep e a crise do petróleo

Cansados de ser explorados pelas sete irmãs e em represália à redução dos preços do petróleo imposta pelo cartel (redução de 36% entre 1959 e 1960), cinco dos principais países exportadores de petróleo (Arábia Saudita, Irã, Iraque, Kuwait e Venezuela) fundaram, em 1960, por meio do Acordo de Bagdá, a **Organização dos Países Exportadores de Petróleo** (Opep). Leia o boxe.

Embora criada em 1960, foi somente depois de 1967, em conseqüência da guerra árabe-israelense, que a Opep ganhou força e importância, fazendo do petróleo sua principal arma.

A ofensiva dos árabes e da Opep incluiu desde reduções no fornecimento de petróleo e ameaça do embargo total, passando por nacionalizações de subsidiárias de multinacionais, até a decretação final, em outubro de 1973, de uma drástica elevação do preço do barril de petróleo, que passou de 3 para 12 dólares, medidas conhecidas como **primeiro choque do petróleo**. A partir de então, os preços subiram continuamente.

Como conseqüência do aumento do preço, na década de 1970 houve racionamento do combustível e recessão econômica nos países ou regiões altamente dependentes da importação do petróleo (países da Europa, Japão e países subdesenvolvidos não-produtores de petróleo); rápido enriquecimento dos países exportadores de petróleo (fase dos petrodólares), e elevação do faturamento das grandes companhias que possuíam estoque de petróleo.

Os países desenvolvidos conseguiram recuperar suas economias com rapidez. Os Estados Unidos, parcialmente dependentes do petróleo importado, foram beneficiados com a entrada dos bilhões de petrodólares que os árabes passaram a investir no país.

Os países subdesenvolvidos não-produtores de petróleo sofreram as piores conseqüências e atolaram-se em dívidas externas e recessões econômicas que perduram até hoje, principalmente após o **segundo choque do petróleo**, em 1979, quando o barril passou para 35 dólares.

A Opep

Responsável por 40% da produção e por 60% das exportações mundiais de petróleo, a Opep administra a atividade petroleira e controla os preços e o volume da produção nos países que a compõem. É formada por onze países-membros: Arábia Saudita, Argélia, Catar, Emirados Árabes Unidos, Indonésia, Irã, Iraque, Kuwait, Líbia, Nigéria e Venezuela.

Desvantagens do uso do petróleo

O petróleo, o gás natural e o carvão respondem por quase 80% do consumo mundial de energia. Esses recursos não-renováveis constituem a base da sociedade industrial e seu consumo aumentou muito nas últimas décadas, principalmente nos países industrializados. O estoque mundial dessas fontes de energia está ficando escasso em função de seu uso sem possibilidade de reposição.

A extração, o refino e o transporte do petróleo comportam riscos de derramamento acidental ou mesmo proposital (como nas operações de limpeza e descarga de navios), que provocam grandes prejuízos ao meio ambiente. Veja a figura 5.

Figura 5

ANA CAROLINA FERNANDES/FOLHA IMAGEM

O transatlântico *Caronia*, de bandeira britânica, foi o responsável pelo vazamento de óleo combustível na Baía de Guanabara em 24 de fevereiro de 2002. Acidentes como esse deixam marcas profundas no ambiente.

O controle do petróleo tornou-se uma questão estratégica militar. Cerca de 65% das reservas mundiais concentram-se em cinco países do Oriente Médio: Arábia Saudita, Iraque, Emirados Árabes Unidos, Kuwait e Irã, área de tensões e de conflitos constantes.

Além desses problemas, muitos dos derivados do petróleo produzidos pela indústria petroquímica, como plásticos, fibras sintéticas, tintas, corantes e outros, não são biodegradáveis, criando um grande problema para o ambiente: o lixo. Outros subprodutos do petróleo, como fertilizantes, inseticidas, fungicidas e herbicidas, também podem contaminar o meio ambiente.

Figura 6

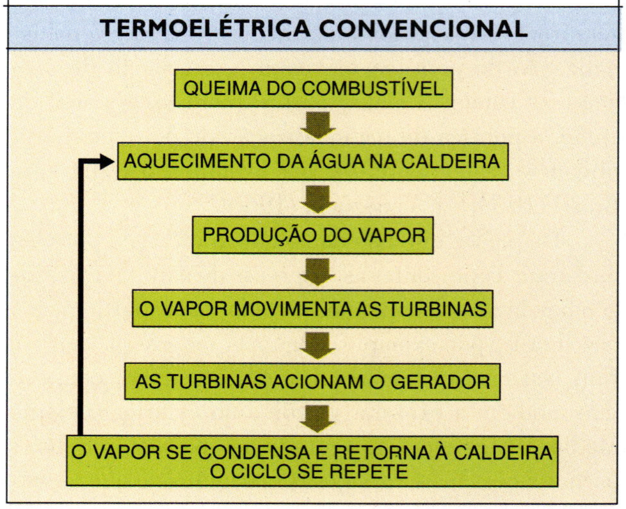

6 Usinas termoelétricas

Essas usinas, também chamadas de usinas **termoelétricas convencionais** (para diferenciá-las das termoelétricas nucleares ou termonucleares), são responsáveis pela produção da maior parte da eletricidade utilizada no mundo, empregando principalmente o carvão mineral e o petróleo como fontes de energia. Isso explica, por exemplo, o predomínio desse tipo de usina nas regiões ricas em carvão ou petróleo, como Europa, América do Norte e China, entre outros.

Veja, na figura 6, o esquema de funcionamento de uma termoelétrica convencional.

A principal vantagem da usina termoelétrica é que ela pode ser construída próximo ou junto aos locais de consumo, o que possibilita grande economia nos custos de implantação das redes de transmissão. Por outro lado, tem como desvantagem os elevados gastos com o consumo de combustíveis e com sua manutenção.

A queima do carvão provoca intensa poluição do ar e é a principal causa da chuva ácida e das emissões de dióxido de carbono, responsáveis pelo aquecimento do planeta.

Finalmente, a mineração subterrânea é insalubre e provoca sérios danos à saúde dos mineradores, além de deixar profundas cicatrizes nas áreas mineradoras, como erosão e desabamentos.

7 Hidroeletricidade

A utilização da força da água corrente como fonte de energia para a produção de eletricidade teve início por volta de 1860.

Atualmente, a hidroeletricidade encontra-se difundida em todo o mundo, sendo muito utilizada nos países que dispõem de grande potencial hidroelétrico. Embora seja uma das formas mais econômicas para produzir eletricidade, a implantação de uma usina hidroelétrica é relativamente dispendiosa e requer condições essenciais, como a existência de rios caudalosos e planálticos que possuam desníveis (quedas-d'água). A água deve ter força suficiente para fazer girar as turbinas. Veja a figura 7.

Figura 7

ALÍPIO Z. DA SILVA/KINO

Barragem na usina binacional de Itaipu (Brasil/Paraguai), no Rio Paraná, 2002. Maior hidroelétrica do mundo, tem capacidade de produzir 12,6 milhões de kW.

São poucos os países que dispõem de condições naturais favoráveis ao aproveitamento em larga escala da hidroeletricidade. Entre eles estão o Canadá, os EUA e o Brasil. Observe a figura 8 e leia o boxe Mundo curioso.

Figura 8

HIDROELETRICIDADE: MAIORES PRODUTORES MUNDIAIS — 2001

% da produção mundial

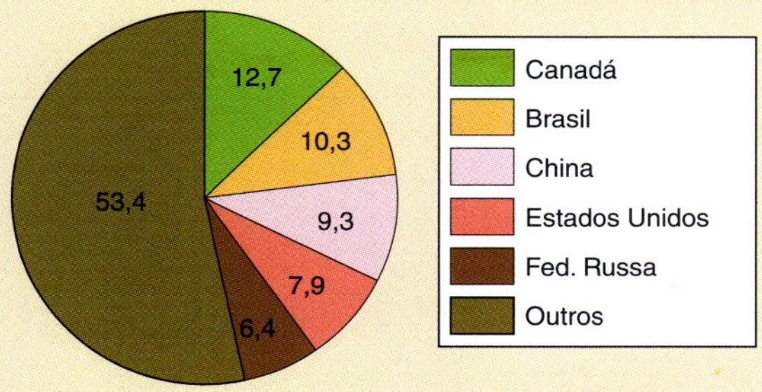

Produção mundial: 2.607,4 bilhões de kWh

Fonte: *L'état du monde 2003*. p. 79.

Mundo curioso

No maior rio da China — Yang Tsé — está sendo construída uma usina que será concluída em 2009, com capacidade de 18.200 MW: ela superará a de Itaipu, atualmente a maior do mundo (12.600 MW).

O lago de 1.084 km² formado pela Represa de Três Gargantas submergirá 160 vilas e cidades. Seus 1,3 milhão de habitantes serão removidos e receberão novas casas.

A obra aumentará 10% a produção de eletricidade do país, que utiliza usinas a carvão altamente poluidoras, e permitirá a navegação pelo rio. Por outro lado, os efeitos ambientais danosos são muitos: poluição da água, soterramento de regiões arqueológicas, de cidades e de três imensos *canyons*, perigo de transbordamento do rio na época das enchentes etc.

Vantagens e desvantagens das usinas hidroelétricas

As usinas hidroelétricas utilizam um recurso natural renovável e de custo zero (a água), podendo gerar energia a baixo custo. Sua duração é muito prolongada e os custos de manutenção são baixos.

Apesar de todas essas vantagens, é importante lembrar que os complexos hidroelétricos (usinas, represas etc.) sempre alteram a paisagem e podem ocasionar impactos ambientais e outros problemas como grandes desmatamentos, com prejuízos à flora e à fauna, inundação de áreas verdes, aumento da evaporação e da umidade relativa do ar, defeitos técnicos. O texto a seguir cita alguns desses problemas ou impactos ambientais.

"A represa Nasser, construída em Assuã, no Egito, parecia trazer uma série de benefícios para a região, além da produção de um grande potencial energético. Inundando uma considerável área de deserto, certamente contribuiu para reduzir a aridez da região. Ela causou, no entanto, sérios transtornos à agricultura do Rio Nilo, a jusante da barragem: os sais minerais que o rio trazia das regiões montanhosas do centro da África e depositava anualmente durante os períodos de enchente, fertilizando todo o vale até o seu delta, passaram a ficar retidos no leito da represa, o que tem obrigado os egípcios a usar fertilizantes químicos em larga escala para sua lavoura de subsistência. Além disso, a pesca no Mediterrâneo, na região de desembocadura do Nilo, praticamente desapareceu, pois a falta de nutrientes eliminou a fonte de alimentação dos peixes. Resta saber até que ponto esses inconvenientes — além de outros, como a disseminação da esquistossomose em áreas onde antes ela não existia — teriam compensado os benefícios trazidos pela energia elétrica."

BRANCO, Samuel Murgel. *O meio ambiente em debate*. São Paulo, Moderna, 1991. p. 49.

Recordando

Unidades de medida de energia elétrica	
Watt (W)	Unidade de potência de geração ou consumo de máquinas, usinas e sistemas elétricos
Watt/hora (Wh)	Quantidade de energia consumida ou gerada em uma hora
Kwatt (kW)	Mil watts
Megawatt (MW)	1 milhão de watts
Gigawatt (GW)	1 bilhão de watts
Terawatt (TW)	1 trilhão de watts ou 1 bilhão de kW

8 Energia nuclear ou atômica

A energia nuclear tem como principal fonte o mineral radioativo urânio, encontrado na natureza sob a forma de uma mistura de urânio 238 (U^{238}) e urânio 235 (U^{235}), numa proporção de 99,3% e 0,7%, respectivamente.

Como somente o U^{235} é fissionável (capaz de originar uma reação em cadeia) e considerando sua pequena ocorrência na natureza, a solução encontrada foi enriquecê-lo, isto é, aumentar a porcentagem de

U^{235} sobre o U^{238}. É por meio desse processo, conhecido como enriquecimento do urânio, que se consegue obter misturas com até 98% de U^{235}. São poucos os países que dominam essa tecnologia e comercializam o urânio enriquecido.

Fissão nuclear e produção de energia

A **fissão nuclear**, processo empregado nas usinas atômicas para gerar eletricidade e também nas bombas atômicas, consiste basicamente no seguinte: quando os nêutrons bombardeiam o núcleo do átomo de urânio, este "se quebra", divide-se, ou seja, sofre uma fissão (nuclear), que produz mais nêutrons; estes, por sua vez, atingem outro átomo, que também explode e produz mais nêutrons, e assim sucessivamente, gerando a chamada reação nuclear em cadeia e liberando uma enorme quantidade de energia — para gerar a mesma quantidade de energia produzida por 1 kg de urânio (U^{235}) são necessárias cerca de 7 toneladas de carvão.

Produção mundial de energia nuclear

O emprego da energia nuclear para fins pacíficos (produção de eletricidade, no caso) teve início em 1956, na Usina de Calder Hall (Inglaterra), onze anos depois de os EUA terem lançado bombas atômicas sobre as cidades japonesas de Hiroshima e Nagasaki.

O maior produtor mundial de urânio é o Canadá (36,3% da produção mundial), seguido pela Austrália (21,6%) e pelo Níger (8,1%). Apesar do custo muito elevado da produção de eletricidade de origem nuclear, a disseminação das centrais nucleares foi grande, principalmente nos países desenvolvidos (95% da produção). Esses países possuem tecnologia moderna e são relativamente pobres em combustíveis fósseis (carvão e petróleo), além de contarem com uma fonte de energia altamente concentrada e de elevado rendimento.

A grande expansão da nucleoeletricidade deu-se após os dois choques do petróleo, ocorridos em 1973 e em 1979. O temor de aumentos levou os países importadores de petróleo, sobretudo os desenvolvidos, a buscarem alternativas para reduzir a sua dependência, particularmente do petróleo da Opep.

A produção mundial de nucleoeletricidade já superou a produção de hidroeletricidade. No final de 2002, segundo dados da Agência Internacional de Energia Atômica (AIEA) havia 441 usinas nucleares em operação em 34 países. Mais de 90% das usinas nucleares estão concentradas nos Estados Unidos, na Europa, no Japão e na Federação Russa. Observe a tabela 2.

Tabela 2

Energia nuclear: maiores produtores mundiais — 2001

País	Produção (bilhões de kWh)	Participação na produção mundial (%)
Estados Unidos	815,7	30,7
França	422,0	15,9
Japão	310,2	11,7
Alemanha	171,6	6,5
Fed. Russa	134,4	5,1
Outros países	800,6	30,2
Total mundial	2.654,5	100,0

Fonte: *L'état du monde 2003*. p. 79.

Em alguns países desenvolvidos (Suécia, Finlândia e Bélgica), a eletricidade nuclear já representa mais de 35% do total de energia produzido. Países recentemente industrializados, como Coréia do Sul, China, Índia, Argentina, Brasil e México, já possuem usinas nucleares. A Coréia do Sul apresenta a maior produção desse grupo (112,1 bilhões de kWh), sendo responsável por 4,2% da produção mundial.

A partir de 1985, fatores como recessão econômica mundial, maior oferta de petróleo, acidentes nucleares e intensificação dos movimentos antinucleares refrearam a expansão desse tipo de energia. Desativaram-se muitas usinas e poucas foram construídas.

Impactos ambientais provenientes do uso da energia atômica

Entre as vantagens da utilização da energia nuclear está o fato de suas usinas não lançarem partículas na atmosfera como as de carvão. No entanto, além dos elevados custos envolvidos na produção de energia nuclear, existem os problemas dos acidentes e da contaminação do meio ambiente, que provocam danos irreversíveis à saúde, como câncer, leucemia, deformidades genéticas etc.

Se esquecermos o perigo dos acidentes nucleares e da utilização da energia atômica para fins não-pacíficos (produção da bomba atômica, obtenção de poderio militar e estratégico) — que representam um enorme perigo para a humanidade — e considerarmos somente o funcionamento normal das usinas nucleares, restará o problema do destino dos dejetos radioativos (lixo). Até agora, depois de mais de cinqüenta anos de operação dessas usinas, ainda não se encontrou uma forma segura de armazenamento desses resíduos.

Após alguns anos de funcionamento dos reatores (três a cinco, no caso do urânio enriquecido), o material é trocado. Os diversos elementos radioativos não-reaproveitáveis são armazenados em recipientes metálicos protegidos por blocos de concreto, pois a radioatividade demora centenas de anos (alguns resíduos levam milênios) para biodegradar a sua toxicidade. O grande problema é determinar onde o lixo nuclear será depositado (pode ser enterrado ou lançado ao mar), de forma a garantir que as caixas protetoras não serão violadas ou degradadas com o tempo, contaminando o meio ambiente.

Desde o primeiro acidente, registrado em 1952 em Chalk River, no Canadá, ocorreram muitos outros. Os mais conhecidos — o de Three Miles Island (EUA), em 1979, e o de Chernobyl (Ucrânia), em 1986 — nos dão uma idéia dos perigos que essa forma de energia oferece. Leia o texto do boxe abaixo.

9 Fontes de energia alternativas

A dependência da sociedade moderna em relação aos combustíveis fósseis tem seus dias contados.

O rápido esgotamento das fontes de energia, o aumento do consumo de combustíveis (para indústrias e transportes), a redução do fornecimento e o embargo do petróleo, assim como a contaminação do meio ambiente são alguns motivos que levam a humanidade a buscar opções de energia mais abundantes e menos poluentes — as chamadas **fontes de energia alternativas**, por exemplo, energia solar, dos ventos, dos oceanos, geotérmica (vulcões, gêiseres), a biomassa, entre outras.

- **Energia dos oceanos.** Na Noruega, a força das ondas produz eletricidade. Na França e no Canadá, usinas aproveitam a energia gerada pela diferença de altura entre a maré alta e a baixa. Pesquisas visam tornar possível a obtenção em larga escala desse tipo de energia nas regiões costeiras. O investimento para a construção é alto em função da eficiência, que é baixa. Pode causar impactos ambientais relacionados à flora e à fauna.

O acidente de Chernobyl

Em 26 de abril de 1986, o núcleo de um dos reatores da usina atômica Chernobyl explodiu devido a uma falha do sistema de refrigeração. O mundo soube do acidente, que havia sido mantido em sigilo, quando a radiação se espalhou e foi percebida em outros países.

O calor — entre 3.000 e 4.000 °C — incendiou o bloco de grafite, provocando uma explosão química e o desmoronamento parcial do prédio. As terras num raio de 5 mil quilômetros ao redor da usina tiveram de ser abandonadas e assim devem permanecer por várias décadas. Milhares de pessoas morreram em conseqüência das radiações recebidas. A nuvem de radiação espalhou-se por vários países europeus (Alemanha, Polônia, Suécia, Finlândia, Rússia etc.), afetando a saúde de milhões de pessoas (estima-se que 5 milhões contraíram câncer), contaminando as plantas e os animais (inclusive seus subprodutos, como leite, ovos etc.). Muitos produtos (animais e vegetais) foram proibidos para consumo e tiveram de ser eliminados.

THOMAS SZLUKOVENYI-REUTERS/CORBIS-STOCK PHOTOS

Ativistas do Greenpeace, em 25 de abril de 1991, fincam 3 mil cruzes nos arredores de uma usina nuclear em Bohunice, República Tcheca, em memória dos mortos no acidente nuclear de Chernobyl. Esse acidente, ocorrido em 1986, em Kiev, na Ucrânia, liberou nuvens radioativas e fez milhares de vítimas.

• **Energia solar.** A utilização sem danos ao ambiente do abundante fluxo de energia solar representa uma opção bastante viável e capaz de fornecer energia barata e limpa. Muitos países, como Chipre, Israel e Estados Unidos, empregam amplamente essa energia para aquecimento de água e obtenção de eletricidade. Veja a figura 9.

• **Energia geotérmica.** Outra grande possibilidade de obtenção de energia para aquecimento ou eletricidade provém do calor do interior da Terra. Tecnologias modernas permitem seu uso sem prejuízos ambientais, realizando controle adequado da contaminação das águas e do ar pela emissão de fluidos geotérmicos, que eventualmente podem conter arsênio, mercúrio, boro, amoníaco e outros. Estados Unidos, México, Filipinas, Japão, Itália, Islândia, Nova Zelândia, entre outros países, utilizam esse tipo de energia.

• **Energia eólica.** Diversos países, como Estados Unidos (Califórnia), Dinamarca, Grécia, China, Países Baixos e Índia, desenvolvem projetos de utilização da energia dos ventos a custos competitivos em relação à energia convencional (figura 10). Trata-se de uma fonte de energia ilimitada nos lugares favoráveis e não emite poluentes no ar durante a operação.

Figura 9

CID

A energia proveniente do Sol é gratuita, limpa e renovável. Estação de captação de energia solar, na Califórnia (EUA, 1996).

Figura 10

JAMES MARSHALL/CORBIS-STOCK PHOTOS

A energia proveniente dos ventos é renovável e disponível em diversos lugares do mundo. Usina de energia eólica em Tehachapi, na Califórnia (EUA, 1997).

• **Energia da biomassa.** Já estão disponíveis novas tecnologias que possibilitam obter energia a partir da queima de uma variedade de produtos da biomassa, como plantas, excrementos, madeira, matérias vegetais e animais.

Temos, no Brasil, um exemplo de importante fonte energética alternativa proveniente da biomassa tropical: o aproveitamento da cana-de-açúcar para a produção de álcool. Já foi provado que sua utilização em larga escala é possível.

A cana-de-açúcar, a mandioca, os açúcares, os óleos vegetais (dendê, babaçu, mamona etc.), a celulose e muitos outros podem ser utilizados na produção de combustível para motores. Além da biomassa, os países tropicais contam com grande potencial de energia limpa e renovável, em função da grande insolação que recebem.

Por que não se utilizam amplamente fontes alternativas?

Por que, então, não romper com a dependência do petróleo? Muitos interesses estão em jogo, como os das corporações do petróleo e das empresas automobilísticas, ambas com sede em países centrais, de clima temperado. Por não contarem com a biomassa tropical para a produção de energia alternativa ao petróleo, esses países teriam de depender dos países tropicais. Apesar do esgotamento das fontes energéticas tradicionais, eles ainda optam por energia suja e não-renovável.

AVALIE SEU APRENDIZADO

Construindo conhecimento

Analisando impactos ambientais e a geopolítica da energia

Leia um trecho da entrevista do secretário de Tecnologia Industrial do Ministério da Indústria e do Comércio (1975-1979), José Walter Bautista Vidal, criador do programa Proálcool, à *Revista Rural*, releia o texto do capítulo e responda às questões de 1 a 4.

"**Revista Rural** – Por que ele [Proálcool] sofreu um esfriamento?

Vidal – O êxito obtido pelo Brasil foi incontestável. Estávamos preparados para substituir o óleo diesel, derivado do petróleo, pelos óleos vegetais em condições até mais fáceis do que ocorreu com a gasolina. Na realidade, o que queríamos substituir era o petróleo e não apenas um de seus derivados. Quando isso ia se realizar, surgiu o bloqueio devido a pressões internacionais que terminaram impedindo a expansão do programa do óleo diesel, assim como garrotearam o Proálcool, cortando o crédito aos pequenos produtores de cana que representavam cerca de 50% dos fornecedores. Aí faltou álcool, criando o descrédito. Então cerca de 98% dos carros novos de ciclo Otto já usavam o álcool, o que foi invertido para 1%!

[...]

Revista Rural – Qual é o potencial do Brasil para produzir essas outras fontes?

Vidal – É enorme. Somente a área levantada pela Embrapa na Amazônia, apta para o dendê, permitiria a produção de cerca de 6 milhões de barris por dia de óleo vegetal, substituto excepcional do diesel artificial obtido do petróleo. Essa produção é equivalente à produção de petróleo da Arábia Saudita antes do bloqueio imposto ao Iraque. Os motores Elsbett, de ciclo diesel, chegam a fazer 40 quilômetros por litro deste combustível, em comparação com 7 e 8 dos motores convencionais. Também existe grande potencial visando a produção de calor e de eletricidade a partir de lenha, carvão vegetal e gás de madeira, este para acionar turbinas de alta eficiência na produção de eletricidade. Também na siderurgia a substituição do carvão mineral importado pelo carvão vegetal é uma excepcional alternativa, limpa e renovável, vinda do campo. Isso representa a solução para a redução do terrível efeito estufa e da chuva ácida."

MOREIRA, Nelson. A energia que vem da natureza. *Revista Rural*. São Paulo, Publicê, 2000.

1 Além da cana-de-açúcar, quais outras fontes da biomassa podem ser aproveitadas para a produção de combustível?

2 Por quais motivos as pressões externas inibem a exploração do imenso potencial energético brasileiro?

3 Cite pelo menos dois problemas ambientais que poderiam ser evitados com o desenvolvimento de tecnologias para aproveitamento de fontes de energia alternativas.

4 Discuta com seus colegas:

a) De que forma o desenvolvimento de alternativas energéticas a partir da biomassa poderia desenvolver o meio rural brasileiro?

b) Com quais condições o produtor rural teria de contar para participar desses projetos?

Fixando o conteúdo

5 Resolva a questão com base nos quadros a seguir.

Quadro A	Carvão mineral, petróleo, hidroeletricidade, nuclear
Quadro B	Eólica, solar, geotérmica, xisto, marés
Quadro C	Carvão mineral, petróleo, xisto, urânio
Quadro D	Hidráulica, solar, eólica, marés

As fontes de energia relacionadas nos quadros A, B, C e D estão corretas e respectivamente classificadas na alternativa:

a) renováveis, arcaicas, modernas e alternativas.
b) não-renováveis, modernas, renováveis e alternativas.
c) modernas, alternativas, não-renováveis e renováveis.
d) atuais, futuras, não-renováveis e arcaicas.
e) n.d.a.

6 Cite duas vantagens e duas desvantagens da utilização do petróleo como fonte de energia.

7 Comente a questão energética mundial, levando em conta a situação atual e as perspectivas para o futuro próximo.

8 Faça uma síntese sobre a Opep: data de criação, países-membros, objetivos da organização e sua força política.

9 Compare a hidroeletricidade com a termoeletricidade quanto aos recursos utilizados em sua produção, a disponibilidade desses recursos e os danos ao meio ambiente que cada uma acarreta.

10 Quais são os problemas implicados na produção de energia nuclear?

COMPLEMENTAÇÃO DO ESTUDO

Leituras

PORTELA, Fernando e LICHTENTHÄLER FILHO, Rubens. *Energia nuclear.* São Paulo, Ática, 1988. (Coleção Viagem pela Geografia)

SPENCE, M. *Energia solar.* São Paulo, Melhoramentos, 1992. (Coleção S.O.S. Planeta Terra)

Vídeos

- *Como era verde o meu vale* (EUA, 1941); dir. John Ford; 118 min. A crise na atividade mineradora na Irlanda, na década de 1930, e as dificuldades enfrentadas por uma família de mineiros, sob a óptica de um menino. Filme baseado em romance de Richard Llewellyn, premiado com cinco Oscar. (Fox)
- *Síndrome da China* (EUA, 1979); dir. James Bridges; 123 min. Repórter e cinegrafista de TV lutam para investigar a gravidade de um acidente nuclear, divulgado como sendo de pouca importância pela empresa responsável. O filme é visto como premonitório, pois logo após seu lançamento houve um sério vazamento de radiação na usina nuclear de Three Miles Island, EUA, março de 1979. (Columbia TriStar)

Sites

- *http://www.lixozero.com.br/* Página do Ambiental Lixo Zero, projeto comunitário e auto-sustentável para coleta de lixo na Baía da Guanabara, traz informações sobre reciclagem, energia alternativa, recuperação e educação ambiental, programas de despoluição etc.
- *http://www.estudanet.hpg.ig.com.br/geografia.htm* *Site* com diversos temas de geografia geral e do Brasil, oferece informações sobre fontes de energia.

CAPÍTULO 5

A importância da energia no crescimento econômico do Brasil

1 O setor energético brasileiro

No início dos anos 1940, a energia proveniente da biomassa (lenha, carvão vegetal) respondia por quase 80% do consumo nacional. Em 1999, essa forma de energia representava 13% do consumo. Já o consumo de combustíveis fósseis quase triplicou, e o de hidroeletricidade mais que quintuplicou. Observe a figura 1.

Figura 1

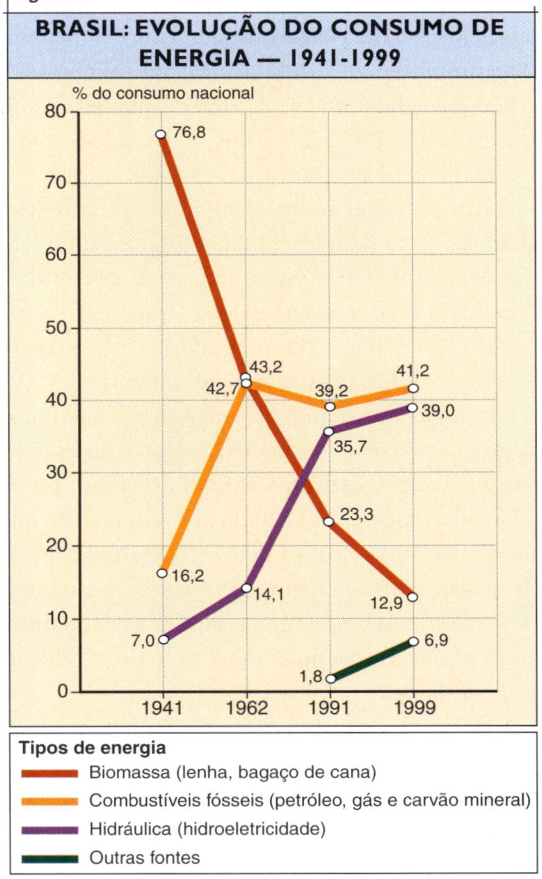

Fontes: IBGE. *Brasil: uma visão geográfica dos anos 80*. Rio de Janeiro, 1988; *Anuário estatístico do Brasil 1994*. Rio de Janeiro, 1995 e *Anuário estatístico do Brasil 1999*. Rio de Janeiro, 2000. p. 4-61.

A partir da década de 1940, com a intensificação do processo de industrialização e de urbanização, o setor energético brasileiro passou por profundas mudanças. A principal foi a crescente substituição das **fontes de energia tradicionais** (lenha, carvão vegetal) pelas **fontes de energia modernas** e de maior rendimento (carvão mineral, petróleo e eletricidade, principalmente a de origem hidráulica).

O consumo de energia *per capita* é importante indicador do desenvolvimento de um país. Com um consumo *per capita* de 1.954 kWh de energia (1999), o Brasil situa-se atrás de todos os países desenvolvidos e de muitos em desenvolvimento, como Coréia do Sul (4.567 kWh), Argentina (1.993 kWh), Brunei (5.324 kWh), Emirados Árabes Unidos (8.629 kWh).

A Noruega é a primeira do mundo em consumo de energia, com 26.956 kWh.

Segundo o IBGE, os setores que mais utilizaram energia no Brasil em 1998 foram o industrial (39,1% do consumo total), de transportes (22,3%), residencial (16,5%), comercial (5,9%), agropecuário (4,4%) e público (4%).

Desenvolvimento do setor energético no Brasil

Desde a década de 1930, o potencial energético brasileiro passou a ser objeto de políticas governamentais. O setor elétrico ganhou impulso com a instalação de grupos estrangeiros que aplicaram recursos financeiros e tecnológicos na geração, transmissão e distribuição de energia elétrica.

A seguir, surgiram os primeiros órgãos oficiais específicos do setor energético; por exemplo, foram criadas a **Petrobras** (1954) e empresas estaduais e federais de eletricidade. Em 1962, as empresas de eletricidade estruturaram-se em torno da **Eletrobrás** (Centrais

Elétricas Brasileiras S. A.), que ampliou a infra-estrutura energética e passou a planejar e coordenar a área da energia elétrica.

As modernas fontes de energia ocuparam espaços cada vez maiores na economia e na sociedade brasileiras. Porém, se a produção de eletricidade de origem hidráulica crescia a contento, a pequena produção nacional de petróleo tornava o país altamente dependente de importações.

A crise do petróleo de 1973, que elevou drasticamente os preços do petróleo importado, acarretou profundas mudanças na estrutura do sistema energético nacional. A partir de então, o Brasil adotou uma firme política de estímulo tanto à produção de petróleo, gás natural, carvão mineral e hidroeletricidade, quanto à substituição de petróleo importado por alternativas energéticas. Foi criado o **Programa Nacional do Álcool** (Proálcool), em 1974, e implantado o **Programa Nuclear**, em 1975, com a assinatura do Acordo Nuclear Brasil—Alemanha.

A evolução do balanço energético brasileiro, desde o primeiro choque do petróleo até o final da década de 1990, mostra a queda no consumo relativo do petróleo e da lenha e o aumento de participação das demais fontes de energia. Observe a tabela 1.

Há três tipos principais de usina geradora de eletricidade: as **termoelétricas convencionais**, que funcionam à base de carvão, óleo e gás natural; as **hidroelétricas**, que utilizam o potencial das quedas d'água; e as **termonucleares** ou atômicas, que utilizam a energia (calor) contida nos minerais atômicos. O Brasil possui os três tipos de usina.

Tabela 1

Brasil: balanço energético[1] — 1973, 1993 e 1999

Fonte de energia	Participação no consumo nacional (%)		
	1973	1993	1999
Petróleo	43,9	31,5	35,3
Lenha	22,3	13,3	5,6
Hidráulica	21,8	35,7	39,0
Bagaço de cana	5,7	10,0	7,3
Carvão mineral	3,0	5,2	3,7[2]
Gás natural	0,2	2,5	2,2
Outras fontes	3,1	1,8	6,9[3]
Total	100,0	100,0	100.0

[1] Relação entre produção e consumo de fontes de energia. [2] Carvão e coque de carvão mineral. [3] Gás de coqueria, carvão vegetal e álcool etílico.

Fonte: IBGE. *Anuários estatísticos do Brasil.*

Em 2001, as usinas termoelétricas convencionais respondiam por 14,9%, as hidroelétricas por 82,5%, e as termonucleares por 2,6% da capacidade instalada de geração de energia do Brasil.

2 Hidroeletricidade

Foi somente a partir das décadas de 1940 e 1950, com o crescimento industrial, que o Brasil definiu mais claramente sua política energética, dando prioridade à **hidroeletricidade** (energia obtida a partir da força da água corrente).

Com cerca de 600 barragens, o Brasil só explora pouco mais de um quarto (25,7%) do imenso potencial hidráulico, que é de aproximadamente 1,1 milhão de GWh. Observe o mapa ao lado (figura 2) com as principais usinas hidroelétricas do Brasil. Reveja, no capítulo 7 da unidade III, o mapa da figura 6, à página 184.

O relevo em geral planáltico e a existência de inúmeras quedas-d'água e de altos índices pluviométricos, na maior parte de seu território, conferem ao Brasil o segundo maior potencial hidráulico do mundo, superado apenas pelo Canadá. Desde que ofereçam condições adequadas (profundidade e volume de água suficientes, trechos não-encachoeirados), os **rios de planalto**, como o São Francisco, o Paraná, o Tietê, o Tocantins e muitos outros, também se prestam à navegação.

O Brasil dispõe ainda de numerosos e grandes **rios de planície**. Com o emprego de tecnologias modernas, eles podem fornecer energia, mas aqui são utilizados principalmente para a navegação (transporte das populações ribeirinhas e de mercadorias). É o caso dos rios Amazonas, Paraguai e seus afluentes.

As bacias hidrográficas brasileiras mais aproveitadas na geração de energia elétrica são a do Paraná e a do São Francisco, assunto estudado também no capítulo 7 da unidade III. Ao lado de outras três bacias menos importantes (Bacia do Leste, do Sul-Sudeste e do Uruguai), elas são responsáveis pelo fornecimento de eletricidade às três regiões de maior concentração urbano-industrial e populacional do país, a Sudeste, a Sul e a Nordeste.

A **Bacia do Paraná**, a segunda em potencial, apresenta o maior aproveitamento hidroelétrico do país (65,5% do seu potencial total). Por se situar próximo às principais áreas urbanas e industriais do país, nela se encontram algumas das maiores hidroelétricas: Cachoeira Dourada, São Simão, Urubupungá, Ilha Solteira, Jupiá, Barra Bonita, Promissão, Itaipu (leia o boxe, página 248) e outras.

Figura 2

BRASIL: PRINCIPAIS USINAS HIDROELÉTRICAS — 1999

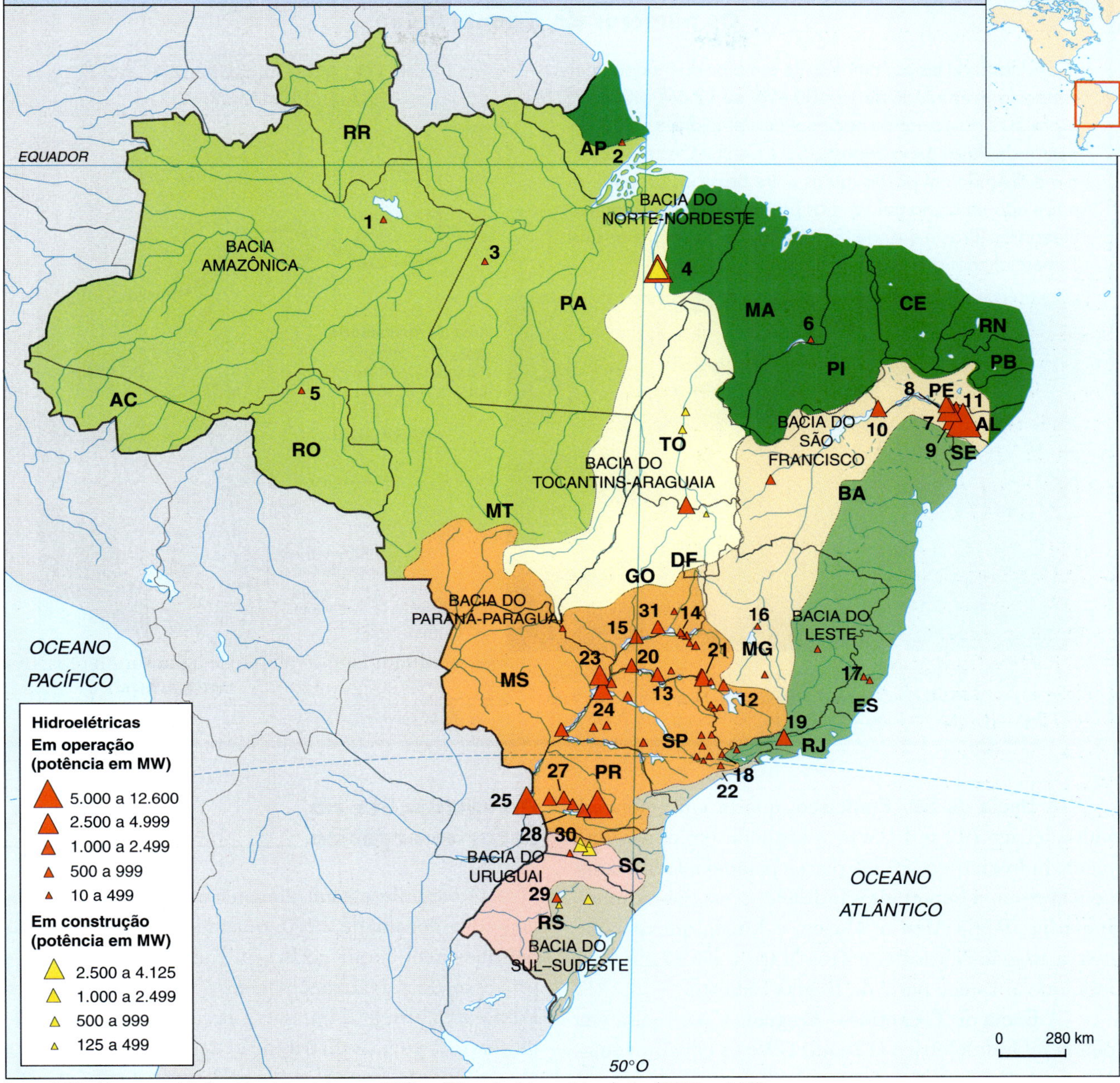

Fontes: IBGE. *Atlas nacional do Brasil 3. ed.* Rio de Janeiro, 2000. p. 206; e *Anuário estatístico do Brasil 1999.* p. 1-120.

1 Balbina	**11** Xingó	**21** Estreito
2 Coaracy-Nunes	**12** Furnas	**22** Henry Borden
3 Curuá-Una	**13** Marimbondo	**23** Ilha Solteira
4 Tucuruí	**14** Itumbiara	**24** Jupiá
5 Samuel	**15** São Simão	**25** Itaipu
6 Castelo Branco (ex-Boa Esperança)	**16** Três Marias	**26** Foz do Areia
7 Itaparica	**17** Mascarenhas	**27** Salto Osório
8 Moxotó	**18** Funil	**28** Salto Santiago
9 Paulo Afonso	**19** Nilo Peçanha	**29** Itaúba
10 Sobradinho	**20** Água Vermelha	**30** Passo Fundo
		31 Cachoeira Dourada

Mundo curioso

Os números da gigante Itaipu

A Usina de Itaipu, atualmente a maior do mundo, tem capacidade instalada de 12.600 MW ou 12.600.000 kW, supre 30% da demanda nacional de eletricidade e 38% da demanda das regiões Sudeste, Sul e Centro-Oeste. A energia é dividida em partes iguais entre Brasil e Paraguai. A parte não-utilizada por um dos países é vendida ao outro. Eletrobrás (Brasil) e Ande (Paraguai) são as empresas que comercializam a energia de Itaipu.

CARLOS S. BORGES/KINO

Todos os estados brasileiros das regiões Sudeste, Sul e Centro-Oeste (inclusive o Distrito Federal) recebem energia da Hidroelétrica de Itaipu (PR). Na foto, vista do Lago de Itaipu, no Rio Paraná, em 2002.

PROJETO ITAIPU: LOCALIZAÇÃO E ÁREA DO RESERVATÓRIO

Fonte: *Os caminhos da Terra*. São Paulo, Azul, 23 mar. 1994. p. 36.

A **Bacia do São Francisco**, quarta em potencial hidroelétrico (92 mil GWh) e segunda em aproveitamento hidroelétrico (59,1% do seu potencial total), também apresenta importantes hidroelétricas: Sobradinho, Itaparica, Paulo Afonso, Moxotó e Xingó, que abastecem a Região Nordeste, e Três Marias, em Minas Gerais, que abastece parte da Região Sudeste.

A **Bacia do Tocantins—Araguaia** é a terceira em potencial hidroelétrico (126 mil GWh) e em aproveitamento. A Usina Hidroelétrica de Tucuruí, situada no curso inferior do Rio Tocantins (estado do Pará), é a segunda maior totalmente brasileira (a primeira é a de Paulo Afonso, no Rio São Francisco).

A **Bacia Amazônica**, apesar de possuir o maior potencial hidráulico do país, é a que apresenta o menor aproveitamento, bem abaixo das necessidades regionais: apenas 0,5% do potencial total (484 mil GWh) é aproveitado por três usinas hidroelétricas: Balbina, no Rio Uatumã (estado do Amazonas), Curuçá-Una, no Rio Curuçá-Una (estado do Pará) e Samuel, no Rio Jamari (estado de Rondônia).

Privatizações no setor energético

O controle estatal do setor energético permaneceu até a década de 1990, quando foram implantadas políticas neoliberais no Brasil. Em 1995, iniciou-se o processo de privatizações com a Lei de Concessões Públicas, abrindo à iniciativa particular a exploração de serviços como a distribuição de energia elétrica e o abastecimento de água. A partir de então foram privatizados, principalmente, os setores de distribuição e comercialização de energia.

Em 1996, foi criada a **Aneel** (Agência Nacional de Energia Elétrica), com a função de regular e fiscalizar a produção, a transmissão, a distribuição e a comercialização de energia elétrica.

Da capacidade total instalada em geração no país, até o início de 2000 foram transferidos para a iniciativa privada apenas 9,4 mil MW. Empresas privadas de outros países estão interessadas em comprar companhias de energia elétrica governamentais, desde que os governos nacionais ajudem no financiamento. Cerca de 38% do custo da privatização no Brasil tem sido financiado pelo Banco Nacional de Desenvolvimento Econômico e Social (BNDES), agente operacional do processo de venda das estatais federais.

Crise no setor energético

No Brasil, a oferta de energia não tem acompanhado o crescimento da demanda. A situação crítica na área de energia elétrica não é nova. Desde 1984, quando um apagão deixou quatro estados às escuras, especialistas começaram a alertar para os problemas do setor.

Durante muito tempo, as estatais não reinvestiram adequadamente os seus lucros na modernização do sistema de distribuição e na construção e instalação de novas unidades geradoras. Com o estrangulamento da produção, a situação agravou-se, ameaçando comprometer o abastecimento de energia. Em 2001, a estiagem deixou os reservatórios que abastecem as barragens em situação crítica. E veio o racionamento.

Segundo os argumentos favoráveis à privatização, esta visava permitir a entrada do capital privado para elevar os investimentos e assegurar o crescimento dos sistemas de transmissão, distribuição e geração de energia. No entanto, as concessionárias privatizadas enviam grande parte de suas divisas para o exterior e não investem na geração, transmissão e distribuição de energia elétrica. Muitas têm sido multadas pela Aneel, por causa de falhas no fornecimento e apagões.

Com a finalidade de diversificar a matriz energética, o governo federal tem investido na descentralização da produção (usinas menores para atender ao consumo local) e na termoeletricidade, principalmente a movida a gás natural. O governo pretende alterar a participação do **gás natural** na matriz energética brasileira. Hoje o consumo de gás é de aproximadamente 10 milhões de metros cúbicos/dia. Isso equivale a 2% da energia consumida no país. Pretende-se chegar ao ano 2010 com 12%. O país poderá contar com o gás importado da Bolívia: o último trecho do gasoduto Bolívia—Brasil foi inaugurado em janeiro de 2002. O gasoduto Bolívia—Brasil é assunto do capítulo 4 da unidade II.

Além do gás importado, a produção nacional cresceu de 11,9 bilhões para 14 bilhões de metros cúbicos entre 1999 e 2001. Em 2001, o Brasil tinha 219,8 bilhões de metros cúbicos de reservas de gás natural (41ª posição mundial). Essa fonte de energia pode ser utlizada também para transporte, em indústrias e residências.

Hidroeletricidade e meio ambiente

Apesar de a hidroeletricidade ser movida a água (recurso natural renovável e gratuito) e não poluir o ar, há dois problemas de difícil equacionamento: o da transmissão ou transporte da energia a longas distâncias — fato que tem várias implicações, como o encarecimento da energia, por exemplo — e o das alterações ambientais decorrentes da implantação das usinas (figura 3).

Para o funcionamento da hidroelétrica, é preciso construir barragens. A inundação de extensas áreas traz imensos prejuízos à fauna e à flora: milhões de hectares de ecossistemas vegetais são destruídos e muitos animais morrem afogados. Além disso, a população ribeirinha costuma ser extremamente prejudicada, pois a obra pode dificultar a irrigação e a navegação e até provocar a expulsão dessas pessoas do local onde vivem e sobrevivem pescando, caçando (caso de comunidades indígenas deslocadas) e plantando nas vazantes. Sem essa fonte de subsistência — em razão da poluição das águas e da escassez de peixes —, milhares de pessoas podem ser jogadas em pobreza ainda maior.

Figura 3

EVELSON DE FREITAS/FOLHA IMAGEM

Ruínas de uma residência na antiga cidade de Casa Nova, submersa para a construção da Usina de Sobradinho (BA). A cidade reapareceu com a seca do Rio São Francisco, em julho de 2001.

3 O petróleo na economia brasileira

O petróleo é a segunda fonte de energia mais consumida no Brasil, sendo a primeira a hidroeletricidade. Juntas respondem por 74,3% do consumo. São os "motores energéticos" do país. Observe o gráfico (figura 4).

Figura 4

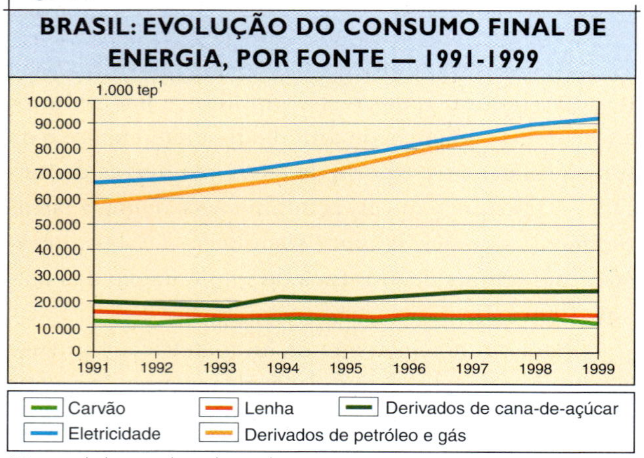

[1] Tep: tonelada equivalente de petróleo

Fonte: *Brasil em números 2000*. Rio de Janeiro, IBGE, 2000. v. 8, p. 233.

Apesar da grande extensão do território e da dependência de petróleo importado, a política de transporte brasileira, em diversos governos, privilegiou o ramo rodoviário. A indústria automobilística, por sua vez, impulsionou várias outras indústrias (autopeças, vidros, artefatos de couro, borracha, pneumáticos e siderurgia).

O petróleo no Brasil foi descoberto em 1938. De 1947 a 1953 (ano em que foi instituído o monopólio estatal do petróleo), a produção interna manteve-se sempre acima das importações.

De 1954 (criação da Petrobras) a 1973 (primeiro choque do petróleo), período de intensa industrialização e urbanização, o consumo cresceu em ritmo muito mais acelerado do que o da produção. Em 1973, a produção brasileira de petróleo correspondia a apenas 21% do consumo, ou seja, importava-se 79%. A elevada dependência do petróleo importado, cinco vezes mais caro após o choque, desequilibrou por completo a balança comercial.

Desde então, e principalmente após o segundo choque do petróleo (1979), tornaram-se prioridades nacionais o aumento da produção interna e a busca por fontes alternativas (álcool de cana-de-açúcar), visando à auto-suficiência. Pesados investimentos no ramo petrolífero (pesquisas e prospecção) e a concentração das pesquisas na plataforma continental levaram à descoberta de importantes jazidas na plataforma continental da região de Campos (RJ).

De 1979 a 1985, ao mesmo tempo em que houve a redução do consumo de petróleo, a produção mais do que triplicou. Em 1985, a produção interna representou 50,6% do consumo. Observe essa evolução na figura 5.

Apesar da redução da dependência externa, a importação de petróleo continua tendo um peso considerável na balança comercial brasileira devido às constantes elevações do preço internacional do produto.

Com o fim do monopólio estatal do petróleo, em 1995, a iniciativa privada, nacional e estrangeira, entrou no ramo petrolífero. Em 1997, foi criada a **Agência Nacional do Petróleo** (ANP), autarquia vinculada ao Ministério de Minas e Energia, com a finalidade de promover a regulação, a contratação e a fiscalização das atividades econômicas integrantes da indústria do petróleo. Após licitação realizada pela ANP em 1999, o direito de prospecção e exploração em doze áreas de oito bacias sedimentares foi vendido para a iniciativa particular. Entre as novas operadoras estão a Kerr McGee, a Texaco Brasil, a Esso do Brasil, a Shell e a British Borneo.

Figura 5

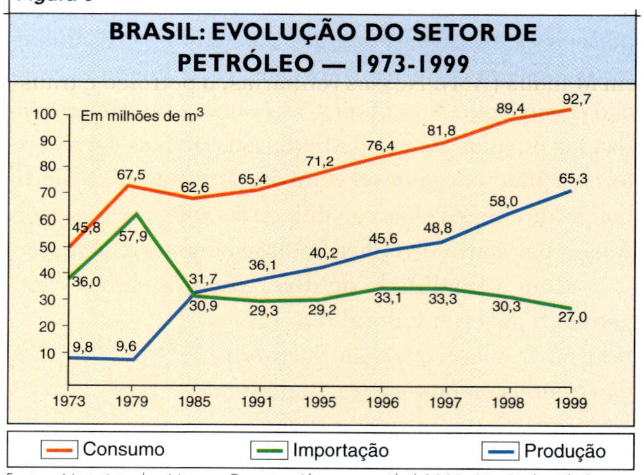

Fontes: Ministério das Minas e Energia; *Almanaque Abril 2001*. São Paulo, Abril, 2001. p. 83.

Produção, refino e transporte do petróleo

A exploração de petróleo em águas profundas culminou com descobertas de campos gigantes. Do total de petróleo produzido no Brasil em 2000, 32% foi extraído do continente e 68% de seus 38 campos em atividade na plataforma continental, que apresenta 44 campos já descobertos. Essa exploração exige tecnologia de ponta, equipamentos complexos, como plataformas fixas no solo oceânico e flutuantes, sistemas de segurança, entre outros.

O Rio de Janeiro, maior produtor nacional, extrai toda a sua produção da plataforma continental. A **Bacia de Campos**, localizada no mar do estado fluminense, é a principal área petrolífera no Brasil (concentra cerca de 85% das reservas) e uma das maiores do mundo em águas profundas. Nela trabalham aproximadamente 12 mil pessoas (população comparável à de uma cidade), distribuídas em 37 plataformas e navios de escoamento de óleo e gás.

Ao final de 1999, as reservas brasileiras somavam 17,3 bilhões de barris de petróleo (óleo e gás). A produção de petróleo da Petrobras, em 2001, era de 487,64 milhões de barris (em território nacional), num total de 505,3 milhões de barris. A dependência externa continua caindo, situando-se em torno de 12 a 15% em 2003, ou seja, o Brasil produz quase 90% do que consome. A Petrobras estima que em 2005 o Brasil alcançará auto-suficiência em petróleo. Os estados produtores de petróleo estão relacionados na tabela 2.

A partir de 1953, o refino passou a ser monopólio da Petrobras, que possui atualmente dez refinarias e uma fábrica de lubrificantes no Brasil e duas refinarias na Bolívia, adquiridas em 1999. A de maior capacidade de refino é a Replan, situada em Paulínia, próximo a Campinas (SP), e a de menor capacidade é a Reman, em Manaus (AM). Nessas refinarias, o petróleo é transformado em gasolina, diesel, gás, óleo combustível, lubrificantes, asfalto e outros produtos.

A Petrobras dispõe de 114 navios-tanques, operados pela Fronape (Frota Nacional de Petroleiros), maior frota de petroleiros do hemisfério sul e quinta maior em tonelagem do mundo.

Depois de extraído, em terra ou no mar, o combustível é transferido por **oleodutos** (meio mais seguro e econômico de transportar petróleo) ou por navios até os **terminais marítimos** (portos especiais para carga e descarga de petróleo e derivados), que a Petrobras possui em vários pontos do litoral brasileiro, como os de Atalaia Velha (Carmópolis, SE), Alves Câmara (Salvador, BA), Almirante Tamandaré (Rio de Janeiro, RJ), Almirante Barroso (São Sebastião, SP) etc.

Há também os **gasodutos**, que transportam o gás natural das áreas produtoras às refinarias, e destas aos centros consumidores (indústrias, residências). A rede de oleodutos e gasodutos da Petrobras mede cerca de 15.300 quilômetros.

A **petroquímica** é um ramo da indústria química derivado da indústria do petróleo, que produz insumos para fertilizantes, inseticidas, fungicidas, herbicidas, plásticos, fibras sintéticas (como náilon), tintas, corantes, adesivos, solventes, detergentes, explosivos, produtos farmacêuticos e outros. Seus produtos podem substituir a madeira, as fibras naturais (como o algodão), o aço, o papel e a borracha natural. É um dos ramos industriais de maior desenvolvimento tecnológico.

A utilização do petróleo apresenta desvantagens, pois significa dependência externa, além de acarretar poluição atmosférica e danos ambientais e à saúde. Em 30 de março de 2001, houve um dos mais graves acidentes do Brasil: o afundamento da plataforma de exploração P-36 da Petrobras, no Estado do Rio de Janeiro (figura 6).

Tabela 2

Brasil: estados produtores de petróleo bruto — 2000

Estado	Mar (plataforma)	Continente (% da produção nacional)
Rio de Janeiro	95,8	—
Ceará	1,1	1,1
Sergipe	1,2	11,5
Rio Grande do Norte	1,2	35,2
Paraná	0,1	2,6
Bahia	—	21,7
Amazonas	—	20,3
Espírito Santo	0,1	5,9
SP/PR	0,5	1,7

Fonte: IBGE. *Anuário estatístico do Brasil 2000*. p. 4-71, 4-72.

Figura 6

TASSO MARCELO/AE

Afundamento da maior plataforma da Petrobras, a P-36, no Campo Roncador, na Bacia de Campos (RJ), em 18 de março de 2001. Além da morte de 10 trabalhadores, o acidente causou prejuízos de 80 milhões de dólares mensais para o país.

4 Carvão mineral

No Brasil, as principais jazidas carboníferas encontram-se na Região Sul. Observe a figura 7. Em 1999, a produção por estados era a seguinte: Santa Catarina, 62,8%; Rio Grande do Sul, 36,4%; e Paraná, 0,6% do total nacional.

A produção interna, iniciada em 1942 para abastecer a Companhia Siderúrgica Nacional (CSN), sempre foi pequena e insuficiente para o consumo. As principais causas da produção carbonífera restrita são a baixa qualidade e baixo poder calorífico — resultantes da elevada quantidade de impurezas (cinza, enxofre) — e a concorrência com o carvão importado, de melhor qualidade e mais barato. Além disso, as jazidas aparecem em camadas pouco espessas e descontínuas, dificultando e encarecendo a extração.

Os dois tipos de carvão mineral produzidos no Brasil são o energético e o metalúrgico. O **carvão energético** destina-se principalmente à produção de eletricidade (usinas termoelétricas) e ao aquecimento de caldeiras industriais (sobretudo no Rio Grande do Sul). O **carvão metalúrgico**, também conhecido por **coque**, utilizado nos altos-fornos das siderurgias, destina-se à produção de ferro e aço. No Brasil, apenas o Estado de Santa Catarina produz carvão coque.

O carvão mineral é uma fonte de energia pouco expressiva no Brasil: em 1999, sua participação no total nacional foi de apenas 1%; no mesmo ano, a participação do petróleo foi de 27%. Os combustíveis utilizados no Brasil para mover as termoelétricas e gerar eletricidade são óleo diesel, carvão, gás natural e coque de petróleo. A queima desses combustíveis produz grande quantidade de poluentes (gases, fuligem), que são lançados na atmosfera.

A Região Sul, responsável pela totalidade da produção nacional de carvão mineral, é a que mais o utiliza na geração de eletricidade (termoelétricas). Nas demais regiões predominam as termoelétricas movidas a óleo e gás natural. Observe a figura 8.

Figura 7

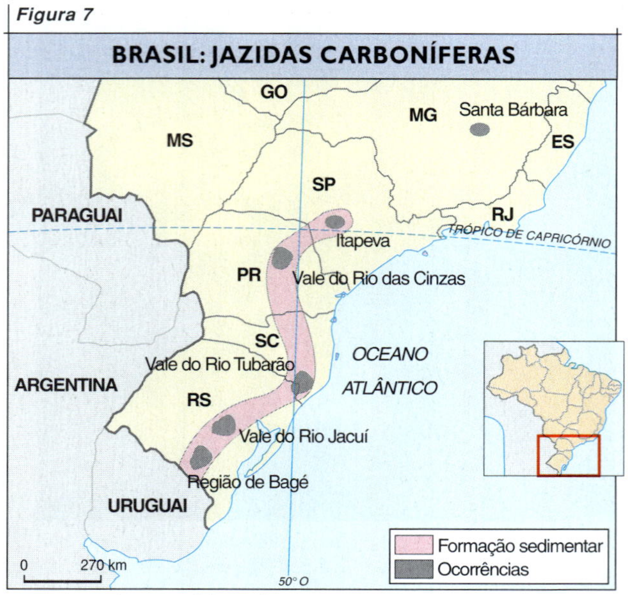

Fonte: IBGE. *Atlas nacional do Brasil*, 1992. p. 54.

Figura 8

Fonte: IBGE. *Atlas nacional do Brasil*, 2000. p. 206.

Energia nuclear

O Brasil começou a desenvolver seu programa nuclear em 1967, com a criação de um grupo de trabalho integrado por representantes do Ministério das Minas e Energia, da Eletrobrás e da Comissão Nacional de Energia Nuclear (Cnen). Em 1969, comprou da Westinghouse Electric Company (EUA) seu primeiro reator nuclear. Em 1972, iniciaram-se as obras da Usina Nuclear Angra I, no município de Angra dos Reis (RJ), próximo aos pólos industriais de São Paulo e Rio de Janeiro.

Em 1974, um ano após a crise do petróleo, o governo decidiu implantar um ambicioso programa nuclear com o objetivo de desenvolver tecnologia própria e ampliar a produção para atender às necessidades das décadas seguintes. Em junho de 1975, um acordo com a então Alemanha Ocidental definiu a aquisição de oito usinas nucleares junto com a transferência de tecnologia para o Brasil.

Atualmente há duas usinas nucleares em funcionamento: Angra I e Angra II (figura 9). A primeira, inaugurada em 1981, tem apresentado problemas constantes e funcionamento intermitente, sendo por isso conhecida como usina vaga-lume; em 1998, interrompeu 11 vezes o funcionamento de seus reatores por problemas de segurança. O projeto prevê também o funcionamento de uma terceira usina, Angra III. Elas utilizam tecnologia ultrapassada e não têm apresentado soluções para o problema da destinação dos resíduos radioativos (problema comum às usinas nucleares de todo o mundo). Apesar de possuir a sexta maior reserva mundial de urânio, o Brasil não domina o processo de enriquecimento (feito na Alemanha e nos Países Baixos). Outro problema é que o solo onde se localiza a usina apresenta instabilidade geológica, exigindo obras de estaqueamento para sua sustentação. É interessante observar que a usina situa-se na praia de Itaorna, nome que em tupi-guarani quer dizer "pedra podre".

A **Eletrobrás Termonuclear** (Eletronuclear), controlada pelas Centrais Elétricas Brasileiras S.A., é responsável pela construção e operação de usinas nucleares, além da geração, transmissão e comercialização de energia elétrica delas decorrente. No entanto, a eletricidade que geram é irrisória e inconstante.

O programa nuclear brasileiro foi um enorme fracasso. Decorridos mais de 30 anos desde a sua criação (1967), e apesar de ter consumido bilhões de dólares, as outras usinas previstas não foram construídas. Além dos riscos de acidentes e do elevado custo (o acordo Brasil–Alemanha foi orçado em 30 bilhões de dólares), sua implantação foi precipitada, uma vez que o país ainda dispõe de grande potencial hidráulico para ser aproveitado. O preço do quilowatt de energia nuclear é cerca de três vezes maior do que o da hidroelétrica.

Apesar de não expelirem fumaça e não necessitarem de barragens, as usinas nucleares são as mais perigosas para o meio ambiente. No Brasil, na hipótese de contaminação, parte do litoral brasileiro, onde se situam, estaria comprometido.

Figura 9

DELFIM MARTINS/PULSAR

Por possuir grande potencial hidroelétrico, o Brasil foi um dos últimos países a se decidir pela energia termonuclear. Na foto, usinas nucleares Angra I e Angra II, em Angra dos Reis (RJ, 1996).

Os perigos da radioatividade: o caso de Goiânia

Se levarmos em conta apenas a utilização pacífica da energia nuclear, ainda teremos muitos problemas advindos da manipulação incorreta e de acidentes em instalações ou em equipamentos atômicos. Os resíduos tóxicos radioativos apresentam um grau de intromissão muito alto no meio ambiente e na vida das pessoas, pois, mesmo decorridos milênios, ainda estarão ocasionando danos.

Muitos materiais nucleares são empregados em tratamentos médicos e em pesquisas científicas. No dia 13 de setembro de 1987, um equipamento com uma cápsula de césio (com 3 centímetros e pesando 90 gramas) foi encontrado por dois sucateiros nas antigas dependências do Instituto de Radioterapia de Goiânia. O material, abandonado de maneira irresponsável pelos proprietários do instituto, desencadeou o mais grave acidente radioativo no Brasil. Pensando tratar-se de uma peça de chumbo valiosa, eles a levaram a um ferro-velho, onde o comprador abriu-a a marteladas. Nos dias subseqüentes, vizinhos e familiares manusearam aquele pó radioativo e encantaram-se com o seu intenso brilho azul. Brincaram como se estivessem em uma festa. Todas as pessoas que entraram em contato com o césio 137 contaminaram-se e passaram mal.

Uma área com um raio de 2.000 m^2 teve de ser isolada por causa da radiação. Oficialmente, quatro pessoas morreram e 706 foram expostas à radiação (55 atingidas por dosagens altas). A limpeza do ferro-velho e da região contaminada resultou em outro problema: 6 mil toneladas de lixo radioativo, hoje depositados em Abadia de Goiás, sob controle da Cnen.

Muitos materiais radioativos, com poder terapêutico, são largamente empregados no tratamento do câncer (radioterapia). Podem apresentar alguns dos efeitos de verdadeiras bombas de césio e de cobalto e encontram-se espalhados por todo o território do país, em grande quantidade e sem controle ou fiscalização adequados.

5 Alternativas energéticas

Apesar de o Brasil ser rico em hidroeletricidade, o aumento de consumo, o esgotamento das fontes de energia fóssil e a contaminação do meio ambiente são alguns motivos que apontam para a necessidade de se reorganizar e diversificar a base produtiva de energia. É preciso ampliar os investimentos em pesquisa e tecnologia, buscando fontes alternativas de geração de energia mais abundantes e não poluentes, como a energia solar, dos ventos, dos oceanos, a biomassa, todas de uso possível no Brasil.

O Brasil oferece a enorme variedade de biomassa tropical, como plantas e madeira. Para produzir bioenergia, pode-se usar também resíduos agrícolas e florestais, turfa, casca de arroz, café e outras, cana-de-açúcar, mandioca e óleos vegetais (dendê, babaçu, mamona, girassol).

Essas espécies vegetais poderiam transformar-se em alternativas de plantio e de desenvolvimento rural sustentável, produzindo energia limpa e não-convencional, propiciando assentamentos de reforma agrária. Projetos agroflorestais com utilidade energética, como o dendê, o girassol, são tão ou mais eficientes como **sumidouros de carbono** (áreas que têm a finalidade de exercer a função de absorção do carbono) do que o reflorestamento para explorar a madeira e permitem maior oferta de empregos e geração de renda. Leia o boxe ao lado.

Os países tropicais apresentam também grande potencial de energia solar, limpa e renovável, resultado da intensa insolação que recebem. No Brasil, há em média 320 dias/sol por ano. Existem ainda grandes possibilidades para usar a energia eólica produzida nos corredores de ventos que se formam, por exemplo, em Santa Catarina e no Ceará.

Mundo curioso

Óleo de girassol move motor

"O operador de máquinas Antonio Rosa termina o preparo de 20 hectares de solo da fazenda Ataliba Leonel, em Manduri, a 355 quilômetros de São Paulo, e não precisa voltar com o trator até a bomba de óleo diesel para reabastecer. Em um galão está o combustível que vai garantir a continuidade do trabalho: óleo de girassol, produzido ali mesmo na fazenda. Tratores e caminhões da Ataliba Leonel, uma fazenda de produção de sementes da Secretaria de Agricultura e Abastecimento do Estado, estão usando 100% do chamado 'biodiesel' em seus motores. Os resultados são, até agora, muito bons. As máquinas apresentaram um rendimento 10% maior por litro consumido em relação ao diesel, e não houve sinais de desgaste além do normal nos equipamentos.

[...] o mesmo óleo que serve para movimentar os motores, inclusive os de irrigação e os das colhedoras, pode ser usado na geração de energia elétrica e na cozinha. 'É o óleo virgem, obtido a partir da prensagem das sementes de girassol.'

A torta que sobra da moagem é componente das rações animais, com alto teor nutritivo."

O Estado de S. Paulo, 13 mar. 2002.

O Proálcool

Após a crise do petróleo em 1973, foi criado o programa do álcool, o **Proálcool**, em 1975, com a finalidade de reduzir a importação de petróleo e de incentivar a produção de cana-de-açúcar.

O programa foi implantado inicialmente em áreas tradicionais de cultivo de cana-de-açúcar, como a Zona da Mata, no Nordeste, a Baixada Fluminense e o planalto ocidental paulista. Na década de 1980, o estado de São Paulo consolidou sua liderança no setor tornando-se o principal produtor. Com a expansão do Proálcool, o país desenvolveu tecnologia adequada para o uso de combustíveis da biomassa, instalou novas usinas e montou destilarias. Nessa época, com subsídios do governo, passou a produzir mais e começou a exportar álcool, em 1978.

A aceitação do carro a álcool no mercado consolidou o Proálcool. São diversas as vantagens do álcool combustível:

- é uma fonte de energia renovável, menos poluente; os carros movidos a álcool e a mistura de álcool anidro à gasolina, em substituição ao chumbo tetraetila, diminuem a poluição;
- permite a redução da importação e da dependência de petróleo (o álcool é uma fonte de energia alternativa, de origem vegetal e tropical, que pode ficar sob o controle de empresas nacionais);
- o sistema sucroalcooleiro gera milhares de empregos diretos e indiretos.

Com a estabilização dos preços do petróleo, a partir de 1986, houve a redução significativa dos investimentos no programa do álcool e a estagnação da produção. Outros fatores contribuíram para essa tendência de queda. Desde o final da década de 1980 e início dos anos 1990 houve escassez de álcool carburante, e o Brasil teve de importar álcool para abastecer a frota de mais de 4 milhões de veículos. As montadoras, diante da crise de abastecimento, reduziram a fabricação de carros a álcool. Os usineiros, por sua vez, preferiram produzir açúcar, cuja cotação internacional estava em alta, em vez de vender álcool a preço relativamente baixo para a Petrobras.

Ao lado das vantagens da produção do álcool, há várias desvantagens ou problemas, que veremos a seguir.

• A produção alcooleira está associada a inúmeros impactos ambientais: erosão do solo; uso de agrotóxicos, contaminando solos e rios; compactação do solo causada pelo emprego intensivo de máquinas; emissões de poluentes devido à prática de queimar a cana-de-açúcar antes da colheita; empobrecimento da diversidade biológica provocado pela eliminação de outros tipos de vegetação e de culturas alimentares; poluição de rios e lagos que recebem os subprodutos do processo de fabricação do álcool, entre eles a água utilizada na lavagem da cana-de-açúcar e o **vinhoto** (líquido residual, resultante da destilação e fermentação da cana-de-açúcar), que causam a mortandade de peixes e de outros seres aquáticos que necessitam de oxigênio para viver.

• Expansão das grandes propriedades e da monocultura da cana-de-açúcar e redução das pequenas propriedades e da produção dos cultivos alimentares.

• O programa beneficiou a indústria automobilística (que substituiu em parte a gasolina pelo álcool) e não o transporte coletivo e de cargas (que utiliza diesel).

• Apesar de o consumidor pagar menos pelo álcool e mais pela gasolina, na realidade o custo de produção do primeiro é mais elevado. Os subsídios governamentais para cobrir a diferença de preço e estimular o consumo do álcool têm corroído as finanças do Estado, pondo em risco a continuidade do Proálcool. O governo, porém, desde 1998 vem diminuindo os subsídios ao programa, praticamente estagnando-o.

Figura 9

DELFIM MARTINS/PULSAR

Combustível de origem vegetal dos trópicos, o álcool é uma das alternativas à substituição dos derivados de petróleo. Vista de plantação de cana-de-açúcar e usina de álcool Nossa Senhora da Aparecida em Itapira (SP), em 1997.

Em 2002, graças a vários aumentos do preço do barril de petróleo, o Proálcool, com uma estrutura diferente, voltou a ser analisado pela sociedade. Na verdade, muitos dos problemas apontados podem ser solucionados, por exemplo, com a adoção de medidas técnicas que viabilizem a colheita de cana-de-açúcar sem queimá-la e que aproveitem o vinhoto, de modo a reduzir a degradação dos solos e a poluição das águas. A cana-de-açúcar leva apenas 18 meses do plantio ao corte, portanto é renovável em curto prazo. Com a solução desses problemas, o Brasil teria condições de se transformar em um dos maiores fornecedores de energia tropical renovável.

AVALIE SEU APRENDIZADO

Construindo conhecimento

Analisando vantagens e desvantagens do uso de alternativas energéticas

1 Qual a importância e a possibilidade de utilização de fontes de energia alternativas no Brasil?

Observe o mapa ao lado e responda às questões 2 a 5.

2 Comente a concentração regional do cultivo de cana.

3 Esse cultivo chega a representar até 90% da superfície total de alguns municípios. Que consequências ambientais essa produção pode trazer para o solo, a água e o ar desses municípios?

Fonte: IBGE. *Atlas nacional do Brasil*, 2000. p. 136.

4 Que conseqüências a expansão do cultivo de cana pode trazer para a alimentação da população?

5 Em grupos, discuta as vantagens e desvantagens da utilização da cana-de-açúcar como alternativa energética.

Fixando o conteúdo

6 Identifique a alternativa que apresenta o recurso natural mais explorado atualmente, no Brasil, para a produção de eletricidade.

a) Carvão mineral.
b) Petróleo.
c) Água.
d) Urânio.
e) Vento.

7 No final da década de 1990, as fontes modernas de energia participavam com 87,1%, e a biomassa participava com 12,9% da energia consumida no país.

a) Quais são as duas fontes modernas de energia mais consumidas no Brasil?
b) Por que o consumo *per capita* de energia é um importante indicador do desenvolvimento dos países?

8 A hidroeletricidade responde por 86,5% do total da capacidade instalada de geração de energia no Brasil.

a) Por que a eletricidade de origem hidráulica é a mais vantajosa para o país?
b) Qual a bacia hidrográfica de maior aproveitamento energético no Brasil?
c) Quais são os principais problemas ecológicos provocados pela construção de usinas hidroelétricas?

9 Sobre o petróleo na economia do Brasil:

a) relacione a produção desse combustível com o desenvolvimento da indústria;
b) cite a principal área e o principal estado que o exploram;
c) comente os principais problemas relativos ao alto consumo de petróleo;
d) explique de que forma é feito o seu transporte.

10 O uso de energia nuclear tem sido uma solução para a crise energética brasileira? Explique.

Complementação do Estudo

Leitura

- BRANCO, Samuel Murgel. *Energia e meio ambiente.* São Paulo, Moderna, 1990. (Coleção Polêmica)

Sites

- *http://www.mme.gov.br/* Página do Ministério de Minas e Energia, traz dados sobre privatizações, além de publicações e artigos relacionados ao setor energético.
- *http://www.copelsolucoes.com/fontes.html* A Companhia Paranaense de Energia oferece página com fontes de energia alternativas, como a solar e a eólica, e as possibilidades de uso.
- *http://www.ien.gov.br* Endereço eletrônico do Instituto de Energia Nuclear com notícias e informações sobre o setor.
- *http://www.anp.gov.br* Com dados estatísticos sobre reservas de petróleo no Brasil, derivados do petróleo, gás natural. Disponibiliza boletins, anuários estatísticos, dados sobre meio ambiente, conservação de energia, legislação.

CAPÍTULO 6 Agropecuária mundial

1 Tipos de agricultura

Até o século XVII, a agricultura era uma atividade rudimentar, instável e de baixa produtividade. A partir da Revolução Industrial (século XVIII), o desenvolvimento da agricultura foi espetacular.

Do ponto de vista técnico e científico podemos considerar três etapas principais no desenvolvimento da agricultura: a arcaica, a moderna e a contemporânea.

- **Agricultura arcaica.** Corresponde à agricultura mais antiga, de subsistência e de baixa produtividade, que emprega técnicas, recursos e instrumentos rudimentares de cultivo (figura 1).
- **Agricultura moderna.** Produto da Revolução Industrial, originou-se na Inglaterra e data da segunda metade do século XVIII. Caracteriza-se pelo aperfeiçoamento de instrumentos agrícolas como o arado de aço, pelo uso de adubos e corretivos para o solo. A aplicação de ciência e de tecnologia foi crescente, principalmente a partir de meados do século XX, acarretando aumento da produção e da produtividade agrícola. Por isso esse período da agricultura ficou conhecido como o da **Revolução Verde**. Muitos países subdesenvolvidos ainda estão nessa fase.
- **Agricultura contemporânea.** É a fase mais evoluída da agricultura e da pecuária, apresentando elevado grau de integração com a indústria (figura 2), com os capitais ou investimentos e com a ciência. Emprega-se pouca mão-de-

Figura 1

RODOLFO MACHADO/KINO

Arado manual em Cambará do Sul (RS, 1995). A agricultura arcaica ainda é praticada em diversas partes do mundo, em especial nos países subdesenvolvidos. É o caso da agricultura itinerante ou sistema de roça (de herança indígena) no Brasil; da *milpa*, na América Central; e da *chilemenê*, na África.

Figura 2

GALEN ROWELL/CORBIS-STOCK PHOTOS

Exemplo de integração entre agricultura e indústria. Vinhedos e vinícola em Napa Valley, Califórnia (EUA, 1989). O local é conhecido como maior produtor estadunidense de vinhos para exportação.

obra, normalmente assalariada. O emprego cada vez maior de máquinas e produtos industriais levou à industrialização das atividades agropecuárias. Leia o texto do boxe "Agricultura e indústria".

A agricultura contemporânea é praticada tanto nos países desenvolvidos quanto nos subdesenvolvidos industrializados, como o Brasil e a Argentina.

Recordando

Produção agrícola é o total produzido em uma área; **produtividade agrícola** é a relação entre a produção e a área, ou seja, quanto foi produzido em uma área num determinado período.

Agricultura e indústria

Da integração entre os setores agropecuário e industrial surgiram os tipos de indústria descritos a seguir.

• **Indústria da agricultura** ou **agroindústria**. Transforma produtos agropecuários em produtos industrializados no próprio local da produção, por exemplo, a indústria de laticínios e de óleos vegetais.

• **Indústria para a agricultura**. Fornece bens de produção (máquinas, equipamentos e produtos químicos, como fertilizantes e pesticidas) para a agricultura.

• **Complexo agroindustrial**. Articulação ou junção da agropecuária com as chamadas indústrias para a agricultura e agroindústrias. É dominado por grandes empresas transnacionais.

2 Mudanças na agricultura num mundo tecnológico

A agricultura contemporânea tem passado por grandes mudanças. Observe algumas delas.

• Mudanças técnicas: grande utilização de energia, água e agrotóxicos (pesticidas etc.), industrialização do processo agrícola, aplicação de adubos químicos, intensificação das pesquisas.

• Submissão ao grande capital: interferência e domínio das grandes empresas e das multinacionais na comercialização e na industrialização dos produtos agropecuários.

• Aumento da produção e de produtores especializados, evolução para a agroindústria e para os complexos agroindustriais.

• Aperfeiçoamento dos mecanismos de comercialização e de escoamento da produção.

• Mudanças nas relações de trabalho com especialização de funções nas agroindústrias (diferente do trabalho rural tradicional) e aumento do trabalho assalariado e diarista.

A agricultura contemporânea também acarreta o abandono das lavouras de subsistência e o crescente aumento da concentração fundiária. Seus impactos sociais são visíveis: êxodo rural, aumento do número de trabalhadores rurais sem-terra e sua exclusão social e econômica, ocupação de novas terras, conflitos pela posse da terra, pressão populacional nas cidades e, em alguns países, expulsão de populações nativas ou indígenas etc.

Novas tecnologias agropecuárias

O elevado grau de mecanização da agropecuária requer, além da aplicação de capitais e de investimentos, conhecimentos nas áreas de agronomia, química, biologia, engenharia, entre outras.

Nunca se investiu tanto em pesquisas na área agropecuária quanto nas últimas décadas. Tecnologias incorporadas aos implementos agrícolas informatizaram colheitadeiras, ordenhadeiras mecânicas e automatizaram a adubação e o plantio. Na área de pesquisas biológicas (vegetal e animal), podemos citar mudanças nos ciclos vegetativo e animal, aumento da produtividade e da concentração de plantas por área, controle de pragas e de doenças. As pesquisas no ambiente físico e químico levaram a grandes progressos, como estufas, irrigações programadas, amadurecedores e aceleradores químicos, calagem, correção dos solos etc.

A união entre indústria e agricultura, desde a década de 1970, passou a ter como importante aliada a tecnologia de ponta, beneficiando-se da **biotecnologia** (uso integrado da bioquímica, da microbiologia e da engenharia química), da **engenharia genética** (que trabalha com organismos vegetais e animais geneticamente modificados) e da **zootecnia** (técnicas de criação e aperfeiçoamento de animais domesticados). A **bioindústria** nasceu dos resultados dessas atividades aplicados à alimentação, à manufatura, ao ramo têxtil etc.

Se a mecanização da agricultura já deixou desempregadas grandes massas de trabalhadores, as novas tecnologias economizam ainda mais mão-de-obra, fazendo crescer o desemprego rural.

Mundo curioso

A história de Dolly

"Em 1997 nasceu uma ovelha. O nome dela era Dolly, e nada em sua aparência indicava que tivesse algo de especial. Mas tinha. Dolly carregava no núcleo de cada célula um código genético roubado de outra ovelha. Ela era um clone. [...]. Daí para a frente, grupos ao redor do mundo anunciaram o sucesso da experiência com vacas, ratos, porcos, cabras. [...] Pior: e quando clonarem pessoas? Alguém vai querer copiar gente de QI alto para aumentar a inteligência da humanidade. Qualquer um poderá se autoclonar ou copiar algum ente querido morto, fazendo uma espécie de temporão artificial. O que você acha disso? Seja qual for sua resposta, a clonagem é uma realidade. Não se volta atrás quando o assunto é avanço do conhecimento."

Superinteressante. São Paulo, Abril, set. 2001. p. 57.

Figura 3

REUTERS/CORBIS-STOCK PHOTOS

Acometida por uma doença degenerativa, a ovelha Dolly foi sacrificada em fevereiro de 2003. Na foto, o animal em março de 2001, no Instituto Roslin (Escócia, Reino Unido).

Transgênicos

Há muitos séculos os agricultores vêm tentando melhorar as espécies de plantas por meio de cruzamentos e da seleção de sementes. No século XX, com o desenvolvimento da **transgenia** (transferência e modificação controlada de genes), foi possível realizar a melhoria genética, com cruzamentos controlados e seleção planejada, revolucionando o processo de produção agropecuária. As espécies animais e vegetais e os microorganismos podem doar genes para um organismo receptor. Os genes doados são incorporados ao DNA do organismo receptor ou **organismo transgênico**, que passa por testes e por um processo de aclimatação até apresentar o resultado desejado e ser lançado na biosfera.

A ampla aplicação de modificações genéticas, tem, segundo seus defensores, as seguintes vantagens:

• **Econômicas**: transformações nos vegetais para torná-los mais rentáveis, eliminando partes que não são economicamente aproveitáveis; criação de plantas adaptadas a diversos ambientes (solo, clima, altitude, luminosidade); criação de novas matérias-primas (alimentos, manufaturas e têxteis); redução do ciclo vegetativo das plantas e da área cultivada. Além disso, a criação de plantas mais resistentes reduziria a necessidade do uso de agrotóxicos e fertilizantes.

• **Científicas**: possibilidade de tornar os alimentos mais nutritivos. O aumento da produtividade e da produção acarretaria menores riscos e gastos, a eliminação de trabalhos mais pesados de cultivo e colheita, assim como a não-utilização da terra (muitas plantas poderiam ser produzidas em laboratórios), ainda tão necessária para a agricultura.

Os adeptos dessa linha de raciocínio afirmam que os transgênicos resolveriam o problema da fome da humanidade.

Dentre os argumentos daqueles que são contra as modificações genéticas de animais e vegetais, citamos:

• **Saúde**: como a alimentação é a base da vida saudável, os alimentos transgênicos acabariam interferindo na saúde das pessoas, aumentando os casos de doenças degenerativas e alergias; os alimentos ficariam mais artificiais e menos nutritivos; não se conhecem exatamente os efeitos adversos ou tóxicos das plantas transgênicas sobre o organismo. Algumas pesquisas apontam toxicidade, aumento dos casos de câncer, transferência de genes para parentes silvestres por meio do cruzamento, surgimento de novas viroses etc.

• **Meio ambiente**: o cultivo de plantas geneticamente modificadas pode provocar desequilíbrios no meio ambiente, como o empobrecimento da biodiversidade, a eliminação de insetos benéficos, o desenvolvimento de resistência a agrotóxicos e antibióticos e até a extinção de espécies.

• **Econômicas**: grandes interesses estão em jogo; o aumento das vendas e a redução de gastos beneficiariam grupos empresariais transnacionais (que vendem insumos e tecnologia), aumentando seus lucros; os pequenos proprietários só teriam a perder, pois não têm acesso à tecnologia de ponta.

Ao perigo inerente à manipulação da herança genética, soma-se a questão de que poucos laboratórios detêm a tecnologia necessária à criação de organismos transgênicos com segurança e, portanto, apenas eles dominariam esse mercado. E os grandes laboratórios têm se preocupado mais em criar tomates de amadurecimento lento, que possam ser estocados por períodos mais longos, do que em desenvolver variantes resistentes para serem cultivadas em regiões secas do mundo.

Além disso, o propagado objetivo de eliminar a fome não é verdadeiro, pois o problema não resulta da falta de alimentos, e sim das restrições de acesso a eles.

O mercado europeu tem recusado produtos transgênicos, como por exemplo a soja.

3 Sistemas ou modos de produção agrícolas

A agricultura e a pecuária são atividades milenares e universais. Apesar da tendência de urbanização do mundo, elas são praticadas na grande maioria dos países, uma vez que o desenvolvimento tecnológico atual permite superar condições adversas de clima e solo.

Algumas práticas são consideradas globais: tanto a agricultura quanto a pecuária podem ser praticadas de forma extensiva ou intensiva. A **agropecuária extensiva** é praticada em grandes áreas (a terra é o fator decisivo), com pouco capital, geralmente utilizando mão-de-obra reduzida ou pouco especializada. A **agropecuária intensiva** utiliza grande mecanização e mão-de-obra qualificada (predomínio de capital). Entretanto, o modo ou a forma de se praticar a agricultura, ou seja, o **sistema agrícola** difere muito de um lugar para outro em função das condições socioeconômicas, culturais e técnicas das diferentes coletividades humanas, bem como das influências do meio físico ou natural. Vejamos os principais sistemas agrícolas do mundo.

Agricultura de subsistência e agricultura itinerante

A **agricultura de subsistência**, que atende às necessidades básicas de consumo alimentar dos agricultores e de suas famílias, ainda é praticada em regiões muito pobres do planeta (principalmente na África e na América Latina). Ocorre em pequenas propriedades onde os agricultores não têm capitais nem meios técnicos disponíveis (adubos, máquinas etc.). O excedente da produção pode abastecer centros urbanos.

Estudos mostram que o grau de subnutrição nos grupos que praticam cultivos de subsistência é menor do que na mão-de-obra temporária que trabalha em lavouras de exportação. No entanto, esse tipo de agricultura vem desaparecendo, pela incorporação dos pequenos agricultores ao processo de desenvolvimento do capitalismo no campo (modernização, mecanização, sistema assalariado etc.).

Na prática da **agricultura itinerante**, o agricultor ateia fogo à mata (queimada) para proceder ao destocamento e à semeadura da terra. O não-emprego de adubos e de outros recursos técnicos, bem como a ação das chuvas (enxurradas), acarretam o esgotamento precoce e o conseqüente abandono do solo em busca de outra área, na qual todo o processo se repete. Caracterizada pelo cultivo de alguns produtos de subsistência — como a mandioca, o milho, o inhame etc. —, atualmente a agricultura itinerante ocorre sobretudo na América Latina e na África.

Muito comum em todas as regiões do Brasil, a **agricultura de roça** é um exemplo de agricultura itinerante e de subsistência. Empregando instrumentos tradicionais e queimadas, o grupo que a pratica obtém baixa produtividade. Veja a figura 4. A **criação nômade** de gado ou o **pastoreio** — também itinerante — é desenvolvida na África e na Ásia.

Figura 4

HAROLDO PALO JR./KINO

Em geral praticada com trabalho familiar, a agricultura de subsistência atende às necessidades do grupo. Horta familiar em Registro, região do Vale do Ribeira, em São Paulo (1996).

Agricultura de jardinagem

É praticada no sudeste da Ásia (Ásia das monções), região superpovoada caracterizada por verões quentes e superúmidos. Trata-se de uma agricultura tradicional que utiliza técnicas mais ou menos aprimoradas (irrigação e adubação) e cuidados especiais em relação aos vegetais e ao solo, atingindo boa produtividade por hectare (obtenção do máximo de produção no menor espaço possível). Veja a figura 5.

Apesar de o arroz ser a cultura dominante, não se trata de uma monocultura, visto que diversos outros vegetais são cultivados. Outras características desse sistema são:

- propriedades muito pequenas e mão-de-obra abundante;
- predomínio das técnicas de adubação e de irrigação (natural ou artificial); é utilizada também a técnica de **terraceamento**: são feitos terraços artificiais (aplainamento em degraus de superfícies inclinadas, interrompendo um declive) para retenção da água e de sedimentos. Esses degraus são feitos em **curvas de nível**, que são pontos de um terreno com a mesma altitude ou linhas de mesma altitude, traçadas em um mapa para representação plana das elevações do relevo. Essa técnica, além de permitir o cultivo em terrenos inclinados, preserva o solo, evitando a erosão e mantendo sua fertilidade (impede que as águas das chuvas carreguem a camada superficial de húmus);
- intenso trabalho braçal nas fases de adubação, plantio, colheita, construção de terraços etc. e reduzido uso de máquinas;
- utilização intensiva do solo e grande emprego de adubos orgânicos.

Agricultura de *plantation*

Esse tipo de agricultura foi introduzido pelos europeus em suas colônias tropicais a partir do século XVI, período que coincide com a decadência do feudalismo e o início da expansão comercial e colonial européia. O sistema de ***plantation*** opõe-se à agricultura itinerante e à de jardinagem, que são sistemas nativos (autóctones).

Suas principais características são:

- aplicação de grandes capitais na produção de gêneros agrícolas tropicais destinados a abastecer as metrópoles;
- emprego de grandes propriedades (latifúndios) e de numerosa mão-de-obra (escrava ou nativa) para garantir a produção em larga escala;
- utilização da monocultura agroindustrial voltada para o mercado externo.

A *plantation* foi e continua sendo praticada em países tropicais da América Latina, da Ásia e da África, com conseqüências de extrema gravidade, que explicam em grande parte a situação de miséria, atraso e submissão em que até hoje se encontram esses países.

Essas conseqüências são: excessiva concentração de terras (latifúndios), abandono das lavouras de subsistência, desenvolvimento de monoculturas e dependência aos mercados externos, além de instabilidades econômicas, revoltas sociais, esgotamento dos solos etc.

Como exemplos de *plantation* podemos citar a cana-de-açúcar (Brasil e Antilhas), o cacau (Brasil, Gana e Costa do Marfim), o café (Brasil, Colômbia e América Central), o chá (Índia e Sri Lanka), as frutas, banana principalmente (América Central), a borracha (Malásia, Indonésia e Sri Lanka). Veja a figura 6.

Figura 5

CID

A agricultura de jardinagem é uma prática agrícola bastante antiga e difundida na Ásia de monções. Na foto, plantação de arroz em Ubud, Bali, na Indonésia (década de 1990).

Figura 6

JEREMY HORNER/CORBIS-TOCK PHOTOS

A grande propriedade fundiária e a monocultura exportadora ainda prevalecem em muitas regiões do planeta. Na foto, mulheres colhendo folhas de chá, em Sri Lanka (1996).

4 A agricultura no mundo

Considerações gerais

As nações industrializadas apresentam alto grau de urbanização e a agropecuária ocupa uma pequena parcela de mão-de-obra. Observe a figura 7.

A maior parte dos países subdesenvolvidos não-industrializados possui baixos índices de urbanização. Outra parte conta com intensa urbanização em virtude do elevado êxodo rural, que se deve, entre outros fatores, ao baixo padrão de vida no campo.

Grande parte da população economicamente ativa da África e da Ásia continua empregada no setor primário, embora esses continentes sejam os que mais apresentam problemas de fome e de subnutrição. Ali a população rural ultrapassa os 62%, mas chega a representar mais de 80% da população total em muitos países, como em Burundi, Etiópia, Ruanda, Malauí, Máli, Níger (na África) e Butão (na Ásia).

Agricultura nos países subdesenvolvidos

Os sistemas agrícolas tradicionais asiático, africano e latino-americano, fundamentados na apropriação e na produção coletivas, foram desorganizados, desde o século XVI, devido à inserção dessas regiões no modo de produção capitalista.

Como conseqüência, em grande parte dos países dessas regiões predomina uma agricultura de subsistência, complementar à *plantation* (desenvolvida nas melhores terras). O aumento da produção ainda se faz por extensão da área cultivada, pois não contam com capital e tecnologia modernizadora para promover aumento de produtividade.

Esses países ainda constituem sociedades rurais de baixo poder aquisitivo, com mercado interno muito fraco e submissão ao mercado mundial de commodities.

Embora a produção de produtos primários represente mais de 50% do PNB de muitos países (Afeganis-

Figura 7

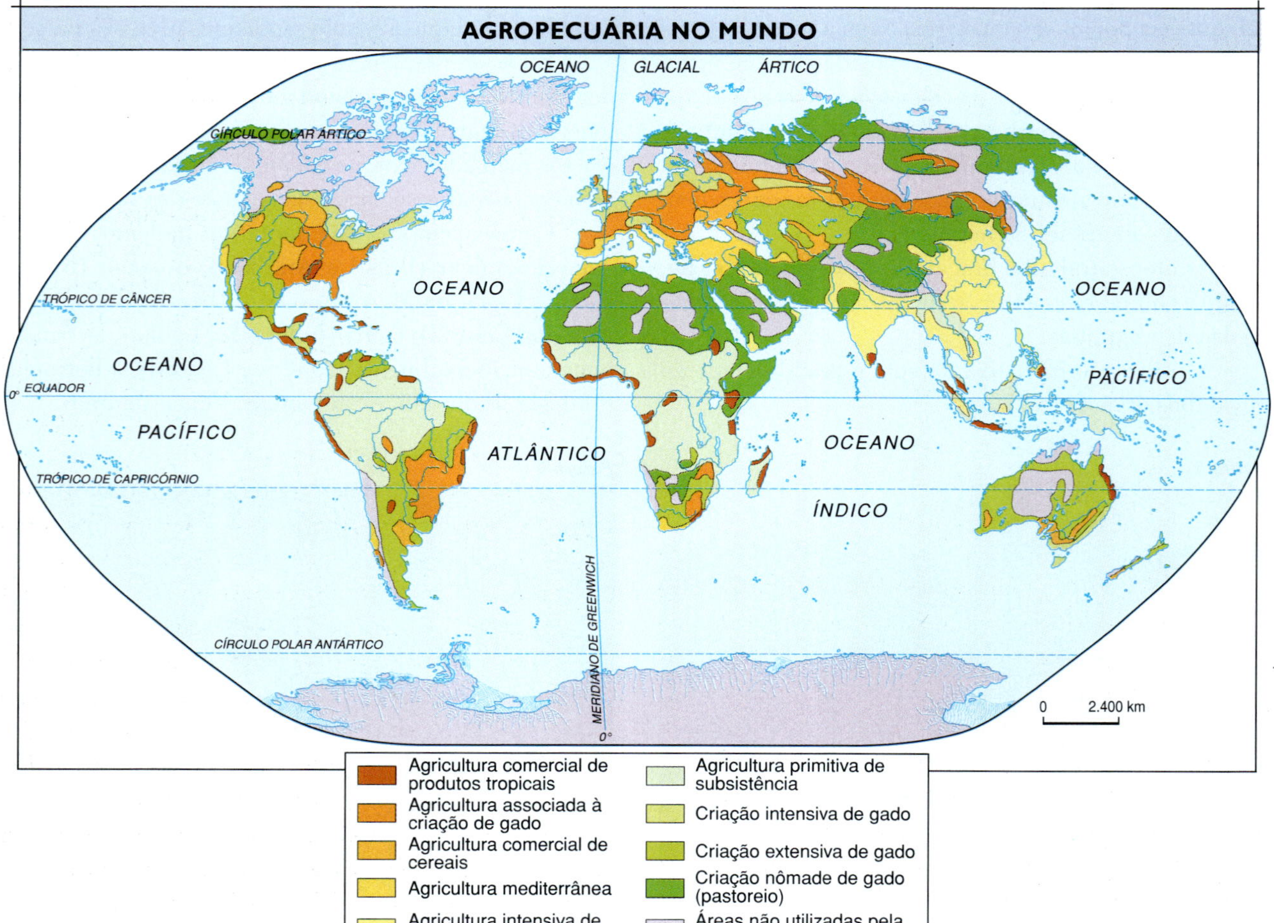

Fonte: FERREIRA, Graça Maria L. *Atlas geográfico: espaço mundial*. São Paulo, Moderna, 2002. p. 73.

tão, Camboja, República Centro-Africana, Congo, Etiópia, Laos, Mianmar, Tanzânia), eles nem sempre são os maiores produtores ou exportadores. A tecnologia empregada pelos países industrializados na agricultura permite grande produtividade e coloca muitos deles entre os maiores produtores e exportadores mundiais, como é o caso dos Estados Unidos. Observe a tabela 1, ao lado.

Tabela 1

Agropecuária mundial: maiores produtores e exportadores

Produto	Maiores produtores[1]	% do total mundial	Maiores exportadores[2]	% do total mundial
Arroz	China	34,2	EUA	62,5
	Índia	21,7	Argentina	12,3
Batata	China	15,0	Países Baixos	21,0
	Rússia	10,8	Alemanha	13,6
Cacau	Costa do Marfim	37,5	Costa do Marfim	40,4
	Gana	13,0	Gana	13,6
Café (verde)	Brasil	25,0	Brasil	18,4
	Colômbia	10,5	Colômbia	13,1
Cana-de-açúcar	Brasil	27,0	Nepal	52,3
	Índia	21,1	Colômbia	28,5
Feijão	Índia	23,5	Mianmar	30,0
	Brasil	15,1	China	19,5
Soja	EUA	47,9	EUA	67,1
	Brasil	19,5	Brasil	4,2
Trigo	China	19,8	EUA	24,1
	Índia	12,2	Austrália	18,1
Bovino	Índia	16,1	França	18,0
	Brasil	12,0	Austrália	15,9
Suíno	China	50,3	Canadá	23,8
	EUA	6,4	China	16,9
Frango	China	22,8	Países Baixos	17,7
	EUA	12,6	Alemanha	11,2

[1]Dados de 1999. [2]Dados de 1997.
Fonte: FAO. In: *Almanaque Abril 2000*. São Paulo, Abril, 2000. p. 50.

Agricultura dos Estados Unidos

O país é o principal representante da moderna agricultura de excedentes, especializada, especulativa e de mercado.

A partir da segunda metade do século XIX, a agricultura norte-americana obteve um grande desenvolvimento. A preocupação com a produção industrial acarretou uma crise generalizada da produção agrícola européia. Graças ao menor custo de produção em relação à Europa, países como Estados Unidos, Austrália, Argentina e Canadá passaram a conquistar o mercado europeu de produtos agropecuários.

O desenvolvimento da agricultura estadunidense resultou, portanto, de seu caráter competitivo no plano externo, combinado a diversos outros fatores internos, como a abolição da escravatura, a agilidade governamental no processo de acesso à terra, o elevado contingente de imigrantes (sobretudo europeus), a conquista e a expansão territorial (disponibilidade de terras), as grandes extensões de solos férteis (as pradarias, principalmente) e a rápida modernização e mecanização da agricultura.

Com exceção das regiões nordeste (de povoamento mais antigo e agricultura semelhante à européia) e sul (lavouras subtropicais de *plantation*), a agricultura estadunidense estruturou-se com base na média e na grande propriedade familiar — ***farmers*** — e na produção especializada.

A produção especializada está na origem dos **cinturões agrícolas** (***belts***), extensas áreas do território destinadas ao cultivo de um produto principal (monocultura), nas quais se desenvolve uma moderna agricultura comercial, por exemplo, ***wheat belt*** (trigo), ***cotton belt*** (algodão), ***corn belt*** (milho), ***ranching belt*** (pecuária extensiva). A associação de produtores permite a integração entre agricultura, comércio e indústria, garantindo contratos de exportações, fornecimento de matérias-primas, utilização de tecnologia, máquinas etc. Os ***green belts*** ou cinturões verdes são propriedades pequenas, geralmente em torno das cidades, nas quais se pratica a agricultura intensiva para abastecer os centros urbanos.

Contando com limitações naturais (montanhas, temperaturas baixas), as principais áreas agrícolas são as regiões de planícies e de baixos planaltos (regiões de solos férteis). A pecuária extensiva é desenvolvida nas regiões áridas e semi-áridas do oeste do país.

Apesar de a agropecuária participar, em 1999, com apenas 2% do PIB dos Estados Unidos e absorver apenas 3% de sua população economicamente ativa, o país é a principal potência agrícola atual, o maior produtor e exportador mundial de alimentos. Sua influência é tão grande no comércio agrícola internacional (preços e transações) que qualquer mudança em sua política agrícola tem conseqüências mundiais. Observe, no quadro 1, os dados sobre o desempenho dos Estados Unidos na agropecuária mundial.

Quadro 1

EUA: principais produtos na agropecuária mundial — 2000

Produto/Tipo	Posição mundial
Milho, soja, sorgo, cerveja, leite, queijo, papel	1º
Manteiga, carne, suínos, frango, fibra de algodão, fio de algodão	2º
Trigo, aveia, açúcar, eqüinos, tecido de algodão	3º

Fonte: *Calendario Atlante De Agostini 2003*. Novara, Istituto Geografico De Agostini, 2002. p. 116-123.

Em 2001, os dados sobre a produção mundial de cereais (*L'état du monde 2003*) colocam os Estados Unidos como o maior exportador (32,1% do total mundial) e o segundo maior produtor (15,7%), ficando atrás apenas da China (19,5%).

Quanto aos demais países e regiões cujo sistema agrícola assemelha-se ao dos EUA (agricultura mecanizada, comercial e especializada), podemos citar Canadá, Austrália, África do Sul, Argentina, Região Centro-Sul do Brasil, todos exportadores de cereais (trigo, milho etc.) e de outros produtos agropecuários (soja, carne, lã etc.) de grande consumo mundial.

Agricultura européia

O primeiro período de grande desenvolvimento da agricultura européia (por volta de 1780 a 1880) coincide com a primeira fase da Revolução Industrial. Esse desenvolvimento deu-se principalmente graças à difusão de novas técnicas agrícolas (rotação de culturas), à maior utilização de máquinas e ferramentas agrícolas (fornecidas pela indústria) e ao maior consumo de alimentos pela população. Entretanto, a concorrência cada vez maior dos produtos estrangeiros (mais baratos) levou a agricultura européia a uma grave crise, que se iniciou no final do século XIX.

O período posterior a essa crise generalizada (agravada pela Depressão de 1929) foi marcado por uma reorganização e modernização da agropecuária, cujas principais características foram:

• substituição da tradicional policultura pela agricultura especializada de mercado (trigo, vinho, batata, entre outras);

• melhoria da infra-estrutura do setor agropecuário (armazéns, silos, estábulos, escoamento e comercialização da produção) e maior emprego da mecanização, da adubação química etc.;

• reagrupamento das propriedades (concentração fundiária), maior participação empresarial no setor, submissão do produtor ao capital e maior participação do Estado no financiamento da produção;

• difusão do cooperativismo agropecuário (Dinamarca, Países Baixos, Suécia etc.) tanto na compra de insumos agropecuários (adubos, máquina etc.) quanto na comercialização dos produtos do setor.

Essa grande modernização tornou a agricultura européia mais eficiente e competitiva. Entretanto, os países europeus ocidentais continuam sendo, em sua maioria, deficitários na produção de alimentos. Observe a figura 8.

Apesar da modernização pela qual passou, a agricultura européia ainda emprega alguns métodos clássicos, como a rotação de culturas e a associação agricultura–pecuária. Observe o quadro 2.

Figura 8

UNIÃO EUROPÉIA: PARTE DA PRODUÇÃO MUNDIAL — 2000

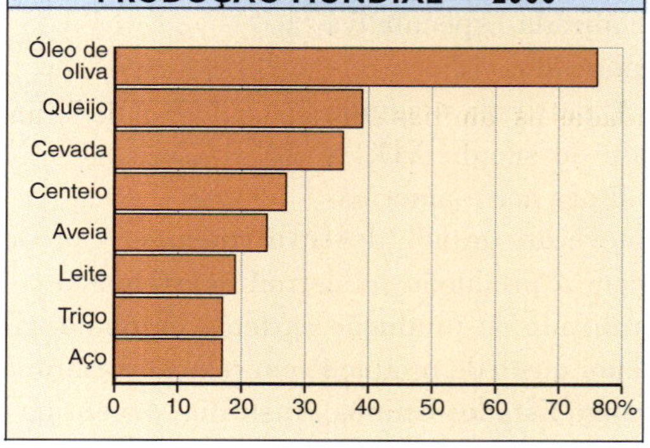

Fonte: *Calendario Atlante De Agostini 2003*.

Quadro 2

Europa[1]: principais destaques na agropecuária mundial — 2000

País	Posição na produção mundial
França	Trigo (4º), milho (6º), cevada (5º), vinho (1º), leite (5º), manteiga (4º), queijo (2º), carne (4º), fibra de linho (3º)
Alemanha	Cevada (3º), centeio (2º), cerveja (3º), leite (4º), manteiga (5º), queijo (3º), carne (5º), suínos (4º), tecido de lã (6º), papel (5º)
Itália	Vinho (2º), queijo (4º), óleo de oliva (2º), fio de lã (1º), tecido de lã (2º), tecido de algodão (4º)
Espanha	Cevada (4º), vinho (3º), óleo de oliva (1º), suínos (5º), carne (6º)
Turquia	Cevada (6º), óleo de oliva (4º), chá (5º), fio de lã (4º), fibra e fio de algodão (5º), tabaco (6º)

[1] Países selecionados.
Fonte: *Calendario Atlante De Agostini 2003*. p. 116-123.

Mudanças do mundo em transição: Rússia e China

Rússia

A partir da Revolução de 1917, a propriedade privada foi abolida na Rússia e as terras foram coletivizadas. Predominava ali o modelo de exploração agrícola baseado nos ***kolkhozes*** (fazendas coletivas) e nos ***sovkhozes*** (fazendas estatais).

A ex-URSS chegou a se tornar uma das maiores potências agropecuárias do mundo (grande extensão territorial, mão-de-obra numerosa, mecanização etc.). Apesar das condições naturais desfavoráveis de grande parte de seu território (secas, invernos muito rigorosos) e da prioridade dada à produção industrial e bélica, a participação do capital estatal foi decisiva nesses avanços.

No período que antecedeu as reformas (1981-1985), a União Soviética passou por uma série de insucessos nas colheitas, gastou suas reservas na importação de cereais e não investiu na modernização para ampliar a produção (a maior parte das terras aráveis estava ocupada).

A partir de 1990, com os novos planos de transição para a economia de mercado, os *kolkhozes* foram desativados (alguns abandonados), as lavouras foram arrendadas às famílias e as terras do Estado foram distribuídas.

Em 1991, ocorreu a dissolução da União Soviética e a criação da CEI (Comunidade de Estados Independentes).

Na década de 1990 foram elaborados planos de organização de empresas agrícolas adaptadas às regras de mercado. Apesar de todos os problemas, a Rússia ainda se destaca na produção agropecuária mundial. Observe o quadro 3.

Quadro 3

Rússia: principais produtos na agropecuária mundial — 2000

Produto/tipo	Posição mundial
Cevada, centeio, aveia, tecido de linho	1º
Batata	2º
Leite, fibra de linho	3º
Trigo, painço	5º
Manteiga, suínos, frango, pesca, madeira	7º

Fonte: *Calendario Atlante De Agostini 2003*. p. 116-123.

China

Após a Revolução Socialista de 1949, a agricultura foi considerada a base do desenvolvimento da China. A utilização da terra foi coletivizada. As tradicionais práticas de agricultura comunitária deram origem, inicialmente, às cooperativas agrícolas e, mais tarde (1957), às **comunas populares** (comunidades agrícolas coletivas).

Embora contando com o maior contingente populacional do mundo (mais de 1 bilhão de habitantes) e dispondo de condições naturais adversas na maior parte de seu território, o desempenho da agricultura chinesa no período pós-revolução foi excelente, contando com grandes projetos de irrigação e recuperação dos solos.

Em 1984, o governo chinês anunciou oficialmente um conjunto de reformas econômicas que vinham sendo experimentadas desde o final da década de 1970: permissão para a exploração individual ou familiar da agricultura, introdução do conceito de lucro nas atividades econômicas, adoção de tecnologias e capitais estrangeiros, estímulo à produtividade do trabalhador, flutuação dos preços, criação de cartão de crédito, criação da Bolsa de Valores, estímulo ao consumo etc.

Quanto à agricultura e mais particularmente às comunas populares, a principal mudança foi a permissão dada às famílias para explorar individualmente a terra e comercializar diretamente a produção excedente. A produção passou a ter três destinos: uma parte é vendida ao Estado, outra é destinada à comunidade local e outra é comercializada livremente pela família produtora. Esse sistema tem propiciado maior produtividade, maior produção e maiores ganhos.

Apesar de subsistirem técnicas arcaicas de produção, inovações científicas e tecnológicas foram introduzidas na agricultura, que ocupa quase 50% da população ativa da China. A produção de arroz ocupa a maior área do espaço agrário. Observe a figura 9, abaixo, e o quadro 4 na página seguinte.

Figura 9

CHINA: PARTICIPAÇÃO NA PRODUÇÃO MUNDIAL — 2000

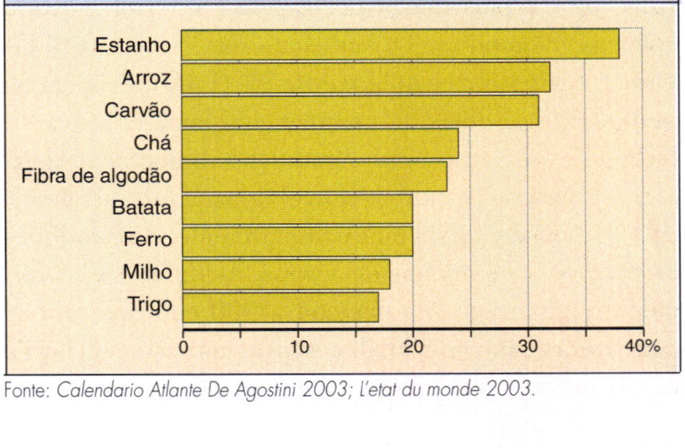

Fonte: *Calendario Atlante De Agostini 2003; L'etat du monde 2003.*

Quadro 4

China: principais produtos na agropecuária mundial — 2000	
Produto/tipo	***Posição mundial***
Trigo, arroz, batata, amendoim, tabaco, carne, fibra, fio e tecido de algodão, fibra de linho, tecido de lã, ovinos, caprinos, suínos, frango, pesca, madeira	1º
Milho, chá, cítricos, cerveja, fio de lã, papel	2º
Painço, bovinos	3º
Soja, açúcar, banana	4º
Cevada, borracha	5º

Fonte: *Calendario Atlante De Agostini 2003*. p. 116-123.

Figura 10

DISPONIBILIDADE ALIMENTAR POR HABITANTE — 1997

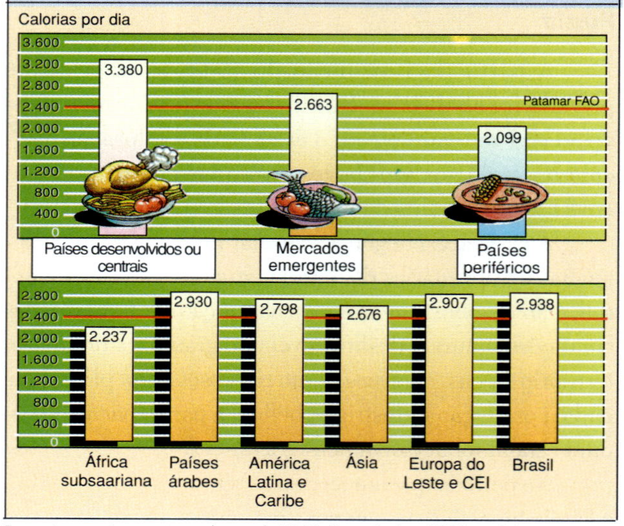

Fonte: *Images économiques du monde 2001*. Paris, Sedes, 2001. p. 34.

6 Geopolítica, ecologia e agricultura

Agricultura e alimentação: a fome no mundo

A finalidade primordial da agricultura é a produção de alimentos e matérias-primas. Entretanto, apesar de todos os progressos realizados pela humanidade, o número de famintos no mundo continua alto.

Fome não é somente a falta quantitativa de alimentos para satisfazer nosso apetite. É também a falta de determinados elementos específicos (proteínas, vitaminas e sais minerais) indispensáveis ao funcionamento do organismo e à própria vida. Em síntese, podemos dizer que fome é a falta de qualquer um dos elementos nutritivos (cerca de quarenta) indispensáveis à manutenção da saúde.

Embora existam divergências em relação à quantidade diária de calorias de que o ser humano necessita, o número mais aceito gira em torno de 2.400 a 2.500 calorias para um indivíduo de atividade física moderada.

Segundo dados do *Calendario Atlante De Agostini 2000*, de um total de 192 países, em 68 deles o consumo de calorias diário *per capita* é inferior a 2.500 calorias. Segundo a Organização das Nações Unidas para a Agricultura e a Alimentação (FAO), existem no mundo 826 milhões de pessoas com fome crônica e 1 bilhão de pessoas subalimentadas (alimentação deficiente). Nos países subdesenvolvidos, a falta de comida é responsável pela morte, anualmente, de 6 milhões de crianças com menos de 5 anos. As deficiências alimentares mais graves chegam a 900 calorias diárias *per capita*, como na Somália, no Afeganistão, no Haiti e em Burundi. Veja a figura 10.

Por que existe a fome no mundo?

A fome no mundo deve-se muito mais a fatores políticos e econômicos — como concentração de renda, por exemplo — do que propriamente à existência de condições naturais adversas à agricultura ou à falta de alimentos. Analise os fatos apontados a seguir.

- Quanto ao potencial agrícola, segundo a FAO, mais de um quarto da superfície terrestre está apta para a agricultura, o que representa o dobro da superfície cultivada entre 1994 e 1996.
- Embora em muitos países subdesenvolvidos ainda predomine a população rural, eles não são os maiores produtores e consumidores de alimentos. A maior parte de sua produção destina-se ao mercado externo e não a resolver problemas internos de fome.
- Nos últimos 25 anos, a agricultura passou por um processo de modernização (mecanização, uso de fertilizantes químicos, modificações genéticas etc.) e de aumento de produção.
- Apesar de nunca ter havido tanta fartura na produção de alimentos (suficiente para toda a humanidade), o número de famintos aumentou. Ocorre uma grande inversão de prioridades. Um exemplo é o fato de a maior parte da soja produzida nos países subdesenvolvidos ser exportada para alimentar o gado dos países desenvolvidos, enquanto a fome atinge milhões de pessoas.
- A modernização da agricultura provocou não apenas o desemprego em massa, mas também a elevação do preço da terra e da produção, desalojando os pequenos produtores.

Figura 11

PETER TURNLEY/CORBIS-STOCK PHTOS

Fome, subnutrição, um verdadeiro quadro de horror e vergonha para a humanidade. Vítimas da fome ocasionada pela guerra civil, em Baidoa, na Somália (agosto de 1992).

• O aumento da produção acarretou queda dos preços dos produtos agrícolas, menos valorizados que os industrializados.

• A produção e a distribuição mundial de alimentos são controladas por empresas transnacionais, que também impõem os preços. Entre os grupos agroindustriais de maior faturamento estão a Philip Morris (fumo, EUA), a Unilever (gorduras, Países Baixos), a Nestlé (diversos, Suíça), a Pepsico (bebidas não-alcoólicas, EUA).

Conflitos e agricultura

Muitos dos conflitos do mundo atual se desenvolvem em áreas rurais e têm como fator desencadeante a posse da terra ou a disputa por áreas férteis. Os países subdesenvolvidos, principalmente, apresentam forte concentração de renda e de terras nas mãos de poucas pessoas.

O combate à fome e à pobreza está diretamente relacionado com modificações na estrutura e nas relações agrárias, como a melhoria de técnicas de cultivo e o aumento da produção agrícola. Está diretamente ligado a uma redistribuição de terras e acesso aos demais meios de produção, ou seja, à **reforma agrária**.

Países como a Indonésia, a Malásia e a Coréia do Sul conseguiram reduzir a pobreza incluindo em suas estratégias de crescimento (desde os anos 1970) uma distribuição das terras.

Por outro lado, guerras e conflitos na África — que somente na década de 1990 devastaram catorze países — desarticularam grande parte das comunidades rurais, que tiveram de se refugiar em outros países, além de comprometer a agricultura e o meio ambiente.

O mapa da figura 12 mostra as principais áreas de origem das mais importantes espécies agrícolas.

Figura 12

ÁREA DE ORIGEM, RESERVATÓRIOS GENÉTICOS E CONFLITOS

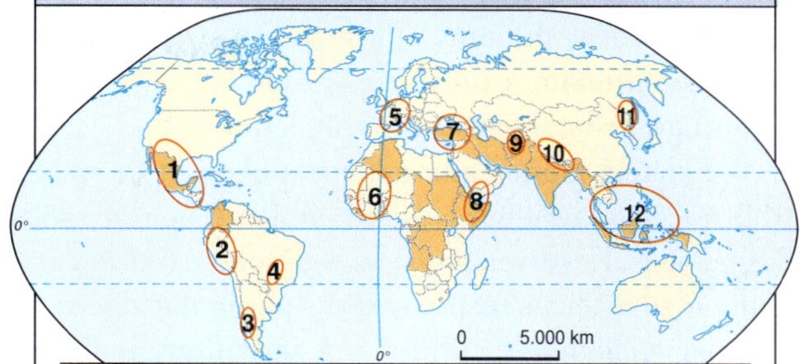

1. América Central: milho, feijão, batata-doce
2 e 3. Andes: batata, feijão, amendoim
4. Sul do Brasil: mandioca
5. Mediterrâneo: aveia, couve
6. África ocidental: painço, fonio (um cereal), arroz africano, sorgo, inhame, feijão-de-frade, amendoim
7. Sudoeste asiático: centeio, cevada, trigo, ervilha
8. Abissínia: cevada, sorgo, painço
9. Ásia central: trigo
10. Índia / Mianma: arroz, trigo
11. China: arroz, soja, painço
12. Sudeste asiático: banana, cana-de-açúcar, inhame, arroz

Conflitos armados internos ou fronteiriços

Fonte: *O Correio da Unesco*, out. 1999. p. 14.

Essas áreas de origem (locais onde as plantas foram domesticadas pela primeira vez) são verdadeiros **reservatórios genéticos**.

As guerras não só destroem a vida das pessoas, mas interrompem o plantio, o sistema tradicional de trocas de sementes e a transmissão de conhecimentos. Com o fim da guerra, os agricultores, empobrecidos e sem os vínculos anteriores, geralmente começam a praticar uma agricultura com sementes estranhas às condições e cultura locais, fornecidas por organismos de ajuda internacional. As conseqüências são fome, prejuízos para a biodiversidade e perda do conhecimento milenar das populações nativas.

Agricultura, ecologia e desenvolvimento sustentável

O uso dos chamados métodos não-sustentáveis de agricultura — como os que empregam fertilizantes químicos, desmatamentos, irrigação excessiva, agrotóxicos (pesticidas, herbicidas, desfolhantes etc.) — tem provocado grandes agressões ao meio ambiente: erosão, infertilidade, desertificação, mudanças climáticas, contaminação dos solos, das águas e dos animais, entre eles o homem.

Por exemplo, o uso indiscriminado de agrotóxicos pode acarretar muitos problemas. Como nas aplicações não se respeitam as normas de segurança e esses produtos são comprados sem orientação técnica e aplicados intensivamente em doses tóxicas, podem contaminar o solo, os rios, os aplicadores, os trabalhadores e os consumidores. Além disso, a utilização excessiva ou inadequada desses fertilizantes acarreta elevação dos custos e aumento no preço final dos produtos. Problemas idênticos ocorrem com o uso de pesticidas. Apesar do aumento de seu uso, as pragas e pestes continuam a provocar perdas nas safras, pois se tornam resistentes aos produtos químicos.

Existem muitas alternativas à agricultura industrial que não agridem o meio ambiente nem a saúde das pessoas. Em diversos locais, agricultores conseguem cultivar suas terras respeitando as particularidades regionais, ecológicas e culturais. A **agricultura biológica** ou **orgânica**, diversificada e ecologicamente regeneradora, pode fornecer sustento sadio a milhões de pessoas.

As condições necessárias à viabilização desse tipo de agricultura são terra, água e solos sadios, uso de técnicas de controle biológico, de fertilizantes orgânicos, controle da erosão etc. Observe a figura 13.

Figura 13

O CONCEITO DE AGRICULTURA SUSTENTÁVEL

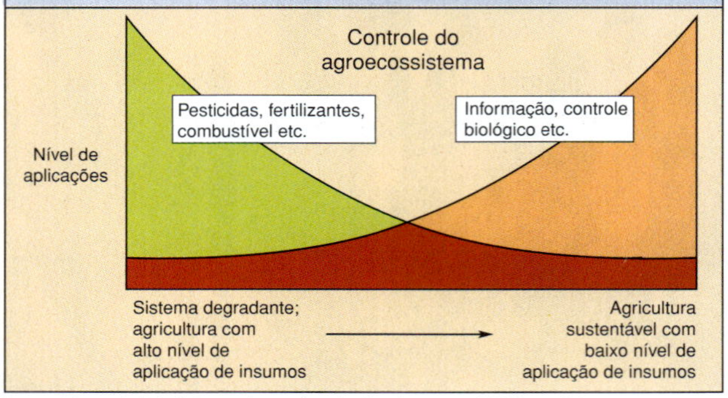

Fonte: *Manual global de ecologia*. São Paulo, Augustus, 1993. p. 86.

Sistemas de agricultura sustentável são definidos aqui como apresentando baixos níveis de aplicações materiais (pesticidas, fertilizantes inorgânicos etc.) e altos níveis de informação (conscientização ecológica do sistema). Práticas de altas aplicações de produtos químicos dissimulam e depreciam a importância dos processos biológicos que ocorrem nos sistemas agrícolas. Contudo, à medida que o uso de pesticidas, fertilizantes etc. é reduzido, para garantir o sucesso e manter a produtividade, faz-se necessário um profundo conhecimento das interações que ocorrem no agroecossistema.

AVALIE SEU APRENDIZADO

Construindo conhecimento

Procurando soluções

Segundo o *Manual global de ecologia*, a única forma de impedir que novas terras se tornem inutilizadas seria a adoção de medidas de conservação que limitem as perturbações dos solos. Observe algumas medidas indicadas.

- "Manter a cobertura vegetal das terras de cultivo.
- Aumentar os componentes orgânicos do solo, a fim de elevar o poder de retenção do mesmo.
- [...]
- Limitar a criação de animais em terras áridas e semi-áridas.
- Intensificar as limitações às pastagens em áreas menos áridas, especialmente na América Latina, a fim de reduzir a conversão de florestas e áreas de cultivo em pastos.

[...]

O Banco Mundial recentemente fez um relatório sobre quatro anos de experimentos com revestimento do solo com grama como uma forma de reduzir a erosão e aumentar a umidade. A grama nasce praticamente em qualquer tipo de solo, é resistente a pestes e forma uma barreira contra a erosão, sem prejudicar as plantações. O plantio de grama está sendo introduzido em muitos programas do Banco Mundial destinados à Ásia, África e América Latina."

Manual global de ecologia. p. 83.

1 Converse com seus colegas de grupo. Considerando o texto acima, em que medida as soluções que podem limitar as perturbações dos solos são de ordem política ou econômica?

2 Diversas práticas agrícolas incorretas são de uso secular. De que forma poderiam ser adotadas medidas de conservação para limitar as perturbações do solo?

3 Considerando o que você leu no capítulo, discuta com seus colegas a frase: "Fertilizantes químicos e pesticidas: soluções ou problemas?"

Fixando o conteúdo

4 A modernização da agricultura é necessária e importante, pois o contingente de pessoas a serem alimentadas é muito grande. Qual é o lado negativo da modernização da agricultura em relação ao pequeno produtor e ao trabalhador rural?

5 Quais os impactos sociais provocados pela desestruturação das lavouras de subsistência e pelo aumento da concentração fundiária?

6 Discuta com seus colegas as vantagens e desvantagens da ampla aplicação de modificações genéticas em vegetais e nos animais.

a) Na opinião de vocês, o desenvolvimento de organismos transgênicos trouxe benefícios ou problemas para a humanidade?

b) Que outras soluções seriam possíveis para a agropecuária?

7 Diferencie a agropecuária intensiva da extensiva quanto à utilização da terra e do capital.

8 Observe as definições abaixo e identifique a que tipo de produção agrícola se refere cada uma delas.

a) Sistema agrícola arcaico, baseado em técnicas rudimentares (queimada, enxada), com esgotamento e abandono do solo onde são cultivados produtos de subsistência.

b) Sistema tradicional que utiliza técnicas mais aprimoradas (adubação, irrigação e terraceamento) e caracteriza-se por propriedades pequenas e mão-de-obra numerosa.

c) Sistema agrícola baseado na monocultura e no latifúndio, com mão-de-obra numerosa e produção em larga escala, voltada para o mercado externo.

9 Explique o sistema de cultivo nos cinturões agrícolas ou *belts*.

10 Que regiões do mundo utilizam os seguintes sistemas de exploração de terras:

a) agricultura intensiva com rotação de cultivos;

b) agricultura de subsistência complementar à *plantation* e submetida ao mercado mundial de *commodities;*

c) agropecuária baseada na apropriação coletivista ou estatal da terra e na produção, sendo que, a partir da década de 1970, teve início a exploração individual ou familiar da agricultura.

11 Observe a figura 7 (página 262).

a) Procure descobrir os motivos da existência de áreas não utilizadas pela agropecuária consultando os planisférios às páginas 113 (relevo) e 160 (figura 15, clima).

b) Em quais continentes se desenvolve a agricultura primitiva de subsistência?

c) Por que certos países, como o Brasil, por exemplo, são grandes produtores de alimentos e, no entanto, têm em sua população milhões de pessoas que passam fome?

12 A teoria de Malthus dizia que há um descompasso entre o crescimento da população e o da produção de alimentos. A revolução tecnológica na agricultura permitiu um grande aumento da produtividade e da produção de alimentos. A capacidade de produção tem crescido mais do que a capacidade de absorver alimentos.

a) O aumento de utilização de tecnologia e da produção agrícola conseguiram acabar com a fome?

b) Que argumentos podem ser utilizados, hoje, para refutar a teoria malthusiana?

c) Que medidas poderiam ser adotadas para resolver esse problema?

COMPLEMENTAÇÃO DO ESTUDO

Leituras

ADAS, Melhem. *A fome: crise ou escândalo?* 28. ed. São Paulo, Moderna, 1997. (Coleção Polêmica)

LAMBERT, Mark. *Agricultura e meio ambiente.* São Paulo, Scipione, 1992.

MARTINEZ, Paulo. *Reforma agrária, questão de terra ou de gente?* 9. ed. São Paulo, Moderna, 1994. (Coleção Polêmica)

ROMERO, Juan Ignácio. *Questão agrária: latifúndio ou agricultura familiar. A produção familiar num mundo globalizado.* São Paulo, Moderna, 1998. (Coleção Paradoxos)

Sites

- *http://www.greenpeace.org.br/* Em português, traz informações detalhadas sobre problemas que afetam o mundo e o Brasil: Amazônia, atmosfera, energia nuclear, substâncias tóxicas, oceanos e transgênicos.
- *hhtp://www.fao.org/inicio.htm* Organização das Nações Unidas para a Agricultura e Alimentação, com informação sobre agricultura e fome no mundo, nutrição, solos, biotecnologia etc.
- *http://www.comciencia.br/* Revista eletrônica de jornalismo científico, divulga informes sobre patrimônio genético, biopirataria, transgênicos, legislação etc.

CAPÍTULO 7 A atividade agropecuária no Brasil

1 Introdução

O Brasil dispõe de uma das mais extensas **áreas agrícolas** (ocupadas por estabelecimentos agropecuários) de todo o mundo. Embora o número desses estabelecimentos tenha diminuído, eles ainda ocupam cerca de 3,5 milhões de km² ou 353,6 milhões de hectares (41,4%, da área territorial do país). Essa área é comparável à soma da área territorial da Índia (3.287.782 km²) com a do Japão (372.819 km²). E há ainda no Brasil 100 a 200 milhões de hectares potencialmente aproveitáveis para uso agropecuário.

O IBGE (*Síntese dos indicadores sociais*) aponta que, em 2000, havia 32,5 milhões de pessoas residindo em áreas rurais. Mesmo contando com uma imensa área agricultável, segundo pesquisa realizada pelo Instituto de Pesquisa Econômica Aplicada (Ipea), existem no país em torno de 29 milhões de pessoas (aproximadamente 4,9 milhões de famílias) vivendo abaixo da linha de pobreza absoluta e, portanto, possíveis demandantes de terra.

Figura 1

CHICO BARROS/AG. LUMIAR

Moradores de Lençóis, na Bahia (1998). A falta de alimentos e a desnutrição atingem muitas famílias brasileiras.

A subalimentação e a fome que atingem milhões de brasileiros não decorrem da falta de alimentos nem de terras para produzi-los. Decorrem do injusto modelo agrícola e econômico, que excluiu milhões de pessoas do processo produtivo (figura 1).

A atividade agrícola deveria ter uma função social, atendendo prioritariamente a alimentação da população e as indústrias e, então, a exportação de excedentes. No entanto, é o inverso que acontece.

Essa realidade resulta de vários fatores que estiveram na base da agricultura e da própria sociedade brasileira:

- A herança do sistema colonial, caracterizada por um modelo agrícola centrado na grande propriedade monocultora, com produção dirigida para o exterior, em detrimento da que atende o consumo interno.
- A mentalidade reinante sobretudo entre os grandes proprietários (latifundiários), que não veem a terra como um bem social, com a função de produzir alimentos, dar emprego etc., e sim como um bem pessoal, com finalidade especulativa (valorização ou revenda). Daí os baixos índices de utilização da terra para fins agrícolas: apenas 510 mil km², ou 13,2% da área ocupada pelos estabelecimentos rurais.
- O comércio da produção agrícola é outro grave problema. A falta de estrutura (estradas, armazéns, fiscalização) possibilitou o aparecimento de um poderoso grupo de intermediários ou atravessadores, que mantêm os preços baixos para o produtor e elevados para o consumidor.

A solução para esses problemas, bem como para o de acesso à terra e o da fome, implica um elenco de medidas, entre as quais se destacam: realização de uma reforma agrária, mudança na distribuição da renda, criação de mais empregos rurais, melhoria da produtividade e eliminação, ainda que parcial, dos intermediários.

2 Estrutura fundiária, êxodo rural e violência no campo

Por **estrutura fundiária** entende-se o modo como as propriedades ou estabelecimentos rurais estão socialmente distribuídos.

A extrema desigualdade na distribuição social da terra é a principal característica da estrutura fundiária brasileira. A frase que melhor sintetiza essa característica é: poucos com muita terra, e muitos com pouca terra. A tabela 1 mostra a evolução dessa estrutura.

Tabela 1

Brasil: evolução da estrutura fundiária — 1970 e 1995

Grupos ou categorias de áreas (hectares)	% sobre o total de estabelecimentos		% sobre a área total dos estabelecimentos	
	1970	1995	1970	1995
Menos de 100	90,8	89,3	23,5	20,0
De 100 a 999	8,5	9,7	32,7	40,5
Mais de 1.000	0,7	1,0	43,8	39,5

Fonte: IBGE. *Censo agropecuário 1985*. Rio de Janeiro, 1987; e *Censo Agropecuário 1995-1996*. Rio de Janeiro, 1998.

Vejamos o que revela a análise da tabela 1.

• Os estabelecimentos rurais com área superior a 1.000 hectares (1 ha = 10.000 m^2) representam apenas 1% do total e, no entanto, ocupam uma extensa porção (39,5%) das melhores terras agrícolas do Brasil. São os **latifúndios**, grandes propriedades rurais, muitas vezes improdutivas ou inadequadamente exploradas.

O Brasil apresenta a maior concentração de terras do planeta, com o maior número e tamanho dos latifúndios. Observe a figura 2.

A situação agrava-se pelo fato de que apenas uma parcela reduzida da área dos latifúndios é destinada à produção agrícola — e mesmo assim para produtos de exportação ou agroindustriais. A ociosidade e o subaproveitamento (baixo índice de utilização) da terra são as principais características dos latifúndios. Enquanto isso, 4,9 milhões de famílias sem terra são impedidas de produzir alimentos por não possuírem terra ou por esta ser escassa ou ainda por não dominarem técnicas de produção.

• A tabela 1 revela ainda que, do número total de estabelecimentos rurais, 89,3% são propriedades de menos de 100 hectares e ocupam apenas 20% da área agrícola total. Sabemos também que os de área inferior a 10 hectares representam cerca de 50% do total e ocupam apenas 2,7% da área agrícola do país. São os **minifúndios**, pequenas propriedades rurais, geralmente exploradas pelo agricultor e sua família (figura 3).

Figura 2

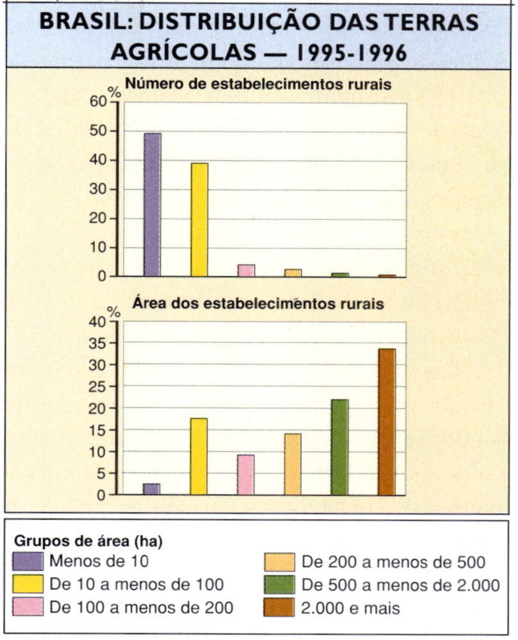

Fonte: IBGE. *Atlas geográfico escolar*. Rio de Janeiro, 2002. p. 132

Embora ocupem parcela tão reduzida da área agrícola do país, esses estabelecimentos são mais bem aproveitados do que os latifúndios, ou seja, são menos ociosos. São responsáveis por grande parte das chamadas **culturas de alimentação básica** ou **de subsistência** (arroz, feijão, milho etc.), sustentando a atividade produtiva agrícola do país e fornecendo alimentos para a população.

Figura 3

STEFAN KOLUMBAN/PULSAR

As pequenas propriedades rurais concentram-se principalmente no sul do Brasil; nelas predomina o trabalho familiar e, em geral, apresentam grande eficiência produtiva. Na foto, Vale do Itajaí (SC, 1996).

Além disso, os estabelecimentos com áreas menores de 100 hectares são as unidades de produção que mais geram empregos na área rural. Dados do último censo agropecuário (1996) mostram que esses estabelecimentos absorviam mais de 80% da mão-de-obra agrícola. Os estabelecimentos acima de 1.000 hectares empregavam somente 4,2% do pessoal ocupado em atividades agrícolas.

A estrutura fundiária brasileira pouco se modificou nos últimos anos. As pequenas mudanças, ao invés de reduzir, aumentaram a concentração fundiária.

Os pequenos agricultores estão abandonando as atividades agrícolas (150 mil famílias saem anualmente do meio rural), principalmente devido à ausência de uma política de fixação à terra e às dificuldades encontradas (juros altos, preços elevados dos insumos, dificuldades de transporte e de comercialização). Por outro lado, muitos desses estabelecimentos — de pequenas dimensões e explorados com técnicas rudimentares — não conseguem assegurar a subsistência do agricultor e sua família.

A modernização acelerada da agricultura e a pobreza nas áreas rurais ocasionaram o **êxodo rural** (deslocamento de pessoas das áreas rurais para as urbanas), gerando pressão nas cidades e um processo de urbanização caótico e acelerado. Os problemas dos migrantes do meio rural (subemprego, pobreza, baixa instrução) são transferidos para as grandes metrópoles, agravando o quadro da exclusão social urbana.

O maior contingente do êxodo rural é formado pelos trabalhadores assalariados, que são expulsos do meio em que viviam por vários fatores: mecanização agrícola, falta de oportunidades no campo (acesso à terra, escola, moradia, profissões), além dos desastres naturais, como secas e inundações, entre outros.

O êxodo rural assumiu proporções assustadoras na segunda metade do século XX. De 1950 a 2000, o percentual de brasileiros que vivia no campo caiu de 64% para menos de 20% da população total (figura 4). Redução semelhante ocorreu com a população ativa do setor primário (agropecuária): de 1950 a 1999, o percentual diminuiu de 60,7% para 19,0% (figura 5).

Figura 5

BRASIL: EVOLUÇÃO DA POPULAÇÃO ATIVA (EM %) — 1940-1999

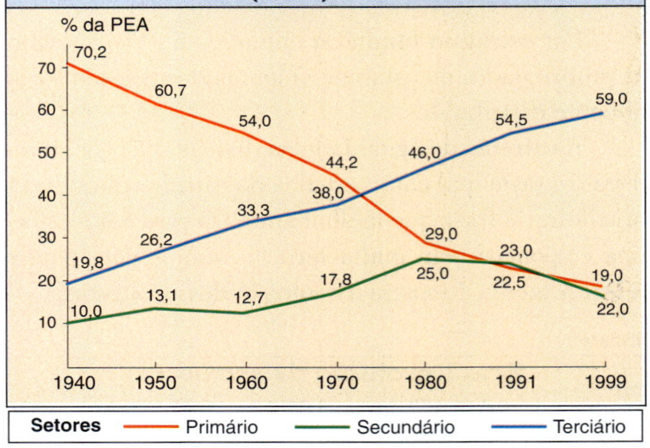

Fontes: IBGE. *Anuários estatísticos do Brasil*; e *Calendario Atlante De Agostini 2000*. p. 124.

A luta pela terra

Desde o início da colonização houve no Brasil o sistema de posse das terras, no qual o **posseiro** ocupa e trabalha a terra, mas não é o proprietário. Em 1850, foi elaborada a **Lei de Terras**, que preservava a estrutura da sociedade colonial, assentada na grande propriedade fundiária, na monocultura de exportação e no trabalho escravo. Essa lei favorecia apenas os grandes proprietários, pois extinguia o acesso à terra por meio da posse e tornava obrigatória a sua compra em leilões, com pagamento à vista. A propriedade da terra tornou-se um sonho distante para a população pobre, para os imigrantes sem posses e depois para os recém-libertos, com o final da escravidão em 1888.

Ao longo de cinco séculos de ocupação do território brasileiro, a grande concentração fundiária esteve ligada ao maior problema agrário do país — a luta pelo acesso à terra e a violência no meio rural.

Recentemente grande parte das pequenas propriedades foi englobada por empresas agrícolas e milhares de trabalhadores assalariados perderam os empre-

Figura 4

BRASIL: EVOLUÇÃO DA POPULAÇÃO URBANA E RURAL — 1950-2000

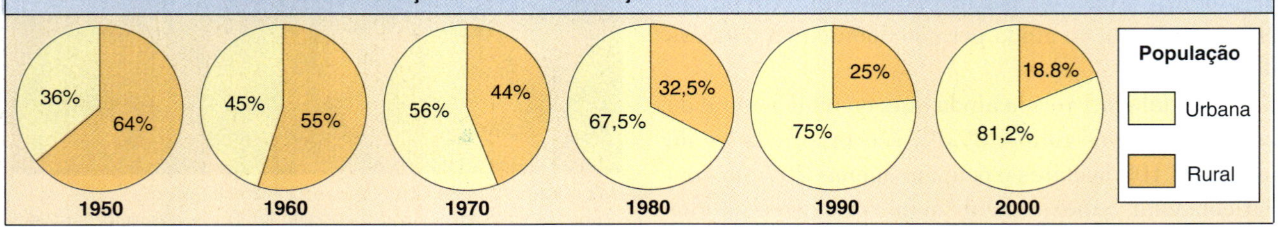

Fontes: IBGE. *Anuários estatísticos do Brasil*; e *Calendario Atlante De Agostini 2002*.

gos. Essa situação forçou migrações e expandiu os conflitos e a violência no campo, aumentando a pressão populacional sobre as cidades e agravando os problemas urbanos.

O mapa (figura 6) refere-se a conflitos relacionados à terra.

As lutas no meio rural tornaram-se mais organizadas a partir da década de 1950, com o surgimento de ligas camponesas, de sindicatos rurais e pela atuação da Igreja Católica e do Partido Comunista Brasileiro.

A aprovação do **Estatuto da Terra** (1964) constituiu a estratégia para apaziguar as insatisfações no meio rural. As metas estabelecidas no projeto eram basicamente duas: a execução de uma reforma agrária e o desenvolvimento da agricultura. Décadas depois, podemos constatar que a primeira meta ficou apenas no papel, enquanto a segunda recebeu grande atenção, impulsionando o desenvolvimento capitalista ou empresarial da agricultura.

Figura 6

Fonte: IBGE. *Atlas nacional do Brasil*. 3. ed. Rio de Janeiro, 2000.

Desde 1985 tem sido adotada apenas uma política de **assentamentos** de famílias no meio rural, sem uma reforma de base, rápida e abrangente. Para que uma reforma agrária tenha resultados positivos, a distribuição de terras precisa ser acompanhada de recursos para produzir e assistência técnica ao produtor.

Os conflitos fundiários, nas últimas décadas do século XX, espalharam-se por todas as unidades políticas do país. Nem mesmo a expansão da grande **fronteira agrícola** (espaço em processo de ocupação pela agropecuária) da Amazônia, na década de 1970, foi capaz de atenuar o grave problema dos trabalhadores sem terra. Houve, de fato, uma multiplicação de pequenos estabelecimentos rurais na Amazônia. No entanto, os grandes estabelecimentos, sobretudo aqueles ligados às empresas nacionais e estrangeiras, cresceram bem mais do que os pequenos, beneficiados pela legislação e por incentivos governamentais. Muitos dos pequenos estabelecimentos (pequenos posseiros, terras indígenas) foram incorporados ou eliminados pelos grandes.

Reforma agrária e desenvolvimento

"A maior parte dos pobres — cerca de três quartos, na maioria dos países em desenvolvimento — depende da agricultura para a sua subsistência. O crescimento da produtividade agrícola de pequena dimensão foi um fator essencial na redução da pobreza em países como China, Japão e Coréia do Sul. A melhoria da produtividade da agricultura de pequena dimensão faz mais do que beneficiar os agricultores. Cria também empregos dentro e fora dos pequenos e médios estabelecimentos rurais e reduz os preços de alimentos, fibras têxteis e madeira para a construção de moradias. Os países do leste asiático reduziram a pobreza primeiramente por meio da intensificação agrícola e posteriormente pelo desenvolvimento industrial intensivo em mão-de-obra."

ONU/PNUD. *Relatório do desenvolvimento humano 1997*. Nova York/Lisboa, Tricontinental, 1997.

No processo de expansão da fronteira agrícola, para formar as fazendas, houve um intenso movimento de **grilagem**, ou seja, apropriação de terras por meio de falsificação de documentos ou de subornos dos responsáveis pela regularização fundiária. Há grileiros que agem a mando de grandes proprietários rurais, ocupando terras de posseiros e de indígenas.

Na década de 1980 formou-se o **Movimento dos Trabalhadores Rurais Sem-Terra** (MST), que luta pela reforma agrária, promovendo ocupações (em geral de áreas improdutivas), pressionando o governo, formando cooperativas. As pessoas que participam desse movimento levam uma vida precária. Observe a figura 7.

Muitas áreas ocupadas pelos sem-terra são de **terras devolutas**, isto é, pertencem ao domínio público, mas não são utilizadas. É o caso de parte das terras do Pontal de Parapanema, região de muitos conflitos, no estado de São Paulo, limite com o Paraná e o Mato Grosso do Sul.

Figura 7

Trabalhadores rurais sem-terra no acampamento em Itaquiraí (MS), em dezembro de 1997, reivindicam um lote de terra que lhes garanta a subsistência básica (casa e comida), além de acesso a bens públicos essenciais (educação e assistência técnica) e a linhas de crédito.

3 Organização do espaço agrário

Modernização da agricultura brasileira

A economia cafeeira do século XIX, a exemplo da economia açucareira do século XVI, estruturou-se com base na grande propriedade e no trabalho escravo. No entanto, certas características a tornaram muito diferente da economia açucareira.

A adoção do regime de trabalho livre e assalariado, que rompeu com o passado escravagista, a diversificação das atividades econômicas (bancos, comércio), a melhoria da infra-estrutura de transportes (ferrovias e portos), a conjuntura externa favorável, a urbanização e, principalmente, a industrialização, são as marcas mais visíveis das transformações geradas pela cafeicultura (figura 8).

Principalmente na segunda metade do século XX, a agricultura contou com uma imensa expansão espacial e conheceu várias transformações modernizadoras (mecanização, adubação química, pesquisa, financiamento), que acarretaram o aumento de produtividade. Um fato relevante dessa etapa modernizadora e expansionista foi a integração da agricultura ao conjunto da economia nacional e, sobretudo, ao setor industrial.

Essa integração do setor agropecuário ao industrial teve início com o primeiro abastecendo o segundo de matérias-primas e completou-se com a transformação da agropecuária em mercado consumidor de produtos industriais: bens de consumo (roupas, eletrodomésticos) e bens de produção (máquinas agrícolas, fertilizantes).

Formado e dominado principalmente por empresas estrangeiras (multinacionais), o complexo agroindustrial brasileiro já estava plenamente desenvolvido na década de 1970. O emprego progressivo de máquinas e **insumos** industriais (fertilizantes, adubos, pesticidas, máquinas) na produção agrícola originou a chamada **industrialização da agricultura**, principal elemento da modernização no setor.

Essa situação configura um **processo "sanduíche"**: de um lado, a agropecuária é pressionada pelas indús-

Figura 8

O café, principal produto de exportação do Brasil a partir da década de 1830, foi o grande responsável pelas transformações sociais e econômicas (adoção do trabalho assalariado, urbanização, industrialização etc.) ocorridas a partir da segunda metade do século XIX. Plantação de café em Coromandel (MG, 1995).

trias, em geral multinacionais, fornecedoras de bens de produção (máquinas, adubos, rações); do outro, é pressionada pelas indústrias processadoras (óleos vegetais, beneficiamento de trigo e café, laticínios etc.), que compram e geralmente impõem os preços aos agricultores.

Veja, no quadro 1, exemplos de empresas multinacionais atuantes na agropecuária brasileira.

Quadro 1

Multinacionais na agropecuária brasileira: alguns exemplos	
Setor	**Empresa (país de origem)**
Adubos e fertilizantes	Ultrafértil (EUA), CBA (Alemanha), Quimbrasil (Argentina)
Agrotóxicos	Bayer e Hoechst (Alemanha), Du Pont (EUA), Ciba Geigy (Suíça)
Rações para animais	Cargil e Anderson Clayton (EUA)
Sementes e matrizes avícolas	Agroceres (EUA)
Tratores, máquinas e equipamentos agrícolas	Massey Ferguson e Caterpillar (Canadá), Valmet (Finlândia) e Ford (EUA)

Muitas das empresas do setor alimentício formam **oligopólios** (situação em que poucas empresas detêm o controle da maior parcela do mercado). Veja alguns exemplos de empresas e a porcentagem que elas detêm no mercado: leite em pó (Nestlé, Itambé, Paulista e Glória, 97%); sorvetes (Kibon e Gelato/Yopa, 97%); caldos e sopas (Nestlé, Refinações de Milho Brasil e Arisco, 95%), refrigerantes (Coca-Cola, Pepsi e Antarctica, 75%), açúcar (União, 70%).

Características da modernização

A mecanização e o emprego de insumos industriais constituíram as características mais marcantes no início da modernização da agricultura brasileira, garantida por uma política oficial de expansão do crédito agrícola (financiamento da produção).

Entendida também como um processo de penetração ou de desenvolvimento do capitalismo no campo, a modernização acarretou, entre outros efeitos, grande aumento na produção e nas exportações agrícolas, diversificação da produção e ampliação da área agrícola.

A produção de cerca de 98,5 milhões de toneladas de grãos, em 2001 (segundo o IBGE), está entre as maiores do mundo. Além de grande produtor, o Brasil é grande exportador de alimentos e matérias-primas agropecuárias.

Figura 9

DELFIM MARTINS/PULSAR

O processo de modernização da agricultura gerou uma crescente mecanização das atividades agrícolas e a demissão em massa de trabalhadores rurais, intensificando o êxodo rural. Agroindústria de massa de tomate em Petrolina (PE), em outubro de 1997.

Desde a década de 1980, o aumento da produção agropecuária deveu-se muito mais aos ganhos em produtividade do que aos ganhos em área. Nessa década, enquanto a produção agrícola cresceu cerca de 40%, a área cultivada aumentou menos de 10%, e a população ativa do setor agropecuário diminuiu de 29,3% para 22,8%.

O *Censo agropecuário 1995-1996* registrou a grande utilização de máquinas para plantio (361.698), máquinas para colheita (125.607) e de caminhões (143.199). No período de 1960 a 1996, o número de tratores no Brasil passou de 61.345 para 803.742.

O consumo de fertilizantes, outro elemento responsável pela elevação da produtividade, aumentou muito. De 275.000 toneladas em 1970, foi para 905.000 em 1980, e para 87.860.000 em 2000.

O emprego de **defensivos agrícolas** (inseticidas, herbicidas) também cresceu de forma acelerada. O uso inadequado e indiscriminado dessas tecnologias tem acarretado graves problemas ao meio ambiente e ao próprio ser humano.

O outro lado da modernização da agricultura

O processo de modernização não atingiu por igual nem com a mesma intensidade os diferentes produtos, produtores agrícolas e áreas do país.

Quanto aos produtos, os de exportação (soja, cana-de-açúcar, laranja), mais valorizados no mercado, sempre contaram com os maiores e melhores recursos — financiamentos, pesquisas agronômicas, terras férteis — do que os de consumo interno (arroz, feijão, mandioca).

Os grandes produtores ou empresários rurais foram os que mais tiveram acesso à modernização, por meio da aquisição de máquinas e insumos, bem como da obtenção de créditos. A maior parte dos pequenos produtores, desprovidos de recursos (capital, crédito), foi marginalizada do processo modernizador.

Segundo o *Censo agropecuário 1996*, somente 0,1% dos estabelecimentos menores de 1 hectare (11% do total) teve acesso a crédito, com financiamento equivalente a 0,09% do valor total. Já os produtores em estabelecimentos entre 1.000 e 10.000 hectares (0,9%) concentraram 26% do valor total dos financiamentos daquele ano.

Quanto às áreas, é possível reconhecer uma incidência desigual do processo modernizador, que se concentra principalmente no Centro-Sul do país. Observe o mapa (figura 10).

Essa parcela relativamente pequena do território, que conta com elevado nível de modernização, é responsável pela maior parte da produção agropecuária do país. Inclui as regiões Sudeste e Sul e áreas restritas do Centro-Oeste (sudeste de Goiás e centro-sul do Mato Grosso do Sul) e do Nordeste (Zona da Mata). As principais características dessas áreas do país são as seguintes:

- **agropecuária intensiva** (emprego de capitais, mecanização, mão-de-obra qualificada), com forte vínculo entre indústria e agropecuária;
- produção para o mercado consumidor interno e para exportação, além do fornecimento de matérias-primas industriais como soja, cana, café, algodão e laranja;
- elevado preço da terra e altos índices de ocupação da área dos estabelecimentos, ou seja, há baixa ociosidade das terras.

Figura 10

BRASIL: MODERNIZAÇÃO DA AGRICULTURA

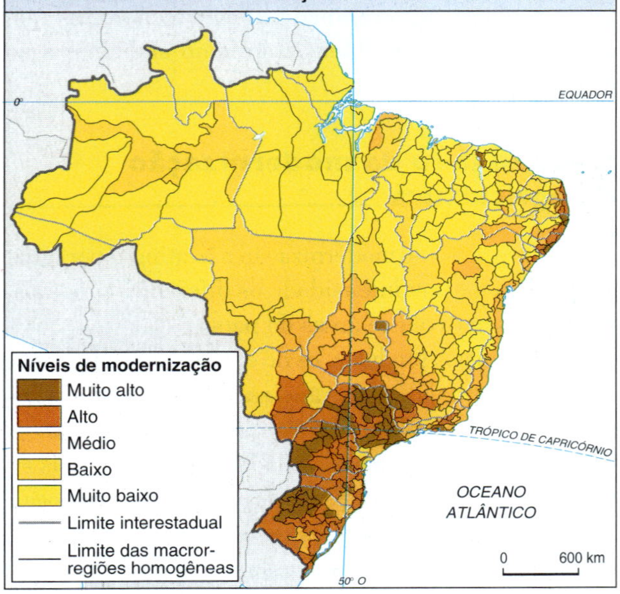

Fonte: IBGE. *Brasil: uma visão geográfica nos anos 80*. Rio de Janeiro, 1988. p. 104.

Vasta porção do país (cerca de 70% do território) com baixo nível de modernização é responsável por uma pequena parte da produção agropecuária total. Essa porção inclui a Amazônia, a maior parte do Nordeste e o norte do estado de Minas Gerais. Suas principais características são:

- predomínio da **agropecuária extensiva** (mão-de-obra reduzida, grandes áreas, pouco capital), com baixos rendimentos e voltada para o mercado interno;
- menor preço da terra e elevado índice de ociosidade;
- predomínio da finalidade especulativa sobre a produtiva;
- pequena integração entre a indústria e a agricultura.

4 Mudanças nas relações de trabalho no campo

A agricultura brasileira participa com cerca de 20% da população economicamente ativa (PEA). No Brasil, em 1985, a força de trabalho agrícola (pessoal ocupado) totalizava 23,3 milhões de pessoas. Dez anos depois (*Censo agropecuário 1995*), esse contingente perdeu 5.463.991 pessoas (23%), alcançando 17,9 milhões de pessoas. Leia o texto do boxe.

Modos de exploração da terra no Brasil

Existem dois modos fundamentais de exploração agrícola da terra: a direta e a indireta.

A **exploração direta** ocorre quando o proprietário, mantendo ou não empregados, encarrega-se diretamente do trabalho com a terra. Nas grandes propriedades é comum haver um administrador ou capataz para cuidar da fazenda e dos empregados. Nas pequenas, os trabalhos são geralmente realizados pelo proprietário e sua família.

A **exploração indireta** é aquela realizada por terceiros ou não-proprietários. As principais modalidades são as descritas a seguir.

- **Parceria**: o proprietário empresta a terra a terceiros em troca de parte da produção que pode ser, por exemplo, a metade (sistema de **meia** ou **meação**) ou a terça parte (sistema de **terça**).
- **Arrendamento**: a terra é alugada a terceiros, mediante pagamento em dinheiro, em produção ou em prestação de serviços.
- **Ocupação**: a terra é ocupada e explorada sem pagamento, com ou sem o consentimento do proprietário.

Pequenos produtores

Como a maior parte da área agrícola do país está em mãos de proprietários, a exploração direta é a forma predominante de uso da terra. A parcela da área agrícola ocupada ou explorada pelos diferentes produtores rurais é a seguinte (1996): proprietário (93,8%), ocupante (2,8%), arrendatário (2,4%) e parceiro (0,9%).

A condição de parceiro, arrendatário e ocupante vem sendo reduzida em porcentagem da área agrícola do país.

A grande maioria (cerca de 80%) dos proprietários é formada por pequenos produtores, pessoas cujas propriedades rurais têm áreas inferiores a 50 hectares. Constituem a **agricultura familiar** (realizada pela família do proprietário), responsável pela maior parte da produção das culturas de alimentação básica (arroz, feijão). Observe a figura 11.

No Brasil ocorreu um processo simultâneo de concentração (formação de grandes propriedades e latifúndios) e de multiplicação da propriedade da terra, por meio da formação de pequenas propriedades e minifúndios em decorrência do parcelamento da terra entre os membros da família (herança, por exemplo) ou da venda parcial a terceiros.

Trabalho infantil

A Constituição brasileira estabelece a idade mínima de 16 anos para que uma criança ingresse no mercado de trabalho, assim como o **Estatuto da Criança e do Adolescente** proíbe qualquer trabalho a menores de 16 anos, salvo na condição de aprendiz. Apesar dessas proibições, o **trabalho infantil** no Brasil concentra-se especialmente no setor agrícola (80,4% das crianças ocupadas de 5 a 9 anos de idade, em 1999); em pequenos empreendimentos familiares, não é remunerado.

Trabalho assalariado

O desenvolvimento do capitalismo no campo e a modernização da agropecuária acarretaram profundas mudanças nas relações de trabalho desse setor.

As principais mudanças foram o crescente emprego do trabalho assalariado em lugar dos sistemas tradicionais (colonato, parceria) e a crescente substituição do regime de trabalho permanente (fixo) pelo temporário. Em vez do antigo **colono** ou agregado, residente na propriedade, e do trabalhador assalariado permanente, o empresário rural deu preferência ao **trabalhador temporário** não-residente na propriedade, livrando-se, assim, dos encargos acarretados por vínculos empregatícios, tais como pagamento de férias, indenização, assistência médica etc.

Figura 11

DELFIM MARTINS/PULSAR

O elevado contingente e a função que desempenham (produção de alimentos) revelam a importância social e econômica dos pequenos produtores para o país. Horta em propriedade rural média em Biritiba Mirim (SP), em junho de 1999.

Esses trabalhadores tornaram-se **bóias-frias**, ou seja, assalariados temporários (para a época da colheita, por exemplo), que residem nas periferias urbanas e mudam até de estado (itinerantes) para trabalhar em determinadas lavouras. Com remuneração miserável e sem garantias trabalhistas, geralmente são recrutados por intermediários — os chamados "gatos" — e transportados em caminhões para os locais de trabalho. Os bóias-frias são conhecidos por corumbas, turmeiros ou clandestinos, na Região Nordeste, e por volantes ou peões, nas regiões Sul e Sudeste (figura 12).

Nesse processo surgiu outro tipo de relação de trabalho: a **empreitada**. Esse sistema traz vantagens para o proprietário, que confia uma tarefa a um inter-

Figura 12

GEYSON MAGNO/AG. LUMIAR

Bóias-frias ou volantes, trabalhadores rurais assalariados temporários que residem na periferia das cidades, fazendo sua refeição (fria), precariamente, no local do trabalho, em Goiana (PE, 1998).

mediário — o **empreiteiro** —, que por sua vez se encarrega de contratar os trabalhadores para executá-la, exigindo o máximo de produção, com a menor remuneração possível.

O trabalho assalariado temporário concentra-se, em geral, nas etapas do processo produtivo significativamente ainda não mecanizadas. A colheita, por exemplo da cana e da laranja, é uma dessas etapas.

5 Produção agropecuária brasileira

No cenário mundial o Brasil ocupa posição de destaque na produção e na exportação de vários produtos agropecuários. Observe o quadro 2, ao lado.

A atividade agrícola tem batido recordes (crescimento de 9,8% em 1998-1999) na produção de cereais, leguminosas e oleaginosas, destacando-se os estados do Paraná, Rio Grande do Sul, Mato Grosso, Goiás, Minas Gerais, São Paulo e Mato Grosso do Sul. Observe a tabela 2.

Quadro 2

Brasil: principais produtos na agropecuária mundial — 2000

Produtos	Posição mundial
Café, laranja	1º
Soja, cana-de-açúcar, bovinos, eqüinos	2º
Milho, banana, tabaco, carne, suínos, frango	3º
Madeira	4º
Cacau, tecido de algodão	5º

Fonte: *Calendario Atlante De Agostini 2003*. Novara, Istituto Geografico De Agostini, 2002. p. 116-123.

A soja foi a grande vedete nas décadas de 1970 e 1980. Nos anos 1990, sua produção apresentou crescimento de 53%. O complexo agroindustrial da soja responde por cerca de 16% de todo o sistema no país e gera empregos diretos para quase 1 milhão de trabalhadores. Atualmente, a oleaginosa é cultivada também em novas frentes de expansão, como regiões de cerrado no Nordeste (oeste da Bahia e sul do Maranhão e do Piauí) e de matas da Amazônia (sul do Amazonas).

Tabela 2

Brasil: produção e área colhida de alguns produtos agrícolas de consumo interno e de exportação — 1999

Produto	Produção (mil t)	Área colhida (mil ha)	Principais produtores	Informações gerais
Produtos de consumo interno				
Arroz	8.352	3.058	RS, MG, MA, MT	Cultivado em todo o país. Irrigado ou de várzea, no Rio Grande do Sul, e cultivo de sequeiro (depende da chuva), no Centro-Oeste
Feijão	2.840	4.401	PR, MG, BA, SP	Cultivado em todo o país. Grande parte da produção é proveniente de pequenos produtores
Mandioca	19.896	1.551	PA, PR, BA, MA	Cultivado em todo o país, em especial no Nordeste (subsistência). Aumento significativo da cultura comercial (indústria de farinha)
Produtos de exportação				
Laranja	115.234	985	SP, BA, SE, RJ	Exportação de suco concentrado para os Estados Unidos e a Europa
Cana	331.613	4.814	SP, AL, PR, PE	Grande expansão (década de 1970) com o Proálcool (combustível) e para produção de açúcar
Soja	26.391	11.486	PR, MT, RS, GO	Alimentação humana, óleo e ração animal. Tem se expandido do Sul para outras regiões (Sudeste e Centro-Oeste)
Milho	32.948	12.562	MG, SP, PR, RS	Alimentação humana, ração animal e óleo. Parte da produção é exportada
Café	2.457	1.988.186	MG, ES, SP, PR	Exportação de grãos e café solúvel
Produtos da lavoura temporária				
Trigo	2.489	1.521.545	PR, RS, MS, SC	Rotação com a soja (verão) e o trigo (inverno), lavoura mecanizada
Algodão	821	620.417	CE, PE, PB, GO	Indústria têxtil (fibra), alimentícia (óleo), farmacêutica e de adubo (bagaço)

Fontes: *Brasil em números*. Rio de Janeiro, IBGE, 2000, v. 8. p. 204; e IBGE. *Anuário estatístico do Brasil 1999*. Rio de Janeiro, 2000. p. 3-45 e 49.

O emprego de tecnologia e o monopólio da terra pelas diversas culturas desestruturaram a policultura de produtos alimentares e expulsaram centenas de pequenos proprietários, como nos casos da soja, no Sul do país, e da cana-de-açúcar, no Sudeste e no Nordeste.

A pecuária brasileira

Segundo o IBGE, em 1997 o rebanho de bovinos, o mais numeroso do país, contava com 153 milhões de cabeças e encontrava-se altamente concentrado no Centro-Sul, embora novas áreas tenham sido incorporadas nas últimas décadas do século XX.

Predomina a criação extensiva de gado bovino, em especial para corte (carne), como nos cerrados da Região Centro-Oeste, áreas da Amazônia e do Nordeste. Nas regiões Sudeste e Sul, a criação de gado intensiva ganha espaço, principalmente para a produção leiteira.

O segundo lugar na pecuária brasileira fica com os suínos, com 27 milhões de cabeças, destacando-se os estados do Sul.

Quanto à criação de aves, atualmente é praticada com tecnologia moderna, e o efetivo de animais chega a 718 milhões de cabeças. Observe no mapa (figura 13) a utilização da terra pela agropecuária.

Figura 13

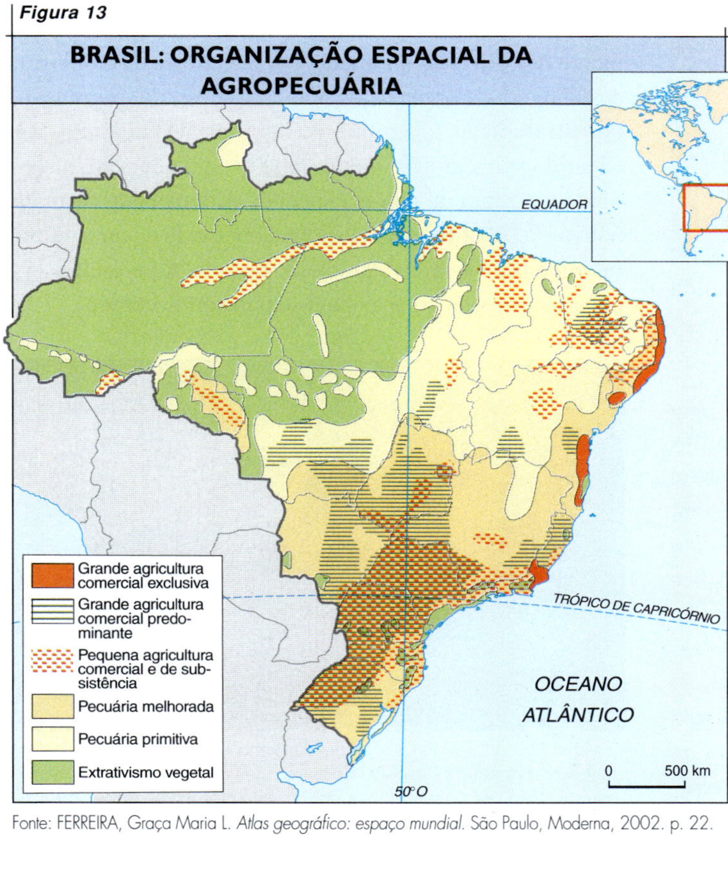

Fonte: FERREIRA, Graça Maria L. *Atlas geográfico: espaço mundial*. São Paulo, Moderna, 2002. p. 22.

7 Agricultura, alimentação, meio ambiente e solos

O volume da produção agropecuária brasileira está em desacordo com as condições de alimentação da maioria da população, em razão do baixo poder aquisitivo das pessoas e do destino da maior parte da produção: exportação e industrialização. Por exemplo:

- O índice médio de produção de alimentos *per capita* é igual ou superior ao da maioria dos países desenvolvidos. No entanto, o consumo diário de calorias *per capita* é inferior ao de todo o mundo desenvolvido.
- Embora contando com o segundo maior rebanho bovino do mundo, o consumo *per capita* de carne e leite é muito baixo.

As regiões que mais produzem alimentos não são, necessariamente, as que menos sofrem de fome. A Região Sudeste, por exemplo, uma das maiores produtoras, possui o segundo maior percentual de subalimentados no país. A Região Norte, última colocada na produção de grãos e de bovinos, é a que possui o menor percentual de subalimentados, pois grande parte da população ribeirinha tira seu sustento dos rios, da floresta, do meio circundante. Esses exemplos evidenciam a importância do acesso aos meios de produção para a solução do problema da fome.

Novas tecnologias: alimentos geneticamente modificados

As tecnologias de ponta — como biotecnologia, engenharia genética e zootecnia — passaram a ser mais utilizadas na agropecuária brasileira nas últimas décadas do século XX.

O Brasil é o último grande produtor e exportador de grãos (principalmente soja e milho) não-transgênicos do mundo. No entanto, a produção e o consumo de transgênicos já constituem uma realidade aqui. A comercialização de alimentos transgênicos está sujeita à **Lei de Biossegurança.** Ela assegura ao consumidor o direito a informações claras e precisas, constantes no rótulo, sobre a composição dos produtos.

Mundo curioso

Projeto Genoma

O Projeto Genoma Humano, iniciado em 1990, é um empreendimento internacional que envolve 18 países, incluindo o Brasil. Entre outros objetivos, pretende identificar os genes existentes no DNA das células do corpo humano, fazer o mapeamento deles e, ainda, realizar estudos, principalmente com microorganismos, visando o desenvolvimento de tecnologia.

No Brasil, 25 laboratórios e 200 cientistas trabalham no projeto e são capazes de lidar com as mais modernas tecnologias de análise de DNA. Já realizaram a descrição completa do genoma da *Chromobacterium violaceum* (que sintetiza compostos antibióticos) e o seqüenciamento do DNA de outra bactéria, a *Xylella fastidiosa*. Como esta última é responsável pela praga do amarelinho, que ataca os laranjais, tornou-se agora possível combater a doença.

Agropecuária, solos e meio ambiente

A modernização agrícola elevou em muito a produção de alimentos e matérias-primas, mas em compensação, por não seguir um modelo de desenvolvimento sustentável, acarretou graves problemas ambientais. Um desses problemas refere-se à devastação da vegetação natural.

Nas regiões em que a modernização chegou primeiro ou de forma intensa (caso das regiões Sul e Sudeste), a vegetação original desapareceu quase por completo. Nas regiões de ocupação agropecuária mais recente (caso das regiões Norte e Centro-Oeste), a devastação alcança parte considerável da vegetação original. Apesar disso, ainda restam extensas áreas que podem ser salvas.

Solos

Embora o país possua um extenso território, muitos solos brasileiros apresentam limitações naturais para a prática agrícola: deficiência de nutrientes e de drenagem, risco de inundações, pequena profundidade, áreas com fortes declives. Além dessas limitações, existem os problemas provocados ou acentuados pela ação humana, como erosão, laterização e expansão das áreas desérticas (assunto estudado também no capítulo 2 da unidade III).

Responsável pela fixação do colonizador à terra, o **solo massapê** foi a base do sucesso da economia açucareira no início da colonização (séculos XVI e XVII). O **solo terra-roxa** beneficiou a produção cafeeira, no século XIX e até aproximadamente a primeira metade do século XX. Ambos são considerados os melhores do Brasil. O primeiro é rico em matéria orgânica, tem cor escura e é encontrado na Zona da Mata nordestina. O segundo é de origem vulcânica, de cor castanho-avermelhada, e é encontrado, principalmente, nos planaltos e chapadas da Bacia do Paraná.

Uma característica marcante da agricultura brasileira, herdada do colonizador, é o uso irracional do solo. Vejamos alguns exemplos.

- Erosão e compactação do solo, provocadas pela pecuária e pela mecanização. O revolvimento ou aração profunda expõe o solo à erosão. O peso dos animais e das máquinas compacta o solo e altera sua estrutura física, prejudicando o desenvolvimento das plantas.
- A prática da queimada e a conseqüente destruição da vegetação natural, elemento protetor e componente importante dos solos tropicais, comprometem ainda mais a sua fragilidade.
- Utilização excessiva ou inadequada de agrotóxicos, provocando o envenenamento do solo, das águas e das plantas e, conseqüentemente, causando danos aos animais e ao próprio homem (doenças, morte etc.).
- Substituição de culturas nativas pelo reflorestamento. Grandes empresas ocupam extensas áreas com a monocultura do *pinus* (sudoeste de São Paulo e parte do Paraná) e do eucalipto (norte do Espírito Santo, sul da Bahia, nordeste de Minas Gerais), motivadas pelo crescimento rápido (principalmente para obtenção de celulose), ocasionando problemas sociais (expulsão da população, desestruturação da agricultura familiar). O eucalipto, por exemplo, suga grande quantidade de água do solo, impedindo a cultura de outras espécies. A derrubada da mata nativa e a substituição pela homogeneidade de uma cultura única provocam a degradação do solo. Para muitos especialistas essas áreas constituem **desertos verdes**.

Figura 14

JACEK IWANICKI/KINO

O plantio florestal precisa ser feito de forma ambientalmente adequada e trazer benefícios sociais. Reflorestamento de eucaliptos e pinheiros realizado pela empresa de papel Melhoramentos na Estrada de Camanducaia (Monte Verde, MG), em 2002.

Clima

O Brasil apresenta diversos tipos climáticos, o que permite grande variedade da produção agrícola. Apesar do predomínio do clima tropical e de **culturas tropicais** (café, cana-de-açúcar, arroz), o sul do país oferece condições naturais para a **cultura de áreas temperadas** (trigo, centeio, maçã).

No entanto, é cada vez menor a influência dos fatores naturais na produção agropecuária. A chamada "agricultura contemporânea" apresenta elevado grau de integração com a ciência e com o capital. Novas tecnologias (pesquisas biológicas, mudanças nos ciclos vegetativos, irrigações programadas, correção dos solos) permitem o cultivo dos mesmos produtos em áreas com características diversas.

A vegetação danificada e a expansão das áreas de pastagens ocasionam a redução das chuvas. A **desertificação** em zonas áridas, semi-áridas e subtropicais e a erosão dos solos (com perda da fertilidade) estão aumentando em ritmo acelerado na maior parte do mundo, inclusive no Brasil, degradando as terras aráveis e tornando-as impróprias para a agricultura. Estudos indicam que as regiões suscetíveis à desertificação ocupam mais de 900 mil km² e situam-se nos estados do Rio Grande do Sul, Bahia, Ceará, Piauí, Rio Grande do Norte, Pernambuco, Alagoas e Sergipe. As áreas mais gravemente afetadas abrangem cerca de 181 mil km². Observe-as no mapa (figura 15).

Figura 15

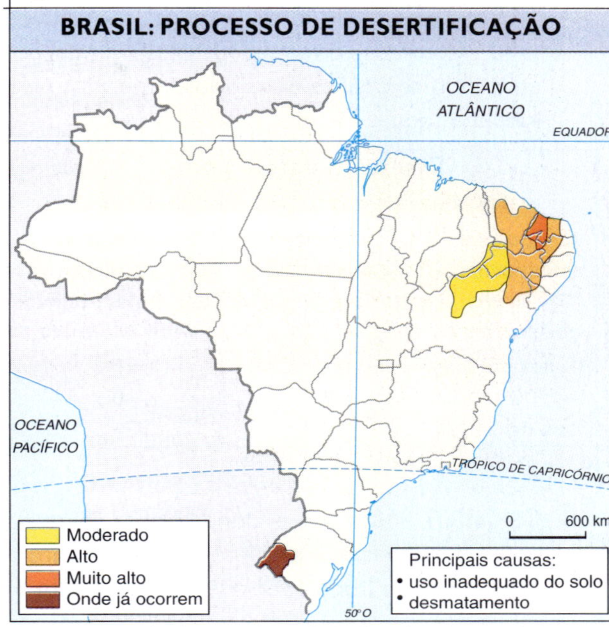

Fonte: EMBRAPA. *Atlas do meio ambiente do Brasil*. Brasília, Terra Viva, 1996. p. 47.

AVALIE SEU APRENDIZADO

Construindo conhecimento

Analisar dados da modernização agrícola nas diversas regiões brasileiras.

Analise o mapa ao lado e responda às questões 1 a 4.

1 Quais são as fronteiras agropecuárias de expansão recente e antiga?

2 Quais áreas apresentaram crescimento da produção agrícola por meio da modernização ou da incorporação de novos espaços?

3 Explique de que forma a modernização gerou crescimento na agropecuária.

Fontes: IBGE. *Atlas nacional do Brasil*. p. 129; e *Brasil: uma visão geográfica nos anos 80*. p. 121.

4 Cite duas características da parte do território nacional com elevado nível de modernização e duas, das áreas com baixo nível de modernização.

Fixando o conteúdo

5 "Poucos com muita terra, e muitos com pouca terra." Comprove a veracidade dessa afirmação, utilizando-se apenas dos dados fornecidos pela tabela a seguir.

Evolução da estrutura fundiária do Brasil — 1995-1996

Grupos ou categorias de áreas (hectares)	% sobre o total de estabelecimentos	% sobre a área total dos estabelecimentos
Menos de 100	89,3	20,0
De 100 a 999	9,7	40,5
Mais de 1.000	1,0	39,5

Fonte: IBGE. *Censo agropecuário 1995-1996.*

6 Corumbas, turmeiros e clandestinos, volantes, peões e bóias-frias são diferentes nomes para o mesmo tipo de trabalhador rural. Caracterize-o.

7 O setor agropecuário brasileiro é fortemente dominado por empresas multinacionais. Identifique as empresas relacionadas de acordo com o seguinte código:

F = fornecem bens para a agropecuária

P = processam os produtos agropecuários

a) Caterpillar e Ford.
b) Ultrafértil e Bayer.
c) Nestlé e Parmalat.
d) Agroceres e Quimbrasil.
e) Yakult e Danone.

8 Observe o esquema abaixo. Cite exemplos, no Brasil, da importância de cada um desses elementos para a produção agropecuária.

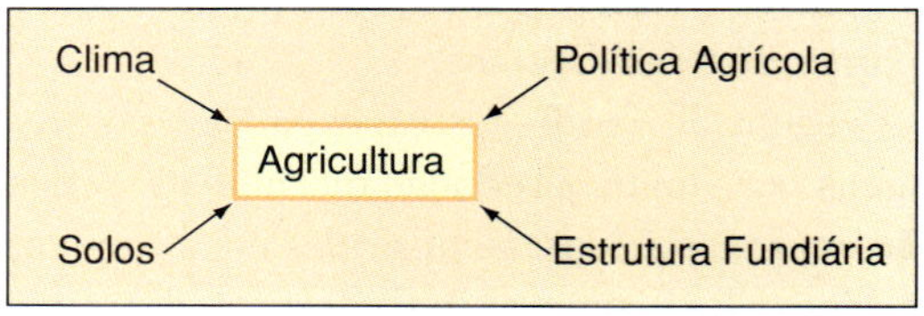

9 Sobre a modernização da agropecuária:

a) cite exemplos de novas tecnologias empregadas;
b) cite três exemplos de problemas ocasionados ao meio ambiente pelo uso inadequado e indiscriminado de novas tecnologias.

COMPLEMENTAÇÃO DO ESTUDO

Leituras

BERNARDO, M. Fernandes e PORTELA, Fernando. *Reforma agrária.* São Paulo, Ática, 1997.

CHIAVENATO, Júlio José. *Violência no campo: o latifúndio e a reforma agrária.* São Paulo, Moderna, 1995.

OLIVEIRA, Ariovaldo. V. de. *Agricultura camponesa no Brasil.* São Paulo, Contexto, 1996.

______. *A geografia das lutas no campo.* São Paulo, Contexto, 1993.

STRAZZACAPPA, Cristina e MONTANARI, Valdir. *A questão das terras no Brasil.* São Paulo, Moderna, 1999.

Sites

- *http://www.institutodeterras.sp.gov.br* Apresenta dados sobre os programas e ações comunitárias da Fundação Instituto de Terras, informações sobre reforma agrária e conflitos fundiários, entre outros temas.
- *http://www.mst.org.br* Portal do Movimento dos Trabalhadores Rurais Sem Terra, com artigos, agenda do MST e questões relacionadas à reforma agrária.
- *http://www.incra.gov.br* O Instituto Nacional de Colonização e Reforma Agrária oferece em seu *site* um balanço da reforma agrária e da agricultura familiar, artigos, banco de imagens, relatórios, estatísticas etc.
- *http://www.embrapa.br* Endereço eletrônico da Empresa Brasileira de Pesquisa Agropecuária, com informações sobre meio ambiente, agroindústria, produção de alimentos, engenharia da produção, desenvolvimento regional, base de dados, monitoramento de queimadas, plantios etc.
- *http://www.mma.gov.br/port/redesert/desertmu.html* *Site* do Ministério do Meio Ambiente, aborda a desertificação no mundo e no Brasil, traz mapas de áreas desertificadas ou de risco.

UNIDADE V

O comércio e a circulação no mundo e no Brasil

MICHAEL S. YAMASHITA/CORBIS-STOCK PHOTOS

Capítulo 1
A globalização e o comércio mundial e brasileiro, *284*

Capítulo 2
Comunicações, transportes e turismo no mundo e no Brasil, *296*

CID

Produção, circulação e consumo integram-se no mundo moderno. Rodovia de acesso à cidade de Estocolmo (Suécia, 1995) e centro comercial em Los Angeles (Califórnia, EUA, 1996).

CAPÍTULO 1

A globalização e o comércio mundial e brasileiro

1 Introdução

Comércio é a troca, compra e venda de bens e serviços, visando lucro. Além de estimular a produção e o consumo, promove a expansão de outras atividades, tais como transportes, comunicações, turismo.

O **comércio externo** ou internacional resulta basicamente da impossibilidade de cada país produzir todos os bens e serviços de que necessita em virtude da distribuição desigual dos recursos, das diferenças naturais (clima, solo) e de desenvolvimento tecnológico.

Um fator relevante na expansão do comércio em escala mundial, regional e local foi a criação de moedas para intermediar a troca de produtos. O valor da moeda é muito importante: se tiver baixo poder aquisitivo, inibe as atividades comerciais; já uma moeda forte expande essas atividades. Leia o boxe "Mundo curioso".

Mundo curioso

Como se determina o valor de uma moeda

Há duas maneiras:

- relacionando-a com uma moeda estrangeira (**paridade cambial**);
- pelo **poder aquisitivo** da moeda, ou seja, pela quantidade de bens e serviços que é possível adquirir com ela.

Algumas moedas possuem alto valor e são aceitas mundialmente (o dólar, por exemplo), ao passo que outras têm baixo valor e não são aceitas mundialmente (caso das moedas dos países subdesenvolvidos).

2 Organismos internacionais e dívida externa

Outro fator de grande importância na expansão comercial mundial foram os acordos e alianças feitos entre os países, com o objetivo de defender interesses comuns, principalmente os comerciais. Esses acordos se multiplicaram principalmente após a Segunda Guerra Mundial. Diversas instituições financeiras internacionais foram criadas para facilitar a reconstrução dos países, financiar o desenvolvimento econômico capitalista e promover o comércio. Essas instituições geralmente têm sede nos países desenvolvidos.

Vejamos, a seguir, os principais organismos comerciais internacionais criados.

- **Fundo Monetário Internacional** (**FMI**). Sediado em Washington, começou a operar em 1946, visando monitorar o sistema monetário internacional para favorecer a expansão e o desenvolvimento do comércio internacional. Teve também a função de um banco, fornecendo empréstimos aos países-membros para que pudessem resolver desequilíbrios financeiros. Atualmente tem se preocupado mais em supervisionar as dívidas externas dos países. Esse organismo surgiu como resultado da **Conferência de Bretton Woods** (1944), na qual 44 países estabeleceram um novo sistema monetário internacional. Saiba mais sobre esse sistema lendo o boxe da página seguinte.
- **Banco Mundial**, criado em 1945, após a Conferência de Bretton Woods, inicialmente com o objetivo de fornecer empréstimos para a reconstrução da Europa no pós-guerra. Atualmente, realiza o financiamento de capitais para governos de países periféricos e/ou em desenvolvimento, além de efetuar parcerias em diversos projetos. Uma das instituições que o compõem é o **Banco Internacional de Reconstrução e Desenvolvimento** (**Bird**). Os dois têm sede em Washington, e seu principal objetivo é promover o desenvolvimento econômico dos países-membros, oferecendo assistência técnica e financeira.
- **Organização Mundial do Comércio** (**OMC**). Criada em 1995 para substituir o **Acordo Geral de Tarifas e Comércio** (**Gatt**), firmado por 23 países em 1947, com

Sistema monetário internacional

O sistema internacional conheceu três fases principais:

• **Primeira fase** ou **fase do padrão-ouro** (entre 1870 e 1914). Nesse período, o valor das moedas era definido em função do ouro, que funcionava também como reserva de valor.

• **Segunda fase** ou **fase do padrão dólar-ouro** (de 1944 a 1971). Fruto da Conferência de Bretton Woods (EUA), que estabeleceu novas regras econômicas internacionais e criou o FMI e o Bird. O dólar norte-americano passou a ser a principal moeda internacional e cada país era obrigado a declarar o valor de sua moeda em dólar e em ouro para o FMI. Os Estados Unidos ficavam obrigados, sempre que necessário, a trocar ouro por dólares. Os sucessivos déficits na balança de pagamentos estadunidense levaram o país a declarar que não mais converteria dólar em ouro.

• **Terceira fase** ou **fase do câmbio flutuante** (a partir de 1979, após um período de acordos e negociações). Adoção do sistema de taxas flutuantes e eliminação do preço oficial do ouro. Cada país tem a opção de estabelecer uma paridade entre sua moeda e outra moeda; permissão aos países subdesenvolvidos para contrair empréstimos junto ao FMI.

o objetivo de garantir o livre-comércio. A OMC é o mais importante organismo responsável pelo comércio internacional. Além de estimular o livre-comércio, visa estabelecer as regras do comércio internacional, orientar os governos na fixação de tarifas alfandegárias e oferecer assessoria aos países subdesenvolvidos.

Desde sua criação, foram realizadas oito rodadas de negociações multilaterais entre os países-membros. Entre 1986 e 1994, na **Rodada do Uruguai**, a OMC obteve expressivos avanços na redução de tarifas alfandegárias sobre mercadorias industriais, beneficiando os países desenvolvidos. No entanto, os países subdesenvolvidos consideram insuficiente a redução de tarifas para os setores agrícola e têxtil, que poderia beneficiá-los. As divergências continuaram e em 1999 fracassou a abertura da **Rodada do Milênio** que tinha como objetivo a liberação total do comércio mundial.

• **Conferência das Nações Unidas para o Comércio e Desenvolvimento** (**Unctad**). Sua criação, em 1964, resultou das críticas dos países subdesenvolvidos à atuação desfavorável (discriminatória) do Gatt, atual OMC. Seu principal objetivo é desenvolver políticas coordenadas e acelerar o comércio em geral e o dos países subdesenvolvidos em particular.

Políticas que ajudam o desenvolvimento ou reforçam o subdesenvolvimento?

Apesar de todos esses organismos visarem à promoção do desenvolvimento econômico, o que tem ocorrido de fato é a manutenção de políticas protecionistas — por exemplo, a de produtos agrícolas dos Estados Unidos e dos países da União Européia — e de um comércio desfavorável para os países mais pobres.

Além disso, os financiamentos concedidos por esses organismos só têm contribuído para o endividamento crescente dos países subdesenvolvidos (figura 1), apesar do pagamento de cifras vultosas aos credores.

> "Entre 1980 e 1996 a África Subsaariana pagou duas vezes o montante de sua dívida externa, mas hoje encontra-se três vezes mais endividada que há 16 anos. Em 1997, devia a seus credores 235,4 bilhões de dólares frente aos 84,3 bilhões devidos em 1980. [...] Para pagar uma dívida externa emitida em sua totalidade em divisas fortes, devem descontar uma parte importante de sua receita de exportação."
>
> *Enciclopédia do mundo contemporâneo.* São Paulo/Rio de Janeiro, Publifolha/Terceiro Milênio, 2000. p. 74.

Figura 1

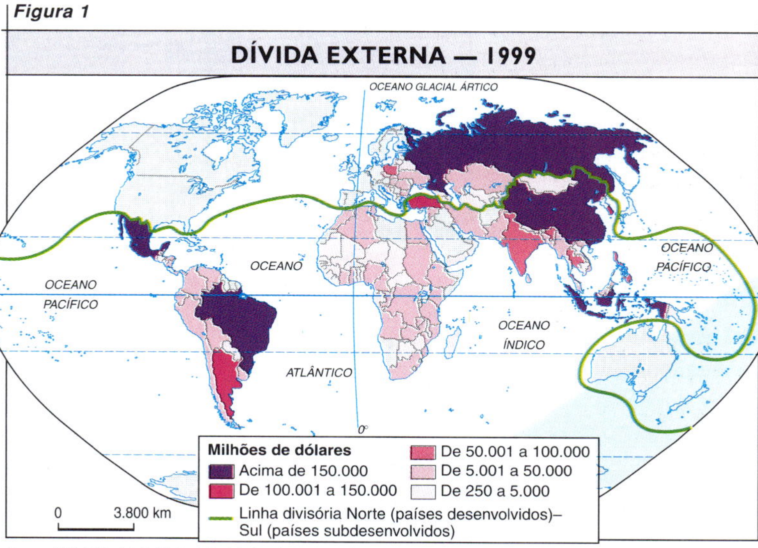

Fonte: BANCO MUNDIAL. *World development indicators 2001.* Washington, World Bank, 2001. p. 254-256.

Os países subdesenvolvidos encontram-se mergulhados numa imensa dívida externa que entrava o seu desenvolvimento.

3 Comércio internacional: desigualdades

O impressionante volume e a intensidade das trocas comerciais do mundo atual são característicos de uma economia mundializada e cada vez mais marcada pela interdependência entre os países. Com o desenvolvimento dos transportes e meios de comunicação, a circulação dos produtos intensificou-se. Hoje nenhum país, seja Estados Unidos, China ou Butão, consegue viver totalmente isolado. Observe a figura 2.

Até por volta da Segunda Guerra Mundial, o comércio internacional apresentava uma estrutura bastante simples: os países desenvolvidos (metrópoles) importavam alimentos e matérias-primas dos subdesenvolvidos (colônias), para os quais exportavam produtos industrializados e capitais.

Apesar de os países desenvolvidos continuarem a exportar sobretudo os itens mais valorizados (industrializados, tecnologias, capitais) e a importar os produtos menos valorizados (alimentos e matérias-primas), recentemente ocorreram algumas alterações importantes, que veremos a seguir.

- Os países desenvolvidos alcançaram elevado desenvolvimento tecnológico e especializaram-se na produção e comercialização de bens industrializados e na pesquisa e criação de produtos que requerem alta tecnologia (material bélico, nuclear, eletroeletrônicos, entre outros), além de serviços.
- Os países subdesenvolvidos industrializados ou mercados emergentes passaram também a exportar certos produtos industrializados, que demandam baixa tecnologia, e a importar tecnologia de ponta (química fina, eletroeletrônica etc.).
- As economias periféricas especializaram-se, em geral, na produção e comercialização de alimentos e matérias-primas.

Como os produtos industrializados são mais caros do que os primários e o preço das *commodities* vem sofrendo quedas, o comércio internacional tem favorecido principalmente os países desenvolvidos. Com alta capacidade de dumping, eles excluem do mercado os concorrentes mais fracos. Para esses países, o comércio externo constitui importante fonte de renda e instrumento de dominação econômica.

Reveja a figura 2.

Comércio dos países desenvolvidos ou centrais

A hegemonia econômica e comercial desse grupo de países é incontestável, pois eles dispõem de capitais e detêm o controle mundial de grandes empresas, meios de transporte e de comunicação, chegando a desenvolver conflitos e guerras de acordo com seus interesses econômicos.

A **Organização para Cooperação e Desenvolvimento Econômico (OCDE)**, criada em 1961, é um fórum de consulta e coordenação de políticas econômicas que reúne 30 países. Juntos, esses países chegam a deter cerca de 80% do comércio de bens e serviços mundiais.

Observe os dados da tabela 1, a seguir.

Figura 2

COMÉRCIO INTERNACIONAL, POR GRANDES REGIÕES — 2001

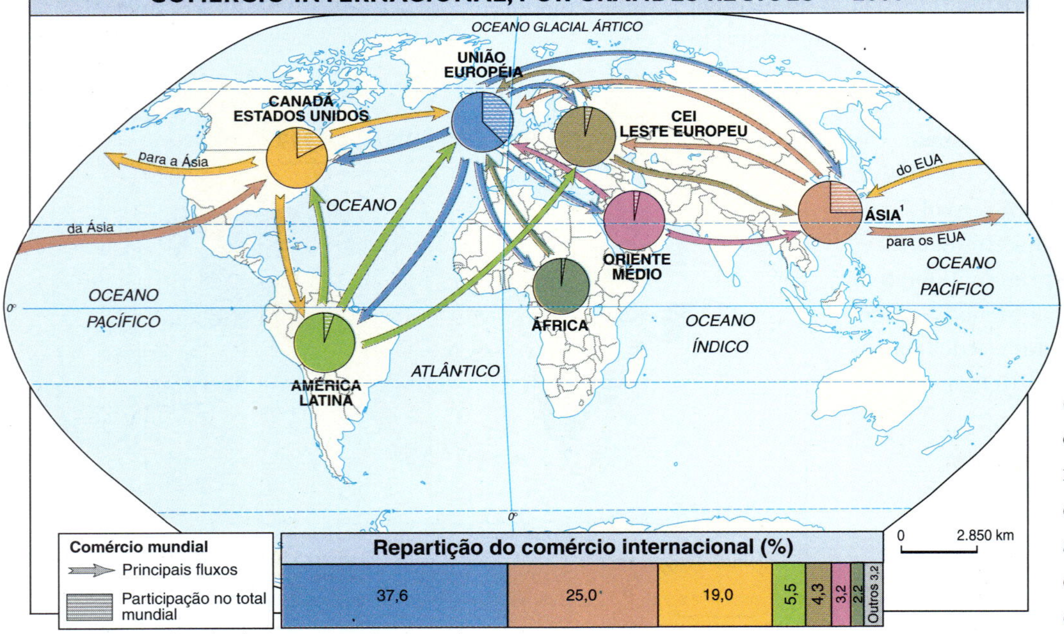

[1] Países asiáticos industrializados (Japão, Tigres Asiáticos etc.).

Fontes: FERREIRA, Graça Maria L. *Atlas geográfico: espaço mundial*. São Paulo, Moderna, 2002. p. 84; e *L'etat du monde 2003*. Paris, La Découverte, 2002. p. 61-62.

Tabela 1

Exportações mundiais, por regiões — 2001	
Países industrializados (% do total mundial)	63,6
União Européia	30,8
América do Norte[1]	16,4
Japão	6,7
Países em desenvolvimento (% do total mundial)	36,4
Ásia	18,6
Europa[2] e ex-União Soviética	5,8
América Latina	5,7
Oriente Médio[3]	4,2
África	2,1
Total mundial (bilhões de dólares)	6.032

[1]Canadá e Estados Unidos. [2] Países europeus não integrantes da OCDE. [3] Inclui Egito e Líbia.

Fonte: *L'état du monde 2003*. p. 61.

Já vimos que as principais exportações dos países capitalistas desenvolvidos compõem-se de produtos industrializados, serviços e tecnologia e que suas principais organizações econômicas e comerciais são a União Européia (UE), o Acordo de Livre Comércio da América do Norte (Nafta), a Cooperação Econômica da Ásia e do Pacífico (Apec) e a Organização Mundial do Comércio (OMC).

Os Estados Unidos, a Alemanha e o Japão são os principais centros comerciais da atualidade. Observe a tabela 2.

Tabela 2

Maiores exportadores e importadores mundiais — 2001

País	Exportações (milhões de dólares)	Importações (milhões de dólares)
Estados Unidos	702.098	1.059.430
Alemanha	541.090	472.171
Japão	417.623	310.012
França	300.161	289.925
Reino Unido	268.254	317.958
Canadá	238.422	214.791
Itália	230.094	216.451
Países Baixos	200.290	187.529
China	195.150	165.788
Bélgica	176.140	160.770
Coréia do Sul	172.268	160.481
Cingapura	137.875	134.545
México	136.703	142.061
Taiwan	121.591	110.690
Espanha	109.966	144.438

Fonte: *Calendario Atlante De Agostini 2003*. Novara, Istituto Geografico De Agostini, 2002. p. 92-99.

Comércio dos países subdesenvolvidos: países periféricos e mercados emergentes

Os **produtos primários** (matérias-primas e alimentos) continuam sendo os mais exportados pelos países subdesenvolvidos periféricos, que pouco têm se beneficiado da expansão dos mercados. Segundo o *Relatório do desenvolvimento humano 1997*, esses países, com 10% da população mundial, detêm apenas 0,3% do comércio mundial. Já as tarifas sobre importações para os países industrializados, provenientes dos menos desenvolvidos, são 30% mais elevadas do que a média mundial.

Assim, apesar da liberalização do mercado decorrente da globalização, os países em desenvolvimento perdem mais de 60 bilhões de dólares anuais em razão dos subsídios agrícolas impostos pelos países ricos. Estes últimos continuam a exercer políticas protecionistas não só no setor têxtil, mas em muitos setores estratégicos, como no caso da indústria farmacêutica, permitindo que megacorporações obtenham lucros enormes com o monopólio de patentes e o controle dos preços dos remédios. Vale ressaltar que um dos poucos avanços da chamada **Rodada do Desenvolvimento**, em 2001, foi o fato de os países da OMC terem permitido a quebra eventual de patentes de medicamentos essenciais (como os coquetéis contra a aids), visando a contenção de preços.

Por outro lado, nos últimos vinte anos do século XX, o maior crescimento do comércio (de produtos manufaturados) dos países subdesenvolvidos ocorreu nos países de industrialização recente, como os Tigres Asiáticos, México, Índia, Turquia, Ilhas Maurício, entre outros, cujas exportações cresceram em média mais de 5% ao ano, além de haver uma diversificação dos produtos manufaturados.

Uma das formas encontradas pelos países subdesenvolvidos para enfrentar os problemas que envolvem as suas exportações tem sido a formação de associações de produtores. A primeira e também a mais importante delas é a Opep, que controla os preços e a produção mundial de petróleo (assunto também estudado no capítulo 4 da unidade IV).

Acontece que, de um total de dezoito matérias-primas (as mais importantes), só quatro (bauxita, cacau, cobre e ferro) contam com associações de produtores de âmbito inter-regional. As demais (açúcar, banana, borracha e café, por exemplo), integram apenas associações regionais, com pequeno poder de barganha, ou não possuem associações.

As principais organizações comerciais dos países subdesenvolvidos são o Mercado Comum Centro-Americano (MCCA), o Mercado Comum e Comunidade do Caribe (Caricom), a Cooperação Econômica da Ásia e do Pacífico (Apec), a Comunidade Econômica dos Estados da África Ocidental (Cedeao), o Mercado Comum do Sul (Mercosul), a Associação das Nações do Sudeste Asiático (Asean). As organizações regionais são abordadas também no capítulo 2 da unidade II.

4 Comércio globalizado

Depois de impulsionar a expansão do capitalismo nos séculos XV e XVI, a atividade comercial volta a desempenhar papel de vanguarda na economia globalizada. O termo "globalização" foi empregado pela primeira vez em 1985 por Theodore Levitt para indicar a globalização dos mercados e a difusão mundial das trocas e do consumo. De fato, o volume do comércio mundial aumentou doze vezes desde a Segunda Guerra Mundial.

No comércio globalizado, apesar de ainda serem comuns esquemas protecionistas — subsídios, barreiras alfandegárias etc. —, os Estados-nações perdem força para as megacorporações privadas (transnacionais). Organizações como o FMI, o Bird, o Nafta, controlam o fluxo de capitais e realizam operações financeiras em todo o mundo.

Com a flutuação do dólar, os valores monetários passaram a ser determinados pelos agentes dos mercados de divisas, abrindo caminho para a especulação monetária e valorizando moedas de países com economia forte.

Mercado financeiro

A hegemonia e o crescimento do capital financeiro internacional são algumas das principais características da globalização. Nas últimas décadas, o volume do capital financeiro que circula pelo mundo superou os índices de crescimento dos investimentos, do PIB e do comércio exterior dos países desenvolvidos. Nos mercados monetários, mais de 1,5 trilhão de dólares são negociados por dia e se comercializa cerca de um quinto dos bens e serviços.

O capital financeiro que circula pelo globo (assunto estudado também no capítulo 1 da unidade II) pode ser dividido em dois tipos: capital produtivo e capital especulativo ou volátil.

• O **capital produtivo**, ainda uma estratégia global, envolve investimentos externos diretos realizados pelas transnacionais e pelos governos. No pós-guerra, esses capitais participaram do processo de modernização de países da América Latina, da Ásia e da África.

A geografia da riqueza revela a concentração da maior parte desses investimentos nos países mais desenvolvidos: segundo o *Relatório do desenvolvimento humano 1999*, a quinta parte da população mundial que vive nos países de maior renda detém 82% dos mercados de exportações mundiais e 68% do investimento direto estrangeiro, ao passo que a quinta parte da população que vive nos países mais pobres detém apenas cerca de 1% desses mercados e desse investimento. O capital passa de raspão pelos mercados emergentes, e os países periféricos pobres ficam praticamente fora da geografia do capital.

Alguns países subdesenvolvidos, contudo, vêm ganhando posição no tabuleiro mundial. A China, por exemplo, lidera a atração de capitais, seguida por outros países asiáticos e pelo Brasil, no qual se destacam os investimentos para aquisição de empresas privadas (privatizações), nos setores de infra-estrutura. Observe a figura 3.

Figura 3

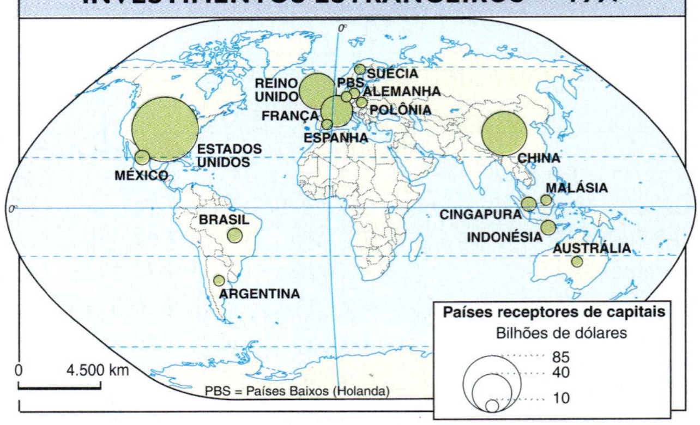

Fonte: FERREIRA, Graça Maria L. *Atlas geográfico: espaço mundial*. p. 84.

No entanto, o **comércio real**, constituído por capitais produtivos, já não é para os bancos a melhor modalidade de investimento. Essas atividades podem oferecer riscos por dependerem da política, das instabilidades que podem ocorrer nos países nos quais os investimentos são feitos e das variações de câmbio das moedas desses países. Nos últimos 25 anos, os empréstimos concedidos pelos bancos dos Estados Unidos caíram de 75% para 26,5% do total mundial.

A comercialização monetária ou o **mercado de divisas** tornou-se mais atrativo, assumindo grande importância no mundo globalizado.

• O **capital especulativo** (ou **capitais voláteis** ou de **curto prazo**) obtém lucro a partir da compra e da venda de moedas e da variação de seus valores. Movimenta-se rapidamente em busca de mercados que ofereçam segurança e rentabilidade (juros altos e baixos riscos). Esses capitais são investidos por intermédio de "dinheiro eletrônico", depositado instantaneamente nas bolsas de valores de todo o mundo. Veja as figuras 4 e 5.

As aplicações bilionárias podem reagir em segundos às boas e às más notícias e, ao menor sinal de instabilidade, ser transferidas de um lugar para o outro (**fuga de dólares**), provocando pânico em mercados mundiais. É o chamado **ataque especulativo**. Em poucas horas, o valor de moedas, papéis e ações pode transformar-se radicalmente, abalando governos e gerando crises que repercutem particularmente nos países de economia mais frágil. No entanto, os países centrais também são obrigados a desvalorizar suas moedas.

Figura 4

Fonte: FERREIRA, Graça Maria L. *Atlas geográfico: espaço mundial*. p. 84.

Figura 5

ALAN SCHEIN PHOTOGRAPHY/CONTEXTO

Na Geografia do capital, apenas 23 países são responsáveis por 88,4% dos fluxos internacionais de créditos e por 87,5% do valor total das empresas listadas em bolsas de valores de todo o mundo. Bolsa de Valores em Nova York (EUA, 1996).

Em 1997, uma crise iniciada nos Tigres Asiáticos propagou-se pelos mercados mundiais. A desconfiança dos investidores provocou queda das bolsas de valores e a fuga de capitais dos mercados emergentes. A crise ocorrida na Federação Russa em 1998 atingiu profundamente a América Latina.

A internet e o comércio virtual

O desenvolvimento científico e tecnológico resultou em avanços no setor eletrônico e de telecomunicações, possibilitando grande rapidez, barateamento e confiabilidade no tráfego de informações, concretizando a mundialização do mercado financeiro e comercial. Satélites artificiais (imagens), telefonia (sons) e informática (dados, internet) constituem o tripé da era da comunicação em tempo real.

As grandes mudanças ocorridas no mercado, principalmente a especulação monetária, são conseqüência dos avanços tecnológicos. Os mercados computadorizados funcionam 24 horas por dia, criando uma **cibereconomia** que gira, em moedas nacionais, perto de 2 trilhões de dólares por dia. Essa economia cibernética está fora do alcance das camadas mais pobres da população, excluindo milhões de pessoas que não dispõem de moedas nacionais distintas e não têm acesso à **internet** (rede mundial de computadores). Leia o boxe abaixo.

Além de fortalecer o inglês como língua internacional, a **economia virtual** (divulgação e comercialização de serviços e produtos por meio da internet) beneficia o empresariado, que dispõe de uma

Mundo curioso

A utilização da internet no mundo

• 88% dos usuários da internet vivem em países industrializados, que registram 19% da população mundial.

• Nos Estados Unidos há mais computadores do que no restante do mundo em conjunto.

• O usuário típico da internet é homem, com menos de 35 anos, educação universitária e renda elevada, vive na zona urbana e fala inglês, língua utilizada em quase 80% das páginas da rede. No entanto, menos de uma entre dez pessoas no mundo fala inglês.

Baseado em dados de: ONU/PNUD. *Relatório do desenvolvimento humano 1999*. Nova York/Lisboa, Trinova, 1999.

feira mundial de mercadorias permanentemente exposta diante dos espectadores e compradores de todo o mundo. Surgiram também as **empresas virtuais**, denominadas **pontocom**, que só existem na internet, como o *site* de busca Cadê? e grandes provedores de acesso, como UOL (Universo Online), AOL (América Online) e Terra, que cobram por serviços e pela publicidade.

Observe a figura 6.

Figura 6

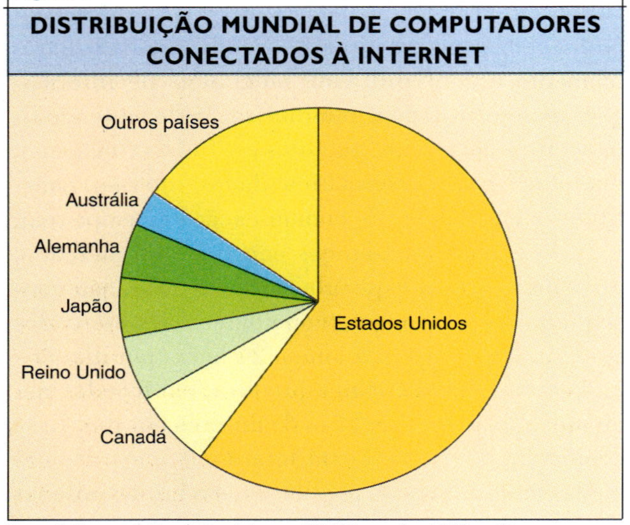

Fonte: *O Correio da Unesco*. Rio de Janeiro, FGV/Unesco, fev. 1999. p. 22.

No comércio mundial, as indústrias relacionadas com a propriedade intelectual (fabricantes de *softwares*, gravadoras de discos, editoras) passaram a liderar as exportações, desbancando setores tradicionais da economia, como a agricultura e a indústria automobilística.

Em 1995, o comércio mundial de média e alta tecnologia já representava mais de 50% do comércio mundial. Observe a figura 7.

Figura 7

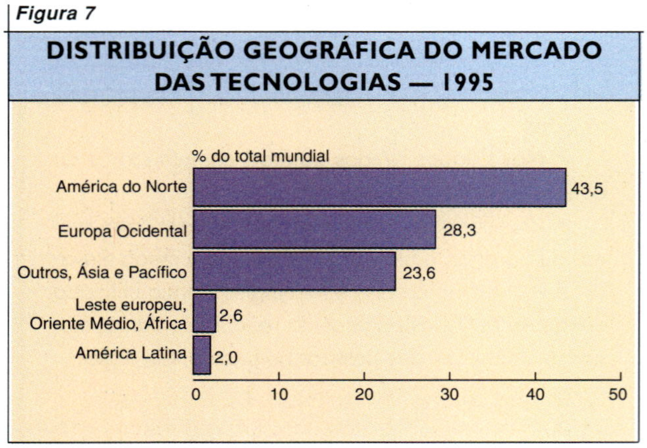

Fonte: *O Correio da Unesco*. fev. 1999. p. 22.

5 Comércio no Brasil

Importância do comércio externo no mercado globalizado

Apesar de ser industrializado e grande produtor de alimentos e de matérias-primas, o Brasil ocupava no comércio internacional, em 2001, o 27º lugar entre os países exportadores e sua participação percentual era de menos de 1% (0,80%). Portanto, juntamente com outros países periféricos, está em uma posição ainda pouco vantajosa no mapa-múndi do comércio.

No entanto, não é à toa que na fase atual, a da globalização, países como a Índia, a China e o Brasil são chamados de **mercados emergentes** — são muito populosos e com enorme potencial de mercado. Porém, enquanto os dois primeiros apresentam elevada população rural, a população urbana é maior no Brasil (81,2% do total, segundo o Censo 2000), quinto país mais populoso. Embora milhões de seus habitantes vivam abaixo da linha de pobreza, sem condições de atender às suas necessidades básicas, o Brasil apresenta uma classe média numerosa, pronta para o consumo (figura 8).

Já os países da Europa, em geral, têm crescimento populacional bem limitado e são considerados **mercados maduros**, em que o consumo cresce no mesmo ritmo de crescimento da população, ou seja, lentamen-

Figura 8

MARCOS PERON/KINO

Atividade muito antiga, o comércio pode ser feito em grandes lojas de departamentos. Segundo o IBGE, a classe média no Brasil representa 35 milhões de famílias, ou seja, milhões de consumidores em potencial. Na foto, Shopping Center D. Pedro I, em Campinas (SP, 2000).

te. Seus habitantes dispõem de muitos bens (televisores, automóveis, eletrodomésticos, entre outros), são exigentes e pensam antes de comprar. A economia mundial tende, portanto, a um investimento maior nos mercados potenciais dos países emergentes.

Comércio externo e desenvolvimento econômico do Brasil

Até o início do século XX, a economia brasileira dependia quase totalmente do comércio externo. As exportações de alguns produtos primários (açúcar, café) eram as principais fontes de renda e de recursos necessários à importação da maior parte dos bens consumidos no país.

Embora a política de substituição de importações pela produção industrial local (a partir de 1930) tenha alcançado bons resultados, o Brasil não conseguiu se libertar da dependência externa em razão da insuficiência de capital. A continuidade do processo de industrialização exigia importações crescentes de bens de produção (máquinas e equipamentos) e de matérias-primas não disponíveis no país.

Desde a década de 1970, a economia do Brasil passou a ser predominantemente industrial e urbana, com forte dependência do mercado interno. No setor comercial externo houve grande aumento das exportações de produtos industrializados, superando as de produtos primários. Observe a tabela 3.

Tabela 3

Brasil: exportação de produtos primários e industrializados — 1970-2000

Ano	Produtos primários (% do total)	Produtos industrializados (% do total)
1970	84,1	13,9
1990	48,4	51,6
2000	37,0	63,0

Fontes: ONU, 1991; e *Brasil em números*. Rio de Janeiro, IBGE, 2000. v. 8, p. 321.

Observe na figura 9 a evolução da balança comercial brasileira: no período 1983-1994, as importações mantiveram-se inferiores às exportações, gerando saldos positivos, em razão do aumento das exportações e da redução das importações de petróleo (crescimento da produção interna e de álcool combustível). A partir de 1995, a balança comercial tornou-se deficitária, por causa da desvalorização da moeda brasileira e da queda das transações com o Mercosul, embora os dados apontem para uma tendência ao equilíbrio a partir de 1999.

Figura 9

BRASIL: BALANÇA COMERCIAL — 1983-2001

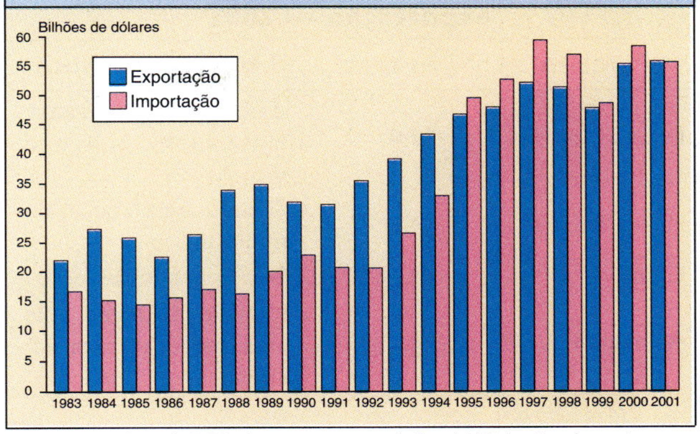

Fontes: Banco Central; IBGE. *Anuário estatístico do Brasil 1994*; e *Brasil em números*, 1997 e 2000.

Exportações brasileiras: produtos e destino

A inserção do Brasil no mercado exportador de produtos de tecnologia intensiva é frágil, devido às barreiras do comércio internacional e aos baixos investimentos internos em pesquisa e tecnologia. As unidades produtivas são de pequeno porte e investem pouco no exterior.

Mais recentemente, mesmo os ramos de baixo custo da mão-de-obra — como o de tecidos e o de calçados — não têm conseguido manter sua posição. Outros países, como a China, por exemplo, oferecem preços mais vantajosos, por terem gastos menores com salários.

As vantagens competitivas do Brasil vêm principalmente das indústrias extrativas com baixo grau de processamento.

Os principais produtos industrializados que o país exportou, no período de 1997 a 2001, foram material de transporte e componentes (peças e equipamentos para transportes); produtos metalúrgicos e químicos; máquinas e instrumentos mecânicos; papel e celulose; equipamentos elétricos e eletrônicos; calçados e produtos de couro.

Dos produtos primários, os mais exportados foram soja, minério de ferro, minérios metalúrgicos (manganês etc.), café, carne, açúcar e suco de laranja. Observe na tabela 4, na página seguinte, o destino de alguns produtos de exportação brasileiros.

A América Latina oferece boas oportunidades de mercado, no entanto esse comércio representa pouco mais de 15% do comércio externo brasileiro. O intercâmbio dos países latino-americanos com os de fora da região, principalmente com os Estados Unidos e os europeus, é muito superior (cerca de 70% do total) ao realizado entre os próprios latino-americanos (cerca de 30% do total).

Tabela 4

Brasil: principais parceiros e produtos de exportação — 2001

Parceiro	% do total	Principais produtos
Estados Unidos	27,9	Aviões, calçados, aparelhos transmissores, automóveis
Países Baixos	4,6	Soja, suco de laranja, alumínio bruto
China	3,7	Soja, minério de ferro
Alemanha	3,5	Minério de ferro, café, soja, motores para veículos

Fonte: Ministério do Desenvolvimento, Indústria e Comércio Exterior, apud *Almanaque Abril 2003*. São Paulo, Abril, 2003. p. 133.

Com relação ao Mercosul, as transações comerciais com o Brasil têm sido abaladas desde o final da década de 1990. A desvalorização da moeda e a elevação das taxas de juros brasileiras produziram uma quebra das importações provenientes da Argentina, do Uruguai e do Paraguai. A situação econômica da Argentina agravou-se, entre outros fatores, por causa da dependência das exportações para o Brasil. A crise argentina de 2002 abalou ainda mais as relações comerciais entre os países do Mercosul (assunto abordado no capítulo 4 da unidade II).

Observe na tabela 5 que, após um período de expansão do comércio no Mercosul, a partir de 2000 houve queda tanto das exportações quanto das importações.

Tabela 5

Mercosul: balança comercial — 1991-2002

Ano	Exportações		Importações		Saldo
	Milhões de dólares	% do total	Milhões de dólares	% do total	
1991	2.309	7,3	2.268	10,8	41
1993	5.387	14,0	3.378	13,3	2.009
1995	6.154	13,2	6.844	13,7	-690
1997	9.047	17,1	9.517	15,5	-470
1999	6.778	14,1	6.719	13,7	58
2000	7.733	14,4	7.795	14,0	-62
2001	6.364	10,9	7.009	12,6	-646
2002	3.311	5,5	5.613	11,9	-2.302

Fonte: Ministério do Desenvolvimento, Indústria e Comércio Exterior. Disponível em: http://www.mdic.gov.br/indicadores/balancaPaises.html

Importações brasileiras: produtos e áreas fornecedoras

A estrutura básica do comércio importador brasileiro não tem sofrido alterações. Os principais produtos importados em 2001 foram bens de capital (material de transporte, veículos, automóveis, tratores), matérias-primas (cereais e produtos de indústria de moagem, trigo, adubos e fertilizantes, produtos químicos, ferro fundido e aço, metais não-ferrosos, carvão), máquinas e material elétrico e bens de consumo (alimentos, vestuário). A tabela 6 refere-se aos produtos e às áreas fornecedoras das importações.

Tabela 6

Brasil: principais parceiros e produtos de importação — 2001

Parceiro	% do total	Principais produtos
Estados Unidos	15,9	Motores, geradores, circuitos integrados, produtos eletrônicos, instrumentos e aparelhos de medidas
Argentina	7,2	Trigo, petróleo, automóveis e veículos de carga
Alemanha	6,7	Autopeças, motores, transformadores, engrenagens, rolamentos
Japão	3,6	Autopeças, circuitos integrados, motores para veículos, aparelhos transmissores, produtos eletroeletrônicos

Fonte: Ministério do Desenvolvimento, Indústria e Comércio Exterior, apud *Almanaque Abril 2003*. p. 133.

Comércio interno: o mercado de trabalho

A crise econômica das últimas décadas atingiu o mercado interno brasileiro e provocou a expansão do **comércio informal**. Esse comércio é constituído pela população **subempregada**: camelôs, vendedores ambulantes e outros trabalhadores que não participam do sistema tributário (não pagam impostos), não possuem carteira de trabalho assinada nem acesso aos direitos trabalhistas. O comércio informal integra a **economia informal**, ou seja, o conjunto de atividades não regulamentadas que, em 1999, absorviam 21,1% das pessoas ocupadas no setor. Segundo o IBGE, as atividades informais passaram a concentrar 53% da população economicamente ativa, que era de 70 milhões de pessoas no final da década de 1990 (figura 10).

No Brasil, 93% das empresas de comércio são **empresas varejistas** (distribuidoras de mercadorias para o consumo), que geram 64,2% das receitas do setor. Já as **empresas atacadistas** (intermediárias na distribuição de produtos alimentícios, agropecuários, máquinas, equipamentos, combustíveis) representam apenas 7% do setor, mas respondem por 35,7% de suas receitas.

Figura 10

ALEXANDRE TOKITAKA/PULSAR

Na década de 1990, em função do desemprego, ocorreu um aumento da participação do setor informal, principalmente no comércio. Em geral, o rendimento médio mensal é baixo, a carga horária esticada e o trabalho exercido em condições precárias. Na foto, aspecto da região central da cidade de São Paulo, em 2000.

Figura 11

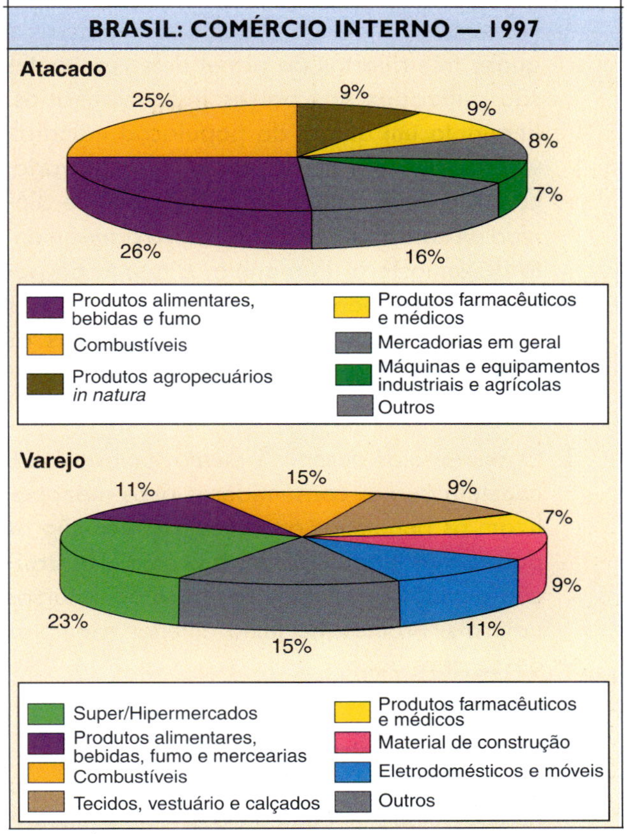

Fonte: *Brasil em números*, 2000. p. 249.

Segundo o IBGE, o setor comercial ocupa por volta de 5 milhões de pessoas, 85% na categoria de varejista e 14% na de atacado. Trata-se de um setor de extremos, com grandes e pequenas empresas dominando 88% das receitas.

Observe na figura 11 a importância do comércio de combustíveis no atacado (grandes distribuidoras) e no varejo (postos de gasolina), e o papel dos super e hipermercados.

AVALIE SEU APRENDIZADO

Construindo conhecimento

Consumo e meio ambiente

O *Relatório do desenvolvimento humano 1998* aborda a globalização dos mercados e o aumento do consumo mundial. Uma das constatações do documento é que, com a globalização, houve grande crescimento da procura por produtos de "luxo", até mesmo nas camadas mais pobres da população. Por exemplo, entre 1975 e 1995, no Brasil, no Chile e na República da Coréia, as vendas anuais de televisores igualaram, ou superaram, as registradas na maioria dos países industrializados.

No entanto, apesar desse crescimento em muitos países, mais de 1 bilhão de pessoas não consegue satisfazer suas necessidades básicas. Além disso, os países em desenvolvimento estão longe de alcançar o mesmo consumo dos mais ricos. As pessoas mais ricas (um quinto da população mundial) consomem 58% da energia total, enquanto as mais pobres consomem menos de 4%; as primeiras possuem 87% dos veículos existentes, enquanto os mais pobres têm menos de 1%.

O *Relatório* adverte: "Os gastos domésticos no consumo de supérfluos podem não deixar lugar ao consumo de bens essenciais como a alimentação, a educação, a saúde, os cuidados prestados às crianças e um plano de poupança que assegure o futuro".

Outra questão diz respeito ao impacto do excesso de consumo e do desperdício sobre o ambiente. Ao lado do incentivo ao aumento do consumo não existe, em geral, a busca de alternativas ambientalmente sustentáveis.

Segundo o *Relatório*, a população dos países industrializados possui renda mais elevada e maior nível de consumo, sendo responsável por mais de metade do aumento da utilização de recursos naturais. Embora o desmatamento concentre-se nos países em desenvolvimento, mais da metade da madeira e quase três quartos do papel dele resultantes são utilizados nos países industrializados. Enquanto um quinto da população mundial, vivendo em países de renda mais elevada, contribui com 53% para as emissões de dióxido de carbono, que aumentam o aquecimento da atmosfera do planeta, o quinto da população mais pobre contribui só com 3%, mas vive nas comunidades mais vulneráveis às inundações costeiras.

1 O *Relatório do desenvolvimento humano 1998* concluiu que os consumidores ricos monopolizam os benefícios do consumo, mas são os pobres que pagam mais caro com a destruição de sua saúde e da sua base de recursos naturais. Procure no texto anterior exemplos dessa afirmação.

2 Em geral, os sistemas de valores das sociedades privilegiam demasiadamente o que uma pessoa possui, ou quanto ela consome, menosprezando o que pode fazer ou ser. "Um adolescente que não use um par de sapatos de marca pode sentir-se envergonhado perante os seus colegas de escola." (*Relatório sobre o desenvolvimento mundial 1998*).

Discuta com seus colegas:

a) Por que se dá tanta importância aos bens materiais como roupas, sapatos, carros etc.?
b) O que vocês acham mais importante: os objetos, os bens que uma pessoa possui ou o que ela pode fazer ou ser?

3 Sobre o consumo supérfluo, responda:

a) Dos produtos que vocês consomem, quais são os necessários e quais são os supérfluos?
b) Você já comprou produtos que não usou? Quais as implicações desse tipo de atitude para o orçamento familiar?

4 Discuta com seus colegas sobre as atitudes necessárias para que os produtores, os consumidores e os governos trabalhem com o objetivo de evitar impactos negativos sobre o meio ambiente.

Fixando o conteúdo

5 Os objetivos do FMI são promover a cooperação monetária, favorecer o desenvolvimento do comércio internacional e dar assessoria aos países-membros para enfrentar dificuldades financeiras. A ajuda dos bancos internacionais realmente promove o desenvolvimento ou reforça o subdesenvolvimento?

6 Observe a tabela 2, sobre os maiores exportadores e importadores mundiais, e responda:

a) Explique a divisão de trabalho no comércio mundial.
b) Que países subdesenvolvidos participam do grupo dos maiores exportadores e importadores mundiais? Explique a presença desses países no grupo.
c) Analise as importações e exportações e calcule a balança comercial dos países.
d) Quais países apresentam maiores déficits e quais apresentam maiores superávits?

7 Cite três causas do aumento da especulação monetária.

8 O historiador Eric Hobsbawm, em seu livro *A era dos extremos*, diz: "Uma economia mundial que se desenvolve pela geração de desigualdades tão crescentes está quase inevitavelmente acumulando encrencas futuras". Discuta com seus colegas algumas conseqüências do aumento das desigualdades no mundo e algumas políticas dos Estados que ajudariam a solucionar esses problemas.

9 Explique a tendência mundial de maiores investimentos futuros em mercados potenciais como o Brasil.

10 "Chalapathi Rao aprendeu a manejar marionetes antes de conhecer o alfabeto. Nos últimos 50 anos, ele e seu grupo apresentaram inúmeros espetáculos de marionetes na Índia e no exterior. [...] Hoje, esse artista [...] sobrevive graças não à sua arte, mas sim à venda de peças artesanais e abajures. [...]

A industrialização, a urbanização e o advento da mídia, em especial o cinema e a televisão, frearam inevitavelmente as formas de expressão tradicionais e folclóricas no mundo inteiro, e as marionetes indianas não constituem exceção. [...] A extraordinária expansão da televisão por satélite nas últimas décadas mantém crianças e adultos grudados na telinha. [...]

Chalapathi Rao [...] é um dos raros sobreviventes. Ele adaptou técnicas e temas modernos às formas tradicionais."

O Correio da Unesco. fev. 1999. p. 40, 41.

a) Transponha a situação da Índia para o Brasil relacionando-a com as manifestações folclóricas da região em que você mora.
b) Que temas modernos poderiam ser veiculados por meio do folclore, no Brasil?

COMPLEMENTAÇÃO DO ESTUDO

Leituras

BRIGAGÃO, Clóvis e RODRIGUES, Gilberto. *Globalização a olho nu: o mundo conectado*. São Paulo, Moderna, 1998. (Coleção Polêmica)

FERRER, Florencia. *Reestruturação capitalista: caminhos e descaminhos da tecnologia da informação*. São Paulo, Moderna, 1998.

MARTINEZ, Paulo. *Multinacionais, desenvolvimento ou exploração*. 16. ed. São Paulo, Moderna, 1994. (Coleção Polêmica)

Vídeo

- *Wall Street* (EUA, 1987); dir. Oliver Stone; 124 min. Parábola sobre a amoralidade do capitalismo financeiro, na qual inescrupuloso e brilhante especulador da Bolsa de Valores ensina segredos a jovem corretor. (Fox Home Vídeo)

Sites

- *http://www.integracaointernacional.com.br/index.htm* Notícias do Mercosul, do mercado financeiro, da economia e comércio mundiais, legislação, política e outras informações.
- *http://www.alca-bloco.com.br/* Portal de divulgação e integração da Área de Livre Comércio das Américas, traz declarações, informações sobre países, propostas, princípios, programas de cooperação etc.
- *http://www.geouniao.hpg.ig.com.br/painel.htm* Informações sobre a União Européia, histórico, Tratado de Maastricht.
- *http://www.mercosul.gov.br/* Revista *on-line* do Mercosul, com informações sobre o organismo, agenda, gráficos e tabelas dos países integrantes.

CAPÍTULO 2

Comunicações, transportes e turismo no mundo e no Brasil

1 Comunicações: novas tecnologias

A circulação de pessoas e riquezas, assim como o intercâmbio de idéias, informações e cultura imprimem mudanças profundas no espaço geográfico, na medida em que transformam os padrões culturais e os sistemas de produção e consumo.

Muitos dos **meios de comunicação** (meios que permitem a circulação de idéias, cultura, informações e o transporte de pessoas e bens), frutos de experiências e da evolução científica acumuladas, foram inventados ou aperfeiçoados ao longo do século XX, dando início a uma nova era de comunicação e de locomoção. Rádio, cinema, estradas de ferro e de rodagem, automóveis, aviões, televisores, telefones, cabos de transmissão, satélites, computadores e muitas outras descobertas e invenções tecnológicas mudaram radicalmente o modo de vida no mundo.

Figura 1

IARA VENANZI/KINO

A construção de uma rodovia modifica o espaço geográfico e amplia as fronteiras de desenvolvimento econômico. Rodovia Castelo Branco, em São Paulo (foto de 1999).

Comunicação global

O século XX acelerou a era da comunicação a distância, da comunicação sem fios, facilitando o contato entre lugares e povos do mundo.

Se a comunicação tornou-se simultânea (transmissão e recepção ao mesmo tempo), o acesso a ela não foi universal. A partir das duas guerras mundiais, os países europeus e os Estados Unidos assumiram a dianteira nas pesquisas e o domínio de tecnologias de comunicação. Posteriormente, a China, a ex-União Soviética e o Japão também se destacaram nessas pesquisas.

Atualmente, países centrais como os Estados Unidos, os da Europa Ocidental (Alemanha, Reino Unido, França e Itália) e o Japão continuam liderando as pesquisas de ponta e são centros emissores de novas tecnologias. Apesar da massificação de aparelhos como televisores, rádios e computadores, muitos países subdesenvolvidos ficaram marginalizados, por não terem acesso às novas tecnologias ou desempenharem o papel de simples receptores de informações.

Os trustes predominam também no mercado das comunicações. Grandes agências de informações (Reuters, United Press International, France Press) dividem suas áreas de influência pelo planeta.

A indústria da informática envolve interesses comerciais e até militares. A Microsoft (EUA) domina a maior parte desse mercado. No campo das **telecomunicações** (que abrange o rádio, a televisão e o sistema de telefonia, o qual, por sua vez, inclui o telefone, o fax, o telex e a internet), o mercado é dominado por algumas grandes empresas, como a gigante AT&T e a MCI WorldCom (EUA), a NEC (Japão), a Deustch Telecom (Alemanha), a Olivetti (Itália) etc.

Figura 2

DESMOND BOYLAN/REUTERS NEWSCOM

Os computadores são, atualmente, a base de sustentação da mídia globalizada, que também utiliza a internet para estimular o crescimento do comércio. Central de controle da empresa de telecomunicações Telefonica, em Madri (Espanha, 1997).

2 Comunicações no Brasil

Setor dinâmico da economia brasileira e da era da globalização, as telecomunicações apresentam grande expansão no Brasil, respondendo por 2,7% do PIB em 2002.

Por sua importância estratégica, grande parte dos meios de comunicação constituíram monopólio estatal até a década de 1980. Com a globalização, a partir de 1995 iniciou-se o processo de privatização dessa área, concluído em 1998, quando o sistema Telebrás passou à iniciativa privada. Empresas estatais transformaram-se em grandes monopólios privados, facilitando a expansão e a ação de megaempresas. Foi criada a **Agência Nacional de Telecomunicações** (Anatel), com função regulamentadora do setor.

Em 2000, o Brasil contava com 16 empresas operando satélites de telecomunicações. A rede de **cabos ópticos** de grande distância (utilizados para dar alta velocidade às transmissões) tem se expandido, realizando a conexão entre as principais cidades. Apesar desses avanços, a tecnologia brasileira ainda se encontra atrasada.

Internet

Na era da globalização, as empresas de informática, beneficiárias diretas desse processo, desenvolvem-se com rapidez.

Apesar de 89,4% das residências brasileiras não possuírem computador (2002), segundo estatísticas o **comércio eletrônico** ou **virtual** (vinculado à internet) movimentou, em 2001, 801 milhões de dólares no varejo (roupas, livros, eletroeletrônicos), no mercado financeiro (bancos, seguros, investimentos) e em serviços variados (viagens, transportes, consultorias). Cientes de que a publicidade é instrumento fundamental para impulsionar os negócios, as empresas não podem prescindir desse poderoso meio de divulgação comercial.

Calcula-se que, no Brasil, o número de pessoas que usam a internet poderia chegar a 9 milhões (2001), dos quais apenas 2% fazem compras *on-line*. A participação do comércio virtual no faturamento das empresas é de aproximadamente 5% do total das vendas.

3 Evolução e localização dos meios de transporte e vias de circulação

Os transportes têm como finalidade o deslocamento e a circulação de mercadorias e de pessoas de um lugar para outro. Sua importância é tão grande que não podemos conceber o desenvolvimento do comércio, da economia mundial, e a difusão cultural no mundo de hoje sem a participação das **vias de circulação** (hidrovias, ferrovias, rodovias etc.) e dos **meios de transporte** (navios, trens, carros, caminhões, aviões etc.).

Nos países desenvolvidos, a evolução e a organização dos transportes decorreram, em geral, da expansão econômica interna. Isso explica o elevado grau de integração inter-regional e nacional e a eficiência e disponibilidade dos diferentes meios de transporte.

Nos países subdesenvolvidos, cuja economia sempre foi dependente dos mercados externos, a organização dos transportes reflete essa subordinação, ou seja, as redes de transportes são quase sempre periféricas, isoladas e convergentes para o litoral, isto é, para os portos exportadores. É comum a existência de grandes espaços vazios e praticamente isolados do restante do país, sem contar a escassez e a ineficiência dos transportes existentes.

Os principais meios de transporte e vias de circulação estão altamente concentrados nas regiões mais desenvolvidas (Estados Unidos, Europa Ocidental, Japão etc.). Nessas áreas, o transporte de mercadorias e de pessoas é muito intenso. Observe as figuras 3 e 4, na página seguinte, e compare a distribuição e a densidade de transportes dessas regiões com as subdesenvolvidas (África e América do Sul, por exemplo).

De acordo com dados sobre meios de transporte, publicados no *Relatório do desenvolvimento humano 1997*, um quinto da população mundial (pes-

Figura 3

PRINCIPAIS REDES FERROVIÁRIAS E ROTAS MARÍTIMAS DO MUNDO

Fonte: SERRYN, Pierre. *Atlas universel Bordas*. Paris, Bordas, 1991 (com atualização).

Figura 4

PRINCIPAIS ROTAS AÉREAS DO MUNDO

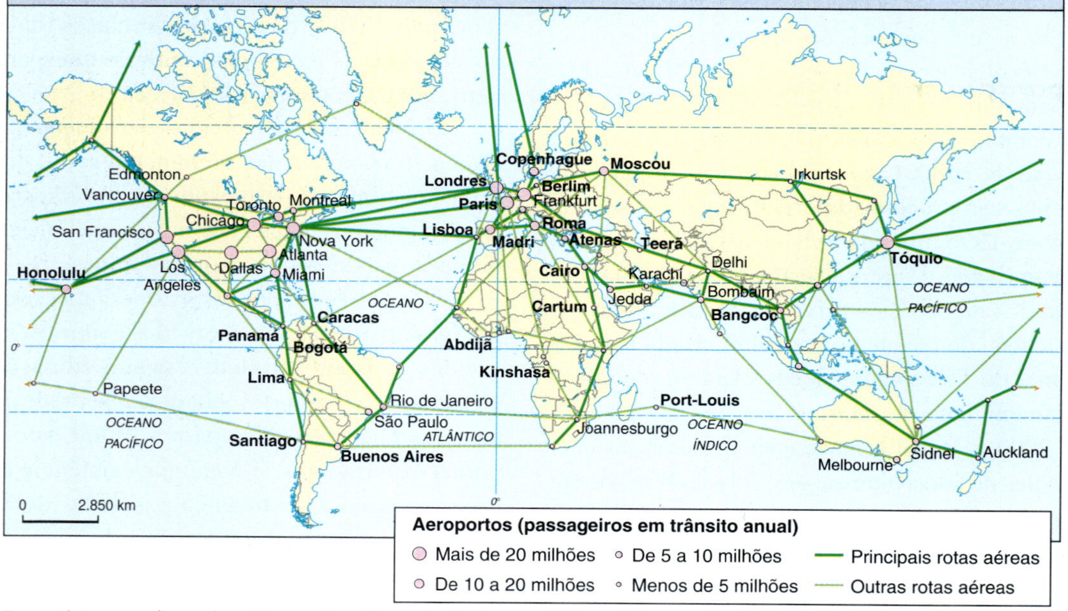

Fonte: *Atlante geografico moderno*. Novara, Istituto Geografico De Agostini, 1998. p. 45 (com atualização).

soas mais ricas) possuía 87% dos veículos existentes, enquanto os mais pobres tinham menos de 1%. Os países industrializados registraram uma média de 405 automóveis para cada mil habitantes. Nos países da África Subsaariana, a média correspondia a 11 veículos para cada mil habitantes e na Ásia Oriental e Meridional a relação era de 5 veículos para cada mil habitantes. Essa situação se mantém praticamente inalterada.

Meios de transporte no mundo

Os meios de transporte podem ser **terrestres** (ferroviário, rodoviário e metroviário), **aquaviários** ou **hidroviários** (marítimo, fluvial e lacustre) e **aéreos**.

Nos países desenvolvidos, tanto nos de grande quanto nos de pequena extensão territorial, o transporte de mercadorias é feito predominantemente por meio de ferrovias e hidrovias. Observe a tabela 1.

Tabela 1

Países desenvolvidos[1] e Brasil: carga deslocada, segundo o tipo de transporte

País	Tipo de transporte (% do total)		
	Rodoviário	Ferroviário	Hidroviário
Alemanha	18	53	29
Estados Unidos	25	50	25
França	28	55	17
Japão	20	38	42
Brasil	61	21	14

[1] Países selecionados.
Fonte: *O Estado de S. Paulo*, 27 mar. 1994. Cálculo dos autores com base em GEIPOT. *Anuário dos transportes*.
Disponível em: http://www.geipot.gov.com.br/anuario2000.

No Brasil e em outros países subdesenvolvidos, nos quais a influência da indústria automobilística é preponderante, verifica-se o predomínio do transporte rodoviário. Para muitos desses países, que contam com grande território e são deficitários em combustíveis fósseis, o ideal seria expandir a malha ferroviária ou hidroviária, e não a rodoviária.

Recordando

Comparação entre meios de transporte

Os transportes ferroviário e hidroviário possuem maior capacidade de carga e são mais econômicos. Já o transporte rodoviário, além de possuir pequena capacidade de carga, envolve maior consumo proporcional de combustível e dependência de petróleo, sendo, portanto, bem mais caro do que o ferroviário e o hidroviário. Observe a tabela.

Via de circulação	Mercadoria transportada (em toneladas[1])
Rodovia	30
Ferrovia	125
Hidrovia	575

[1] Toneladas por quilômetro, com 1 litro de óleo diesel.

Transporte fluvial

É um dos mais antigos meios de transporte, tendo desempenhado importante papel no povoamento e na ocupação do interior dos continentes. Os rios funcionaram como caminhos naturais.

A navegação fluvial é praticada com maior ou menor intensidade em todo o mundo. Destaca-se, no entanto, na Europa, onde grandes e importantes obras (canais artificiais, instalações portuárias, barragens etc.) permitem melhor aproveitamento no transporte de mercadorias diversas. Os rios europeus navegáveis são muitos: Reno, Danúbio (figura 5), Ródano, Sena, Volga, Don etc.

Na América, a navegação é praticada nos rios Amazonas, São Lourenço, Mississípi, Ohio, Tennessee, Orenoco, Madalena, São Francisco e Paraguai, entre outros.

Na África, destaca-se a navegação nos rios Nilo, Níger, Congo e Zambeze. Na Ásia, destacam-se os rios Ganges, Indo, Mekong, Yang-Tsé e Huang-Ho.

Eis algumas características e vantagens do transporte fluvial:

- possui grande capacidade de carga;
- é muito econômico para grandes distâncias;
- apresenta consumo de energia relativamente pequeno.

Figura 5

CORBIS-STOCK PHOTOS

O Rio Danúbio nasce nos Alpes e passa por diversos países europeus, atravessando áreas de grande desenvolvimento econômico. Na foto, navegação em trecho do Rio Danúbio em Budapeste (Hungria, 1993).

Transporte marítimo

Apesar de terem sido suplantados pelo avião no transporte de passageiros, navios e barcos continuam a ser o principal meio de transporte de mercadorias a longas distâncias.

O transporte marítimo depende principalmente de fatores como disponibilidade, qualidade e capacidade de embarcações, bem como de instalações e eficiência portuárias. São poucos os portos marítimos que têm condições de receber navios de 300 mil toneladas ou mais.

Há dois tipos de transporte marítimo: **internacional** ou **de longo curso** (de grandes distâncias) e **navegação costeira** ou **de cabotagem** (ao longo do litoral). Observe a tabela 2, a seguir.

Tabela 2

Maiores frotas mercantes do mundo — 1999	
País	**Número de embarcações**
Japão	8.462
Panamá	6.143
Estados Unidos	5.642
Federação Russa	4.694
China	3.285
Coréia do Sul	2.417
Indonésia	2.369
Noruega	2.350
Filipinas	1.897
Libéria	1.629

Fonte: *Calendario Atlante De Agostini 2003*. Novara, Istituto Geografico De Agostini, 2002.

Figura 6

CID

Utilizando tecnologia de última geração, o Trem de Grande Velocidade francês (TGV) ou trem-bala percorre grandes distâncias, podendo atingir mais de 400 quilômetros por hora.

Transporte ferroviário

O trem foi o principal meio de transporte do século XIX, e teve grande expansão mundial até a segunda metade do século XX, principalmente na Europa e na América do Norte.

Em países de grande extensão territorial, como os Estados Unidos e o Canadá, foram construídas grandes ferrovias (transcontinentais), algumas cruzando o território de leste a oeste, ligando os oceanos Atlântico e Pacífico. Na ex-União Soviética foi construída a Transiberiana, a maior ferrovia do mundo, com 7.864 quilômetros, que liga Moscou a Vladivostok, no litoral do Pacífico. Essas ferrovias tiveram grande importância na ocupação territorial, na dinamização da economia e do comércio e na integração nacional.

Entre 1940 e 1960, verificou-se, em escala global, certa estagnação e até mesmo o declínio das ferrovias. Muitas delas chegaram a ser desativadas. A causa dessa estagnação foi a expansão das estradas de rodagem, em conseqüência do uso de novas fontes energéticas (petróleo, por exemplo).

A partir da década de 1970, no entanto, houve uma reativação do transporte sobre trilhos, principalmente nos países desenvolvidos. Isso ocorreu em razão das novas conjunturas, decorrentes, entre outros fatores, da crise do petróleo, do desenvolvimento tecnológico no setor de transportes (trens modernos e velozes, metrô), da expansão populacional e urbana, que exigia transportes de massa.

O transporte ferroviário começa a concorrer com o aéreo com a construção de trens ultravelozes, que já atingem velocidades entre 200 km/h e 500 km/h, como o InterCity Express (ICE) alemão, que faz 405 km/h, e o Trem de Grande Velocidade (TGV) francês, que chega a ultrapassar os 500 km/h.

Apesar de não possuir a mesma flexibilidade das rodovias (os carros e caminhões podem compor sua rota com mais facilidade, tendo a possibilidade de trafegar por estradas rurais e não pavimentadas, relevos acidentados etc.), transporte ferroviário tem como características e vantagens, entre outras:

- grande capacidade no transporte de cargas e passageiros;
- é mais econômico do que o rodoviário;
- pode utilizar diferentes fontes de energia (vapor, diesel, gasolina, eletricidade);
- o material rodante é de longa duração;
- os trens modernos podem atingir altas velocidades;
- pode estimular o desenvolvimento de indústrias de base.

De modo geral, o transporte ferroviário é o mais utilizado no deslocamento de cargas e de passageiros nos países desenvolvidos. Nos Estados Unidos, no Japão e na Austrália, nas proximidades dos grandes centros urbanos, as ferrovias são suspensas, para evitar transtornos no espaço físico das metrópoles. Observe a tabela 3.

Tabela 3

As maiores redes ferroviárias do mundo — 1998	
País	**Extensão (km)**
Estados Unidos	161.817
Federação Russa	86.151
Canadá	73.360
China	65.000
Índia	62.809[1]
Alemanha	38.126
Argentina	33.820[2]
Austrália	33.099[3]

[1] Dados de 1999. [2] Dados de 1995. [3] Dados de 1997.
Fonte: organizado pelos autores a partir de dados do *Calendario Atlante De Agostini 2003*.

Figura 7

Fontes: *Folha de S.Paulo*, 16 fev. 1989. p. G-11; e *Atlas geográfico mundial*. São Paulo, Empresa Folha da Manhã, 1994. p. 84-85.

Os Estados Unidos dispõem da maior rede ferroviária do mundo: pode-se atravessar o país de leste a oeste (Washington–São Francisco, por exemplo) ou de norte a sul (Chicago–Nova Orleans) por trem. Observe a figura 7, acima.

Transporte rodoviário

O automóvel é utilizado como meio de transporte desde o início do século XX (o primeiro modelo Peugeot é de 1901). Sua produção em maior escala iniciou-se em 1902 na Alemanha e em 1903 nos Estados Unidos. Com a Primeira Guerra Mundial, aumentaram significativamente tanto a produção quanto a diversificação dos tipos de veículo (carros de passeio, caminhões, ônibus, tratores etc.).

No início, o transporte rodoviário funcionou basicamente como complemento do transporte ferroviário. Com o passar do tempo, porém, tornou-se concorrente das ferrovias, acarretando até a desativação de inúmeras delas, que se tornaram deficitárias.

Maior flexibilidade, rapidez e facilidade de acesso aos diversos lugares, além de simplificação das operações de despacho (papéis) e de carga e descarga, estão entre os fatores que levaram alguns países a utilizar preferencialmente a rede rodoviária, e não a ferroviária, para o transporte de mercadorias. Do início do século XX até os dias atuais, a expansão do transporte rodoviário foi espetacular.

Tabela 4

As maiores redes rodoviárias do mundo — 1998

País	Extensão (km)
Estados Unidos	6.459.444[1]
Índia	2.358.629
Brasil	1.986.225[2]
China	1.352.000[3]
Japão	1.156.369
Federação Russa	947.580

[1] Dados de 1997. [2] Dados de 2000. [3] Dados de 1999.
Fontes: organizado pelos autores a partir de dados do *Calendario Atlante De Agostini 2003* e do DNIT.

Transporte aéreo

A invenção do avião pode ser situada no período entre 1890 e 1900, e seu emprego no transporte de passageiros data de 1919. Na Primeira Guerra Mundial, o avião começou a ser utilizado para fins bélicos, e no final da década de 1920 a aviação comercial já estava estabelecida.

O desenvolvimento e o aperfeiçoamento da aviação em termos de maior segurança, maior capacidade de carga e maior rapidez, bem como a multiplicação de aeroportos em todo o mundo, fizeram do transporte aéreo um sério concorrente aos demais meios de transporte.

4 Os transportes no Brasil

O setor de transportes desempenhou papel fundamental no processo de crescimento econômico e de integração do território brasileiro. Essa integração é um fato muito recente: até a década de 1970, as regiões Norte e Centro-Oeste encontravam-se bastante isoladas do restante do país.

O transporte ferroviário no Brasil

O desenvolvimento do transporte ferroviário no Brasil está diretamente ligado à cafeicultura. O período de maior expansão situou-se entre 1870 e 1920, quando a extensão das ferrovias passou de 745 quilômetros para 28.535 quilômetros. A partir daí, e principalmente após a crise da cafeicultura, o ritmo de crescimento das ferrovias diminuiu. Enquanto no período anterior foram construídos quase 28 mil quilômetros de ferrovias, entre 1920 e 1960 a rede cresceu menos de 10 mil quilômetros. Desde essa época, as ferrovias concentram-se nos estados do Sudeste. Observe a figura 8.

Figura 8

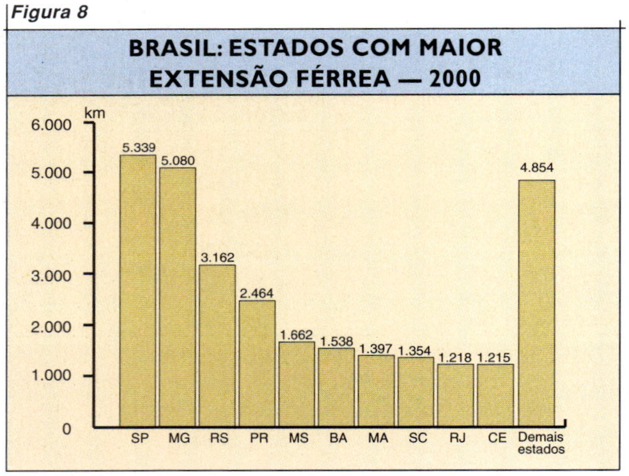

Fonte: GEIPOT. *Anuário estatístico dos transportes, 2000.* Disponível em http://www.geipot.gov.br/anuario2000/ferroviario/tabelas/412.xls

A partir de 1960, a eliminação de vários ramais antieconômicos diminuiu a malha ferroviária de 38.280 quilômetros para 29.283 quilômetros (2000), que respondem por apenas 21% da carga transportada. Enquanto isso, no mesmo período, a extensão das rodovias passou de 476.938 quilômetros para 1.986.225 quilômetros (2000). Veja a figura 9.

A decadência do transporte ferroviário resultou de vários fatores: falta de investimentos, material rodante obsoleto, administração ineficiente, morosidade no serviço e, principalmente, a concorrência com o ramo rodoviário. Isso porque, direcionadas quase sempre no sentido

Figura 9

DELFIM MARTINS/PULSAR

Mesmo após a privatização, o sistema ferroviário ainda apresenta desempenho pouco satisfatório. Transporte de carga por ferrovia em Jardinópolis (SP).

interior–litoral para escoar a produção agrícola, as ferrovias não integraram as regiões e não foram estruturadas para atender com rapidez e eficiência à nova realidade industrial do país. Seus traçados confusos ou sinuosos resultam em grande morosidade no transporte de pessoas e mercadorias.

Observe a figura 10.

A **RFFSA** (Rede Ferroviária Federal S.A.), que encampou grande parte das ferrovias do país, foi criada pelo governo federal em 1957, justamente para tentar reverter esse quadro de decadência e estagnação. Em 1971, com a criação da **Fepasa** (Ferrovias Paulistas S.A.), foi a vez de o governo do Estado de São Paulo encampar a maior parte das ferrovias paulistas.

Figura 10

Fonte: IBGE. *Atlas nacional do Brasil.* 3. ed. Rio de Janeiro, 2000. p. 197.

Num mundo cada vez mais internacionalizado, a eficiência, velocidade e agilização na entrega de mercadorias, o barateamento dos custos e a modernização operacional são medidas necessárias aos meios de transporte e às vias de circulação de um país.

Desde 1996 grande parte da malha ferroviária, principalmente a relacionada com o transporte de cargas, foi repassada por concessão à iniciativa privada. Em 1998 a Fepasa foi incorporada à RFFSA e em 1999 essas empresas foram extintas.

O transporte rodoviário

O desenvolvimento do transporte rodoviário no Brasil teve início no final da década de 1920, no governo do presidente Washington Luís, autor do lema "governar é abrir estradas". A Rodovia Rio—São Paulo (atual Via Dutra) foi inaugurada nesse período.

Mas só a partir da década de 1950, impulsionado pela indústria, o transporte rodoviário transformou-se no principal meio de locomoção do país. As matérias-primas precisavam chegar às indústrias, e as mercadorias, aos centros consumidores. A **política rodoviarista** atendia aos interesses tanto da indústria automobilística (implantada em 1956) quanto das grandes companhias de petróleo mundial, que visavam aumentar sua produção e as vendas. No início da década de 1950, o transporte rodoviário já era predominante, locomovendo 65,6% das pessoas e 53,1% das mercadorias. Em 2000, respondia por 96% dos passageiros e por 61% das mercadorias.

O Brasil é um dos poucos países de grande extensão territorial em que o transporte rodoviário predomina mesmo nos fluxos de cargas de longa distância. O **Departamento Nacional de Infra-estrutura de Transportes (DNIT)**, criado em 2002 em substituição ao Departamento Nacional de Estradas de Rodagem (DNER), existente desde 1937, está encarregado de construir e conservar rodovias, administrar e fiscalizar serviços de transporte rodoviário, ferroviário e aquaviário.

O rodoviarismo e a integração regional

A integração por meio de extensas rodovias iniciou-se na década de 1960 com a construção das rodovias Rio—Bahia e Régis Bittencourt (BR-116), que ligaram as regiões Nordeste, Sudeste e Sul.

No entanto, foi a partir da construção de Brasília que o plano integracionista ganhou maior impulso. A necessidade de ligar a nova capital federal ao restante do país possibilitou a complementação e a construção de várias rodovias, como a BR-040 (Brasília—Belo Horizonte—Rio de Janeiro); a BR-050 (Brasília—Uberaba—Ribeirão Preto—São Paulo—Santos); a BR-010 (Brasília—Belém); a BR-070 (Brasília—Cuiabá—Cáceres—Fronteira com a Bolívia); a BR-020 (Brasília—Fortaleza) e outras.

Após 1964, durante os governos militares, surgiram outros projetos rodoviários (Transamazônica, Perimetral Norte, pavimentação da Belém—Brasília), agropecuários e de extração mineral (Polamazônia), voltados para a integração nacional e responsáveis pela recente ocupação humana e econômica da Amazônia. À medida que avançavam, a floresta recuava, abrindo caminho para as estradas, para o gado, para a mineração.

Figura 11

ROLANDO DE FREITAS/ANGULAR

Ligando as regiões Nordeste e Norte do país, a Rodovia Transamazônica (foto da década de 1970) começa na Paraíba e vai até o Estado do Amazonas, na cidade de Lábrea, às margens do Rio Purus. A rodovia passa por paisagens diferenciadas, como o Sertão nordestino e a Floresta Amazônica.

As duas crises mundiais do petróleo (1973 e 1979) contribuíram para mostrar a ineficiência de grandes obras rodoviárias, até hoje inacabadas. Mesmo com todos esses projetos, as rodovias continuam bastante concentradas na Região Centro-Sul e no litoral.

As rodovias brasileiras

O Brasil construiu a terceira maior malha rodoviária do mundo, inferior apenas à dos Estados Unidos e à da Índia (reveja a tabela 4). No entanto, em 2000, estavam pavimentados apenas 9,5% dos quase 2 milhões de quilômetros de estradas brasileiras.

A expansão das rodovias ocorreu simultaneamente à industrialização e à urbanização, o que explica sua concentração junto aos grandes centros urbanos. Observe o mapa (figura 12).

Figura 12

Fonte: IBGE. *Atlas nacional do Brasil 2000*. p. 198.

Até 1994 todas as vias de transporte eram administradas pelos governos estaduais e federal. A partir de 1995, foram feitas privatizações de rodovias por meio de **concessões**, ou seja, o direito de explorar determinados trechos, por um período, mediante pagamento ao governo e o compromisso de manutenção e de realização de melhorias.

A iniciativa privada já controla 10 mil quilômetros de estradas federais e estaduais. As concessionárias cobram dos usuários **pedágios** pela utilização das rodovias. O valor das tarifas tem aumentado (45% de 1997 a 2001). Se, de um lado, a conservação das estradas resulta na redução de acidentes e em economia na manutenção de veículos, de outro lado o pedágio encarece as viagens e os custos do transporte de carga, tendo influência direta no custo de vida.

Além das condições climáticas muitas vezes desvantajosas — como chuvas intensas, que causam danos ao asfalto —, o sistema de transporte rodoviário apresenta sérios problemas, como estradas mal-planejadas, deterioradas e pouco conservadas, que provocam alto índice de acidentes. Em 2000, segundo dados do Departamento Nacional de Trânsito (Denatran), houve nas estradas brasileiras 286.994 acidentes com vítimas, nos quais perderam a vida mais de 20 mil pessoas. Ocorre também elevado número de roubo de cargas de caminhões.

Restam ainda prejuízos ambientais (principalmente atmosféricos) causados pela emissão de CO_2, além da intensa utilização de combustíveis derivados do petróleo.

Quanto aos **transportes urbanos**, em razão dos baixos investimentos públicos, existe um descompasso entre a demanda e a oferta de coletivos urbanos. Entre as conseqüências dessa situação estão o aumento do **transporte informal** ou **clandestino** (peruas, ônibus), a excessiva utilização de veículos particulares, os congestionamentos, o aumento da poluição sonora e atmosférica nas cidades (figura 13).

Figura 13

JUCA MARTINS/PULSAR

Trânsito, ônibus lotados, frota em péssimo estado: cotidiano nas cidades brasileiras. Na foto, avenida da zona oeste da cidade de São Paulo (2000).

O transporte aquaviário ou hidroviário no Brasil

Com a prioridade dada aos transportes terrestres, a participação do transporte de mercadorias nas vias de circulação hidroviárias reduziu-se de 32,4% em 1950 para 14% em 2000.

O transporte aquaviário ou hidroviário classifica-se em marítimo e fluvial.

Navegação costeira

A existência de vários portos ao longo da extensa costa marítima do Brasil (**pólos exportadores**) serviu de base para o desenvolvimento da navegação costeira. Veja a figura 14. A partir do início da Segunda Guerra Mundial, a navegação costeira entrou em declínio. As raízes desse declínio foram o envelhecimento da frota mercante, a deterioração da infra-estrutura portuária, a concorrência crescente das rodovias e os altos custos da movimentação de cargas, que afastam do padrão internacional os terminais portuários brasileiros.

Figura 14

BRASIL: PORTOS — 2003

1 Manaus	12 Cabedelo	23 Forno	34 Imbituba
2 Santarém	13 Recife	24 Niterói	35 Laguna
3 Macapá	14 Suape	25 Rio de Janeiro	36 Estrela
4 Belém	15 Maceió	26 Sepetiba	37 Porto Algre
5 Vila do Conde	16 Barra dos Coqueiros	27 Angra dos Reis	38 Cachoeira do Sul
6 Itaqui	17 Salvador	28 São Sebastião	39 Pelotas
7 Luís Corrêa (planejado)	18 Aratu	29 Santos	40 Rio Grande
8 Pecém	19 Ilhéus	30 Antonina	41 Corumbá
9 Fortaleza	20 Pirapora	31 Paranaguá	42 Ladário
10 Areia Branca	21 Barra do Riacho	32 São Francisco do Sul	43 Cáceres
11 Natal	22 Vitória	33 Itajaí	44 Porto Velho

Fontes: IBGE. *Atlas nacional do Brasil 2000*. p. 207; Brasil. Ministério dos Transportes. Disponível em: http://www.transportes.gov.br/bit/mapas/mapclick/portos/jporto.htm

A melhoria da navegação costeira depende de medidas como a renovação da frota mercante, a regularização dos serviços para facilitar o atendimento aos usuários e a modernização dos principais portos.

Desde agosto de 1995, a navegação costeira ou de cabotagem deixou de ser monopólio do governo federal. O Congresso Nacional aprovou emenda à Constituição de 1988 que permite a participação de empresas estrangeiras na navegação costeira e na do interior (rios, lagos).

A privatização do setor de navegação vem se processando paulatinamente por meio do arrendamento das instalações e operações de serviços. Desde 1991 a exploração de terminais de contêineres tem sido transferida para a iniciativa privada.

Navegação internacional

Por causa do tradicional controle desse setor por empresas estrangeiras, o Brasil pouco tem participado do transporte marítimo externo. Até 1967, essa participação era inferior a 10%, mas graças aos esforços governamentais ela atingiu cerca de 65% a partir de 1985.

Apesar de o país possuir boas condições para a construção de portos, a navegação de longo curso continua apresentando problemas, como frota mercante insuficiente, falta de investimentos e limitada capacidade de competição com as empresas estrangeiras.

Mesmo com as privatizações, o sistema portuário está longe de ser um exemplo de eficiência em tecnologia e informatização. Os custos portuários continuam altos e pouco competitivos comparados com os padrões internacionais.

A tabela 5 mostra a movimentação dos principais portos brasileiros.

Tabela 5

Brasil: principais portos marítimos, em movimentação de mercadorias — 1999

Porto	Movimento geral de mercadorias (milhões de t)
Tubarão (ES)	67,1
Itaqui (MA)	47,0
Santos (SP)	42,6
São Sebastião (SP)	41,5
Sepetiba (RJ)	29,8
Paranaguá (PR)	19,2
Brasil	435,7

Fonte: IBGE. *Anuário estatístico do Brasil 2000*. p. 5-38, 39.

Apesar de subaproveitadas, duas hidrovias estão impulsionando o **transporte fluvial** (rios) no interior do Brasil e na ligação com países vizinhos do sul e sudeste: a Hidrovia Paraguai-Paraná e a Tietê-Paraná, esta última também chamada de Hidrovia do Mercosul (veja a figura 17, à página 96.

Corredores de exportação

Etapa avançada da integração dos transportes na economia, os **corredores de exportação** são áreas dotadas de uma infra-estrutura que envolve o transporte, o armazenamento e a comercialização de produtos, integrando as áreas de origem aos portos de exportação.

A modernização e a eficiência dos corredores de exportação apresentam enormes vantagens: evitam prejuízos (demora no escoamento da produção, deterioração dos produtos), reduzem o preço e aumentam o poder de competitividade com os países concorrentes.

No mapa da página seguinte (figura 15) estão assinalados os principais fluxos de exportação e importação e os respectivos produtos.

Figura 15

BRASIL: EXPORTAÇÃO E IMPORTAÇÃO

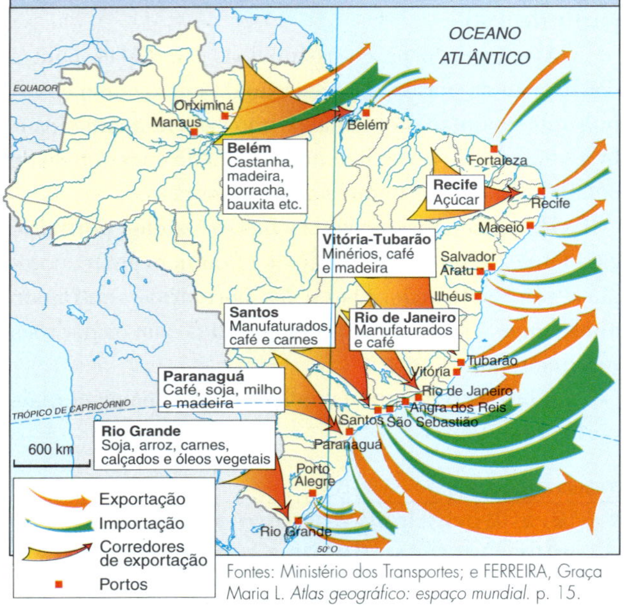

Fontes: Ministério dos Transportes; e FERREIRA, Graça Maria L. *Atlas geográfico: espaço mundial*. p. 15.

O transporte aéreo no Brasil

O país está ligado por via aérea a todos os continentes, e todo o seu território acha-se integrado pelo transporte aéreo. Apesar disso, considerando o tamanho da população brasileira, o transporte aéreo é pouco utilizado. O preço elevado e o baixo poder aquisitivo da população explicam o caráter elitista desse transporte.

Todas as companhias aéreas no Brasil são privadas, e algumas permitem a participação de capital estrangeiro. Há quatro grandes empresas de atuação nacional e internacional (Varig, TAM, Vasp e Gol) e várias de atuação regional (Rio-Sul, Taba, Pantanal e outras).

Em 2000, o transporte aeroviário era responsável por 2,25% do movimento total de passageiros no país. Em outubro de 2002, havia 10.610 aeronaves registradas e 2.104 aeroportos oficiais. A operação e a administração da maioria dos principais aeroportos estão sob a responsabilidade da **Infraero** (Empresa Brasileira de Infra-estrutura Aeroportuária), entidade federal ligada ao Ministério da Defesa.

5 O turismo como atividade econômica

O **turismo**, substancial fonte de divisas, tem grande importância na economia mundial, pois a chegada de pessoas aumenta o consumo, a produção de bens e de serviços e principalmente a necessidade de criação de novos empregos.

As principais motivações turísticas são lazer, compras, repouso, tratamento de saúde, religiosa, esportiva, contatos profissionais, científicos e culturais.

Recentemente tem se destacado o **ecoturismo** ou o **turismo ecológico**. É importante no mundo atual porque, além de trazer renda ao país ou região, requer a proteção de áreas e ecossistemas naturais.

O turismo é um importante componente da balança comercial e um dos setores mais dinâmicos da economia, chegando a gerar cerca de 10% do PIB mundial em 2002. Embora os atentados aos EUA de 11 de setembro de 2001 e os conflitos no Oriente Médio tenham desestimulado o turismo, especialmente para os países afetados, as previsões da **Organização Mundial de Turismo** (OMT) apontam que ele se tornará a principal atividade econômica do mundo em 2020. A internet, que oferece a possibilidade de se fazer reservas, pagamentos e visitação *on-line*, muito tem contribuído para o aumento médio anual de 4,5% no número de turistas e de 6,7% na receita mundial.

Os Estados Unidos e alguns países da Europa, principalmente Itália, França, Espanha e Reino Unido, são os que mais recebem turistas, obtendo grandes lucros com as atividades correlatas. Observe a figura 16.

Figura 16

TURISMO MUNDIAL: PRINCIPAIS FLUXOS [1]

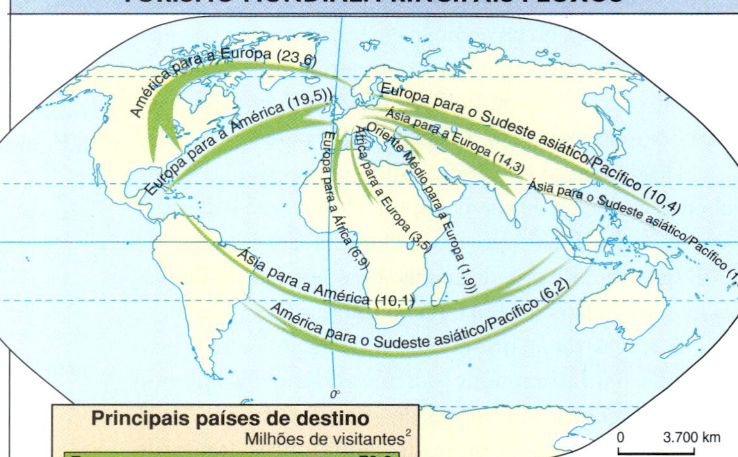

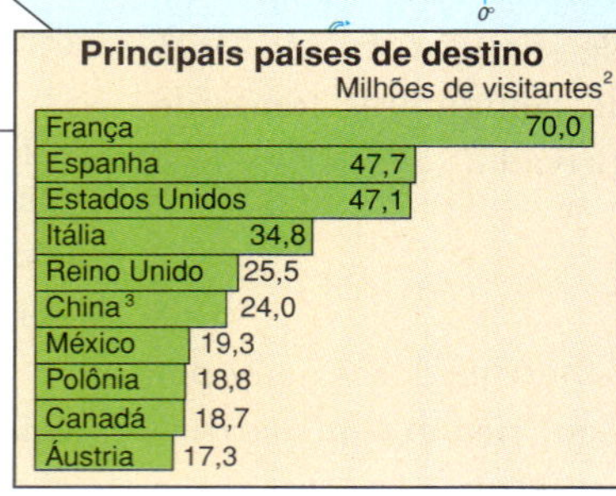

[1] Em milhões.
[2] Fluxo internacional, excluído os visitantes que vão e voltam no mesmo dia.
[3] Excluída Hong Kong.

Fonte: *O Correio da Unesco*. Rio de Janeiro, FGV/Unesco. out. 1999, p. 26-27.

Recordando

Quem são os turistas?

São consideradas **turistas** as pessoas que saem de seu país ou região para uma viagem de visita a outro país, estado ou região, por um período não superior a doze meses, sem que a intenção principal seja desenvolver uma atividade remunerada.

6 O turismo no Brasil

Pelas suas características naturais, o território brasileiro apresenta excelentes condições para o turismo: grande diversidade de ecossistemas e de paisagens, uma das maiores costas litorâneas do mundo, praias tropicais disponíveis ao lazer o ano todo.

Em 1999, segundo o IBGE, 5,1 milhões de turistas entraram no Brasil. Devido à proximidade, mais de 2,9 milhões de pessoas (quase 58%) vieram dos países sul-americanos. Os países europeus constituem o segundo maior emissor de turistas para o Brasil, colaborando com 1,2 milhão de pessoas. As cidades que mais recebem turistas são, pela ordem: Rio de Janeiro, São Paulo, Florianópolis, Salvador, Foz do Iguaçu e Recife. Rio de Janeiro e São Paulo sobressaem-se por dispor de infra-estrutura aeroportuária; os estados da Região Sul, por serem fronteiriços a países como a Argentina; e os estados do Nordeste, pelas suas tradições culturais (artesanato, feiras, culinária, festas e praias de grande beleza natural).

O turismo interno ou doméstico e o turismo externo ou internacional sofrem muitas oscilações, de acordo com o comportamento geral da economia e com o desequilíbrio cambial. Por exemplo, a desvalorização da moeda nacional em relação ao dólar encarece o custo das viagens internacionais e favorece a busca por destinos nacionais. Observe a figura 17.

O Brasil era o 29º país no *ranking* internacional dos mais visitados. A receita da conta turismo foi de 3.996 milhões de dólares, em 1999. Essa atividade mantém 5 milhões de empregos diretos e indiretos, no entanto seu potencial encontra-se subaproveitado. Há possibilidades de exploração do turismo de eventos e de negócios, desportivo e de aventura, ou do ecológico ou ecoturismo. Para que este último possa gerar renda ao país ou à região, as áreas e ecossistemas naturais precisam ser protegidos. Infelizmente as medidas políticas voltadas para essa atividade (construção de novos aeroportos no interior, restauração e conservação do patrimônio histórico, construção de novas estradas) ainda são insuficientes. Observe a figura 18.

Figura 17

Fonte: IBGE. *Atlas nacional do Brasil 2000*. p. 116.

Figura 18

HAROLDO PALO JR./KINO

Ecoturismo no Rio Olho D'Água, em Bonito (MS, 1998). O turismo ecológico só é eficiente quando acompanhado de medidas de preservação das águas, da fauna e da flora, além de projetos que busquem o bem-estar das comunidades locais.

AVALIE SEU APRENDIZADO

Construindo conhecimento

Discutindo a política de transportes no Brasil

1 No início da década de 1950, o transporte rodoviário já era predominante no país, locomovendo 65,6% das pessoas e 53,1% das mercadorias.
a) Que grupos econômicos foram privilegiados pela política rodoviarista? Por quê?
b) Faça uma crítica a essa política de transportes.

2 Compare o consumo de combustível e a capacidade de carga dos transportes hidroviário, ferroviário e rodoviário.

3 Observe a tabela 1, na página 299.
a) Quais países utilizam as vias férreas para transportar 50% ou mais de suas mercadorias?
b) Em qual país desse grupo predomina o transporte hidroviário?

Fixando o conteúdo

4 Em quais países encontramos a maior rede rodoviária, a maior rede ferroviária e a maior frota de navios do mundo?

5 Compare, citando exemplos, os transportes nos países desenvolvidos e nos subdesenvolvidos.

6 Os países africanos atualmente apresentam grandes dificuldades para organizar sua rede de transportes. Observando a figura 3 (p. 298), que representa as principais redes ferroviárias e rotas marítimas do mundo, responda:
a) Em quais regiões da África se concentram as ferrovias?
b) Como você explica essa concentração?

7 Cite dois fatores que contribuíram para a decadência do transporte ferroviário no Brasil.

8 Cite três exemplos de rodovias construídas com o objetivo de integração nacional.

9 O que são corredores de exportação e que vantagens apresentam para a economia dos países?

10 Sobre o turismo no Brasil:
a) Quais condições naturais favoráveis o território brasileiro apresenta?
b) Qual a importância dessa atividade para a economia?
c) Qual a importância do ecoturismo?

COMPLEMENTAÇÃO DO ESTUDO

Leituras

ALVES, Júlia Falivene. *A invasão cultural norte-americana.* 25. ed. São Paulo, Moderna, 1995. (Coleção Polêmica)
FERRER, Florencia. *Reestruturação capitalista: caminhos e descaminhos da tecnologia da informação.* São Paulo, Moderna, 1998.
KUPSTAS, Márcia (org.). *Comunicação em debate.* São Paulo, Moderna, 1997. (Coleção Debate na Escola).
TOLEDO, Vera Vilhena; BRANCATELLI, Maria Odete e LOPES, Helena. *A riqueza nos trilhos: história das ferrovias no Brasil.* São Paulo, Moderna, 1998.

Vídeo

- *Muito além do jardim* (EUA, 1979); dir.: Hal Ashby; 130 min. Baseado em romance de Jerzi Kosinski, é a história de um jardineiro que passou a vida isolado das pessoas, cuidando de plantas e vendo televisão. (Warner Home Vídeo)

Sites

- *www. dner.gov.br* Página do Departamento Nacional de Infra-Estrutura de Transportes, oferece tabelas com distâncias entre cidades, mapas rodoviários, principais rodovias e planejamento rodoviário.
- *http://revistaturismo.cidadeinternet.com.br/* Portal de turismo com notícias, artigos, cursos e dados variados sobre ecoturismo.
- *http://www.embratur.gov.br/* Instituto Brasileiro de Turismo, traz estatísticas, notícias, artigos, estratégias de turismo.
- *http://www.mc.gov.br/* Portal do Ministério das Comunicações, com notícias, programas, projetos, debates, artigos, agenda.

UNIDADE VI

Dinâmica populacional, urbanização e meio ambiente

JULIE HOUCK/CORBIS-STOCK PHOTOS

CID

Diversidade do mundo econômico e urbano mundial: mercado indígena em Chinchero, no Peru (1995), e cena noturna de Tóquio, no Japão (década de 1990).

Capítulo 1
Conceitos demográficos fundamentais e distribuição da população mundial e brasileira, *310*

Capítulo 2
Crescimento demográfico no mundo e no Brasil, *317*

Capítulo 3
Estrutura da população mundial e do Brasil, *326*

Capítulo 4
Migrações populacionais no mundo, *339*

Capítulo 5
Etnia e migrações populacionais no Brasil, *347*

Capítulo 6
Urbanização mundial, *361*

Capítulo 7
A urbanização brasileira, *371*

Capítulo 8
O meio ambiente, *382*

CAPÍTULO 1

Conceitos demográficos fundamentais e distribuição da população mundial e brasileira

1 Introdução

Os diferentes aspectos demográficos, tais como população absoluta, densidade demográfica, crescimento populacional, distribuição geográfica da população, estrutura etária, estrutura profissional e migrações, entre outros, costumam ser objeto de estudo e preocupação de diversos especialistas (geógrafos, demógrafos, economistas etc.) e também dos detentores do poder.

A análise de dados demográficos e a comparação destes com dados socioeconômicos permitem conhecer a realidade quantitativa e qualitativa da população e elaborar medidas de ordem prática, como por exemplo traçar estratégias para desenvolver um planejamento de interesse social (incluindo aspectos relativos a saúde, educação, transportes, habitação, empregos etc.).

É por meio do **recenseamento** ou **censo** que se faz o levantamento ou a coleta periódica de dados estatísticos dos habitantes de determinado lugar (país ou cidade, por exemplo), tais como população absoluta, população rural e urbana, migrações internas e externas, crescimento populacional, nascimentos, casamentos, óbitos, faixas etárias, população ativa e inativa, sexo, cor, expectativa de vida, indicadores de saúde. O recenseamento representa uma verdadeira análise geral, daí sua grande importância no planejamento socioeconômico de qualquer país, apesar das imprecisões, falhas e problemas que os censos costumam apresentar.

Antes de estudar os principais aspectos demográficos, vamos apresentar alguns conceitos fundamentais, que facilitarão nossas análises.

2 População absoluta, densidade demográfica e superpovoamento

População absoluta é o número total de habitantes de um lugar (país, cidade etc.). Quando um lugar possui um grande número de habitantes, dizemos que é **populoso** ou de grande população absoluta; quando possui um pequeno número de habitantes, dizemos que é **pouco populoso** ou de pequena população absoluta.

Vejamos alguns exemplos com base em publicação especializada em dados estatísticos (*Calendario Atlante De Agostini 2003*).

- Os cinco países mais populosos do mundo no ano de 2001 (em milhões de habitantes) — China (1.200); Índia (1.000); Estados Unidos (282,7); Indonésia (209,5); Brasil (172,1).
- Exemplos de países pouco populosos (em milhões de habitantes) no ano de 2001 — na África: Djbuti (0,64), Gabão (1,2), Gâmbia (1,3); na Ásia: Catar (0,57), Barein (0,64), Kuwait (2,0), Butão (2,1); na América: Belize (0,24), Suriname (0,42); na Europa: Islândia (0,28), Estônia (1,3), Eslovênia (1,9); na Oceania: Micronésia (0,10).
- Exemplos de cidades populosas (em milhões de habitantes), no ano de 2002 — Bombaim, na Índia (11,9); Seul, na Coréia do Sul (9,8); São Paulo, no Brasil (9,7); Jacarta, na Indonésia (9,3); Moscou, na Federação Russa (8,3); Tóquio, no Japão (8,0).
- Regiões populosas — leste e sudeste asiático; nordeste dos Estados Unidos; nordeste da Índia.
- Regiões pouco populosas — Amazônia; Patagônia; Sibéria.

Densidade demográfica ou **população relativa** é a média de habitantes por quilômetro quadrado (hab./km^2), ou seja, a concentração de habitantes em uma área. Para obtê-la, basta dividir a população absoluta pela área. Por exemplo, segundo o IBGE, o Brasil possuía 175.941.000 milhões de habitantes (em 16 de fevereiro de 2003), e uma área de 8.547.403 km^2, o que resulta em uma densidade demográfica de 20,5 hab./km^2. Quando determinado território possui elevada densidade demográfica, dizemos que ele é **densamente povoado**; quando possui baixa densidade demográfica, dizemos que é **fracamente povoado**. A seguir, veremos alguns exemplos, segundo dados de 2002 do *Calendario Atlante De Agostini 2003*.

- Países densamente povoados (hab./km²) — na Europa: Mônaco (17.436), Bélgica (336); na Ásia: Cingapura (4.840), Taiwan (618); na América: Barbados (638). Observe a figura 1.
- Países fracamente povoados (hab./km²) — na Europa: Islândia (3); na Ásia: Mongólia (2); na África: Líbia e Mauritânia (3), Namíbia (2); na América: Estados Unidos (30).
- Regiões densamente povoadas — delta do Rio Ganges; leste da China; noroeste da Europa.
- Regiões fracamente povoadas — Amazônia; Austrália; norte da Federação Russa.

Observe que os países populosos não são necessariamente densamente povoados. Apesar de terem uma população absoluta elevada, muitos países possuem grande área territorial, como é o caso da Federação Russa, que, com uma população de 144.664.000 habitantes e uma superfície de 17.075.400 km², tem apenas 8,4 hab./km².

Por outro lado, nem todos os países densamente povoados são necessariamente populosos. É o caso dos Países Baixos (Holanda), por exemplo, que são densamente povoados, apesar de sua população total ser de apenas 16 milhões de habitantes. Isso acontece porque o país possui uma área de 41.526 km², o que, em relação a essa população, o torna densamente povoado, com 386 hab./km². Assim, é importante ressaltar a diferença entre um país populoso (alta população absoluta) e um país povoado (alta população relativa ou densidade populacional).

Alguns países são ao mesmo tempo populosos e povoados, como é o caso da Índia, que, apesar de ter uma área territorial grande (3.287.263 km²), é muito populosa, contando com 1.027.015.247 habitantes, e também densamente povoada, com 312 hab./km².

Outros países não são nem populosos nem povoados, como o Canadá, que conta com 9.970.610 km² e 30.007.094 habitantes, apresentando, portanto, uma densidade demográfica de 3 hab./km². Observe a figura 2.

Saber que a densidade de um país é de 10, 100 ou 500 hab./km² é uma informação vaga, apesar de ser bastante utilizada. Por se tratar de uma média, a partir dela nada podemos concluir a respeito da distribuição efetiva da população do país pelo território. Por exemplo, a densidade média da China (134 hab./km²) não reflete de modo algum a realidade do país, que na prática é marcado por densidades elevadas na porção leste e por baixíssimas densidades na porção oeste.

Figura 1

CID

Vista da cidade de Monte Carlo, em Mônaco (década de 1990). Com cerca de 34.000 habitantes e uma superfície de apenas 1,95 km², Mônaco apresentava a elevadíssima densidade demográfica de 17.436 hab./km² em 2003.

Figura 2

CID

O Canadá é um exemplo de país fracamente povoado. Grande parte de sua população concentra-se ao longo da fronteira com os Estados Unidos. Na foto, cidade canadense de Pt. Digby, Nova Escócia, na década de 1990.

Superpovoamento

O fato de uma área ser densamente povoada não significa que ela seja superpovoada, porque o conceito de **superpovoamento** não se limita ao simples resultado numérico da relação entre população absoluta e área (densidade). Uma área é considerada superpovoada quando ocorre um descompasso das condições socioeconômicas e tecnológicas da população em relação à área ocupada e aos recursos disponíveis. Ou seja, quando os recursos não podem ser explorados de forma eficiente para atender às necessidades da população.

Um país pode ser superpovoado mesmo que apresente baixa densidade demográfica, como podemos ver nos exemplos a seguir.

Os Países Baixos (386 hab./km²), a Bélgica (336 hab./km²) e o Japão (341 hab./km²), apesar de serem países densamente povoados, não são considerados superpovoados, visto que suas populações apresentam elevado nível de desenvolvimento socioeconômico e de bem-estar social, considerando a área ocupada. Em contrapartida, a Índia, que apresenta densidade semelhante (312 hab./km²), é um país superpovoado, em virtude do insuficiente nível de desenvolvimento econômico e tecnológico de sua população.

3 Taxa de natalidade, taxa de mortalidade e crescimento vegetativo

Taxa de natalidade é a relação entre o número de nascimentos ocorridos em um ano e o número de habitantes. Obtemos essa taxa tomando os nascimentos ocorridos durante um ano, multiplicando-os por 1.000 e dividindo o resultado pela população absoluta:

$$\frac{\text{Número de nascimentos} \times 1.000}{\text{Número de habitantes}} = \text{Taxa de natalidade}$$

Exemplo: se num país cuja população total é de 20 milhões de habitantes nasceram em um ano 600 mil pessoas, temos:

$$\frac{600 \text{ mil} \times 1.000}{20 \text{ milhões}} = 30‰$$

Portanto dizemos que a taxa de natalidade do país é de 30‰ (30 por 1.000), ou seja, em um ano nasceram 30 crianças vivas para cada grupo de 1.000 habitantes.

Taxa de mortalidade é a relação entre o número de óbitos ocorridos em um ano e o número de habitantes. Obtemos essa taxa tomando os óbitos ocorridos durante um ano, multiplicando-os por 1.000 e dividindo o resultado pela população absoluta:

$$\frac{\text{Número de óbitos} \times 1.000}{\text{Número de habitantes}} = \text{Taxa de mortalidade}$$

Exemplo: se num país cuja população total é de 20 milhões de habitantes morreram 300 mil pessoas, temos:

$$\frac{300 \text{ mil} \times 1.000}{20 \text{ milhões}} = 15‰$$

Assim, dizemos que a taxa de mortalidade do país é de 15‰ (15 por 1.000), ou seja, para cada 1.000 habitantes morreram 15 pessoas em um ano.

Devemos observar que essa é a taxa de mortalidade geral e que, além dela, existe a **taxa de mortalidade infantil**, que é o número de crianças que morrem antes de completar o primeiro ano de vida. A taxa de mortalidade infantil é um importante indicador do nível de desenvolvimento socioeconômico de um país.

Crescimento vegetativo ou **natural** é a diferença entre a taxa de natalidade e a taxa de mortalidade:

$$\text{Crescimento vegetativo} = \text{Natalidade} - \text{Mortalidade}$$

Exemplo: se um país apresenta taxa de natalidade de 30‰ e taxa de mortalidade de 10‰, seu crescimento vegetativo será de 20‰ (ou 2,0%).

Quando um local apresenta taxa de natalidade maior que a de mortalidade, a população cresce, e vice-versa. Se as duas taxas se igualarem, a população permanecerá estável, apresentando **crescimento zero**.

4 Distribuição geográfica da população

Ao observar um planisfério com as densidades demográficas (figura 3) podemos perceber que existem áreas de grandes concentrações ao lado de vazios populacionais.

A densidade demográfica de Mônaco, por exemplo, é de 17.436 hab./km², enquanto a da Austrália é de 2 hab./km². A desigual distribuição da população explica-se pela conjugação de diversos fatores (naturais, históricos e socioeconômicos) que favorecem ou restringem a ocupação humana dos territórios.

• **Fatores físicos ou naturais.** Vários fatores físicos atuam em conjunto, criando áreas favoráveis à ocupação humana, chamadas de **ecúmenas**, e áreas desfavoráveis à concentração populacional, conhecidas como **anecúmenas**. Entre as áreas mais favoráveis estão, por exemplo, as planícies (que concentram mais da metade da população mundial), os vales e deltas fluviais, áreas de solo fértil etc. Fatores naturais como solo (muito arenoso, pobre em matéria orgânica etc.), clima (árido, polar, entre outros), relevo (montanhas), vegetação (florestas equatoriais) podem dificultar o estabelecimento ou o adensamento da população de um local.

• **Fatores históricos e socioeconômicos.** Fatores históricos relacionados à ocupação econômica das regiões têm grande influência na localização da população. Entre esses fatores incluem-se, por exemplo, a expansão colonizadora do século XVI, a Revolução Industrial, que na segunda metade do século XVIII provocou grande urbanização etc.

Figura 3

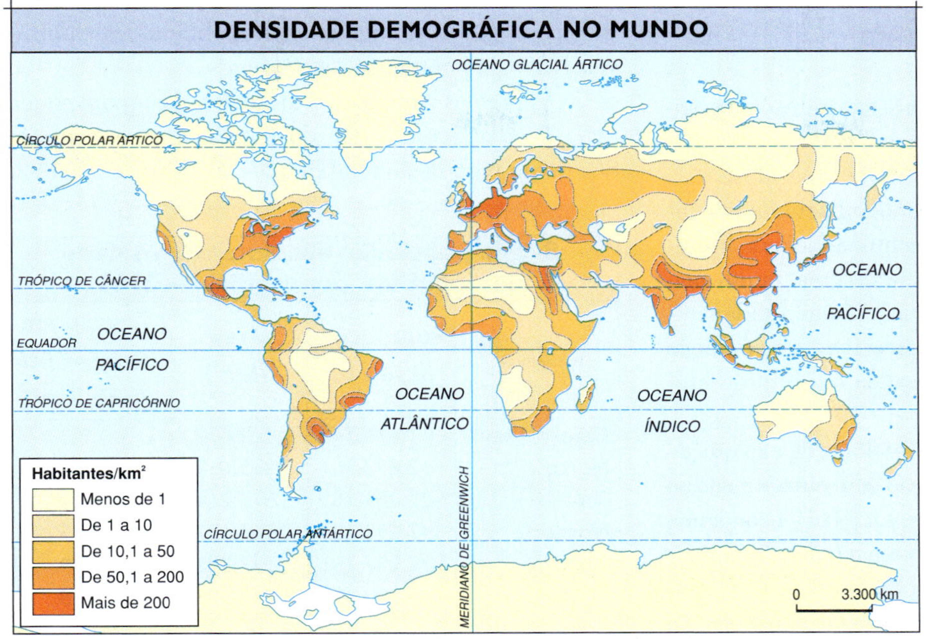

Fonte: *The Times atlas of the 20th century*. Londres, Times Books, 1996. p. 193 (com atualização).

Figura 4

Estudantes indianos seguram cartazes durante festejos do Dia da População Mundial, em Nova Delhi (11 de julho de 2002). Segundo país mais populoso do mundo (a China é o primeiro), em agosto de 1999 a população indiana ultrapassou a marca de 1 bilhão de pessoas.

Podemos dizer que atualmente a distribuição desigual da população pela superfície do planeta depende muito mais de fatores históricos e econômicos do que dos fatores naturais. A modernização e a revolução tecnocientífica permitiram superar grande parte das limitações naturais, levando a humanidade a conquistar espaços antes inabitáveis.

Se a população dispõe de técnicas suficientes para superar as adversidades apresentadas pelo ambiente, a influência dos fatores naturais tende a diminuir. Assim, mesmo áreas de difícil ocupação (desérticas, com relevo montanhoso etc.) são integradas ao processo produtivo, atraindo população e investimentos em infra-estrutura (transportes, habitações etc.). Além disso, o grande crescimento da população em países subdesenvolvidos torna algumas dessas regiões as de mais alta densidade populacional do planeta.

As atividades econômicas podem acarretar maior ou menor concentração populacional. Por exemplo, as atividades industriais e de prestação de serviços costumam ser responsáveis por grandes concentrações populacionais, como no nordeste dos Estados Unidos, na Europa ocidental e no eixo São Paulo–Rio de Janeiro. As áreas urbanas apresentam normalmente as maiores concentrações populacionais.

As áreas de agricultura com mecanização intensa (pradarias estadunidenses, Canadá, Austrália) e de pecuária extensiva (Campanha gaúcha e Pampa argentino) apresentam baixas densidades, pois essas atividades requerem pequena quantidade de mão-de-obra por área. Já as áreas de agricultura tradicional e de jardinagem apresentam densidades mais elevadas em virtude de a relação trabalho/área ser maior (planície chinesa, sudeste asiático).

A distribuição da população por continentes apresenta contrastes bastante acentuados. Mais da metade da humanidade vive na Ásia (3,7 bilhões de habitantes), onde se encontram os dois países mais populosos do mundo: a China e a Índia. As áreas mais povoadas da Terra são o nordeste dos Estados Unidos, o oeste da Europa e o sudeste asiático. A Oceania, por outro lado, possuía em 2001 apenas 31,9 milhões de habitantes. Observe a tabela 1.

Tabela 1

Continentes: dados sobre população — 2002

Continente	População absoluta	Área (km²)	Densidade demográfica (hab./km²)
Ásia	3.728.483.000	45.080.345[1]	83
América	828.700.000	42.075.076	19,5
África	796.422.000	30.210.553	26
Europa	702.566.000	10.368.099	68
Oceania	31.973.000	8.520.043	4
Total	6.088.144.000	136.254.116	40,1[2]

[1] Incluindo o Mar Cáspio e o Mar de Aral. [2] Média.

Fonte: *Calendario Atlante De Agostini 2003*. Novara, Istituto Geografico De Agostini, 2002. p. 52-71.

5 Distribuição geográfica da população brasileira

Em geral, o território brasileiro não apresenta grandes resistências à ocupação humana, como regiões desérticas, geladas ou de grande altitude. Apesar disso, a população ocupa o território de modo bastante irregular, mostrando enorme contraste entre a fachada litorânea, onde se concentra, e o interior do país, muito vasto, mas fracamente povoado. Duas razões fundamentais explicam a diminuição progressiva da população absoluta e da densidade demográfica, no sentido litoral—interior:

- a condição do país como ex-colônia de exploração (visando prioritariamente à obtenção de recursos e não ao povoamento) e a conseqüente dependência econômica criaram a necessidade de contato com o mundo exterior;
- a concentração das principais atividades econômicas (agricultura, indústria) e da urbanização no litoral do país.

A observação da figura 5 confirma a distribuição geográfica irregular da população. Densidades demográficas superiores a 100 e até 200 hab./km^2 na fachada litorânea contrastam com as inferiores a 1 hab./km^2 em vastas porções do interior do país.

Grande número de metrópoles (São Paulo, Rio de Janeiro, Salvador, Recife, Porto Alegre, Curitiba, Fortaleza e Belém) encontram-se no litoral ou próximas dele. Em 2000, as regiões metropolitanas concentravam 40% da população total do país.

As regiões Nordeste, Sudeste e Sul ocupam pouco mais de um terço (36%) do território e concentram 86,5% da população total do país. Observe a tabela 2.

Tabela 2

Brasil: população absoluta e densidade demográfica, por regiões — 2000

Região	População absoluta	Área (km^2)	Densidade demográfica (hab./km^2)
Centro-Oeste	11.616.745	1.612.077,2	7,2
Norte	12.893.561	3.869.637,9	3,3
Sul	25.089.783	577.214,0	43,4
Nordeste	47.693.253	1.561.177,8	30,5
Sudeste	72.297.351	927.286,2	77,9
Brasil	169.590.693	8.547.403,5	19,8

Fontes: IBGE. *Anuário estatístico do Brasil*. Rio de Janeiro, 2002; e IBGE. *Tendências demográficas: uma análise preliminar do censo demográfico 2000*. Rio de Janeiro, 2001.

A ocupação do interior do Brasil aconteceu gradativamente, merecendo destaque a expansão oficial (séculos XVI e XVII), a ocupação de novas terras pela pecuária (séculos XVII e XVIII), a expansão bandeirante (séculos XVI ao XVIII), a ocupação da Amazônia (borracha, 1870-1910), as frentes pioneiras (expansão cafeeira, século XX), a marcha colonizadora para o oeste (iniciada na década de 1940) etc.

No entanto, ainda hoje, grandes áreas do interior, formado basicamente pelas regiões Norte e Centro-Oeste, constituem um imenso vazio demográfico. A maior parte da Região Norte tem densidade demográfica inferior a 1 hab./km^2. Se observarmos a distribuição da população absoluta e a da densidade demográfica por unidade política, teremos contrastes mais acentuados. Por exemplo:

- a população do estado de São Paulo (35,9 milhões de habitantes) é 181 vezes maior do que a do estado de Roraima (197.919 habitantes); cerca de 60% da população de Roraima caberia no Estádio Mário Filho, o popular Estádio do Maracanã (RJ);
- os cinco estados mais populosos (São Paulo, Minas Gerais, Rio de Janeiro, Bahia e Rio Grande do Sul) concentram mais da metade (53%) da população do país;
- enquanto a densidade demográfica do estado do Rio de Janeiro é de 314,4 hab./km^2, a de Roraima não atinge 1 hab./km^2 (0,9). Observe a tabela 3.

Figura 5

BRASIL: DENSIDADE DEMOGRÁFICA — 1999

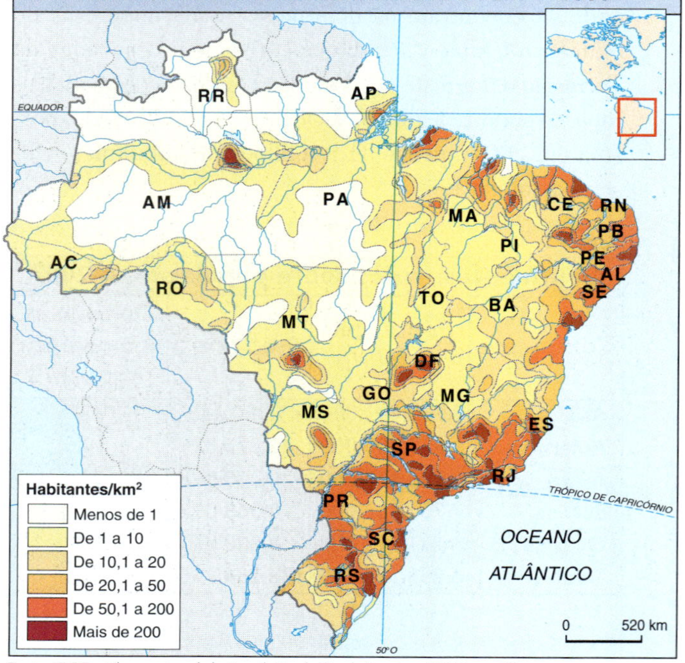

Fonte: IBGE. *Atlas nacional do Brasil*. 3.ed. Rio de Janeiro, 2001. p. 82.

Tabela 3

Brasil: unidades políticas de maior e menor população absoluta e densidade demográfica — 1999

	Unidades políticas	População absoluta	Área (km^2)	Densidade demográfica (hab./km^2)
Mais populosas	São Paulo	35.941.332	249.000	144,3
	Minas Gerais	17.341.721	588.000	29,4
	Rio de Janeiro	13.836.818	44.000	314,4
	Bahia	13.026.171	567.000	22,9
	Rio Grande do Sul	9.996.461	282.000	35,4
Menos populosas	Roraima	197.919	225.000	0,9
	Acre	355.597	153.000	2,3
	Amapá	398.747	143.000	2,7
	Rondônia	836.023	238.000	3,5
	Tocantins	1.141.233	278.000	4,1
Maiores densidades	Distrito Federal	1.980.740	5.800	341,5
	Rio de Janeiro	13.836.818	44.000	314,4
	São Paulo	35.941.332	249.000	144,3
	Alagoas	2.719.073	27.000	100,7
	Pernambuco	7.594.177	98.000	77,4
Menores densidades	Roraima	217.000	225.000	0,9
	Amazonas	1.952.288	1.577.000	1,2
	Acre	355.597	153.000	2,3
	Amapá	398.747	143.000	2,7
Brasil		147.000.000	8.547.000	17,2

Fonte: IBGE. *Síntese de indicadores sociais 2000*. Rio de Janeiro, 2001. p. 25.

AVALIE SEU APRENDIZADO

Construindo conhecimento

Analisando a distribuição da população por meio de imagem de satélites

Observe, ao lado, a montagem de imagens noturnas da Terra, feitas por satélite, e responda às questões 1 a 4.

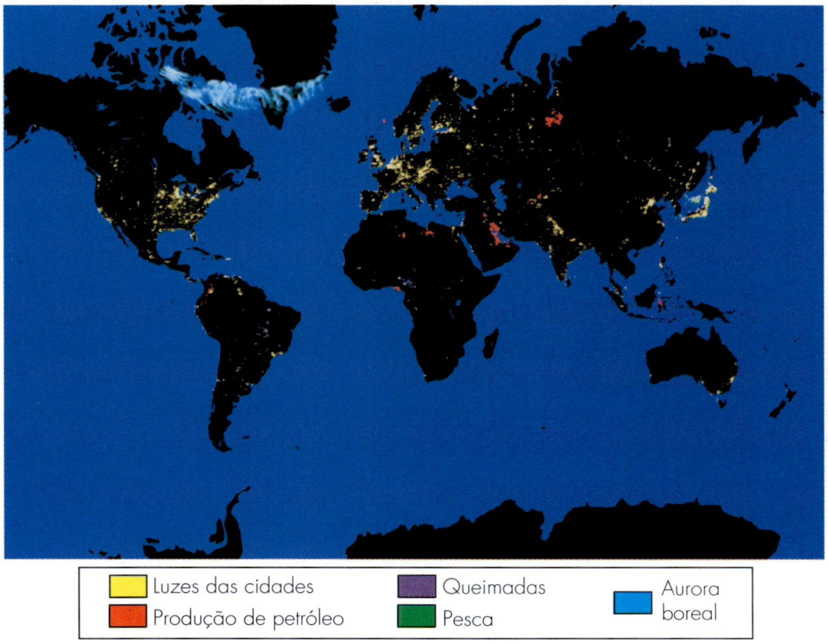

W.T.SULLIVAN III/SPL-STOCK PHOTOS

1 Quais continentes podem ser identificados na montagem?

2 Observando a legenda da imagem, é possível perceber em quais áreas se concentra o maior número de pessoas? Explique por quê.

3 Você consegue identificar na imagem de satélite alguma área de vazio populacional? Procure explicar a fraca densidade de pelo menos duas dessas regiões, buscando uma causa histórico-econômica e uma causa natural.

4 Compare a imagem de satélite com o mapa de densidades demográficas da página 313. Que semelhanças existem entre as duas figuras?

Fixando o conteúdo

5 Analise comparativamente a população e a superfície dos países da tabela a seguir e calcule a densidade demográfica de cada um deles.

País	Superfície (em km²)	População
México	1.958.201	95.831.000
Estados Unidos	9.355.855	272.841.000
Bélgica	30.528	10.141.000
Taiwan	36.202	21.616.000
Japão	372.669	126.281.000
Bangladesh	147.570	124.774.000
Austrália	7.682.300	18.520.000
Arábia Saudita	2.248.000	20.181.000

6 Por que é importante que os detentores do poder conheçam bem os vários aspectos demográficos de seu país?

7 O país **A** possui 126.281.000 habitantes, 362.000 km² de área territorial, taxa de natalidade de 9,5‰, taxa de mortalidade de 7,3‰. O país **B** possui 170.000.000 de habitantes, 8.547.403 km² de área territorial, taxa de natalidade de 20,5‰, taxa de mortalidade de 6,8‰. Pergunta-se:

a) Qual é a densidade demográfica desses países?
b) Qual é a taxa de crescimento vegetativo anual?
c) Compare os dois países quanto à população absoluta e relativa.

8 É correto afirmar que todo país densamente povoado é populoso? Cite exemplos.

9 Cite exemplos de fatores físicos ou naturais que se conjugam no espaço, favorecendo ou restringindo a ocupação humana.

10 Quais atividades econômicas podem favorecer grandes concentrações humanas?

11 Cite duas razões que explicam a elevada concentração da população brasileira junto ou próximo ao litoral.

COMPLEMENTAÇÃO DO ESTUDO

Leitura

DAMIANI, Amélia. *População e geografia*. 2 ed. São Paulo. Contexto, 1996. (Coleção Caminhos da Geografia)

Sites

- *http://www.sidra.ibge.gov.br/bda/* Banco de dados agregados do IBGE, apresenta informes da *Pnad — Pesquisa nacional por amostragem de domicílios*, dados do *Censo demográfico 2000*, sobre migrações e população brasileira.
- *http://www.ibge.gov.br/ibgeteen/default.htm* *Website* criado especificamente para adolescentes e estudantes. Fornece respostas para dúvidas e informações gerais sobre o povo brasileiro, dados estatísticos.
- *http://www.bussolaescolar.com.br/geografia.htm* Com aspectos geográficos do país e do mundo, traz dados e mapas sobre população.
- *http://www.geocities.com/geografiaonline/* *Site* da equipe de Geografia da Universidade Estadual de Londrina, fornece conceitos demográficos, além de abordar vários outros temas de geografia geral, regional e do Brasil.

CAPÍTULO 2

Crescimento demográfico no mundo e no Brasil

1 Evolução do crescimento demográfico

Uma criança nascida na Bósnia em 12 de outubro de 1999 representou simbolicamente a marca dos 6 bilhões de habitantes na Terra. Em 2002, somente os dois países mais populosos do globo, ambos asiáticos, contavam com mais de 1 bilhão de habitantes cada um: a China, com 1,27 bilhão de habitantes, e a Índia, com pouco mais de 1 bilhão de habitantes.

As estatísticas mostram que a população mundial tem crescido de modo contínuo ao longo do tempo, porém com intensidades e proporções diferentes. Observe a tabela 1, cujos dados abrangem um período aproximado de 10 mil anos.

Tabela 1

Crescimento da população mundial

Ano	População (milhões de hab.)	Crescimento vegetativo médio anual (%)
8000 a.C.	5	não-disponível
I d.C.	250	não-disponível
1650	500	não-disponível
1800	900	0,16
1850	1.200	0,53
1900	1.600	0,64
1950	2.500	0,89
2000	6.100	1,50
2025[1]	8.200	1,20
2050[1]	9.500	0,60

[1] Estimativa da ONU.
Fontes: *L'état du monde 2000*. Paris, La Découverte, 1999; CHALIAND, Gérard e RAGEAU, Jean-Pierre. *Atlas politique du XXe siècle*. Paris, Seuil, 1988.

A observação da tabela 1 permite verificar que até 1800 o crescimento da população foi muito lento, visto que, decorridos 9.800 anos (98 séculos), a população ainda era inferior a 1 bilhão de pessoas. Em compensação, nos 160 anos seguintes (1800-1960) ela triplicou (em 1925 atingiu o segundo bilhão e em 1958, o terceiro bilhão) para, finalmente, nos últimos 52 anos, novamente dobrar, atingindo 6 bilhões. Portanto, em duzentos anos a população mundial passou de 1 bilhão para 6 bilhões de habitantes. Atualmente, a cada ano que passa, o mundo ganha cerca de 130 milhões de pessoas.

Observe ainda na tabela 1 que a taxa de crescimento médio anual em 1800 era de 0,16%, no ano 2000 era de 1,50% e no ano de 2050 será, segundo a estimativa da ONU, de 0,60%, ocorrendo, portanto, a partir desse ano, uma desaceleração do ritmo de crescimento da população mundial.

Esse rápido crescimento populacional, denominado **explosão demográfica**, ocorreu no período pós-Segunda Guerra Mundial, principalmente nos países subdesenvolvidos. No ano 2000, de cada 100 habitantes, 58 eram asiáticos, 14 eram africanos e 9 eram da América Latina. Observe a figura 1.

Figura 1

EVOLUÇÃO DEMOGRÁFICA DO MUNDO — 1900-2025[1]

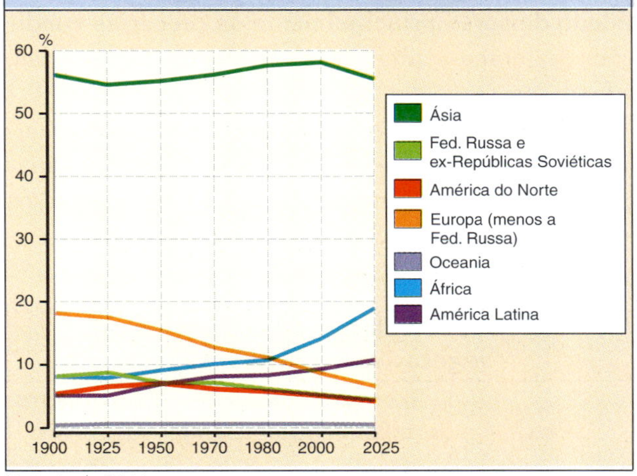

[1]Projeção da ONU
Fonte: CHALIAND, Gérard e RAGEAU, Jean-Pierre. *Atlas politique du XXe siècle*. p. 21.

Um país com taxa de crescimento vegetativo de 3% ao ano terá sua população duplicada em apenas 23 anos, ao passo que, se esse crescimento fosse de 0,5% ao ano a duplicação ocorreria em 139 anos.

2 Fases do crescimento populacional

Dissemos que a população mundial deixará de ter um crescimento acentuado somente por volta do ano 2050. Esse fato decorre da chamada **transição demográfica**, parte da teoria elaborada por técnicos ou especialistas para explicar a tendência da população mundial a se equilibrar, à medida que diminuem as taxas de natalidade e de mortalidade. Segundo essa teoria, o crescimento da população passa por três fases fundamentais. A transição demográfica corresponde à fase intermediária no período ou ciclo evolutivo demográfico.

Os países desenvolvidos já realizaram sua transição demográfica (já estão na terceira fase), ao passo que os subdesenvolvidos (a grande maioria) só deverão completá-la por volta do ano de 2050. Vamos ver a seguir as características de cada uma dessas fases.

Primeira fase ou fase do crescimento lento

Dos primórdios da humanidade até o final do século XVIII, aproximadamente, embora a natalidade tenha sido elevada, a taxa de mortalidade também era bastante alta, o que explica o baixo índice de crescimento demográfico do período.

A **expectativa de vida** ou **esperança de vida** (duração média, em anos, da vida humana) era baixa. Acredita-se que na Grécia e na Roma antigas a média de vida era de apenas 25 anos. A elevada mortalidade devia-se principalmente às precárias condições higiênico-sanitárias, às epidemias, às guerras, à fome etc.

Os países desenvolvidos superaram essa fase antes dos subdesenvolvidos. Observe na tabela 2 a situação de dois países europeus em 1871 e de dois países subdesenvolvidos em 1965.

Tabela 2

Países selecionados: crescimento vegetativo — 1871 e 1965

País	Taxa de natalidade (‰)	Taxa de mortalidade (‰)	Crescimento vegetativo (%)
Alemanha (1871)	39,0	27,2	1,1
Inglaterra (1871)	35,0	21,4	1,3
Butão (1965)	43,0	31,0	1,2
Serra Leoa (1965)	48,0	33,0	1,5

Fonte: SANTOS, Milton. *A urbanização desigual*. 2. ed. Petrópolis, Vozes, 1982. p. 35 e 47.

Segunda fase ou fase do crescimento rápido

Atualmente, a maioria dos países subdesenvolvidos encontra-se nessa fase, caracterizada por elevadas taxas de natalidade, baixas taxas de mortalidade e grande crescimento da população.

Os países desenvolvidos industrializados da Europa ocidental, os chamados "desenvolvidos velhos", foram os primeiros a atingir essa fase, principalmente durante o século XIX; já nos países "desenvolvidos novos" (Estados Unidos, Canadá, Federação Russa, Japão) ela ocorreu na primeira metade do século XX, e nos países subdesenvolvidos, a partir da segunda metade do século XX.

Na Europa ocidental, a Revolução Industrial contribuiu para a melhoria das condições higiênico-sanitárias (imunização, combate às epidemias, redução da disseminação de enfermidades infecciosas), para um melhor desempenho médico-hospitalar (novos antibióticos e tratamentos) e para o aumento da produção de alimentos, melhorando a nutrição. Esses fatores acabaram reduzindo a mortalidade de forma gradativa. Entretanto, a natalidade permaneceu elevada durante quase todo o século XIX, o que explica o grande crescimento populacional da Europa nesse período. Em 1900 a Europa era o segundo continente mais populoso (em primeiro lugar estava a Ásia). No ano 2000 já era o penúltimo em população.

Os países menos desenvolvidos — os mais pobres da África (região do Sahel), da Ásia (sudeste e leste), da América Latina e da Oceania — ainda estão na segunda fase da transição demográfica. Apresentam ainda grande crescimento populacional, pois a taxa de mortalidade tem caído muito mais do que a da natalidade. A melhoria de suas condições de vida só ocorreu após a Segunda Guerra Mundial (segunda metade do século XX), período em que o mundo assistiu à mais espetacular explosão demográfica de todos os tempos.

É importante observar que tanto nos países desenvolvidos quanto nos subdesenvolvidos o crescimento demográfico resultou fundamentalmente da redução da mortalidade. Entretanto, a principal diferença entre eles é que nos subdesenvolvidos a diminuição da mortalidade foi muito grande e bastante rápida, ao passo que nos desenvolvidos ela ocorreu de forma gradativa e num espaço de tempo maior. A natalidade nos países desenvolvidos já havia sofrido grande redução durante a primeira metade do século XX e, na metade seguinte, 71% das mulheres já empregavam métodos anticoncepcionais.

A persistência de elevadas taxas de natalidade nos países subdesenvolvidos relaciona-se às dificuldades de adoção de métodos de controle da natalidade (influência religiosa, baixa escolaridade, pobreza, elevado contingente de população rural).

Quanto à expectativa de vida, ela é mais alta nos países desenvolvidos do que nos subdesenvolvidos, pois os últimos apresentam maiores taxas de mortalidade e grandes contrastes sociais. Observe o mapa (figura 2).

A **taxa de fecundidade** ou de **fertilidade** é a média de filhos por mulher em idade reprodutiva (mais ou menos dos 15 aos 45 anos). Embora diversos países subdesenvolvidos tenham reduzido essa taxa, em muitos deles ela atinge médias superiores a 7 filhos por mulher. Analise a figura 3.

A taxa de **mortalidade infantil** (número de crianças que morrem antes de completar o primeiro ano de vida) ainda é muito alta nos países mais pobres, refletindo condições deficientes de alimentação, de saneamento básico, de atendimento médico etc.

Figura 2

TRANSIÇÃO DEMOGRÁFICA NO MUNDO

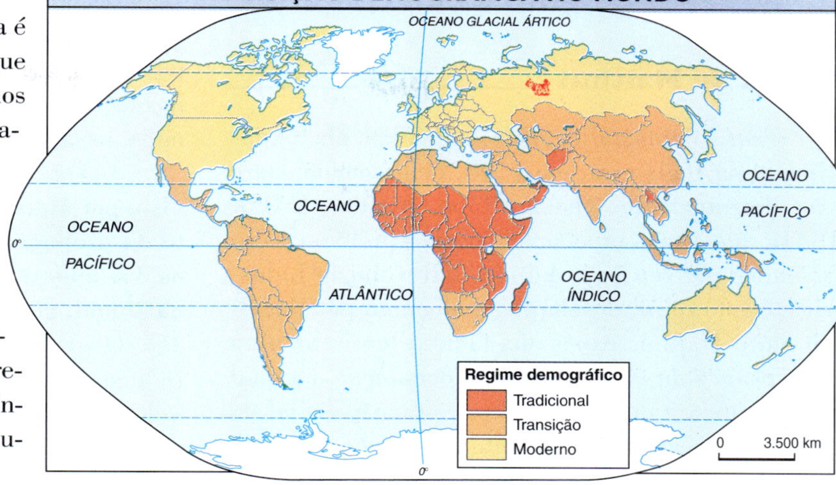

Fonte: FERREIRA, Graça Maria L. *Atlas geográfico: espaço mundial*. São Paulo, Moderna, 2002. p. 75.

Terceira fase ou fase de baixíssimo crescimento ou estagnação

Nessa fase, caracterizada pela ocorrência de baixas taxas de natalidade e de mortalidade, resultando em níveis muito baixos e até mesmo em estagnação do crescimento populacional, a transição demográfica encontra-se concluída. Atualmente estão nessa fase os países desenvolvidos, a maior parte deles com taxas de crescimento muito baixas (geralmente inferiores a 1%), nulas e até negativas.

Nos países desenvolvidos tem ocorrido uma transformação na estrutura familiar. A taxa de fecundidade é baixa, permanecendo em torno de 1,5 filho por mulher. Muitos países apresentam taxas inferiores a 2,1 filhos por mulher, mantendo assim estabilizado o tamanho de sua população. Diversos fatores, como a urbanização (exigências da vida urbana), o aumento da escolarização (que pode facilitar o acesso a métodos de planejamento familiar) e a incorporação das mulheres ao mercado de trabalho (acúmulo de trabalho dentro e fora do lar), contribuem para que as mulheres tenham menos filhos.

Observe a tabela 3, que apresenta dados demográficos comparativos de alguns países desenvolvidos e subdesenvolvidos.

Tabela 3

Países selecionados: dados demográficos comparativos — 2003

País	Taxa de fecundidade	Mortalidade infantil (‰)	Taxa de crescimento vegetativo (%)
Uganda	7,1	106,5	2,9
Paquistão	5,5	95,3	2,7
Brasil	2,3	34,6	1,3
Estônia	1,2	11,1	-1,3
Espanha	1,1	5,7	0,1
Canadá	1,6	5,5	0,9

Fontes: *L'état du monde 2003*. Paris, La Découverte, 2002. p. 604-607; e IBGE. *Anuário estatístico do Brasil, 2000*. Rio de Janeiro, 2002. p. 2-59.

Figura 3

FECUNDIDADE NO MUNDO — 2000

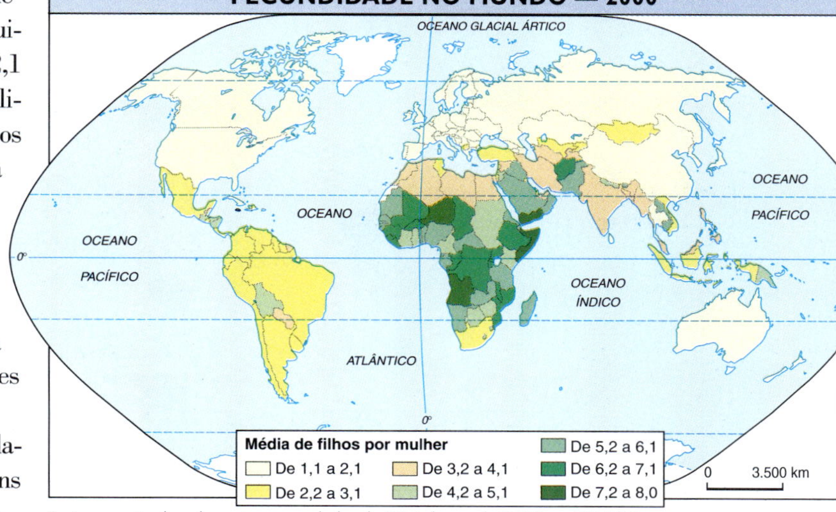

Fonte: organizado pelos autores com dados do *L'état du monde 2003*. p. 604-607.

3 Teorias demográficas e desenvolvimento socioeconômico

Teoria de Malthus

Teoria demográfica mais conhecida, ela foi publicada na Inglaterra, em 1798, pelo economista e sacerdote anglicano Thomas Robert Malthus (1766-1834), que estava preocupado com os problemas enfrentados por seu país durante a Revolução Industrial (êxodo rural, desemprego, aumento populacional etc.). Malthus expôs sua famosa teoria na obra *Um ensaio sobre o princípio da população*, na qual atribuía toda a culpa da caótica situação social da época ao excessivo crescimento populacional dos pobres. Sua teoria, que se fundamenta na relação entre crescimento populacional e meios de subsistência, apóia-se nas seguintes premissas:

1ª) caso não seja detida por obstáculos (guerras, epidemias etc.), a população tende a crescer segundo uma progressão geométrica, duplicando a cada 25 anos;

2ª) os meios de subsistência, na melhor das hipóteses, só podem aumentar segundo uma progressão aritmética.

Assim, para evitar o caos, Malthus propunha a erradicação da pobreza e da fome por meio de uma **política antinatalista**, com medidas como o controle da natalidade, casamentos tardios, número de filhos compatível com os recursos dos pais etc.

Malthus estava certo?

Decorridos quase dois séculos, a teoria de Malthus continua suscitando debates. Entretanto, o tempo pôde demonstrar que ela carecia de uma sólida fundamentação científica. Vejamos a seguir, de forma resumida, as principais críticas que lhe são feitas.

- O crescimento geométrico da população previsto por Malthus não ocorreu. Enquanto o aumento da produção mundial de alimentos ultrapassou os 3% anuais, a média do crescimento populacional anual, nos últimos vinte anos, ficou em torno de 2%. Observe no mapa (figura 4) que houve uma redução das taxas de crescimento populacional em todos os continentes, com exceção da África e algumas regiões da Ásia.
- A Europa e as demais áreas desenvolvidas do mundo mostraram que o desenvolvimento econômico, reformas e bem-estar social são a fórmula para deter o crescimento populacional.
- A progressiva emancipação feminina (certamente não prevista por Malthus) tem sido decisiva no controle da fertilidade (a mulher passou a decidir o número de filhos que quer ter).
- A maior parte das terras agrícolas dos países subdesenvolvidos (grandes propriedades rurais) é utilizada para culturas de exportação, nem sempre atendendo às necessidades alimentares das populações.
- O desenvolvimento científico e tecnológico ocorrido no campo da agropecuária e da genética possibili-

Figura 4

EVOLUÇÃO DO CRESCIMENTO DEMOGRÁFICO[1] NO MUNDO

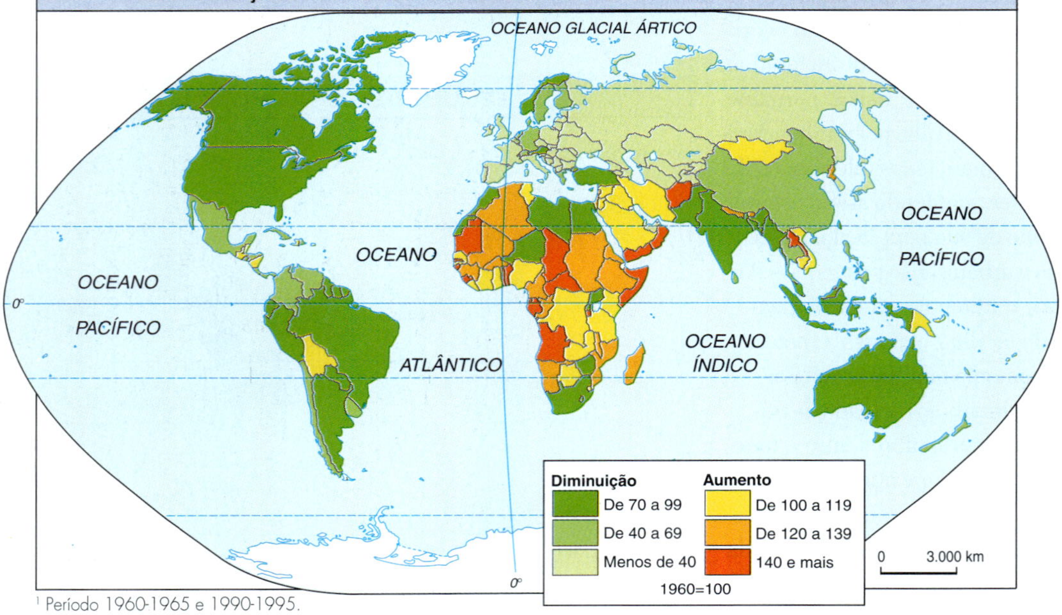

[1] Período 1960-1965 e 1990-1995.

Fonte: FERREIRA, Graça Maria L. *Atlas geográfico: espaço mundial*. p. 74.

tou a produção de alimentos suficientes para suprir as necessidades de toda a humanidade.

Parece evidente, portanto, que não se pode responsabilizar apenas o crescimento populacional pelo estado de miséria e fome em que se encontram muitos países. As causas da fome são, na realidade, políticas e econômicas. O elevado crescimento populacional do Brasil até a década de 1960 foi um fator que contribuiu para o seu desenvolvimento econômico. Entretanto, a acentuada redução da natalidade e do crescimento vegetativo ocorrida a partir da década de 1970 não resultou em correspondente melhoria na distribuição da renda e no padrão de vida da maioria da população.

Neomalthusianismo

A explosão demográfica do período pós-Segunda Guerra Mundial ressuscitou as idéias de Malthus. Conhecidos como **neomalthusianos** ou **alarmistas**, os novos adeptos dessa teoria assumiram novas posturas e aprimoraram a teoria.

- Atribuíam a culpa pela situação de miséria dos países subdesenvolvidos ao acelerado crescimento populacional.
- Concordavam que a agricultura era capaz de produzir alimentos suficientes para todos.
- Defendiam programas rígidos e oficiais de **controle da natalidade**, em geral rotulados de **planejamento familiar**, com o emprego de diversos métodos, como pílulas anticoncepcionais, ligadura das trompas, aborto e vasectomia.

Alegando que a elevada fecundidade era causa e não conseqüência do subdesenvolvimento, muitos governos de países ricos passaram a investir mais em políticas demográficas do que em políticas econômicas para resolver o problema da pobreza e do desajuste entre a população e os recursos.

Embora muito criticadas, essas políticas de controle da natalidade — conhecidas como **antinatalistas** — foram adotadas por países como a Índia, o Egito, o México e a China. Com exceção da China, que em quarenta anos conseguiu reduzir a sua natalidade em mais da metade, os outros países não obtiveram resultados satisfatórios.

Para ser bem-sucedido, um programa de planejamento familiar deve ser parte integrante de um plano de desenvolvimento socioeconômico. Ele requer a existência de uma série de condições favoráveis, como educação, saúde, atendimento médico-hospitalar, consciência e aprovação popular. Esses fatores explicam o sucesso do programa oficial de controle da natalidade iniciado em 1948 no Japão, único país desenvolvido a adotá-lo.

Por outro lado, alguns países da Europa, como a Bélgica, a Alemanha e a França, têm adotado **políticas pró-natalistas** em resposta à queda da natalidade ocorrida.

Reformistas ou marxistas

Ao contrário dos neomalthusianos, os **reformistas**, que defendem teorias demográficas marxistas, consideram a própria miséria responsável pelo acelerado crescimento da população. Por isso defendem a necessidade de reformas socioeconômicas que permitam a elevação do padrão de vida, melhorando, entre outros pontos, a distribuição de renda e de alimentos e propiciando um aumento da escolaridade, que resultariam num planejamento familiar e na diminuição da natalidade e do crescimento vegetativo.

Os países não se tornam desenvolvidos apenas pela redução de sua taxa de natalidade. No entanto, há muitos exemplos de países cujo desenvolvimento econômico e social propiciou acentuada queda espontânea da natalidade e do crescimento populacional.

4 O crescimento da população brasileira

Poucos países conheceram um crescimento populacional tão grande e rápido como o do Brasil nos últimos 120 anos.

De 1872 (1º censo) a 2000 (11º censo), a população brasileira passou de cerca de 10 milhões para 169.590.693 pessoas, um aumento de quase 17 vezes em menos de 130 anos. Em apenas cinco décadas (de 1950 a 2000), a população mais do que triplicou, com um acréscimo de 117,5 milhões de pessoas: passou de 52 milhões para 169,5 milhões. Esse acréscimo é muito superior ao total da população de países como a França (59,1 milhões), a Itália (57,3 milhões) e o Reino Unido (58,8 milhões). Equivale, também, ao triplo da população da Argentina (37 milhões de pessoas). Observe o gráfico (figura 5).

Figura 5

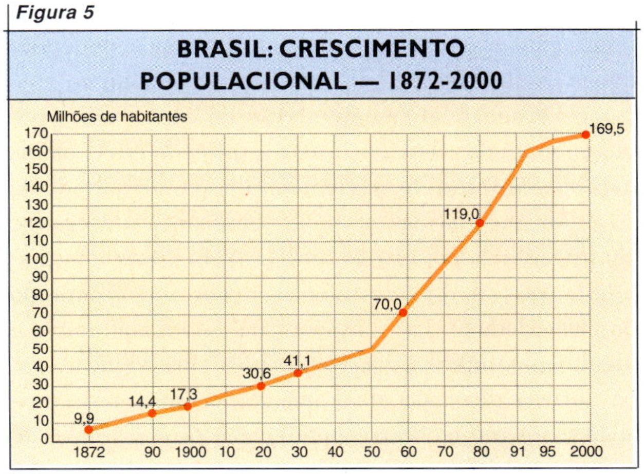

Fonte: IBGE. *Tendências demográficas: uma análise preliminar do censo demográfico 2000.* Rio de Janeiro, 2001. p. 7.

No período de 1900 a 2000, o Brasil apresentou o maior percentual de crescimento populacional do mundo: 874%, seguido pelo Paquistão (784%). Em 1900, estava com 17,4 milhões de habitantes e ocupava a 15ª posição mundial. Em 2000, com uma população de 169,5 milhões, passou a ocupar a 5ª posição, antecedido por China, Índia, Estados Unidos e Indonésia. Observe a tabela 4.

Tabela 4

Os nove países mais populosos do mundo — 1900 e 2000

País	População (milhões de habitantes) 1900	2000	Crescimento de 1900 a 2000 (%)
China	475,0	1.261,8	165,6
Índia	237,0	1.014,0	327,8
Estados Unidos	80,0	275,5	244,4
Indonésia	38,0	224,7	491,3
Brasil	17,4 (15º)	169,5 (5º)	874,1
Fed. Russa	135,0	146,0	8,1
Paquistão	16,0	141,5	784,3
Japão	45,0	126,5	181,1
Bangladesh	29,0	119,0	310,3

Fontes: CHALIAND e RAGEAU. *Atlas politique du XXᵉ siècle*, 1988; *L'état du monde 2001*; IBGE. *Tendências demográficas: uma análise preliminar do censo demográfico 2000*. p. 9.

Como se explica o elevado crescimento populacional no Brasil?

Em qualquer país, o crescimento populacional resulta de duas variáveis: as **migrações externas** (entrada e saída de pessoas deste território) e o **crescimento natural** ou vegetativo da população.

No caso do Brasil, até a década de 1930 o crescimento populacional foi fortemente influenciado pela imigração; a partir de então, ele passou a depender quase exclusivamente do crescimento vegetativo.

O ritmo relativamente lento do crescimento populacional entre 1872 e 1940 é explicado pela combinação de elevadas taxas de natalidade — resultado da ausência de práticas anticoncepcionais e do grande contingente de população rural — com elevada mortalidade, principalmente infantil, decorrente sobretudo da precariedade das condições médico-hospitalares e higiênico-sanitárias, da desnutrição, das doenças respiratórias e de massa, da diarréia infecciosa. Essa situação demográfica, correspondente à primeira fase do ciclo demográfico, caracteriza-se pelo crescimento populacional relativamente baixo.

O pós-guerra e a explosão demográfica

No período pós-Segunda Guerra Mundial, o Brasil ingressou na segunda fase do ciclo demográfico, ou seja, na etapa de maior aumento populacional. O explosivo crescimento entre as décadas de 1940 e 1980 resultou da combinação de duas variáveis demográficas: redução lenta da natalidade e queda acentuada da mortalidade. Nessa fase de grande urbanização, a população passou a ter maior acesso a assistência médica, medicina preventiva, vacinação, saneamento básico etc.

A taxa de crescimento populacional, que era da ordem de 1,8% em 1930-1940, atingiu quase 3% ao ano em 1950-1960, mantendo-se na faixa dos 2,5% em 1970-1980 (veja a figura 6). Em apenas 40 anos, no período de 1940 a 1980, a população brasileira quase triplicou: passou de 41 milhões para quase 120 milhões de habitantes.

Figura 6

BRASIL: EVOLUÇÃO DO CRESCIMENTO ANUAL DA POPULAÇÃO — 1940-2000

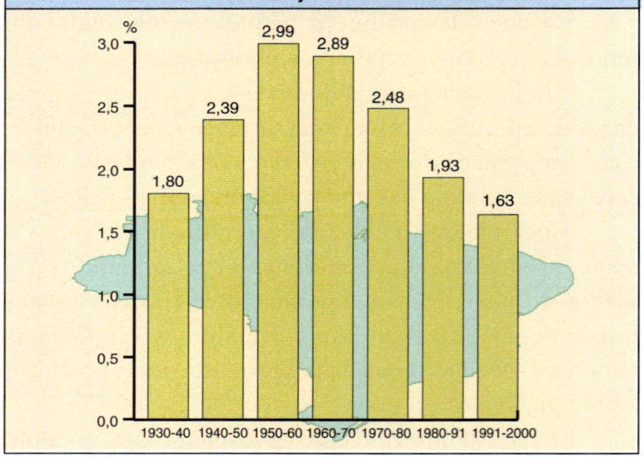

Fontes: IBGE. *Anuário estatístico do Brasil 2000*. Rio de Janeiro, 2002. p. 2-54, 2-55; *IstoÉ*, São Paulo, Editora Três, 21 ago. 1985.

Perfil demográfico brasileiro atual

Os dados do último censo demográfico, fornecidos pelo IBGE em 2000, indicam que o Brasil continua realizando sua transição demográfica, ou seja, saindo da segunda fase e entrando no terceiro período de evolução. Apresentou em 1999 taxas de natalidade e de mortalidade de 21,2‰ e de 6,9‰, respectivamente, o que resulta em um crescimento médio de 1,4% ao ano. Por volta do ano 2050, estará completando o seu ciclo demográfico.

A queda na taxa de fecundidade é uma das principais características da transição demográfica brasileira. Essa taxa caiu de 6,2, em 1940, para 2,3 em 2000. Além de ter menos filhos, as mulheres passaram a participar mais da vida econômica do país. Os estados do Acre, Amazonas e Roraima apresentam as maiores taxas de fecundidade, e os estados do Rio de Janeiro e Goiás, as menores (figura 7). Nos países desenvolvidos, essa taxa situava-se entre 1,1 (Espanha) e 2,0 (Estados Unidos), em 2000.

Segundo o *Anuário estatístico do Brasil 2000*, a taxa de mortalidade infantil caiu, apesar de ainda ser preocupante. Em 1992, de cada mil crianças nascidas, 43,3 morriam. Em 2000 esse número caiu para 33,7, em média.

A Região Nordeste continua concentrando o maior índice de mortalidade infantil: em 1999, em cada mil crianças nordestinas nascidas, 53 morriam. O estado de Alagoas apresenta as taxas mais altas, com 66,1‰ (veja a figura 8).

A expectativa de vida da população brasileira aumentou: passou de 66 anos em 1991 para 68,6 anos (ou 68 anos, 7 meses e 6 dias) em 2000. Para os homens, a esperança de vida ao nascer é de 64,8 anos, enquanto para a mulher é de 72,6.

As regiões mais populosas, em 1999, eram Sudeste, Nordeste e Sul, com respectivamente 42,6%, 28,1% e 14,79% do total do país. As regiões menos populosas eram Norte e Centro-Oeste, com 7,6% e 6,8%, respectivamente, do total.

A Região Norte, tradicionalmente a menos populosa, apresentou maior crescimento populacional e passou à frente da Centro-Oeste a partir da década de 1980. Isso ocorreu principalmente porque a Região Centro-Oeste perdeu parte de sua área e de sua população com a criação do estado de Tocantins (em 1988), que foi desmembrado do antigo estado de Goiás e passou a integrar a Região Norte.

Figura 7

BRASIL: TAXA DE FECUNDIDADE, POR ESTADOS — 1999

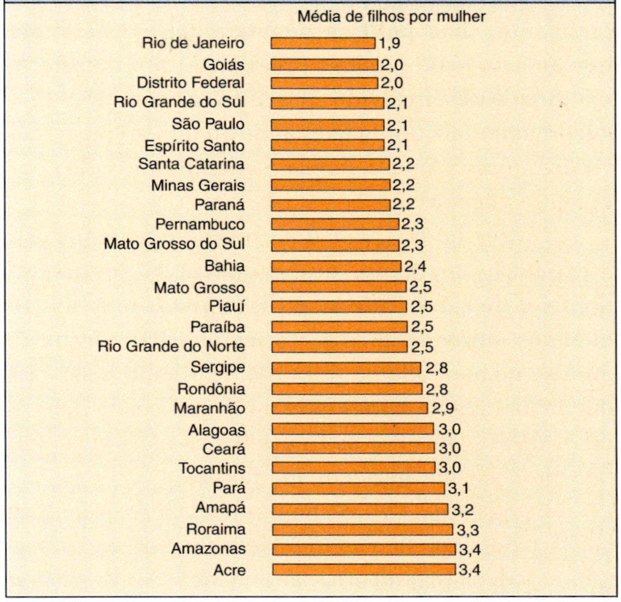

Fonte: IBGE. *Síntese de indicadores sociais 2000*. Rio de Janeiro, 2001. p. 43.

Figura 8

BRASIL: TAXA DE MORTALIDADE INFANTIL, POR ESTADOS — 1999

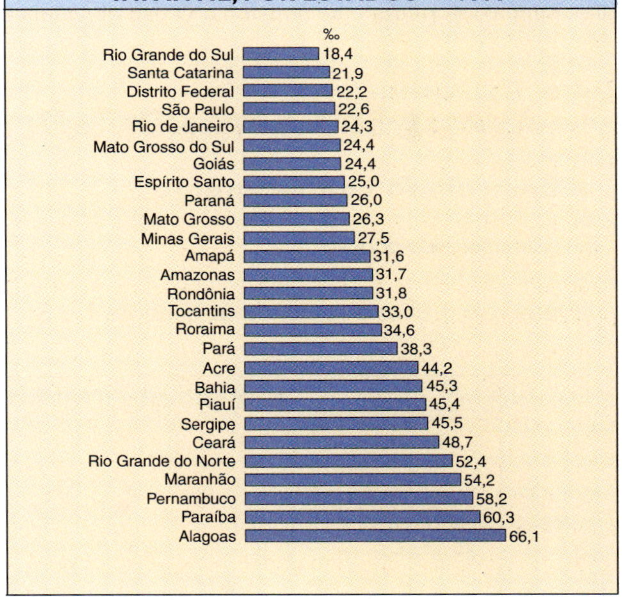

Fonte: IBGE. *Síntese de indicadores sociais 2000*. p. 76.

Política demográfica brasileira

Desde a década de 1930 até a de 1960, desenvolveu-se no Brasil nitidamente uma **política demográfica natalista**, que incentivava a natalidade. As constituições de 1934, de 1937 e de 1946 atribuíam ao Estado a incumbência de socorrer as famílias de prole numerosa.

Em 1941, no governo Getúlio Vargas, foi criado um decreto-lei que obrigava as pessoas solteiras ou viúvas, maiores de 25 anos, a pagar um adicional de 10% sobre o imposto de renda devido.

A necessidade de mão-de-obra (numerosa e barata) para sustentar o crescimento industrial e a preocupação do governo em povoar os vazios do interior do país (Centro-Oeste e Amazônia) serviram de estímulo permanente à política populacionista.

Foi essa política demográfica que, somada à situação de pobreza e falta de informações da população e ajudada pela redução das taxas de mortalidade, produziu a maior explosão demográfica no mundo.

A partir da década de 1970, os pesados investimentos exigidos pelo acelerado crescimento populacional levaram o governo a adotar, embora não oficialmente, uma **política demográfica antinatalista**, que incentivou e apoiou programas de controle da natalidade desenvolvidos por diversas entidades não-governamentais, tanto nacionais quanto estrangeiras, contribuindo para a redução da natalidade e do crescimento vegetativo.

Outros fatores, como a crescente urbanização, a expansão dos meios de comunicação, o aumento do nível de escolaridade, a disseminação do uso de métodos anticonceptivos e a maior participação da mulher no mercado de trabalho, explicam a forte redução da taxa de natalidade no Brasil desde a década de 1970. Observe na figura 9 a redução da média de filhos por mulher ocorrida no país.

Esse processo trouxe muitas mudanças, principalmente para a grande maioria das mulheres, que passaram a poder programar a sua gravidez. No Brasil, em 1996, metade das mulheres em idade fértil usava algum método anticoncepcional.

Figura 9

BRASIL: MÉDIA DE FILHOS POR MULHER EM IDADE FÉRTIL — 1970-2000

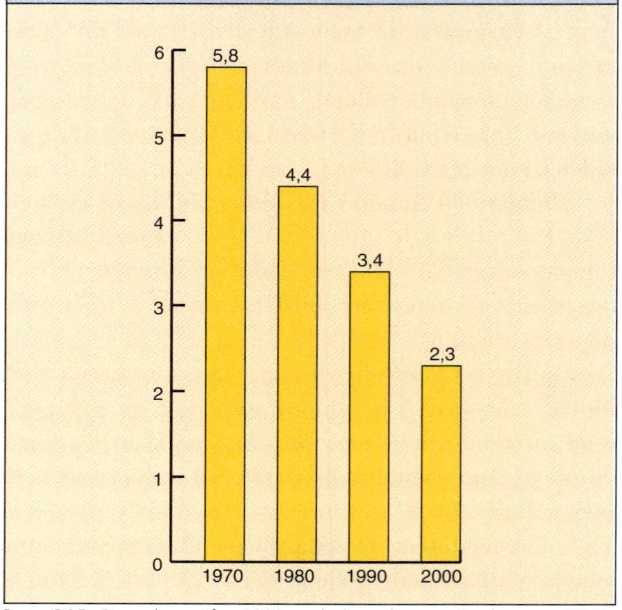

Fonte: IBGE. *Censo demográfico 2000: resultados preliminares*. Rio de Janeiro, 2000.

Desde a década de 1980, os métodos anticoncepcionais mais utilizados são a esterilização (laqueadura das trompas), a pílula e a camisinha. O uso da camisinha tem crescido em todo o mundo, por ser bastante eficiente para prevenir não só a gravidez, mas também a aids e outras doenças sexualmente transmissíveis (DST).

AVALIE SEU APRENDIZADO

Construindo conhecimento

Comparando dados

Observe o gráfico e responda às questões 1 a 3.

1 Analise a relação entre o número de filhos por mulher e o produto interno bruto (PIB) e anote suas conclusões.

NÚMERO DE FILHOS POR MULHER/PIB *PER CAPITA*

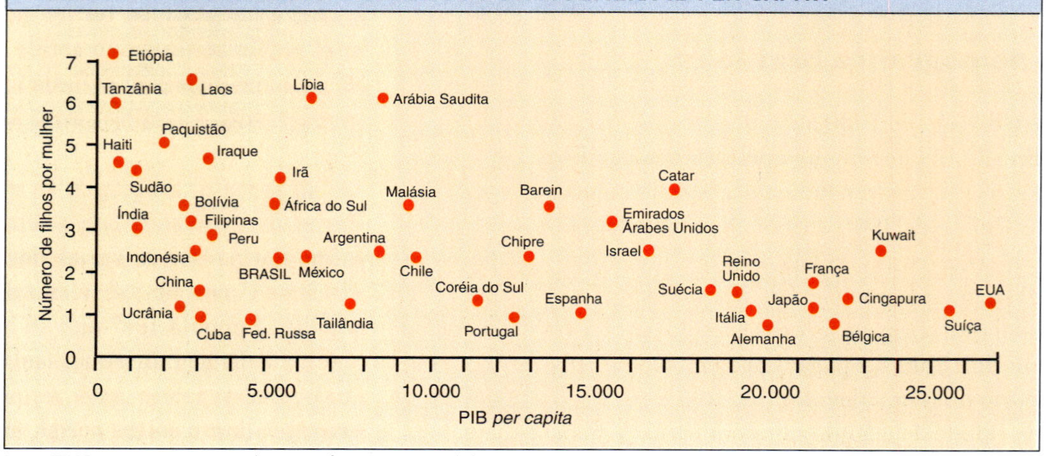

Fonte: FERREIRA, Graça Maria L. *Atlas geográfico: espaço mundial*. p. 75.

2 Da publicação da teoria de Malthus aos dias atuais, a população passou de aproximadamente 900 milhões para 6,1 bilhões de habitantes. Segundo o *Relatório do Desenvolvimento Humano 1997*, existem no mundo 840 milhões de pessoas que têm fome ou enfrentam insegurança alimentar. Como solução para evitar o caos Malthus propunha a erradicação da pobreza e da fome por meio do controle da natalidade. Por que sua teoria se mostrou incorreta?

3 Na sua opinião, o controle da natalidade deve ser uma decisão pessoal ou deve haver a interferência do Estado? Justifique sua resposta.

Fixando o conteúdo

4 Com relação aos períodos de transição demográfica, faça as atividades abaixo:

a) Compare a natalidade, a mortalidade e o crescimento demográfico nas três fases de transição demográfica.

b) O que é explosão demográfica e em que fase de crescimento populacional ocorre?

c) Em que fase se encontra a maioria dos países subdesenvolvidos, com relação ao crescimento demográfico no início do século XXI?

5 A taxa de crescimento vegetativo de um país é a diferença existente entre a taxa de natalidade e a taxa de mortalidade. Essa taxa é considerada um dos indicadores de desenvolvimento. Analise a tabela a seguir e faça o que se pede.

a) Calcule o crescimento vegetativo dos países I, II, III e IV.

b) Caracterize os países I, II, III e IV em desenvolvidos ou subdesenvolvidos.

País	Natalidade (‰)	Mortalidade (‰)
I	49	19
II	9	10
III	48	11
IV	11	9

6 A figura abaixo mostra o tamanho médio das famílias em diversas partes do mundo em 2000. As famílias I, II e III provavelmente pertencem a quais continentes ou regiões?

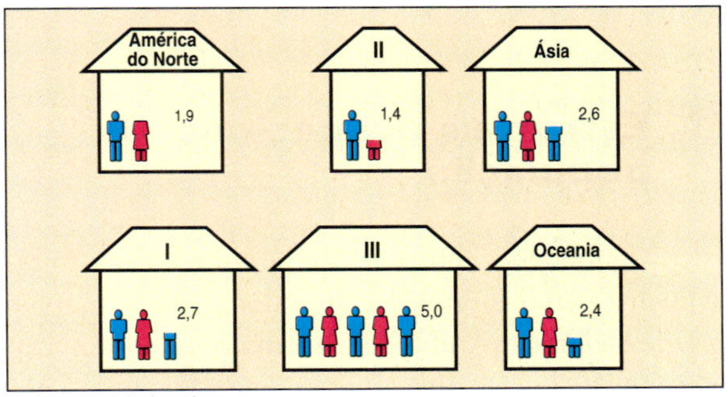

Fonte: *L'état du monde 2001*. p. 622.

7 Com relação à taxa de crescimento anual da população brasileira, explique a tendência constatada no censo demográfico de 2000.

8 Descreva as fases do ciclo demográfico brasileiro, suas características e a época em que ocorreram.

9 O que é a taxa de fecundidade? Relacione-a com o crescimento vegetativo no Brasil.

10 Sobre a política demográfica brasileira

a) Explique por que os governos desenvolveram uma política natalista.

b) Quais fatores foram responsáveis pela política antinatalista?

COMPLEMENTAÇÃO DO ESTUDO

Leituras

TELAROLLI JR., Rodolpho. *Mortalidade infantil: uma questão de saúde pública*. São Paulo, Moderna, 1997. (Coleção Polêmica)

WHITAKER, Dulce. *Mulher & homem: o mito da desigualdade*. São Paulo, Moderna, 1993. (Coleção Polêmica)

Sites

- *http://www.undp.org.br/HDR/Hdr96/rdhb1-4.htm* O Programa das Nações Unidas para o desenvolvimento (Pnud) oferece dados variados sobre o Brasil; desenvolvimento humano, disparidades, novo padrão demográfico etc.
- *http://wwww.josuedecastro.com.br/port/frame.html* Aqui, a Fundação Brasileira para a Conservação da Natureza e o Ministério da Saúde fornecem, além de textos, dados sobre a vida e obra de Josué de Castro, que escreveu sobre a fome no Brasil e atuou para combatê-la.
- *http://www.ibge.gov.br/estatistica/populacao/censohistorico/default.shtm* Nesta página do *site* do IBGE há dados históricos dos censos brasileiros; bom para comparações com o censo atual.

CAPÍTULO 3 Estrutura da população mundial e do Brasil

1 Estrutura ocupacional da população

Conhecer a estrutura da população sob todos os aspectos (profissional, etário, educacional, disponibilidade de força de trabalho) é da maior importância para os governantes ou dirigentes responsáveis pelo planejamento socioeconômico de uma nação.

Do ponto de vista ocupacional, a população de um país pode ser dividida em dois grandes grupos:

• **População economicamente ativa** (**PEA**) ou simplesmente **população ativa.** Constituída pelas pessoas de 10 ou mais anos de idade que estão empregadas ou estão à procura de emprego, compõe a força de trabalho do país. Nos países desenvolvidos, a base para o cálculo da PEA é a faixa etária de 15 anos de idade ou mais, pois nesses países as pessoas em geral freqüentam a escola até essa idade.

• **População economicamente inativa** (**PEI**). Representada pelas pessoas que não estão empregadas (crianças, estudantes, aposentados etc.) ou não exercem atividade econômica remunerada (donas-de-casa etc.). Sob o ponto de vista econômico, a parcela da população que é economicamente inativa requer grandes investimentos sociais (escolas, aposentadoria etc.).

A expressão **população ocupada** indica a parcela da população que exerce atividade remunerada. Difere da PEA, pois não engloba a população desempregada.

Subemprego, trabalho infantil e desemprego

É importante destacar que os dados oficiais relativos aos percentuais de população ativa nos países periféricos geralmente não condizem com a realidade, uma vez que os trabalhadores subempregados são classificados como população inativa. Nos países subdesenvolvidos, uma parcela considerável da população dedica-se a **subempregos**, atividades não-regulamentadas que constituem a chamada **economia informal.** Nesses casos, os trabalhadores não participam do sistema tributário (não pagam impostos), não possuem carteira assinada e quase sempre não têm acesso aos direitos trabalhistas. É o caso dos camelôs, dos guardadores de carros, dos diaristas urbanos ou rurais, entre outros.

Nos países periféricos também é grande (estima-se em 250 milhões) o número de crianças entre 5 e 14 anos que trabalham, muitas vezes sem remuneração e em atividades insalubres. Dessas crianças, 61% encontram-se na Ásia e 70% trabalham em atividades rurais.

O processo de globalização e as transformações ocorridas no mercado de trabalho têm aumentado o **desemprego** (assunto tratado também no capítulo 2 da unidade II). A taxa de desemprego entre jovens (duas vezes maior do que entre adultos) é de 30% nos países periféricos, pois a maior dificuldade é encontrar o primeiro emprego. Atualmente, a demanda por profissionais mais qualificados exclui do mercado muitos trabalhadores com baixo nível de instrução.

Figura 1

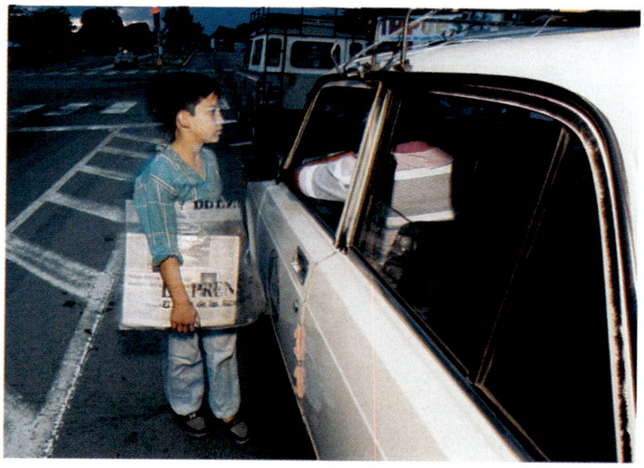

KEITH DANNEMILLER/CORBIS-STOCK PHOTOS

Vendedor de jornais em Manágua (Nicarágua, setembro de 1992). Com o aumento da urbanização, grande número de crianças trabalha em atividades urbanas, como o comércio em semáforos.

Os países subdesenvolvidos apresentam oficialmente menor percentual de PEA, pois neles a quantidade de pessoas que possuem rendimentos fixos é baixa e o índice de subemprego é alto. Já os países desenvolvidos têm elevado percentual de ativos, pois seus índices de subemprego são baixos e a maior parte dos trabalhadores possui rendimentos fixos.

População ativa e setores da atividade econômica

Os países desenvolvidos ou centrais concentram a maior parte de sua população ativa no setor terciário ou nos setores terciário e secundário. Quanto maior é o desenvolvimento urbano-industrial e tecnológico dos países maior a concentração da população ativa nesses setores. Observe os gráficos da figura 2.

A economia de países subdesenvolvidos periféricos (a maioria dos países africanos, uma parte dos asiáticos e dos latino-americanos) ainda se baseia na produção de alimentos (agropecuária) e de matérias-primas (minérios, madeiras, fibras etc.). Como não tiveram modernização expressiva no meio rural, esses países utilizam grande número de trabalhadores e apresentam, conseqüentemente, elevados percentuais da população ativa no setor primário.

Há um grupo de países subdesenvolvidos que experimentaram significativo processo de industrialização e urbanização após a Segunda Guerra Mundial. Com isso, muitos trabalhadores se deslocaram do setor primário para os setores secundário e terciário, o que acarretou expressivas alterações nos percentuais de populaçã ativa desses países. Nesse grupo se incluem o Brasil, o México, a África do Sul e os chamados Tigres Asiáticos. Neles predominam a agricultura (setor primário) e os serviços (setor terciário); ou a agricultura e a indústria (setor secundário); ou ainda a indústria. Alguns sofreram um aumento excessivo do setor terciário, conhecido como "**inchação**", bastante típico nos países subdesenvolvidos. Leia o texto do boxe acima.

Há ainda a considerar que, com a modernização agrícola, ocorreu uma certa industrialização de atividades agropecuárias. Dessa forma, as atividades rurais combinam-se com as do setor secundário.

Observe na figura 3, a seguir, os setores de atividades predominantes ou complementares nos diversos países.

Figura 2

PAÍSES SELECIONADOS: POPULAÇÃO ATIVA POR SETORES DE ATIVIDADE — 2001

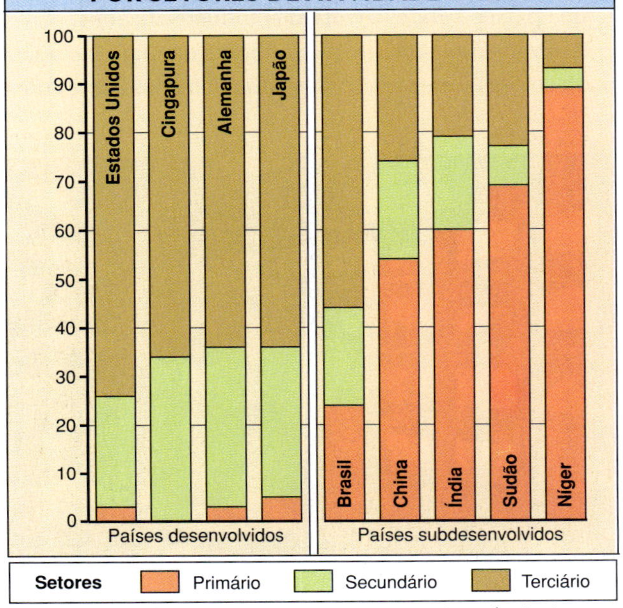

Fonte: *Calendario Atlante De Agostini 2003*. Novara, Istituto Geografico De Agostini, 2002. p. 92-99.

Paraísos fiscais

Lugares como Bahamas, Cingapura, Hong Kong, Ilhas Cayman, Seychelles e muitos outros (observe o mapa abaixo) são denominados **paraísos fiscais**. Com área territorial reduzida, esses pequenos Estados, cidades-Estados, possessões e portos estratégicos de rotas marítimas internacionais são centros bancários e financeiros internacionais pelos quais circulam recursos financeiros do mundo todo.

Os paraísos fiscais oferecem certas vantagens que atraem investidores e multinacionais de muitos países. Algumas dessas vantagens são os baixos impostos e o pouco controle sobre a origem do dinheiro aplicado. Contam com elevada população urbana, e grande parte de sua população ativa atua no setor terciário. Apresentam indicadores socioeconômicos mais favoráveis, e sua estrutura por setores foge do padrão comum aos países subdesenvolvidos.

PRINCIPAIS PARAÍSOS FISCAIS

Fonte: FERREIRA, Graça Maria L. *Atlas geográfico: espaço mundial*. São Paulo, Moderna, 2002. p. 84.

Figura 3

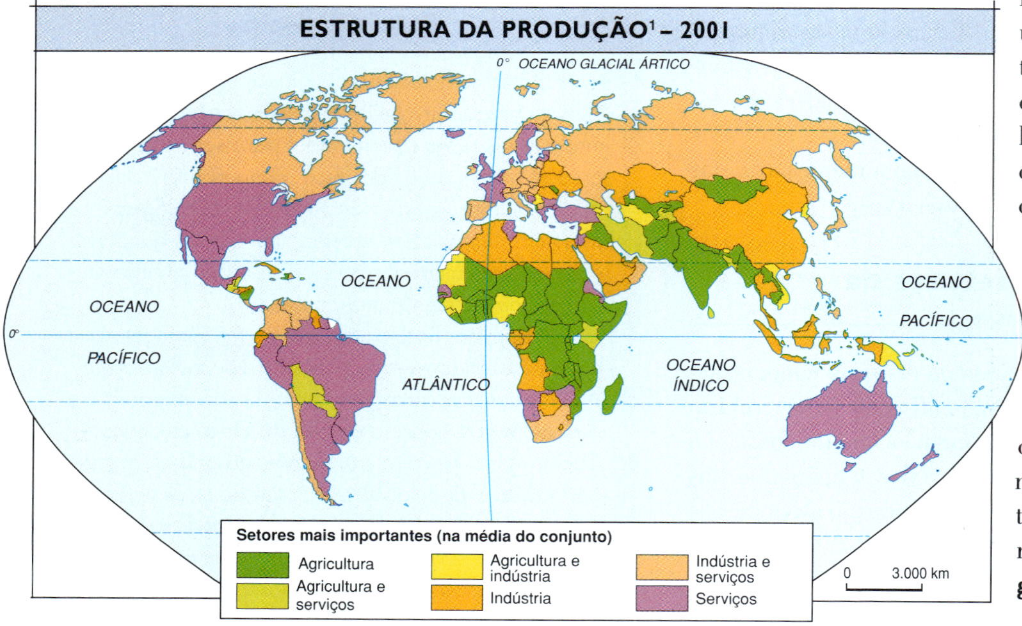

¹ Participação dos setores de atividade no PNB
Fonte: FERREIRA, Graça Maria L. *Atlas geográfico: espaço mundial*. São Paulo, Moderna, 2003. p. 102.

2 Estrutura populacional e divisão do trabalho por sexos

Na maior parte dos países, a população feminina representa 50% ou pouco mais da população total, o que resulta em uma situação de quase equilíbrio entre os dois sexos. Há, no entanto, exceções a essa regra. Vejamos alguns exemplos.

- Países que sofreram grande emigração masculina ou que participaram de grandes guerras: nesses casos, a proporção de mulheres pode ser maior que a normal. É o que ocorre, por exemplo, na Alemanha e na Federação Russa.
- Países predominantemente imigratórios: nos casos em que a proporção da imigração masculina é maior, há ligeiro predomínio de homens sobre mulheres, como, por exemplo, na Austrália e no Kuwait.
- Países em que as mulheres sofrem tanta discriminação que têm alimentação e saúde deficientes: a mortalidade feminina, nesses casos, é mais alta do que a masculina, como ocorre, por exemplo, no Paquistão.

O papel da mulher nas sociedades e a Geografia de Gênero

No século XX, muitos países do mundo foram palco de lutas constantes das mulheres. Por meio de **movimentos feministas,** elas reivindicavam, entre outros pontos, a construção de sua **cidadania** (ter direito de ter direitos) e a superação de uma divisão de trabalho tradicional estabelecida entre os sexos, na qual cabia à mulher um papel secundário ou nulo no processo produtivo, além de uma postura de submissão ao sexo masculino.

A parte da Geografia que se ocupa desses estudos sobre o papel da mulher na sociedade e sua entrada no mercado de trabalho, entre outros aspectos, costuma ser denominada **Geografia de Gênero**.

Em grande parte dos países, as mulheres têm ocupado novos espaços sociais, e podem tomar decisões sobre sua fecundidade e sobre sua sexualidade. Em países como Turquia, Paquistão e Afeganistão, contudo, as mulheres têm sua sexualidade controlada, até mesmo com apoio da lei, e, caso não se submetam, podem sofrer castigos que vão de chibatadas até pena de dez anos de prisão e execução a pedradas. Veja a figura 4.

A participação feminina na população ativa é elevada nos países desenvolvidos ou centrais e baixa nos países periféricos, tendo aumentado significativamente nos países subdesenvolvidos industrializados.

Profissionalmente, as mulheres ocupam cada vez mais setores antes reservados aos homens. Em muitos

Figura 4

KONTOS YANNIS/CORBIS-STOCK PHOTOS

Mudanças sociais e econômicas têm permitido uma maior participação das mulheres no mercado de trabalho. Na foto, repórter libanesa da emissora Al Manar, em junho de 2000.

países, no entanto, a discriminação e a condição de submissão feminina persistem. Podemos citar como condições desfavoráveis às mulheres:

• elas agregam trabalho remunerado ao trabalho não-remunerado (serviços domésticos), passando a ter jornada dupla;

• em países pobres, a liberação da mulher para o trabalho, tanto no meio urbano quanto no rural, é reflexo da necessidade — em função da redução de seu poder aquisitivo —, não representando melhoria em suas condições de vida;

• principalmente em países subdesenvolvidos, as mulheres ainda são maioria em atividades de mais baixa remuneração e minoria em cargos administrativos e gerenciais. Observe a tabela 1.

Tabela 1

Países selecionados: participação da mulher no mercado de trabalho — 2000

País	A	B	C
Estados Unidos	62	45	54
Hungria	58	34	61
Brasil	42	28	62
Turquia	46	9	36
Paquistão	31	9	26

A. Salário da mulher em relação ao salário do homem (em %)
B. Porcentagem de mulheres em cargos administrativos
C. Porcentagem de mulheres de nível técnico e universitário

Fonte: ONU/PNUD. *Relatório do desenvolvimento humano 2002*. Nova York/Lisboa, Trinova, 2002.

3 Pirâmides etárias

A **pirâmide etária** corresponde à representação gráfica da estrutura da população, por idade e por sexo, de determinado país. Por ela podemos observar as principais alterações demográficas ocorridas no decorrer do tempo, tais como proporção entre os sexos, faixas de idade, expectativa de vida da população e deformações provocadas por guerras ou outras catástrofes.

Observe na figura 5 os principais elementos de uma pirâmide:

• **base** — parte inferior, representa a população jovem;

• **corpo** — parte intermediária, corresponde à população adulta;

• **ápice** ou **topo** — parte superior, mostra a população idosa;

• **abscissa** (eixo horizontal) — indica a quantidade de pessoas, em valor absoluto ou em porcentagem; à direita são representadas as mulheres, à esquerda, os homens;

• **ordenada** (eixo vertical) — representa as faixas de idade.

Figura 5

EXEMPLO DE PIRÂMIDE ETÁRIA

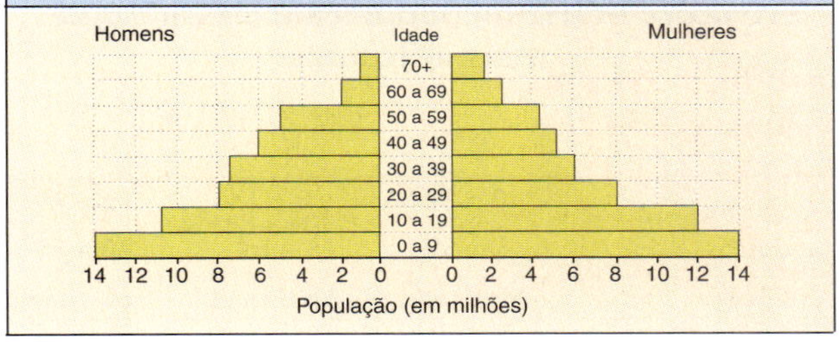

Embora não se trate de uma lei, a teoria da transição demográfica admite as seguintes etapas principais na evolução demográfica: em expansão, em declínio e estável. Observe, na figura 6, as pirâmides etárias típicas das várias etapas.

Figura 6

PIRÂMIDES ETÁRIAS REPRESENTATIVAS DAS PRINCIPAIS ETAPAS DA EVOLUÇÃO DEMOGRÁFICA

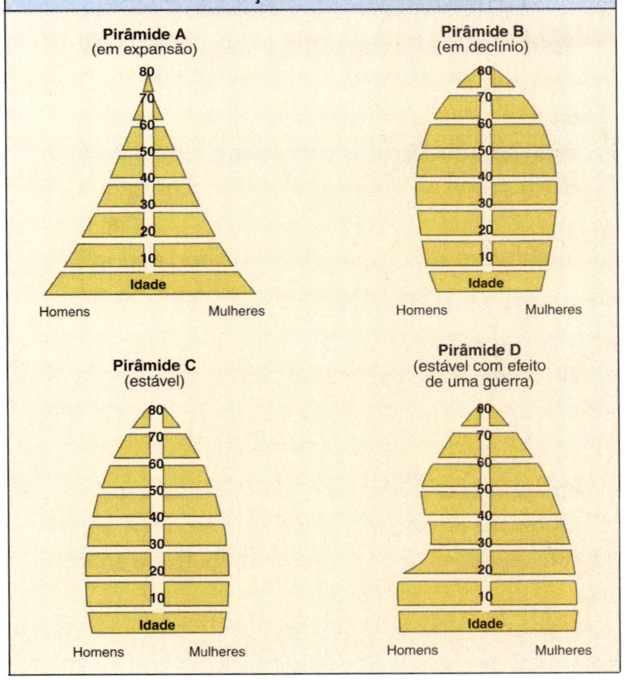

Fonte: Fatec, 1989.

Estrutura etária

Entende-se por **estrutura etária** da população a sua distribuição por idades. Para fins de planejamento econômico-social costuma-se dividir a população em três faixas etárias principais: jovem, adulta ou madura e velha ou senil. Essa divisão, porém, apresenta diferenças quanto aos intervalos de idade de acordo com a conveniência dos países e organismos interessados. Observe no quadro 1 as classificações de estrutura etária mais utilizadas.

Quadro 1

Estrutura etária da população: classificações mais utilizadas

Faixa etária	Intervalos de idade (anos) A	B	C
Jovens	0 a 14	0 a 14	0 a 19
Adultos	15 a 59	15 a 64	20 a 59
Velhos	60 e mais	65 e mais	60 e mais

A questão do crescimento populacional tem grande influência no estudo da estrutura da população. Os países de elevado crescimento vegetativo (em geral, os subdesenvolvidos) costumam ter uma **estrutura etária jovem**, ao passo que os países de baixo crescimento vegetativo (geralmente desenvolvidos) apresentam **estrutura etária adulta** e **velha** (baixa taxa de natalidade).

Quanto à estrutura etária da população, apesar de existir uma diversidade muito grande de situações, podemos classificar os países do mundo em três tipos principais de regimes demográficos: de população envelhecida, em fase de envelhecimento e jovem.

• **Regime demográfico de população envelhecida.** Encontrado nos países desenvolvidos que já realizaram sua transição demográfica, como, por exemplo, Alemanha, França (figura 7), Reino Unido, Suécia e Japão. Apresentam elevada expectativa de vida (melhores condições de vida), baixas taxas de natalidade e de mortalidade e baixo crescimento vegetativo.

A pirâmide etária desses países possui a base mais estreita (menor proporção de jovens) e o topo mais largo (maior proporção de idosos). O excesso de idosos acarreta falta de mão-de-obra e elevados gastos assistenciais. Na figura 7 podemos observar que, em vez de uma pirâmide, a forma está se tornando mais próxima à de um retângulo, pois a tendência para os próximos 50 anos é o estreitamento da base (diminuição do percentual de jovens) em relação ao meio e ao topo.

• **Regime demográfico em fase de envelhecimento, de população madura ou intermediária.** Nesse grupo incluem-se países desenvolvidos novos e subdesenvolvidos industrializados (mercados emergentes). Como a natalidade desses países só caiu depois da Segunda Guerra Mundial, eles ainda têm um percentual de idosos inferior aos dos países velhos e contam com grande porcentagem de população adulta. Como exemplos podemos citar a Austrália, a Nova Zelândia, os Estados Unidos (figura 8) e o Canadá.

Figura 7

FRANÇA: PIRÂMIDES ETÁRIAS — 2000 e 2050

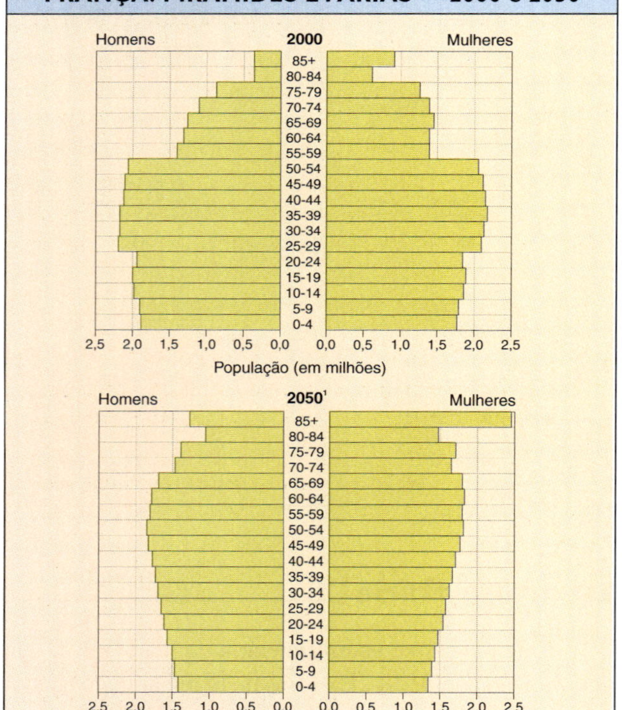

¹ Estimativa
Fonte: U. S. Census Bureau. Disponível em: http://www.census.gov/ipc/www/idbpyr.html

Figura 8

ESTADOS UNIDOS: PIRÂMIDES ETÁRIAS — 2000 e 2050

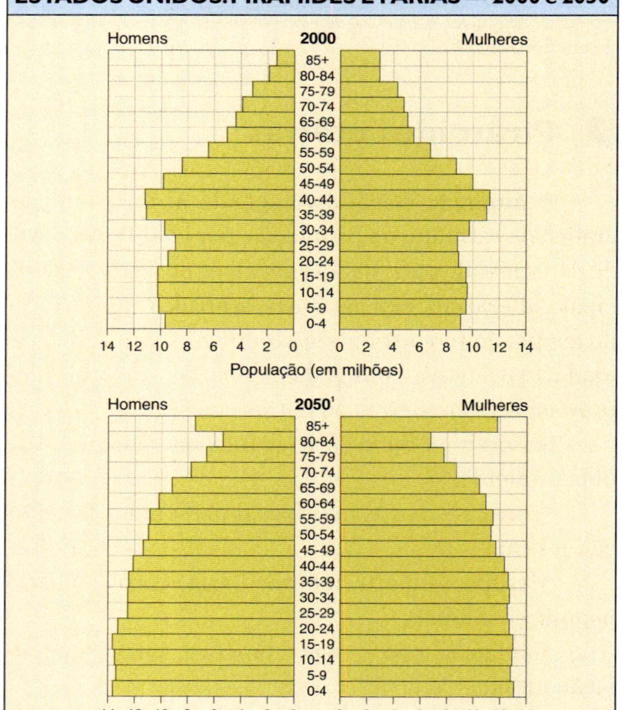

¹ Estimativa
Fonte: U. S. Census Bureau.

Também participam desse grupo os países subdesenvolvidos industrializados que passaram por um processo de industrialização e, após 1970, diminuíram suas taxas de mortalidade, natalidade e crescimento vegetativo. Apresentam um percentual de jovens (menos de 15 anos) próximo a 20% e percentual de velhos (mais de 60 anos) entre 5% e 15%. São exemplos os Tigres Asiáticos, China, Cuba e alguns países de economia de transição, como Armênia, Moldova etc. Comparativamente aos países desenvolvidos com população madura, apresentam taxas percentuais menores de população em idade senil e menor expectativa de vida.

A partir da década de 1980, o Brasil passou a fazer parte do regime demográfico maduro, pois a população brasileira está envelhecendo, embora apresente expectativa de vida mais baixa que a dos países desse grupo e taxa de população jovem um pouco maior.

• **Regime demográfico jovem.** Esse grupo inclui todos os países pobres não-industrializados, ou seja, todos os africanos com exceção das Ilhas Maurício, a maioria dos latino-americanos e grande parcela dos países asiáticos e da Oceania. Apesar de o grupo ser bastante heterogêneo, a maior parte apresenta elevadas taxas de natalidade e de mortalidade, o que significa elevado percentual de jovens e grande crescimento vegetativo. As precárias condições de vida resultam em uma expectativa de vida baixa e pequena porcentagem de população idosa.

A pirâmide etária desse regime apresenta base larga (grande quantidade de jovens) e ápice estreito. O principal problema demográfico do grupo está na necessidade de elevados investimentos com educação, com formação profissional dos jovens, ampliação do mercado de trabalho etc. Na figura 9 pode-se observar o exemplo da Tanzânia, cuja população deverá entrar na fase de estrutura madura em 2050.

Consulte na tabela 2 dados comparativos de alguns países.

Figura 9

TANZÂNIA: PIRÂMIDES ETÁRIAS — 2000 e 2050

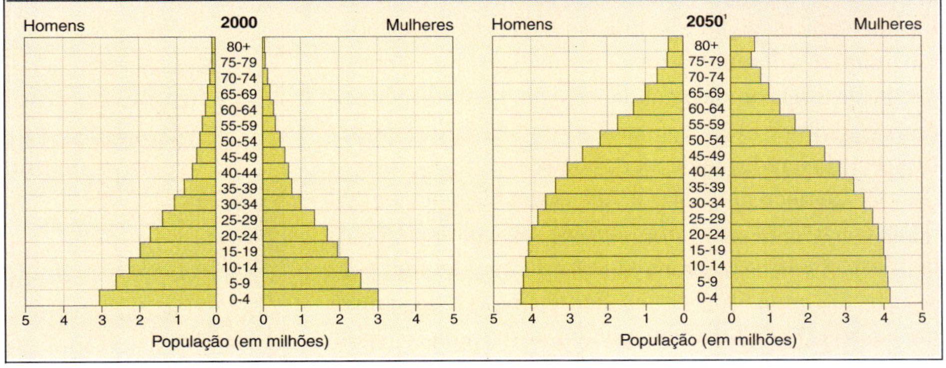

¹ Estimativa
Fonte: U.S. Census Bureau.

Tabela 2

Países selecionados: comparação da estrutura etária e expectativa de vida — 2000-2005

	País	Jovens[1] (%)	Adultos[2] (%)	Velhos[3] (%)	Espectativa de vida (anos)
População envelhecida	França	18,1	65,5	16,4	78,1
	Japão	14,1	66,3	19,6	80,4
População madura	Estados Unidos	20,6	67,1	12,3	76,5
	Cingapura	19,9	71,7	8,4	77,1
	Brasil	26,6	67,6	5,8	67,4
População jovem	Iêmen	51,1	46,7	2,2	59,3
	Níger	50,2	47,8	2,0	44,2
	Rep. Congo	49,0	48,1	2,9	50,5

¹ População com menos de 15 anos. ² População com mais de 15,1 anos. ³ População com mais de 65,1 anos.
Fontes: *L'état du monde 2003*. Paris, La Découverte, 2002. p. 619.

Mundo curioso

• País com a maior porcentagem de população jovem do mundo: Uganda (50% dos habitantes têm menos de 15 anos).

• País com a maior porcentagem de população idosa do mundo: Itália e Grécia (48% dos habitantes têm mais de 60 anos).

• País do mundo com a maior porcentagem de mulheres: Letônia (83 homens para cada grupo de 100 mulheres).

• País do mundo com a maior porcentagem de homens: Catar (189 homens para cada grupo de 100 mulheres).

Dados do *Calendario Atlante De Agostini 2000*.

4 Estrutura da população brasileira

Estrutura etária

O processo de modernização (urbanização-industrialização), a queda da taxa de fecundidade, as mudanças nos padrões etários de mortalidade são fatores que, ao longo das cinco últimas décadas, acarretaram mudanças na estrutura etária da população brasileira. Entre elas, as principais foram a diminuição do percentual de jovens, graças à redução das taxas de natalidade, e o aumento do percentual de adultos e idosos, em razão do aumento da expectativa de vida e redução da mortalidade.

No período de 1950 a 1999, enquanto o percentual de jovens (0 a 14 anos) diminuiu de 42% para 29,4%, o de idosos (acima de 60 anos) mais do que dobrou: passou de 4% para 9%. Na mesma época, a expectativa média de vida do brasileiro passou de 46 para 67 anos.

Essas mudanças recentes na estrutura etária da população transformaram o Brasil de país tipicamente "jovem", isto é, de população jovem, em um país "adulto".

Está ocorrendo um envelhecimento da nossa população ou um aumento de sua **idade mediana** (linha divisória entre os 50% mais velhos e os 50% mais novos da população), que em 1999 era de 24,2 anos. Em todas as regiões aumentou a parcela de adultos e de idosos, embora as maiores taxas situem-se no Sudeste, Sul e Nordeste. Ainda existem outras disparidades demográficas entre as regiões: no Sul, a expectativa média de vida é de 70,8 anos, ao passo que no Nordeste, é de 65,5 anos; os idosos na Região Sudeste constituem 8,4% da população, contra apenas 5,3% na Região Norte. Observe a figura 10.

Figura 10

BRASIL: ÍNDICE REGIONAL DE ENVELHECIMENTO DA POPULAÇÃO — 1996

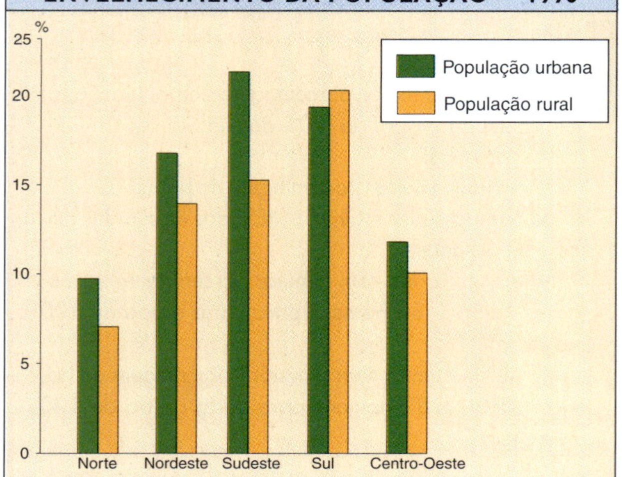

Fonte: IBGE. *Atlas nacional do Brasil 2000*. p. 89.

Segundo o Censo de 2000, a família brasileira diminuiu. Na década de 1980 era composta de 4,5 pessoas, em média. Em 1999, o número caiu para 3,4 pessoas. Já o total de casais sem filhos, que em 1992 constuía 12,9% das famílias, passou para 13,6%. Como podemos constatar na tabela 3, as famílias de baixa renda são as mais numerosas e as que apresentam maior número de filhos.

Tabela 3

Brasil: relação entre renda e número médio de filhos, na família — 1999

Renda média per capita (salários mínimos)	Número médio de filhos
Até 1/4	3,1
Mais de 1/4 até 1/2	2,1
Mais de 1/2 até 1	1,6
Mais de 1 a 2	1,4
Mais de 2 a 3	1,3
Mais de 3 a 5	1,1
Mais de 5	0,9

Fonte: IBGE. *Síntese de indicadores sociais 2000*. Rio de Janeiro, 2001. p. 230.

Figura 11

HEUDES RÉGIS/AG.LUMIAR

Família numerosa do sr. Sebastião Souza, em Ouricuri, no Sertão nordestino (PE, 1998). A elevada proporção de jovens exige grandes investimentos em setores como a educação e a saúde.

Pirâmides etárias no Brasil

As mudanças na estrutura etária da população brasileira nas últimas décadas tiveram repercussões significativas na pirâmide etária. Esta se distanciou das pirâmides dos países subdesenvolvidos (regime demográfico jovem) aproximando-se das pirâmides dos países desenvolvidos (regime demográfico maduro). A figura 12 mostra a pirâmide etária no Brasil em 2000 e estimativa para 2025 e 2050. Observe que a base tende a diminuir por causa da queda da natalidade.

Figura 12

BRASIL: PIRÂMIDES ETÁRIAS — 2000, 2025 e 2050

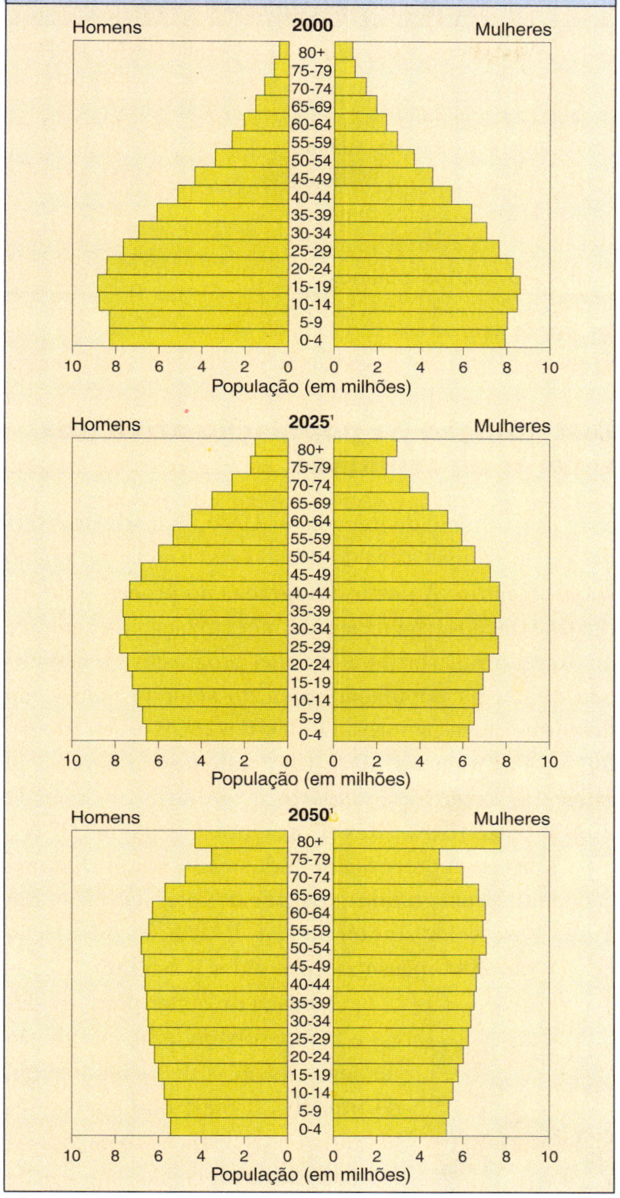

¹ Estimativa

Fonte: U.S. Census Bureau.

A estrutura da população brasileira por sexos

Até a década de 1930, principalmente em função do predomínio da imigração masculina, havia mais homens que mulheres no Brasil.

A relação entre o número de homens e o número de mulheres em uma população é chamada de **razão de sexo.** O primeiro censo, realizado em 1872, apontou a proporção de 51,5% de homens e 48,5% de mulheres. Depois do Censo de 1940, a população feminina passou a predominar, embora com pequena diferença. Em 2000 (11º censo), a relação passou a ser de: homens, 49,2%; mulheres, 50,8%. Dos 169.544.443 brasileiros, 83.423.553 eram homens e 86.120.890 mulheres, isto é, existiam 100 mulheres para cada 96,9 homens, ou seja, 2.697.337 mulheres a mais. A razão fundamental desse predomínio está na maior mortalidade masculina (acidentes, doenças, violência urbana), seguida pela emigração.

Em todas as grandes regiões brasileiras predominam as mulheres. Observe a tabela 4.

Tabela 4

Brasil: distribuição regional da população por sexos — 1999

Região	Mulheres (%)	Homens (%)
Norte	51,0	49,0
Nordeste	51,1	48,9
Sudeste	51,3	48,7
Centro-Oeste	50,5	49,5
Sul	50,7	49,3
Brasil	50,8	49,2

Fonte: IBGE. *Síntese de indicadores sociais 2000*. p. 24.

Estrutura produtiva da população brasileira

Em 1999, o Brasil possuía 169,5 milhões de habitantes. Desse total, 130,1 milhões de pessoas tinham 10 anos ou mais de idade, ou seja, formavam a população em idade ativa.

Na década de 1990 houve um aumento da população ocupada, que era de 65,2 milhões de pessoas, em 1992, e passou para 71,7 milhões, em 1999. Na mesma época verificou-se uma tendência de queda no número de trabalhadores com carteira de trabalho assinada (64% para 61%), refletindo o aumento do setor informal. Nos estados do Rio de Janeiro, São Paulo, Rio Grande do Sul e Santa Catarina, mais de 70% da população empregada possuía carteira de trabalho assinada.

Em 1999, a população economicamente inativa no Brasil (aposentados, estudantes, donas-de-casa etc.) era de 55,4 para cada 100 ativos.

Na última década do século XX, constatou-se um avanço no grau de escolaridade da mão-de-obra brasileira: o percentual da população ocupada com mais de 8 anos de estudo passou de 30,4% para 40,1%. Quanto maior a escolaridade de uma pessoa, maiores serão suas chances de inserção no mercado de trabalho. Apesar desses números positivos, a população ativa do Brasil ainda tem pouca instrução, é mal remunerada e de preparo técnico relativamente limitado. Observe a tabela 5.

Tabela 5

Brasil: instrução das pessoas com 10 ou mais anos de idade — 1999	
Anos de estudo	**% do total**
Sem instrução e menos de 2 anos de estudo	12,8
De 1 a 3 anos de estudo	15,9
De 4 a 7 anos de estudo	30,9
De 8 a 10 anos de estudo	15,2
De 11 a 14 anos de estudo	18,2
De 15 anos ou mais de estudo	6,7

Fonte: *Brasil em números*. Rio de Janeiro, IBGE, 2000. v. 8. p. 143.

Tabela 6

Brasil: rendimento médio mensal familiar[1] *per capita* — 1999	
Renda	**% da pop. ocupada**
Até 1/2 salário mínimo[2]	18,9
Mais de 1/2 a 1 salário mínimo	21,8
Mais de 1 a 2 salários mínimos	25,6
Mais de 2 a 3 salários mínimos	11,2
Mais de 3 a 5 salários mínimos	9,4
Mais de 5 salários mínimos	9,9

[1] População ocupada. [2] Em dezembro de 1999, um salário mínimo valia 136 reais.
Fonte: IBGE. *Síntese de indicadores sociais 2000*. p. 152.

Mudanças no âmbito do trabalho

Nos anos de 1990, a década do avanço da globalização, o mundo do trabalho no Brasil passou por diversas mudanças ligadas a esse processo.

O rendimento médio das pessoas ocupadas sofreu uma queda de 6,2% na última década do século XX. Observe na tabela 6 que 66,3% da população ocupada recebia renda mensal de até 2 salários mínimos.

É fato conhecido que o salário mínimo no Brasil não é suficiente para assegurar ao trabalhador e à sua família condições mínimas de sobrevivência. Para cumprir essa função, o Dieese estimou que o salário mínimo necessário seria de 940,58 reais, em dezembro de 1999. Apenas 2% das pessoas ocupadas, no Brasil, auferem renda superior a 20 salários mínimos. Essa desigualdade na distribuição da renda, somada ao aumento da taxa de desemprego, amplia o elevado contingente de pobres e excluídos do crescimento econômico (figura 13).

Figura 13

EDUARDO QUEIROGA/AG.LUMIAR

Uma das conseqüências do aumento da exclusão social é a proliferação de moradias precárias. Favela em área de manguezal no bairro de Boa Viagem, periferia de Recife (PE, 2001).

Distribuição da população ativa por setores de atividade

Até o início da década de 1940, mais de dois terços da população ativa do Brasil estava concentrada no setor primário. A partir daí, graças ao processo de industrialização-urbanização, à mecanização no campo e ao êxodo rural, verificou-se uma progressiva e acentuada queda na população ativa do setor primário, em favor dos outros setores. De 1940 a 1999 essa redução foi de 70,2% para 19,0%. Enquanto isso, a população ativa dos setores secundário e terciário cresceu de 29,8% para 81,0%. Reveja a figura 5, à página 272.

O intenso processo de industrialização-urbanização resultou em grande expansão do setor terciário. Em 1940, esse setor respondia por 19,8% da população ativa e em 2000 passou a responder por 59,0%.

A busca de maior produtividade e competitividade, a introdução de novas técnicas de racionalização do trabalho, a reestruturação administrativa e os avanços tecnológicos (automação da produção, emprego de máquinas modernas e da informática), entre outros fatores, provocaram o desaparecimento de várias categorias de ocupação na indústria.

A princípio, o setor de serviços absorveu essa mão-de-obra liberada, mas também foi invadido por novas tecnologias e não conseguiu gerar postos de trabalho em quantidade suficiente para impedir o crescimento do desemprego e do trabalho informal. Leia o texto do boxe e veja a figura 14.

Mercado de trabalho

"O comportamento do desemprego aberto e do rendimento médio nas regiões metropolitanas do país permite identificar três momentos na evolução do mercado de trabalho durante os anos 90.

De 1990 a 1992, a abertura rápida da economia associada ao processo hiperinflacionário produziram aumento de desemprego e queda nos rendimentos.

De 1993 a 1997, a estabilização dos preços baseada em uma política cambial rígida conseguiu reverter o desemprego (até 1995) e engendrar clima de relativo otimismo, com elevação de renda [...].

Já em 1998 e 1999, as crises da Ásia (out. 1997) e da Rússia (ago. 1998) tiveram impacto no Brasil, levando a juros altos e desvalorização — o que fez com que o desemprego médio nestes dois últimos anos ficasse em 7,5%, patamar bastante superior ao dos anos anteriores da década, em que a taxa flutuou ao redor dos 4 e 5%."

RODRIGUES, M. Cecília P. In: *Brasil em números*, v. 8. p. 138.

BRASIL: TAXA DE DESEMPREGO ABERTO[1] — 1991-1999

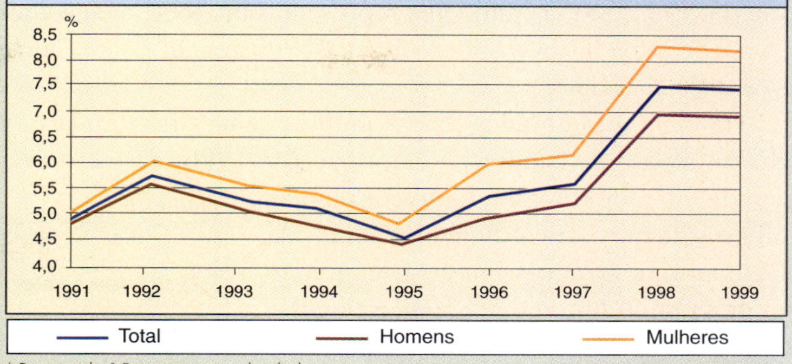

[1] Pessoas de 15 anos ou mais de idade.
Fonte: *Brasil em números*, v. 8. p. 147.

BRASIL: VARIAÇÃO DO RENDIMENTO MÉDIO REAL — 1991-1999

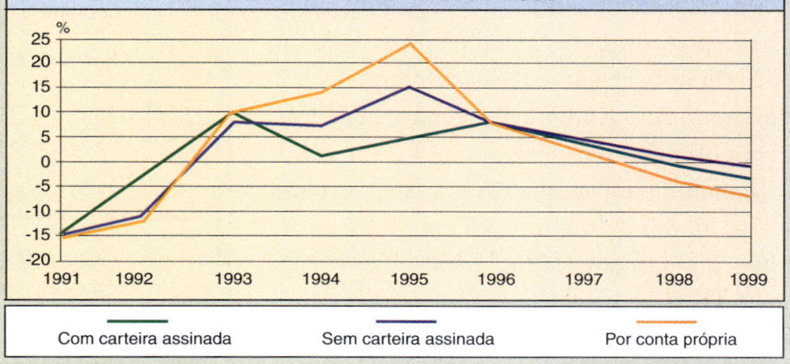

Fonte: *Brasil em números*, v. 8. p. 148.

Figura 14

DELFIM MARTINS/PULSAR

Cresce o número de pessoas envolvidas na economia informal, que se apresenta como uma alternativa de trabalho e de rendimentos. Na foto, catador de papel na zona oeste da cidade de São Paulo, em abril de 2001.

O elevado percentual de ativos no setor terciário não significa que o setor cresceu tanto assim, de fato. Principalmente nos países subdesenvolvidos, essa área de atividade é muito marcada pelo fenômeno da **inchação** ou **hipertrofia do setor terciário**, crescimento rápido, exagerado ou irreal decorrente do **empreguismo** (excesso de pessoas em órgãos públicos) e do subemprego (comércio em semáforos, trabalho temporário).

A Região Sudeste, em 1999, detinha 43,3% da população ativa do Brasil, seguida pelas regiões Nordeste (28,1%) e Sul (16,5%). As regiões Centro-Oeste e Norte tinham apenas 7,2% e 4,4%, respectivamente, da PEA.

A participação da mulher no mercado de trabalho

No período de 1940 a 2000, a força de trabalho feminina passou de 2,8 milhões para 32,8 milhões de pessoas, aumentando sua participação na PEA do país de 19% para 41,3%. Considere a tabela 7.

Tabela 7

Brasil: estrutura da população ativa por sexos — 1940-1999

Sexo	1940	1950	1960	1970	1980	1991	1999
	% da PEA total						
Homens	81,0	85,5	82,5	79,0	73,0	64,5	58,7
Mulheres	19,0	14,5	17,5	21,0	27,0	35,5	41,3

Fontes: IBGE. *Estatísticas históricas do Brasil*. Rio de Janeiro, 1990; e *Síntese de indicadores sociais 2000*. p.120.

Em 1940, no Brasil, quase a metade (48%) da população ativa feminina estava concentrada no setor primário. Em 2000, as mulheres representavam 48% da força de trabalho do setor terciário, 20% da agricultura e 20% da indústria.

Há mais dificuldades para a mulher conseguir trabalho e para se manter no emprego. Em 1996, a saída da força de trabalho foi maior para as mulheres do que para os homens: 28,4% da PEA feminina tornou-se inativa, enquanto este percentual foi de 8,7% para a população masculina. Dentre as pessoas não economicamente ativas, 79,4% das mulheres mantiveram-se na condição, contra 60,3% dos homens.

Apesar de constituir a maioria na população do país, os dados mencionados resumem as principais características da força de trabalho feminina. Embora crescente, ela é ainda proporcionalmente pequena e, em geral, profissionalmente marginalizada. Veja a figura 15 e os dados a seguir sobre a situação da mulher no mercado de trabalho.

- Os baixos salários são uma das explicações para a preferência de muitas empresas pela mão-de-obra feminina. O trabalho da mulher ainda é menos valorizado que o do homem. Em 1999 os salários femininos equivaliam, em média, a 69% do salário dos homens.
- Apenas 19% das mulheres ocupavam cargos administrativos e gerenciais e 13% ocupavam cargos governamentais, em 1995. Só 7% ocupavam cadeiras parlamentares em 1997.

Figura 15

Apesar da maior participação da mulher no mercado de trabalho e da crescente importância de seu salário para a economia familiar, o trabalho feminino ainda é desvalorizado: a grande maioria das mulheres é mal remunerada e exerce atividades de média e baixa qualificação profissional.

Na última década do século XX, segundo o IBGE, a situação da mulher brasileira começou a se modificar: seu grau de escolaridade, renda média e poder aquisitivo aumentaram, assim como diminuiu sua defasagem salarial em relação ao homem. Funções que antes eram quase exclusivas dos homens estão sendo cada vez mais exercidas por mulheres. Observe a figura 16.

Figura 16

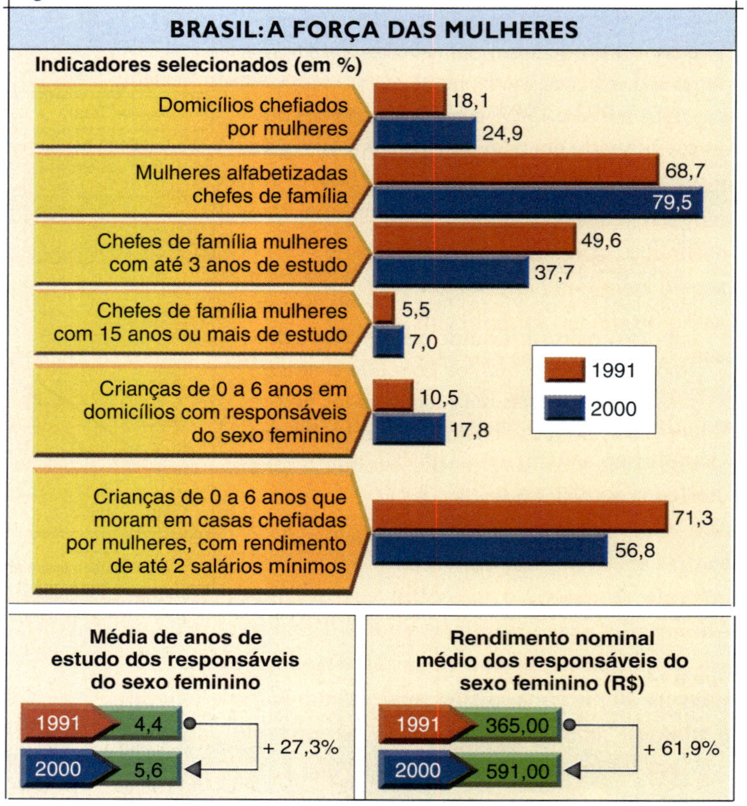

Fonte: baseado em *O Estado de S. Paulo*, 8 mar. 2002.

Também cresce o número de mulheres que vivem sozinhas e com filhos. Em 1992, 60% das famílias eram compostas pelas chamadas famílias "tradicionais" (casal e filhos). Já em 1999, esse percentual passou para 55%, indicando mudanças nos padrões e arranjos familiares.

Em 1999, em algumas regiões metropolitanas o índice de mulheres que exerciam a função de chefes de família era muito elevado, chegando a 40,5% em Belém e a 38,6% em Salvador. Em geral, nas famílias chefiadas por mulheres de baixa escolaridade, as crianças entram muito cedo no mercado de trabalho. A situação resulta em mau aproveitamento escolar, alto índice de repetência ou abandono da escola. Essas crianças transformam-se freqüentemente em analfabetos funcionais, tendendo a contribuir para a continuidade da condição de pobreza.

AVALIE SEU APRENDIZADO

Construindo conhecimento

Comparando as pirâmides etárias do Brasil e do Japão

Compare as pirâmides etárias a seguir e responda às questões 1 a 4.

JAPÃO: PIRÂMIDES ETÁRIAS — 1920 e 2000

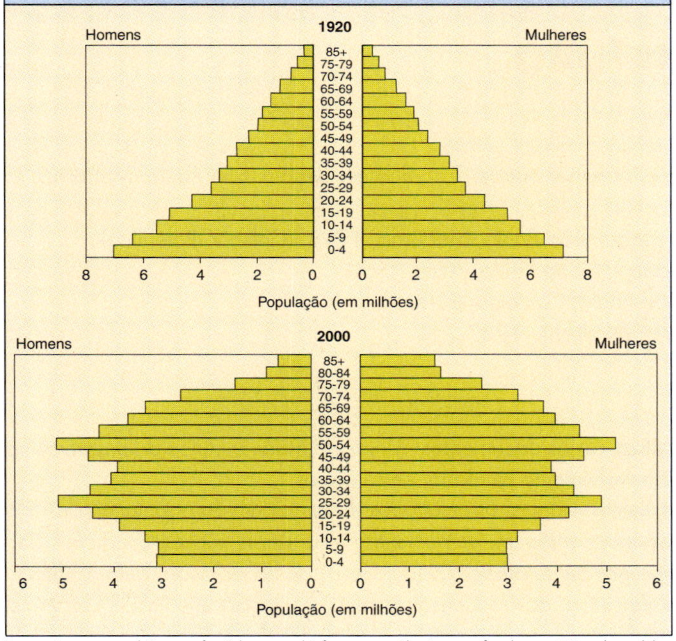

Fontes: International Society for Educational Information. *The Japan of today*. p. 78; e http://www.census/gov/cgi-bin/ipc/idbpyrs.pl?cty =BR&out=s&ymax=2501985

BRASIL: PIRÂMIDES ETÁRIAS — 1980 e 2000

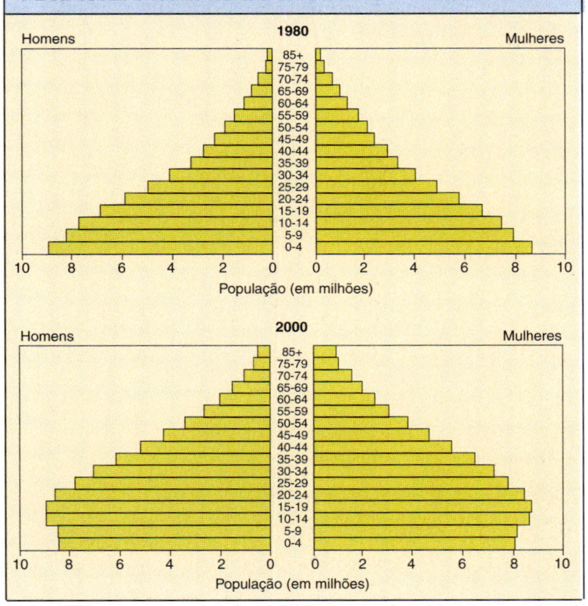

Fontes: IBGE. *Atlas nacional do Brasil 2000*. p. 89; e http://www.census/gov/cgi-bin/ipc/idbpyrs.pl?cty=BR&out=s&ymax=250

1 Quais são as principais diferenças entre as pirâmides brasileiras e as japonesas, quanto à composição de jovens, adultos e idosos?

2 Explique as irregularidades centrais e o estreitamento da base nas pirâmides japonesa e brasileira em 2000.

3 Por que podemos dizer que a pirâmide brasileira tem se distanciado das pirâmides dos países subdesenvolvidos e se aproximado das pirâmides dos países desenvolvidos?

4 Quais são os possíveis custos sociais da existência de uma grande população jovem ou idosa em um país?

Fixando o conteúdo

5 Por que os países desenvolvidos contam com elevado percentual de ativos?

6 Analise a situação dos jovens no mercado de trabalho dos países periféricos e dê sua opinião sobre a importância de um país investir em educação.

7 Quanto à distribuição da PEA nos setores econômicos, diferencie os países centrais dos países periféricos e dos países subdesenvolvidos industrializados.

8 Quanto à participação das mulheres no mercado de trabalho.

a) Caracterize a participação feminina na PEA dos países desenvolvidos, dos países periféricos e dos países subdesenvolvidos industrializados.

b) Cite alguns problemas enfrentados pelas mulheres que trabalham fora de casa.

9 Explique quais foram as principais mudanças na estrutura etária da população brasileira nas últimas décadas e os fatores que as causaram.

10 Sobre a razão de sexo no Brasil.

a) Qual a proporção entre os sexos no Brasil, em 2000?

b) Por que há mais mulheres do que homens aqui?

11 Em 1940 o setor primário concentrava 70,2% da população ativa brasileira. Em 1999 a proporção de população ativa nos três setores da economia era a seguinte: no primário, 24,2%; no secundário, 19,3%; e no terciário, 54,5%. Explique as mudanças ocorridas na distribuição da população ativa nesses setores.

12 Cite duas conquistas das mulheres no mercado de trabalho brasileiro na última década.

COMPLEMENTAÇÃO DO ESTUDO

Leituras

ARANHA, Maria Lúcia; CARNEIRO, Paulo; KUPSTAS, Márcia e outros. *Trabalho em debate*. São Paulo, Moderna, 1996. (Coleção Debate na Escola)

CARMO, Paulo Sérgio do. *O trabalho na economia global*. São Paulo, Moderna, 1998. (Coleção Polêmica)

OLIVEIRA, Malu. *Homem e mulher a caminho do século XX*. São Paulo, Ática, 1994.

PRIORI, Mary del. *História das mulheres no Brasil*. São Paulo, Contexto, 2000.

SAFFIOTI, Heleieth I. B. *O poder do macho*. São Paulo, Moderna, 1987.

Sites

- *http://www.undp.org.br* O *site* do Pnud disponibiliza vários documentos: *Metas do Milênio*, *Atlas do desenvolvimento humano no Brasil*, relatórios sobre o Índice de Desenvolvimento Humano, entre outros.
- *http://www.ibge.gov.br* Dados demográficos brasileiros. Confira os resultados da contagem da população de 1996 na página *http://www.ibge.gov.br/estatistica/populacao/contagem/default.shtm*. Veja quais são as condições de vida das famílias brasileiras na página *http://www.ibge.gov.br/estatistica/populacao/condicaodevida/default.shtm*.
- *http://www.census.gov.ipc.idspyr.html* Endereço eletrônico do US Census Bureau do Departamento de Comércio dos EUA, em inglês. Traz estimativas e projeções sobre a população dos países, com pirâmides etárias e censos.
- *http://www.miniweb.com.br/Geografia/Geografia%20Mundial2.html* Esta *home page* destina-se à divulgação da Geografia: oferece detalhes da população dos países, representação da estrutura etária e instruções para elaborar pirâmides etárias.
- *http://unicef.org/brazil/* Página em português da United Nations Children's Fund, traz um panorama da situação da infância no mundo, artigos, a Declaração sobre os direitos das crianças etc.

CAPÍTULO 4 Migrações populacionais no mundo

1 Por que as pessoas migram?

As grandes **migrações** populacionais (deslocamentos de pessoas) remontam a tempos pré-históricos. Todas as evidências arqueológicas levam a crer que os hominídeos que originaram a nossa espécie (*Homo sapiens sapiens*) surgiram na África há 100 mil ou 150 mil anos. Ramos desses povos se separaram, dando início a grandes "andanças" — primeiras migrações —, que, ao longo dos séculos, levaram a população a se espalhar por todos os continentes.

As migrações ocorrem ainda hoje. O **crescimento demográfico** de um país resulta do crescimento vegetativo acrescido do contingente de **imigração** (pessoas que entram em outro país para nele viver) e com a subtração do contingente de **emigração** (pessoas que saem de seu país de origem para viver em outro país).

As razões que levam as pessoas a migrar são inúmeras, podendo ser determinadas por diversos fatores:

- **políticos** — por exemplo, problemas de fronteira, formação de novas nações (ex-Iugoslávia, Israel) ou guerra civil (Afeganistão, Serra Leoa, Sudão), que geram divergências, perseguições (caso dos curdos) e até a expulsão de populações inteiras de seu território;
- **conflitos religiosos ou étnicos** — como a perseguição de judeus no século XX, no período das guerras mundiais, que provocou emigrações da Europa; ou os que ocorreram na Bósnia (1992) e na ex-Iugoslávia (1999);
- **naturais** — as emigrações provocadas por catástrofes naturais (enchentes, terremotos, erupções vulcânicas, secas);
- **econômicos** — que são, sem dúvida, os fatores predominantes. As pessoas muitas vezes migram em busca de trabalho e de melhores condições de vida. Nas primeiras décadas do século XX, devido a uma crise econômica, o Japão tornou-se um país de emigração. Em poucas décadas, com a recuperação econômica, ele passou a ser um país de imigração.

Figura 1

ARBEN CELI/REUTERS-NEWSCOM

Refugiados albaneses que viviam em Kosovo aguardam para cruzar a fronteira com a Albânia, forçados pela milícia sérvia (Kukes, Albânia, março de 1999).

Os **fatores estruturais** (que fazem parte da estrutura econômica de um país) responsáveis pelas migrações podem ser, por exemplo, a estagnação da economia ou a falta de maiores perspectivas de progresso, e ocorrem geralmente em países subdesenvolvidos. Os **fatores conjunturais** resultam de situações circunstanciais, como crises políticas e econômicas, revoluções, perseguições etc., que podem atingir também um país desenvolvido.

2 Tipos de movimentos migratórios

As migrações costumam ser classificadas quanto ao tempo de duração e quanto ao espaço de deslocamento.

Em relação ao tempo de duração, as migrações podem ser:

- **migrações definitivas** — quando o migrante se estabelece de forma permanente no local de seu destino, como é o caso, no Brasil, dos imigrantes italianos, japoneses, e das emigrações de nordestinos para outras regiões do país;

• **migrações temporárias** — podem ser diárias, **sazonais** (dependem da estação do ano) e **por tempo indeterminado**, ou seja, sem tempo certo para voltar, como no caso de migrantes que permanecem algum tempo no exterior e acabam voltando a seu país.

Em relação ao espaço de deslocamento, as migrações podem ser classificadas em **migrações internas** ou **nacionais**, quando ocorrem dentro de um mesmo país, e **migrações externas** ou **internacionais**, quando implicam a travessia de uma ou mais fronteiras internacionais.

Migrações internas

Quando realizadas dentro de uma mesma região do país, as migrações internas são chamadas **intra-regionais**; quando feitas de uma região para outra, num mesmo país, são chamadas **inter-regionais**.

O **êxodo rural** é um dos mais importantes exemplos de migração interna. Em geral assume caráter definitivo, e suas principais causas têm sido a industrialização, a expansão do setor terciário e a mecanização da agricultura. Atualmente, em vários países desenvolvidos, o deslocamento das pessoas do campo para as cidades é muito pequeno ou quase nulo. Nos países subdesenvolvidos, o êxodo rural tem atingido grandes proporções. Além das causas já mencionadas, as precárias condições de vida no campo podem ser apontadas como a principal causa desses deslocamentos.

Outras migrações internas podem ocorrer de uma zona rural pobre para outra zona rural mais próspera, de uma pequena ou média cidade para uma grande cidade ou metrópole ou de qualquer uma dessas áreas para outras que tenham algum fator ou elemento atrativo (extração mineral, fácil acesso à terra, estímulos governamentais etc.).

Dentre as migrações internas de caráter temporário podemos destacar as **migrações sazonais**, que estão relacionadas às diferentes estações do ano. Essas migrações são do tipo "vai-e-volta", isto é, o indivíduo desloca-se de sua área de origem para outra área, retornando posteriormente. Na África temos o deslocamento de trabalhadores das regiões semi-áridas do sul do Saara para as áreas úmidas na época da colheita do cacau ou do café. Com o início do período úmido em suas áreas de origem, eles retornam a seus lares. No Brasil, podemos citar como exemplo o deslocamento de nordestinos do Agreste, durante a estiagem, para a Zona da Mata, para a colheita e a moagem da cana-de-açúcar. Quando o período úmido tem início no Agreste, essas pesssoas retornam para cuidar de suas roças. Essa migração também é chamada de **transumância**.

O **nomadismo** caracteriza-se pelo deslocamento constante de povos ou tribos em busca de alimentos, pastagens etc. Os povos nômades não têm habitação fixa, morando quase sempre em tendas desmontáveis. Esse tipo de migração, que já foi o modo de vida da maior parte da humanidade num passado remoto, está atualmente em extinção, limitando-se a poucos povos. Podemos citar como exemplos os povos das estepes semi-áridas do Saara (Sahel) e alguns povos da Ásia central, que se deslocam com o gado em busca de pastos, devido ao processo de desertificação dessas regiões, e povos do Oriente Médio, em geral comerciantes que se instalam nas proximidades das feiras e depois se deslocam, procurando novos lugares para comercializar produtos. Veja a figura 2.

Outro tipo de migração interna temporária são as realizadas com fins de lazer (turismo), ou por motivos religiosos, como as **peregrinações**, nas quais milhares de pessoas se deslocam com o objetivo de visitar lugares sagrados como Meca (muçulmanos) e Jerusalém (católicos, judeus e muçulmanos).

Figura 2

OWEN FRANKEN/CORBIS-STOCK PHOTOS

Caravana de tuaregues, povo que preserva seus hábitos e costumes nômades, atravessa o Deserto de Saara (Argélia, abril de 2001).

As **migrações diárias** ou **pendulares** constituem deslocamentos diários de milhões de trabalhadores que moram na periferia e nos subúrbios, pela manhã, em direção ao centro, retornando a seus lares após a jornada de trabalho. São típicas das grandes cidades industriais e das metrópoles. Nesse tipo se inclui o ***commuting***, movimento dos "transfronteiriços", que diariamente atravessam a fronteira entre dois países para trabalhar, usar serviços etc. (como os *commuters* que moram no México e trabalham nos Estados Unidos).

Figura 3

RICHARD BERENHOLTZ/CORBIS-STOCK PHOTOS

As lembranças da terra e da cultura de origem se refletem na organização do espaço no novo país adotado pelos imigrantes. Bairro Chinatown, em São Francisco, na Califórnia (EUA, dezembro de 1997).

Migrações externas

O desenvolvimento do capitalismo acelerou os movimentos migratórios. Com a colonização dos séculos XVI e XVII, ocorreram **migrações espontâneas** de povoamento (resultado da política de expansão imperialista e da partilha dos impérios coloniais) e **migrações forçadas**, como foi o caso do comércio de escravizados africanos, atividade que transferiu milhares de pessoas de seu continente de origem para outros continentes.

Outras migrações não exatamente forçadas, mas que resultam de constrangimentos, podem ocorrer em conseqüência de guerras, perseguições políticas, falta de condições que satisfaçam as necessidades básicas (o desemprego, por exemplo) e negação do acesso à terra (no caso do êxodo rural).

A partir do século XVIII, em especial durante o século XIX e na primeira metade do século XX, o mundo conheceu um movimento migratório de grandes proporções. Nesse período, cerca de 60 milhões de europeus migraram para todas as partes do mundo, sobretudo para a América e para a Oceania. Milhões de asiáticos (chineses, indianos, japoneses e árabes) também migraram para a América (chineses para os Estados Unidos, indianos para as Guianas, japoneses para o Brasil) e outros continentes. Veja a figura 3.

Podemos dizer, então, que durante muito tempo a Ásia e a Europa desempenharam um papel tipicamente emigratório ou de **repulsão populacional**, ao passo que a América e a Oceania foram imigratórios ou de **atração populacional**. Na África, além das migrações forçadas relacionadas ao processo de colonização, um grande número de trabalhadores (marroquinos, argelinos, entre outros) tem se dirigido principalmente para a Europa.

3 As migrações e as transformações no mundo no século XX

A superação de um longo período marcado por epidemias, fome, guerras, perseguições políticas e religiosas e a prosperidade alcançada no período pós-Segunda Guerra Mundial fizeram com que a Europa passasse de área tradicionalmente repulsiva para uma das mais importantes áreas de atração populacional da atualidade.

As melhores condições estruturais dos países desenvolvidos ajudam a compreender que não foi por acaso que esses países se transformaram em áreas de atração, enquanto os subdesenvolvidos (tradicionais áreas atrativas) são agora áreas repulsivas. Nas últimas décadas do século XX, presenciamos não somente a ida de milhares de pessoas em direção à Europa (principalmente Alemanha) e ao Japão, mas também o seu retorno.

Os Estados Unidos são um dos países que mais recebem imigrantes. Por causa de problemas econômicos e da falta de oportunidades, uma grande escalada migratória tem se estabelecido do México para os Estados Unidos.

Observe os dados das tabelas 1 e 2, na página seguinte. Vale lembrar que os dados oficiais nem sempre correspondem exatamente à realidade, pois o crescimento da economia informal elevou o número de imigrantes ilegais, que ficam fora das estatísticas. A ONU calcula que 2% da população mundial vive fora de seu país.

Tabela 1

Imigrantes: principais destinos — 1998	
País[1]	**Número de imigrantes**
Estados Unidos	660.500
Alemanha	605.500
Japão	265.500
Reino Unido	236.900
Canadá	174.100
França	116.500
Austrália	84.100
Países Baixos	81.700

[1] Países selecionados.
Fonte: OCDE. Disponível em http://www.oecd.org/EN/document/0,,EN-document-590-17-no-12-7243-590,00.html

Tabela 2

Países de maior emigração declarada[1] — 1980-1995	
País	**Número de emigrados**
México	4.446.000
Bangladesh	4.048.000
Filipinas	2.962.000
China	2.400.000
Indonésia	2.400.000
Vietnã	1.013.000
Sri Lanka	900.000
Ex-Iugoslávia	897.000
Zâmbia, Tailândia e Colômbia	750.000

[1] Estimativas. Os países que contam com um grande número de refugiados não constam da tabela.
Fonte: *O Correio da Unesco,* Rio de Janeiro, FGV/Unesco. jan. 1999. p. 22.

Migrações por continentes

Os fatos ocorridos na segunda metade do século XX — como guerras, reestruturação de fronteiras, conflitos étnicos — foram responsáveis por grande parte das migrações das últimas décadas. Os países mais afetados por movimentos migratórios são os mais pobres do mundo, pois as migrações se originaram das péssimas condições de vida que apresentam. Observe na figura 4 a emigração e a imigração nos diversos países.

Vejamos, agora, a situação da imigração por continentes.

Europa. Grande parte dos imigrantes que se dirige para a Europa vem de países periféricos, em busca de trabalho. Internamente, o processo se repete. Países de industrialização tardia, como Portugal, Grécia e Espanha, são áreas de saída da população, que busca países mais desenvolvidos, como Alemanha, Reino Unido e França. A desintegração do bloco socialista deu origem a uma corrente migratória que se dirigiu para as economias de mercado da Europa ocidental e a uma corrente migratória de retorno (fenômeno que também acontece na Alemanha) de pessoas que viviam fora do país, por motivos políticos.

Ásia. Além dos refugiados da guerra civil do Afeganistão, que se abrigam no Irã, no Iraque e no Paquistão, a Ásia conta com o maior número de imigrantes. Israel recebe a população da CEI (Comunidade de Es-

Figura 4

MIGRAÇÕES INTERNACIONAIS

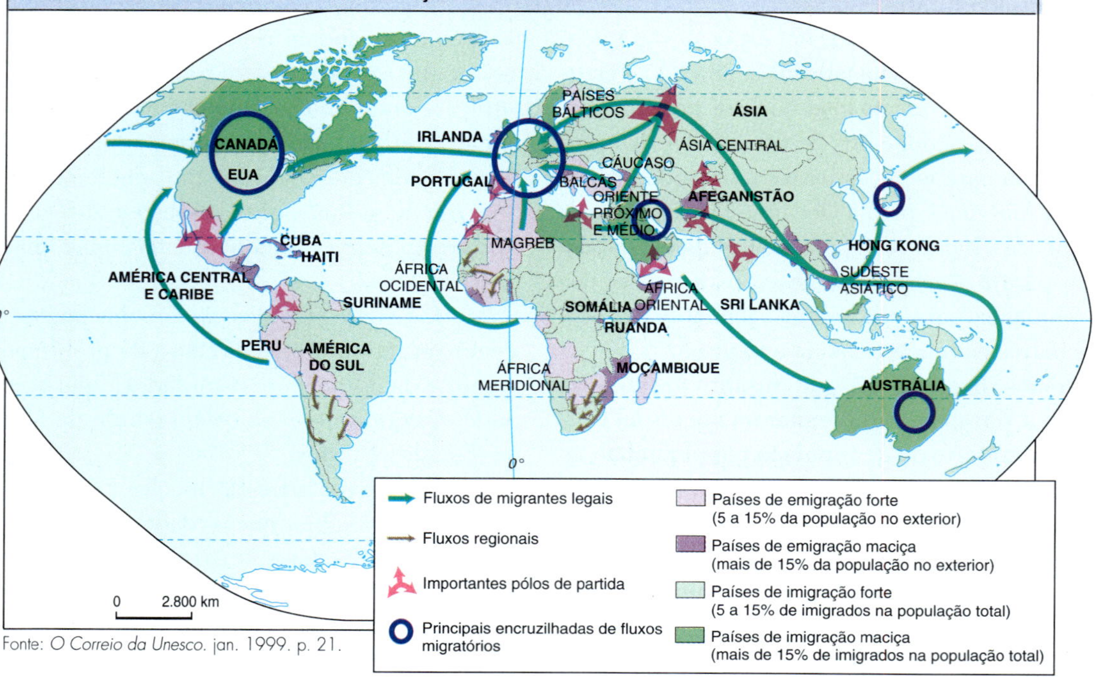

Fonte: *O Correio da Unesco*. jan. 1999. p. 21.

tados Independentes), sendo 31% de sua população constituída de imigrantes. Tailândia e Cingapura, por serem países de industrialização recente, atraem grande número de pessoas. Os países do Golfo Pérsico recebem trabalhadores dos países mais pobres da Ásia por causa da extração de petróleo. Os Emirados Árabes Unidos têm 90% de sua população constituída de imigrantes; o Catar, 63,50%; Barein, 35,12%; a Arábia Saudita, 25,76%.

América. Os Estados Unidos e o Canadá atraem populações dos países menos desenvolvidos.

África. Após a descolonização, as inúmeras guerras e conflitos de etnias e de fronteiras deslocaram milhões de pessoas de seus países. A Costa do Marfim tem 30% de sua população composta de imigrantes.

Oceania. Cerca de 25% da população da Austrália é composta de imigrantes.

Figura 5

BAZUKI MUHAMMAD/REUTERS-NEWSCOM

Imigrantes indonésios espremidos em um escaler: eles foram detidos quando tentavam entrar ilegalmente na Malásia, pelo Porto de Klang, distante 70 quilômetros da capital malaia Kuala Lumpur (agosto de 2001).

Desterritorialização

O caso de populações inteiras expulsas de seus territórios, o que ocorre em geral em países da Ásia e da África, constitui o processo de **desterritorialização**. Esses povos sem-território, minorias oprimidas, dispersas por outros países, procuram um lugar para constituir sua **pátria**, palavra que significa o lugar de nascimento e com o qual as pessoas se identificam. Desenraizados, muitas vezes acuados, privados de seus direitos de cidadania, esses refugiados vivem, geralmente, em condições precárias. Observe a figura 6. Esse processo muitas vezes resulta no desenraizamento do antigo território, com a perda das referências culturais e dos vínculos afetivos com o lugar.

Figura 6

REINHARD KRAUSE/REUTERS-NEWSCOM

Refugiados moçambicanos constroem abrigos no campo de Chiaqualane, a 200 quilômetros da capital, Maputo (março de 2000).

Na década de 1990, ocorreu o processo inverso: 10 milhões de pessoas voltaram para seus países. No entanto, a reterritorialização muitas vezes não representa a volta à mesma situação anterior, pois as pessoas retornam a seu país em condições precárias.

Em 2000, o número de **refugiados** no mundo atingia a cifra de 11,3 milhões (dados do *Relatório do desenvolvimento humano 2002*). A Ásia do Sul contava com o maior número (4,1 milhões), seguida pela África Subsaariana (2,9 milhões). Observe o quadro 1.

Quadro 1

Refugiados no mundo — 2000

	País	Número de refugiados	Motivos
Ásia	Afeganistão	2.648.000	Guerra civil desde 1973
	Iraque	631.000	Guerra contra o Irã e Guerra do Golfo
	Vietnã	317.000	Guerras e perseguições políticas
África	Somália	525.000	Guerra entre clãs
	Burundi	517.000	Guerra entre as etnias hutu e tutsi
	Libéria	487.000	Guerra civil
	Sudão	351.000	Guerra civil envolvendo etnias e religiões diferentes (muçulmanos e cristãos)
	Serra Leoa	328.000	Conflitos étnicos e guerra civil
Europa	Bósnia-Herzegovina	597.000	Conflitos étnicos a partir da desagregação da Iugoslávia
	Croácia	342.000	Guerra civil pela independência e conflitos étnicos

Fonte: OCDE. Disponível em: http://www.unhcr.ch/un&ref/numbers/table3.htm

Minorias étnicas e diáspora

Atualmente, todos os países do mundo têm em seu território pessoas estrangeiras ou descendentes de antepassados que para lá migraram em época não muito remota.

Muitos desses migrantes acabam se integrando ao país de destino. Esse processo depende muito das condições da migração e da recepção. Quando as migrações são espontâneas, os países de destino permitem a ascensão econômica e social da comunidade e não há discriminação, sendo maiores as possibilidades de se realizar uma integração completa. Nesses casos, em poucas gerações ocorre a adaptação ao novo território e à nova cultura, rompendo-se aos poucos os laços com a cultura original.

Em muitos países, porém, convivem grupos minoritários de uma mesma origem, as **minorias étnicas**. Dentre essas comunidades minoritárias estão as chamadas **diásporas**. O termo, embora inicialmente se referisse à dispersão dos judeus pelo mundo, abrange as minorias que mantêm laços e apego ao seu país natal e geralmente apresentam dificuldades de se integrar nas sociedades que os abrigam.

Mundo curioso

Os indianos convivem em duzentos idiomas diferentes

Afora as diferenças religiosas, a diversidade de idiomas impede a Índia de pacificar os vários povos que integram a sua população de mais de 1 bilhão de habitantes. Lá se falam nada menos do que duzentas línguas autônomas e cerca de quinhentos dialetos diferentes. É a versão moderna da Torre de Babel.

Disponível em http://www.terra.com.br/curiosidades

O papel do Estado, a globalização e as migrações

Além das migrações forçadas, outras migrações foram controladas ou facilitadas pelos Estados.

Nos países desenvolvidos, a falta de mão-de-obra não-qualificada levou muitos governos a estimular as migrações até a década de 1970.

Com o aumento do desemprego, os governos, temendo a concorrência com a mão-de-obra local, começaram a restringir a imigração, elaborando leis como a Lei Debret (1997), na França, e a Lei de Responsabilidade pela Imigração (1997), nos Estados Unidos, que instituía a obrigatoriedade do **green card** (autorização de permanência no país) para os estrangeiros.

Muitos países fecharam suas fronteiras, recorrendo à força policial para conter imigrantes e refugiados. Um exemplo é o governo estadunidense, que tenta de todas as formas impedir a entrada de mexicanos. O aumento de imigrantes nas cidades dos países desenvolvidos tem originado "**guetos**", espaços pobres, marginais e diferenciados etnicamente, além da **xenofobia** (aversão a pessoas estrangeiras), exercida por grupos que hostilizam os estrangeiros. Observe a figura 7.

Figura 7

LOS ANGELES[1] (CALIFÓRNIA, EUA): ETNIAS — 2000

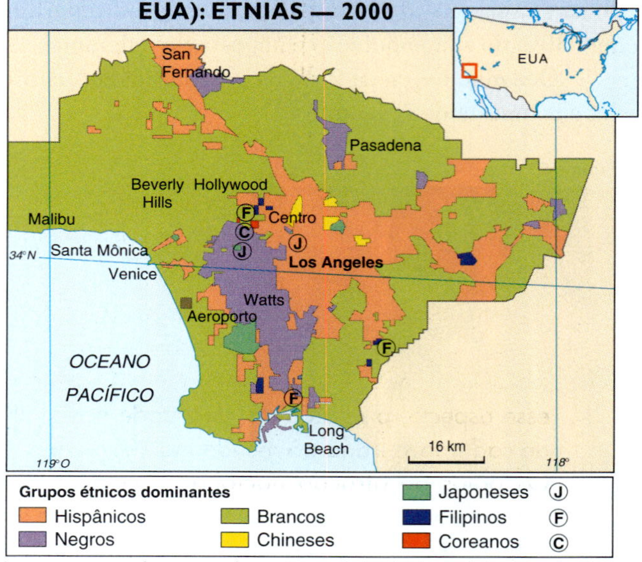

[1] A área representada corresponde à parte mais habitada do condado de Los Angeles, estando identificadas suas principais aglomerações.

Fontes: *Folha de S.Paulo*. 20 jul. 1991. Especial Planeta em movimento 3. p. 8. EUA. Censo 2000. *O Estado de S. Paulo*. 4 abr. 2001.

Ao longo da década de 1990, a população hispânica nos Estados Unidos cresceu 58%, passando de 22,4 milhões (1990) para 35,3 milhões (2000). Em Los Angeles, cerca de 42% dos residentes identificou-se como hispânico no Censo 2000.

Com a globalização da economia (expansão do comércio e das empresas multinacionais), os países desenvolvidos atualmente têm requisitado trabalhadores especializados (executivos, administradores, especialistas em informática e comércio, pesquisadores etc.), que saem dos países periféricos e se dirigem para os países centrais, movimento conhecido como **fuga de cérebros**.

4 Conseqüências das migrações

Dentre as muitas conseqüências dos movimentos migratórios, podem ser mencionadas as seguintes:

- Contribuição no processo de miscigenação étnica e na ampliação e difusão cultural entre os povos.

• Contribuição e influência no processo de ocupação e povoamento, na distribuição geográfica da população e, é claro, no próprio desenvolvimento econômico.

• Quando a emigração significa a perda de trabalhadores adultos qualificados, de técnicos e cientistas de alto nível, são enormes os prejuízos para o país emigratório, assim como são muito grandes as vantagens econômicas para os países imigratórios, pois estão recebendo indivíduos prontos para produzir sem ter arcado com os elevados custos de sua formação.

• Podem acarretar mudanças de costumes, concorrência à mão-de-obra local e problemas políticos, ideológicos, raciais (formação de grupos raciais minoritários e socialmente isolados) etc.

• Vantagens econômicas para os países que não possuem condições de atender às necessidades básicas de sua população, tais como emprego, moradia, saúde e educação.

Por tudo o que estudamos até aqui (conflitos, guerras, discriminação, adaptação de migrantes), podemos concluir que, no século XXI, o grande desafio dos países será o respeito às diferenças, a convivência entre os povos e a aceitação do pluralismo cultural.

AVALIE SEU APRENDIZADO

Construindo conhecimento

Discutindo as minorias nacionais e étnicas

1 "Um mundo feito de povos estabelecidos solidamente sobre seus territórios será mais livre do que uma nova Babilônia. Acredito que o número de barreiras dos países tem a função de impedir o processo de 'hordização' da humanidade. Sob esse aspecto, o reforço da identidade nacional de cada povo traria ao mundo mais vantagens. Os pólos de atração nacional, liberados do chovinismo, racismo e ódio, podem ser hoje as cidades mais seguras para garantir a implantação dos povos sobre seus territórios."

Folha de S.Paulo. 19 jul. 1991. Especial Planeta em movimento 2. p. 10.

a) Segundo o autor, o que quer dizer "estabelecer povos solidamente em seus territórios"?

b) De que forma a convivência pacífica e a aceitação das diferenças podem contribuir para se evitar as novas migrações?

c) No Brasil, convivem povos que ao longo do tempo se integraram ou preservaram suas culturas. Procure alguns exemplos das duas situações na cidade onde você mora.

Fixando o conteúdo

2 "Como muita gente do século XX, sofri e aproveitei a sorte dos emigrantes. Quando era criança, meu pai teve de deixar o México. Era a época da Revolução Mexicana e meu pai havia colaborado com o grupo da Convenção e com Emiliano Zapata."

PAZ, Octávio (escritor mexicano). *Folha de S.Paulo*, 20 jul. 1991. Especial Planeta em movimento 3. p. 2.

a) Que tipo de migração foi realizada, no caso do relato do texto?

b) Qual foi o motivo da migração, nesse caso?

c) O autor fala em sofrimento e sorte dos emigrantes. Procure conhecer imigrantes que no Brasil tiveram sorte e outros que sofreram com a migração. Elabore um texto de ficção sobre o tema.

d) Por que podemos dizer que todos os habitantes da América são imigrantes?

3 Explique o que são migrações forçadas e dê exemplos.

4 Compare as correntes migratórias ocorridas do século XVIII até a primeira metade do século XX com as da atualidade.

5 "A França para os franceses!" (França), "Primeiro o nosso povo!" (Bélgica), "Fora com o esterco!" (Áustria) são palavras de ordem dos partidos de extrema direita da Europa. Segundo *O Correio da Unesco*, de janeiro de 1999: "Nos EUA, país que desde 1820 recebeu mais de 55 milhões de imigrantes, não cessam de multiplicar-se as organizações que, à imagem e semelhança da Ku Klux Klan, militam pela supremacia do homem branco".

a) Como podemos caracterizar esse tipo de ideologia?
b) Que motivos levam países que acolheram grande número de imigrantes a tomar medidas de restrição a novas imigrações?

6 Explique os motivos da forte imigração para os Emirados Árabes Unidos, os Estados Unidos, a França e a Tailândia.

7 Procure contatar pela internet algum organismo de auxílio humanitário a refugiados e responda:
a) Quais são alguns dos problemas dos campos de refugiados?
b) Que atitudes têm sido tomadas para regularizar a situação dessas pessoas?
c) Que leis deveriam ser criadas para garantir os direitos dessas pessoas?

8 Qual dos movimentos migratórios abaixo não está corretamente esquematizado?

a) Êxodo rural

Campo ⇄ Cidade

b) Transumância

Planície ⇄ Montanha

c) *Commuting* (Pendular)

Periferia (subúrbio) ⇄ Centro da principal cidade

d) Emigração do país A

País A → País B

e) Imigração para o país A

País A ← País B

COMPLEMENTAÇÃO DO ESTUDO

Leituras

BERND, Zilá. *Racismo e anti-racismo.* São Paulo, Moderna, 1994. (Coleção Polêmica)
DALLARI, Dalmo de Abreu. *Direitos humanos e cidadania.* São Paulo, Moderna, 1998. (Coleção Polêmica)
FERON, Bernard. *Iugoslávia. Origens de um conflito.* Porto Alegre, L&PM, 1993.
MARTINS, Dora e VANALLI, Sônia. *Migrantes.* São Paulo. Contexto, 1998. (Coleção Repensando a Geografia)
OLIC, Nelson Bacic. *Conflitos do mundo: questões e visões geopolíticas.* São Paulo, Moderna, 1999. (Coleção Polêmica)
_________. *Oriente Médio, uma região de conflitos.* 6. ed. São Paulo, Moderna, 1991. (Coleção Polêmica)

Sites

- *www.imigrantes.no.sapo.pt/ Site* de Portugal, com dados de imigrantes na Europa e no mundo, causas das migrações, refugiados, genocídios, fome nas comunidades, programas de cooperação. Há relatos muito interessantes, com memórias e histórias de imigrantes.
- *www.aldeaglobal.org/racismo_y_xenofobia.htm* Página da ONG Aldea Global, em espanhol, que expõe os princípios da igualdade, tolerância, solidariedade e denuncia a xenofobia, o anti-semitismo, o racismo.
- *http://www.portaldovoluntario.org.br* Portal do Voluntário, com informações sobre projetos e ações, relatos, experiências de voluntários.

CAPÍTULO 5 Etnia e migrações populacionais no Brasil

1 Formação étnica da população brasileira

A população brasileira formou-se de três matrizes étnicas básicas: a indígena, a européia e a africana. Cada matriz era composta por várias etnias, principalmente a indígena e a africana, com diversidade lingüística, o que possibilitou grande variedade cultural ao país.

A intensa **miscigenação** (cruzamento inter-racial) dos grupos étnicos formadores da população brasileira deu origem aos **mestiços** ou **pardos**. Esse processo vem ocorrendo há cinco séculos. Observe a figura 1.

Pesquisas recentes no ramo da genética tornaram possível quantificar as contribuições individuais das três matrizes básicas para a formação da etnia brasileira, comprovando a riqueza genética da população. Segundo essas pesquisas, a maioria dos chamados "brancos" brasileiros traz o DNA de índios ou africanos.

A elevada miscigenação no período colonial, principalmente de portugueses (brancos) com africanos (negros), explica o rápido crescimento do contingente de mulatos.

Em 1800, os negros constituíam 47% da população, contra 30% de mulatos e 23% de brancos (não havia referência à população indígena nos recenseamentos oficiais). Fatores como a proibição do tráfico de escravizados (1850), a elevada mortalidade da população africana, o forte estímulo à imigração européia na época da expansão cafeeira, além da intensa miscigenação de brancos com negros, alteraram profundamente a composição étnica brasileira. Em 1880, os negros estavam reduzidos a 20% da população, contra 42% de mulatos e 38% de brancos. Daí em diante, houve diminuição constante da população negra e aumento progressivo da população branca, principalmente em decorrência, da intensificação da imigração européia após a abolição da escravidão. Em 1999, os negros eram apenas 5,4% da população total, os brancos 54% e os mestiços 40%. Observe a tabela 1.

Tabela 1

Brasil: distribuição da população, segundo a cor — 1940-1999

Cor	Participação na população total (%)					
	1940	1950	1960	1980	1991	1999
Brancos	63,5	61,7	61,0	54,2	55,2	54,0
Pardos (mestiços)	21,2	26,5	29,5	38,8	39,2	40,0
Negros	14,6	11,0	8,7	6,0	4,8	5,4
Amarelos	0,6	0,6	0,7	0,6	0,6	0,6
Sem declaração	0,1	0,2	0,1	0,4	0,2	–

Fontes: IBGE. *Anuários estatísticos do Brasil*; e *Síntese de indicadores sociais 2000*. Rio de Janeiro, 2001, p. 303.

Figura 1

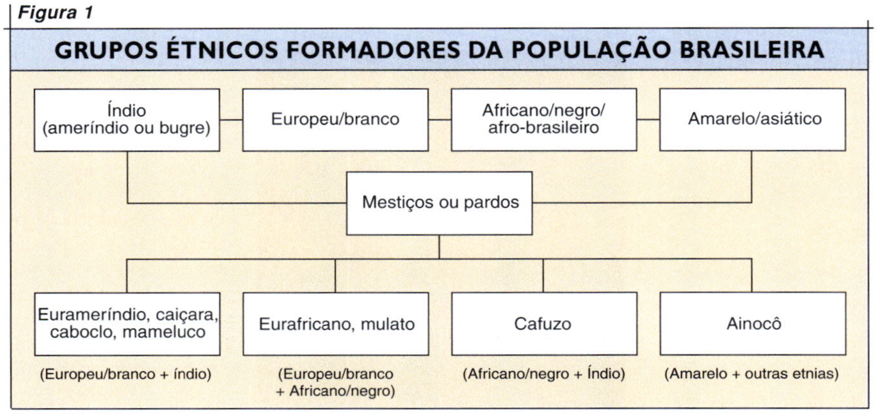

Fonte: elaborado pelos autores.

Os dados estatísticos fornecidos pelos recenseamentos são relativamente precários. Os números oficiais, principalmente os referentes a brancos e negros, são passíveis de questionamento.

Modelos discriminatórios de natureza racista, criados pelo europeu desde o início da colonização, apregoavam a superioridade do branco, marginalizando os negros e impedindo-lhes a ascensão econômica e social. Supõe-se que tal modelo, às vezes denominado **ideologia do branqueamento**, tenha levado muitos indivíduos de ascendência negra a se declararem brancos nos recenseamentos, a fim de obter maior aceitação social. Isso nos permite concluir que os números mostrados na tabela são exagerados: para mais, em relação aos brancos; para menos, em relação aos negros.

2 O indígena na população brasileira

Breve retrospecto da história indígena

O processo de colonização empreendido pelos europeus na América, movido principalmente pela ganância de lucros e riquezas, foi altamente danoso e prejudicial ao índio, que, em desvantagem técnica e bélica, não pôde resistir-lhes às investidas.

Façamos um breve retrospecto da história do indígena desde a chegada dos portugueses ao Brasil.

Depois do primeiro contato do índio com o colonizador português (1500), uma lei datada de 1570 proibiu a escravização dos indígenas. Em 1808, com a declaração da **guerra justa** (combate aos índios inimigos), feita por D. João VI, iniciou-se um longo período de extermínio dos indígenas.

O **Serviço de Proteção ao Índio** (SPI), criado em 1910, reconhecia os direitos indígenas à posse da terra. O órgão foi extinto em meio a denúncias de abusos de poder, corrupção e matança de índios. Em seu lugar surgiu, em 1967, a **Fundação Nacional do Índio** (Funai). Nos anos 1970 foi promulgado o **Estatuto do Índio**, cuja principal finalidade era regularizar a situação jurídica dos indígenas.

A década de 1970 ficou marcada pelos grandes projetos governamentais na Amazônia: rodoviários (Transamazônica, Perimetral Norte, Cuiabá—Santarém, Manaus—Boa Vista), de colonização (agrovilas), agrominerais e industriais, por empresas nacionais e multinacionais. Como a implantação desses projetos implicava, em geral, a ocupação de terras indígenas, houve matança de índios e de defensores de sua causa, como padres e missionários. Observe a figura 2.

A omissão da Funai no cumprimento de seus deveres favoreceu as reações indígenas, assim como o surgimento de várias entidades em defesa dos índios, por exemplo, o Conselho Indigenista Missionário (Cimi), em 1972; as Assembléias de Chefes Indígenas, em 1974

Figura 2

ROSA GAUDITANO/STUDIO R

Em muitas regiões do Brasil, as tribos indígenas preservam seus costumes e sua cultura. Índia ianomâmi prepara biju no interior da oca, observada por dois curumins (aldeia Demini, Roraima, 1991).

e 1975; a Associação Nacional de Apoio ao Índio (Anai), em 1977; e uma coligação nacional dos grupos indígenas, a União das Nações Indígenas (UNI), em 1980.

O movimento em defesa das comunidades indígenas (décadas de 1980 e 1990) e da preservação da Floresta Amazônica teve bastante repercussão, atraindo a atenção do mundo para esses problemas. A demarcação das reservas indígenas e o impulso para implantar as reservas extrativistas contrariaram os interesses de garimpeiros, fazendeiros e empresas mineradoras, gerando inúmeros conflitos.

Assassinatos como os do padre Josimo Tavares (1986), coordenador da Pastoral da Terra, que apoiava lavradores em conflito com fazendeiros, e do seringueiro e líder sindical dos trabalhadores rurais de Xapuri (AC), Chico Mendes (1989), ganharam destaque internacional, fortalecendo a causa em defesa da ecologia e dos povos da floresta (figura 3). Resultaram daí duas decisões importantes: o Banco Mundial passou a vincular a liberação de empréstimos ao compromisso de proteger o meio ambiente, e o governo brasileiro, às vésperas da ECO-92, demarcou várias reservas indígenas (por exemplo, a do Xingu e a dos ianomâmis). Mas as violências contra os índios ainda continuam.

Figura 3

RICARDO AZOURY/PULSAR

Apesar da crise da borracha, após a Segunda Guerra Mundial, muitos seringueiros permaneceram nas áreas de extração. Na convivência ecologicamente correta com a floresta, aplicam cortes diagonais nos troncos para que o látex escorra em um pote amarrado na árvore e possa ser recolhido posteriormente (Acre, 1999).

Situação atual dos grupos indígenas

Saber quantos índios vivem no Brasil é uma questão difícil e controvertida, que envolve vários problemas, como a não-referência à sua população nos recenseamentos oficiais, a dificuldade de acesso aos locais onde se encontram e o próprio conceito de índio.

Os 2 a 5 milhões de índios (estimativas) que habitavam o atual território brasileiro no início do século XVI estão reduzidos, segundo estudos da Funai, a apenas 350.240, ou seja, 0,2% da população total do país.

Desde o início da colonização até os dias atuais, os índios foram explorados como força de trabalho e expostos a doenças para as quais não apresentavam resistência imunológica, sofreram perseguições e preconceitos, além de ser desalojados de suas terras. Muitas tribos acabaram dizimadas, e junto com elas perdeu-se toda a cultura de seus povos. Outras fugiram, deslocando-se mais para o interior.

O decréscimo do número de indígenas, até a década de 1970, levava a acreditar no desaparecimento desses povos. No entanto, a partir dos anos 1980, essa tendência reverteu-se, e a maioria dos povos indígenas apresenta taxa de crescimento demográfico de 1,5% ao ano, superior ao do conjunto do país.

Senhores de todo o território quando os portugueses aqui chegaram, os índios ocupam atualmente cerca de 11,53% da área do país, ou seja, 98.600 km², de um total de 8.547.403 km². Existem mais de 200 etnias indígenas, falando 175 línguas e dialetos. Os grupos indígenas do Brasil encontram-se distribuídos em 560 áreas, concentradas principalmente na Amazônia e no Centro-Oeste, seus últimos refúgios. Do total das áreas indígenas, 356 acham-se demarcadas (79.096 km²), 53 delimitadas, 25 identificadas e 126 reconhecidas pela Funai. Observe o mapa (figura 4).

Figura 4

BRASIL: PARQUES E TERRAS INDÍGENAS DEMARCADAS — 1999

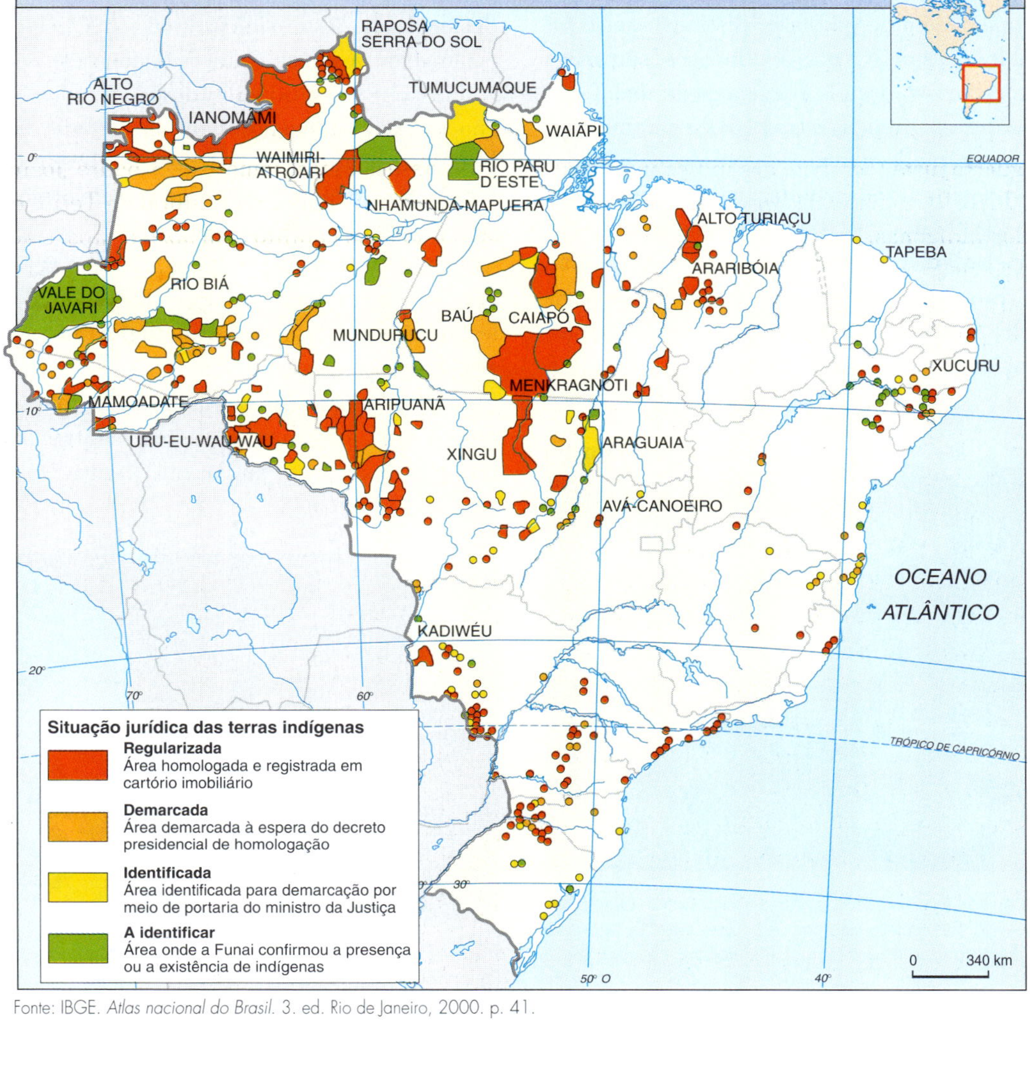

Fonte: IBGE. *Atlas nacional do Brasil*. 3. ed. Rio de Janeiro, 2000. p. 41.

Política indigenista e a questão das terras

Nas disposições do Estatuto do Índio, o setor público considera o índio não um cidadão livre, mas uma pessoa relativamente incapaz que, por isso, deve ser tutelada pelo Estado, a quem compete sua educação, saúde e proteção. A situação jurídica dos índios é semelhante à dos filhos menores de idade em relação aos pais nos outros grupos sociais.

Quanto à questão da terra, o Código Civil considera que o índio não tem a propriedade (não é dono) da terra, que pertence à União, e sim a **posse** (ocupa sem ser o dono) e o **usufruto** (utilização) de tudo o que ela compreende (fauna, flora, águas, jazidas).

A legislação sobre a legitimação e a demarcação da **terra indígena** (espaço reconhecido oficialmente pelo governo federal como sendo de posse permanente dos grupos tribais que o ocupam) sofreu várias alterações ao longo do século XX.

A Constituição de 1988 consagrou os direitos dos povos indígenas. Além de não fazer distinção entre índios aculturados (figura 5) e não-aculturados, seu artigo 231 reconhece-lhes os direitos à organização social, aos costumes, às línguas, crenças e tradições e garante-lhes a posse das terras que ocupam, competindo à União demarcá-las, proteger e fazer respeitar todos os seus bens.

No ano 2000 havia no Brasil apenas 46 notificações de **índios isolados**, ou seja, com pouco contato com a sociedade. Esses povos fogem dos não-índios e abrigam-se em refúgios de difícil acesso, como matas fechadas e regiões montanhosas.

Figura 5

ROSA GAUDITANO/STUDIO R

Sujeitos a interferências externas, muitos grupos indígenas perdem parte de suas tradições, às vezes até o idioma. Sua sobrevivência depende principalmente da garantia de seus espaços territoriais. Na foto, índio caiapó no Encontro dos Povos Indígenas do Xingu, realizado em Altamira (PA), em fevereiro de 1989.

A maior parte dos indígenas está **aculturada** (adota muitos costumes dos não-índios): freqüenta escola, veste-se, fala português e utiliza objetos industrializados e tecnológicos como relógios, rádios e às vezes até aviões. No entanto, não deixam de ser índios, pois apresentam um modo característico de vida, uma história, uma identidade e preservam suas tradições e costumes.

Nas últimas décadas do século XX verificou-se significativo avanço na organização e atuação dos povos indígenas e dos movimentos em defesa dos seus direitos. Apesar disso, a realidade mostra que ainda há um longo caminho a ser percorrido até que esses direitos sejam efetivamente respeitados.

3 O branco na população

A população branca brasileira também não se origina de uma mesma etnia. Os primeiros colonizadores vieram de Portugal, mas, a partir da segunda metade do século XIX, o país foi palco de um processo imigratório bem diversificado, incluindo, desde o início do século XX (1908), um novo contingente de etnias asiáticas (japoneses).

Nos últimos 50 anos, devido à redução da imigração e à miscigenação, mais da metade da população brasileira é formada por pessoas brancas (54% em 1999). Dentre elas predominam as de origem européia, destacando-se os seguintes grupos:

- **atlanto-mediterrâneos**, que é o grupo mais numeroso e representa cerca de 75% do total de imigrantes no Brasil; é formado, principalmente, por portugueses, italianos e espanhóis;
- **eslavos**, representado por poloneses (os mais numerosos), ucranianos, russos e outros, que se fixaram principalmente no Paraná. (figura 6);

Figura 6

JUCA MARTINS/PULSAR

Tradições preservadas na arquitetura mostram a forte influência da colonização européia no Sul brasileiro. Memorial Ucraniano, em Curitiba (PR, 2001).

• **germanos ou teutões**, representado por alemães (os mais numerosos), austríacos, holandeses, suíços e outros.

Além dos europeus, o Brasil recebeu pessoas brancas de várias partes do mundo: Ásia (turcos, árabes, judeus, libaneses, sírios), América do Norte, América do Sul. As regiões brasileiras que apresentam os maiores percentuais de indivíduos de cor branca, em 1999, são a Sul (83,6%) e a Sudeste (64%).

Com o fim da escravidão e a entrada maciça de imigrantes europeus, as elites criaram modelos discriminatórios e mecanismos de resistência à ascensão social de camadas não-brancas, marginalizando-as na vida econômica, social e cultural. Observe as figuras 7 e 8.

Figura 7

BRASIL: FAMÍLIAS COM RENDA DE MAIS DE 5 SALÁRIOS MÍNIMOS, POR COR[1] — 1999

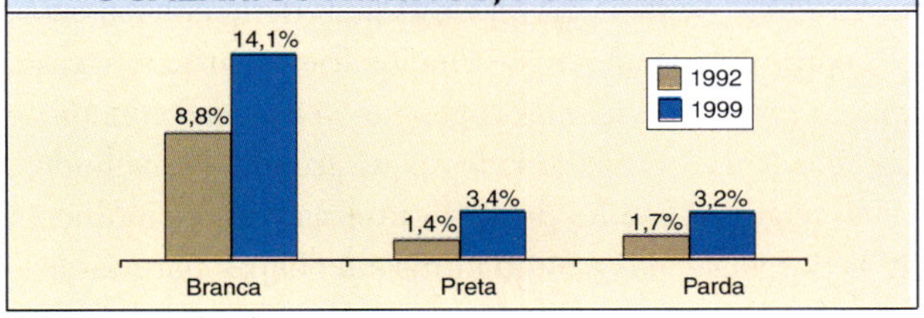

[1] Cor da pessoa de referência.
Fonte: IBGE. *Síntese de indicadores sociais 2000*. p. 333.

Embora tenha ocorrido, em todos os grupos de cor, um crescimento do número de famílias com rendimento de mais de 5 salários mínimos, o percentual ainda é muito reduzido para pretos e pardos — em torno de 3% — enquanto para os brancos é de 14,1%.

Figura 8

BRASIL: ANOS MÉDIOS DE ESTUDO[1], POR COR — 1999

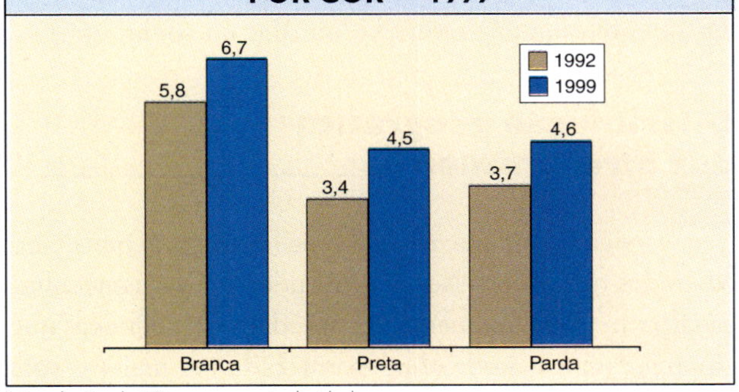

[1] População de 10 anos ou mais de idade.
Fonte: IBGE. *Síntese de indicadores sociais 2000*. p. 334.

Observe que, entre 1992 e 1999, houve um aumento de cerca de 1 ano a mais de estudo para a população como um todo, porém foi mantido o patamar de 2 anos de estudo, em média, que separa pretos e pardos de brancos.

4 O negro no Brasil

Capturados e escravizados na África, os primeiros africanos chegaram ao Brasil na primeira metade do século XVI, possivelmente em 1532. O início dessa vinda forçada é explicado pelos lucros decorrentes do tráfico de escravizados e pela necessidade de força de trabalho para a então nascente economia canavieira.

Por vários séculos, o negro africano foi o braço sustentador da economia brasileira. Esteve presente em todas as atividades produtivas fundamentais do país, desde o ciclo da cana-de-açúcar (séculos XVI e XVII), passando pela atividade mineradora (séculos XVII e XVIII em Minas Gerais e na Região Centro-Oeste) até o ciclo do café (séculos XIX e XX na Região Sudeste) e a atividade industrial. Veja a figura 9.

Figura 9

FUNDAÇÃO BIBLIOTECA NACIONAL/DRD/DIVISÃO DE ICONOGRAFIA, RIO DE JANEIRO

Utilização de mão-de-obra escravizada na extração de diamantes, no Rio de Janeiro, em 1776. *Extração de diamantes*, aquarela colorida de Carlos Julião (1740-1811).

A respeito da quantidade de escravizados que entraram no Brasil, a cifra mais aceita pelos estudiosos oscila entre 3,5 e 4 milhões de pessoas. Esses grupos de origem africana pertenciam a inúmeras etnias, com costumes, crenças e idiomas diferentes.

Quanto às áreas de origem, dois grupos se destacaram:

• os **sudaneses**, provenientes de regiões próximas ao Golfo da Guiné, na África Ocidental; mais altos e corpulentos, foram para Salvador e depois para Minas Gerais;

• os **bantos**, originários de Angola, Congo e Moçambique; de menor porte, desembarcaram em Recife, São Luís e Rio de Janeiro.

Discriminação e desigualdades

Maioria da população até por volta do início do século XIX, em 1890 os negros estavam reduzidos a menos de 15% do total do país. Para isso contribuíram, principalmente, a proibição do tráfico negreiro, a miscigenação, a elevada mortalidade dos afro-brasileiros e a imigração européia. Em 1999, eles compunham 5,4% da população.

Se a proporção de pessoas negras diminuiu de forma marcante, a **discriminação** contra elas pouco se alterou. A discriminação persiste não apenas no tocante à cor, estendendo-se também ao nível social, à qualidade de vida e à classe social. Segundo dados do Censo 2000, a renda da população negra é menor do que a da branca; há mais negros (14,6%) e pardos (8,4%) no emprego doméstico do que brancos (6,1%), e mais brancos (5,7%) entre os empregadores do que negros (1,1%) e pardos (2,1%).

Estudo da Fase (Federação de Órgãos para Assistência Social e Educacional) revela que na escala do IDH divulgado pelo Programa das Nações Unidas para o Desenvolvimento (Pnud), o Brasil ocupava o 74º lugar, em 1999. Aplicando esse indicador para a população branca, o país ocuparia a 49ª posição, ao passo que, considerada apenas a população afro-descendente, estaria na 108ª posição. A expectativa de vida da população branca hoje é de cerca de 70 anos, enquanto a dos afro-descendentes não ultrapassa os 64 anos.

Mesmo após a abolição da escravidão (1888), os afro-brasileiros enfrentaram grandes obstáculos. Competindo em desigualdade com os imigrantes da Europa, que detinham mais conhecimentos técnicos, os afro-brasileiros e pardos ex-escravizados e seus descendentes não puderam incorporar-se ao modelo de desenvolvimento urbano-industrial. Em 1893, os imigrantes já representavam 79% do pessoal ocupado nas atividades manufatureiras e 85% nas atividades artesanais.

Excluídos do processo de desenvolvimento socioeconômico do país, desempregados, sem acesso à boa escola e ao mercado de trabalho e com poucas oportunidades, os afro-brasileiros, ao lado de outros grupos (mulatos, índios), engrossaram a imensa parcela de marginalizados.

Na economia globalizada, a situação agravou-se: o mercado de trabalho exige mão-de-obra sofisticada e qualificada, afastando ainda mais os afro-brasileiros do processo produtivo. Nem mesmo a tão propalada ideologia da **democracia racial**, que apregoa a existência de uma convivência harmoniosa entre brancos e não-brancos no país, conseguiu esconder essa dura realidade.

Recordando

Racismo é a doutrina que entende ser uma etnia superior a outra.

Apesar do reconhecimento do racismo, as conquistas nesse campo têm resultado mais da atuação de organismos da iniciativa particular do que de **políticas de não-discriminação ativa** por parte do poder público. Essas políticas propõem medidas de preferência eletiva a grupos minoritários, visando eliminar as desigualdades. Um exemplo é a adoção de incentivos para empresas que contratam mão-de-obra afro-brasileira ou de outros grupos desfavorecidos. Em 1991, foi aprovada a **Lei de Cotas**, que reserva de 2% a 5% de cotas ou vagas para deficientes físicos, de acordo com o número de funcionários de uma empresa. Outros projetos reservam vagas nos serviços e concursos públicos e nas universidades para grupos de excluídos, como negros. Uma lei de 1995 reserva para as mulheres 30% das vagas nas candidaturas em chapas partidárias.

No Brasil são punidos por lei os crimes resultantes de discriminação e preconceito de raça, etnia, cor, religião ou procedência nacional. Dentre esses crimes estão os de impedir ou dificultar o acesso de alguém, devidamente habilitado, a qualquer cargo administrativo ou nas concessionárias de serviços públicos, a estabelecimentos comerciais, edifícios públicos ou residenciais, elevadores, transportes públicos; impedir o casamento ou a convivência familiar ou social etc.

Distribuição geográfica dos afro-brasileiros

Geograficamente, os afro-brasileiros estão mais concentrados nas regiões Nordeste e Sudeste. Essa concentração decorre principalmente das atividades econômicas que empregaram a mão-de-obra escravizada em maior escala (cana-de-açúcar, algodão e fumo, no Nordeste; mineração e cafeicultura, no Sudeste). Observe o gráfico (figura 10).

O afro-brasileiro e seus descendentes tiveram — e continuam tendo — enorme participação na formação da nossa base econômica e cultural. No entanto, hoje é difícil falar em uma etnia afro, considerando que o intenso processo de aculturação praticamente extinguiu as línguas de origem africana. Além disso, a ideologia do branqueamento foi decisiva no processo de descaracterização (enquanto etnia) e no esvaziamento da consciência étnica dos afro-brasileiros.

Figura 10

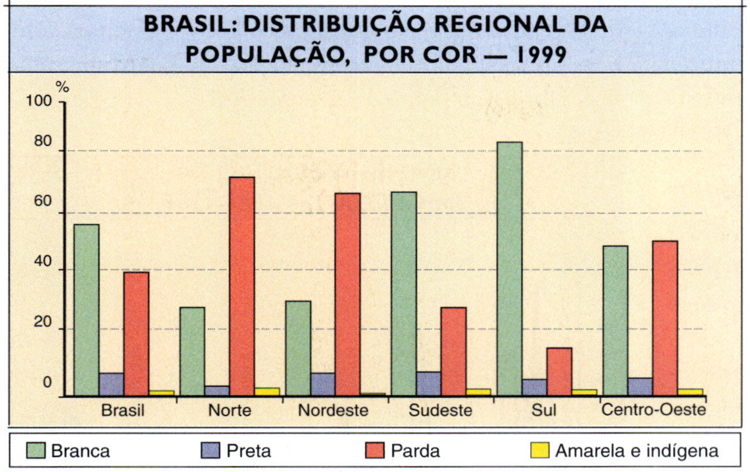

Fonte: IBGE. *Síntese de indicadores sociais 2000*. p. 304.

Apesar de tudo, ainda existem no Brasil 843 **comunidades remanescentes dos quilombos**, chamadas de **terras de negro**, em que a população descende de escravizados que fugiam dos maus-tratos de seus donos e refugiavam-se em quilombos. Localizam-se principalmente nos estados da Bahia, Pará e Maranhão. A Constituição Federal reconhece os direitos étnicos e territoriais das comunidades negras, assegurando-lhes a posse das terras. Observe o mapa (figura 11).

Figura 11

Fonte: *Almanaque Abril 2001*. São Paulo, Abril, 2001. p. 119.

5 Imigração no Brasil: histórico e causas

O Brasil, país relativamente novo, muito extenso, com regiões pouco povoadas e rico em recursos naturais, tem se caracterizado pela intensidade dos movimentos migratórios, principalmente a imigração e as migrações internas.

A imigração para o Brasil pode ser compreendida em três períodos: 1808-1850, 1850-1934 e após 1934.

Primeiro período imigratório (1808-1850). A imigração foi muito pequena, graças principalmente ao desinteresse das pessoas em emigrar para um país de regime escravagista. Entre 1808 (chegada da família real e assinatura do decreto que oficializou a imigração) e 1850, o governo implantou várias colônias, em geral no sul do país, com a finalidade de garantir a posse dessa área, até então despovoada e cobiçada pelos espanhóis. São exemplos a fixação de açorianos no Rio Grande do Sul (1808), que deu origem à cidade de Porto Alegre; a fundação da cidade de Nova Friburgo (1818) por suíços-alemães e de São Leopoldo (1824) pelos alemães no sul do país; a instalação da colônia alemã de Santo Amaro (1829), nas proximidades da capital paulista. Observe a figura 12.

Segundo período imigratório (1850-1934). Foi o mais importante e intenso, por

Figura 12

EDUARDO MARQUES/TEMPO EDITORIAL

Colonizada principalmente por agricultores alemães, a cidade de Blumenau, em Santa Catarina (na foto, em 1990) mostra em sua arquitetura típica a influência do estilo germânico.

causa da proibição do tráfico negreiro (Lei Eusébio de Queirós, de 1850), da rápida expansão da cafeicultura e conseqüente necessidade de mão-de-obra, do emprego do sistema de trabalho assalariado, dos incentivos por parte do governo e dos fazendeiros de café e, finalmente, da abolição da escravidão em 1888.

Nesse período, o Brasil recebeu cerca de 80% do volume total de imigrantes registrados até o início da década de 1980, a maior parte formada por italianos (678 mil) que, em razão da crise econômica e do desemprego na Itália, vieram trabalhar na cultura cafeeira.

Terceiro período imigratório (após 1934). Caracteriza-se pela diminuição progressiva da imigração, por causa principalmente da crise da cafeicultura, resultante da quebra da Bolsa de Valores de Nova York (1929), e da criação de leis que restringiram a entrada de imigrantes. Dessas, a **Lei de Cotas da Imigração**, promulgada em 1934, foi a mais importante. Ela determinava que só poderia vir para o Brasil, por ano, o máximo de 2% do total de imigrantes de cada nacionalidade que entrara no país nos 50 anos anteriores. A Segunda Guerra Mundial e a posterior recuperação econômica da Europa também provocaram uma reorientação dos fluxos migratórios. Observe a figura 13 e o quadro 1.

Figura 13

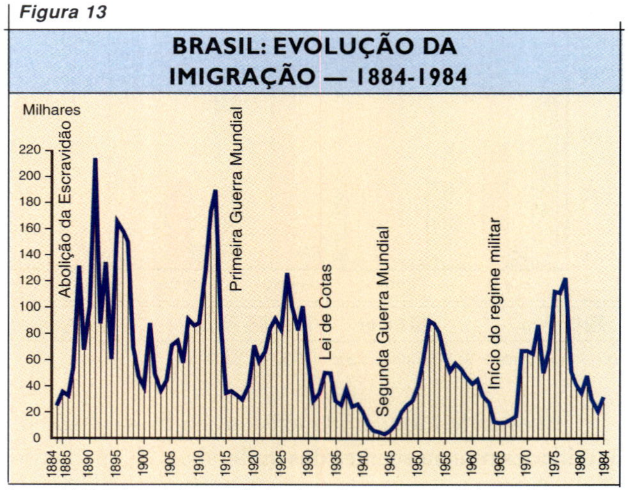

Fontes: HUGON, Paul. *Demografia brasileira*. São Paulo, Atlas/Edusp, 1973. p. 56; e dados do IBGE.

Quadro 1

Brasil: principais grupos de imigrantes — 1850-1934

Alemães (1850-1871)

Pequenos proprietários ocupam colônias de povoamento com cultivo de trigo e policultura.

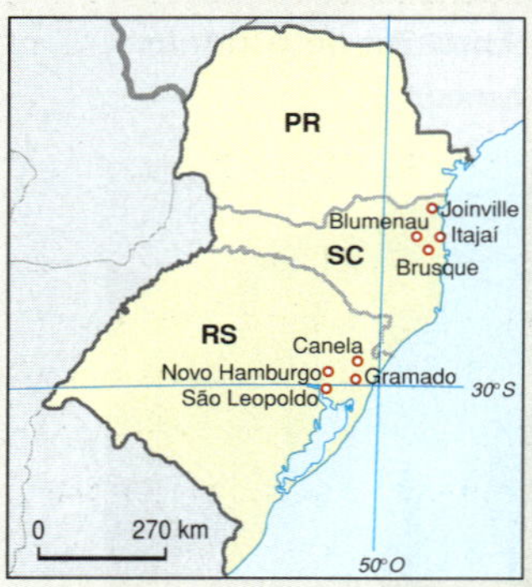

Eslavos e italianos (1872-1886)

Eslavos: pequenos proprietários dedicam-se, principalmente, ao extrativismo da madeira no Paraná.

Italianos – 1ª fase: pequenos proprietários dedicam-se, principalmente, ao cultivo da uva no Rio Grande do Sul e em Santa Catarina.

Italianos (1887-1914)

2ª fase: assalariados da cultura cafeeira em São Paulo e operários nas cidades onde se iniciam as indústrias.

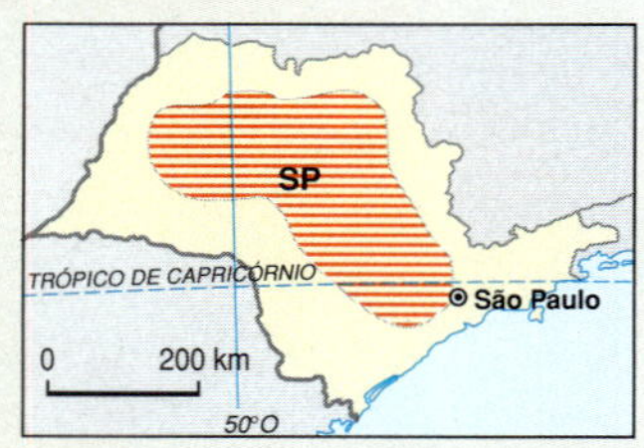

Japoneses (1920-1934)

Pequenos proprietários cultivam chá, banana e hortaliças em São Paulo e norte do Paraná; assalariados do café em São Paulo; pequenos proprietários cultivam pimenta-do-reino e juta na Amazônia.

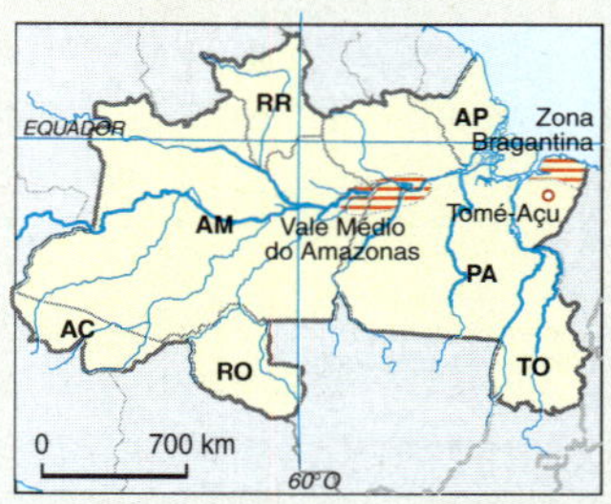

De acordo com a nacionalidade, os cinco grupos mais numerosos de imigrantes até 1983 foram, pela ordem: portugueses, italianos, espanhóis, alemães e japoneses. Observe a figura 14.

Figura 14

BRASIL: IMIGRANTES MAIS NUMEROSOS

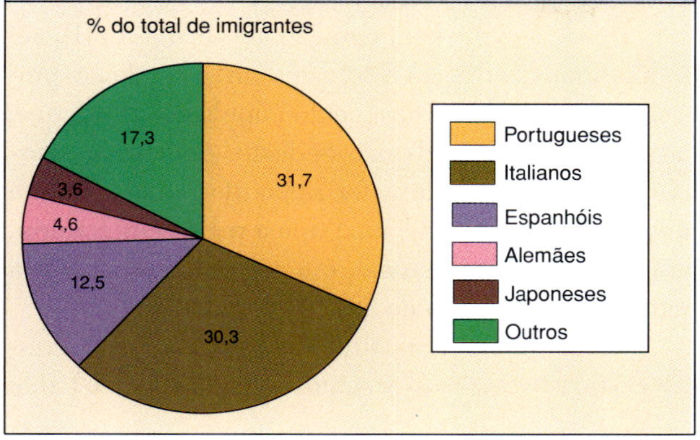

Na década de 1990, verificou-se certo afluxo de imigrantes — em especial coreanos, bolivianos, chineses, argentinos e uruguaios — para os grandes centros urbanos do país, principalmente São Paulo e Rio de Janeiro. A situação de clandestinidade de muitas dessas comunidades impede a obtenção de dados mais precisos. Sem a documentação necessária para sua legalização, esses imigrantes ficam sujeitos a condições precárias de subsistência. Constituem mão-de-obra barata e até escravizada, explorada por grupos mais antigos de imigrantes, de quem dependem para obter emprego e moradia. Enfrentam preconceitos, dificuldades de integração e de reconstrução de sua identidade como grupo social.

6 De país imigratório a emigratório

A crise econômica iniciada na década de 1970 transformou o Brasil de um país tipicamente imigratório em emigratório. Estima-se que, de 1987 a 1997, mais de 1,5 milhão de brasileiros transferiram-se para o exterior em busca de melhores condições de vida. Dirigiram-se principalmente para os Estados Unidos, o Japão e países da Europa.

Com a globalização da economia e a expansão do comércio, muitos países desenvolvidos têm requisitado trabalhadores qualificados. Executivos, especialistas em informática e comércio, pesquisadores e cientistas, por exemplo, migram em busca de trabalho. Esse movimento, como vimos no capítulo anterior, é conhecido como fuga de cérebros.

No entanto, a maior parte dos brasileiros entra em geral clandestinamente nos países e ocupa funções pouco qualificadas, recusadas pela mão-de-obra local. Dessa forma, levam uma vida difícil, mas recebem salários melhores, pagos em moedas sólidas (dólares, ienes). No caso da emigração para o Japão, filhos e netos de imigrantes japoneses, os **dekasseguis**, executam trabalhos braçais, enfrentam condições de vida e de trabalho árduas e dificuldades de adaptação num país de costumes tão diferentes.

As maiores colônias de brasileiros estão nos Estados Unidos, em especial nas cidades de Boston, Nova York e Miami. Muitos descendentes de imigrantes italianos conseguem passaporte italiano, o que lhes abre caminho para a Europa. Observe a tabela 2.

Tabela 2

Destino dos brasileiros emigrantes — 1997

País de destino	% do total
Estados Unidos	41,6
Paraguai	23,5
Japão	13,5
Portugal	2,9
Argentina	2,8
Itália	2,1
Alemanha	1,9
Reino Unido	1,3
Guiana Francesa	1,0
Espanha	0,9
Outros	8,5

Fonte: Ministério das Relações Exteriores. In *Almanaque Abril 2001*. p. 125.

Migrações nas áreas de fronteira

Levados pela procura de melhores condições de vida e seguindo a onda expansionista migratória interna das últimas décadas, milhares de brasileiros transpuseram as fronteiras do país e se instalaram em terras vizinhas. São os casos de garimpeiros de Roraima que se mudaram para a Venezuela, de seringalistas do Acre que foram para a Bolívia e, principalmente, de agricultores sulistas.

Os chamados **brasiguaios** estabeleceram-se nas áreas de fronteira com o Paraguai, desde a década de 1970. Em 1997 formavam um contingente de cerca de 350 mil pessoas, principalmente paranaenses e catarinenses. Desse contingente de migrantes fazem parte não apenas trabalhadores sem-terra, desempregados desde a expansão capitalista na agricultura na Região Sul (soja), como também pequenos, médios e grandes proprietários.

Os principais fatores responsáveis pela migração de brasileiros para o Paraguai foram a oferta de terras por preços baixos, as facilidades de crédito oferecidas pelo governo paraguaio, os impostos de exportação de produtos agrícolas inferiores aos praticados aqui. Na década de 1980, porém, iniciou-se um movimento de retorno de alguns brasiguaios. As causas foram várias, como a revolta contra as imobiliárias que vendiam um mesmo lote de terra a várias famílias, o excesso de burocracia e a cobrança de muitas taxas e impostos.

O mapa da figura 15 refere-se à presença de brasileiros nos dez países que têm fronteira com o Brasil.

7 Migrações internas: o país em movimento

Os principais movimentos migratórios internos no Brasil atenderam, principalmente, aos ciclos econômicos (cana-de-açúcar, mineração, borracha e café), à política de ocupação do interior do país (frentes pioneiras, marcha para o oeste etc.) e ao processo de industrialização (êxodo rural).

Até o século XVII, quase toda a população do país estava concentrada nas áreas litorâneas. O primeiro ciclo econômico a transferir milhares de pessoas para o interior do país foi o da mineração.

Desde o ciclo da mineração, no século XVIII, até os dias atuais, a Região Nordeste vem sofrendo um processo contínuo de esvaziamento populacional relativo, em geral a favor da Região Sudeste. Ambas são, portanto, regiões bem caracterizadas do ponto de vista migratório: a primeira é uma típica **região emigratória**, ou de evasão populacional, e a segunda é uma típica **região imigratória**, ou de atração populacional.

Se, por um lado, a cultura do café, a industrialização e o rápido desenvolvimento do Estado de São Paulo

Figura 15

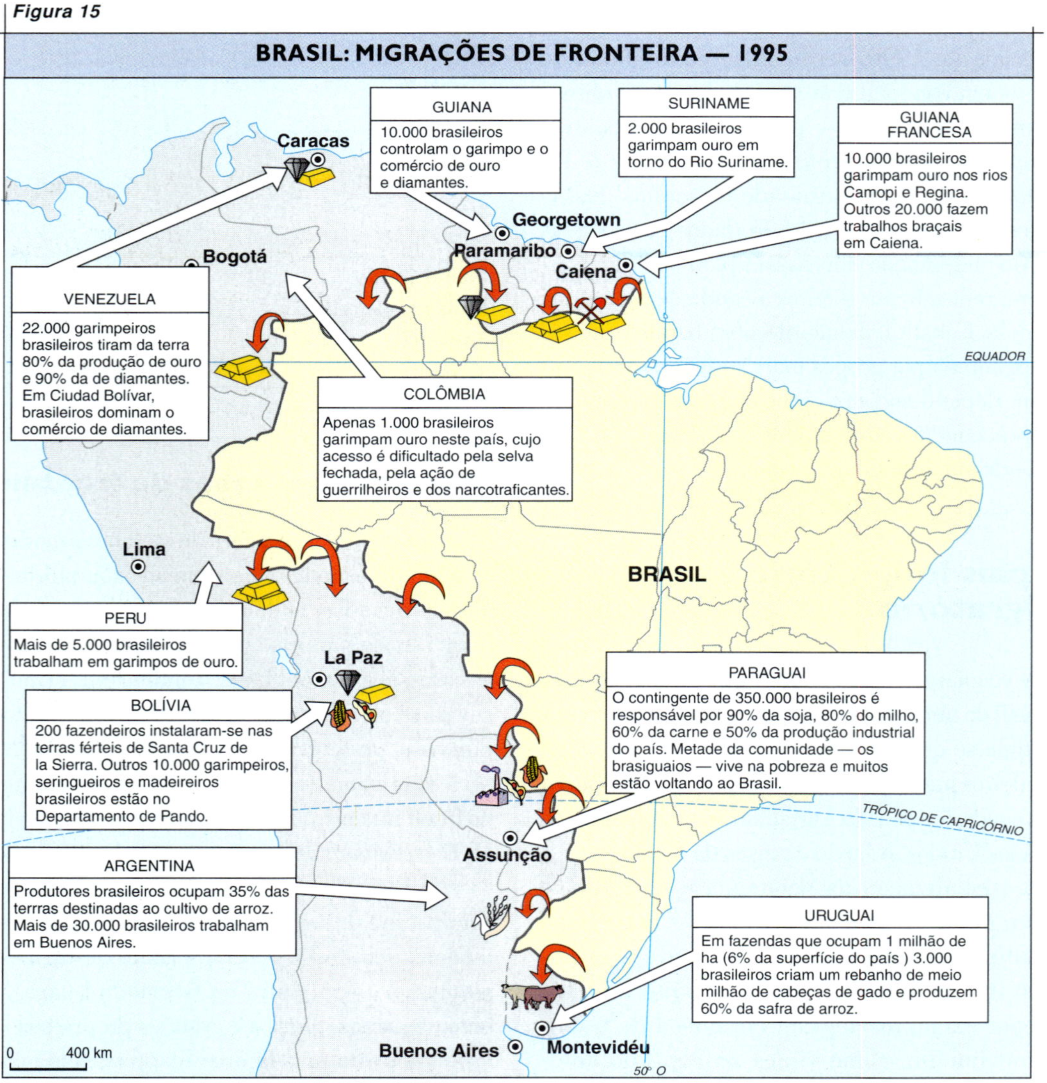

Fonte: baseado em revista *Veja*. São Paulo, Abril, 19 jul. 1995.

transformaram-no em um dos mais importantes pólos de atração dos fluxos migratórios, por outro, as secas na Região Nordeste na década de 1950 e a construção da rodovia Rio—Bahia contribuíram decisivamente para essas migrações. Além da Região Sudeste, todas as demais regiões receberam migrantes nordestinos. No entanto, sem desaparecer do Nordeste, a miséria seguiu com eles na maioria das vezes.

De acordo com o último censo populacional do IBGE, os emigrantes constituem 9,5% da população total do país. Em 1999, 15,5 milhões de pessoas residiam fora de suas regiões de nascimento (55% de nordestinos e 22% da Região Sudeste). Entre 1992 e 1999, 15,9% da população da Região Nordeste e 10% da Centro-Oeste emigraram. Observe a figura 16.

Figura 16

REGIÕES BRASILEIRAS: PROPORÇÃO DE EMIGRANTES EM RELAÇÃO AOS NATURAIS — 1999

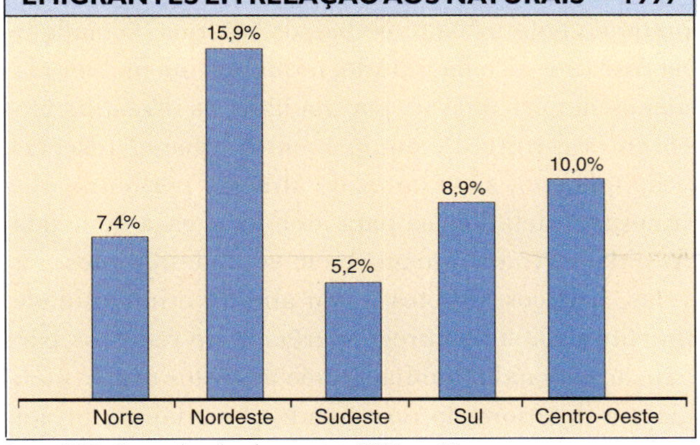

Fonte: IBGE. *Síntese de indicadores sociais 2000*. p. 45.

Migrações inter-regionais e intra-regionais

Diversas migrações **inter-regionais** (entre regiões) e **intra-regionais** (no interior de uma mesma região) se destacaram no Brasil, refletindo alterações na estrutura econômica das regiões e promovendo a ocupação territorial do país. As principais foram:

- nordestinos e paulistas para Minas Gerais, Goiás e Mato Grosso, durante o ciclo da mineração (século XVIII);
- nordestinos para a Amazônia, durante o ciclo da borracha (1860-1910);
- nordestinos e mineiros para o interior de São Paulo e o norte do Paraná, durante o ciclo do café (1850-1930);
- nordestinos, mineiros e capixabas para São Paulo e Rio de Janeiro, desde a década de 1950, por causa da industrialização;
- nordestinos e sulistas para o Centro-Oeste, a partir da década de 1940 (projetos de colonização), e para a Região Norte, desde a década de 1950 (construção da Rodovia Belém—Brasília e implantação de projetos minerais, agropecuários).

Veja a figura 17.

Figura 17

BRASIL: FLUXOS MIGRATÓRIOS — 1940-1994

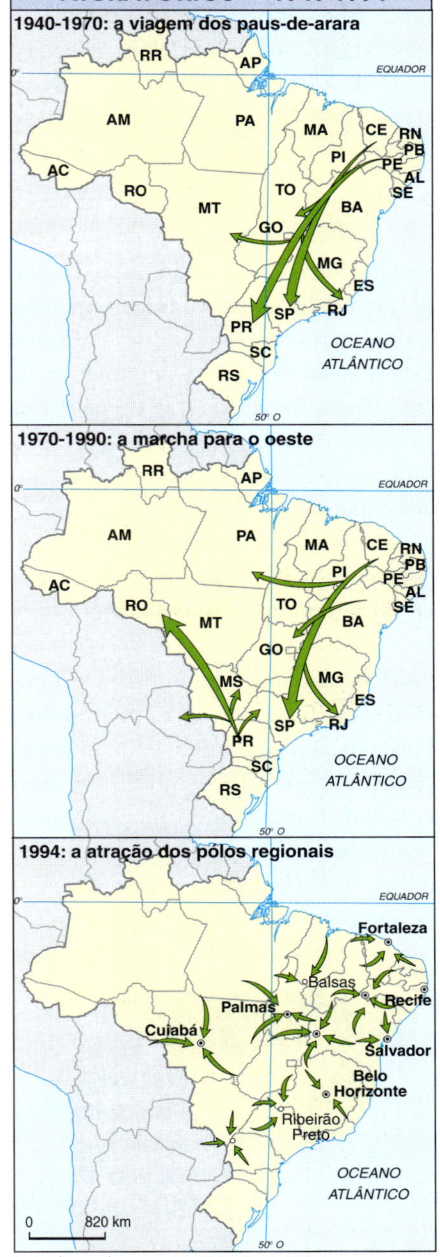

Fonte: baseado em revista *Veja*, 7 set. 1994.

A marcha para o oeste foi o último dos grandes movimentos migratórios de âmbito nacional e inter-regional. Observe na tabela 3 que, entre 1960 e 1999, por conta dessas migrações, as regiões Norte e Centro-Oeste detinham as maiores taxas de crescimento populacional.

Tabela 3

Brasil: crescimento populacional das regiões brasileiras — 1960-2000						
Região	*População (milhões de habitantes)*					*Crescimento no período 1960-2000 (%)*
	1960	*1970*	*1980*	*1991*	*1999*	
Norte	2,5	3,6	5,8	10,2	12,8	412,0
Centro-Oeste	2,9	5,0	7,5	9,4	11,6	300,0
Sudeste	30,6	39,8	51,7	62,6	72,2	136,0
Sul	11,7	14,4	19,0	22,1	25,0	113,6
Nordeste	22,1	28,1	34,8	42,4	47,6	115,3

Fonte: IBGE. *Anuários estatísticos do Brasil.*

Na década de 1990, verificou-se uma mudança de pólos de atração. Passaram a predominar os fluxos migratórios bem menores e de âmbito intra-regional ou intra-estadual, comandados pelos pólos regionais de desenvolvimento. É para esses pólos que se dirigem os pequenos e bem-localizados fluxos migratórios. Ribeirão Preto, em São Paulo, é um exemplo de pólo regional de desenvolvimento. A migração tornou-se, assim, um fenômeno muito mais difuso do que nos anos de 1960 e 1970, quando uma massa de nordestinos saía em geral para as grandes cidades do Sudeste (figura 18).

Embora se trate de fenômeno recente, já é possível detectar outra tendência na população: o abandono das grandes cidades em favor das de porte médio. O novo pólo de chegada pode ser ainda o pequeno município da periferia de alguma região metropolitana. Por exemplo, 15% das pessoas que haviam migrado para a cidade de São Paulo entre 1980 e 1990 transferiram-se para outras cidades menores do próprio estado. Esse fenômeno ocorre também em outras metrópoles, como Rio de Janeiro e Belo Horizonte, e uma das suas causas principais é a violência nos grandes centros urbanos.

Êxodo rural e transumância

No caso do Brasil, para se fazer uma idéia da magnitude do êxodo rural, basta lembrar que, de 1940 a 1970, a população do campo diminuiu de 69% para 44%, enquanto a urbana cresceu de 31% para 56% (figura 19). Ou seja, em três décadas a população transformou o país: de essencialmente rural, ele passou a urbano. Em 2000 a população rural era de apenas 18,8% e a urbana já representava 81,2% do total. Em números absolutos, o contingente de brasileiros que vivem em cidades passou de 12 milhões em 1940 para 127,7 milhões em 1999, um aumento de quase 11 vezes.

Nas cidades, o aumento do desemprego, o alto preço do solo urbano, os baixos salários, somado ao intenso processo migratório, requerem um melhor planejamento urbano. Se, por um lado, os investimentos em infra-estrutura e equipamentos urbanos (escolas, hospitais etc.) são fatores de atração, por outro, eles se tornam deficitários para atender a essa demanda. As cidades transformam-se em verdadeiros caos. Favelas, cortiços, esgotos a céu aberto, criminalidade, prostituição, subemprego, carência de recursos para educação, saúde, habitação são aspectos que evidenciam a deterioração das cidades brasileiras, principalmente das metrópoles.

Mais do que a atração que a cidade exerce como local de oportunidade de melhoria de vida (emprego, profissão) e de acesso a serviços (assistência médica, saneamento, eletricidade, escola), a principal causa

Figura 18

MONALISA LINS/AE

Associações culturais mantêm atividades variadas e promovem o intercâmbio e a articulação entre os migrantes, facilitando-lhes a preservação de suas raízes, memória e esperança. Interior do CTN — Centro de Tradições Nordestinas, em São Paulo (foto de fevereiro de 2003).

Figura 19

EDUARDO QUEIROGA/AG.LUMIAR

O êxodo rural intensificou-se no Brasil a partir da década de 1940. Na foto, pau-de-arara, transporte típico utilizado no êxodo dos nordestinos, em caminhões adaptados (Juazeiro do Norte, CE, 2000).

dessa migração é o chamado **êxodo rural de causas repulsivas.** Isso significa que o homem do campo é expulso por vários motivos: questões agrárias, tais como concentração das terras em mãos de uma minoria de proprietários e conflitos agrários; mecanização da agricultura, geradora de desemprego; baixos salários; falta de escolas; desastres naturais, como secas e geadas; solos esgotados etc.

No Brasil, a transumância relaciona-se aos ciclos de produção agrária. Por exemplo, entre o interior do Nordeste (principalmente o Agreste) e o litoral (Zona da Mata) há o deslocamento dos corumbás. Logo após a colheita do milho e do feijão, os pequenos produtores deslocam-se para a Zona da Mata, aproveitando o tempo de entressafra e estiagem para trabalhar na colheita e moagem da cana-de-açúcar. Terminada a tarefa, retornam ao interior, na época das chuvas. Na Região Sudeste os trabalhadores rurais de Minas Gerais se deslocam para a região canavieira do Estado de São Paulo na época da colheita. Na Amazônia, após o término da coleta da castanha, os trabalhadores deslocam-se para os seringais, aproveitando o período de entressafra para realizar a extração do látex.

AVALIE SEU APRENDIZADO

Construindo conhecimento

Procurando e comparando soluções para a integração entre os grupos étnicos.

Leia o texto a seguir e responda às questões 1 a 4.

"O principal objetivo do movimento pelos direitos civis que revolucionou a sociedade [dos Estados Unidos] a partir dos anos 1960 não era a igualdade, mas simplesmente a liberdade. Buscava-se desmantelar o sistema de segregação oficial herdado do escravagismo para tornar os [estadunidenses] de origem africana cidadãos plenos, a partir da idéia de que, abolidas as barreiras da segregação, os negros poderiam encontrar livremente seu lugar na sociedade.

Entretanto, desde a adoção das históricas leis sobre a igualdade dos direitos de 1964 e 1965, ficou evidente que injustiças e desigualdades acumuladas durante séculos não podiam ser eliminadas de uma penada. [...]

Foi nesse contexto que, pouco a pouco, se estabeleceu a doutrina oficial da não-discriminação ativa (em inglês, *affirmative action*). [...]

[...] é preciso não confundir *affirmative action* e política de não-discriminação. Em ambos os casos há a intenção manifesta de instaurar justiça social nas relações de trabalho, mas a política de não-discriminação se contenta em proibir aos empregadores qualquer prática discriminatória no recrutamento, emprego e promoção dos trabalhadores. Portanto, trata-se de uma política essencialmente *passiva*, enquanto a *affirmative action*, como seu nome indica, pretende-se uma forma de não-discriminação *ativa*, que convida explicitamente os empregadores a recrutarem funcionários junto a grupos sociais considerados desfavorecidos. [...]"

O Correio da Unesco. Rio de Janeiro, FGV/Unesco, maio 1996 p. 17-18.

1 Compare a situação dos negros dos Estados Unidos com a do Brasil após a abolição da escravatura, apoiando-se também nas informações deste capítulo.

2 De que forma a chegada dos imigrantes no século XIX reforçou a exclusão social do afro-brasileiro?

3 Qual a diferença entre a política da *affirmative action* e a de não-discriminação?

4 A política de não-discriminação ativa (*affirmative action*) propõe medidas de preferência ativa a grupos minoritários. No Brasil já estão aprovadas diversas leis de cotas para grupos excluídos, como os portadores de deficiências e as mulheres. Discuta com seus colegas:

a) De que forma as políticas de combate à exclusão podem contribuir para a diminuição das desigualdades étnicas?

b) Quais argumentos vocês levantariam a favor e contra a política de cotas para as minorias?

Fixando o conteúdo

5 Entre 1800 e 1880, enquanto o percentual de negros na população brasileira reduziu-se de 47 para 20, o número de mulatos e de brancos aumentou, respectivamente, de 30 para 42 e de 23 para 38. Explique essas mudanças.

6 Sobre os povos indígenas no Brasil, responda às questões.
a) O que são índios isolados? E aculturados?
b) Por que os aculturados podem ser considerados índios?

7 O que são as chamadas terras de negro? Em quais estados se localizam?

8 Na história do Brasil, exemplifique:
a) Como as crises econômicas podem atrair ou repelir populações?
b) Como o crescimento econômico pode aumentar ou diminuir as migrações?

9 Desde a década de 1980, o Brasil transformou-se de país imigratório em emigratório.
a) Quais são os países mais procurados pelos emigrantes?
b) O que significa fuga de cérebros?
c) Quais problemas enfrentam os dekasseguis e brasiguaios?

10 De que forma o êxodo rural pressiona as áreas urbanas?

COMPLEMENTAÇÃO DO ESTUDO

Leituras

ANDRADE, Manuel Correia de. *O Brasil e a África.* São Paulo, Contexto, 1991.
BENTO, Maria Aparecida Silva. *Cidadania em preto e branco: discutindo as relações raciais.* São Paulo, Ática, 1994.
BERND, Zilá. *Racismo e anti-racismo.* São Paulo, Moderna, 1994.
CHIAVENATO, Júlio José. *O negro no Brasil: da senzala à abolição.* São Paulo, Moderna, 1999.
MAESTRI, Mário. *A conquista lusitana e o genocídio tupinambá.* São Paulo, Moderna, 1995.
MARTINEZ, Paulo. *África e Brasil: uma ponte sobre o Atlântico.* São Paulo, Moderna, 1992.
MARTINS, Dora e VANALLI, Sônia. *Migrantes.* São Paulo, Moderna, 1994.
MINDLIN, Betty e PORTELA, Fernando. *A questão do índio.* São Paulo, Ática, 1991.
PINSKY, Jaime (org.). *12 faces do preconceito.* São Paulo, Contexto, 1998.
VALENTE, Ana Lúcia E. F. *Ser negro no Brasil hoje.* São Paulo, Moderna, 1987.

Vídeos

- *Caramuru — a invenção do Brasil* (Brasil, 2001); dir. Guel Arraes; 85 min. Versão compactada de uma divertida minissérie de TV. Ambientada por volta de 1500, conta a história de Caramuru, português degradado para as Índias, que acaba conquistando o respeito dos nativos. (Columbia TriStar)
- *Central do Brasil* (Brasil/França, 1998); dir. Walter Salles Jr.; 115 min. História de um garoto órfão de mãe que, em sua busca pelo pai desaparecido no Nordeste, recebe a ajuda de uma professora aposentada, que escreve cartas para analfabetos. (Europa)

Sites

- *http://www.socioambiental.org/website/index.cfm* Página do Instituto Socioambiental, organização que valoriza a diversidade e procura soluções sustentáveis no âmbito social e ambiental. Oferece um panorama completo sobre os povos indígenas no Brasil, seus costumes, língua, arte, narrativas.
- *http://www.cimi.org.br* *Site* do Conselho Indigenista Missionário (Cimi). Informações gerais sobre os povos indígenas: movimentos, demarcação de terras, estatuto e campanhas.
- *http://www.ibase.org.br/index.html* Conteúdo relacionado à cidadania do Instituto Brasileiro de Análises Sociais e Econômicas, com relatórios, programas, informes sobre o Fórum Social Mundial, Observatório da Cidadania, direito à cidade, economia solidária etc.
- *http://www.mulheresnegras.org/santo5.html* *Site* sobre identidade e dignidade da mulher — e em especial da mulher negra —, traz documentos, encontros, revistas, agenda.

CAPÍTULO 6 Urbanização mundial

1 Conceitos e evolução

A idéia de **cidade** está intimamente associada à concentração de muitas pessoas em um espaço relativamente restrito e ao predomínio de atividades secundárias (indústria) e terciárias (serviços).

Uma aglomeração populacional será considerada **urbana** se possuir uma quantidade de habitantes estabelecida como mínima (critério demográfico-quantitativo). Essa quantidade mínima varia muito de um país para outro; por exemplo, no Canadá e na Escócia é de mil habitantes, na França e em Portugal é de 2 mil, na Espanha e na Grécia é de 10 mil habitantes. De acordo com a ONU, a quantidade mínima seria de 20 mil habitantes.

No Brasil, o critério oficial utilizado para definir **cidade** é o político-administrativo. De acordo com esse critério, toda área urbana que abriga a sede de um município (prefeitura) é uma cidade, independentemente do número de habitantes que ela possui.

Já a **urbanização** deve ser entendida como um processo que resulta sobretudo da transferência de pessoas do meio rural para o meio urbano, principalmente para as cidades. Por se tratar de um processo, ele se concretiza quando o percentual da população urbana é superior ao da população rural. Veja a figura 1.

Figura 1

EVOLUÇÃO DA POPULAÇÃO URBANA E RURAL NO MUNDO — 1900, 1950 e 2000

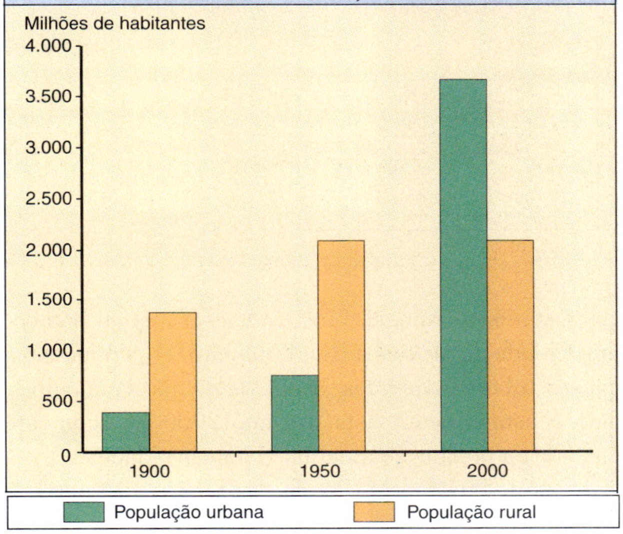

Fonte: *Calendario Atlante De Agostini 2001*. Novara, Istituto Geografico De Agostini, 2000.

A passagem da sociedade rural para a sociedade urbana

Embora as primeiras cidades tenham surgido há mais de 6 mil anos, o processo de urbanização moderno só teve início no século XVIII. Nessa época, uma grande modernização no campo (mecanização, introdução de novas técnicas etc.), chamada de **Revolução Agrícola**, causou o aumento da produtividade rural e diminuiu a necessidade de mão-de-obra. Com o desenvolvimento da manufatura e o início da Primeira Revolução Industrial, desencadeada na Europa, as cidades tornaram-se áreas de atração para uma grande massa de trabalhadores expulsos do meio rural. Dessa forma, a mão-de-obra tornou-se abundante e barata nas cidades.

2 Urbanização nos diferentes grupos de países

A Inglaterra foi o primeiro país do mundo a se urbanizar (em 1850, mais de 50% de sua população era urbana). No entanto, a urbanização acelerada da maior parte dos países desenvolvidos industrializados só ocorreu a partir da segunda metade do século XIX, na fase da Segunda Revolução Industrial. No caso dos países subdesenvolvidos, a explosão da urbanização é um fato mais recente, que ocorreu com muita rapidez.

Em 1950 havia no mundo vinte cidades com população superior a 2,5 milhões de habitantes. Dentre elas,

Figura 2

MAIORES AGLOMERAÇÕES URBANAS NO MUNDO — 2015[1]

[1] Previsão da ONU.

Fonte: *O Correio da Unesco*. Rio de Janeiro, FGV/Unesco. ago. 1999.

apenas seis — Xangai, Buenos Aires, Calcutá, Bombaim, Cidade do México e Rio de Janeiro — pertenciam a países subdesenvolvidos. A cidade de São Paulo ainda não constava dessa lista. No ano 2000 praticamente metade da população mundial vivia nas cidades.

As previsões para o ano de 2015 indicam que o processo mais intenso de urbanização deverá continuar ocorrendo nos países subdesenvolvidos: de 36 cidades com mais de 8 milhões de habitantes, somente quatro pertencerão aos países desenvolvidos (Nova York, Los Angeles, Tóquio e Osaka) e 32 aos subdesenvolvidos. O Brasil terá duas dessas aglomerações: São Paulo e Rio de Janeiro. Observe a figura 2, acima.

Urbanização nos países desenvolvidos ou centrais

Nos países centrais, a urbanização é mais antiga e verificou-se de forma mais lenta e integrada com a área rural. O êxodo rural ocorreu desde o século XVIII, durante a primeira fase da Revolução Industrial. Além de oferecer novos empregos, as cidades acompanharam a evolução das migrações, receberam novas moradias e, com o tempo, foram dotadas de novos **equipamentos urbanos**, como ruas, pontes, iluminação pública, esgoto, saneamento, comércio, transportes coletivos e outros. Aos poucos, a expansão horizontal cedeu lugar à **verticalização** (predominância de prédios).

Considerando-se que a urbanização moderna é um processo centrado no binômio industrialização-urbanização e no capitalismo, observamos que os países mais urbanizados do mundo são os países desenvolvidos (figura 3). A maior parte deles — os países da Europa Ocidental, da América Anglo-Saxônica e o Japão — já atingiu índices bastante elevados, praticamente máximos,

Figura 3

CID

Cidade de Berlim, na Alemanha, na década de 1990. O país conta com 87,5% (2000) de sua população vivendo em cidades.

de urbanização. Alguns ultrapassam os 90% de urbanização, como a Bélgica (97,3%) e outros chegam a 100% (caso de Mônaco). Como nos países centrais houve uma drástica redução da migração do campo para a cidade, a tendência é haver uma estabilização em torno de índices entre 80% e 90% de urbanização. Isso não significa que nesses países as cidades pararam de crescer, uma vez que o crescimento urbano físico (edificações) ou populacional depende, além do êxodo rural, do crescimento vegetativo e da imigração. Observe a tabela 1.

Tabela 1

Países desenvolvidos[1]: população urbana — 2001

País	Participação na pop. total (%)
Mônaco	100,0
Bélgica	97,3
Reino Unido	89,5
Alemanha	87,5
Austrália	84,7
Japão	78,8

[1] Países selecionados.

Fonte: *Calendario Atlante De Agostini 2003*. Novara, Istituto Geografico De Agostini, 2002. p. 100-107.

Urbanismo e globalização: a terciarização das cidades

Na Idade Média, as cidades dos países europeus exerciam funções comerciais e portuárias. A Revolução Industrial propiciou uma nova função para as cidades: a produção industrial, gerando novos empregos. As áreas urbanas forneciam produtos industrializados, capital (créditos) e tecnologia para as áreas rurais, modernizando-as. Ao meio rural cabia abastecê-las com alimentos e matérias-primas.

Com esse processo, a maior parte da população migrou para as áreas urbanas, passando do setor primário para o secundário. A cidade transformou-se no centro de comando da economia.

A formação de novos consumidores expandiu e diversificou o setor terciário (transporte, educação, saúde, serviços financeiros, imobiliários, seguros etc.), criando um mercado interno dinâmico. Atualmente, as atividades terciárias predominam, em porcentagens do PNB, na maioria das grandes cidades dos países desenvolvidos e grande parte de sua população ativa está no setor terciário. É o que chamamos de **terciarização das cidades**. Reveja a figura 3, da página 328.

Nas últimas décadas, as grandes inovações tecnológicas nas áreas de transporte e comunicação permitiram uma dispersão das atividades industriais. Enquanto as unidades de produção das grandes indústrias foram descentralizadas, a coordenação de suas atividades (escritórios, publicidade, consultoria, bancos etc.) concentrou-se nas chamadas **cidades globais**, verdadeiros pólos de globalização, pelos quais transitam os bilhões de dólares do mercado financeiro.

Essas cidades centralizam a economia capitalista mundial, representada por novos mercados de câmbios e de capitais que estão ligados mundialmente, operando 24 horas por dia e negociando bilhões de dólares. Além de alimentar o mercado financeiro internacional, contam com altos investimentos em tecnologia de ponta, facilitados pelo acesso e controle da rede informacional, e sediam os escritórios das principais empresas mundiais.

As principais cidades globais (Nova York, Londres, Paris, Frankfurt, Tóquio etc.), em geral se localizam nos países desenvolvidos, mas algumas (Hong Kong, Cingapura, São Paulo, Cidade do México etc.) podem ser encontradas também em países periféricos. Os países centrais concentram também as cidades científicas ou tecnopólos, como Sillicon Valley (EUA) e Tsukuba (Japão), que desenvolvem pesquisas de alto nível (setor quaternário), integrando empresas e universidades.

Mundo curioso

Maiores equipamentos urbanos do mundo

- Edifício mais alto: Petronas Towers (452 m), em Kuala Lumpur, Malásia.
- Maior aeroporto: Chek Lap Kok, em Hong Kong.
- Túnel ferroviário submarino mais longo: Seikan, Japão (53.850 m).
- Viaduto mais longo: Pontchartrain, Louisiana, EUA (38.350 m).
- Complexo hidroelétrico mais potente: Itaipu, Paraguai/Brasil, com capacidade de 12.600 MW.

Calendario Atlante De Agostini 2003; IBGE, *Anuário estatístico do Brasil 2000*. Rio de Janeiro, 2002.

Urbanização nos países subdesenvolvidos

Veremos a seguir que a urbanização nos países subdesenvolvidos se dá de forma bastante heterogênea.

- **Países subdesenvolvidos industrializados** ou **mercados emergentes**. A rápida industrialização ocorrida após a Segunda Guerra Mundial gerou um acentuado desequilíbrio das condições de vida entre as cidades e as zonas rurais, provocando intenso êxodo rural e um processo de urbanização muito rápido. Alguns desses países apresentam taxas de urbanização iguais ou até superiores às de países desenvolvidos. A América Latina é a região mais urbanizada desse grupo de países. Observe a tabela 2.

Tabela 2

Países subdesenvolvidos industrializados[1]: população urbana — 2001

País	Participação na pop. total (%)
Cingapura	100,0
Argentina	89,9
Coréia do Sul	81,9
Brasil	81,2
México	74,4

[1] Países selecionados.
Fonte: *Calendario Atlante De Agostini 2003*. p. 100-107.

• **Países subdesenvolvidos não-industrializados** ou **periféricos.** Em virtude do predomínio das atividades primárias, a maior parte desses países, localizados na África e na Ásia, apresenta baixos índices de urbanização. Outra parcela tem apresentado intensa urbanização em virtude do elevado êxodo rural, decorrente do baixo padrão de vida no campo e da falta de uma política governamental que promova o acesso e a fixação das pessoas à terra. Essas medidas evitariam a pressão populacional sobre as cidades. Observe a tabela 3.

Tabela 3

Países subdesenvolvidos periféricos[1]: população urbana — 2001

País	Participação na pop. total (%)
Butão	7,1
Burundi	9,0
Guiné-Bissau	23,7
Mali	30,0
Paquistão	37,0
Chile	85,7
Uruguai	91,3
Kuwait	97,6

[1] Países selecionados.
Fonte: *Calendario Atlante De Agostini 2003*. p. 100-107.

3 Urbanização e desequilíbrios sociais

As cidades constituem os principais pólos de poder, de tomada de decisões, de desenvolvimento e de organização dos espaços, ainda que sejam também (e cada vez mais) os locais onde se concentra e se origina a maior gama de problemas locais, tais como criminalidade, uso de drogas, poluição, doenças e falta de moradia.

Embora as maiores **taxas de urbanização** (porcentagem da população que vive na zona urbana) sejam encontradas nos países centrais, os subdesenvolvidos industrializados contam com um maior número absoluto de população urbana, ou seja, maior quantidade de pessoas vivendo nas áreas urbanas. Observe a figura 4.

Figura 4

POPULAÇÃO QUE VIVE EM ZONAS URBANAS — 1975, 1995 E 2015[1]

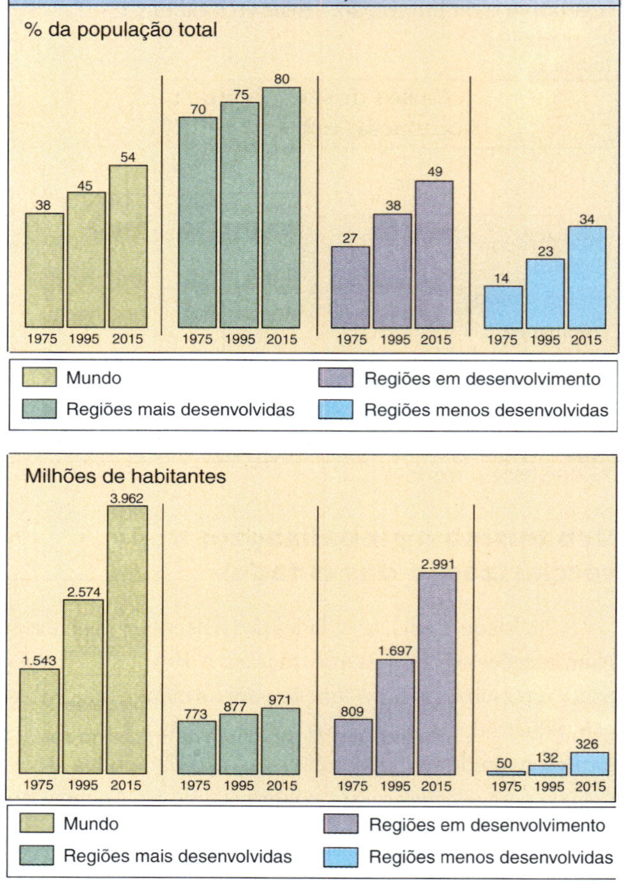

[1] Projeção da ONU.
Fonte: *O Correio da Unesco*. ago. 1999.

No início, as grandes cidades dos países periféricos ofereciam condições vantajosas — empregos na indústria, na construção civil e no setor terciário, melhorias nas áreas de saúde, transportes, educação —, atraindo a população rural. Porém, o rápido processo de urbanização, em geral realizado em condições precárias, ocasionou uma **urbanização explosiva e anômala**, carente de uma política de planejamento e de investimentos em infra-estrutura e equipamentos urbanos. Como as cidades não conseguiram absorver a mão-de-obra do grande contingente de pessoas que migraram das áreas rurais, a pobreza transferiu-se do campo para as áreas urbanas. O desenvolvimento dos setores secundário e terciário não acompanhou o ritmo da urbanização. As conseqüências foram drásticas: formação de favelas, aumento do subemprego, da criminalidade, da mendicância etc.

Resultado da acelerada e excessiva concentração de pessoas nas áreas urbanas, principalmente em países subdesenvolvidos, há cidades que concentram mais de 50% da população urbana do país, fenômeno denominado **inchaço urbano** ou **macrocefalia urbana**. São exemplos Montevidéu, no Uruguai, Buenos Aires, na Argentina, e Seul, na Coréia do Sul. Veja a figura 5.

Figura 5

MICHAEL S. YAMASHITA/CORBIS-STOCK PHOTOS

Nos países subdesenvolvidos, os investimentos em infra-estrutura geralmente não são suficientes para acompanhar o ritmo do crescimento populacional proveniente de uma urbanização rápida e intensa. Bairro de Myon Dong, em Seul (Coréia do Sul).

Uso do solo urbano e segregação espacial

Principalmente nos países subdesenvolvidos, a ocupação do solo urbano ocorreu de maneira irracional e sem planejamento. As áreas verdes foram substituídas pelas construções e pelo asfalto, dando origem a problemas como poluição do ar, contaminação de mananciais de água, enchentes, poluição sonora etc. O lote de terra urbano tornou-se uma mercadoria cara. Com a **especulação imobiliária**, grandes empresas de construção e agentes imobiliários passaram a explorar o solo urbano, comprando terras, às vezes com financiamentos, e atraindo equipamentos e serviços públicos, para valorizá-las e vendê-las por um preço mais alto.

Em algumas cidades, a arquitetura urbana moderna contrasta com a arquitetura antiga; nesses casos, momentos históricos diferentes convivem numa mesma paisagem.

Em outras cidades, principalmente nos países subdesenvolvidos, o moderno, sinônimo de riqueza (edifícios, condomínios fechados, *shoppings*, viadutos, bancos etc.), contrasta com a ocupação desordenada do solo e com a pobreza (favelas, cortiços, falta de infra-estrutura), ocasionando uma **segregação espacial**.

Comumente, de um lado, tem-se a **cidade formal**, bem planejada, com bairros ricos, ruas arborizadas, avenidas largas, privilegiada por equipamentos e serviços urbanos; de outro, tem-se a **cidade informal**, composta pela periferia, pelos subúrbios, pelas favelas, de ocupação desordenada, com ruas estreitas, sem planejamento, sem infra-estrutura básica adequada. A segregação espacial é provocada pela **segregação econômica**. As pessoas das classes sociais menos favorecidas, que não podem comprar um terreno nem alugar um imóvel nas áreas mais nobres das cidades (ainda mais valorizadas pela especulação imobiliária), são "empurradas" para áreas menos valorizadas. Esse tipo de segregação converte-se freqüentemente em **segregação étnica**, pois a cidade pobre muitas vezes coincide com os bairros onde vivem etnias segregadas.

Mesmo nos países centrais, que apresentam grande expansão econômica, parcelas significativas da população não se beneficiaram desse crescimento, existindo também a segregação espacial e econômica dos menos favorecidos. Em muitas cidades dos Estados Unidos, por exemplo, os afro-americanos e os latinos vivem em bairros mais pobres ou em guetos e, devido às piores condições de vida, são os personagens principais de outro tipo de expansão — a do número recorde de presos.

Nos países menos desenvolvidos, a população pobre das cidades é levada a ocupar desordenadamente várzeas, morros, encostas, mangues, criando **favelas** numerosas e extensas, que não contam com serviços e equipamentos urbanos. Um caso típico são as "favelas" aquáticas da Ásia de Monções, como as de Saigon. Veja a figura 6.

Figura 6

KEREN SU/CORBIS-STOCK PHOTOS

O processo de expansão urbana leva à ocupação dos mais diversos espaços. Sampana (favela aquática) no Rio Mekong, em Saigon (Vietnã, 1996).

Apesar de a vida urbana ser atraente — afinal, as cidades são espaços de concentração de consumo, de cultura e de tecnologia —, a maioria das cidades dos países subdesenvolvidos oferece péssima qualidade de vida para parte significativa de seus habitantes. Muitos dos benefícios urbanos não são acessíveis a todos, e apenas uma elite econômica pode aproveitá-los. Assim, a luta pela sobrevivência da maior parcela dos habitantes das cidades é cruel: faltam transportes e habitações, os salários são baixos. Como conseqüência, proliferam, entre outros problemas, a mendicância, o subemprego, o abandono infantil e a violência urbana.

4 Aglomerações urbanas

Conurbação, metrópole, região metropolitana e megalópole são expressões que a cada dia se tornam mais familiares a milhões de pessoas em todo o mundo. Elas indicam aglomerações urbanas, às vezes gigantescas.

Conurbação é a superposição ou o encontro de duas ou mais cidades próximas em razão de seu crescimento. Pode ocorrer entre cidades do mesmo tamanho ou de tamanhos diferentes. Exemplos: Juazeiro e Petrolina, no Rio São Francisco; região do ABCD, em São Paulo; regiões como as de Nova York, da Grande São Paulo, do Grande Rio, entre outras.

Metrópole corresponde à cidade principal ou "cidade-mãe", isto é, a que possui os melhores equipamentos urbanos do país (metrópole nacional) ou de uma grande região do país (metrópole regional). Nova York, Tóquio, Sydney, São Paulo e Rio de Janeiro são exemplos de metrópoles nacionais. Lyon (sudeste da França), Vancouver (litoral do Pacífico canadense), Seattle (noroeste dos EUA) e Belém (norte do Brasil) são exemplos de metrópoles regionais.

Região metropolitana é o conjunto de áreas (municípios, no Brasil) contíguas e integradas socioeconomicamente a uma cidade principal (metrópole), com serviços públicos de infra-estrutura comuns.

Megalópole (*mega*, "grande"; *polis*, "cidade") é o encontro ou a **conurbação** de várias metrópoles ou de várias regiões metropolitanas, formando uma extensa e gigantesca área urbanizada. Corresponde às mais importantes e maiores aglomerações urbanas.

A maior megalópole é a chamada **Boswash**, no nordeste dos Estados Unidos. Estende-se desde Boston (Bos) até Washington (Wash), tendo como centro a metrópole de Nova York. Concentra cerca de 20% da população total daquele país. Outros exemplos são as regiões que abrangem Tóquio-Nagoya-Osaka-Kyoto-Kobe (Japão) e Londres-Birmingham-Manchester (Inglaterra). Observe as figuras 7 e 8.

A partir da década de 1950, o crescimento e a multiplicação das megalópoles foram espetaculares.

Figura 7

BOSWASH: A MEGALÓPOLE NORTE-AMERICANA

Maior aglomeração urbana dos Estados Unidos, a cidade de Nova York (na foto, em 1997) é um centro de decisões econômicas e políticas que afetam todo o planeta.

Fonte: ESPENSHADE, Edward B. e MORRISON, Joel L. *Goode's world atlas*. Chicago/Nova York/San Francisco, Rand McNally, 1986. p. 95.

Figura 8

A MEGALÓPOLE JAPONESA

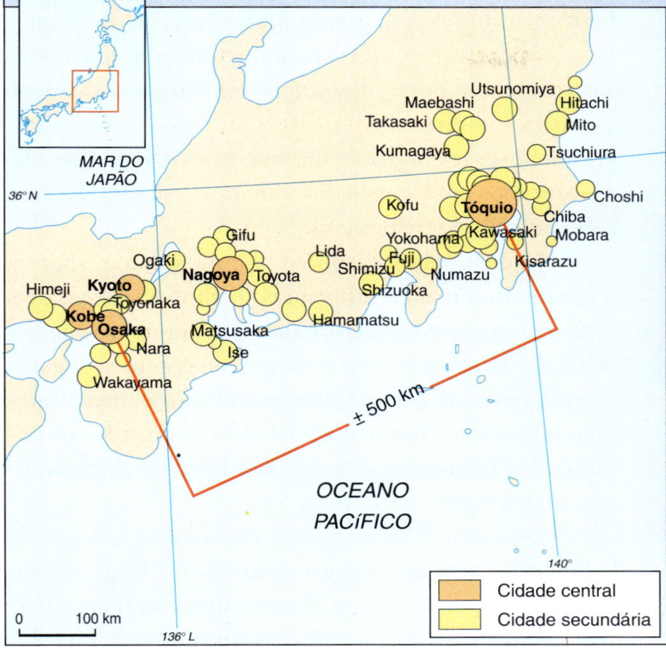

Fonte: ESPENSHADE, Edward B. e MORRISON, Joel L. *Goode's world atlas*. p. 121.

CID

Tóquio, capital do Japão, em 1995. Moderno e importante centro industrial e financeiro, é uma das cidades mais populosas do mundo.

Em 1950 só existiam sete cidades com mais de 5 milhões de habitantes. Observe a evolução das megalópoles na tabela 4.

Tabela 4

Mundo e regiões: número de megalópoles de mais de 8 milhões de habitantes — 1975, 1995 e 2015

Região	1975	1995	2015
Mundo	11	23	36
Regiões desenvolvidas	6	6	6
Regiões menos desenvolvidas	5	17	30
África	0	1	2
Países árabes	0	1	1
Ásia	4	13	22
Europa	2	2	3
América Latina e Caribe	3	4	6
América do Norte	2	2	2

Fonte: *O Correio da Unesco*. ago. 1999.

Classificação das cidades

As cidades podem ser classificadas sob diferentes aspectos, por exemplo, quanto ao sítio, à situação, à função e à origem.

Sítio urbano é o local (no sentido topográfico) onde a cidade nasceu, é o "assoalho" da cidade. Assim temos, por exemplo, cidades cujo sítio é uma acrópole ou colina (Atenas e São Paulo), uma planície (Manaus e Paris), um planalto (Brasília e Madri) ou uma montanha (Campos do Jordão e Serra Negra). Veja as figuras 9, 10 e 11.

Figura 9

CID

Situada na planície do Rio Sena, a capital francesa, Paris (na foto, na década de 1990), é um centro urbano de grande influência cultural.

Figura 10

WAGNER SANTOS/KINO

Brasília, em 1999: um exemplo de cidade planejada, situada no Planalto Central brasileiro.

Figura 11

JUCA MARTINS/OLHAR IMAGEM

La Paz, em 1997: capital administrativa da Bolívia, é a capital mais alta do mundo, situada a 3.360 metros de altitude.

Situação urbana é a posição que a cidade ocupa em relação aos fatores naturais ou geográficos da sua região. A posição da cidade normalmente exerce grande influência no seu desenvolvimento. Considerando, então, esse aspecto, temos, por exemplo, cidades fluviais (Paris e Manaus), de entroncamento ferroviário (Chicago e Bauru), marítimas (Amsterdã e Rio de Janeiro).

A **função** de uma cidade é definida por sua atividade básica ou principal. Sob esse aspecto, as cidades são classificadas em comerciais (Londres, São Paulo e Campina Grande), industriais (Detroit, Volta Redonda, São Bernardo do Campo), administrativas (Washington e Brasília), religiosas (Vaticano, Aparecida do Norte), militares (Pearl Harbor e Resende), turísticas (Las Vegas e Olinda) etc.

Quanto à **origem**, as cidades são classificadas em dois tipos. As **espontâneas** são aquelas que surgiram naturalmente a partir de pequenos núcleos ou povoados. A quase totalidade das cidades pertence a essa categoria. As **planejadas** são aquelas surgidas a partir de um plano, por exemplo, Madri, Washington e Brasília.

Rede urbana

As relações que as cidades estabelecem entre si geram uma divisão territorial de funções articuladas, que constitui uma **rede urbana**, ou seja, a localização e a especialização funcional estabelecem uma hierarquia entre cidades grandes, médias e pequenas. A cidade grande (com setor terciário muito desenvolvido) exerce polarização e influência sobre as menores e sobre o meio rural, atraindo consumidores e mão-de-obra e distribuindo bens e serviços (não encontrados em localidades menores) para toda a área sob seu raio de influência.

Maior nível hierárquico significa maior capacidade de atingir mercados mais distantes. As cidades com economia mais diversificada lideram a rede urbana. As metrópoles, por exemplo, oferecem uma gama muito ampla de bens e serviços, desde os mais simples (alimentos, roupas) até os mais avançados ou sofisticados (aviões, universidades, centros de pesquisas, *shoppings*).

O quadro 1 ilustra uma das classificações de hierarquia urbana. Vamos analisá-lo. Neste exemplo, a metrópole regional oferece todos os bens e serviços (desde *abcd* até *qrst*) consumidos pela população. A capital regional, por ser um centro inferior à metrópole nessa hierarquia, oferece todos os bens e serviços, exceto os do conjunto *abcd*. O centro local, o último na hierarquia, só oferece os bens e serviços representados pelas letras *qrst*. Trata-se, geralmente, de bens e serviços de consumo muito freqüente (alimentos, roupas, calçados, postos de saúde, escolas de ensino fundamental).

Quadro 1

Exemplo de hierarquia urbana

Centros	Bens e serviços				
Metrópole regional	abcd	efgh	ijkl	mnop	qrst
Capital regional	efgh	ijkl	mnop	qrst	
Centro sub-regional	ijkl	mnop	qrst		
Centro de zona	mnop	qrst			
Centro local	qrst				

Fonte: CORREA, Roberto Lobato. *A rede urbana*. São Paulo, Ática, 1994. p. 23.

Nos países desenvolvidos, onde o processo de urbanização é mais avançado, existem redes urbanas amplas e complexas. Nelas, a articulação entre os centros urbanos encontra-se bem estruturada, com intensa circulação de mercadorias, pessoas, idéias. Nesses países estão presentes as várias classes da hierarquia urbana: metrópoles, capitais regionais etc.

Nos países subdesenvolvidos, por causa da debilidade da economia, em geral as redes urbanas são mais simples e a hierarquia urbana incompleta, pois nem sempre existem as diferentes categorias.

AVALIE SEU APRENDIZADO

Construindo conhecimento

Planejando uma cidade

1 Junto com o grupo, imaginem, discutam e planejem uma cidade, primeiramente no papel. Para isso, considerem os seguintes aspectos:

a) sítio urbano, função principal, quantidade de pessoas;

b) localização e especialização de cada bairro (comércio, indústria, administração, serviços, residências etc.);

c) localização de equipamentos urbanos como praças, avenidas, jardins, ruas, escolas, correio, serviço médico-hospitalar, centros culturais e esportivos etc.;

d) medidas para evitar problemas sociais como mendicância, falta de empregos, subemprego, abandono infantil, falta de moradias, violência urbana;

e) planejamento do fluxo de pessoas e mercadorias (vias de circulação expressas, rodovias, ferrovias, hidrovias, transporte marítimo e aeroviário, pontes, viadutos, vias marginais, integração urbana com as vias de circulação e os meios de transporte mais adequados).

2 Justifiquem suas escolhas em relação à questão **1b** e à questão **1e**.

3 Façam o desenho ou a maquete da cidade que planejaram.

4 Exponham o trabalho feito para os outros grupos, apresentando argumentos que justifiquem a boa qualidade de vida (saúde, habitação, escolaridade, pouca poluição etc.) e a boa estrutura de prestação de serviços que ela oferece, o excelente planejamento urbano, a eficiente e racional distribuição de mercadorias e as boas condições sociais da cidade que vocês planejaram e construíram.

Fixando o conteúdo

5 Em menos de 200 anos a humanidade passou de essencialmente rural para majoritariamente urbana. Discuta com seus colegas a seguinte questão: a cidade em que você vive é auto-suficiente, ou seja, produz tudo aquilo de que necessita? Explique sua resposta.

6 A cidade pode ser definida a partir de um certo número de habitantes ou como a sede de um município. Considere a cidade sede de seu município e responda:

a) Que palavras você associaria a essa cidade?

b) Quanto ao barulho, você diferencia ruídos humanos, naturais e de máquinas? Cite alguns exemplos.

c) Você consegue identificar em sua cidade a segregação espacial? Explique por que e onde ocorre.

d) Na paisagem da cidade existem construções que testemunham tempos passados? Quais?

7 Observando a figura 2, cite as três principais aglomerações previstas para o ano de 2015, em cada continente.

8 Faça um texto relacionando as palavras urbanização, industrialização, êxodo rural e modernização do campo.

9 Compare o processo de urbanização dos países desenvolvidos com o dos subdesenvolvidos em relação à época histórica, à dinâmica de integração do meio rural e urbano e aos índices de urbanização.

10 De que forma a resolução dos problemas urbanos dos países subdesenvolvidos está intimamente relacionada com a introdução de melhorias no campo e com a fixação do homem à terra?

11 Leia as definições a seguir e identifique a que conceitos elas se referem.

a) Conjunto de municípios contíguos e integrados socioeconomicamente a uma cidade central.

b) Crescimento da população urbana superior ao da população rural.

c) Junção de duas ou mais cidades próximas, por causa do crescimento.

d) Vasta região urbanizada, resultante do encontro de duas ou mais metrópoles, conhecida como conurbação.
e) Principal e mais bem equipada cidade de um país.
f) Principal e mais bem equipada cidade de uma região.

12 A atividade básica ou principal de uma cidade define sua função. Qual é a função de cada uma das seguintes cidades: Londres, Detroit, Brasília, Vaticano, Las Vegas?

COMPLEMENTAÇÃO DO ESTUDO

Leituras

ALVES. Júlia Falivene. *Metrópole: cidadania e qualidade de vida.* São Paulo, Moderna, 1992. (Coleção Polêmica)
CARLOS, Ana Fani A. *A cidade.* São Paulo, Contexto, 1992. (Coleção Repensando a Geografia)
DAVIS, Kingsley e outros. *Cidades: a urbanização da humanidade.* Rio de Janeiro, Zahar, 1972.
MACEDO, José Rivair. *Viver nas cidades medievais.* São Paulo, Moderna, 1999. (Coleção Desafios)
MOURA, R. e ULTRAMARI, C. *O que é periferia urbana.* São Paulo, Brasiliense, 1996. (Coleção Primeiros Passos)
RODRIGUES, Arlete Moysés. *Moradia nas cidades brasileiras.* São Paulo, Contexto/Edusp, 1988. (Coleção Repensando a Geografia)
RODRIGUES, Rosicler Martins. *Cidades brasileiras: o passado e o presente.* 5. ed. São Paulo, Moderna, 1994. (Coleção Desafios)
SPOSITO, Maria Encarnação B. *Capitalismo e urbanização.* São Paulo, Contexto, 1988. (Coleção Repensando a Geografia)

Sites

- *http://www.cidades.com.br/fale.htm* Página com informações sobre as cidades brasileiras, com bate-papo, seção Fale sobre sua cidade, dicas de turismo.
- *http://www.comciencia.br/* Revista eletrônica de jornalismo científico, divulga informes sobre urbanização, impactos ambientais urbanos, desigualdades sociais nas cidades dos países subdesenvolvidos etc.
- *http://www.cidadesdobrasil.com.br/index.htm* *Site* da revista *Cidades do Brasil*, traz artigos sobre urbanismo, gestão das cidades, saneamento, turismo, meio ambiente.

CAPÍTULO 7 A urbanização brasileira

1 Introdução

A industrialização, a oferta de empregos, o crescimento das cidades e as mudanças que repercutiram no meio rural (mecanização, concentração fundiária, desemprego, produção voltada para as necessidades urbanas) explicam o crescente esvaziamento populacional do campo no Brasil.

Em 1940, apenas 31% dos brasileiros viviam em cidades, contra 69% no meio rural. O processo de urbanização intensificou-se a partir da década de 1950. Em 1980, a situação se invertera: 67,5% estavam vivendo em cidades, e somente 32,5% na área rural.

O Brasil tornou-se urbanizado por volta de 1970. Em seis décadas (1940-2000), a população rural brasileira passou de 28,3 para 31,8 milhões de pessoas (aumento de 12,4%), enquanto a urbana passou de 12,8 para 137,6 milhões de pessoas (aumento de 1.006%).

Os **municípios** no Brasil, em geral, abrangem áreas urbanas e rurais. Em alguns, a área urbana cresceu de tal forma que englobou quase todo o território municipal, como ocorreu em São Caetano e Osasco, na Região Metropolitana de São Paulo.

2 Histórico da urbanização brasileira

O processo de urbanização no Brasil teve início em 1532, com a fundação da Vila de São Vicente, no litoral paulista. Salvador, a primeira cidade brasileira, foi fundada em 1549.

No século XVI, havia aqui apenas três cidades, todas elas situadas junto ao litoral: Salvador, a capital; Rio de Janeiro (fundada em 1565); e Nossa Senhora das Neves, atual João Pessoa (fundada em 1585). Existiam ainda 14 vilas, dentre as quais São Vicente (1532) e São Paulo (1554).

O primeiro surto de urbanização verificou-se no século XVIII, com o ciclo da mineração. A atividade mineradora contribuiu para esse processo por vários motivos: provocou a transferência da capital da colônia, de Salvador para o Rio de Janeiro (1763), e o deslocamento do eixo produtivo do Nordeste açucareiro para o Sudeste aurífero; originou inúmeras vilas e cidades (Vila Rica, Mariana, São João del Rei, Diamantina, Cuiabá e outras); e promoveu a interiorização do crescimento econômico do país.

Após a chegada da família real (1808) e, principalmente, após a Independência do Brasil (1822), iniciou-se outra etapa na evolução urbana do país. Em virtude da expansão cafeeira, o sudeste, principalmente os atuais estados do Rio de Janeiro (figura 1) e de São Paulo, conheceu um rápido crescimento urbano.

Em 1872, data do primeiro recenseamento oficial no Brasil, a cidade do Rio de Janeiro (275 mil habitantes) já estava com o dobro da população de Salvador (129 mil habitantes). Ocupou a primeira posição no

Figura 1

Rio de Janeiro, cidade litorânea, é a segunda mais populosa do Brasil (foto da década de 1990).

cenário nacional até a primeira metade do século XX, como capital do país, centro portuário e comercial.

Até 1850, o atual município de São Paulo era ocupado por chácaras. Sua área central urbanizou-se, principalmente, graças às atividades ligadas ao café: agências bancárias, casas de venda e de exportação. Com a instalação de indústrias, em especial no início do século XX, a cidade de São Paulo assumiu o comando da vida econômica nacional.

A tabela 1 refere-se à evolução da urbanização brasileira.

Tabela 1

Brasil: cidades mais populosas — 1950, 1960 e 2000

Cidade	População 1950	1960	2000[1]
Rio de Janeiro	2.377.451 (1ª)	3.281.908 (2ª)	5.851.914 (2ª)
São Paulo	2.198.096 (2ª)	3.781.446 (1ª)	10.405.867 (1ª)
Recife	524.682 (3ª)	788.336 (3ª)	1.421.993 (8ª)
Salvador	417.235 (4ª)	649.453 (5ª)	2.440.828 (3ª)
Porto Alegre	394.151 (5ª)	635.125 (6ª)	1.360.033 (10ª)
Belo Horizonte	352.724 (6ª)	683.908 (4ª)	2.232.747 (4ª)
Fortaleza	270.169 (7ª)	507.108 (7ª)	2.138.234 (5ª)

[1] População residente nos municípios das capitais.
Fonte: IBGE. *Anuário estatístico do Brasil*, 1984 e 2001.

Características da urbanização brasileira no século XX

Desde o início do processo de colonização, as cidades concentraram-se na faixa litorânea. A quase totalidade das cidades brasileiras são **cidades espontâneas**, que surgiram de pequenos núcleos ou povoados. Há também algumas **cidades planejadas**, como Belo Horizonte, Brasília e Goiânia.

A partir dos anos 1960, o poder público passou a intervir decisivamente na organização do espaço brasileiro. O projeto desenvolvimentista tinha como objetivos, além da integração nacional, a modernização do território e o desenvolvimento da economia capitalista. Para tanto era necessário expandir a indústria e construir uma sociedade de consumo predominantemente urbana. Esse processo provocou certa dispersão das cidades.

> "[...] Políticas espaciais explícitas, vultosos investimentos deram respaldo à urbanização, como estratégia do desenvolvimento do território; um aspecto da questão urbana pode ser remetido a essa proposta de construir um Brasil urbano. Além da implantação de hidroelétricas, portos, aeroportos, dutos e canais e de grandes projetos industriais, apoiados em financiamento externo, a expansão da rede de energia, de estradas e de comunicações foi um meio de eliminar barreiras à circulação do capital, que teve então um expoente na indústria automobilística."
>
> DAVIDOVICH, Fany. A questão urbana. In: IBGE. *Atlas nacional do Brasil*. 3. ed. Rio de Janeiro, 2000. p. 147.

Segundo o IBGE, em 2000, o percentual de população urbana elevou-se para 81,2, bem próximo dos percentuais encontrados em países desenvolvidos: 137,6 milhões de pessoas viviam em áreas urbanas no Brasil.

As três capitais mais populosas — São Paulo, Rio de Janeiro e Salvador — concentravam, em 2000, 46,3% da população total residente nos municípios das capitais brasileiras. Observe as figuras 2 e 3.

Figura 2

São Paulo, a cidade brasileira mais populosa e urbanizada. Vista do bairro de Santa Cecília, em 1999.

Figura 3

BRASIL: CIDADES MAIS POPULOSAS — 2000

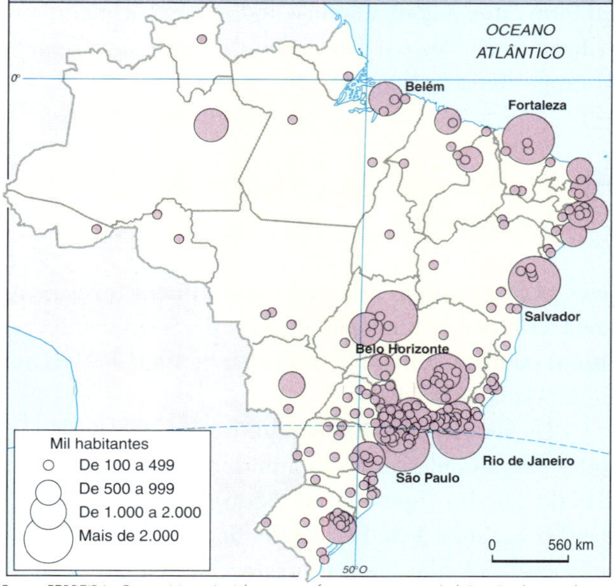

Fonte: FERREIRA, Graça Maria L. *Atlas geográfico: espaço mundial*. São Paulo, Moderna, 2003. p. 23.

O rural e o urbano

Diversos pesquisadores brasileiros questionam os critérios utilizados para distinguir o que realmente é urbano, o que é essencialmente rural e os limites entre esses conceitos.

A tendência é a urbanização cada vez maior do meio rural, com a instalação de muitas indústrias, que fogem dos altos custos das cidades. Além disso, o campo apresenta novas alternativas de trabalho não-rural nas áreas de prestação de serviços, construção, turismo, lazer (pesqueiros, hotéis-fazendas). A população rural economicamente ativa soma 25 ou 26 milhões de pessoas, das quais 20 milhões dedicam-se à agropecuária, combinando-a com outras atividades. Essa parcela da população que trabalha em atividades agropecuárias diminui a cada ano. Por outro lado, muitos agricultores residem nas cidades, mas trabalham na sua terra; já outros moram na área rural e trabalham na cidade. Leia o texto do boxe "O Brasil é menos urbano do que se calcula".

A urbanização nas regiões brasileiras

A Região Sudeste, por concentrar o maior parque fabril do país, constitui pólo de atração de migrantes de diversas regiões para suas principais cidades. A mecanização das atividades rurais é um fator de aceleração das migrações para a cidade, no interior da própria região.

A elevada taxa de urbanização (72,8%) na Região Sudeste, em 1970, foi o fator que mais contribuiu para transformar o Brasil em país urbano, ou seja, sua população urbana (56%) superou a rural (44%).

Nos censos de 1960 e 1970, apenas a Região Sudeste aparecia como urbana. Foi só a partir do Censo de 1980 que as demais regiões se incluíram nessa categoria. Observe a tabela 2.

Tabela 2

Brasil: população urbana regional e nacional — 1940-2000 (%)

Região	1940	1950	1960	1970	1980	1991	2000
Norte	27,7	31,5	37,8	45,1	51,5	57,8	69,8
Nordeste	23,5	26,4	34,2	42,0	50,5	60,6	69,4
Sudeste	39,4	47,5	57,3	72,8	82,5	88,0	90,5
Centro-Oeste	21,5	24,4	35,0	48,3	68,0	80,8	86,7
Sul	27,7	29,5	37,6	44,6	62,5	74,2	80,9
Brasil	31,2	36,2	45,1	56,0	67,5	76,5	81,2

Fontes: IBGE. *Anuários estatísticos*; e *Tendências demográficas: uma análise dos resultados da sinopse preliminar do Censo demográfico 2000*. Rio de Janeiro, 2001. p. 16.

O Brasil é menos urbano do que se calcula

"[...] a partir de 1991 o IBGE definiu três **categorias de áreas urbanas** (urbanizadas, não-urbanizadas e urbanas-isoladas) e quatro tipos de **aglomerados rurais** (extensão urbana, povoado, núcleo e outros).

Todavia, em vez de abolida ou amenizada, acabou sendo fortalecida pela nova nomenclatura essa rígida e vetusta convenção de que toda sede de município é necessariamente espaço urbano, seja qual for sua função, dimensão ou situação.

Nada disso teria muita importância se fossem poucos os casos de sedes municipais que exercem irrisória pressão antrópica sobre ecossistemas pouco artificializados, às vezes quase intocados.

No entanto, a grande maioria dos municípios brasileiros tem essas características. Basta dizer que em 70% deles as densidades demográficas são inferiores a 40 hab./km^2, enquanto o parâmetro da OCDE para que uma localidade seja considerada urbana é de 150 hab./km^2.

Por este critério, apenas 411 dos 5.507 municípios brasileiros existentes em 2000 seriam considerados urbanos.

[...]

A distorção chega a tal ponto, que mesmo populações indígenas ou guardas florestais de áreas de preservação são considerados urbanos caso suas ocas ou palhoças estejam no interior do perímetro de alguma sede municipal ou distrital.

São inúmeros os casos de municípios com população irrisória e ínfima densidade demográfica, mas com altíssima 'taxa de urbanização'.

Por exemplo, municípios como Ipuá (SP), Paranapoema (PR), Itapoá (SC) ou Minas do Leão (RS) têm menos de 12 mil habitantes e menos de 35 por km^2, mas 'taxa de urbanização' superior a 90%.

Isso para não citar municípios como Vitória do Jari (AP), com 8.550 habitantes, 0,3 por km^2, mas 80% de 'urbanização'."

VEIGA, José Eli da. *O Estado de S. Paulo*, 30 jun. 2001.

3 Metropolização no Brasil

No Brasil desenvolveu-se uma **urbanização concentradora**, isto é, com a formação de grandes cidades e metrópoles.

O Censo de 2000 mostrou que a população brasileira ainda se concentra nas grandes cidades e nas metrópoles. Em 1970, as regiões metropolitanas reuniam 24,3 milhões de pessoas; em 2000, passaram a contar com 67,8 milhões de pessoas, ou seja, essa população quase triplicou em três décadas, representando 40% do total do país.

No entanto, a população das capitais estaduais vem crescendo mais lentamente do que a do país. Trata-se de um dado recente e importante, porque as grandes cidades ficam um pouco mais aliviadas dos problemas gerados pelo excesso de população.

Desmetropolização

Em conseqüência das precárias condições de vida, da falta de emprego e da transferência de pessoas e indústrias para as cidades médias na década de 1990, manifesta-se uma reversão no crescimento das metrópoles, fenômeno denominado por alguns de **desmetropolização**.

Indústrias e empresas ligadas ao setor de serviços cada vez mais escolhem localizações geográficas alternativas às saturadas metrópoles do Centro-Sul. Cidades como Campinas, São Carlos, Ribeirão Preto, Goiânia, Florianópolis, além de diversas capitais nordestinas, estão entrando definitivamente no mapa das empresas nacionais e estrangeiras. Com a reativação da economia, novos contingentes populacionais são atraídos para essas localidades.

Apesar de as capitais da Região Sudeste ainda concentrarem cerca de 46,50% da população das capitais brasileiras, as das outras regiões vêm aumentando sua participação. De 1991 a 2000, as que apresentaram as maiores taxas de crescimento populacional foram Palmas (TO), Macapá (AP), Boa Vista (RR), Rio Branco (AC). Palmas, capital do estado de Tocantins desde 1º de janeiro de 1990, mostrou um crescimento populacional de quase 20% só no período de 1980 a 1991. Observe a figura 4.

No ciclo de urbanização da década de 1990, cidades menores surgiram como pólos de desenvolvimento graças à agroindústria, à instalação de fábricas, ao aumento do turismo e da oferta de empregos. Estão nesse grupo Resende (RJ), São José dos Pinhais (PR), São Carlos (SP) e cidades do litoral brasileiro.

Em 2000, embora a população do estado de São Paulo ainda apresente uma média anual de crescimento de 1,78%, vem sendo suplantada pela das regiões metropolitanas nos estados do Amazonas (3,43%), Pará (2,54%), Mato Grosso (2,37%), e pelo Distrito Federal (2,77%).

Figura 4

DELFIM MARTINS/PULSAR

A cidade de Palmas, capital do estado de Tocantins, apresenta grande expansão territorial e crescimento populacional. Vista para o Palácio do Governo na região central, em 1999.

Formação das regiões metropolitanas

Em 1973, foi promulgada uma lei federal que criou e regulamentou as **áreas** ou **regiões metropolitanas**. Com essa medida, os problemas de infra-estrutura (transportes, saneamento etc.), antes vistos isoladamente, passariam a ser estudados e solucionados em conjunto, tornando-se objeto de um planejamento central.

Embora constituídas com a finalidade de integração e para oferecer serviços públicos e solucionar problemas de infra-estrutura comuns, na maior parte das vezes as regiões metropolitanas crescem sem planejamento e articulação dos diversos municípios. Assim, elas não conseguem resolver com eficiência seus problemas comuns, como destinação do lixo, tratamento de esgoto, captação de água.

Nas regiões metropolitanas de São Paulo, Rio de Janeiro e Belo Horizonte encontram-se as maiores concentrações de população (20% do total do país). Observe o mapa (figura 5, na página ao lado).

Devido ao intenso crescimento da urbanização, os limites urbanos de vários municípios (capitais estaduais, principalmente) encontraram-se com os de municípios vizinhos, configurando as chamadas **conurbações**.

A formação da Área Metropolitana de São Paulo, a maior do país, resultou do encontro ou conurbação entre São Paulo e cidades vizinhas, como São Caetano do Sul, Santo André, São Bernardo do Campo, Guarulhos, Osasco. Essa Região Metropolitana abrangia, em 2000, 39 municípios e concentrava 17.834.664 pessoas, número superior ao da população total dos Países Baixos (15,8 milhões de habitantes).

Em 1991 havia apenas nove regiões metropolitanas no Brasil. Na tabela 3 estão relacionadas as 22 regiões metropolitanas listadas pelo IBGE em 2000, mais a Região Integrada de Desenvolvimento do Distrito Federal e Entorno.

Figura 5

BRASIL: REGIÕES METROPOLITANAS — 2002

Fonte: IBGE. *Atlas geográfico escolar*. Rio de Janeiro, 2002. p. 155.

Os mapas a seguir (figuras 6, 7 e 8) destacam as regiões metropolitanas de Belo Horizonte, São Paulo e Rio de Janeiro.

Figura 6

GRANDE BELO HORIZONTE

Fonte: IBGE. *Atlas nacional do Brasil 2000*. p. 154-155.

Tabela 3

Brasil: regiões metropolitanas — 2000

Região Metropolitana (RM)	População da RM	Número de municípios	% no total da população Do estado	Do país
Belém	1.794.981	5	29,0	1,0
Grande São Luís	1.068.436	4	18,9	0,6
Fortaleza	2.975.703	13	40,1	1,7
Natal	1.040.169	6	37,5	0,6
Recife	3.335.704	14	42,1	1,9
Maceió	987.973	11	35,0	0,5
Salvador	3.018.285	10	23,1	1,7
Belo Horizonte[1]	4.811.760	48	26,9	2,8
Vale do Aço[1]	562.555	26	3,1	0,3
Grande Vitória	1.435.788	6	46,0	0,8
Rio de Janeiro	10.872.768	19	75,6	6,4
São Paulo	17.834.664	39	48,2	10,1
Baixada Santista	1.474.665	9	3,9	0,8
Campinas	2.333.230	19	6,3	1,3
Curitiba	2.725.629	25	28,5	1,6
Londrina	647.760	6	6,7	0,3
Maringá	473.898	8	4,9	0,2
Florianópolis[2]	815.163	22	15,2	0,4
Vale do Itajaí[2]	538.314	14	10,0	0,3
Norte-nordeste catarinense[2]	925.332	22	17,3	0,5
Porto Alegre	3.655.834	28	35,9	2,1
Goiânia	1.636.465	11	32,7	0.9
Distrito Federal	2.943.420	22	—	1,7

[1] Incluindo o colar metropolitano da Região Metropolitana. [2] Incluindo a área de expansão metropolitana da Região Metropolitana.

Fonte: IBGE. *Tendências demográficas: uma análise dos resultados da sinopse preliminar do Censo Demográfico 2000*. p. 19.

Figura 7

Fonte: IBGE. *Atlas nacional do Brasil 2000*. p. 154

Figura 8

Fonte: IBGE. *Atlas nacional do Brasil 2000*. p. 154.

Das metrópoles às megalópoles

O estágio seguinte ao da formação das metrópoles e regiões metropolitanas é o da formação de **megalópoles**.

No Brasil, o intenso processo de urbanização das últimas décadas está formando sua primeira megalópole. Trata-se da expressiva aglomeração urbana ao longo do Vale do Paraíba, entre as duas maiores metrópoles: São Paulo e Rio de Janeiro. Ela envolve mais de 30 milhões de pessoas. Observe a figura 9.

Além das cidades do Vale do Paraíba e daquelas que formam as regiões metropolitanas de São Paulo e do Rio de Janeiro, a megalópole deve incorporar outras importantes cidades, como Campinas, Jundiaí e Itu, em São Paulo, e Petrópolis e Teresópolis, no Rio de Janeiro.

4 Hierarquia e rede urbanas no Brasil

A **hierarquia urbana** é estabelecida de acordo com a capacidade de alguns centros urbanos de liderar e influenciar outros por meio da oferta de bens e serviços à população.

No Brasil, o IBGE identifica a seguinte hierarquia urbana: **metrópole nacional** (cidade principal e mais bem equipada, influencia todo o território), **metró-**

Figura 9

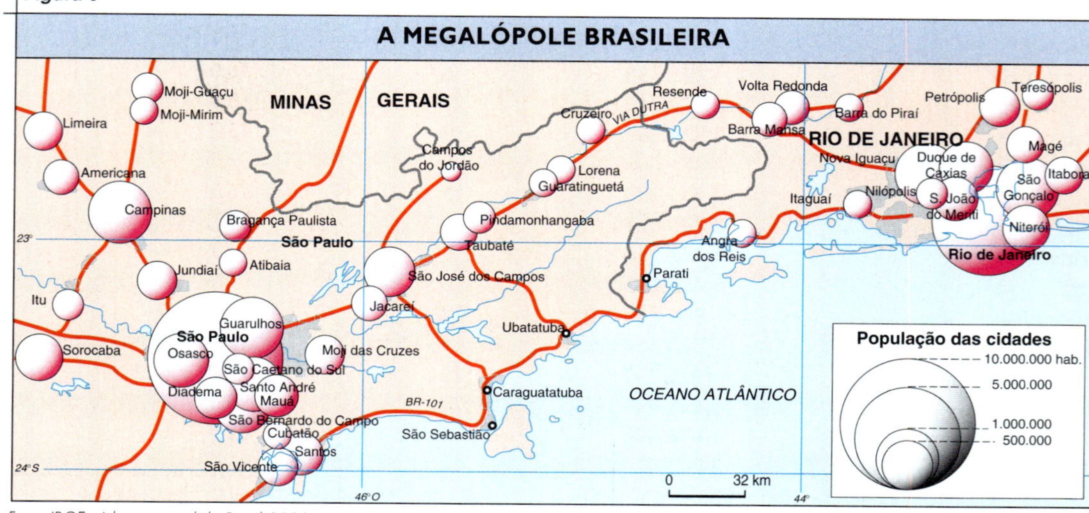

Fonte IBGE. *Atlas nacional do Brasil 2000*. p. 157.

pole regional (cidade importante e com mais equipamentos de uma região, influencia certa porção ou região do país), centro submetropolitano, capital regional e centros locais.

São Paulo e Rio de Janeiro são cidades globais, estão integradas às redes mundiais e sediam grandes empresas transnacionais. São Paulo, além de comandar as principais atividades produtivas do país, constitui um pólo financeiro, comercial e de serviços.

Em 1990, o Brasil contava com sete metrópoles nacionais — Fortaleza, Recife, Salvador (figura 10, ao lado), Belo Horizonte, Brasília, Curitiba e Porto Alegre — e três regionais — Manaus, Belém e Goiânia.

Há várias cidades que, embora não estejam legalmente na classe das metrópoles regionais, nela já podem se incluir. São as **metrópoles regionais incompletas**, por exemplo, as cidades de Londrina, Campinas e São José dos Campos.

Além dessas categorias, existem os **centros regionais**, cidades que exercem influência sobre as áreas urbanas vizinhas, como Florianópolis, Santos, Vitória, Campo Grande, Cuiabá, Maceió e Teresina, e os **centros sub-regionais ou locais**, cidades de menor importância. A figura 11 refere-se à rede urbana brasileira atual.

Figura 10

JUCA MARTINS/PULSAR

Salvador, na Bahia (foto de 2001), é a terceira maior capital em população no Brasil.

Figura 11

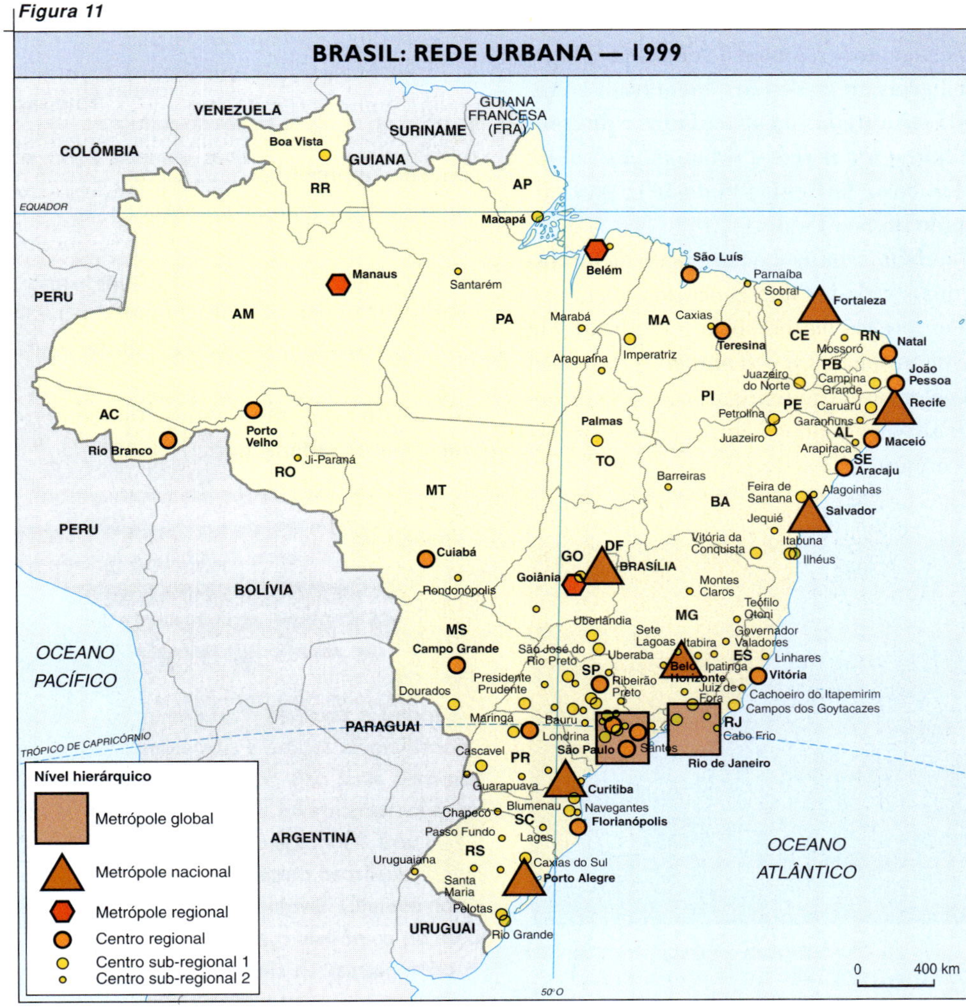

Fonte: IBGE. *Anuário estatístico do Brasil 2000*. p. 1-180.

A rede urbana brasileira

Embora marcada pela presença de um número considerável de grandes cidades e metrópoles (figura 12), a rede urbana brasileira ainda está longe de alcançar a articulação e a complexidade existentes nas redes urbanas dos países desenvolvidos.

Fatores como a grande extensão territorial e a fraca disseminação da industrialização pelo território nacional ajudam a explicar por que a rede urbana encontra-se em processo de formação e de consolidação, com as seguintes características:

- é pouco desenvolvida e apresenta fortes disparidades regionais (muito concentrada no Sudeste);
- é pouco densa (número de cidades por área) e marcada por acentuadas descontinuidades espaciais (existência de vazios urbanos);
- apresenta reduzida articulação e fraca intensidade de relações entre os centros urbanos (comunicações, transportes, trocas comerciais);
- sua organização hierárquica é fraca, ou seja, nem sempre são encontradas as diferentes categorias hierárquicas (metrópoles, centros regionais, centros locais).

Apenas em certas áreas do país encontram-se redes urbanas bem estruturadas ou articuladas e de complexidade semelhante à das redes urbanas nos países desenvolvidos. É o caso da Região Sudeste e, particularmente, do estado de São Paulo.

No Brasil também acontece o fenômeno da **terciarização**. Em algumas cidades tem ocorrido a diminuição da oferta de empregos na indústria (em virtude da modernização e da automação) e o aumento da oferta de empregos no setor terciário (expansão do comércio, das atividades de serviço ligadas à introdução da informática, das telecomunicações etc.).

Figura 12

DELFIM MARTINS/PULSAR

Porto Alegre integra e articula 28 cidades em uma região metropolitana. Na foto, vista da região central, do porto e do delta do Rio Jacuí, em abril de 2003.

Para aumentar a sua rentabilidade, as indústrias estabelecem uma integração com o setor terciário: necessitam de tecnologia e transporte rápido, utilizam a informática, serviços de *marketing* e de consultoria para vendas e exportações.

5 O espaço urbano: problemas e reforma

Além do aumento populacional e da imigração, muitas cidades brasileiras vêm passando por um crescimento físico: o perímetro urbano expande-se e várias áreas são incorporadas às periferias. Sem controle ou planejamento, as cidades esparramam-se e bairros surgem de modo desordenado, transformando regiões pouco povoadas, ou mesmo áreas rurais, em densos aglomerados urbanos.

Muitas cidades, como São Paulo e a maior parte das outras na Grande São Paulo, praticamente já atingiram seu limite territorial, englobando quase todas as áreas rurais e os espaços vazios.

As classes sociais menos favorecidas, que não podem comprar um terreno nem alugar um imóvel nas áreas nobres (valorizadas pela especulação imobiliária), são empurradas para espaços ainda não ocupados, como morros, mangues, margens de rios, aumentando os loteamentos irregulares. O crescimento das cidades, principalmente na periferia, quase nunca é acompanhado por boa qualidade de vida. Veja a figura 13.

Na **cidade informal** ou "oculta" concentram-se os problemas urbanos, e sua população engrossa as estatísticas dos desempregados, dos subempregados, da violência. A **cidade formal**, preocupada com a violên-

Figura 13

JUCA MARTINS/OLHAR IMAGEM

Com o crescimento das cidades, novos espaços são incorporados, muitas vezes sem planejamento (sem esgoto, iluminação, asfalto), como na periferia de Belo Horizonte (MG, 1992).

cia, cerca-se de muros, guaritas, equipamentos de segurança (alarme, interfones, câmeras), acentuando a segregação espacial.

Como conseqüência dessa situação, aumentam os problemas sociais e econômicos, como a economia informal, a pobreza, a exclusão social, o número de moradores de favelas e dos sem-teto. Também agravam-se as questões ambientais, como as invasões de terrenos, os loteamentos clandestinos, os desmatamentos, a ocupação de áreas de preservação ou de mananciais ou as de risco (encostas), a poluição, o trânsito ruim, a falta de saneamento e de coleta de lixo.

Outra conseqüência do crescimento urbano desordenado é a freqüente disseminação de doenças, por exemplo, a meningite. O desmatamento e a diminuição das áreas verdes aumentam a impermeabilização dos solos. Esse fato, aliado ao acúmulo de lixo (pneus, tampas, embalagens vazias), possibilita o empoçamento das águas da chuva e a proliferação de epidemias, como a dengue. Também acarreta grandes enchentes, que transportam, nos esgotos a céu aberto, material contaminado e moléstias, como a leptospirose.

As favelas multiplicam-se nas áreas urbanas. No Censo de 2000, o IBGE contou 3.905 favelas no país, número 22,5% maior do que o registrado nove anos antes. A Região Metropolitana de São Paulo revela a maior concentração de favelas. O Rio de Janeiro aparece em segundo lugar. Veja a figura 14.

A violência é outro grande problema urbano. Segundo o IBGE, aumentou a proporção de mortes por conta da violência entre adolescentes e jovens (15 a 19 anos). Em 1992, homicídio, suicídio e acidente de trânsito compu-

Figura 14

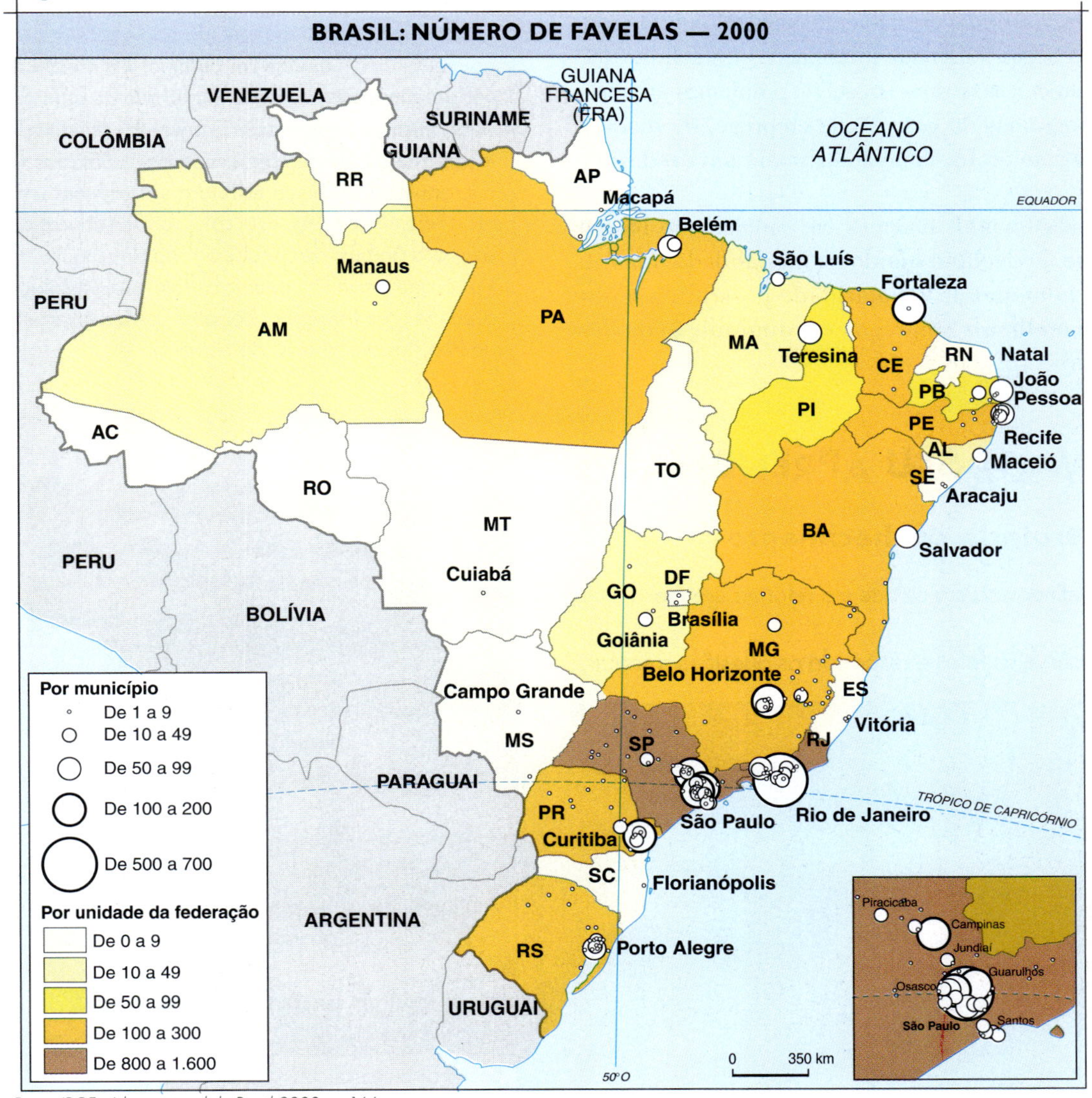

Fonte: IBGE. *Atlas nacional do Brasil 2000*. p. 166.

nham as principais causas das mortes nessa faixa etária, participando com 63%. Em 1998, continuavam como a principal causa, mas a participação aumentou para 68%.

A violência não cresceu de maneira uniforme no país; concentrou-se na periferia dos grandes centros, como São Paulo e Rio de Janeiro. Aí os índices de criminalidade são sensivelmente maiores do que em áreas consideradas nobres.

Reforma urbana

O crescimento rápido e desordenado das periferias e favelas expande os bolsões de miséria e pobreza nos grandes centros urbanos.

No século XXI, torna-se mais premente a realização de uma **reforma urbana** que leve, primeiramente, à diminuição das desigualdades sociais, e oriente racionalmente o desenvolvimento socioeconômico das diversas regiões das cidades visando o crescimento espacial equilibrado. Vejamos, a seguir, algumas informações e medidas que poderiam amenizar tensões e resolver problemas urbanos.

- Programas de geração de emprego, de renda e de capacitação profissional contribuem para reduzir a violência.
- Investimentos maciços em saneamento básico refletem-se no declínio rápido da mortalidade infantil.
- O aumento da escolaridade possibilita a obtenção de melhores empregos e a diminuição da desigualdade.
- A construção de casas populares (doações de lotes) estaria na linha de solução de problemas habitacionais.
- Programas de regularização fundiária de favelas e loteamentos irregulares, e de urbanização de assentamentos.
- Políticas públicas eficientes para fixar a população no meio rural e aliviar as tensões na cidade.

No dia 10 de julho de 2001 foi sancionado o **Estatuto da Cidade** (Lei 10.257), que estabelece as diretrizes gerais da política urbana no Brasil e as normas para o estabelecimento e a execução de políticas municipais de desenvolvimento urbano.

Leia o boxe sobre Curitiba.

Curitiba: um caso bem-sucedido

A cidade de Curitiba é um exemplo positivo de urbanização, fato reconhecido nacional e internacionalmente. Por meio de um planejamento urbano inovador, conseguiu elevar a qualidade de vida de seus habitantes e implantou um programa eficiente de proteção ambiental. Algumas medidas adotadas foram: a organização de sua estrutura viária, com um sistema eficiente de transporte coletivo (corredores expressos para ônibus, de circulação rápida, segura e barata), o que permitiu reduzir a poluição; instalação de áreas verdes (parques, bosques, praças); reciclagem de lixo; fortalecimento do comércio etc.

AVALIE SEU APRENDIZADO

Construindo conhecimento

Refletindo sobre a cidade e a reforma urbana

1 Observe as fotos e responda às questões a seguir.

JOHN MAIER/IMAGINATTA

JOHN MAIER/IMAGINATTA

Bairros da cidade de Recife, Pernambuco, em 1999.

a) Cite as principais diferenças entre os dois bairros nos equipamentos instalados e nos problemas que você percebe.
b) Elabore um texto, baseado nas fotos, utilizando as palavras: segregação espacial, cidade formal e cidade informal.

2 Pensando na cidade onde você mora:
a) Faça uma lista de dez problemas que você considera que a sede de seu município apresenta.
b) Tire fotos de ruas de seu bairro que apresentem algum problema dos mencionados.
c) Imagine que esses lugares poderiam receber melhorias e que as pessoas que aí vivem poderiam ser mais felizes. Utilizando as fotos, vamos reurbanizar essas ruas, redesenhando-as em uma folha de papel e colocando os equipamentos que faltam, arborizando-as e resolvendo, nesta atividade, os problemas detectados.
d) Selecione três dos seguintes temas e procure em jornais e revistas as notícias sobre o que tem sido feito na sua cidade ou em seu município, para assegurar os direitos do cidadão a:
• ampliação do acesso à moradia;
• solução dos problemas de violência;
• programas de geração de emprego, de renda e de capacitação profissional;
• investimentos em saneamento básico;
• aumento da escolaridade e programas de educação preventiva (trânsito, drogas, violência);
• resolução de problemas sanitários (saneamento, doenças);
• redução da segregação espacial;
• movimentos culturais e de preservação do patrimônio histórico.

Fixando o conteúdo

3 Cite dois fatores que expliquem o grande crescimento urbano da Região Sudeste.

4 Dê a definição de metrópole nacional e regional.

5 Sobre as regiões metropolitanas:
a) Defina região metropolitana.
b) Por que ocorre o fenômeno da desmetropolização?
c) Onde está se formando a primeira megalópole brasileira?

COMPLEMENTAÇÃO DO ESTUDO

Leituras

ALVES, Júlia Falivene. *Metrópoles: cidadania e qualidade de vida.* São Paulo, Moderna, 1994.
CARLOS, Ana Fani A. *A cidade.* São Paulo, Contexto, 1992.
FRANCO, Sílvia Cintra. *Dinheiro público e cidadania.* São Paulo, Moderna, 1988.
RODRIGUES, Arlete Moysés. *Moradia nas cidades brasileiras.* São Paulo, Contexto, 1994.
SINGER, Paul. *Economia política da urbanização.* São Paulo, Contexto, 1998.
SPÓSITO, Eliseu Savério. *A vida nas cidades.* São Paulo, Contexto, 1994.
SPÓSITO, Maria Encarnação B. *Capitalismo e urbanização.* São Paulo, Contexto, 1998.

Sites

- *http://www.anf.org.br* Agência de Notícias da Favela, *site* com informações e reivindicações dos morros cariocas. Oferece as seções Casa da cidadania, Olhares do morro, Favelas, Bate-papo etc.
- *http://www.urbandata.iuperj.br* Banco de dados sobre a pesquisa urbana no Brasil, com artigos e outros textos sobre urbanização.
- *http://www.cidadesdobrasil.com.br* Aqui você pode ler textos relacionados à gestão das cidades e aos principais problemas urbanos (saneamento, esgotos, poluição, transportes urbanos, saúde, educação).
- *http://www.seade.gov.br* Acervo de produção e análise de informações socioeconômicas do estado de São Paulo, traz temas como política urbana, saneamento, habitação, meio ambiente, trabalho, transporte.

CAPÍTULO 8

O meio ambiente

1 Impactos da atividade humana sobre o meio ambiente

Neste capítulo aprofundaremos alguns temas sobre o meio ambiente. Em muitos outros pontos deste livro também são analisados exemplos das inúmeras e cada vez mais preocupantes interferências humanas na natureza. Já abordamos assuntos como erosão, desmatamento, lixo nuclear, exploração irracional e esgotamento de recursos naturais (solo, rios, lagos, oceanos, vegetação), alterações climáticas, métodos predatórios de agricultura, entre outros. Também discutimos soluções para os problemas como exploração dos recursos de forma mais limitada e racional, manejo correto dos solos, práticas conservacionistas na agricultura e na exploração da vegetação, utilização de fontes alternativas de energia etc.

Até o século XIX, nem o número de pessoas nem a tecnologia disponível tinham força suficiente para modificar os sistemas da Terra (ar, água, seres vivos). Foi só nos últimos 200 anos, sobretudo após a Revolução Industrial e com o grande aumento populacional, que a atividade humana começou a afetar o meio ambiente de forma significativa, assumindo proporções assustadoras nos últimos 50 anos. Veja a figura 1.

Os problemas relacionados ao meio ambiente são muito antigos, mas tanto a percepção das reais conseqüências da utilização indevida dos recursos naturais e dos efeitos globais dessas agressões, quanto a reação a eles são fatos bem mais recentes.

A partir de 1972, com a realização da Primeira Conferência Mundial sobre Meio Ambiente e Desenvolvimento — a **Conferência de Estocolmo**, na Suécia, patrocinada pela ONU —, começou a se configurar a consciência de uma crise ambiental de dimensão planetária. Nessa conferência foram estabelecidos princípios para orientar os povos na preservação do meio ambiente. Atualmente existem em todo o mundo inúmeras organizações e partidos políticos dedicados à defesa ambiental.

Em junho de 1992, no Rio de Janeiro, realizou-se a Segunda Conferência Mundial sobre Meio Ambiente e Desenvolvimento, a **ECO-92** ou **RIO-92**, da qual participaram 114 chefes de Estado, além de representantes de organismos internacionais, o FMI e o Banco Mundial. O principal objetivo da RIO-92 foi examinar a possibilidade de estabelecer direitos e obrigações gerais dos Estados em matéria ambiental. Os dois documentos mais importantes aprovados foram a Carta da Terra e a Agenda 21 (leia o texto do boxe "Recordando").

Figura 1

GEOSPACE/SPL-STOCK PHOTOS

Imagem do satélite *Landsat*, mostrando parte da Floresta Amazônica (verde) em território brasileiro, onde se vêem as marcas da extensa devastação (marrom). No ano 2001, o Brasil ainda ocupava a posição de primeiro no mundo em desmatamento.

Recordando

Carta da Terra e Agenda 21

A **Carta da Terra** é uma declaração de princípios: ela tem por finalidade orientar o comportamento econômico e ecológico dos povos e das nações no desenvolvimento e no meio ambiente.

A **Agenda 21** é um programa de ações para os governos: ela estabelece metas e diretrizes de construção do desenvolvimento sustentável com o objetivo de conter a degradação ambiental e permitir a continuidade da vida no planeta. Trata-se de uma tentativa de promover, em escala global, um novo padrão de desenvolvimento, conciliando a proteção ambiental com justiça social e crescimento econômico.

Em setembro de 2002, realizou-se em Johanesburgo (África do Sul) a Conferência das Nações Unidas sobre o Desenvolvimento Sustentável, também conhecida como **RIO+10**. Chefes de Estado de todo o mundo reuniram-se mais uma vez, agora para avaliar os dez anos transcorridos desde a RIO-92. Houve avanços de legislação, de regulamentos e de conscientização em todas as partes do globo. Em contrapartida, as ações concretas foram muito poucas. No encontro foram propostas as chamadas **Metas do Milênio**, que visam garantir, além da sustentabilidade ambiental, conquistas sociais como erradicação da fome e da pobreza extremas, melhoria das condições de vida das populações mais necessitadas etc.

2 Consumo e natureza

Com o aumento da população mundial, cresceu também a quantidade e a variedade de produtos e bens utilizados. A par disso, técnicas aprimoradas de intervenção, aproveitamento e domínio da natureza, aumentaram e diversificaram a poluição e os impactos ambientais. É certo que a Terra jamais foi tão fortemente agredida. Leia o texto do boxe abaixo.

Com base nas informações do boxe, podemos perceber que a questão da degradação-preservação ambiental é eminentemente política e econômica. Além de significar uma mudança pessoal de atitude, envolve diretamente as relações entre os países ricos e os pobres. Assim, reduzir ou eliminar esses problemas implica contrariar os interesses e afetar o bem-estar social principalmente dos países desenvolvidos e das elites dos países subdesenvolvidos.

Mais do que nunca, as instituições e leis que dirigem e afetam a política e o controle ambiental estão sob a mira da opinião pública, que propõe uma dinâmica de mudanças em escala mundial.

Crescimento econômico e meio ambiente

Segundo a ONG Worldwatch Institute (WI), o mundo está mais degradado, mas ainda tem conserto. O relatório denominado *Estado do mundo 2002* mostra que a disputa por recursos naturais — sobretudo água, petróleo, minérios e madeira — está na origem de pelo menos um quarto das 49 guerras e grandes conflitos

Será que isso é desenvolvimento?

Embora todos sejamos responsáveis pela poluição e pela degradação da natureza, a pressão que o crescimento do consumo exerce sobre o ambiente ameaça principalmente os que menos consomem.

O *Relatório do desenvolvimento humano 1998* observa que "os países industrializados modernos são os consumidores dominantes, mas a população dos países mais pobres do mundo paga, proporcionalmente, o preço mais elevado — pela poluição e pela degradação das terras, das florestas, dos rios e dos oceanos que constituem o seu sustento".

O documento registra que são os habitantes pobres de países em desenvolvimento — que geralmente vivem nas proximidades das fábricas poluentes, das estradas com maior trânsito e dos lixões — os que mais morrem em decorrência da poluição do ar e da água.

Os países desenvolvidos, por sua renda e consumo mais elevados, são responsáveis por mais da metade do aumento da utilização de recursos naturais. O relatório observa que:

- apesar de o desmatamento estar concentrado nos países em desenvolvimento, mais de metade da madeira e quase três quartos do papel dela resultantes são utilizados nos países industrializados;
- quase um bilhão de habitantes de quarenta países em desenvolvimento dependem da pesca como principal fonte de proteínas, mas frotas industriais realizam uma captura marinha devastadora (para produção de óleo e de ração para gado) que levou a um aumento dos preços e reduziu a disponibilidade de peixe para os pobres.

registrados entre 2000 e 2002. Aponta também os principais aspectos positivos e negativos relacionados à questão ambiental e ao desenvolvimento social mundial, no período 1992-2002. Por exemplo:

- **aspectos positivos**: crescimento de 30% do PIB mundial; aumento da longevidade; redução da mortalidade infantil e do analfabetismo; aumento da expectativa de vida; aumento da produção de alimentos superior ao crescimento da população; banimento dos dez principais poluentes orgânicos persistentes (POPs);
- **aspectos negativos**: a cada dia, doenças transmitidas pela água causam a morte de 14 mil a 30 mil pessoas; as mortes relacionadas com a aids multiplicaram-se por mais de seis; aumento da dívida dos países pobres (em dez anos chegou a 2,5 bilhões de dólares e cresceu mais de 34%); expansão da erosão dos solos e dos desertos; desaparecimento de florestas; aumento de 9% nas emissões dos gases relacionados ao aquecimento global e destruição da camada de ozônio; crescimento de 10% para 27% da degradação dos recifes de corais, em conseqüência da poluição e das variações bruscas de temperatura.

Observe na figura 2 alguns dos mais importantes problemas ambientais do planeta.

3 Poluição das águas oceânicas e fluviais

As águas superficiais e subterrâneas, em especial as que se encontram nas proximidades de regiões industrializadas, estão seriamente poluídas. Centenas de rios e lagos dessas áreas não possuem mais nenhum tipo de vida. Grande parte dos oceanos e mares, principalmente nas regiões costeiras, onde se concentra a maior parte da fauna marinha, encontra-se muito poluída. Os oceanos, até bem pouco tempo considerados gigantescas reservas de alimento, transformaram-se em verdadeiros depósitos de lixo da humanidade. Veja a figura 3.

Figura 3

STEVE AUSTIN; PAPILIO/CORBIS-STOCK PHOTOS

A consciência ecológica sobre a importância da manutenção dos ambientes livres de resíduos e de lixo é uma meta a ser alcançada pela humanidade. Praia poluída pelo lixo deixado por barcos de pescadores (Escócia, 1990).

Figura 2

Fonte: *O mundo hoje*. São Paulo, Ensaio, 1992-1993. p. 34-35.

Os agentes poluidores são inúmeros, podendo ir desde o mercúrio empregado nos garimpos e os agrotóxicos agrícolas, passando pelos esgotos residenciais e industriais, até os materiais sintéticos não-biodegradáveis (plásticos etc.) e o óleo despejado pelos petroleiros.

Além de deixar a água imprópria à vida e contribuir para a escassez e a falta de água potável, o esgoto e o lixo lançados ao mar provocam o fenômeno da **maré vermelha**, isto é, a proliferação de algas e microorganismos que se alimentam desse lixo e impedem a passagem dos raios solares, ameaçando as espécies aquáticas.

Os rios poluídos com agrotóxicos (pesticidas, inseticidas etc.) e com esgotos, além de provocar doenças e mortes no interior dos continentes, levam esse material para os oceanos, depositando-o nas regiões litorâneas, onde muitas vezes vai somar-se ao óleo derramado pelos navios. Aí está a receita para a contaminação, o envenenamento e a morte de peixes, mariscos, aves e de pessoas que deles se alimentam.

4 Poluição atmosférica

As principais causas da poluição atmosférica são a queima de combustíveis fósseis (petróleo, carvão, gás natural) e a indústria propriamente dita. O aumento da industrialização e do consumo significa aumento no consumo de energia e de matérias-primas, resultando, assim, em maior poluição.

Bilhões de toneladas de gases poluentes, principalmente dióxido de carbono, proveniente da queima de combustíveis fósseis e de florestas, são lançados anualmente na atmosfera. Além do carbono, que constitui cerca de 50% do total de gases poluentes, aparecem o metano (mais ou menos 18%), os clorofluorcabonetos ou clorofluorcarbonados ou CFCs (mais ou menos 14%) e outros gases (ozônio etc.), com 13%. Veja o gráfico (figura 4).

Entre os diversos problemas causados pela poluição, relacionados ao futuro de nosso planeta, estão a destruição da camada de ozônio, o efeito estufa, as chuvas ácidas e os desequilíbrios climáticos.

Buraco na camada de ozônio

Mudanças climáticas bruscas ocorreram no mundo, como as ondas de calor nos anos 1980, a década mais quente do século XX. Embora as ondas de calor possam estar relacionadas a processos naturais, não há dúvida de que os gases produzidos pela atividade humana e lançados na atmosfera contribuem para o aumento na temperatura média da Terra.

O gás ozônio, presente naturalmente na estratosfera (reveja o boxe da página 148), desempenha uma função de extrema importância: filtra cerca de 70% a 90% dos raios ultravioleta emitidos pelo Sol. Não fosse a presença da camada protetora de ozônio, os raios ultravioleta atingiriam diretamente a Terra e, em conseqüência, teríamos uma elevação de temperatura tão violenta que destruiria qualquer forma de vida aqui existente. Devemos lembrar que no nível do solo, o ozônio é uma forma perigosa de poluição, exercendo ação tóxica sobre vegetais e seres humanos.

Atualmente muito se discute o problema da ameaça de destruição da camada de ozônio, decorrente sobretudo do maciço e descontrolado uso dos **CFCs**, um grupo de gases empregados principalmente nos sistemas de refrigeração e na produção de aerossóis (*sprays*), solventes, isopor etc.

Uma vez presentes na atmosfera e submetidos a reações químicas com outros gases, os CFCs, compostos de cloro (Cl), flúor (F) e carbono (C), adquirem a propriedade de destruir o ozônio. Estudos recentes comprovaram uma diminuição de 3% a 4% da camada de ozônio

Figura 4

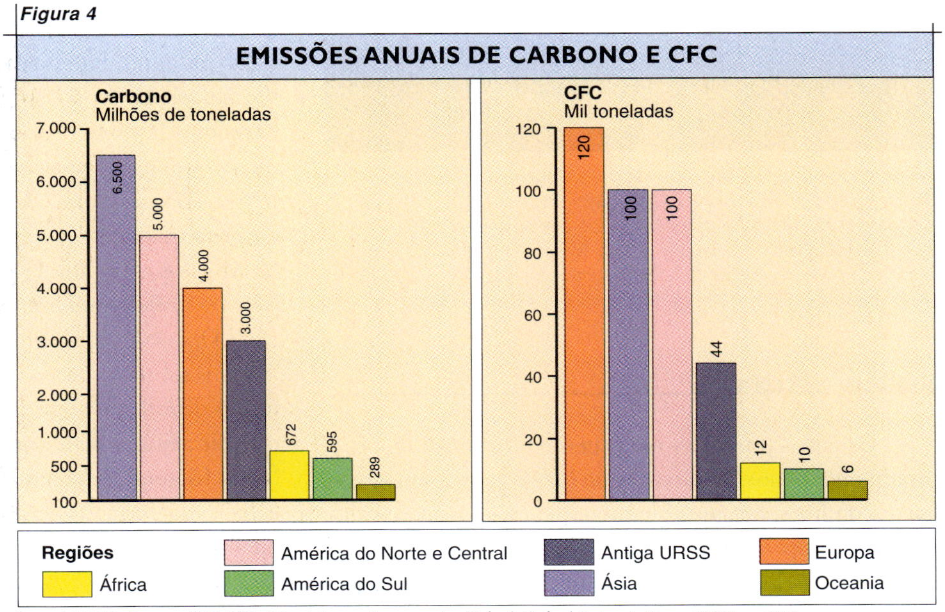

Fonte: NAGLE, Garret e SPENCER, Kris. *Advanced geography*. Oxford, Oxford University Press, 1997. p. 137.

na Antártida, originando o chamado **buraco na camada de ozônio** (figura 5, abaixo). A quase totalidade dos CFCs presentes na atmosfera dessa região provém dos países industrializados e é transportada pela circulação atmosférica (massas de ar).

Em 1987, no **Protocolo de Montreal** (Canadá), 24 países desenvolvidos assinaram um compromisso de redução da produção de CFC, substituindo-o por gases menos nocivos. De fato, o uso desses gases tem sido reduzido e o buraco na camada de ozônio pode diminuir ou desaparecer se continuarem a ser tomadas as providências estabelecidas também em outras convenções mundiais (Estocolmo, na Suécia, 1972; Kyoto, no Japão, 1997 etc.).

Figura 6

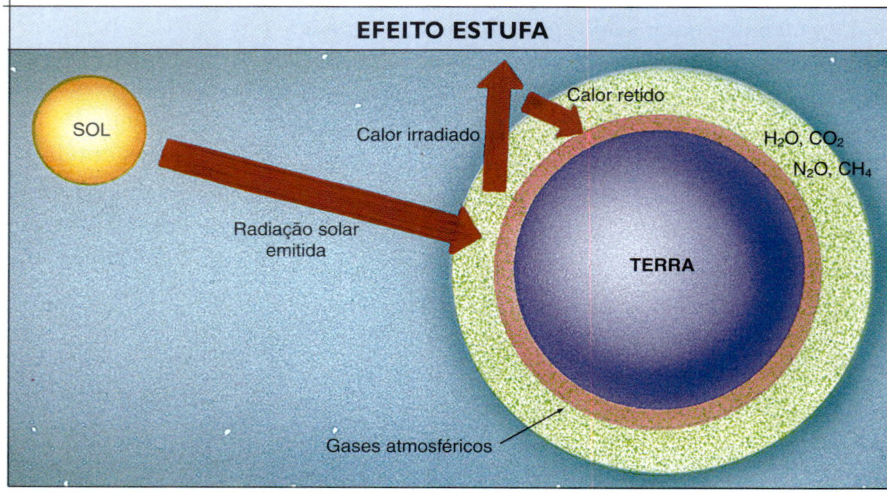

Fontes: *A Terra*. São Paulo, Ática, 1998. p. 55. (Série Atlas Visuais); e NAGLE, Garret e SPENCER, Kris. *Advanced geography*. p. 142.

Figura 5

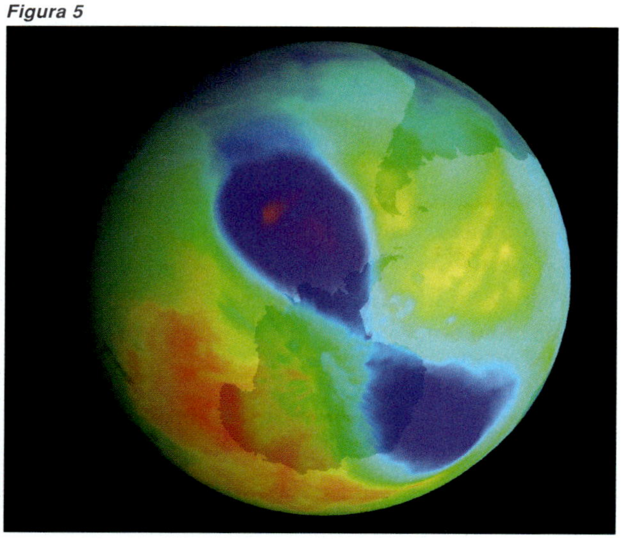

NASA/SPL-STOCK PHOTOS

Nesta imagem de satélite (colorizada) divulgada pela Nasa, temos uma visão da Antártida em 24 de setembro de 2002. Os níveis do ozônio na atmosfera estão identificados em diferentes cores: do vermelho (altos níveis) ao azul e violeta (baixos níveis). O buraco na camada de ozônio sobre a Antártida (mancha azul) é conseqüência da emissão de gases ao longo de anos, em todo o planeta.

Efeito estufa

Os gases presentes em excesso na atmosfera, principalmente o dióxido de carbono (CO_2), permitem a passagem da luz solar, mas bloqueiam a irradiação do calor da Terra, impedindo-o de voltar ao espaço. Esse fenômeno, chamado **efeito estufa**, pode provocar a elevação da temperatura média da Terra. É semelhante ao que ocorre no interior de um automóvel estacionado em local ensolarado e com os vidros fechados. O vidro funciona como isolante térmico, deixa passar a luz solar, mas impede a saída do calor. Observe a figura 6, acima.

Estudos mostram que nos últimos 100 anos a temperatura média da Terra sofreu uma elevação de 0,5 °C e, se a atual taxa de poluição atmosférica persistir, prevê-se que entre os anos 2025 e 2050 a temperatura sofrerá um aumento de 2,5 a 5,8 °C. Nesse caso, as principais conseqüências seriam a alteração das paisagens vegetais e o derretimento das massas de gelo (calotas polares), provocando a elevação do nível do mar (0,30 a 1 metro).

As conseqüências serão mais intensas nos países pobres que apresentam clima tropical (quente e chuvoso) e menos recursos tecnológicos. Segundo o *Relatório do desenvolvimento humano 1998*, um quinto da população mundial, que vive em países de renda mais elevada, contribui em 53% para as emissões de dióxido de carbono. O quinto da população mais pobre contribui só com 3%, mas vive nas comunidades mais vulneráveis às inundações costeiras. A elevação do nível do mar ameaça principalmente pequenos países insulares, como as Maldivas e o Tuvalu. O aumento dos casos de câncer de pele no mundo também está ligado a esse fenômeno.

Observe o quadro 1, na página ao lado.

A solução para a questão do efeito estufa parece muito difícil, pelo menos a curto e médio prazos, porque ele resulta principalmente da queima de combustíveis fósseis (petróleo, gás, carvão), que representam a base da industrialização e da civilização atual. Os países mais industrializados são os maiores consumidores de energia e de combustíveis para automóveis. Leia o texto do boxe sobre o Protocolo de Kyoto.

Quadro 1

Gases estufa: fontes e participação[1] no aquecimento estufa		
Gás	***Fontes principais***	***Participação (%)***
Dióxido de carbono	Queima de combustíveis fósseis, desflorestamento.	50
Clorofluorcarbonetos (CFC) e outros halocarbonetos	Refrigerativos, solventes, isolantes, espumantes, propulsores aerossóis, outros usos industriais e comerciais.	20
Metano	Gás eliminado pelo gado e por outros animais, vermes, combustíveis fósseis, queima de madeira, depósitos de lixo, arrozais, pântanos, charcos.	16
Ozônio troposférico	Combustíveis fósseis.	8
Óxido nitroso	Combustíveis fósseis, solos, queima de madeira e resíduos das plantações.	—

[1] Contribuições relativas estimadas.
Fonte: baseado em *Manual global de ecologia.* São Paulo, Augustus, 1993. p. 231.

Protocolo de Kyoto e o comércio do ar puro

Diante das evidências a respeito de mudanças climáticas, em dezembro de 1997 foi realizada a **Conferência de Kyoto**. Os países participantes decidiram estabelecer um protocolo com medidas para diminuir o uso de substâncias geradoras de gases que provocam o efeito estufa. Trinta e nove países comprometeram-se a limitar suas emissões em 5,2% durante o período de 2008 a 2012.

O acordo de Kyoto não está atingindo seus objetivos, pois os países ricos conseguiram saídas de emergência ou fachadas que lhes permitem continuar com o atual modelo de poluição. Assim, foi introduzido no protocolo o **comércio de emissões**, ou seja, o país pobre que desenvolver projetos para reduzir suas emissões de carbono pode transferir o saldo aos países ricos, compensando-lhes suas emissões. Em outras palavras, os ricos passarão a comprar os direitos de poluir daqueles que estiverem abaixo de sua cota, por um preço inferior ao que teria custado a despoluição.

Assim, desde 2000, os países ricos recebem certificados de redução por conta das ações realizadas pelos países pobres. Abriram-se desse modo grandes oportunidades de negócios na compra e venda das **reduções certificadas de emissões** (RCE), que ficam sujeitas ao mercado de *commodities*.

Os objetivos estabelecidos na Conferência de Kyoto ficaram muito abaixo do necessário para deter possíveis mudanças climáticas. Os Estados Unidos, que respondem por um quarto das emissões mundiais dos gases de estufa, desfizeram o compromisso assumido, tornando o Protocolo em grande parte inoperante.

Chuvas ácidas

As **chuvas ácidas** também constituem um sério problema de agressão ao meio ambiente. Trata-se de precipitações de gotas de água (chuva, neblina) carregadas de ácido nítrico e sulfúrico.

Embora alguns fenômenos naturais — por exemplo, erupções vulcânicas — possam aumentar a acidez da chuva, esses ácidos resultam principalmente de reações químicas que ocorrem na atmosfera a partir da presença do enxofre e do nitrogênio, lançados à atmosfera pelas indústrias, pela queima de carvão, pelos veículos etc. Observe a figura 7.

Figura 7

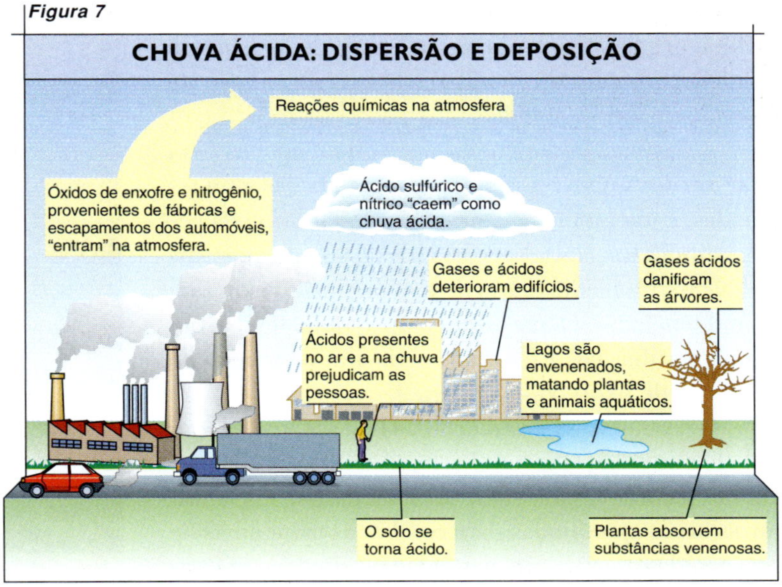

Fonte: NAGLE, Garret e SPENCER, Kris. *Advanced geography*. p. 141.

Figura 8

WILL & DENI MCINTYRE/CORBIS-STOCK PHOTOS

A chuva ácida carrega metais tóxicos, principalmente o alumínio, contaminando as águas e o solo, matando animais e provocando danos nas árvores, tais como queda de folhas e redução da copa. Floresta de Mt. Mitchell no oeste da Carolina do Norte (EUA, 2002).

A ação corrosiva do ácido atinge não somente as edificações, os rios, os lagos, as represas, os veículos, mas também as pessoas, causando, entre outros problemas, moléstias respiratórias.

Em certas regiões altamente industrializadas (EUA, Europa etc.), a ação das chuvas ácidas é tão violenta que centenas de rios, lagos e represas não possuem mais nenhuma forma de vida. Observe a figura 8, acima.

5 Poluição urbana

O ambiente das grandes cidades é um dos mais poluídos. Nele estão presentes quase todos os tipos de poluição: sonora, visual, atmosférica, das águas etc.

A velocidade do crescimento populacional urbano (sobretudo nos países subdesenvolvidos), ao lado da escassez de recursos legais (leis de proteção ao meio ambiente) e financeiros, acarreta grande degradação do ambiente urbano e da qualidade de vida de milhões de pessoas em todo o mundo.

A destinação do lixo urbano sólido, apenas para citar um dos inúmeros dramas ambientais das grandes cidades, é um problema cuja solução se torna cada vez mais difícil. Em Nova York, cidade do mundo que mais produz lixo, a média diária de lixo produzido hoje é de 13 mil toneladas. O que fazer com 1,5 quilo de lixo *per capita* por dia, nos EUA (taxa mais alta do mundo de produção de lixo)? Veja a figura 9.

O problema da destinação do lixo assume tal gravidade que cidades grandes estão perto de um colapso. Diante da dificuldade cada vez maior de se encontrar novas áreas apropriadas para receber as montanhas de lixo geradas diariamente nas cidades, aliada à precariedade das condições higiênico-sanitárias dos locais de depósito e à oposição das populações que residem nas proximidades desses locais, surgem como soluções viáveis a conservação de recursos e a reciclagem.

A **conservação de recursos** corresponde ao uso mais racional dos materiais e substâncias envolvidos na produção de bens de consumo e a produção de bens de maior durabilidade (redução dos descartáveis).

A **reciclagem** consiste na separação (seleção) e recuperação dos diferentes tipos de materiais orgânicos e inorgânicos (vidro, papel, plástico, metal etc.). Essas práticas já são rotineiras nos países desenvolvidos, mas inexistem ou são muito recentes nos países subdesenvolvidos. No Japão, 50% do lixo sólido é reaproveitado e a água do chuveiro é reutilizada em vasos sanitários.

Figura 9

JAMES LEYNSE/CORBIS-SABA-STOCK PHOTOS

Os Estados Unidos são os maiores produtores de lixo do mundo. Aterro sanitário em State Island, Nova York (EUA, 1996).

6 A questão ambiental no Brasil

O modelo predatório de desenvolvimento econômico, aliado ao grande crescimento populacional, à expansão agrícola, urbana e industrial com a intensificação da utilização de recursos, reproduziu no Brasil todos os tipos de problemas ambientais: queimadas; desmatamento; erosão do solo; contaminação dos rios por mercúrio; envenenamento das plantas, do solo, das águas e dos animais por defensivos agrícolas; poluição industrial; ocupação desordenada do solo; deterioração urbana (favelas, problemas de saneamento básico).

Os danos ao ambiente atingem todos os ecossistemas naturais (florestas, cerrados, mangues, rios, lagos, litoral), colocando em risco a vida de milhares de espécies vegetais e animais, incluindo a dos humanos. Observe a figura 10.

Um retrospecto da questão ambiental no Brasil mostra que as primeiras iniciativas governamentais mais objetivas de proteção ao meio ambiente ocorreram na década de 1930. Por exemplo, em 1934, foi instituído por lei o **Código de Águas** (aplicado até os dias atuais), que regulamentou a utilização e a proteção dos recursos hídricos, e aprovado o **Código Florestal**.

Contudo, o meio ambiente só passou a constituir uma real preocupação do governo a partir da década de 1960, por causa dos impactos provocados principalmente pela expansão industrial. Nessa década surgiram as primeiras instituições (programas e organismos) governamentais para a proteção ambiental: o Programa Nacional de Saneamento e o Conselho Nacional de Poluição, criados em 1967.

A questão ambiental também foi impulsionada pela criação de entidades específicas do setor, como:

- a Secretaria Especial do Meio Ambiente – **Sema** (1973), vinculada ao Ministério do Interior e extinta em 1989;
- o Conselho Nacional do Meio Ambiente – **Conama** (1981), responsável pela formulação e aplicação de políticas ambientais.
- o Instituto Brasileiro do Meio Ambiente – **Ibama** (1989), organismo responsável pela fiscalização e administração de políticas do meio ambiente e pela preservação e uso racional dos recursos naturais.

Figura 10

BRASIL: IMPACTOS AMBIENTAIS CAUSADOS PELA AÇÃO HUMANA

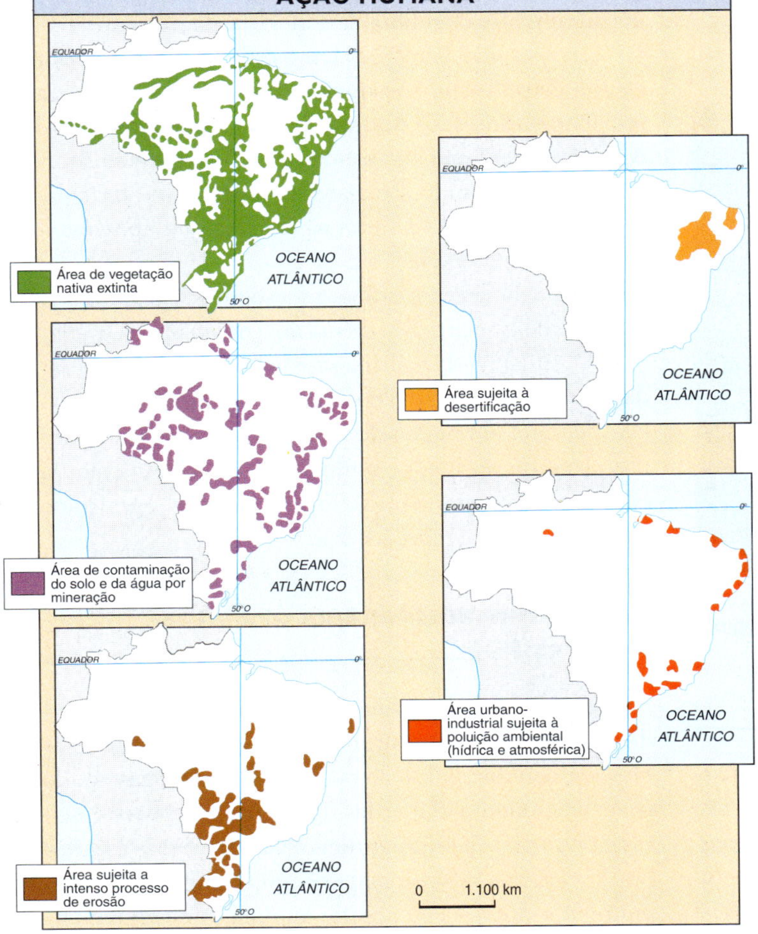

Fonte: FERREIRA, Graça Maria L. *Atlas geográfico: espaço mundial.* São Paulo, Moderna, 2002. p. 24.

Outros avanços nessa questão foram a implementação da Política Nacional do Meio Ambiente, regulamentada desde 1983, e a criação do Ministério do Desenvolvimento Urbano e do Meio Ambiente (1985), que originou o Ministério do Meio Ambiente, em 1999.

Na Constituição de 1988 foi inserido um capítulo sobre o meio ambiente, considerado um dos mais avançados do mundo. Infelizmente, existe um enorme abismo entre a legislação e a realidade do país.

Paralelamente ao trabalho dessas instituições, evoluía o instrumental jurídico (a legislação) voltado para a criação das chamadas **áreas especiais** ou **áreas de conservação do meio ambiente** (parques e reservas) e para a regulamentação do uso dos recursos naturais (código de mineração, código florestal).

Foi criado, também, o **Programa Nacional de Florestas**, em abril de 2000, e está em discussão o Código Florestal. Esses dois instrumentos visam promover o desenvolvimento sustentável e, se bem aplicados, poderão contribuir para a preservação e ampliação das áreas protegidas, garantindo a sua biodiversidade.

Poluição do ar

Esse tipo de poluição é particularmente grave nos grandes centros urbano-industriais, como São Paulo, Rio de Janeiro, Belo Horizonte e outros. Consiste na emissão de vários gases e de material particulado (poeira, fuligem), principalmente pelas indústrias e veículos motorizados (figura 11).

Nas indústrias, a obrigatoriedade do uso de filtros e o aumento da fiscalização possibilitaram uma significativa redução da poluição, principalmente em São Paulo. Rio de Janeiro e Belo Horizonte continuam apresentando níveis muito elevados de poluição.

Para os veículos, a principal medida adotada até o momento pelo governo foi a que obrigou as montadoras a instalar filtros catalisadores nas unidades produzidas a partir de 1992.

No Brasil, até recentemente, a maior e mais famosa região industrial poluidora do meio ambiente era a cidade de Cubatão. Após diversas ações conjuntas das indústrias poluidoras com organismos públicos, grande parte dos problemas (como chuva ácida, poluição dos rios, destruição da vegetação da Serra do Mar, população afetada por problemas respiratórios) foi reduzida.

Figura 11

JUCA VARELLA/FOLHA IMAGEM

Poluição do ar: emissão de gases e fuligem (fumaça preta) por ônibus em São Paulo (2002), em um dos muitos dias em que se registra "situação crítica" de poluição atmosférica na cidade.

Desmatamento no Brasil

Praticado no país desde o início da colonização, o desmatamento reduziu a vegetação original à metade. De acordo com a FAO (Organização das Nações Unidas para a Alimentação e Agricultura), em 2002 o país ainda era o primeiro em desmatamento, perdendo anualmente 0,4% de suas florestas, ou seja, 2,3 milhões de hectares.

A Mata Atlântica, a segunda maior floresta tropical úmida do Brasil, foi a mais atingida pelo desmatamento. No estado de São Paulo, por exemplo, ela está reduzida a apenas 4% ou 5% da sua extensão original. A exploração do pau-brasil e os vários ciclos econômicos que se seguiram (cana-de-açúcar, mineração, café e indústria), além, é claro, do povoamento e da urbanização, foram as principais causas da destruição da Mata Atlântica. O pouco que restou desse riquíssimo ecossistema encontra-se hoje sob proteção legal, declarado Patrimônio Nacional (1988) e Reserva da Biosfera e Patrimônio da Humanidade, pela Unesco.

Nas últimas décadas, o desmatamento tem se concentrado em geral na região do cerrado e na Floresta Amazônica.

O Brasil tem aparecido na mídia internacional graças ao problema das queimadas em várias áreas, principalmente no caso de Roraima, entre 1997 e 1998, em que o estado perdeu 11.394 km² de florestas e 22.583 km² de cerrados, respondendo por um décimo do total mundial de emissões de carbono naquele ano. Desde então, o desmatamento vem diminuindo de forma significativa, embora continue muito elevado.

No período 1999-2001, a média de focos de calor foi de 100 mil/ano. As queimadas, além de atingir a região amazônica — Maranhão, Pará, Rondônia, Acre e norte do Pantanal —, ganharam intensidade no Nordeste, comprovando a expansão de fronteira agrícola. Piauí, Ceará e Bahia foram os estados que apresentaram maior incidência.

Mas não somente as florestas estão ameaçadas. O cerrado tem hoje apenas 3% de sua área original preservada.

A situação da caatinga não é melhor. Considerada um bioma exclusivo no mundo, sofre forte degradação. Situada em região de baixos índices pluviométricos, a perda da biodiversidade e a erosão do solo da caatinga resultam no fracasso das lavouras, agravando a fome e os problemas sociais.

Problemas ambientais urbanos no Brasil

As cidades brasileiras, principalmente as grandes metrópoles, concentram inúmeros e graves problemas ambientais: poluição do ar (emissão de gases), do solo (lixo amontoado) e das águas (rios, represas, mares); poluição sonora (barulho) e visual (placas e cartazes); ocupação desordenada do solo (margens de rios, morros); esgotos a céu aberto; mudanças no clima; enchentes e outros.

Todos esses fatores aumentam os problemas sociais urbanos. As medidas de saúde pública ficam muito aquém das necessidades, principalmente nos bairros pobres. Moradias inadequadas, péssimas condições de higiene pública são portas abertas para as novas doenças, para o ressurgimento de doenças e infecções antigas e de epidemias críticas de difícil controle, como cólera e dengue.

O **saneamento básico** (abastecimento de água, rede de esgotos, limpeza pública e coleta de lixo) tem importância fundamental na conservação do ambiente e na qualidade da vida.

A carência de investimentos em saneamento básico no Brasil atingiu proporções gravíssimas: faltam políticas públicas para a saúde e a preservação ambiental. Segundo o IBGE, esses investimentos caíram de 0,34% do PIB, na década de 1970, para menos de 0,12% na década de 1990. O maior déficit de serviço de saneamento básico concentra-se na população de baixa renda, nos bairros de periferia e nas favelas.

A análise dos vários aspectos de saneamento básico revela a precariedade das condições ambientais nas cidades e estados brasileiros. Observe a figura 12.

A rede coletora de esgoto é precária em quase todo o país. No entanto, o serviço de tratamento do esgoto encontra-se em situação ainda pior: apenas 8% do total coletado recebe tratamento, ou seja, 92% de todo o esgoto produzido é despejado, em sua forma natural, no solo ou nos rios e córregos. As conseqüências são graves: poluição ambiental, contaminação da água, riscos à saúde da população.

Figura 12

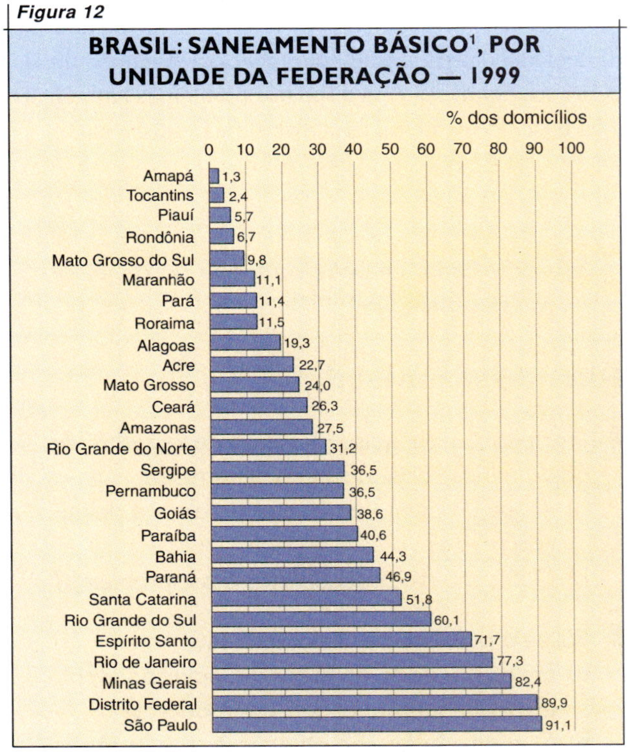

[1] Abastecimento de água, esgotamento sanitário adequado e lixo coletado.
Fonte: IBGE. *Síntese de indicadores sociais 2000*. p. 203.

Outro ponto bastante grave, responsável em grande parte pela deterioração do meio ambiente, é o lixo. O maior problema do lixo não está na coleta, que é razoavelmente satisfatória em quase todos os estados, mas sim na sua destinação final. A grande maioria dos municípios brasileiros (86,4%) despeja o lixo a céu aberto, nos chamados **lixões**. Veja a figura 13.

Essa forma de destinação final do lixo constitui grave problema ambiental porque pode contaminar as águas superficiais e subterrâneas pela infiltração do **chorume**, líquido resultante da decomposição de materiais orgânicos (restos de alimento, papel etc.). Além disso, favorece a proliferação de moscas e outros insetos, que podem transmitir doenças à população.

As formas mais comuns de destinação e tratamento de lixo são:

- **vazadouro a céu aberto**: o lixo é lançado sobre o terreno (lixões);
- **aterro controlado**: o lixo é coberto com uma camada de terra;
- **aterro sanitário**: redução do volume e da área e cobertura diária com camada de terra, evitando danos à saúde e diminuindo os impactos ambientais;
- **usina de compostagem**: transformação do lixo em composto orgânico para uso agrícola;
- **usina de reciclagem**: os diferentes materiais (vidros, plásticos, papéis, metais) são separados e recuperados para reutilização;
- **usina de incineração** — o lixo é queimado.

Figura 13

JUCA MARTINS/PULSAR

Um dos grandes problemas urbanos atuais são a coleta e a destinação do lixo. Sua incineração polui o ar, e sua deposição a céu aberto, sem o devido tratamento, polui as águas superficiais, as subterrâneas e os solos. Lixão a céu aberto ao lado do Rio Tietê, em Pirapora, São Paulo (2000).

7 Buscando soluções

Ultimamente têm aumentado a quantidade e a variedade de iniciativas (projetos, leis) voltadas para o desenvolvimento sustentável ou **ecodesenvolvimento**. Há vários procedimentos capazes de conciliar o crescimento econômico com a preservação ambiental. Vejamos alguns exemplos.

- **Nas florestas**: criação de parques ou reservas florestais (menos de 10% das florestas tropicais são protegidas); recuperação por meio de reflorestamento (só 10% das áreas desmatadas são repostas); corte seletivo de árvores (abate apenas dos espécimes adultos); criação de reservas extrativistas (extração de vários produtos, exceto madeira); melhorias na administração das florestas (exploração racional); limitação do consumo de produtos vegetais (madeira, lenha); redistribuição de terras agrícolas (para evitar que a sobrevivência dependa do extrativismo vegetal); educação ambiental.
- **Na agricultura e pecuária**: eliminação dos subsídios às práticas agrícolas prejudiciais ao ambiente, transferindo-os para as ecologicamente aceitáveis, como a agricultura biológica; redução ou substituição da adubação química pela orgânica; troca dos inseticidas químicos pelo controle biológico das pragas agrícolas; diminuição do uso de pesticidas e fertilizantes sintéticos e dos impactos da criação intensiva de animais para abate (sobretudo de porcos e bovinos).
- **Na indústria**: redução da quantidade de energia e matérias-primas utilizadas; emprego de novos tipos de matéria-prima; reciclagem de materiais (figura 14); controle da poluição no ambiente.

Figura 14

DANIEL AUGUSTO JR./PULSAR

O reaproveitamento é uma saída para a destinação do lixo inorgânico (plásticos, vidros, metais e papel), pois permite reduzir o consumo de matérias-primas, o volume do lixo e os prejuízos ao meio ambiente. Usina de reciclagem de alumínio na capital de São Paulo, em 1995.

- **Fontes de energia**: não emprego do chumbo na gasolina; desenvolvimento de tecnologias e materiais mais limpos e seguros; ampliação do uso de energia renovável (solar, hidráulica, eólica, entre outras).

O Instituto Worldwatch estima que 14 milhões de empregos foram gerados por uma economia ambientalmente sustentável no mundo todo. Exemplos de empregadoras são as indústrias de material reciclável, de novas fontes de energia renováveis (indústria de aquecedores solares, de energia eólica) etc.

Diante de todos esses desafios ecológicos, as regras do jogo terão de sofrer ajustes. Essas modificações serão fruto da ação governamental e principalmente da atuação da sociedade organizada, num processo dinâmico ditado pela conscientização em torno dos problemas ambientais e da busca de soluções para evitar um desastre maior.

AVALIE SEU APRENDIZADO

Construindo conhecimento

Discutindo problemas ambientais

1 Em grupo, faça um levantamento dos problemas ambientais abordados nos diversos capítulos do livro e das soluções para eles.

2 Pesquise na mídia e discuta com seus colegas os avanços e recuos das decisões tomadas pelos países nas últimas conferências mundiais sobre o meio ambiente.

3 A partir de suas pesquisas, responda e debata com seus colegas:
a) Será que teremos de deixar todos esses problemas como herança para nossos filhos e netos?
b) Como cada um pode contribuir para melhorar essa situação?

Fixando o conteúdo

4 Precipitação de gotas de água carregadas de ácido nítrico sobre a superfície terrestre.
a) A que problema ambiental se refere a definição acima?
b) Quais são as conseqüências desse problema?

5 Sobre a poluição do meio ambiente.
a) Em que período da história a poluição ambiental atingiu proporções assustadoras?
b) Que atividades são atualmente responsáveis pela poluição ambiental?

6 Observe o quadro a seguir.

I. Redução do consumo de descartáveis	**XI.** Manutenção da cobertura vegetal
II. Desmatamento e destruição de espécies	**XII.** Lançamento de CFC na estratosfera
III. Reutilização e reciclagem de materiais	**XIII.** Utilização de energia alternativa: solar, biomassa etc.
IV. Agricultura biológica ou orgânica	**XIV.** Degradação e erosão dos solos
V. Assoreamento de rios	**XV.** Exploração racional e limitada dos recursos minerais
VI. Produção de lixo nuclear	
VII. Uso de agrotóxicos	
VIII. Pesca predatória	
IX. Monoculturas prolongadas	**XVI.** Restrições para se retirar das florestas apenas produtos como óleo, alimentos etc.
X. Lançamento de partículas químicas nos rios	

a) Quais dessas práticas são consideradas ecologicamente corretas?
b) Quais dessas práticas ocasionam danos à natureza?

7 Sobre a presença de gás ozônio na atmosfera.
a) Qual a função e a importância da camada de ozônio?
b) O que é CFC?
c) De que forma o CFC atua na atmosfera?

8 Sobre a conferência de Kyoto.
a) O que é Protocolo de Kyoto?
b) Cite fatos que mostram que esse acordo não está atingindo seus objetivos.

9 Sobre a degradação da natureza.
a) Por que os países desenvolvidos são os maiores responsáveis pela poluição ambiental?
b) Quais são os principais tipos de degradação provocados pelos países desenvolvidos?
c) Quais são os principais tipos de poluição provocados pelos países subdesenvolvidos?

10 Quais são os principais problemas ambientais no Brasil?

11 Além da Mata Atlântica, que outros ecossistemas estão ameaçados pela devastação?

12 Qual a relação entre a situação ambiental das cidades brasileiras e o surgimento de doenças?

COMPLEMENTAÇÃO DO ESTUDO

Leituras

BRANCO, Samuel Murgel. *O meio ambiente em debate*. 10. ed. São Paulo, Moderna, 1991. (Coleção Polêmica)
GONÇALVES, Carlos Walter Porto. *Os (des)caminhos do meio ambiente*. São Paulo, Contexto, 1996.
KLOETZEL, Kurt. *O que é meio ambiente*. São Paulo, Brasiliense, 1993. (Coleção Primeiros Passos)
KUPSTAS, Márcia (org.). *Ecologia em debate*. São Paulo, Moderna, 1997.
MENDONÇA, Francisco. *Geografia e meio ambiente*. São Paulo, Contexto, 1993.
MINC, Carlos. *Ecologia e cidadania*. São Paulo, Moderna, 1997. (Coleção Polêmica)
WALDMAN, Maurício. *Ecologia e lutas sociais no Brasil*. São Paulo, Contexto, 1994.

Sites

- *http://www.greenpeace.org.br* Endereço eletrônico do Greenpeace, com notícias, programas, Guia do consumidor, informações sobre transgênicos, mapa de contaminação, manejo sustentável e outros assuntos.
- *http://www.meioambiente.org.br/index.asp Site* Meio Ambiente para Todos, traz notícias, cursos, agenda, leis ambientais, ONGs etc.
- *http://www.geofiscal.eng.br/* Notícias e informações sobre meio ambiente, com grupos de discussão, legislação, denúncias, crimes ambientais e artigos diversificados.
- *http://www.ambientebrasil.com.br* Boa fonte para pesquisar dados sobre meio ambiente, o portal Ambientebrasil oferece notícias, boletim informativo diário, informações sobre energia, biotecnologia, água, ecoturismo, gestão ambiental, florestas etc.
- *http://www.uol.com.br/ambienteglobal/* Traz reportagens, artigos, notícias sobre meio ambiente.
- *http://www.wwiuma.org.br* Página brasileira de divulgação da organização Worldwatch Institute, que luta por uma sociedade ambientalmente sustentável. Oferece notícias, artigos, boletins temáticos.
- *http://www.wwf.org.br* Endereço eletrônico da seção Brasil da organização ambientalista não-governamental WWF, uma das maiores redes mundiais de conservação da natureza. Divulga projetos e campanhas de preservação, traz informações gerais sobre ambiente.

UNIDADE I — A ORGANIZAÇÃO E A REPRESENTAÇÃO DO ESPAÇO

Capítulo 1
Diferentes tipos de espaço: o espaço natural e a produção do espaço geográfico

1 (Uern)

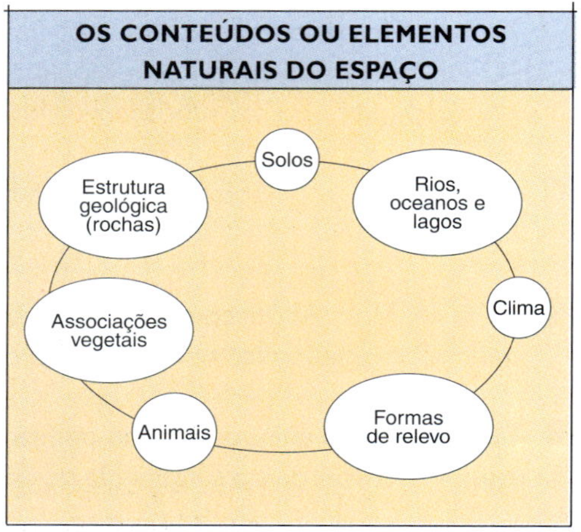

A análise da ilustração e os conhecimentos sobre a organização do espaço geográfico permitem afirmar:

a) à medida que o homem se apropria do espaço natural, mais a ele se integra, sem depredá-lo.
b) os elementos que compõem a natureza se combinam, mas não são interdependentes.
c) o homem, no processo de produção do espaço geográfico, não age isoladamente e, sim, em sociedade.
d) o modo de produção capitalista contribui para a preservação ambiental.
e) as montanhas foram as formas de relevo que mais sofreram desgastes devido à atuação do homem.

2 (UCG-GO, modificada) Estudar geograficamente o mundo ou parte do mundo é ir além da simples descrição da paisagem, pois esta não nos fornece elementos suficientes para uma compreensão global daquilo que pretendemos conhecer geograficamente.
Quanto à colocação acima, identifique as afirmações corretas.

a) Por trás de toda paisagem existe uma dinâmica particular que a determina, que a constrói, que a mantém com determinada aparência.
b) Qualquer investigação, de fato geográfica, acerca do mundo, deve propor-se investigar, principalmente, o modo pelo qual a sociedade produz o espaço geográfico.
c) É na idéia que os homens fazem das coisas, nas suas formas de viver, morar, de se divertir e nos seus movimentos ou nos de seus produtos, que encontramos o sentido conferido pelas dinâmicas sociais aos espaços geográficos.
d) Ao analisarmos paisagens como as do cerrado, devemos proceder diferentemente do que faríamos ao analisarmos a da Avenida Goiás, pois na primeira a dinâmica social da produção/apropriação dessa paisagem está ausente.
e) Em cada período da história da humanidade, em cada canto do mundo, encontraram-se diversas sociedades produzindo espaços geográficos iguais, devido às semelhantes formas de produzir, consumir e pensar que tais sociedades estruturaram para sobreviver.
f) Hoje, é possível perceber a presença do mundo quase inteiro em cada recanto da Terra, já que as fronteiras dos países não são limites intransponíveis para a imposição de idéias e ritmos da moderna sociedade industrial.

Capítulo 2
A organização do espaço, a origem dos Estados nacionais e os países atuais

1 (UnB-DF) A Guerra do Golfo apresentou a muitos de nós os curdos, um povo, uma nação sem um espaço soberano, habitantes antigos do Iraque, que também ocupam terras no Irã, na Síria, na Turquia, na América e no Azerbaijão. Eles são muçulmanos mas não são árabes. Sejam eles quem forem, parecem ser *personae non gratae*. Os curdos são um povo há séculos, mas eles são simplesmente um povo sem um país, um Estado próprio. (DEMKO, George J.; AGEL, Jerome e BOE, Eugene. *Why in the world: adventures in geography*. Doubleday, Nova York, Anchor Books, 1992. p. 43 [com adaptação]).
O texto acima trata de dois importantes conceitos para a Geografia: "nação", um conceito cultural, e "país" (ou "Estado"), um conceito político. Tendo em vista tais conceitos, julgue os itens a seguir.

a) Os muçulmanos formam um país.
b) Os árabes formam um etnia.
c) Um país, ou um Estado, pode ser constituído por várias nações.
d) Os "curdos" não formam uma etnia.

2 (Enem-MEC) Os efeitos abomináveis das armas nucleares já foram sentidos pelos japoneses há mais de 50 anos (1945). Vários países têm, isoladamente, capacidade nu-

clear para comprometer a vida na Terra. Montar o seu sistema de defesa é um direito de todas as nações, mas um ato irresponsável ou um descuido pode desestruturar, pelo medo ou uso, a vida civilizada em vastas regiões. A não-proliferação de armas nucleares é importante.
No primeiro domingo de junho de 98, Índia e Paquistão rejeitaram a condenação da ONU, decorrente da explosão de bombas atômicas pelos dois países, a título de teste nuclear e comemoradas com festa, especialmente no Paquistão. O governo paquistanês (país que possui maioria de população muçulmana) considerou que a condenação não levou em conta o motivo da disputa: o território da CAXEMIRA, pelo qual já travaram três guerras desde sua independência (em 1947, do Império Britânico, que tinha o subcontinente indiano como colônia). Dois terços da região, de maioria muçulmana, pertencem à Índia e um terço ao Paquistão.
Sobre o tempo e os argumentos podemos dizer que:
a) a bomba atômica não existia no mundo antes de o Paquistão existir como país.
b) a força não tem sido usada para tentar resolver os problemas entre Paquistão e Índia.
c) Caxemira tornou-se um país independente em 1947.
d) os governos da Índia e Paquistão encontram-se numa perigosa escalada de solução de problemas pela força.
e) diferentemente do século anterior, no início do século XX, o Império Britânico não tinha mais expressão mundial.

3 (Enem-MEC) "O continente africano em seu conjunto apresenta 44% de suas fronteiras apoiadas em meridianos e paralelos; 30% por linhas retas e arqueadas, e apenas 26% se referem a limites naturais que geralmente coincidem com os de locais de habitação dos grupos étnicos". (MARTIN, A. R. *Fronteiras e nações*. São Paulo, Contexto, 1998.)
Diferente do continente americano, onde quase que a totalidade das fronteiras obedecem a limites naturais, a África apresenta as características citadas em virtude, principalmente:
a) da sua recente demarcação, que contou com técnicas cartográficas antes desconhecidas.
b) dos interesses de países europeus preocupados com a partilha dos seus recursos naturais.
c) das extensas áreas desérticas que dificultam a demarcação dos "limites naturais".
d) da natureza nômade das populações africanas, especialmente aquelas oriundas da África Subsaariana.
e) da grande extensão longitudinal, o que demandaria enormes gastos para demarcação.

4 (PUC-MG) "É uma região estratégica em nível mundial. Nos conflitos regionais, destacam-se os confrontos entre árabes e judeus, acirrados com a criação do Estado de Israel. Para conquistar uma nação independente, os palestinos têm adotado táticas diversas, que vão das negociações diplomáticas às ações armadas."
Identifique a região que corresponde ao texto:
a) Europa Oriental.
b) África Ocidental.
c) Oriente Médio.
d) Sudeste Asiático.
e) Índia, Israel e Paquistão.

5 (FGV-SP) Considere as características abaixo:
I. A maioria da população é protestante.
II. A maioria da população é católica.
III. Os protestantes lutam pela fusão com a República da Irlanda.
IV. Os católicos lutam pela fusão com a República da Irlanda.
V. Chamada também de Ulster, continua ligada ao Reino Unido.
VI. Os nacionalistas mais exaltados partiram para a luta armada, dando origem ao IRA.
Identifique a alternativa que contém características da Irlanda do Norte:
a) I, III e V.
b) II, IV e VI.
c) II, III, V e VI.
d) I, IV, V e VI.
e) II, IV, V e VI.

6 (UFMG) Algumas transformações políticas recentes ocorridas na ex-URSS e na ex-Tchecoslováquia constituem exemplos de separações entre povos. Essas separações se concretizaram sem tragédias como as ocorridas na dissolução da ex-Iugoslávia.
Apresente duas razões pelas quais a dissolução da ex-Iugoslávia está se fazendo através de conflitos e guerras entre as diferentes repúblicas.

7 (Unicamp-SP) "Já foi dito que as religiões, todas elas sem exceção, nunca serviram para aproximar e congraçar os homens, que, pelo contrário, foram e continuam a ser causa de sofrimentos inenarráveis, de morticínios, de monstruosas violências físicas e espirituais que constituem um dos mais tenebrosos capítulos da miserável história humana". (SARAMAGO, José. O fator Deus, *Folha de S.Paulo*, 18 set. 2001.)
a) Considerando o texto acima, cite dois conflitos presentes no mundo atual que têm como justificativa questões religiosas.
b) Que outro importante aspecto pode explicar a natureza desses conflitos?

Capítulo 3
A formação do espaço geográfico brasileiro, as regiões e o planejamento regional

1 (Uece) Na produção do espaço geográfico, o período colonial foi marcado pela presença de:

a) cidades com forte intercâmbio comercial entre si.
b) um espaço de "ilhas e arquipélagos econômicos" voltados para o comércio com o espaço subordinante.
c) economias dinâmicas e simultâneas da cana-de-açúcar, da mineração, do café, como espaços de atração demográfica.
d) processo econômico comandado pelas necessidades internas.

2 (Fuern) Em relação à divisão administrativa e à regional do Brasil, pode-se afirmar:
a) A divisão administrativa já sofreu muitas alterações, mas a atual, formada por 26 Estados e 1 Distrito Federal, é permanente.
b) Na divisão administrativa, uma das últimas mudanças foi a fragmentação do Estado de Goiás e a conseqüente criação do Estado de Tocantins, que passou a pertencer à Região Norte.
c) Uma nova proposta de divisão regional do Brasil em apenas três regiões geoeconômicas — Amazônia, Nordeste e Leste — surgiu recentemente.
d) O órgão responsável pela divisão regional é a Fundação Getúlio Vargas.
e) A Região Centro-Oeste é a que possui o maior número de unidades federativas.

3 (Ceeteps-SP) Considere os textos:
I. **Região Administrativa**: O critério da regionalização é principalmente de ordem natural, considerando ainda aspectos socioeconômicos. Esta divisão, que respeita os limites estaduais, corresponde à divisão oficial do território brasileiro (IBGE) e é utilizada para fins estatísticos e didáticos (IBGE, 1998).
II. **Região Geoeconômica**: O critério da regionalização é basicamente socioeconômico e não considera os limites estaduais. Cada complexo regional tem características importantes em comum que ultrapassam as divisões político-administrativas dos estados. (VESENTINI, 1999.)

Esses textos referem-se, respectivamente, aos mapas:

a)
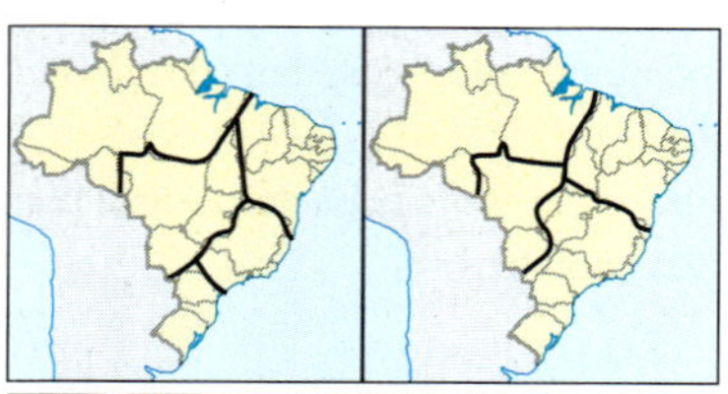

b)
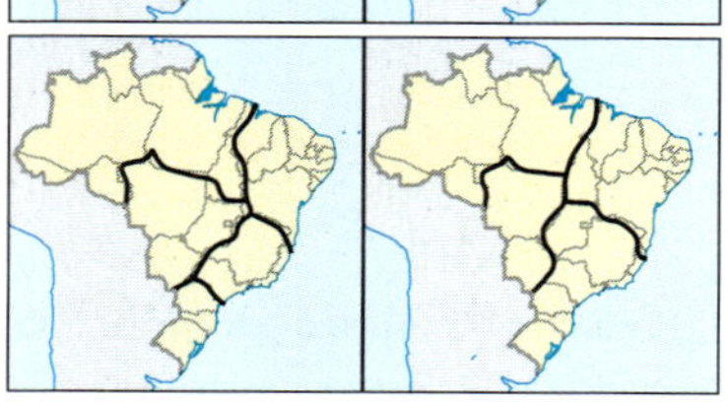

c)
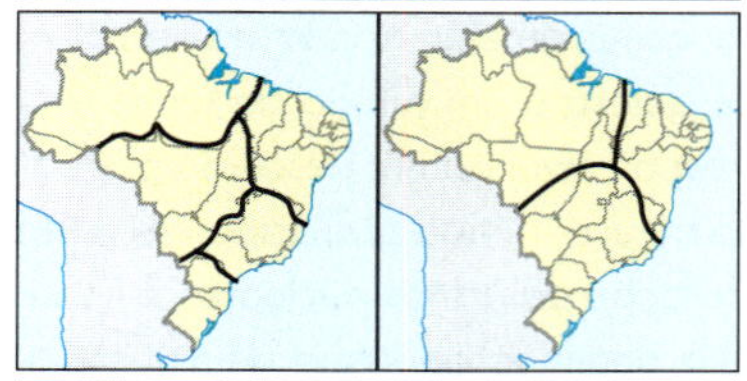

d)
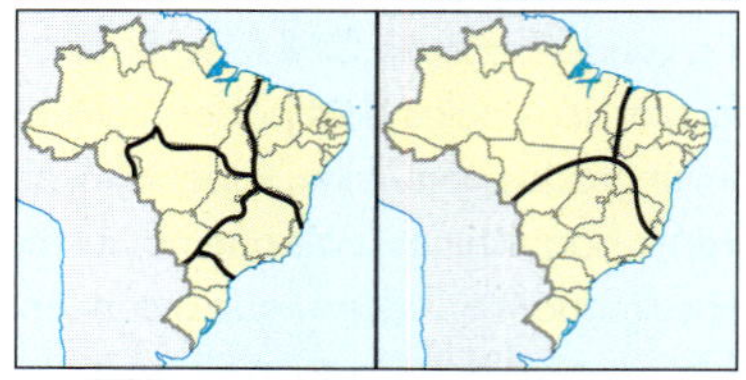

e)
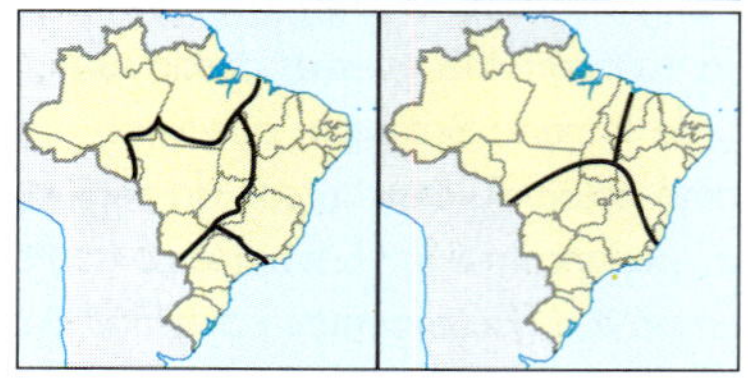

4 (PUC-MG) A Amazônia tem características particulares, sendo **incorreto** afirmar a existência de:
a) um subsolo rico em minérios, como bauxita, ouro, ferro e manganês.
b) uma floresta densa, que estimula a exploração madeireira.
c) uma flora fonte de elementos naturais, com amplas perspectivas medicinais.
d) um imenso potencial hidráulico para navegação e energia.
e) um solo de vocação agrícola, para cultivos temporários comerciais.

5 (Ceeteps-SP) "No Nordeste, açudes, barragens e represas armazenam muita água sem contudo melhorar a vida de milhões de sertanejos."
Sobre o texto pode-se afirmar que é:
a) falso, pois o problema do sertanejo está na pequena fertilidade do solo, que não lhe permite utilizá-lo mesmo às margens dos açudes.
b) falso, pois, com os assentamentos no Sertão, os grandes proprietários desestimulam a permanência de agricultores com o mito da falta de água.
c) exagerado, pois os sertanejos, ao longo dos séculos de convivência, já se adaptaram à seca desenvolvendo técnicas próprias.
d) ultrapassado, pois, atualmente, a rede de açudes e projetos de irrigação cobre todo o semi-árido, não se sustentando mais o mito da seca.
e) verdadeiro, pois, de modo geral, as obras realizadas atendem somente aos interesses dos grandes proprietários.

6 (UFV-MG) O quadro a seguir apresenta as quatro sub-regiões do Nordeste brasileiro, com algumas de suas características.

Sub-regiões	Características
I	A policultura comercial praticada em pequenas propriedades é a principal atividade econômica dessa sub-região. As áreas mais úmidas e aproveitadas para a agricultura são reconhecidas como "brejos". Abriga algumas das cidades mais importantes do Nordeste, como Feira de Santana, Caruaru e Campina Grande.
II	Compreende o Maranhão e quase todo o Piauí. Sua principal atividade econômica é o extrativismo vegetal, destacando-se a carnaúba e o babaçu, que empregam grande quantidade de mão-de-obra em sua coleta. Seus produtos são empregados no artesanato local e como matéria-prima para as indústrias.
III	Estreita faixa de terra que se estende do litoral do Rio Grande do Norte até o sul da Bahia. Apresenta clima tropical úmido. Possui belas praias e dunas. Tem grande destaque na produção de cana-de-açúcar, fumo e cacau e na exploração mineral de petróleo e sal marinho.
IV	Corresponde a uma vasta sub-região castigada pela aridez de seu clima. Submetida a secas freqüentes, sua vegetação é constituída por árvores e arbustos recobertos de espinhos. Desde o início de sua ocupação, a pecuária é a atividade econômica mais importante.

Identifique a opção que nomeia de forma **correta** as regiões I, II, III e IV, respectivamente:

a) Agreste, Zona da Mata, Meio-Norte e Sertão.
b) Zona da Mata, Agreste, Sertão e Meio-Norte.
c) Agreste, Meio-Norte, Zona da Mata e Sertão.
d) Meio-Norte, Sertão, Agreste e Zona da Mata.
e) Sertão, Agreste, Zona da Mata e Meio-Norte.

7 (UFC-CE) O crescimento da industrialização trouxe mudanças na organização do espaço brasileiro. Hoje existem três grandes complexos regionais ou regiões geoeconômicas: Amazônia, Nordeste e Centro-Sul. Analise as principais características geoeconômicas da região Centro-Sul.

Capítulo 4
O espaço e suas representações

1 (Uern) Para localizar pontos específicos na superfície terrestre não basta apenas o rumo ou a orientação. Por esse motivo, foram criadas as coordenadas geográficas. Identifique a alternativa **correta**:

a) As linhas imaginárias que servem de base para a localização de qualquer ponto na superfície terrestre são os paralelos e os meridianos.
b) Os paralelos permitem o cálculo da latitude, distância em quilômetros entre o ponto que se quer localizar e o Equador.
c) As longitudes, que podem ser Norte e Sul, são indicadas pelos meridianos.
d) A latitude varia de 0° a 90° e pode estar a Leste ou Oeste.
e) A longitude varia de 0° a 180°, iniciando na linha do Equador.

2 (Fuvest-SP) Sobre a localização do Brasil no mundo, identifique a alternativa **incorreta**.

a) A maior parte das terras do Brasil localiza-se no hemisfério meridional, isto é, ao sul do Equador.
b) o Brasil localiza-se inteiramente no hemisfério ocidental, isto é, a oeste de Greenwich.
c) Ao sul, o Brasil é cortado pelo trópico de Câncer.
d) Apenas uma pequena porção do Brasil localiza-se no hemisfério setentrional, isto é, ao norte do Equador.
e) O Brasil possui terras nos hemisférios norte, sul e oeste.

3 (Uece) Considerando que a distância entre dois pontos em um mapa de escala 1:500.000 é de 16,5 cm, a distância real entre eles é igual a:

a) 825 km.
b) 8,25 km.
c) 8.250 km.
d) 82,5 km.

4 (UCSal-BA) Analise o seguinte trecho da planta da cidade de Salvador:

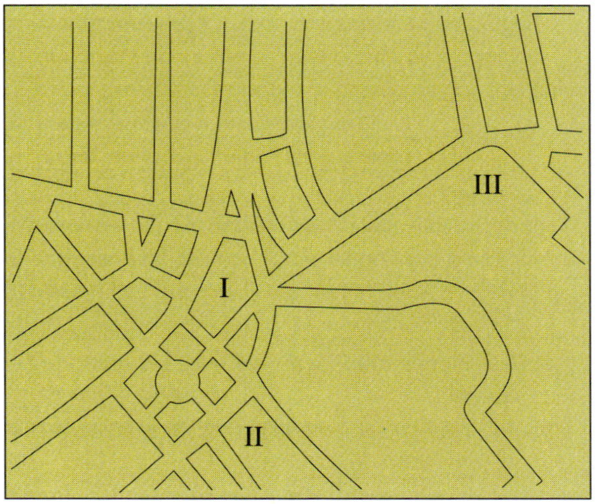

Estima-se que o Instituto Geográfico Histórico de Salvador (**I**) dista da Igreja N. S. da Piedade (**II**) 130 m (13 mm na planta) e da Igreja da Lapa (**III**) 350 m (35 mm na planta).

Com base nesses dados, a escala dessa planta é:

a) 1:13.000.
b) 1:10.000.
c) 1:3.500.
d) 1:1.000.
e) 1:100.

5 (PUC-RS, modificada) Em um mapa cuja escala é 1:44.000.000, a distância gráfica entre as cidades de São Paulo e Porto Alegre, em linha reta, é de 2 cm. A distância gráfica entre esses mesmos locais, em uma escala de 1:20.000.000, é de:

a) 2,2 cm.
b) 4,4 cm.
c) 0,22 cm.
d) 0,44 cm.
e) 4,2 cm.

6 (Uece) Considere dois mapas que representam a Região Metropolitana de Fortaleza (RMF) com as seguintes escalas:
Mapa 1 (1:50.000); Mapa 2 (1:500.000)
Pode-se afirmar verdadeiramente que:

a) em ambos os mapas há uma representação cartográfica com grande riqueza de detalhes.
b) os dois mapas possuem o mesmo tamanho.
c) o mapa 2 apresenta riqueza de detalhes por ter escala grande.
d) o mapa 1 tem maior tamanho e representa com maior riqueza de detalhes a área da RMF.

7 (UFSM-RS)

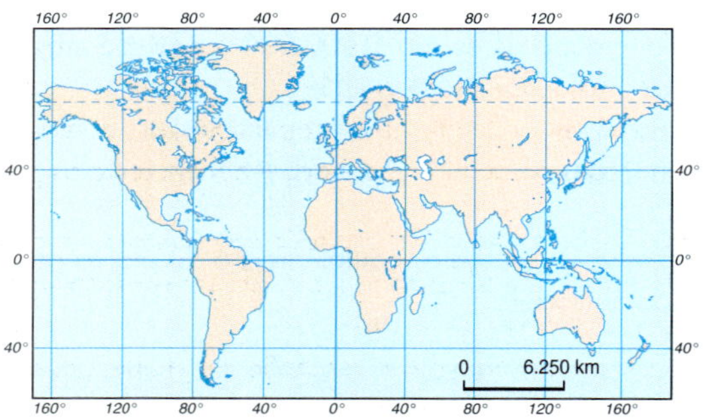

Fonte: COELHO, M. de A. *Geografia geral: o espaço natural e sócio-econômico*. São Paulo, Moderna, 1996. p. 305.

Asserção		Razão
Na projeção de Mercátor, a Groenlândia aparece maior que o Brasil, entretanto tem apenas 1/4 da área desse país.	Porque	essa projeção mantém a forma dos continentes e países mas distorce suas áreas, e as distorções aumentam com a latitude.

a) Asserção correta, razão correta, e a razão justifica a asserção.
b) Asserção correta, razão correta, mas a razão não justifica a asserção.
c) Asserção correta, razão errada.
d) Asserção errada, razão correta.
e) Asserção e razão erradas.

8 (UFG-GO) "Hoje, o sensoriamento remoto por meio de satélites representa o mais importante e eficiente recurso tecnológico de observação da Terra de que o homem dispõe". (COELHO, M. de A. *Geografia geral: o espaço natural e socioeconômico*. 3. ed. São Paulo, Moderna, 1992. p. 309.)

As aplicações do sensoriamento remoto são inúmeras na ciência geográfica, bem como em outras ciências. Sobre esse assunto, identifique certo (C) ou errado (E).

a) As imagens obtidas por satélites podem ser utilizadas no mapeamento geológico, no conhecimento do uso da terra e nas pesquisas minerais.
b) As imagens obtidas por satélites são úteis na previsão do tempo, no controle da poluição, no acompanhamento de incêndios florestais.
c) As imagens orbitais são utilizadas nos estudos sobre ilhas de calor, nas grandes cidades do mundo.
d) As imagens obtidas por satélites fornecem uma visão detalhada das grandes correntes migratórias.

UNIDADE II — PANORAMA POLÍTICO E SOCIOECONÔMICO CONTEMPORÂNEO

Capítulo 1
A organização do espaço no capitalismo e a globalização

1 (Enem-MEC) A Revolução Industrial ocorrida no final do século XVIII transformou as relações do homem com o trabalho. As máquinas mudaram as formas de trabalhar e as fábricas concentraram-se em regiões próximas às matérias-primas e grandes portos, originando vastas concentrações humanas. Muitos dos operários vinham da área rural e cumpriam jornadas de trabalho de 12 a 14 horas, na maioria das vezes em condições adversas. A legislação trabalhista surgiu muito lentamente ao longo do século XIX e a diminuição da jornada de trabalho para oito horas diárias concretizou-se no início do século XX.
Pode-se afirmar que as conquistas no início deste século, decorrentes da legislação trabalhista, estão relacionadas com:

a) a expansão do capitalismo e a consolidação dos regimes monárquicos constitucionais.
b) a expressiva diminuição da oferta de mão-de-obra, devido à demanda por trabalhadores especializados.
c) a capacidade de mobilização dos trabalhadores em defesa dos seus interesses.
d) o crescimento do Estado ao mesmo tempo que diminuía a representação operária nos parlamentos.
e) a vitória dos partidos comunistas nas eleições das principais capitais européias.

2 (UFC-CE) Na organização do espaço, os homens se relacionam entre si e com a natureza através do processo de trabalho.
Considerando estas relações a partir da Revolução Industrial, é correto afirmar que:

a) na sociedade capitalista, fundamentada na propriedade privada dos meios de produção, a natureza e os espaços produzidos se transformam em mercadoria.
b) na relação sociedade-natureza, o desenvolvimento científico e tecnológico tem forte influência nas transformações espaciais, que são marcadas por um forte equilíbrio ecológico.
c) com a expansão do capitalismo, ocorreram mudanças na organização da sociedade, que se caracteriza por apresentar pequenos contrastes sociais.
d) para compreender as relações sociedade-natureza é suficiente o estudo dos elementos do meio natural.
e) a sociedade moderna domina e transforma a natureza de acordo com os interesses políticos e econômicos de todas as classes sociais.

3 (Mackenzie-SP) O domínio do mercado por um pequeno grupo de empresas é chamado de:
a) oligopólio.
b) monopólio.
c) truste.
d) cartel.
e) *holding*.

4 (UEMG) As empresas transnacionais são grandes monopólios capitalistas deste século, responsáveis pela mundialização da economia.
Sobre o processo de implantação dessas empresa é correto afirmar que:
a) compram matérias-primas em qualquer lugar do mundo, supervalorizando-as através de pagamentos elevados.
b) têm um pequeno faturamento, pois seu comércio está restrito às suas áreas de produção.
c) instalam-se onde os governos oferecem mais vantagens, como infra-estrutura, isenção ou redução de impostos.
d) atuam em vários países, utilizando a mão-de-obra com salários elevados, equiparados aos que são pagos em suas matrizes.

5 (UFPI) Considerando a chamada terceira revolução industrial ou revolução técnico-científica, analise as seguintes afirmações:
I. As novas tecnologias consistem numa efetiva aplicação dos conhecimentos científicos.
II. A revolução técnico-científica provocou uma redistribuição geográfica das indústrias no mundo.
III. A terceira revolução industrial vem incluindo um número cada vez maior de trabalhadores no processo produtivo.
Considerando as afirmações, identifique a opção correta.
a) Somente I é verdadeira.
b) Somente II é verdadeira.
c) Somente III é verdadeira.
d) I e II são verdadeiras.
e) Todas são verdadeiras.

6 (UFG-GO) "Dentre as múltiplas denominações aplicadas ao nosso tempo, nenhuma é mais expressiva que a de *período tecnológico*. A técnica, esse intermediário entre a natureza e o homem desde os tempos mais inocentes da história, converteu-se no objeto de uma elaboração científica sofisticada que acabou por subverter as relações do homem com o meio, do homem com o homem, do homem com as coisas, bem como as relações das classes sociais entre si e as relações entre as nações [...] Trata-se de uma fase inteiramente nova da história da humanidade". (SANTOS, M. *Pensando o espaço do homem*. São Paulo, Hucitec, 1991. p. 11.)
Sobre a matéria de que trata o texto, identifique as alternativas corretas (C) e as erradas (E).
a) O surgimento de sociedades tecnológicas está diretamente relacionado às economias que demandam altos investimentos em pesquisas científicas.
b) A inserção de vários países no processo de globalização promoveu a emancipação política de colônias.
c) A introdução de novas tecnologias nos meios de transporte alterou as concepções de espaço-tempo, diminuindo as distâncias e, conseqüentemente, o tempo necessário para percorrê-las.
d) O aumento dos mecanismos de controle dos mercados internacionais e difusão de informações por meio de poderosos sistemas de telecomunicações reforçaram as relações de dominação e dependência entre os países.

7 (UEMG) A atual fase da evolução capitalista é denominada "globalização". Identifique a afirmativa **incorreta** sobre esse fenômeno.
a) É marcado pela mundialização da produção, da circulação e do consumo.
b) Preocupa-se com a eliminação de barreiras entre as nações, enfraquecendo as grandes corporações econômicas e fortalecendo o Estado.
c) Acelera o processo competitivo avançando na informatização, automatização e na robotização das atividades produtivas.
d) O espaço mundial tende a ficar cada vez mais heterogêneo, pois tem acentuado as diferenças entre os países.

8 (Enem-MEC) Você está fazendo uma pesquisa sobre globalização e lê a seguinte passagem, em um livro:

A sociedade global

As pessoas se alimentam, se vestem, moram, se comunicam, se divertem, por meio de bens e serviços mundiais, utilizando mercadorias produzidas pelo capitalismo mundial, globalizado.

Suponhamos que você vá com seus amigos comer Big Mac e tomar Coca-Cola no McDonald's.

Em seguida, assiste a um filme de Steven Spielberg e volta para casa num ônibus da marca Mercedes.

Ao chegar em casa, liga seu aparelho de TV Philips para ver o videoclipe de Michael Jackson e, em seguida, deve ouvir um CD do grupo Simply Red, gravado pela BMG Ariola Discos em seu equipamento Aiwa.

Veja quantas empresas transnacionais estiveram presentes nesse seu curto programa de algumas horas. (Adaptado de PRAXEDES e outros. *O Mercosul*. São Paulo, Ática, 1997.)

Com base no texto e em seus conhecimentos de Geografia e História, identifique a resposta correta.

a) O capitalismo globalizado está eliminando as particularidades culturais dos povos da terra.
b) A cultura, transmitida por empresas transnacionais, tornou-se um fenômeno criador das novas nações.
c) A globalização do capitalismo neutralizou o surgimento de movimentos nacionalistas de forte cunho cultural e divisionista.
d) O capitalismo globalizado atinge apenas a Europa e a América do Norte.
e) Empresas transnacionais pertencem a países de uma mesma cultura.

9 (Enem-MEC) A leitura do texto da questão anterior ajuda você a compreender que:

I. a globalização é um processo ideal para garantir o acesso a bens e serviços para toda a população.
II. a globalização é um fenômeno econômico e, ao mesmo tempo, cultural.
III. a globalização favorece a manutenção da diversidade de costumes.
IV. filmes, programas de TV e música são mercadorias como quaisquer outras.
V. as sedes das empresas transnacionais mencionadas são os Estados Unidos, Europa Ocidental e Japão.

Dessas afirmativas estão corretas:

a) I, II e IV, apenas.
b) II, IV e V, apenas.
c) II, III e IV, apenas.
d) I, III e IV, apenas.
e) III, IV e V, apenas.

10 (Unicamp-SP) Até o século XX, o capitalismo operava por meio da inclusão dos trabalhadores. Hoje, ele opera pela exclusão. (Adaptado da introdução de Marilena Chauí a LAFARGUE, Paul. *O direito à preguiça*, São Paulo, Hucitec/Unesp, 1999.)

a) Explique como ocorre atualmente a exclusão de trabalhadores nas sociedades capitalistas.
b) Nas grandes cidades, há utilizações específicas do espaço público por parte dos trabalhadores excluídos do emprego formal. Cite uma delas.

Capítulo 2
A desintegração dos países socialistas, a nova ordem mundial e as conseqüências da globalização

1 (Vunesp) Durante muito tempo, na maioria dos países do mundo, o papel do Estado foi o de garantir a acumulação privada da riqueza, enquanto em outros países o Estado era o próprio acumulador de riquezas. O texto refere-se à diferença fundamental entre dois importantes sistemas econômicos que são, respectivamente:

a) monarquia e parlamentarismo.
b) imperialismo e cooperativismo.
c) cooperativismo e socialismo.
d) parlamentarismo e capitalismo.
e) capitalismo e socialismo.

2 (Enem-MEC) "Os 45 anos que vão do lançamento das bombas atômicas até o fim da União Soviética não foram um período homogêneo único na história do mundo. [...] dividem-se em duas metades, tendo como divisor de águas o início da década de 1970. Apesar disso, a história deste período foi reunida sob um padrão único pela situação internacional peculiar que o dominou até a queda da URSS". (HOBSBAWM, Eric J. *Era dos extremos*. São Paulo, Companhia das Letras, 1996.)

O período citado no texto e conhecido por "Guerra Fria" pode ser definido como aquele momento histórico em que houve:

a) corrida armamentista entre as potências imperialistas européias ocasionando a Primeira Guerra Mundial.
b) domínio dos países socialistas do Sul do globo pelos países capitalistas do Norte.
c) choque ideológico entre a Alemanha nazista / União Soviética stalinista, durante os anos 1930.
d) disputa pela supremacia da economia mundial entre o Ocidente e as potências orientais, como a China e o Japão.
e) constante confronto das duas superpotências que emergiram da Segunda Guerra Mundial.

3 (Enem-MEC) Em dezembro de 1998, um dos assuntos mais veiculados nos jornais era o que tratava da moeda única européia. Leia a notícia destacada abaixo.

"O nascimento do euro, a moeda única a ser adotada por onze países europeus a partir de 1º de janeiro, é possivelmente a mais importante realização deste continente nos últimos dez anos que assistiu à derrubada do Muro de Berlim, à reunificação das Alemanhas, à libertação dos países da Cortina de Ferro e ao fim da União Soviética. Enquanto todos esses eventos têm a ver com a desmontagem de estruturas do passado, o euro é uma ousada aposta no futuro e uma prova da vitalidade da sociedade européia. A 'Euroland', região abrangida por Alemanha, Áustria, Bélgica, Espanha, Finlândia, França, Países Baixos, Irlanda, Itália, Luxemburgo e Portugal, tem um PIB (produto interno bruto) equivalente a quase 80% do norte-americano, 289 milhões de consumidores e responde por cerca de 20% do comércio internacional. Com esse cacife, o euro vai disputar com o dólar a condição de moeda hegemônica". (*Gazeta Mercantil*, 30 dez.1998.)

A matéria refere-se à "desmontagem das estruturas do passado", que pode ser entendida como:

a) o fim da Guerra Fria, período de inquietação mundial que dividiu o mundo em dois blocos ideológicos opostos.

b) a inserção de alguns países do Leste Europeu em organismos supranacionais, com o intuito de exercer o controle ideológico no mundo.
c) a crise do capitalismo, do liberalismo e da democracia levando à polarização ideológica da antiga União Soviética.
d) a confrontação dos modelos socialista e capitalista para deter o processo de unificação das duas Alemanhas.
e) a prosperidade das economias capitalista e socialista, com o conseqüente fim da Guerra Fria entre os Estados Unidos e a União Soviética.

4 (Uern, adaptada) A partir da década de 1970, o mapa-múndi vem sofrendo grandes alterações. São reunificações, desmembramentos, enfim, mudanças que redefinem fronteiras de diversos países.
Indique a única alternativa que **não** é correta em relação a esse assunto.
a) As Alemanhas Ocidental e Oriental foram reunificadas com a queda do Muro de Berlim, que marcou a reunião das duas num só país.
b) A URSS não existe mais, porque suas quinze repúblicas conquistaram a independência e hoje são consideradas países.
c) A Tchecoslováquia dividiu-se em República Tcheca e República Eslovaca.
d) A Iugoslávia foi dividida em cinco países: Croácia; Eslovênia; Bósnia; Macedônia; Sérvia e Montenegro.
e) A unificação da Irlanda, anteriormente formada pela Irlanda do Norte e Irlanda do Sul.

5 (Uern) A nova ordem mundial é multipolar, em substituição à bipolar, quando os Estados Unidos e a União Soviética dividiam o comando do mundo.
De acordo com os conhecimentos sobre a nova ordem, pode-se afirmar:
a) Os blocos de maior poderio econômico, tecnológico e político-diplomático são o americano, o europeu e o asiático.
b) Os dois maiores blocos, em números de países, são o Nafta e o Mercosul.
c) O Mercosul, bloco formado pelo Paraguai, Brasil, Argentina e Uruguai, eliminou as barreiras alfandegárias entre os países-membros e criou uma moeda única.
d) As organizações financeiras internacionais, como o FMI, o Bird e o Gatt, perderam importância na nova conjuntura multipolar.
e) O Nafta é um bloco econômico que substituiu a OEA.

6 (UFPB) O início da década de 1990 marca a crise dos países socialistas e o fim da ordem mundial bipolar. Os países se reorganizaram, estabelecendo acordos comerciais. Surgem assim os blocos econômicos. Sobre esses blocos, afirma-se:
I. A União Européia foi criada com o objetivo de fortalecer a economia dos países-membros. Paulatinamente, foi ocorrendo uma integração total entre os países-membros, prevendo a unificação de várias políticas internas, da moeda e dos direitos do cidadão.
II. A Apec prevê a criação de uma zona de livre-comércio para 2020 e, muito embora seja marcada pelas disputas comerciais entre as potências que a integram, pode ser caracterizada como uma área de expansão das indústrias de uma destas potências em especial.
III. O Mercosul é composto por um dos maiores mercados consumidores mundiais e prevê a criação de uma zona de livre-comércio, implantada a partir da redução das taxas alfandegárias entre os países-membros, objetivando expandir este acordo por todo o continente asiático.
Está(ão) correta(s) apenas:
a) I.
b) II.
c) I e II.
d) I e III.
e) II e III.

7 (Enem-MEC) Um dos maiores problemas da atualidade é o aumento desenfreado do desemprego. O texto abaixo destaca essa situação.

"O desemprego é hoje um fenômeno que atinge e preocupa o mundo todo. [...] A onda de desemprego recente não é conjuntural, ou seja, provocada por crises localizadas e temporárias. Está associada a mudanças estruturais na economia, daí o nome de desemprego estrutural.

O desemprego manifesta-se hoje na maioria das economias, incluindo a dos países ricos. A OIT estima em 1 bilhão — um terço da força de trabalho mundial — o número de desempregados em todo o mundo em 1998. Desse total, 150 milhões encontram-se abertamente desempregados e entre 750 e 900 milhões estão subempregados". ([CD-ROM] *Almanaque Abril* 1999. São Paulo, Abril.)

Pode-se compreender o desemprego estrutural em termos da internacionalização da economia associada:
a) a uma economia desaquecida, que provoca ondas gigantescas de desemprego, gerando revoltas e crises institucionais.
b) ao setor de serviços, que se expande provocando ondas de desemprego no setor industrial, atraindo essa mão-de-obra para este novo setor.
c) ao setor industrial que passa a produzir menos, buscando enxugar custos, provocando, com isso, demissões em larga escala.
d) a novas formas de gerenciamento de produção e novas tecnologias, que são inseridas no processo produtivo, eliminando empregos que não voltam.
e) ao emprego informal que cresce, já que uma parcela da população não tem condições de regularizar o seu comércio.

8 (Enem-MEC) Um dos fenômenos mais discutidos e polêmicos da atualidade é a globalização, a qual impacta de forma negativa:

a) na mão-de-obra desqualificada, desacelerando o fluxo migratório.
b) nos países subdesenvolvidos, aumentando o crescimento populacional.
c) no desenvolvimento econômico dos países industrializados desenvolvidos.
d) nos países subdesenvolvidos, provocando o fenômeno da exclusão social.
e) na mão-de-obra qualificada, proporcionando o crescimento de ofertas de emprego e fazendo os salários caírem vertiginosamente.

Capítulo 3
Desigualdades mundiais: os grandes conjuntos de países

1 (Fuvest-SP)

DÉCADA DE 1960

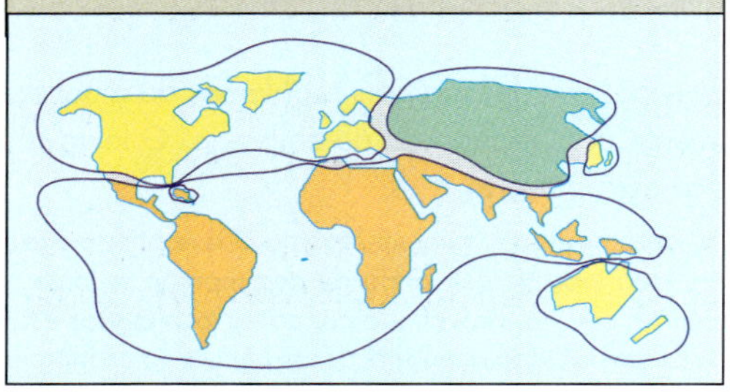

DÉCADA DE 1990

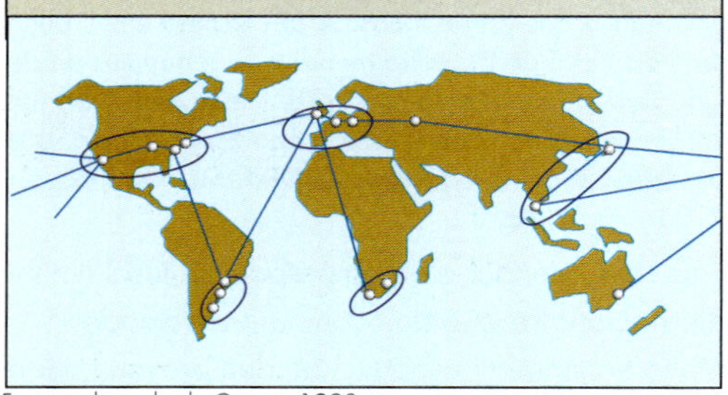

Fonte: adaptado de Carnat, 1998.

Analise os croquis cartográficos e caracterize a organização da economia mundial em cada período indicado.

2 (Uece) Ao considerarmos o mundo do ponto de vista das desigualdades internacionais, é correto afirmar:

a) há dois importantes conjuntos de países: uma maioria que mantém um sistema socioeconômico baseado no planejamento e os de economia de mercado.
b) dois conjuntos se diferenciam: os países do Norte (desenvolvidos) e os do Sul (subdesenvolvidos).
c) os países orientais e os países ocidentais se diferenciam, respectivamente, por suas condições socioeconômicas: desenvolvidos e subdesenvolvidos.
d) ainda se mantêm, como paradigma de diferenciação entre os países, os blocos fisiográficos da América, África, Europa e Ásia.

3 (Uern) Com relação à situação de países desenvolvidos e subdesenvolvidos, identifique as afirmativas verdadeiras.

I. Os países subdesenvolvidos são, em geral, dependentes economicamente dos países desenvolvidos.
II. As teorias mais aceitas na atualidade consideram a exploração colonial uma das principais causas das disparidades socioeconômicas existentes entre países desenvolvidos e subdesenvolvidos.
III. O subdesenvolvimento é apenas uma questão de atraso, já que muitos países antes subdesenvolvidos são hoje desenvolvidos.

A alternativa que indica todas as afirmativas verdadeiras é:

a) I.
b) II.
c) III.
d) I e II.
e) I, II e III.

4 (Unesp) Compare as informações relativas a oito países, em diferentes níveis de desenvolvimento socioeconômico, nos últimos anos da década de 1990.

País	Posição em 2001	IDH-99	População (milhões 1999)	PIB *per capita* (PPP US$ 1999)
Noruega	1	0,939	4,4	28.433
EUA	6	0,934	280,4	31.872
Argentina	34	0,842	36,6	12.277
Brasil	**69**	**0,750**	**168,2**	**7.037**
Armênia	72	0,745	3,8	2.215
Geórgia	76	0,742	5,3	2.431
Bolívia	104	0,648	8,1	2.355
Serra Leoa	162	0,258	4,3	448

País	Expectativa de vida ao nascer (anos, 1999)	Gastos públicos com saúde (% PIB, 1998)	Mortalidade infantil (por mil nascidos vivos, 1999)
Noruega	78,4	7,4	4
EUA	76,8	5,8	7
Argentina	73,2	4,9	19
Brasil	**67,5**	**2,9**	**34**
Armênia	72,7	3,1	25
Geórgia	73,0	0,5	19
Bolívia	62,0	4,1	64
Serra Leoa	38,3	0,9	182

Fonte: ONU/PNUD. *Relatório do Desenvolvimento Humano 2001*.

a) Caracterize a situação do Brasil em relação aos países com melhor classificação quanto ao Índice de Desenvolvimento Humano (IDH), quanto ao PIB *per capita*, à expectativa de vida e à mortalidade infantil.

b) Considerando o percentual de gastos públicos com saúde e a taxa de mortalidade infantil, compare as situações encontradas no Brasil e na Bolívia.

5 (Uern) A grande maioria dos países socialistas vive hoje um processo de transformação de suas economias. A planificação, que era a base do projeto do socialismo real, vem sendo substituída pela economia de mercado, própria dos países capitalistas.
Como exemplo de países enquadrados nesse contexto de transição, pode-se citar:
a) Áustria e Rússia.
b) Japão e Coréia do Norte.
c) Cuba e Inglaterra.
d) Rússia e Estados Unidos.
e) Rússia e Polônia.

6 (Unicamp-SP) O *Relatório do desenvolvimento humano 1996*, elaborado pela ONU, analisa o desenvolvimento dos países de acordo com uma medida chamada de *Índice de Desenvolvimento Humano*. Baseia-se em três critérios: a taxa de menores de cinco anos com peso insuficiente, a proporção de nascimentos sem assistência médica qualificada e a taxa de analfabetismo feminino. É um conceito diferente do que predominava anos atrás, chamado produto interno bruto (PIB) *per capita*. O relatório conclui que os pobres tornaram-se ainda mais marginalizados em países como o Brasil, Guatemala, Guiné-Bissau e Estados Unidos, sendo que o Brasil segue uma trajetória oposta à da Coréia do Sul, Cingapura e Taiwan. (Adaptado de *O Estado de S. Paulo*, 16 jul. 1996.)
a) Por que o PIB *per capita* é considerado um instrumento insuficiente para analisar o desenvolvimento de um determinado país?
b) Por que o Brasil segue uma trajetória oposta à da Coréia do Sul, Cingapura e Taiwan? Utilize para sua resposta seus conhecimentos a respeito do processo de desenvolvimento econômico atual dos chamados Tigres Asiáticos e do Brasil.

7 (Enem-MEC) Em 1999, o Programa das Nações Unidas para o Desenvolvimento elaborou o *Relatório do desenvolvimento humano*, do qual foi extraído o trecho abaixo.

"Nos últimos anos da década de 1990, o quinto da população mundial que vive nos países de renda mais elevada tinha:
• 86% do PIB mundial, enquanto o quinto de menor renda, apenas 1%;
• 82% das exportações mundiais, enquanto o quinto de menor renda, apenas 1%;
• 74% das linhas telefônicas mundiais, enquanto o quinto de menor renda, apenas 1,5%;
• 93,3% das conexões com a internet, enquanto o quinto de menor renda, apenas 0,2%.
A distância da renda do quinto da população mundial que vive nos países mais pobres — que era de 30 para 1, em 1960 — passou para 60 para 1, em 1990, e chegou a 74 para 1, em 1997."

De acordo com esse trecho do relatório, o cenário do desenvolvimento humano mundial, nas últimas décadas, foi caracterizado pela:
a) diminuição da disparidade entre as nações.
b) diminuição da marginalização de países pobres.
c) inclusão progressiva de países no sistema produtivo.
d) crescente concentração de renda, recursos e riqueza.
e) distribuição eqüitativa dos resultados das inovações tecnológicas.

8 (Unama-PA) Como resultado das recentes transformações econômicas ocorridas no espaço mundial, hoje duas tendências convivem e conflitam. Uma é a globalização dos mercados, estimulando o fluxo planetário das mercadorias. A outra é a de **regionalização econômica**, na atualidade melhor definida a partir da:
a) divisão regional do espaço mundial em 1º, 2º e 3º mundo.
b) formação de blocos e megablocos econômicos que atuam como barreiras protecionistas, preservando a esfera de influência das zonas econômicas.
c) divisão regional do mundo em espaços capitalista e socialistas.
d) formação de organismos supranacionais que permitem uma melhor distribuição dos lucros e investimentos internacionais.
e) divisão regional do mundo em: países do Norte (desenvolvidos) e países do Sul (subdesenvolvidos).

Capítulo 4
Brasil: globalização, nova ordem mundial e desigualdades sociais

1 (Vunesp) Observe o esquema que se refere a um dos mais importantes momentos do processo de industrialização brasileira.

DÉCADA DE 1950

PREDOMÍNIO DE INVESTIMENTOS ....I.......	PARTICIPAÇÃO DO ESTADO ....II......

Identifique a alternativa que completa, correta e respectivamente, o esquema.
a) estrangeiros (multinacionais) — investimentos em infra-estrutura.
b) nacionais (originários do café) — políticas de privatização.
c) nacionais (originários da pecuária) — investimentos em infra-estrutura.
d) estrangeiros (multinacionais) — políticas de privatização.
e) nacionais (originários do café) — formação de mão-de-obra especializada.

2 (Uece) No segundo pós-guerra, grandes conglomerados dispersaram suas indústrias por países subdesenvolvidos, inclusive o Brasil. Nestes países:

a) elevaram-se as dificuldades para o desenvolvimento, devido à exploração imperialista.
b) retraiu-se o mercado consumidor.
c) as indústrias locais — públicas e privadas — se enfraqueceram em face da concorrência.
d) implantaram-se novas infra-estruturas — energia, estradas, comunicação etc. — e as cidades se ampliaram.

3 (PUC-MG) São fatores determinantes do quadro econômico brasileiro, **exceto**:

a) É uma potência regional marcada por contrastes e desigualdades, com expressivo posicionamento econômico mundial.
b) Sofreu lento processo de industrialização, mas montou importante e complexo parque industrial no início do século XX.
c) Tem expressivas concentrações industriais integrando sua paisagem, destacadamente no Sudeste e Sul.
d) Dispõe de amplos e diversificados recursos naturais e humanos a baixo custo.
e) Transferiu sua estrutura básica de agroexportador para país industrializado periférico, sob forte influência transnacional.

4 (Unicamp-SP) Octávio Ianni, em seu livro *A sociedade global*, assim se refere a certos tipos de organizações internacionais: "Essas organizações e agências internacionais dedicadas a sanear, orientar e dinamizar as economias nacionais e a economia internacional, nascem da crescente convicção de que os sistemas econômicos nacionais e internacionais não são auto-reguláveis".

a) Dê dois exemplos dessas organizações.
b) Explique como elas interferem nas políticas econômicas e sociais do Brasil.

5 (Uesc) A década de 1980 foi considerada a "década perdida" para a América Latina. A característica **falsa**, com relação a esta década, é:

a) A economia pouco ou nada cresceu e as desigualdades sociais aumentaram significativamente.
b) Países como Brasil, Argentina e México não conseguiram saldar seus compromissos internacionais e gastaram grande parte de seus saldos comerciais no pagamento do serviço da dívida.
c) Os investimentos na infra-estrutura produtiva e nos programas sociais foram mínimos ou ausentes ao longo da referida década.
d) O desenvolvimento econômico dos países latino-americanos está no mesmo nível, sendo conseqüência do processo iniciado na "década perdida".
e) Os países latino-americanos passaram por uma aguda crise econômica vinculada ao problema da dívida externa.

6 (Vunesp) Na década de 1990, organismos internacionais, como o Banco Mundial e a FAO, classificam o Brasil entre as 12 maiores economias mundiais. Porém, ao considerarem os indicadores sociais, as mesmas fontes o classificam em 70º lugar.

a) Explique os fatores que levaram o Brasil a ser considerado como a décima segunda economia.
b) Por que os indicadores sociais não possibilitaram ao Brasil o mesmo desempenho obtido no setor econômico?

(UEL–PR) Instruções: para responder às questões de números 7 e 8, considere o mapa apresentado abaixo.

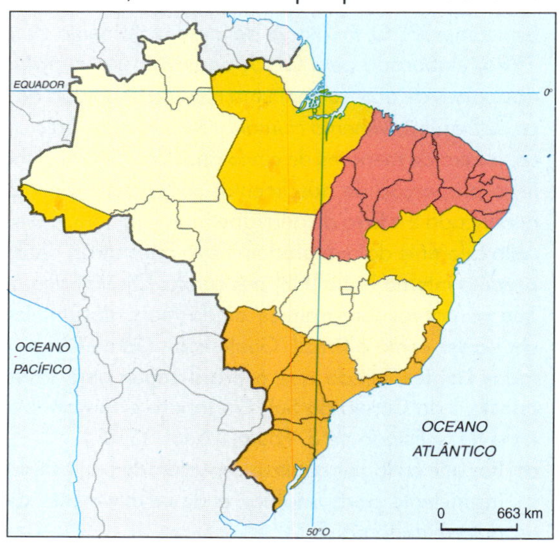

Fonte: GIRARDI, G. e ROSA, J. V. *Atlas geográfico do estudante*. São Paulo, FTD, 1998. p. 20.

7 O Brasil apresenta grandes desigualdades sociais e econômicas, que podem ser verificadas pela comparação dos Índices de Desenvolvimento Humano (IDH).
Identifique a alternativa que compõe corretamente a legenda do mapa.

a)	Muito Baixo	Baixo	Médio	Alto
b)	Baixo	Muito Baixo	Médio	Alto
c)	Médio	Baixo	Muito Baixo	Alto
d)	Muito Baixo	Alto	Baixo	Médio
e)	Baixo	Muito Baixo	Alto	Médio

8 As legendas que indicam áreas com o maior e o menor índice de analfabetismo são, respectivamente.

9 (Enem-MEC) Depois de estudar as migrações, no Brasil, você lê o seguinte texto:

"O Brasil, por suas características de crescimento econômico, e apesar da crise e do retrocesso das últimas décadas, é classificado como um país moderno. Tal conceito pode ser, na verdade, questionado se levarmos em conta os indicadores sociais: o grande número de desempregados, o índice de analfabetismo, o déficit de moradia, o sucateamento da saúde, enfim, a avalanche de brasileiros envolvidos e tragados num processo de repetidas migrações [...]" (Adaptado de VALIN. *Migrações: da perda de terra à exclusão social*. São Paulo, Atual, 1996. p. 50.)

Analisando os indicadores citados no texto, você pode afirmar que:

a) o grande número de desempregados no Brasil está exclusivamente ligado ao grande aumento da população.
b) existe uma "exclusão social", que é resultado da grande concorrência existente entre a mão-de-obra qualificada.
c) o déficit da moradia está intimamente ligado à falta de espaços nas cidades grandes.
d) os trabalhadores brasileiros não-qualificados engrossam as fileiras dos "excluídos".
e) por conta do crescimento econômico do país, os trabalhadores pertencem à categoria de mão-de-obra qualificada.

10 (Unicamp-SP) A Alca (com implementação prevista para 2005) poderá se tornar um hipermercado de 765 milhões de pessoas com um PIB de mais de US$ 9 trilhões. A União Européia também tem demonstrado interesse neste hipermercado (*O Estado de S. Paulo*, 20 jul. 1997.)

a) O que é a Alca?
b) Qual é a importância estratégica de sua formação para os Estados Unidos?
c) Qual é a polêmica levantada pelos países do Mercosul em relação à implantação da Alca?

11 (Cesgranrio-RJ) O sonho de união da América Latina é muito antigo. Bolívar foi o primeiro que formulou o ideal de integração americana. Várias propostas surgiram posteriormente até chegarmos ao Mercosul. Identifique a opção que contém um dos objetivos de Bolívar.

a) Emancipar a América Latina como uma associação comercial unitária, que posteriormente daria origem à Alalc.
b) Criar uma Confederação de Estados Americanos face à possível contra-ofensiva da Europa apoiada pela Santa Aliança.
c) Desenvolver a solidariedade continental em torno da hegemonia do Canadá, estabelecendo um intercâmbio direto deste com todos os países latino-americanos.
d) Desenvolver a industrialização no continente sob a hegemonia norte-americana para fazer frente à forte economia inglesa.
e) Estabelecer uma política separatista respeitando as diferenças culturais e até lingüísticas entre os países latino-americanos.

12 (UFC-CE) A estruturação do espaço geográfico na América Latina continua no ritmo acelerado após a abertura dos mercados regionais, principalmente o Mercosul. A dinâmica do Mercosul necessitará de muita energia, inclusive o gás natural.

Baseado no exposto, podemos afirmar corretamente que:

a) o gasoduto Bolívia–Brasil ampliará o uso de energia alternativa no Brasil e permitirá que alguns meios de transporte reduzam a poluição.
b) o gasoduto Argentina–Paraguai parte da infra-estrutura regional e possibilitará maior integração com os países do norte da região.
c) o gasoduto Bolívia–Brasil mudará a organização do espaço brasileiro, mais precisamente nas regiões Norte e Nordeste.
d) o gasoduto Argentina–Paraguai abastecerá as indústrias dos países que compõem o Mercado Comum do Sul, principalmente no Brasil.
e) o gasoduto Bolívia–Brasil dificultará os acordos geoeconômicos regionais entre países que compõem a América do Sul.

13 (Enem-MEC) Uma pesquisadora francesa produziu o seguinte texto para caracterizar nosso país:

"O Brasil, quinto país do mundo em extensão territorial, é o mais vasto do Hemisfério Sul. Ele faz parte essencialmente do mundo tropical, à exceção de seus estados mais meridionais, ao sul de São Paulo. O Brasil dispõe de vastos territórios subpovoados, como o da Amazônia, conhece também um crescimento urbano extremamente rápido, índices de pobreza que não diminuem e uma das sociedades mais desiguais do mundo. Qualificado de 'terra de contrastes', o Brasil é um país moderno do Terceiro Mundo, com todas as contradições que isso tem por conseqüência". (Adaptado de DROULERS, Martine. *Dictionnaire géopolitique des états*. Organizado por Yves Lacoste. Paris, Flamarion, 1995.)

O Brasil é qualificado como uma "terra de contrastes" por:

a) fazer parte do mundo tropical, mas ter um crescimento urbano semelhante ao dos países temperados.

b) não conseguir evitar seu rápido crescimento urbano, por ser um país com grande extensão de fronteiras terrestres e de costa.

c) possuir grandes diferenças sociais e regionais e ser considerado um país moderno do Terceiro Mundo.

d) possuir vastos territórios subpovoados, apesar de não ter recursos econômicos e tecnológicos para explorá-los.

e) ter elevados índices de pobreza, por ser um país com grande extensão territorial e predomínio de atividades rurais.

14 (UEMG) Sobre a realidade socioeconômica do Mercosul, identifique, entre as assertivas a seguir, aquela que **não** corresponde à verdade:

a) Quando se compara o Mercosul com o Nafta fica explícita a diferença entre bloco sub-regional e megabloco geoeconômico de influência mundial.

b) O Paraguai apresenta o menor PIB *per capita*, fraca urbanização, crescimento vegetativo significativamente maior do que o do Brasil e pequena dívida externa, indicadores de uma economia apoiada no setor primário e na produção rural tradicional.

c) O Paraguai e o Uruguai, que fazem parte do Mercado Comum do Sul, são muito dependentes dos mercados externos.

d) O Brasil é o país do bloco que apresenta os mais favoráveis indicadores sociais: os menores índices de analfabetismo e mortalidade infantil e a maior expectativa de vida.

e) A pobreza é uma realidade em toda zona do Mercosul, incluindo suas metrópoles. Isso significa que amplas parcelas da população estão excluídas do mercado consumidor, reduzindo as potencialidades de integração.

UNIDADE III — O ESPAÇO NATURAL E O ESPAÇO MODIFICADO PELA HUMANIDADE

Capítulo 1
A Terra: movimentos e evolução

1 (Enem-MEC) O mercado financeiro mundial funciona 24 horas por dia. As bolsas de valores estão articuladas, mesmo abrindo e fechando em diferentes horários, como ocorre com as bolsas de Nova York, Londres, Pequim e São Paulo. Todas as pessoas que, por exemplo, estão envolvidas com exportações e importações de mercadorias precisam conhecer os fusos horários para fazer o melhor uso dessas informações.

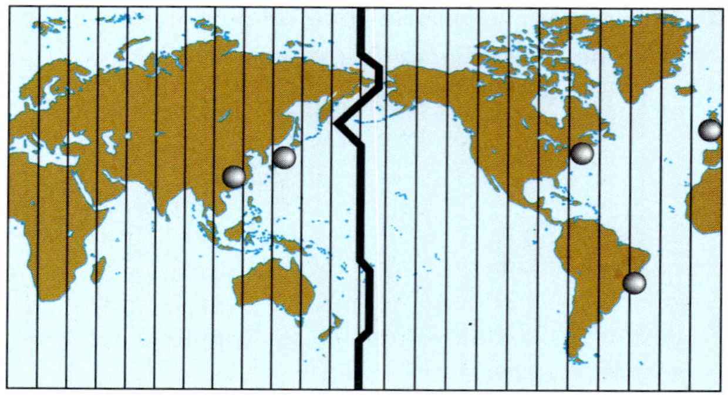

Considerando que as bolsas de valores começam a funcionar às 9h da manhã e que um investidor mora em Porto Alegre, pode-se afirmar que os horários em que ele deve consultar as bolsas e a seqüência em que as informações são obtidas estão corretos na alternativa:

a) Pequim (20h), Nova York (7h) e Londres (12h).

b) Nova York (7h), Londres (12h) e Pequim (20h).

c) Pequim (20h), Londres (12h) e Nova York (7h).

d) Nova York (7h), Londres (12h), Pequim (20h).

e) Nova York (7h), Pequim (20h), Londres (12h).

2 (UnicenP-PR) Com base no mapa abaixo, identifique a alternativa correta:

a) A maior parte do Brasil se encontra no hemisfério meridional da Terra.

b) A maior parte do território brasileiro se encontra na zona temperada Sul da Terra.

c) Em nosso território cerca de 7% se encontra no hemisfério oriental da Terra.

d) Pela posição longitudinal podemos afirmar que as horas no Brasil são adiantadas em relação a Greenwich.

e) A maior parte do território brasileiro se encontra no hemisfério setentrional da Terra.

3 (UnicenP-PR) Devido à necessidade de unificar o horário em todo o mundo, o globo terrestre foi dividido em fusos horários. Com relação a esse sistema, é correto afirmar:

a) Cada fuso horário equivale a quinze paralelos ou uma hora.
b) A linha internacional de data (LID) é o meridiano de 180° a partir do qual começa a contagem de um novo dia.
c) Em virtude do movimento de rotação da Terra, a hora aumenta para oeste e diminui para leste.
d) O meridiano de origem ou de referência é o de Greenwich (0°), a partir do qual se dá a mudança de data.
e) Os fusos são numerados de 0 a 24, no sentido oeste-leste, a partir do meridiano de Greenwich.

4 (UFSC) A Terra executa movimentos no espaço, muito importantes para a existência e manutenção da vida. Sobre os movimentos de rotação e translação, a alternativa verdadeira é:
a) Entre 21 de março e 21 de junho, o hemisfério meridional encontra-se na primavera.
b) A inclinação do eixo da Terra e o movimento de translação explicam a existência das estações do ano.
c) A Terra descreve, ao redor do Sol, uma órbita circular.
d) Devido a sua órbita, a Terra permanece sempre com a mesma distância em relação ao Sol.
e) A conseqüência do movimento de rotação é somente a interferência na circulação atmosférica e nas correntes marítimas.

5 (Uern) Sobre a evolução da Terra, é correto afirmar:
a) A Terra tem idade aproximada de 2 bilhões de anos.
b) A sua era mais antiga é a Cenozóica, caracterizada pelo surgimento dos primeiros seres vivos, os mamíferos.
c) A formação das grandes cordilheiras (Alpes, Andes, Rochosas e Himalaia) se deu na Era Arqueozóica.
d) O aparecimento do homem se deu no período final da Era Cenozóica.
e) Na Era Proterozóica ocorreu um grande derramamento de lavas na área que corresponde, hoje, ao sul do Brasil.

6 (Enem-MEC) No mapa, é apresentada a distribuição geográfica de aves de grande porte e que não voam.

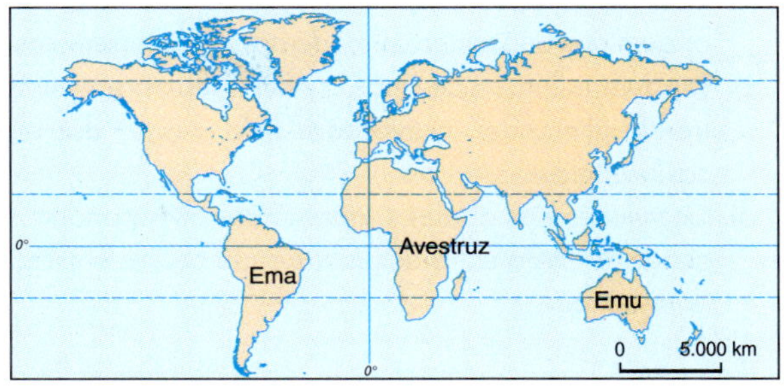

Há evidências mostrando que essas aves, que podem ser originárias de um mesmo ancestral, sejam, portanto, parentes. Considerando que, de fato, tal parentesco ocorra, uma explicação possível para a separação geográfica dessas aves, como mostrada no mapa, poderia ser:
a) A grande atividade vulcânica, ocorrida há milhões de anos, eliminou essas aves do Hemisfério Norte.
b) Na origem da vida, essas aves eram capazes de voar, o que permitiu que atravessassem as águas oceânicas, ocupando vários continentes.
c) O ser humano, em seus deslocamentos, transportou essas aves, assim que elas surgiram na Terra, distribuindo-as pelos diferentes continentes.
d) O afastamento das massas continentais, formadas pela ruptura de um continente único, dispersou essas aves que habitavam ambientes adjacentes.
e) A existência de períodos glaciais muito rigorosos, no Hemisfério Norte, provocou um gradativo deslocamento dessas aves para o Sul, mais quente.

7 (UEMG) O mapa abaixo representa uma teoria geológica chamada de Tectônica das Placas.
Sobre essa teoria, qual afirmativa **não** é verdadeira?

a) A crosta terrestre é constituída por placas tectônicas. Essas ficam flutuando em cima do magma pastoso.
b) O encontro das placas, em certos pontos da crosta, deu origem aos dobramentos modernos e aos terremotos.
c) Durante milhares de anos o relevo terrestre vem sofrendo alterações, provocadas pelo choque das placas tectônicas.
d) Os vulcões e os abalos sísmicos não correspondem às zonas de atrito entre as placas onde ocorre o escape do magma.

8 (Enem-MEC) Se compararmos a idade do planeta Terra, avaliada em 4,5 bilhões de anos ($4,5 \times 10^9$ anos), com a de uma pessoa de 45 anos, então, quando começaram a florescer os primeiros vegetais, a Terra já teria 42 anos. Ela só conviveu com o homem moderno nas últimas 4 horas e, há cerca de 1 hora, viu-o começar a plantar e a colher. Há menos de 1 minuto percebeu o ruído de máquinas e de indústrias e, como denuncia uma ONG de defesa do meio ambiente, foi nesses últimos 60 segundos que se produziu todo o lixo do planeta!
O texto acima, ao estabelecer um paralelo entre a idade da Terra e a de uma pessoa, pretende mostrar que:
a) a agricultura surgiu logo em seguida aos vegetais, perturbando desde então seu desenvolvimento.
b) o ser humano só se tornou moderno ao dominar a agricultura e a indústria, em suma, ao poluir.
c) desde o surgimento da Terra, são devidas ao ser humano todas as transformações e perturbações.
d) o surgimento do ser humano e da poluição é cerca de 10 vezes mais recente que o do nosso planeta.
e) a industrialização tem sido um processo vertiginoso, sem precedentes em termos de dano ambiental.

9 (Enem-MEC) O texto da questão anterior permite concluir que a agricultura começou a ser praticada há cerca de:
a) 365 anos.
b) 460 anos.
c) 900 anos.
d) 10 mil anos.
e) 460 mil anos.

10 (Uern) Os conhecimentos sobre a estrutura da Terra permitem afirmar:
a) O sial é a sua parte mais externa e é assim denominada pela presença predominante dos minerais silício e alumínio.
b) O sima é a parte que vem após o sial e é a camada onde predominam as rochas sedimentares, além do silício e do magnésio.
c) O magma está situado na litosfera e é constituído por materiais sólidos.
d) O núcleo da Terra é predominantemente formado por silício e níquel.
e) O núcleo é a parte menos densa, em razão da alta temperatura.

11 (Enem-MEC) Na teoria do *Big Bang*, o Universo surgiu há cerca de 15 bilhões de anos, a partir da explosão e expansão de uma densíssima gota. De acordo com a escala proposta no texto da questão 8, essa teoria situaria o início do Universo há cerca de:
a) 100 anos.
b) 150 anos.
c) 1.000 anos.
d) 1.500 anos.
e) 2.000 anos.

12 (Enem-MEC) O gráfico abaixo representa a evolução da quantidade de oxigênio na atmosfera no curso dos tempos geológicos. O número 100 sugere a quantidade atual de oxigênio na atmosfera, e os demais valores indicam diferentes porcentagens dessa quantidade.

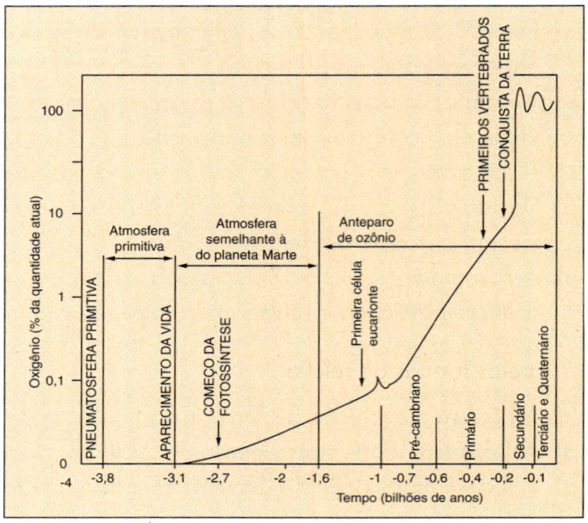

De acordo com o gráfico, é correto afirmar que:
a) as primeiras formas de vida surgiram na ausência de O_2.
b) a atmosfera primitiva apresentava 1% de teor de oxigênio.
c) após o início da fotossíntese, o teor de oxigênio na atmosfera mantém-se estável.
d) desde o Pré-cambriano, a atmosfera mantém os mesmos níveis de teor de oxigênio.
e) na escala evolutiva da vida, quando surgiram os anfíbios, o teor de oxigênio atmosférico já se havia estabilizado.

Capítulo 2
O relevo terrestre, seus agentes e os solos no mundo

1 (UFPE) "Consiste basicamente numa ruptura das rochas que compõem a crosta terrestre e o conseqüente deslocamento de um bloco contra o outro. Essa ruptura é produzida em decorrência de um determinado esforço que ultrapassa o limite de plasticidade das rochas". (JATOBA, L. e LINS, R. C. *Introdução à Geomorfologia*. Recife, Bagaço, 1998.)
No texto acima, os autores estão definindo:

a) um fenômeno denominado dobramento de rochas plásticas.
b) a interação entre fatores endógenos e exógenos do relevo.
c) uma falha geológica.
d) a meteorização das rochas que atingiram o limite de plasticidade.
e) a formação de montanhas de dobramento.

2 (Enem-MEC) "O continente africano há muito tempo desafia os geólogos porque toda a sua metade meridional, a que fica ao sul, ergue-se a mais de 1.000 m sobre o nível do mar. [...] Uma equipe de pesquisadores apresentou uma solução desse desafio sugerindo a existência de um esguicho de lava subterrânea empurrando o planalto africano de baixo para cima". (Adaptado de *Superinteressante*. São Paulo, Abril, nov. 1998. p. 12.)
Considerando a formação do relevo terrestre, é correto afirmar, com base no texto, que a solução proposta é:
a) improvável, porque as formas do relevo terrestre não se modificam há milhões de anos.
b) pouco fundamentada, pois as forças externas, como as chuvas e o vento, são as principais responsáveis pelas formas de relevo.
c) plausível, pois as formas do relevo resultam da ação de forças internas e externas, sendo importante avaliar os movimentos mais profundos no interior da Terra.
d) plausível, pois a mesma justificativa foi comprovada nas demais regiões da África.
e) injustificável, porque os movimentos mais profundos no interior da Terra não interferem nos acidentes geográficos que aparecem na sua superfície.

3 (UFCE-CE) Analise os seguintes conceitos:
I. O solo é um componente natural da paisagem, formado pela decomposição das rochas por processos físicos, químicos e biológicos, e constituído por minerais, matéria orgânica, água e ar.
II. Intemperismo é um conjunto de processos mecânicos, químicos e biológicos, que ocasionam a desintegração e decomposição das rochas.
III. Vulcanismo constitui a atividade pela qual o material consolidado é expulso do interior da terra para a superfície, formando o denominado relevo cárstico.
Com base nos conceitos acima, pode-se afirmar corretamente:
a) Apenas I está correto.
b) Apenas III está correto.
c) Apenas I e II estão corretos.
d) Apenas II e III estão corretos.
e) I, II e III estão corretos.

4 (UnicanP-PR) Constituem fatores externos na formação ou alteração do relevo terrestre:
a) vulcanismo, intemperismo, ação dos rios, ação dos ventos e ação dos mares.
b) meteorização, ação dos seres vivos, ação das geleiras, ação das torrentes e abalos sísmicos.
c) intemperismo, ação das enxurradas, ação dos rios e tectonismo.
d) ação das geleiras, ação dos rios, meteorização, ação dos ventos e ação das torrentes.
e) tectonismo, ação dos oceanos, ação dos ventos, intemperismo e ação das geleiras.

5 (PUC-RS, adaptada) Responda à questão com base nas informações contidas no quadro abaixo sobre o uso adequado do solo pelo homem.

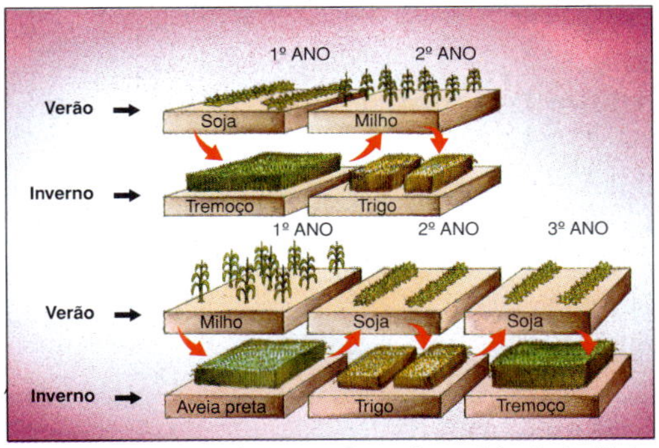

Fonte: COELHO, Marcos de Amorim. *Geografia geral*. São Paulo, Moderna, 1994.

A ação humana inadequada tem contribuído para a destruição do solo. A sugestão do Instituto Agronômico do Paraná (Iapan), apresentada no quadro acima, indica que:
a) o sistema da queimada é uma prática muito utilizada e necessária, pois permite que o solo entre em equilíbrio, evitando a baixa produtividade.
b) o uso da rotação de terras, segundo sugestão do Iapan, é o sistema mais adequado.
c) a rotação soja/tremoço/milho resulta em maior rendimento em conseqüência dos nutrientes deixados pelo trigo.
d) a rotação de culturas, corretamente utilizada, pode recuperar e conservar o solo, aumentando o rendimento da produção.
e) o terraceamento é uma morfologia agrária aconselhável, já que evita a erosão e o desgaste do solo, aumentando a produtividade.

6 (UFPI) Sobre a origem e formação das rochas ígneas, é verdadeiro afirmar que:
a) se formam em camadas dispostas horizontalmente, com permeabilidade e porosidade bastante elevadas.
b) se formam em decorrência de deposições de origem hídrica, a exemplo do calcário e do arenito.

c) se originam da transformação do magma devido às altas temperaturas destacando-se, entre elas, o carvão mineral e argilito.
d) têm sua origem vinculada ao intemperismo químico e ao acúmulo de sedimentos nos fundos dos vales.
e) resultam da solidificação do magma, podendo ser intrusiva (granito) ou extrusiva (basalto).

7 (Enem-MEC) Durante o conflito com o Afeganistão, as forças militares terrestres dos Estados Unidos penetraram em áreas de difícil acesso devido às características do relevo.
Explique os processos que modelaram o relevo dessas áreas, focalizando:
a) sua gênese.
b) o intemperismo predominante na região.

Capítulo 3
O relevo brasileiro

1 (PUC-RS) Muitas catástrofes naturais abalam a humanidade, como terremotos, vulcanismo e maremotos. No Brasil, a ausência desses fenômenos é explicada pela:
a) existência de terrenos cristalinos antigos localizados nos limites de placas tectônicas.
b) ausência de rochas vulcânicas basálticas, indispensáveis na ocorrência de vulcões.
c) localização, distante de dorsais oceânicos e das bordas das placas tectônicas.
d) grande massa continental, que evita o escape do magma, mesmo estando em áreas de subducção.
e) localização na Placa Sul-Americana, que não se movimenta desde a Era Mesozóica.

2 (Cesgranrio-RJ) Estrutura geológica são diferentes tipos de rocha (e de mineral) que compõem a litosfera. A respeito da estrutura geológica do Brasil, é **incorreto** afirmar que:
a) o território brasileiro é formado fundamentalmente por duas estruturas geológicas: os maciços antigos e as bacias sedimentares.
b) a base estrutural do nosso território é de natureza cristalina, portanto muito antiga e rígida.
c) os afloramentos superficiais do embasamento cristalino só representam cerca de 36% do total da superfície do país, ao passo que as áreas sedimentares representam cerca de 64%.
d) os terrenos formados na Era Proterozóica são de grande importância, porque geralmente aparecem associados às jazidas de minerais metálicos.
e) as bacias sedimentares apresentam camadas dispostas horizontalmente ou quase horizontalmente, o que evidencia a atuação de agentes internos.

3 (Mackenzie-SP) Identifique a alternativa **incorreta** sobre a estrutura geológica e o relevo do Brasil.
a) As verdadeiras planícies são raras.
b) É predominantemente planáltiço.
c) A maior parte do território é recoberta por rochas sedimentares.
d) Os dobramentos recentes limitam-se à Serra do Mar.
e) As maiores altitudes localizam-se no extremo norte.

4 (Vunesp) Analise os perfis 1, 2 e 3. Observe o mapa.

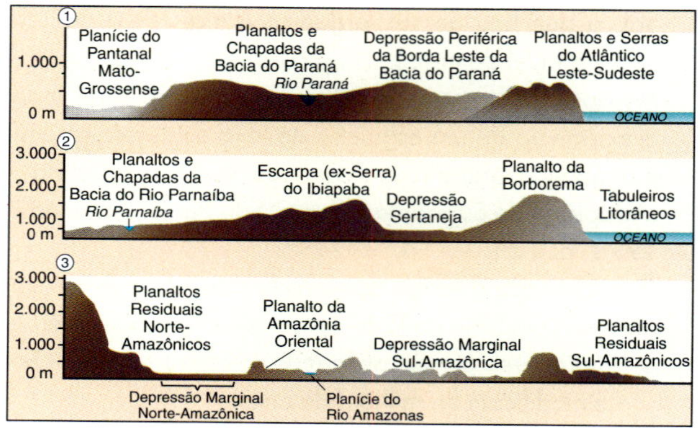

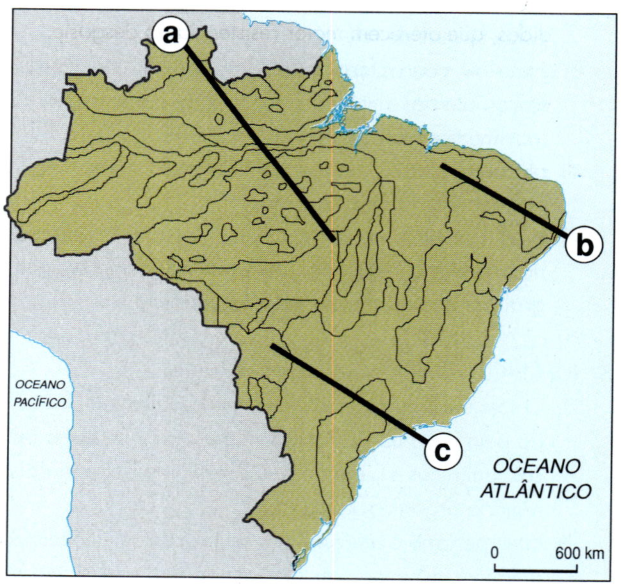

a) Relacione cada perfil aos traçados identificados, no mapa, com as letras **a**, **b** e **c**.
b) Considerando a altitude, destaque a principal diferença entre eles.

5 (Unicamp-SP) A erosão é um fenômeno que revela, muitas vezes, um desequilíbrio ambiental causado principalmente pela agricultura desenvolvida no interior do país. Esse processo também se reflete em áreas litorâneas, com destaque para a costa de Alagoas e Pernambuco. Com base nessas informações, responda:

CARLOS HUMBERTO TDC/IMAGINATTA

a) Que tipo de atividade agrícola é responsável pelo desenvolvimento da erosão nos litorais citados?
b) Em que tipo de relevo costeiro o fenômeno ocorre?
c) Caracterize a região de ocorrência dessa atividade em termos fitogeográficos e climáticos.

6 (PUC-MG, adaptada) Refere-se ao relevo brasileiro:

I. As depressões foram geradas por processos erosivos ocorridos no contato das extremidades das bacias sedimentares com os maciços antigos.
II. Os planaltos, em sua maioria, apresentam-se como formas residuais, ou seja, restos de antigas superfícies erodidas, que oferecem maior resistência ao desgaste.
III. As planícies correspondem a pequena extensão do território, em áreas mais planas, formadas pela deposição de sedimentos.

Marque para cada questão:
a) se apenas as afirmativas I e II estiverem corretas.
b) se apenas as afirmativas I e III estiverem corretas.
c) se apenas as afirmativas II e III estiverem corretas.
d) se todas as afirmativas estiverem corretas.
e) se todas as afirmativas estiverem incorretas.

7 (Unicamp-SP) "O entendimento do relevo é fundamental para solucionar os problemas relativos à expansão dos sítios urbanos". (ROSS, Jurandyr L. S. *Geomorfologia, ambiente e planejamento*. São Paulo, Contexto, 1990. p. 18.)

Considerando a afirmação e a figura acima, responda:
a) Quais são as três diferentes formas de relevo apresentadas na figura?
b) Que unidades de relevo não são propícias à urbanização? Justifique sua resposta.
c) Por que muitos assentamentos humanos foram historicamente desenvolvidos nas várzeas dos rios?

Capítulo 4
Minerais e rochas: panoramas mundial e brasileiro

1 (Uern) Os conhecimentos sobre conceito e classificação das rochas permitem afirmar:
a) A rocha é um agregado natural formado por apenas um mineral.
b) As rochas, de acordo com sua origem, são classificadas em três tipos: magmáticas, ígneas e sedimentares.
c) As rochas metamórficas são formadas pela solidificação do magma pastoso.
d) As rochas ígneas são intrusivas, isto é, formam-se apenas no interior da Terra.
e) As rochas sedimentares podem ter origem física, química e biológica, resultando da acumulação dos elementos de outras rochas.

2 (UnicenP-PR) É **correto** afirmar que as rochas metamórficas:
a) são formadas na superfície da Terra através de sucessivos derrames de lava, sendo também chamadas de rochas extrusivas.
b) são rochas clásticas ou detríticas formadas por resíduos minerais retirados de outras rochas, por desagregação mecânica, a exemplo do arenito.
c) podem ser formadas por atividades biológicas como a acumulação de restos de seres vivos. O carvão e o coral são exemplos desse grupo de rochas.
d) são rochas resultantes das transformações ocorridas em uma rocha primitiva devido a fortes pressões e elevadas temperaturas, a exemplo do mármore.
e) são rochas resultantes de precipitações químicas ocorridas, em geral, em ambientes aquosos.

3 (UFC-CE) Sobre os principais minerais metálicos e não-metálicos, é **correto** afirmar que:
a) os minerais são considerados recursos naturais renováveis, uma vez que estão à disposição em extensas jazidas.
b) o manganês é um dos metais mais importantes da atualidade, sendo utilizado de forma geral pela indústria siderúrgica na composição do aço.
c) a bauxita, que é utilizada na fabricação do alumínio, ainda é explorada de forma artesanal na maioria dos países produtores.
d) nitrato e fosfato são minerais utilizados para a fusão de ligas metálicas essenciais para a indústria eletrônica.
e) o carvão mineral constitui um dos recursos minerais metálicos mais explorados para a produção de energia alternativa.

4 (Cesgranrio-RJ) A idéia de desenvolvimento sustentável tem sido cada vez mais discutida junto às questões que se referem ao crescimento econômico. De acordo com este conceito considera-se que:

a) o meio ambiente é fundamental para a vida humana e, portanto, deve ser intocável.
b) os países subdsenvolvidos são os únicos que praticam esta idéia, pois, por sua baixa industrialização, preservam melhor o seu meio ambiente do que os países ricos.
c) ocorre uma oposição entre desenvolvimento e proteção ao meio ambiente, e, portanto, é inevitável que os riscos ambientais sustentem o crescimento econômico dos povos.
d) se deve buscar uma forma de progresso socioeconômico que não comprometa o meio ambiente sem que, com isso, deixemos de utilizar os recursos nele disponíveis.
e) são as riquezas acumuladas nos países ricos em prejuízo das antigas colônias, durante a expansão colonial, que devem, hoje, sustentar o crescimento econômico dos povos.

5 (U. São Camilo-SP) O Brasil é um dos países mais ricos do mundo em jazidas ferríferas e ocupa lugar de destaque na produção e exportação mundial desse minério. As principais áreas de ocorrência de minério de ferro no Brasil estão localizadas em:

a) Minas Gerais, Rio Grande do Norte e Rio de Janeiro.
b) Rondônia, Minas Gerais e Porto Alegre.
c) Goiás, Paraná e Amazonas.
d) Espírito Santo, Minas Gerais e São Paulo.
e) Minas Gerais, Pantanal Mato-Grossense e Pará

6 (Unifor-CE) "A implantação dos projetos associados à produção de alumínio na Amazônia explica-se pela presença de reservas de .....I.... em Trombetas, pela construção da Usina Hidroelétrica de ....II.... no Rio Tocantins e pelos estímulos governamentais oferecidos aos grupos interessados." Identifique a alternativa que completa, respectivamente, as lacunas I e II do texto.

a) bauxita — Tucuruí
b) ferro — Balbina
c) manganês — Paulo Afonso
d) bauxita — Balbina
e) manganês — Tucuruí

7 (Fuvest-SP) O produto mineral de maior importância extraído na Região Sul do Brasil, principalmente em Santa Catarina, é:

a) a bauxita.
b) o carvão.
c) o cobre.
d) o ferro.
e) o manganês.

Capítulo 5
A atmosfera e sua dinâmica: o clima mundial

1 (UEMG)

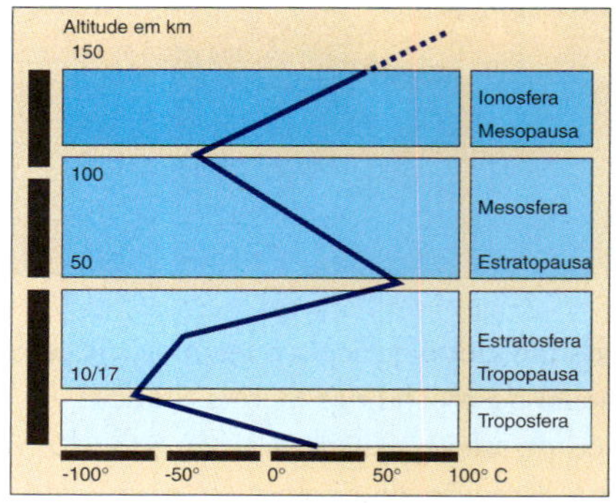

O gráfico acima representa a variação da temperatura conforme a altitude. A camada da atmosfera na qual as moléculas de gás se tornam carregadas eletricamente, refletindo para a Terra as ondas de rádio, é a:

a) estratosfera.
b) ionosfera.
c) mesosfera.
d) tropopausa.
e) troposfera.

2 (Enem-MEC) Numa área de praia, a brisa marítima é uma conseqüência da diferença no tempo de aquecimento do solo e da água, apesar de ambos estarem submetidos às mesmas condições de irradiação solar. No local (solo) que se aquece mais rapidamente, o ar fica mais quente e sobe, deixando uma área de baixa pressão, provocando o deslocamento do ar da superfície que está mais fria (mar).

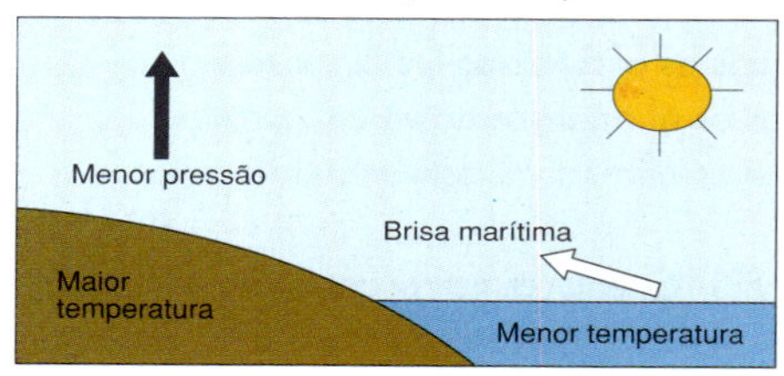

À noite, ocorre um processo inverso ao que se verifica durante o dia.

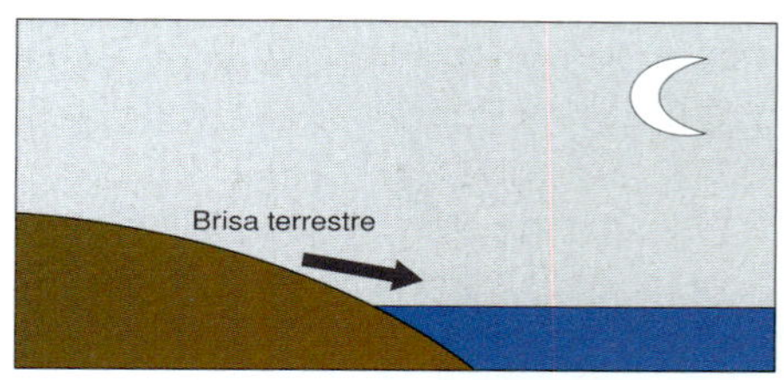

Como a água leva mais tempo para esquentar (de dia), mas também leva mais tempo para esfriar (à noite), o fenômeno noturno (brisa terrestre) pode ser explicado da seguinte maneira:

a) O ar que está sobre a água se aquece mais; ao subir, deixa uma área de baixa pressão, causando um deslocamento de ar do continente para o mar.

b) O ar mais quente desce e se desloca do continente para a água, a qual não conseguiu reter calor durante o dia.
c) O ar que está sobre o mar se esfria e dissolve-se na água; forma-se, assim, um centro de baixa pressão, que atrai o ar quente do continente.
d) O ar que está sobre a água se esfria, criando um centro de alta pressão que atrai massas de ar continental.
e) O ar sobre o solo, mais quente, é deslocado para o mar, equilibrando a baixa temperatura do ar que está sobre o mar.

3 (Acafe-SC) Com relação ao clima, a alternativa verdadeira é:
a) A altitude não interfere no clima das áreas equatoriais.
b) A amplitude térmica é maior nas áreas próximas do mar.
c) Quanto mais próximo do oceano e das grandes porções de água, maior será a umidade relativa do ar.
d) As correntes marítimas não exercem a menor influência sobre o clima.
e) A continentalidade permite uma maior regularidade térmica.

4 (Enem-MEC) A chuva é determinada, em grande parte, pela topografia e pelo padrão dos grandes movimentos atmosféricos ou meteorológicos. O gráfico mostra a precipitação anual média (linhas verticais) em relação à altitude (curvas) em uma região em estudo.

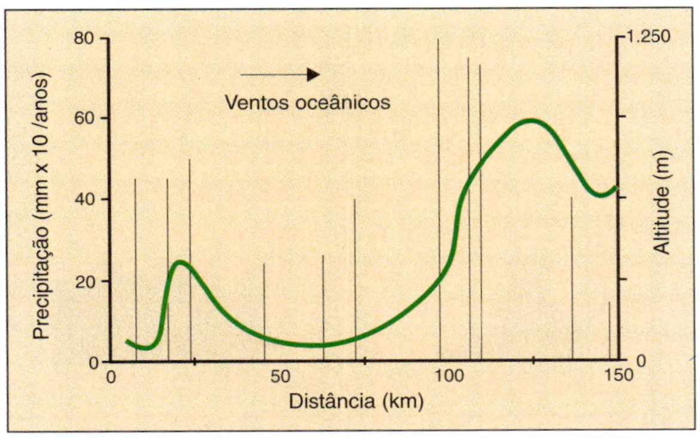

Modificado de ODUM, E. P. *Ecologia*. Rio de Janeiro, Guanabara. 1988.

De uma análise ambiental desta região concluiu-se que:
I. Ventos oceânicos carregados de umidade depositam a maior parte desta umidade, sob a forma de chuva, nas encostas da serra voltadas para o oceano.
II. Como resultado da maior precipitação nas encostas da serra, surge uma região de possível desertificação do outro lado dessa serra.
III. Os animais e as plantas encontram melhores condições de vida, sem períodos prolongados de seca, nas áreas distantes 25 km e 100 km, aproximadamente, do oceano.

É correto o que se afirma em:
a) I, apenas.
b) I e II, apenas.
c) I e III, apenas.
d) II e III, apenas.
e) I, II e III.

5 "**Dilúvio** — Chuvas torrenciais fizeram mais de 30 milhões de vítimas no sul da Ásia. As enchentes, que começaram há dois meses, já mataram mais de duas mil pessoas na Índia". (*IstoÉ*, 2 set. 1998.)
A notícia acima refere-se às:
a) chuvas frontais que ocorrem com freqüência em regiões de clima equatorial.
b) chuvas orográficas de inverno, que ocorrem no Sudeste Asiático por influência das monções.
c) monções asiáticas, decorrentes do deslocamento da zona temperada para o sul do continente.
d) monções de inverno, decorrentes dos ventos secos que sopram do continente para o oceano.
e) monções de verão, quando os ventos úmidos sopram do oceano para o continente.

6 (Enem-MEC) A adaptação dos integrantes da seleção brasileira de futebol à altitude de La Paz foi muito comentada em 1995, por ocasião de um torneio, como pode ser lido no texto abaixo.

"A seleção brasileira embarca hoje para La Paz, capital da Bolívia, situada a 3.700 metros de altitude, onde disputará o torneio Interamérica. A adaptação deverá ocorrer em um prazo de 10 dias, aproximadamente. O organismo humano, em altitudes elevadas, necessita desse tempo para se adaptar, evitando-se, assim, risco de um colapso circulatório". (Adaptado de *Placar*, fev.1995.)

A adaptação da equipe foi necessária principalmente porque a atmosfera de La Paz, quando comparada à das cidades brasileiras, apresenta:
a) menor pressão e menor concentração de oxigênio.
b) maior pressão e maior quantidade de oxigênio.
c) maior pressão e maior concentração de gás carbônico.
d) menor pressão e maior temperatura.
e) maior pressão e menor temperatura.

7 (Mackenzie-SP) Os deslocamentos das massas de ar:
a) independem das condições de pressão atmosférica.
b) dependem das condições de umidade atmosférica.
c) são sempre entre áreas de mesma temperatura.
d) são sempre das áreas de alta pressão para as áreas de baixa pressão.
e) são sempre de uma área seca para uma área úmida.

8 (Uern) "Cheias, secas e até fomes. Por trás de boa parte dessas catástrofes, que no Brasil costumam chegar no verão, se encontra o fenômeno meteorológico mais estudado neste fim de século..." (*Superinteressante*. p. 32.)
A partir do texto e dos conhecimentos acerca do fenômeno conhecido como El Niño, pode-se afirmar:
a) O El Niño provocou o aumento das chuvas no sertão nordestino.

b) O fenômeno não tem relação com as enchentes que ocorreram em 1998 na Região Sul do Brasil.
c) O El Niño está associado ao aquecimento anormal das águas sul tropicais do Oceano Pacífico e que chegam até a costa oeste da América do Sul.
d) Este fenômeno influencia apenas as condições climáticas dos países banhados pelo Oceano Pacífico.
e) As causas do El Niño já são conhecidas, e o homem já tem domínio sobre ele.

Capítulo 6
As grandes paisagens naturais da Terra e a destruição dos ecossistemas florestais, fluviais e marítimos

1 (Vunesp) As florestas tropicais úmidas cobrem apenas 7% da superfície dos continentes e contêm, no mínimo, 2/3 de todas as espécies de plantas e animais. Sua importância para as populações e para o equilíbrio biológico mundial é indiscutível.

a) Cite duas causas do desmatamento nas áreas tropicais.
b) Explique duas graves conseqüências desse processo.

2 (UnicenP-PR)

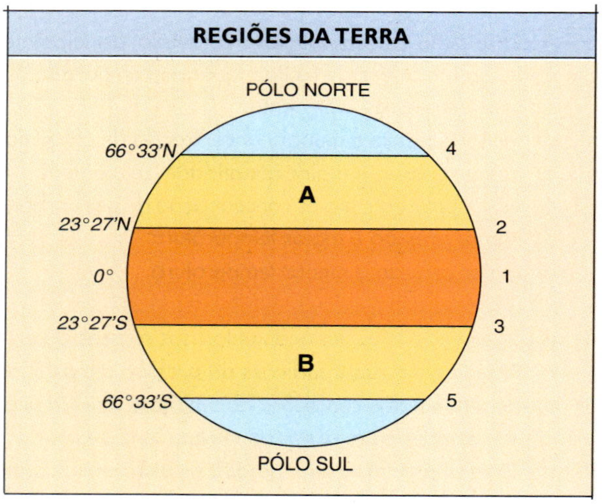

Com base no desenho acima, identifique a alternativa **correta**.

a) A linha indicada pelo número "2" é o Trópico de Capricórnio.
b) As letras "A" e "B" indicam as zonas tropicais Norte e Sul, respectivamente.
c) As linhas indicadas pela latitude de 66°33' Norte e Sul são os Trópicos.
d) A área indicada entre as latitudes de 23°27'N e 23°27'S apresenta predominância de climas frios e úmidos.
e) As áreas "A" e "B" são definidas como Temperada Norte e Temperada Sul, respectivamente.

3 (UFPI) A tundra é o bioma terrestre que se desenvolve em áreas de altas latitudes. Entre suas principais características geográficas está correto afirmar que:

a) possui um clima temperado e sua vegetação é composta por árvores de grande porte, como pinheiros e sequóias.
b) apresenta um clima frio com longos invernos e é desprovida de árvores, exibindo apenas plantas herbáceas e pequenos arbustos.
c) desenvolve-se em áreas intertropicais e apresenta uma vegetação caducifólia e espinhenta.
d) estende-se ao longo da região mediterrânea, tendo uma vegetação latifoliada e de grande porte.
e) é típica de clima equatorial, sendo uma variável de floresta latifoliada presente nas altas montanhas.

4 (Enem-MEC) As figuras abaixo representam a variação anual de temperatura e a quantidade de chuvas mensais em dado lugar, sendo chamados de climogramas. Neste tipo de gráfico, as temperaturas são representadas pelas linhas, e as chuvas pelas colunas.
Leia e analise.

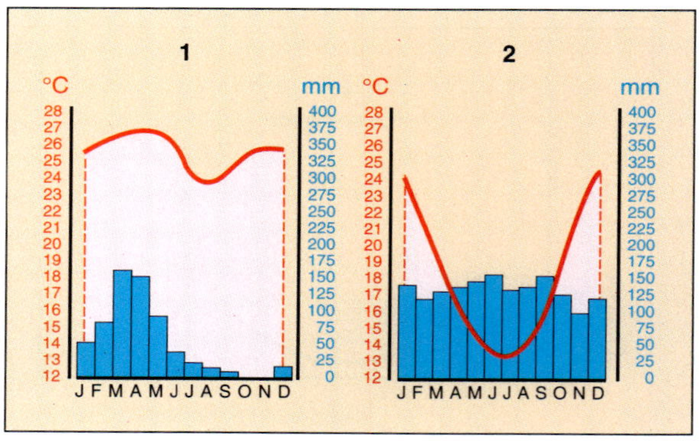

A distribuição das chuvas no decorrer do ano, conforme mostrado nos gráficos, é um parâmetro importante na caracterização de um clima.
A esse respeito podemos dizer que a afirmativa:

a) está errada, pois o que importa é o total pluviométrico anual.
b) está certa, pois, juntamente com o total pluviométrico anual, são importantes variáveis na definição das condições de umidade.
c) está errada, pois a distribuição das chuvas não tem nenhuma relação com a temperatura.
d) está certa, pois é o que vai definir as estações climáticas.
e) está certa, pois este é o parâmetro que define o clima de uma dada área.

5 (Fuvest-SP) Observe o mapa abaixo.

Fonte: COELHO, Marcos A. *Geografia Geral*. p. 94.

Os desertos representados pelos números, 2, 5 e 10, pela ordem, são:

a) Colorado, Atacama e Saara.

b) Kalahari, Gobi e Australiano.

c) Líbio, Sírio e Thar.

d) Takla-Makan, Saara e Atacama.

e) Atacama, Kalahari e Gobi.

6 (UFSM-RS) Observe o mapa abaixo e leia os textos I e II.

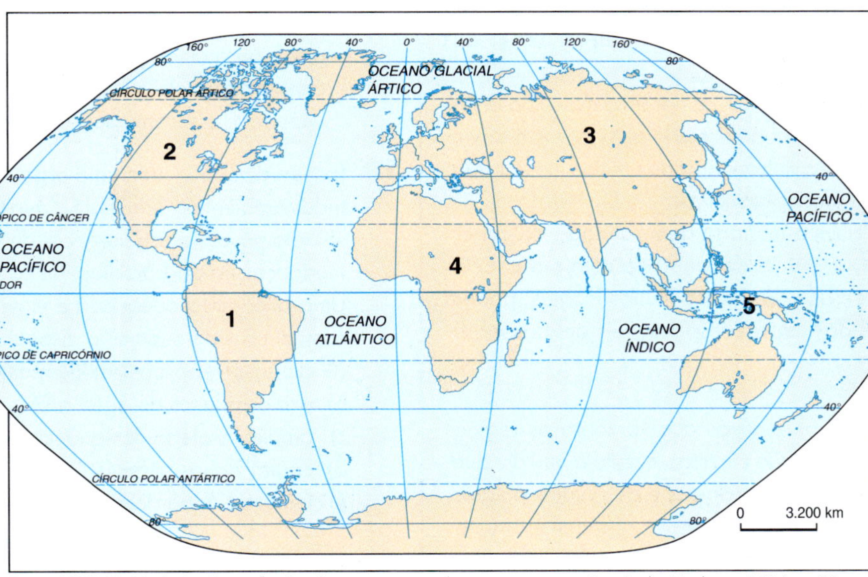

Fonte: COELHO, M. de A. *Geografia Geral: o espaço natural e socioeconômico*. São Paulo, Moderna, 1996. p. 99.

I. Localizada em baixas latitudes, é a maior floresta tropical do mundo, sendo também a campeã em área anual desmatada. Parte da devastação ocorre em áreas de reservas indígenas.

II. Esses países, localizados em altas latitudes, abrigam 26% das últimas florestas virgens do planeta. Com a extração de madeira, perderam 35% de florestas originais, uma área igual à metade do Brasil. (Texto adaptado de *Veja*, 3 ago. 1998. p. 73.)

Os textos I e II referem-se, respectivamente, às florestas:

a) das Araucárias e de Coníferas, indicadas no mapa pelos números 1 e 3.

b) Boreal e Equatorial, indicadas no mapa pelos números 2 e 5.
c) Amazônica e de Coníferas, indicadas no mapa pelos números 1 e 3.
d) Atlântida e do Congo, indicadas no mapa pelos números 1 e 4.
e) do Congo e do Sudeste Asiático, indicadas no mapa pelos números 4 e 5.

7 (UFPE, adaptada) Cerca de um terço da superfície das terras emersas encontra-se ocupado por desertos e semidesertos e mais de 15% da população mundial habita nesses espaços onde o investimento agrícola é por demais oneroso. A Geografia, atualmente, dedica bastante atenção a esse tema, especialmente ao fenômeno conhecido como "desertificação".

Analise as afirmativas a seguir que se referem ao tema mencionado, e identifique verdadeiro (V) ou falso (F):

a) A desertificação é um fenômeno mais comum nas áreas periféricas aos desertos, sobretudo no continente africano, mas vem sendo observado também em outras regiões do planeta, inclusive em ambientes úmidos.
b) A desertificação é um fenômeno eminentemente natural que decorre exclusivamente das alterações climáticas globais.
c) Os solos das áreas desérticas são muito impregnados de sais de sódio e potássio e outros minerais solúveis que os processos erosivos fazem desprender-se das crostas rochosas.
d) A desertificação pode ser compreendida como o ressecamento ambiental acarretado pelo impacto advindo das atividades antrópicas que causam a degradação de terras antes produtivas.
e) A derrubada ou queimada generalizada da cobertura vegetal, o uso inadequado do solo e a criação extensiva de gado, em ecossistemas frágeis, podem ser algumas das causas responsáveis pela desertificação.

8 (PUC-RS) Todas as afirmativas abaixo sobre as regiões temperadas da Terra estão corretas, exceto a que diz que:

a) estão situadas entre os trópicos e os círculos polares, aparecendo em áreas de todos os continentes, menos na Antártida.
b) possuem as estações do ano bem-definidas, invernos frios com queda de neve e verões quentes.
c) apresentam variados climas temperados, sendo que a vegetação natural, já bastante devastada, raramente é encontrada em sua forma original.
d) abrigam grandes concentrações urbano-industriais, como o nordeste dos EUA e sudeste do Canadá e outras menores, como Buenos Aires e Montevidéu.
e) caracterizam-se pela vegetação variada, sendo que os principais tipos de norte para sul são: tundra, florestas temperadas e vegetação mediterrânea.

9 (Enem-MEC) Alunos de uma escola no Rio de Janeiro são convidados a participar de uma excursão ao Parque Nacional de Jurubatiba. Antes do passeio, eles lêem o trecho de uma reportagem publicada em uma revista:

> "Jurubatiba será o primeiro parque nacional em área de restinga, num braço de areia com 31 km de extensão, formado entre o mar e dezoito lagoas. Numa área de 14 mil hectares, ali vivem jacarés, capivaras, lontras, tamanduás-mirins, além de milhares de aves e de peixes de água doce e salgada. Os peixes de água salgada, na época das cheias, passam para as lagoas, onde encontram abrigo, voltando ao mar na cheia seguinte. Nos terrenos mais baixos, próximos aos lençóis freáticos, as plantas têm água suficiente para agüentar longas secas. Já nas áreas planas, os cactos são um dos poucos vegetais que proliferam, pintando o areal com um verde pálido".

Depois de ler o texto, os alunos podem supor que, em Jurubatiba, os vegetais que sobrevivem nas áreas planas têm características tais como:

a) quantidade considerável de folhas, para aumentar a área de contato com a umidade do ar nos dias chuvosos.
b) redução na velocidade da fotossíntese e realização ininterrupta desse processo, durante as 24 horas.
c) caules e folhas cobertos por espessas cutículas que impedem o ressecamento e a conseqüente perda de água.
d) redução do calibre dos vasos que conduzem a água e os sais minerais da raiz aos centros produtores do vegetal, para evitar perdas.
e) crescimento sob a copa de árvores frondosas, que impede o ressecamento e conseqüente perda de água.

10 (Enem-MEC) Segundo uma organização mundial de estudos ambientais, em 2025, "duas de cada três pessoas viverão situações de carência de água, caso não haja mudanças no padrão atual de consumo do produto".

Uma alternativa adequada e viável para prevenir a escassez, considerando-se a disponibilidade global, seria:

a) desenvolver processos de reutilização da água.
b) explorar leitos de água subterrânea.
c) ampliar a oferta de água, captando-a em outros rios.
d) captar águas pluviais.
e) importar água doce de outros estados.

Capítulo 7
Clima, hidrografia, vegetação e domínios morfoclimáticos no Brasil

1 (Unicamp-SP) Devido à falta de oxigênio, à instabilidade do substrato e à ação das correntes, estas espécies apresentam raízes-escoras, ou pneumatóforos, que ampliam a base de suporte e facilitam a troca gasosa com o ambiente. O emaranhado de raízes reduz a velocidade das correntes, acarretando um depósito extenso de argila e lodo (PGC/ZEE/Secretaria do Meio Ambiente).

MAURICIO SIMONETTI/PULSAR

a) A que formação vegetal se refere o texto?
b) Qual a importância dessa formação vegetal para os ecossistemas costeiros?
c) Cite duas atividades socioeconômicas que estão causando a sua degradação ou mesmo a sua extinção.

2 (Mackenzie-SP) Identifique a alternativa correta sobre a dinâmica de massas de ar no Brasil.
a) A Massa Tropical Continental origina-se na Depressão do Chaco e provoca chuvas torrenciais de inverno no litoral sul e sudeste.
b) A Massa Tropical Atlântica originária do Atlântico Sul atua principalmente na faixa litorânea desde o nordeste até o sul do país.
c) A Massa Polar Atlântica, originária da Antártida, tem atuação restrita ao extremo sul do país.
d) A Massa Equatorial Atlântica origina-se no Atlântico Norte e influencia o clima de todo o interior do país.
e) A Massa Equatorial Continental origina-se na Amazônia Ocidental e é uma das responsáveis pela seca do Nordeste.

3 (UFU-MG) Qual das opções abaixo faz uma associação **incorreta** entre os tipos climáticos brasileiros e sua localização espacial?
a) Clima tropical semi-úmido — Predomina na porção continental do território nacional, principalmente no Planalto Central e em trechos do Sudeste e do Nordeste.
b) Clima tropical úmido ou atlântico — Faixa costeira, do Rio Grande do Sul até São Paulo, podendo aparecer também ao longo da porção oriental da bacia do Rio Doce e em parte da Zona da Mata mineira.
c) Clima tropical semi-árido — Predomina no Sertão nordestino e em parte do médio vale do Rio São Francisco.
d) Clima subtropical — Predomina no sul do país, abaixo do Trópico de Capricórnio.
e) Clima equatorial — Toda a Região Sudeste e parte norte do Paraná.

4 (UFFRJ) O controle e a distribuição da água, por meio de obras de engenharia, tem sido a forma pela qual os governos vêm enfrentando a questão da seca no Nordeste semi-árido. Seguindo este modelo histórico, a solução desta questão refere-se, atualmente, à:
a) canalização e perenização dos rios Jaguaribe e Parnaíba.
b) criação de grandes represas nos rios temporários da região.
c) transposição das águas do Rio São Francisco para outras áreas do semi-árido.
d) perfuração e multiplicação de poços artesianos pela zona semi-árida.
e) irrigação das várzeas criadas pelo curso do Rio São Francisco.

5 (Cefet-RJ) Processos geomorfológicos existentes no Brasil respondem pelo relevo desgastado, causado por chuvas intensas em áreas tropicais. Na Região Sudeste do país, encontramos, como resultado do intemperismo físico, as paisagens conhecidas como:
a) planaltos e chapadas arenito-basálticos.
b) planícies fluviais de intensa deposição.
c) elevações escarpadas de origem terciária.
d) pães-de-açúcar e "mares" de morros.
e) ilhas vulcânicas de elevada altitude.

6 (Enem-MEC) Nativas do Brasil, as várias espécies das plantas conhecidas como fava-d'anta têm lugar garantido no mercado mundial de produtos cosméticos e farmacêuticos. Elas praticamente não têm concorrentes, pois apenas uma outra planta chinesa produz os elementos cobiçados pela indústria mundial. As plantas acham-se dispersas no cerrado e a sua exploração é feita pela coleta manual das favas ou, ainda, com instrumentos rústicos (garfos e forquilhas) que retiram os frutos das pontas dos galhos. Alguns catadores quebram galhos ou arbustos para facilitar a coleta. Depois da coleta, as vagens são vendidas aos atacadistas locais que as revendem a atacadistas regionais, estes sim, os revendedores de fava para as indústrias. Depois de processados, os produtos são exportados. Embora os moradores da região tenham um vasto conhecimento sobre hábitos e usos da fauna e flora locais, pouco ou nada sabem sobre a produção de mudas de espécies nativas e, ainda, sobre o destino e o aproveitamento da matéria-prima extraída da fava d'anta. (Adaptado de Extrativismo e biodiversidade: o caso da fava-d'anta. *Ciência Hoje*, jun. 2000.)
Ainda que a extração das vagens não seja prejudicial às árvores, a estratégia usada na sua coleta, aliada à eventual pressão de mercado, são fatores que podem prejudicar a renovação natural da fava-d'anta. Uma proposta

viável para que essas plantas nativas não corram nenhum risco de extinção é:

a) introduzir a coleta mecanizada das favas, reduzindo tanto as perdas durante a coleta quanto os eventuais danos às plantas.
b) conservar o solo e aumentar a produtividade dessas plantas por meio de irrigação e reposição de sais minerais.
c) domesticar a espécie, introduzindo viveiros que possam abastecer a região de novas mudas, caso isto se torne necessário.
d) proibir a coleta das favas, aplicando pesadas multas aos infratores.
e) diversificar as atividades econômicas na região do cerrado para aumentar as fontes de renda dos trabalhadores.

7 (Enem-MEC) A coleta de favas é feita por famílias inteiras de trabalhadores rurais (não-proprietários). Enquanto o jovem apanhador de favas pode ganhar até R$ 7,50 por dia, os demais trabalhadores adultos ganham, em média, R$ 5,12 por dia, podendo dedicar-se a outras atividades extrativistas: a coleta de pequis e panãs, frutos vendidos à beira da estrada, e de lenha, vendida a pequenos compradores. A tabela apresenta a renda média anual dos jovens e adolescentes de uma cidade de Minas Gerais, com essas atividades extrativistas.

Produto	Renda média (R$)	Renda anual (R$)	Participação na renda total (%)
Pequi	25 (saca)	500	56,81
Panã	2 (unidade)	80	9,09
Fava d'anta	5 (saca)	60	6,81
Lenha	5 (carroça)	240	27,29
Total		880	100,00

Fonte: *Ciência Hoje*, jun. 2000.

Foram feitas as seguintes afirmações sobre a importância socioeconômica do extrativismo da fava-d'anta:

I. A desinformação impede qualquer controle da situação por parte dos coletores, aos quais cabe apenas o papel de trabalhadores braçais.
II. O retorno financeiro para a população é compatível com a importância dos produtos derivados da fava.
III. A atividade é menos rentável porque, entre os compradores de favas, existem atravessadores, ao contrário do que acontece na venda do pequi.
IV. A atividade eleva o salário diário do trabalhador, representando a fonte mais importante de sua renda anual.

Está correto **apenas** o que se afirma em:

a) I, III e IV.
b) II, III e IV.
c) I e III.
d) II e IV.
e) I e IV.

8 (Mackenzie-SP) No quadro, **A** e **B** são corretamente substituídos por:

Ecossistemas	Fatores de degradação	Principais impactos
A	Garimpo, mineração industrial, projetos agropecuários, hidroelétricas, caça e pesca predatórias.	Assoreamento, erosão e poluição de rios, desmatamento, inundação de florestas e áreas indígenas.
B	Pecuária extensiva, plantio de soja e trigo, queimadas.	Erosão, desertificação, desmatamento, perda da fertilidade do solo.

a) Campos do Sul e Caatinga.
b) Pantanal e Amazônia.
c) Amazônia e Campanha Gaúcha.
d) Sistemas Costeiros e Insulares e Mata Atlântica.
e) Caatinga e Cerrado.

9 (PUC-MG) Tendo em vista a cobertura vegetal brasileira e as caracterizações do espaço, ordene a segunda coluna de acordo com a primeira.

I. Mata Atlântica
II. Floresta Amazônica
III. Mata de Araucária
IV. Cerrado
V. Caatinga
VI. Complexo do Pantanal

a) Quente, com chuvas abundantes, rios caudalosos, grande e densa cobertura arbórea.
b) Quente, semi-árido, com chuvas escassas e irregulares, solo pedregoso e vegetação resistente à seca.
c) Quente, planície alagada parte do ano, com grande variedade de espécies vegetais.
d) Quente, semi-úmido, solo ácido, predominam arbustos retorcidos com raízes profundas.
e) Quente, formação arbórea condicionada ao relevo serrano e à umidade oceânica.
f) Clima ameno, com chuvas regulares, relevo serrano, favorável à formação de pinheiro.

Identifique a seqüência **correta** encontrada.

a) I – II – V – VI – III – IV
b) II – V – VI – IV – I – III
c) II – IV – I – V – III – VI
d) I – II – VI – IV – V – III
e) III – II – V – IV – I – VI

10 (UniSantos-SP) No que diz respeito aos domínios morfoclimáticos ou grandes paisagens naturais do Brasil, é **correto** afirmar que:

a) o Domínio da Caatinga corresponde a uma região semi-árida, com solos pouco profundos — devido, entre outros fatores, às poucas chuvas e ao intemperismo físico —, na qual predominam as plantas xerófilas.
b) o Domínio Amazônico é formado por terras altas, vegetação com predomínio de plantas aciculifoliadas, solos com alta fertilidade e fica próximo aos igarapés.
c) o Domínio do Cerrado abrange uma região com clima tropical úmido, vegetação de grande porte, solos ácidos e pobres, e formação de palmáceas.
d) o Domínio das Pradarias ou Coxilhas apresenta vegetação herbácea — típica dos climas equatoriais e temperados —, rios temporários e formação de matas-galerias.
e) o Domínio das Araucárias, no Planalto Meridional, apresenta terrenos cristalinos, solos diversificados, chuvas bem distribuídas e pinheiros latifoliados — predominando a Araucaria *angustifolia*.

UNIDADE IV — ESPAÇO MUNDIAL E BRASILEIRO DA PRODUÇÃO

Capítulo 1
Indústria I: as transformações no espaço

1 (PUC-Campinas-SP) A lançadeira volante (1735), aumentando a capacidade dos tecelões, estimulou a invenção da *spinning-jenny*, que aumentava a produção de fios. Esse aumento desencadeou a invenção do tear mecânico (1785) que, por sua vez, passou a exigir nova forma de energia e resultou na invenção da máquina a vapor (1790). No processo descrito, em que "máquinas geram por si mesmas máquinas mais potentes", pode-se perceber que:

I. o aumento da produtividade do trabalho exigiu o aumento da produção de matéria-prima.
II. a falta de matéria-prima estimulou o aumento de produtividade das máquinas.
III. o aumento da oferta de matéria-prima estimulou o interesse em aumentar a produtividade das máquinas.
IV. a diminuição da produtividade do trabalho exigiu aumento da produção de matéria-prima.

Estão corretas somente:
a) I e III.
b) II e III.
c) II e IV.
d) I, II e IV.
e) I, III e IV.

2 (Cefet-PR) Entre as maiores empresas privadas do mundo por volume de vendas, podemos citar a G.M., a Ford Motors, a Exxon, a IBM e a Toyota Motors.
Sobre a importância das empresas transnacionais, é **incorreto** afirmar:
a) A força de concentração financeira dessas empresas é tanta que as 200 maiores empresas mundiais faturam quase o dobro do que 130 países produzem.
b) Quando essas empresas se instalam em um país subdesenvolvido, transferem contratual e permanentemente tecnologia de ponta produzida na matriz da empresa.
c) São responsáveis por 80% a 90% da transferência de tecnologia para os países subdesenvolvidos.
d) Nos últimos anos, tem ocorrido, cada vez com mais freqüência, a transferência inversa de tecnologia ou a "fuga de cérebros" para as matrizes.
e) Essas empresas estão fortemente presentes no nosso cotidiano e, cada vez mais, exercem influência sobre o nosso modo de vida, manipulam os preços e moldam o gosto do consumidor.

3 (Unip-SP) "A concentração de capitais deu aos grandes conglomerados um novo poder: o de ultrapassar as fronteiras nacionais. Dispensando suas atividades produtivas pelos mais diferentes países, as transnacionais aproveitam-se das diferenças entre eles para alcançar maiores lucros."
A partir da leitura do texto, qual o melhor título que podemos dar para o mapa a seguir?
a) Distribuição espacial das megalópoles.
b) Estrutura mundial das *holdings*.
c) Comércio mundial: maiores centros exportadores.
d) Principais bolsas de valores mundiais.
e) Desconcentração geográfica da indústria.

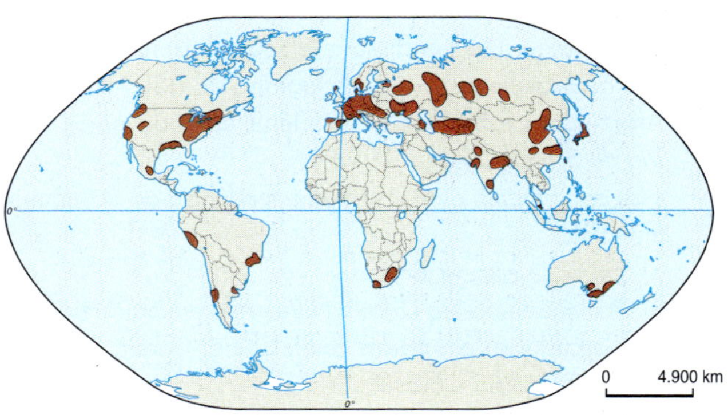

4 (Fuvest-SP) As afirmações abaixo apontam algumas tendências da nova lógica de localizacão industrial.
I. Distribuição dos estabelecimentos industriais das empresas em diferentes localidades de tradição manufatureira.

II. Separação territorial entre processo produtivo e gerenciamento empresarial com a reintegração de ambos por intermédio de redes informacionais.
III. Desconcentração da atividade industrial e emergência de novos espaços industriais, estruturando redes globalizadas.
IV. Concentração territorial da indústria dependente de fontes de energia e matéria-prima.

Está correto apenas o que se afirma em:

a) I e II.
b) I e III.
c) II e III.
d) II e IV.
e) III e IV.

5 (Fuvest-SP) As novas formas de organização da produção industrial foram chamadas por alguns autores de pós-fordismo, para diferenciá-las da produção *fordista*.

a) Apresente dois aspectos do processo industrial fordista e dois do pós-fordista.
b) Caracterize o espaço industrial no fordismo e no pós-fordismo.

6 (Unicamp-SP) "Moro em Portland, Oregon, onde a Nike tem a sua sede empresarial [...] Precisando de tênis novos, comecei a procurar. [...] Pegava um tênis atrás do outro e lia: Made in China, Made in Korea, Made in Indonesia, Made in Thailand. Comecei a pedir tênis fabricado nos EUA aos balconistas. Os poucos que não ficaram confusos me disseram que não existem tênis fabricados nos EUA. Telefonei para a Nike e falei com o responsável pelo atendimento aos clientes, e ele me disse que a empresa ainda está manufaturando na Indonésia e em vários países da região. Liguei para a sede da L. A. Gear em Santa Mônica. Eu disse: 'Os tênis que vocês produzem são fabricados nos EUA?' 'Fabricados aqui?' perguntou, espantada, a pessoa que me atendeu. Ela me disse que seus tênis são produzidos no Brasil e na Ásia". (Adaptado de TISDALE, Sally. Americanos fabricam os seus tênis em toda parte. *Folha de S.Paulo,* 2 out. 1994.)

Esse depoimento demonstra uma tendência da economia mundial.

a) Explique essa tendência.
b) Por que empresas como a Nike preferem produzir suas mercadorias em países como China, Coréia, Indonésia, Tailândia e Brasil?

7 (Mackenzie-SP) Os pólos mundiais de alta tecnologia, chamados tecnopólos, agrupam os centros de pesquisa de grandes empresas, localizam-se próximos a importantes universidades e contam com eficientes sistemas de transmissão de dados e informações, como é o caso:

a) da região industrial dos Grandes Lagos nos EUA.
b) do Vale do Silício na Califórnia.
c) da região industrial dos Urais, na Rússia.
d) do Vale do Rhur, na Alemanha.
e) da Bacia de Londres, na Inglaterra.

Capítulo 2
Indústria II: o desenvolvimento industrial dos países

1 (UEL-PR) A questão está relacionada ao gráfico e às afirmações abaixo.

PARTICIPAÇÃO DO GRUPO DOS SETE (G-7) NO PIB MUNDIAL — 1997

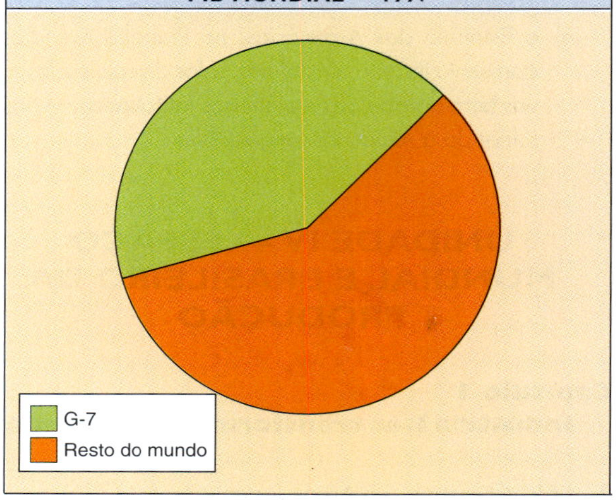

I. Neste final de século, a riqueza mundial encontra-se muito concentrada.
II. No conjunto dos sete países mais ricos do mundo, dois são norte-americanos.
III. Todos os países que compõem a União Européia fazem parte do Grupo dos Sete.
IV. O Japão é o representante asiático no Grupo dos Sete.
V. Com a globalização em curso, a participação do Grupo dos Sete deverá ser a metade da representada em 1997.

A leitura do gráfico e seus conhecimentos sobre a economia mundial permitem concluir que estão corretas somente:

a) I, II e III.
b) I, II e IV.
c) I, III e V.
d) II, IV e V.
e) III, IV e V.

2 (FGV-SP) Identifique a alternativa que apresenta uma informação correta sobre os tecnopólos ou pólos científicos:

a) Considerados como uma superação dos antigos centros ou distritos industriais, os pólos tecnológicos são encontrados apenas nos países do Norte desenvolvido, pois dependem de um sistema de telecomunicação avançado para funcionarem.

b) O tecnopólo mais famoso dos EUA é o Vale do Silício, na Califórnia, cuja origem se articula com o desenvolvimento de armamentos de alta tecnologia na época da Guerra Fria.

c) São Paulo, Rio de Janeiro e Porto Alegre são os exemplos mais significativos de cidades brasileiras que correspondem aos tecnopólos do mundo desenvolvido.

d) A França iniciou o desenvolvimento dos pólos tecnológicos apenas nesta década, concentrando-os prioritariamente em torno de Paris.

e) Apesar de seu grande desenvolvimento técnico e científico, a exigüidade territorial do Japão permitiu a construção de apenas um tecnopólo: a conhecida cidade científica de Tsukuba.

3 (Mackenzie-SP)

I. Grande influência das corporações e indústrias japonesas.

II. Legislação trabalhista extremamente rigorosa em detrimentos dos trabalhadores.

III. Isenção de impostos e taxas, convertendo os países em plataformas de exportação.

Sobre as bases da recente industrialização asiática:

a) I, II e III são falsos.
b) I, II e III são verdadeiros.
c) apenas I e II são verdadeiros.
d) apenas I e III são verdadeiros.
e) apenas II e III são verdadeiros.

4 (Fuvest-SP) Sobre o modelo de industrialização implementado em países do Sudeste Asiático, como Coréia do Sul e Taiwan, e o adotado em países da América Latina, como a Argentina, o Brasil e o México, pode-se afirmar que:

a) nos países do Sudeste Asiático, a participação de capital estrangeiro impediu o desenvolvimento de tecnologia local, ao passo que, nos países latino-americanos, ela promoveu esse desenvolvimento.

b) nos dois casos, não houve participação do Estado na criação de infra-estrutura necessária à industrialização.

c) nos países do Sudeste Asiático, a organização dos trabalhadores, em sindicatos livres, encareceu o produto final, ao passo que, nos países latino-americanos, a ausência dessa organização tornou os produtos mais competitivos.

d) nos dois casos, houve importante participação de capital japonês, responsável pelo desenvolvimento tecnológico nessas regiões.

e) nos países do Sudeste Asiático, a produção industrial visou à exportação, ao passo que, nos países latino-americanos, a produção objetivou o mercado interno.

5 (Eaesp) Com o projeto de estações aduaneiras do interior (EADIs ou portos secos, porque são distantes dos portos marítimos), o Brasil construirá 75 zonas de processamento industrial em 54 cidades. A primeira delas será em Varginha, no sul de Minas Gerais. (Adaptado de *Folha de S.Paulo*, 30 jul. 2000. p. B1.)

O texto trata das implantações de indústrias "maquiladoras" no Brasil, semelhantes às que existem:

a) na fronteira do México com os EUA: importam peças, montam produtos e exportam com isenção de impostos.

b) nas zonas especiais de exportação (ZEEs) do Leste chinês: utilizam os capitais estrangeiros no desenvolvimento dos ramos estratégicos do país (bélico, espacial e de telecomunicações).

c) no Nafta: exportam apenas 1% da produção industrial para os países fora do bloco, como medida de proteção dos fabricantes sem incentivos fiscais.

d) nas zonas especiais de exportação (ZEEs) do Oeste chinês: exportam, com isenção de impostos, bens de uso e consumo aos países vizinhos menos industrializados.

e) na fronteira do México com os EUA: atuam como entrepostos de reexportação de produtos primários e manufaturados.

Capítulo 3
O espaço da atividade industrial no Brasil

1 (Enem-MEC) Os textos abaixo relacionam-se a momentos distintos da nossa história.

"A integração regional é um instrumento fundamental para que um número cada vez maior de países possa melhorar a sua inserção num mundo globalizado, já que eleva o seu nível de competitividade, aumenta as trocas comerciais, permite o aumento da produtividade, cria condições para um maior crescimento econômico e favorece o aprofundamento dos processos democráticos.

A integração regional e a globalização surgem assim como processos complementares e vantajosos" (*Declaração do Porto*. VIII Cimeira Ibero-Americana. Porto, Portugal, 17 e 18 out. de 1998.)

"Um considerável número de mercadorias passou a ser produzido no Brasil, substituindo o que não era possível ou era muito caro importar. Foi assim que a crise econômica mundial e o encarecimento das importações levaram o governo Vargas a criar as bases para o crescimento industrial brasileiro". (POMAR, Wladimir. *Era Vargas: a modernização conservadora*).

É correto afirmar que as políticas econômicas mencionadas nos textos são:

a) opostas, pois, no primeiro texto, o centro das preocupações são as exportações e, no segundo, as importações.
b) semelhantes, uma vez que ambos demonstram uma tendência protecionista.
c) diferentes, porque, para o primeiro texto, a questão central é a integração regional e, para o segundo, a política de substituição de importações.
d) semelhantes, porque consideram a integração regional necessária ao desenvolvimento econômico.
e) opostas, pois, para o primeiro texto, a globalização impede o aprofundamento democrático e, para o segundo, a globalização é geradora da crise econômica.

2 (Cefet-PR) A questão da localização industrial no planeta envolve, principalmente, a existência dos fatores de produção, como a abundância de matéria-prima e a facilidade de obtenção de energia, uma vez que a indústria procura locais onde possa obter os menores custos de produção. Atualmente no Brasil, assistimos à implantação de uma nova forma de atração das atividades industriais que pode suplantar os demais fatores da produção. Tal modalidade de atração conseguiu trazer várias indústrias. Ela pode ser identificada como:
a) a concessão de benefícios fiscais, como a isenção de impostos e investimentos em infra-estrutura.
b) a formação de um poderoso mercado consumidor de alta renda surgido após o Plano Real.
c) a descoberta, no Sul do Brasil, de grandes jazidas de ferro, que atraem novas usinas siderúrgicas.
d) uma política de baixos juros que alimenta a produção de bens de consumo e a criação de empregos.
e) a existência de abundante oferta de energia elétrica bem distribuída por todo o território.

3 (Unirio-RJ) "Fábio de Souza, 19, teve mais sorte que seu pai. Na década de 1980, Antônio de Souza se cansou da vida dura de pequeno agricultor em Sobral, no Ceará, e migrou para São Paulo.
Analfabeto, Antônio não prosperou e teve de voltar para o Ceará. Seu filho não vai precisar se esforçar tanto para buscar emprego numa fábrica. A indústria está chegando ao sertão." (*Folha de S.Paulo*, 19 set. 1999.)
As histórias de Antônio e Fábio de Souza mostram duas fases da organização da atividade industrial no território brasileiro. São elas, respectivamente, a:
a) centralização industrial na Região Sudeste e a dispersão da atividade industrial para regiões de custos mais baixos.
b) descentralização do parque industrial sulista e o aumento da industrialização nordestina.
c) concentração industrial em São Paulo e a transferência da indústria de alta tecnologia para o Nordeste.
d) concentração da indústria de base no Sudeste e a dispersão da indústria da construção civil.
e) dispersão da atividade industrial, durante o milagre brasileiro, e a centralização de unidades produtivas no período Collor.

4 (Unicamp-SP) "A guerra fiscal é, na verdade, uma guerra global entre os lugares". (SANTOS, Milton. *Folha de S.Paulo*, 8 ago. 1999. Caderno Mais!.)
a) De que forma os estados e municípios competem entre si praticando a guerra fiscal?
b) Cite um exemplo, na implantação de indústrias automobilísticas, em que a guerra fiscal fez parte, claramente, de uma "guerra global entre os lugares".
c) Além da guerra fiscal, de que outros meios se utiliza a "guerra global entre os lugares"?

5 (Enem-MEC) Um estudo sobre o problema do desemprego na Grande São Paulo, no período de 1985-1996, realizado pelo Seade-Dieese, apresentou o seguinte gráfico sobre taxa de desemprego.

MÉDIAS ANUAIS DA TAXA DE DESEMPREGO TOTAL – GRANDE SÃO PAULO (1985-1996)

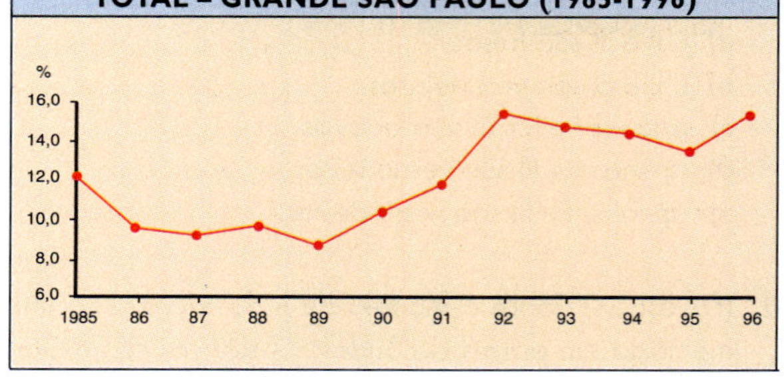

Fonte: SEP, Convênio Seade-Dieese.

Pela análise do gráfico, é correto afirmar que, no período considerado:
a) a maior taxa de desemprego foi de 14%.
b) a taxa de desemprego no ano de 1995 foi a menor do período.
c) a partir de 1992, a taxa de desemprego foi decrescente.
d) no período 1985-1996, a taxa de desemprego esteve entre 8% e 16%.
e) a taxa de desemprego foi crescente no período compreendido entre 1988 e 1991.

6 (Vunesp) Um pólo de inovação tecnológica pode ser definido em função de sua capacidade criativa, de reciclagem e de difusão de tecnologia de ponta. Tecnópole é a denominação atribuída à cidade que reúne as principais características de um pólo de inovação tecnológica.

Identifique a alternativa que apresenta três cidades paulistas que, na atualidade, reúnem tais características.

a) Santos, Sorocaba e Taubaté.
b) São Carlos, São José dos Campos e Campinas.
c) Limeira, São Carlos e Ribeirão Preto.
d) Santo André, São José do Rio Preto e Presidente Prudente.
e) São José dos Campos, Lorena e Campinas.

7 (Ceeteps-SP) Observe o mapa para responder à questão.

"As encostas íngremes desta região do estado perderam boa parte da vegetação original que as recobria. A ocupação desordenada da população mais pobre e a chuva ácida provocada pela intensa emissão de gases do parque industrial e da queima de combustíveis criaram uma paisagem deteriorada que preocupa a sociedade."

O texto refere-se à região do estado de São Paulo indicada, no mapa, pelo número:

a) 1.
b) 2.
c) 3.
d) 4.
e) 5.

Capítulo 4
Panorama energético mundial

1 (PUC-Campinas-SP) A existência de "jazidas profundas de carvão" está relacionada:

a) ao processo de submersão e posterior soterramento de grandes florestas em antigas eras geológicas.
b) ao reduzido processo erosivo na camada de rochas cristalinas que as recobrem.
c) ao desabamento provocado pela força de gravidade de grandes porções da litosfera.
d) à decomposição de plânctons e pequenos animais em antigos fundos de mares, depois soterrados.
e) a processos externos como a laterização que, mesmo tendo origem junto à superfície, é responsável por carregar para o subsolo inúmeros minerais.

2 (Enem-MEC) Para compreender o processo de exploração e o consumo dos recursos petrolíferos, é fundamental conhecer a gênese e o processo de formação do petróleo descritos no texto abaixo.

"O petróleo é um combustível fóssil, originado provavelmente de restos de vida aquática acumulados no fundo dos oceanos primitivos e cobertos por sedimentos. O tempo e a pressão do sedimento sobre o material depositado no fundo do mar transformaram esses restos em massas viscosas de coloração negra denominadas jazidas de petróleo". (Adaptado de TUNDISI. *Usos de energia.* São Paulo, Atual, 1991.)

As informações do texto permitem afirmar que:

a) o petróleo é um recurso energético renovável a curto prazo, em razão de sua constante formação geológica.
b) a exploração de petróleo é realizada apenas em áreas marinhas.
c) a extração e o aproveitamento do petróleo são atividades não poluentes dada sua origem natural.
d) o petróleo é um recurso energético distribuído homogeneamente, em todas as regiões, independentemente da sua origem.
e) o petróleo é um recurso não-renovável a curto prazo, explorado em áreas continentais de origem marinha ou em áreas submarinas.

3 (PUC-Campinas-SP) A queima de combustíveis fósseis, como o carvão mineral, provoca poluição atmosférica responsável:

a) pelo efeito estufa, além de ser um dos responsáveis pelas inversões térmicas.
b) pelas ilhas de calor, além de contribuir para o aumento do buraco da camada de ozônio.
c) pela chuva ácida, além de ser um dos geradores do efeito estufa.
d) pelo aumento do buraco da camada de ozônio, além de contribuir para o aumento das amplitudes térmicas.
e) pelas inversões térmicas, além de ser um dos responsáveis pela formação das ilhas de calor.

4 (Enem-MEC) "A Idade da Pedra chegou ao fim, não porque faltassem pedras; a era do petróleo chegará igualmente ao fim, mas não por falta de petróleo". (Xeque Yamani, ex-ministro do Petróleo da Arábia Saudita. *O Estado de S. Paulo,* 20 ago. 2001.)
Considerando as características que envolvem a utilização das matérias-primas citadas no texto em diferentes contextos histórico-geográficos, é correto afirmar que, de acordo com o autor, a exemplo do que aconteceu na Idade da Pedra, o fim da era do petróleo estaria relacionado:

a) à redução e esgotamento das reservas de petróleo.
b) ao desenvolvimento tecnológico e à utilização de novas fontes de energia.

c) ao desenvolvimento dos transportes e conseqüente aumento do consumo de energia.
d) ao excesso de produção e conseqüente desvalorização do barril de petróleo.
e) à diminuição das ações humanas sobre o meio ambiente.

5 (Enem-MEC) No ciclo da água, usado para produzir eletricidade, a água de lagos e oceanos, irradiada pelo Sol, evapora-se dando origem a nuvens e se precipita como chuva. É então represada, corre de alto a baixo e move turbinas de uma usina, acionando geradores. A eletricidade produzida é transmitida através de cabos e fios e é utilizada em motores e outros aparelhos elétricos. Assim, para que o ciclo seja aproveitado na geração de energia elétrica, constrói-se uma barragem para represar a água.
Entre os possíveis impactos ambientais causados por essa construção, devem ser destacados:
a) aumento do nível dos oceanos e chuva ácida.
b) chuva ácida e efeito estufa.
c) alagamentos e intensificação do efeito estufa.
d) alagamenos e desequilíbrio da fauna e da flora.
e) alteração do curso natural dos rios e poluição atmosférica.

6 (UFSCar-SP) Grupos de ecologistas criticam a dependência de alguns países quanto ao uso da energia nuclear, principalmente depois dos acidentes nucleares que ocorreram na Ucrânia (Chernobyl), em abril de 1986, e no Japão, em setembro de 1999.
Os EUA possuem 104 usinas nucleares, a França 58 e o Japão 53. Em 1999, havia 434 usinas nucleares em funcionamento no mundo e apenas uma delas se encontrava no Brasil, localizada em:
a) Campos, no Rio de Janeiro.
b) Poços de Caldas, no sul de Minas Gerais.
c) Angra dos Reis, no Rio de Janeiro.
d) Natal, no Rio Grande do Norte.
e) Sorocaba, no centro-oeste de São Paulo.

7 (Enem-MEC) Em usinas hidroelétricas, a queda d'água move turbinas que acionam geradores. Em usinas eólicas, os geradores são acionados por hélices movidas pelo vento. Na conversão direta solar-elétrica são células fotovoltaicas que produzem tensão elétrica. Além de todos produzirem eletricidade, esses processos têm em comum o fato de:
a) não provocarem impacto ambiental.
b) independerem de condições climáticas.
c) a energia gerada poder ser armazenada.
d) utilizarem fontes de energia renováveis.
e) dependerem das reservas de combustíveis fósseis.

Capítulo 5
A importância da energia no crescimento econômico do Brasil

1 (Unicamp-SP) Considerando os dados:

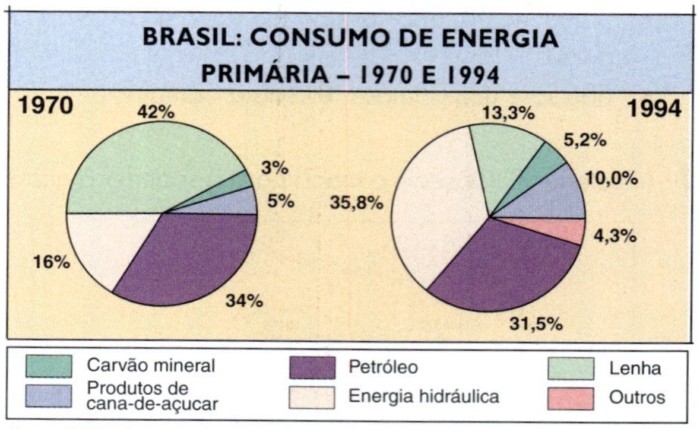

Fonte: IBGE. *Anuário estatístico do Brasil 1974 e 1995.*

a) Cite as duas principais alterações ocorridas no consumo de energia primária no Brasil entre 1970 e 1994.
b) Cite alguns dos fatores responsáveis pela alteração.

2 (Vunesp) Sobre as fontes de energia e seu uso no Brasil, pode-se afirmar:
a) O uso da energia primária está limitado às regiões com menor nível de desenvolvimento industrial.
b) A construção de hidroelétricas, no Brasil, teve um grande impulso a partir do governo de Juscelino Kubitschek.
c) A construção da hidroelétrica de Tucuruí objetivou atender ao aumento da demanda do Nordeste, devido à criação do Pólo Petroquímico de Camaçari.
d) A solução encontrada pelo Brasil para resolver a crise do petróleo, na década de 1980, foi privatizar a Petrobras.
e) O Brasil é o maior produtor de carvão mineral do mundo e sua utilização será a saída para a crise energética que assola o país.

3 (Enem-MEC) Os números e cifras envolvidos, quando lidamos com dados sobre produção e consumo de energia em nosso país, são sempre muito grandes. Apenas no setor residencial, em um único dia, o consumo de energia elétrica é da ordem de 200 mil MWh. Para avaliar esse consumo, imagine uma situação em que o Brasil não dispusesse de hidroelétricas e tivesse de depender somente de termoelétricas, onde cada kg de carvão, ao ser queimado, permite obter uma quantidade de energia da ordem de 10 kWh. Considerando que um caminhão transporta, em média, 10 toneladas de carvão, a quantidade de caminhões de carvão necessária para abastecer as termoelétricas, a cada dia, seria da ordem de:
a) 20.
b) 200.
c) 1.000.
d) 2.000.
e) 10.000.

4 (Fuvest-SP) Considerando os mapas, identifique a alternativa correta.

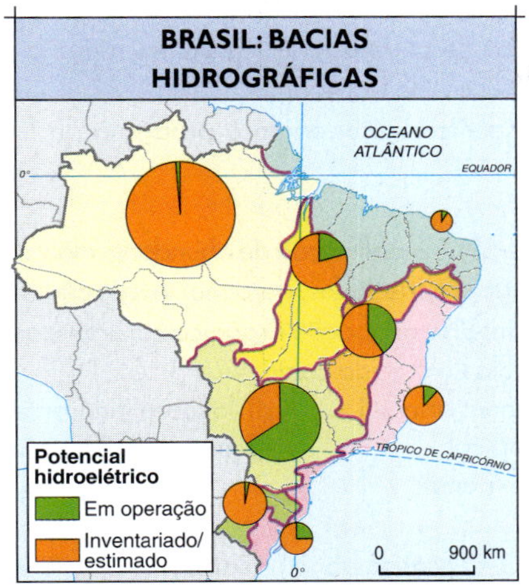

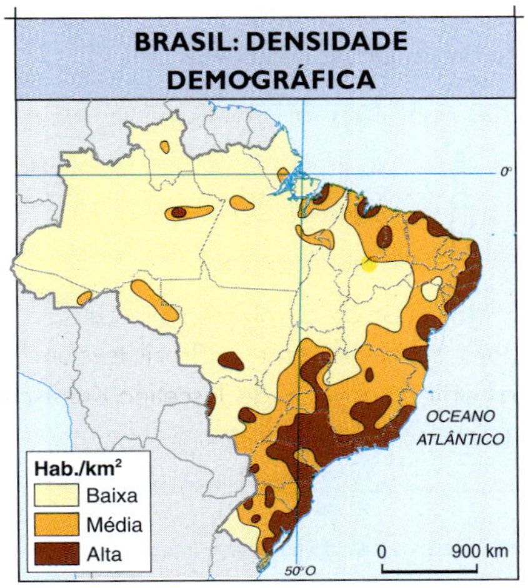

Fonte: adaptado de SIMIELLI, 2000.

O potencial hidroelétrico brasileiro:

a) está esgotado na Bacia do Paraná, localizada numa área de média densidade demográfica.

b) está esgotado na Bacia do São Francisco, localizada numa área de baixa densidade demográfica.

c) é pouco explorado na Bacia Leste, localizada numa área de baixa densidade demográfica.

d) está esgotado na Bacia do Uruguai, localizada numa área de alta densidade demográfica.

e) é pouco explorado na Bacia do Tocantins, localizada numa área de baixa densidade demográfica.

5 (Unirio-RJ)

O furo de que deu certo

"Depois de duas décadas de atuação na Bacia de Santos, a Petrobras encontra óleo de alta qualidade". (*Época*, 27 set. 1999.)

A notícia acima trouxe grande ânimo para o setor petrolífero brasileiro.

Identifique a opção **incorreta** relacionada à produção desse recurso no Brasil.

a) Entre as principais regiões produtoras estão as regiões Nordeste e Sudeste, sendo que o estado do Rio de Janeiro fornece mais de 50% do petróleo extraído no Brasil.

b) Apesar da grande produção nacional, o país ainda precisa importar grande parte do petróleo que utiliza.

c) Apesar da produção insuficiente, o Brasil domina o refino de petróleo, sendo que a maior parte das refinarias localiza-se no Sudeste, onde o consumo de derivados é maior.

d) Mais de 50% do petróleo extraído no Brasil provém da plataforma continental, grande parte em águas profundas, o que aumenta o custo da produção.

e) É o único ramo de atividade econômica que não foi atingido pela recente onda liberalizante, permanecendo ainda totalmente monopolizado pelo Estado.

6 (UFRGS-RS) A figura abaixo apresenta uma charge cuja temática envolve empresas petrolíferas, aludindo a uma situação corrente no Brasil, a partir de 1999.

CORTESIA DE MARCO AURÉLIO/AGÊNCIA RBS

A charge se refere:

a) à perda de parcela de perfurações e de bacias petrolíferas sofridas pela Petrobras, devido à sua privatização.

b) à liberalização dos preços da gasolina e à sua distribuição por empresas estrangeiras no país, devido às altas nos preços do petróleo no mercado internacional.

c) à venda dos direitos de prospecção e extração de hidrocarbonetos na plataforma continental do Brasil.

d) à necessidade de definir os limites da Zona Econômica Exclusiva (ZEE) para preservar a soberania da plataforma continental brasileira.

e) à grande alta do preço do petróleo no mercado internacional em 1999, o que provocou o aumento no petróleo e seus derivados no Brasil.

7 (Unifor-CE) São transformações na agricultura brasileira, resultantes da implantação do projeto Pró-álcool:

I. Alterações nas relações de trabalho no campo, com a diminuição do desemprego rural e do êxodo para as cidades.

II. Substituição da lavoura de gêneros alimentícios e diminuição da oferta de alimento no mercado.
III. Expansão da monocultura, gerando alta produtividade dos solos.
IV. Mudanças na estrutura fundiária, com a absorção das pequenas propriedades pelas grandes.

Estão corretas **somente**:

a) I e II.
b) I e III.
c) II e III.
d) II e IV.
e) III e IV.

Capítulo 6
Agropecuária mundial

1 (UCB-DF)

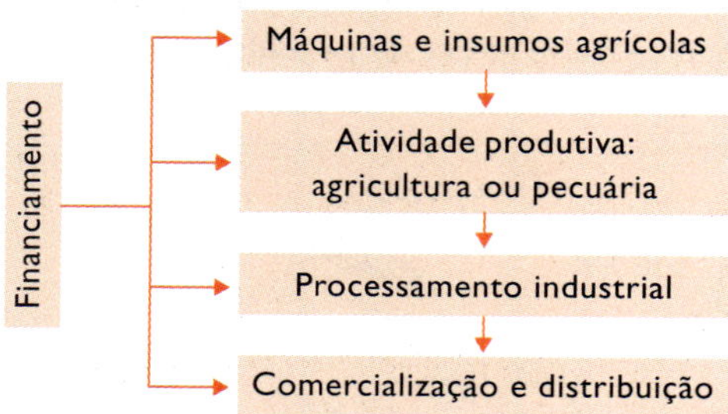

O esquema indica as articulações entre os setores da atividade econômica, dos últimos 30 anos, nos CAI – Complexos Agroindustriais.

Os principais efeitos dessa articulação estão expressos em:

a) • concentração da propriedade dos fatores produtivos
• transformações nas relações de trabalho

b) • ampliação do mercado de trabalho
• facilidade de acesso à terra

c) • reforço da produção de subsistência
• deslocamento da população do campo para a cidade

d) • diversificação da produção para a exportação
• subordinação do setor industrial ao capital agrário

2 (UFU-MG) Interprete o fragmento abaixo.

"Há muitos séculos os agricultores vêm tentando melhorar as espécies de plantas por meio da realização de cruzamentos e da seleção de sementes. No século XX, com o desenvolvimento da transgenia, foi possível realizar a melhoria genética, por meio do planejamento e da execução de cruzamentos controlados e da seleção planejada, revolucionando o processo de produção agropecuária". (COELHO, Marcos de Amorim e SOARES, Lygia Terra. *Geografia Geral: o espaço natural e socioeconômico.* São Paulo, Moderna, 2001. p. 389.)

Aqueles que defendem a ampla aplicação de modificações genéticas consideram como vantagens algumas das afirmações abaixo, **exceto**:

a) o aumento brutal da produtividade e da produção desses alimentos acarretaria menores riscos e gastos.
b) como a alimentação é a base da vida saudável, os alimentos transgênicos podem interferir na saúde das pessoas.
c) a criação de plantas mais resistentes reduz o uso de agrotóxicos e de fertilizantes.
d) os transgênicos resolveriam o problema da fome no mundo.

3 (Mackenzie-SP) A mobilização de abundante mão-de-obra em pequenas propriedades, geralmente irrigadas, e a utilização de intensa adubação orgânica caracterizam o sistema agrícola conhecido como:

a) jardinagem oriental.
b) roça tropical.
c) rotação trienal.
d) lavoura itinerante.
e) *plantations*.

4 (Enem-MEC) O gráfico abaixo representa o fluxo (quantidade de água em movimento) de um rio, em três regiões distintas, após certo tempo de chuva.

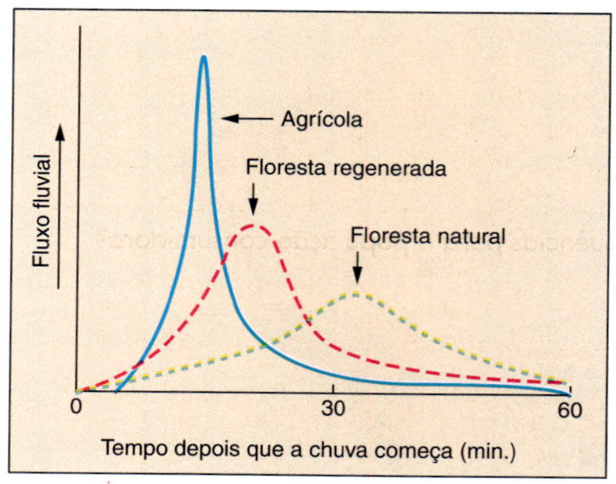

Comparando-se, nas três regiões, a interceptação da água da chuva pela cobertura vegetal, é correto afirmar que tal interceptação:

a) é maior no ambiente natural preservado.
b) independe da densidade e do tipo de vegetação.
c) é menor nas regiões de florestas.
d) aumenta quando aumenta o grau de intervenção humana.
e) diminui à medida que aumenta a densidade da vegetação.

5 (PUC-Campinas-SP) A fome e a desnutrição constituem alguns dos problemas mais antigos conhecidos pelo homem.

Considere sobre este problema os seguintes aspectos:

I. A fome e a desnutrição nada têm que ver com a produção e a disponibilidade de alimentos produzidos.
II. Os grupos mais sujeitos à fome e à desnutrição são formados por famílias de camponeses que vivem no campo ou aqueles que migraram em direção às cidades.

III. A fome está intimamente ligada ao crescimento populacional e aos problemas ambientais.

Está(ão) correta(s) somente:

a) I.
b) II.
c) III.
d) I e II.
e) II e III.

6 (Vunesp) Observe a figura.

a) Como as práticas agrícolas não conservacionistas podem comprometer o ecossistema aquático?
b) De que maneira estas práticas podem afetar o produto da pesca realizada nestas áreas e quais as conseqüências para a população consumidora?

7 (Enem-MEC) Um agricultor adquiriu alguns alqueires de terra para cultivar e residir no local. O desenho abaixo representa parte de suas terras.

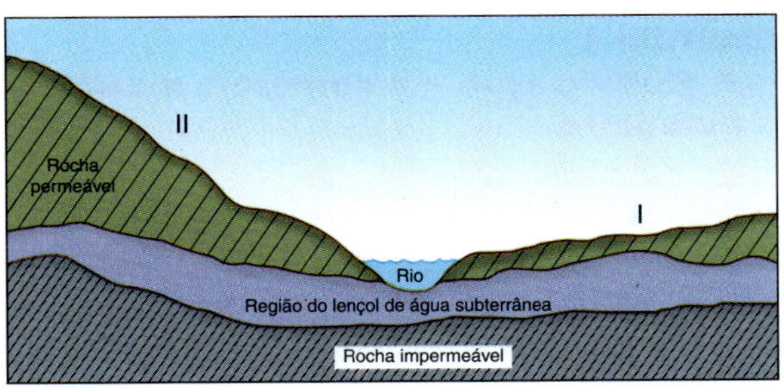

Pensando em construir sua moradia no lado I do rio e plantar no lado II, o agricultor consultou seus vizinhos e escutou as frases abaixo. Identifique a frase do vizinho que deu a sugestão mais correta.

a) "O terreno só se presta ao plantio, revolvendo o solo com arado."
b) "Não plante neste local, porque é impossível evitar a erosão."
c) "Pode ser utilizado, desde que se plante em curvas de nível."
d) "Você perderá sua plantação, quando as chuvas provocarem inundação."
e) "Plante forragem para pasto."

Capítulo 7
A atividade agropecuária no Brasil

1 (UFV-MG)

> "Tem muita gente sem terra
> tem muita terra sem gente" (cartaz do MST, inspirado nos versos de lavradores de Goiás).

A luta pela terra no Brasil existe há décadas e já fez várias vítimas entre trabalhadores do campo, religiosos e outros. Entre as principais razões dos conflitos de terra no Brasil, pode-se citar:

a) a disputa pelas poucas áreas férteis em nosso território, típico de terras montanhosas.
b) a perda do valor da terra agrícola pelo crescimento da industrialização no nosso país.
c) a divisão excessiva da terra em pequenas propriedades, dificultando o aumento da produção.
d) a concentração da propriedade da terra nas mãos de poucos e a ausência de uma reforma agrária efetiva.
e) a utilização intensiva de mão-de-obra permanente, onerando o grande produtor rural.

2 (Unicamp-SP) "Ser 'persa' é ser o estranho, é ser o diferente, é, numa palavra, ser outro. A simples existência do 'persa' tem bastado para incomodar, confundir, desorganizar, perturbar a mecânica das instituições. [...] Foram e são 'persas' os índios do Brasil (onde os sem-terra representam agora uma outra modalidade de 'persas'), foram mas já quase deixaram de ser 'persas' os índios dos Estados Unidos, foram 'persas', no seu tempo, os incas, os maias, os astecas, foram e são 'persas' os seus descendentes, lá onde tenham vivido e ainda vivam". (SARAMAGO, José, *Folha de S.Paulo*, 7 jul. 1998.)

Analise o texto apresentado e responda:

a) Por que o autor chama os "sem terra" brasileiros de "persas"?
b) Explique o que é o Movimento de Trabalhadores Rurais Sem Terra.
c) Considerando a sociedade brasileira, cite outros dois exemplos de "persas" nos dias atuais.

3 (Fuvest-SP) As alternativas seguintes descrevem características de personagens da estrutura agrária brasileira. Identifique a correta.

a) Posseiro: pessoa que se apropria ilegalmente de terras e apresenta título falsificado de propriedade.
b) Gato: trabalhador organizado em busca de acesso à terra.
c) Latifundiário: proprietário de grandes extensões de terras.
d) Sem-terra: trabalhador rural que tem posse da terra, mas não o documento de propriedade da terra.

e) Grileiro: pessoa que contrata trabalhadores braçais como mão-de-obra para as fazendas ou projetos agropecuários.

4 (Vunesp) Analise a tabela.

Brasil: exportações agropecuárias por destino, em porcentagem — 1998-2000

Destino	%
África	4,0
Ásia	16,0
Mercosul	5,0
Oriente Médio	7,0
União Européia	45,0
Outros	23,0
Total	100,0

Fonte: revista *Gleba*, 176, 2001.

a) Qual é a importância dos mercados europeu e asiático no quadro das exportações de produtos da agropecuária brasileira?
b) Considerando o percentual de exportações da agropecuária brasileira para os países do Mercosul, o que se pode inferir sobre o papel deste mercado comum no conjunto dessas exportações?

5 (Fuvest-SP) No Brasil, a atuação de empresas transnacionais no setor agroindustrial apresenta:
I. investimentos no plantio e na aquisição de terra.
II. participação na produção vinícola que integra a base alimentar da população brasileira.
III. investimentos no beneficiamento de produtos agrícolas.
IV. associação e fusão com empresas de capital nacional do setor.
Está correto o que se afirma em:
a) apenas I.
b) I e II.
c) I, III e IV.
d) II, III e IV.
e) apenas IV.

6 (Fuern) Há algumas décadas, a agricultura brasileira era basicamente tradicional, tendo na expansão da área cultivada a única forma para o aumento da produção. Com a modernização, muitas mudanças vêm se processando nessa atividade.
Com base nos conhecimentos sobre o assunto, pode-se afirmar:
a) A modernização da agricultura foi acompanhada pelo aumento do uso de mão-de-obra.
b) A produtividade da agricultura não aumentou, apesar do uso de instrumentos e técnicas modernas.
c) O processo de modernização foi excludente, pois a maioria dos pequenos proprietários não teve acesso aos benefícios governamentais para que pudesse também transformar seu modo de produzir.
d) A modernização atingiu por igual todas as regiões brasileiras.
e) As culturas que mais se beneficiaram com a modernização foram as destinadas ao consumo interno.

7 (Eaesp/FGV-SP) Os mapas **I** e **II** destacam, respectivamente, a predominância dos seguintes usos da terra:

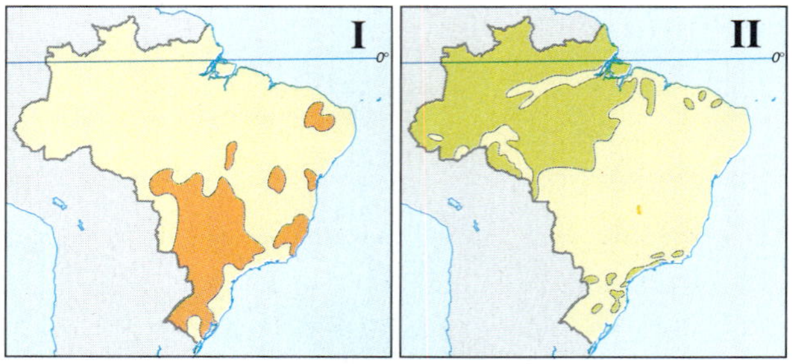

a) Pecuária melhorada / Pecuária primitiva.
b) Grande agricultura comercial / Extrativismo vegetal.
c) Pecuária melhorada / Pequena agricultura comercial e de subsistência.
d) Pecuária primitiva / Extrativismo vegetal.
e) Pequena agricultura comercial e de subsistência / Grande agricultura comercial.

UNIDADE V — O COMÉRCIO E A CIRCULAÇÃO NO MUNDO E NO BRASIL

Capítulo 1 A globalização e o comércio mundial e brasileiro

1 (Uerj) Ao refletirmos sobre o papel da África frente ao processo de globalização deparamo-nos com a questão da sua exclusão no sistema mundial (MARY, C. P. *África:* de mundo exótico a periferia abandonada. In: *Globalização e fragmentação no mundo contemporâneo.* Niterói, EdUFF, 1998).
A referida exclusão pode ser creditada, dentre outros motivos, à relação formada entre:
a) alto controle da economia por empresas nacionais — investimento significativo no mercado interno.
b) grande desconexão no comércio internacional — precariedade de desenvolvimento de novas tecnologias.
c) reduzido fluxo financeiro com as potências capitalistas — interesse dos megablocos de poder na integração social.
d) grande mudança da conjuntura internacional — valorização dos tradicionais produtos agrícolas de outros continentes.

2 (Ceeteps-SP) A questão está relacionada ao gráfico e às informações abaixo.

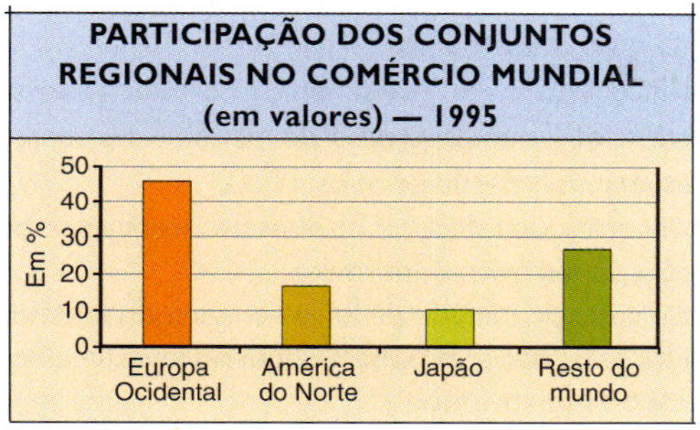

Fonte: OMC

I. O funcionamento do comércio mundial é fortemente comandado pelos países mais ricos do mundo.
II. Os produtos agrícolas representam mais da metade das mercadorias comercializadas no mundo.
III. Nesta última década, os chamados novos países industriais deixaram de participar do comércio mundial.
IV. A participação dos países subdesenvolvidos é pequena no comércio mundial.

Dentre essas informações, estão corretas somente:

a) I e II.
b) I e III.
c) I e IV.
d) II e III.
e) II e IV.

3 (Unicamp-SP) "A internet pode aparentar ser uma rede global que envolve empresas e países tanto grandes quanto pequenos. Mas a verdade é que ela fala inglês e pensa como os EUA, apesar de situada em grande medida fora do controle dos governos nacionais. [...] No ano passado, as empresas norte-americanas gastaram em torno de US$ 300 milhões em publicidade *on line*, contra míseros US$ 6 milhões gastos pelo resto do mundo. Os capitalistas que apostaram no Vale do Silício calculam que o *boom* dos PCs na década de 1980 foi o maior empreendimento gerador de riquezas na história da humanidade. A internet pode superar esta marca, transformando-se no equivalente atual da corrida do ouro". (Adaptado de EVAGORA, Andreas. "A internet fala inglês e pensa como os EUA. *Folha de S.Paulo*, 19 fev. 1998.) *World Media Network*.

a) Depois de ler o texto, reflita e apresente possíveis conseqüências do predomínio americano na internet.
b) Qual é a importância do Vale do Silício frente ao *boom* dos PCs e à expansão da internet?

4 (UFRGS-RS) O investimento de curto prazo realizado pelo capital internacional nas bolsas de valores caracteriza-se como especulação, criando uma ciranda financeira que gera na maioria das vezes poucos investimentos produtivos.
Identifique a alternativa que corresponde a países que, nos últimos anos, sofreram abalos financeiros decorrentes dessa dinâmica.

a) Arábia Saudita – Coréia do Sul – Iugoslávia – Paquistão
b) Arábia Saudita – China – Grécia – Portugal
c) Brasil – China – Cuba – Portugal
d) Brasil – Índia – Marrocos – Tailândia
e) Brasil – Coréia do Sul – Rússia – Tailândia

5 (Fuvest-SP) Analise o gráfico, associando-o à problemática da dívida externa brasileira, no período considerado.

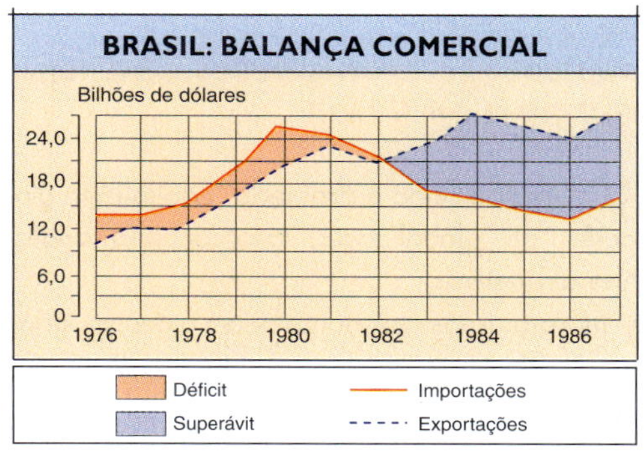

Fonte: Cacex—Banco do Brasil.

6 (Unirio-RJ) "O Mercosul chegou ao seu ponto de convergência histórica. Após décadas de diálogo em busca da união continental, os países latino-americanos descobriram que a tão sonhada libertação política só é possível com a plena realização econômica. Embora tendo sido considerado um plano de integração entre os pobres, que nada teriam a negociar — a não ser a própria miséria —, a união dos países do sul da América Latina está dando certo e chega a resultados inéditos em curto espaço de tempo". (*Revista do Mercosul*, 1993. p. 3.)
Além do Brasil e Argentina, os países do sul da América Latina a que o texto se refere são:

a) Paraguai e Uruguai.
b) Chile e Uruguai.
c) Chile e Paraguai.
d) Chile e Bolívia.
e) Uruguai e Bolívia.

7 (Cesgranrio-RJ) Na atualidade, estima-se que cerca de 30 milhões de pessoas, no Brasil, ganhem a vida através de atividades consideradas informais ou subterrâneas. Sobre a questão do setor informal, no país, são feitas as afirmativas abaixo:

I. A economia informal é um circuito de atividades que, ao contrário do que parece, estão fortemente articuladas com os segmentos de controle oficial.
II. O circuito informal teve seu crescimento recente influenciado pela excessiva burocracia legal, a qual dificulta o funcionamento das pequenas empresas.
III. Os setores subterrâneos abrigam apenas aquelas atividades típicas das economias urbanas subdesenvolvidas, a exemplo do comércio ambulante e da prestação de serviços de baixa especialização.

IV. Os segmentos não formais estão ingressando numa fase de retração, em virtude do crescimento da terceirização em setores como o da indústria automobilística e dos bancos.

Estão corretas as afirmativas:

a) III e IV, somente.
b) II e IV, somente.
c) II e III, somente.
d) I e III,somente.
e) I e II, somente.

Capítulo 2
Comunicações, transportes e turismo no mundo e no Brasil

1 (UFC-CE) Considerando o chamado "capitalismo global" ou processo de "globalização" da economia, analise as seguintes afirmativas.

I. As empresas transnacionais passam a decompor o processo produtivo (produção, circulação, distribuição e consumo) em escala mundial.

II. Todos os países, regiões e cidades do mundo se beneficiam igualmente da globalização da economia.

III. A aplicação do capital, a tecnologia, o uso da mão-de-obra, o planejamento da produção e vendas e, finalmente, o *marketing* são praticados em escala global.

Identifique a alternativa correta.

a) I e II são verdadeiras.
b) I e III são verdadeiras.
c) II e III são verdadeiras.
d) Apenas I é verdadeira.
e) Apenas II é verdadeira.

2 (Fuvest-SP) As nações de grande extensão territorial têm nas hidrovias e ferrovias o centro de seus sistemas de transportes. No caso brasileiro, a ênfase é dada ao sistema rodoviário, responsável por 96% do movimento de passageiros e por 63% do transporte de carga.

a) Explique a predominância do transporte rodoviário no Brasil.
b) Qual a região de maior densidade viária e de maior fluxo de transporte considerando as cinco grandes regiões do IBGE? Justifique.

3 (Unifor-CE) Considere o gráfico e a tabela apresentados abaixo.

Investimentos em transporte no Brasil

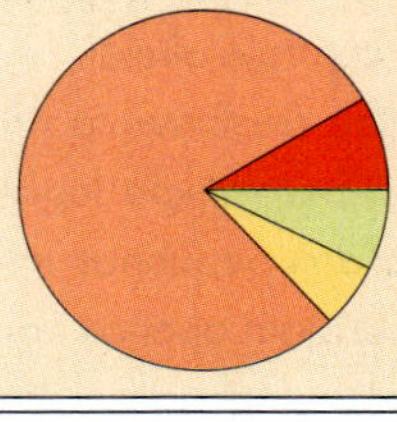

Consumo de óleo diesel (t/km)

Meios de transporte	Toneladas por km
Rodoviário	30
Ferroviário	125
Hidrovias	575

Sobre a política nacional de investimentos em transportes, pode-se afirmar que:

a) implica um maior consumo de petróleo e aumento no custo final dos produtos.
b) a concentração de investimentos no setor rodoviário decorre dos baixos preços do petróleo no mercado internacional, desde os anos 1970.
c) a concentração industrial no Sudeste incentivou a construção de ferrovias e hidrovias.
d) o alto custo do minério de ferro no mercado internacional foi fator decisivo para o pequeno investimento em transporte ferroviário.
e) a utilização dos rios para geração de energia elétrica inviabilizou a construção de hidrovias.

4 (Vunesp) Identifique a alternativa que contém, **respectivamente**, os principais portos importadores e exportadores do Brasil.

a) Itaqui, São Sebastião — Angra dos Reis, Paranaguá, Santos.
b) São Sebastião, Angra dos Reis — Santos, Paranaguá, Tubarão.
c) Itaqui, Paranaguá — São Sebastião, Santos, Tubarão.
d) Itaqui, Paranaguá — Itajaí, São Sebastião, Santos.
e) Rio Grande, Paranaguá — Angra dos Reis, Santos, Tubarão.

5 (Vunesp) No mapa, destaca-se uma área onde se concentram cidades que representam, atualmente, grande potencial turístico.

a) Cite o nome de três destas cidades e identifique o estado brasileiro onde se localizam.
b) Quais os fatores responsáveis pelo povoamento e desenvolvimento econômico desta área?

UNIDADE VI — DINÂMICA POPULACIONAL, URBANIZAÇÃO E MEIO AMBIENTE

Capitulo 1
Conceitos demográficos fundamentais e distribuição da população mundial e brasileira

1 (UEL–PR) Considere as seguintes afirmações sobre a ocupação humana nas diferentes formas de relevo terrestre:

I. Nas regiões planálticas do interior dos continentes concentram-se os maiores contingentes populacionais do globo.

II. Inúmeros países que apresentam problemas de espaço reduzido, como o Japão e os Países Baixos, têm realizado custosas obras de engenharia para conquistar áreas litorâneas.

III. Quando a pressão demográfica e a necessidade de terras agrícolas são muito grandes, inúmeras áreas montanhosas são ocupadas através de terraceamento das encostas.

IV. As regiões vulcânicas, em virtude do perigo e da pobreza de seus solos, são naturalmente repulsivas à presença humana.

Estão corretas somente:

a) I e II.
b) I e III.
c) I e IV.
d) II e III.
e) III e IV.

2 (Mackenzie-SP)

I. Metade dos países que lideram a lista dos mais populosos do mundo está situada na Ásia.

II. A maior parte das populações destes países vive em áreas rurais.

III. Os vales dos grandes rios apresentam altíssimas densidades demográficas.

Assinale:

a) se I, II e III forem verdadeiros.
b) se apenas I e II forem verdadeiros.
c) se apenas I e III forem verdadeiros.
d) se apenas II e III forem verdadeiros.

3 (Enem-MEC) Ao longo do século XX, a taxa de variação da população do Brasil foi sempre positiva (crescimento). Essa taxa leva em consideração o número de nascimentos (N), o número de mortes (M), o de emigrantes (E) e o de imigrantes (I) por unidade de tempo.

É correto afirmar que no século XX:

a) $M > I + E + N$.
b) $N + I > M + E$.
c) $N + E > M + I$.
d) $M + N < E + I$.
e) $N < M - I + E$.

4 (UEL-PR) Observe os gráficos para responder à questão.

ÍNDIA: CRESCIMENTO NATURAL

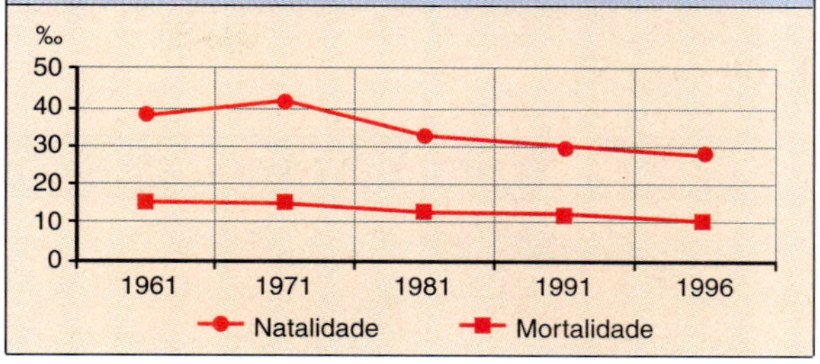

CHINA: CRESCIMENTO NATURAL

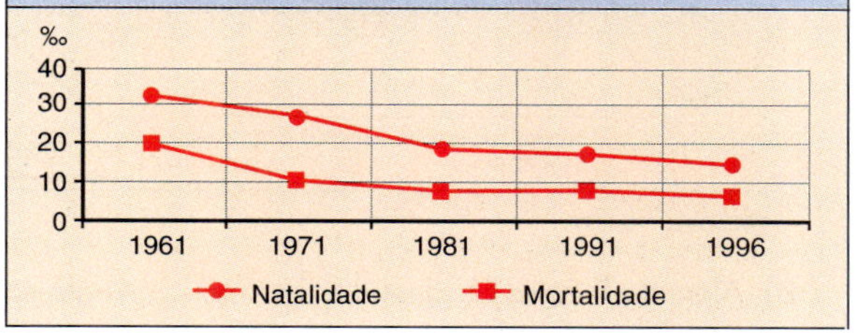

A comparação entre os gráficos permite afirmar que, desde

a) 1961, o crescimento vegetativo da população chinesa é menor que o da população indiana.
b) 1961, a população dos dois países apresenta o mesmo crescimento em termos relativos.
c) 1971, o crescimento vegetativo de ambos os países está estabilizado.
d) 1971, a Índia adotou uma política de planejamento familiar mais eficaz que a da China.
e) 1991, a Índia apresenta um crescimento vegetativo menor que o da China.

5 (Cefet-PR) Analise as afirmações abaixo sobre a população brasileira.

I. Devido a fatores históricos e econômicos, a maioria da população concentra-se nas porções litorâneas e a densidade demográfica decresce do norte para o sul.

II. A transformação em uma sociedade urbano-industrial permitiu a queda significativa da natalidade e a conseqüente redução do número de jovens.

III. Como conseqüência do processo de industrialização, temos hoje uma pirâmide etária que revela uma base mais larga que há vinte anos.

IV. A população absoluta do Brasil e sua grande extensão territorial permitem-nos classificar o país como muito populoso, porém pouco povoado.

Está(ão) correta(s) apenas a(s) afirmação(ões):

a) I e II.
b) III.
c) IV.
d) I e III.
e) II.

Capítulo 2
Crescimento demográfico no mundo e no Brasil

1 (Unicamp-SP)

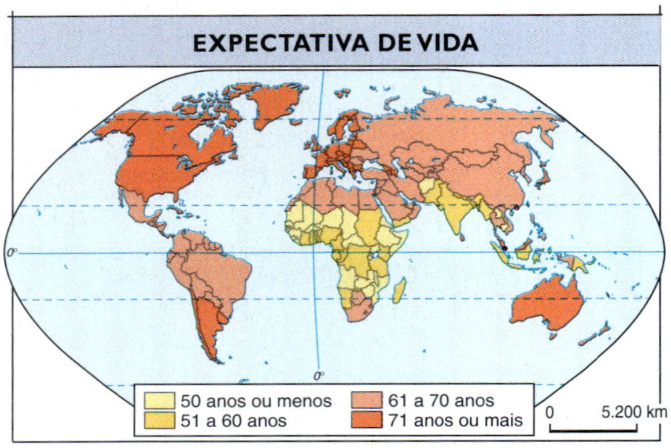

Fonte: Banco Mundial, 1994.

a) Além da Europa Ocidental e da América Anglo-saxônica, quais as regiões do mundo onde há maior expectativa de vida?

b) Explique por que essas regiões são as que apresentam maior expectativa de vida.

2 (Unifor-CE) Após a Segunda Grande Guerra houve um grande crescimento demográfico mundial que ocorreu, dentre outros fatores, devido:

a) ao acentuado aumento das taxas de natalidade e mortalidade nos países da América Latina.

b) à queda das taxas de mortalidade e à manutenção das altas taxas de natalidade nos países subdesenvolvidos.

c) ao grande aumento do crescimento vegetativo verificado nos Estados Unidos e na Europa.

d) ao acentuado aumento das taxas de natalidade e à queda da mortalidade nos países desenvolvidos.

e) à queda das taxas de natalidade e mortalidade na Europa e na Ásia.

3 (PUC-MG) Observe atentamente a situação a seguir:

País A

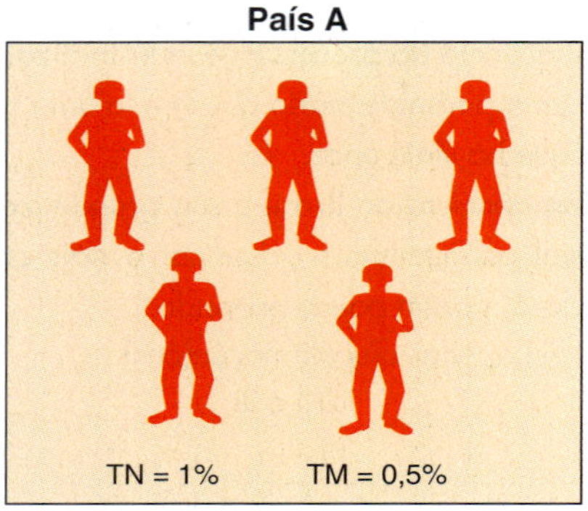

País B

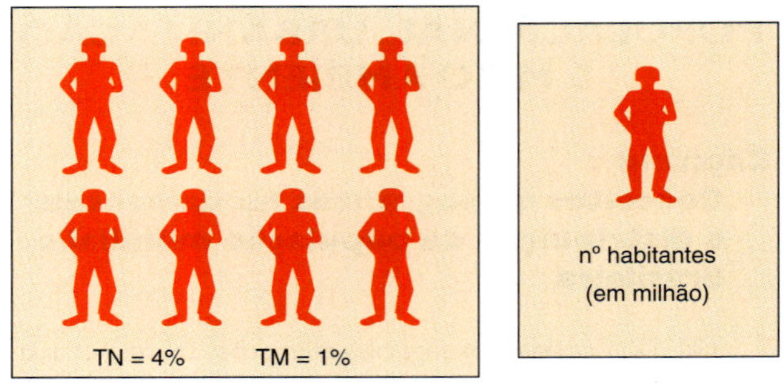

Analisando os quadros demográficos dados, identifique a opção **incorreta**:

a) O país **A** caracteriza-se por reduzidas taxas de natalidade e mortalidade.

b) O país **B** caracteriza-se por apresentar significativo crescimento demográfico.

c) **A** e **B** representam reflexos da Revolução Médico-Sanitária, que reduziu os índices de mortalidade.

d) O quadro **A** é típico dos países mais desenvolvidos e com controle demográfico.

e) O quadro **B** é exclusivo dos países emergentes e tem perspectiva de explosão demográfica.

(Enem-MEC) O texto a seguir refere-se às questões **4** e **5**.
Em material para análise de determinado *marketing* político, lê-se a seguinte conclusão:

"A explosão demográfica que ocorreu a partir dos anos 50, especialmente no Terceiro Mundo, suscitou teorias ou políticas demográficas divergentes. Uma primeira teoria, dos neomalthusianos, defende que o crescimento demográfico dificulta o desenvolvimento econômico, já que provoca uma diminuição na renda nacional *per capita* e desvia os investimentos do Estado para setores menos produtivos. Diante disso, o país deveria desenvolver uma rígida política de controle de natalidade. Uma segunda, a teoria reformista, argumenta que o problema não está na renda *per capita* e sim na distribuição irregular da renda, que não permite o acesso à educação e saúde. Diante disso o país deve promover a igualdade econômica e a justiça social."

4 Qual dos *slogans* a seguir poderia ser utilizado para defender o ponto de vista dos reformistas?

a) "Controle populacional já, ou o país não resistirá."

b) "Com saúde e educação, o planejamento familiar virá por opção!"

c) "População controlada, país rico!"

d) "Basta mais gente que o país vai pra frente!"

e) "População menor, educação melhor!"

5 Qual dos *slogans* a seguir poderia ser utilizado para defender o ponto de vista neomalthusiano?

a) "Controle populacional — nosso passaporte para o desenvolvimento."

b) "Sem reformas sociais o país se reproduz e não produz."
c) "População abundante, país forte!"
d) "O crescimento gera fraternidade e riqueza para todos."
e) "Justiça social, sinônimo de desenvolvimento."

6 (UFC-CE) Examine a tabela:

Crescimento vegetativo no Brasil — 1940-1991			
Período	Taxa de natalidade (%)	Taxa de mortalidade (%)	Crescimento natural (%)
1940-50	4,4	2,0	2,4
1950-60	4,3	1,4	2,9
1960-70	3,8	0,9	2,9
1970-80	3,3	0,8	2,5
1980-91	2,6	0,7	1,9

Fonte: IBGE.

A partir dos dados, pode-se afirmar que:
a) o decréscimo das taxas de mortalidade e natalidade foi concomitante e de igual intensidade.
b) a queda das duas taxas — natalidade e mortalidade — tem razões semelhantes.
c) o Brasil começa a superar a "transição demográfica" com o crescimento demográfico já baixo e tendente a estabilizar-se.
d) pelo crescimento natural pode-se concluir que o índice de natalidade assemelha-se ao dos países desenvolvidos.

Capítulo 3
Estrutura da população mundial e do Brasil

1 (Ceeteps-SP) Considere o esquema apresentado abaixo.

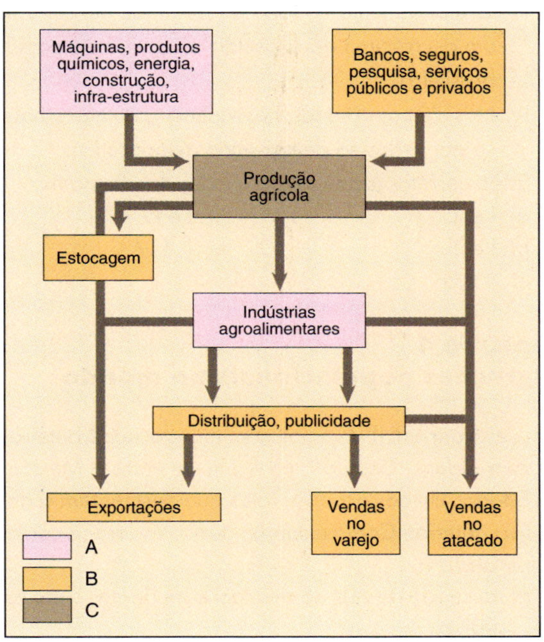

O esquema representa a estrutura dos *agrobusiness* nos EUA. A partir dele podemos inferir os setores econômicos ou setores de produção que estão representados e indicados pelas legendas **A**, **B** e **C**.
São eles, respectivamente:
a) secundário, terciário e primário.
b) primário, secundário e terciário.
c) terciário, secundário e primário.
d) terciário, primário e secundário.
e) secundário, primário e terciário.

2 (Udesc) As pirâmides etárias representam as principais etapas na evolução demográfica de alguns países.

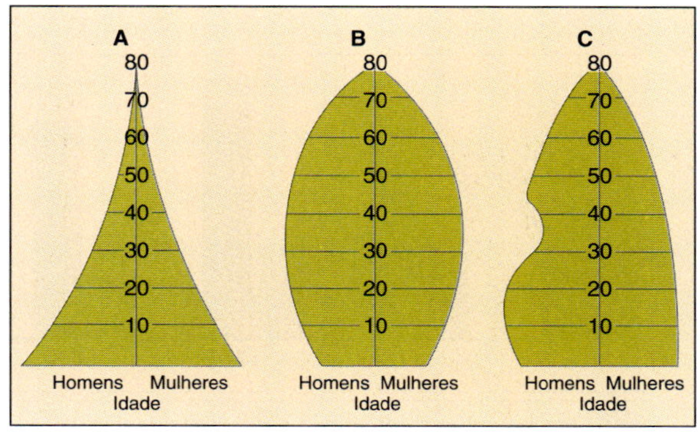

A partir da afirmação e da análise das pirâmides de idades, pode-se afirmar:
a) As pirâmides representam países com economias semelhantes e grandes diferenças no crescimento vegetativo.
b) **A** representa países com pequena população jovem e elevado percentual de longevidade, o que reflete boas condições de vida.
c) **B** representa países que praticam planejamento familiar, apresentando base estreita e corpo largo, em razão do elevado percentual de adultos.
d) **C** indica países com população em declínio, em decorrência de elevados índices de emigração.
e) **A** e **C** correspondem aos países em transição, que já ultrapassaram a fase de expansão populacional e se aproximam da fase madura.

3 (Mackenzie-SP) A análise da pirâmide de idades permite afirmar que:

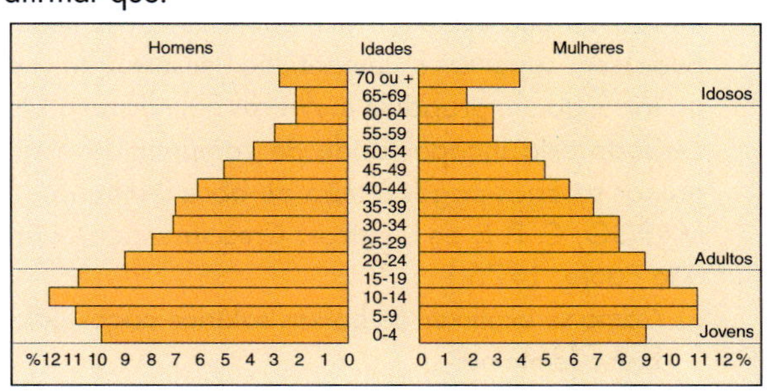

Fonte: IBGE. *Pesquisa Nacional por Amostra de Domicílios — Pnad: síntese de indicadores 1995*. Rio de Janeiro, 1996.

a) a expectativa de vida é semelhante à dos países europeus.
b) a expectativa de vida das mulheres é inferior à dos homens.
c) a taxa de natalidade está aumentando.
d) a taxa de natalidade sofreu redução.
e) nascem mais meninas que meninos.

4 (Enem-MEC) Em reportagem sobre o crescimento da população brasileira, uma revista de divulgação científica publicou tabela com a participação relativa de grupos etários na população brasileira no período de 1970 a 2050 (projeção), em três faixas de idade: abaixo de 15 anos; entre 15 e 65 anos; e acima de 65 anos.

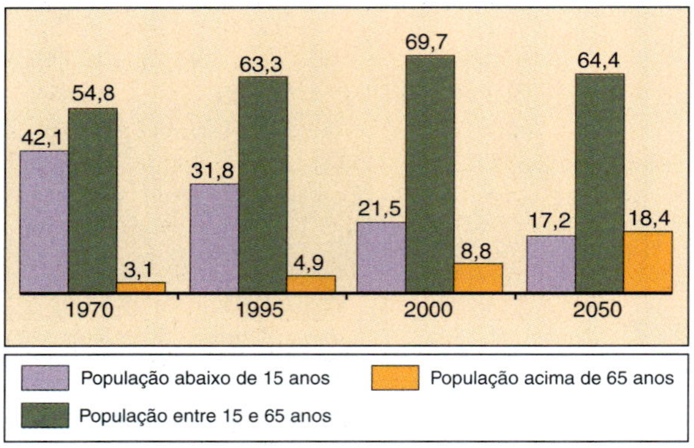

Admitindo-se que o título da reportagem se refira ao grupo etário cuja população cresceu sempre, ao longo do período registrado, um título adequado poderia ser:
a) "O Brasil de fraldas"
b) "Brasil: ainda um país de adolescentes"
c) "O Brasil chega à idade adulta"
d) "O Brasil troca a escola pela fábrica"
e) "O Brasil de cabelos brancos"

5 (Unicamp-SP) "[...] quando as mulheres vão conquistando lugares de trabalho em determinada atividade, esta vai se tornando 'feminina', com a conseqüente expulsão dos homens. Exemplo notório é o ensino primário [...] e outras atividades, como a biblioteconomia, o serviço social [...]. É como se os homens não pudessem suportar a competição, desertando o campo tão logo um grupo de mulheres nele firma o pé. Na verdade esta incapacidade de competir deve-se aos baixos salários pagos à mão-de-obra feminina". (CAMARGO, C. P. F. de e outros. *Crescimento e pobreza*. São Paulo, 1975.)
a) Como se explicam os baixos salários pagos pelo trabalho feminino?
b) Quais as conseqüências da incorporação da mulher no mercado de trabalho masculino?

6 (Fuvest-SP)

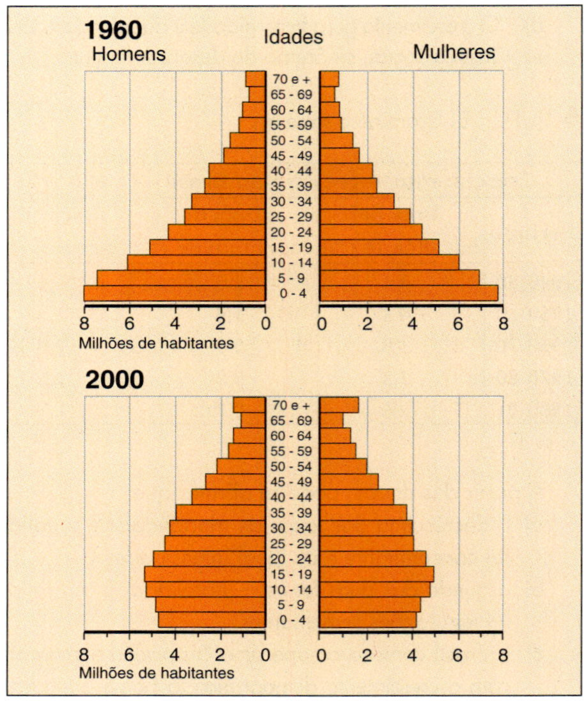

Fonte: IBGE, 2001.

Analise as pirâmides etárias do Brasil, considerando os itens abaixo sobre a estrutura populacional brasileira.

I. O aumento significativo, na faixa de 15-19 anos, nesse período, foi decorrente do milagre econômico brasileiro.
II. A base mais estreita da pirâmide de 2000, quando comparada com a de 1960, indica uma redução na taxa de natalidade.
III. O alargamento do topo da pirâmide de 2000 indica um decréscimo da expectativa de vida da população brasileira.
IV. Nos últimos 40 anos, há evidências de que o país passa por processo de transição demográfica.

Estão corretas todas as afirmações da alternativa:
a) I e II.
b) I e III.
c) II e III.
d) II e IV.
e) III e IV.

Capítulo 4
Migrações populacionais no mundo

1 (Cesgranrio-RJ) Vivemos num mundo sem fronteiras, dizem alguns. Contudo, na fronteira entre o México e os Estados Unidos ocorrem fatos que **desmentem** a afirmativa anterior. Como exemplo daqueles fatos é correto citar a(o):
a) ausência de vias de circulação modernas entre os dois países.

b) dificuldade de acesso terrestre de norte-americanos ao México.
c) redução das exportações do norte do México para os Estados Unidos.
d) restrição da entrada de trabalhadores mexicanos nos Estados Unidos.
e) embargo econômico dos Estados Unidos à produção agrícola do México.

2 (Vunesp) Os gráficos **I** e **II** representam a taxa de desemprego e os índices migratórios na Irlanda, na década de 1990. Analise-os e identifique a alternativa correta.

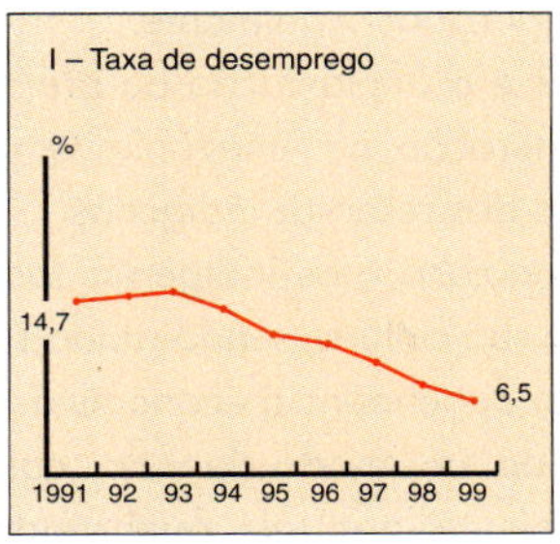

Fonte: FMI.

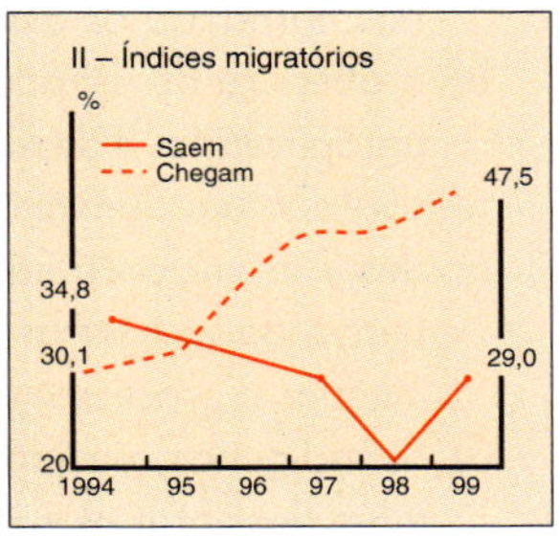

Fonte: C.S.O. – Irlanda

a) O decréscimo na taxa de desemprego a partir de 1993 não foi suficiente para atrair trabalhadores estrangeiros.
b) A taxa de desemprego manteve-se elevada em todo o período, não provocando alteração nos índices migratórios.
c) A forte queda nos índices de emigração ocorrida a partir de 1998 foi decorrente do aumento da taxa de desemprego.
d) O decréscimo na taxa de desemprego a partir de 1993 foi acompanhado pelo aumento nos índices de imigração.
e) O decréscimo na taxa de desemprego a partir de 1993 foi acompanhado pelo aumento nos índices de imigração e emigração.

3 (Enem-MEC)
De acordo com a história em quadrinhos protagonizada por Hagar e seu filho Hamlet, pode-se afirmar que a postura de Hagar:

a) valoriza a existência da diversidade social e de culturas, e as várias representações e explicações desse universo.
b) desvaloriza a existência da diversidade social e as várias culturas, e determina uma única explicação para esse universo.
c) valoriza a possibilidade de explicar as sociedades e as culturas a partir de várias visões de mundo.
d) valoriza a pluralidade cultural e social ao aproximar a visão de mundo de navegantes e não-navegantes.
e) desvaloriza a pluralidade cultural e social, ao considerar o mundo habitado apenas pelos navegantes.

4 (Uerj) Observe o texto e o mapa a seguir.

"Quatro continentes se unem hoje para tentar dar à França seu primeiro título de campeã do mundo de futebol, na final contra a seleção brasileira. É a herança do colonialismo que entra em campo vestida de azul. [...]

São de origem estrangeira recente 13 dos 22 jogadores que compõem a seleção francesa que decide hoje a Copa. Da Oceania vem Karembeu, nascido na possessão francesa da Nova Calcedônia. Da América vêm Thuram e Diomede, de Guadalupe, possessão francesa do Caribe, e Bernard Lama, da Guiana Francesa. Na África nasceram Patrick Vieira (Senegal) e Marcel Desailly. Além desses, há os nascidos na França mas de ascendência estrangeira, como Zidane (filho de argelinos), Djorkaeff e Boghossian (de famílias armênias), entre outros. [...]

Há cerca de 3,5 milhões de estrangeiros vivendo na França, aproximadamente 6% da população do país. Este número não inclui filhos de estrangeiros com nacionalidade francesa". (adaptado de *Folha de S.Paulo*, 12 jul. 1998.)

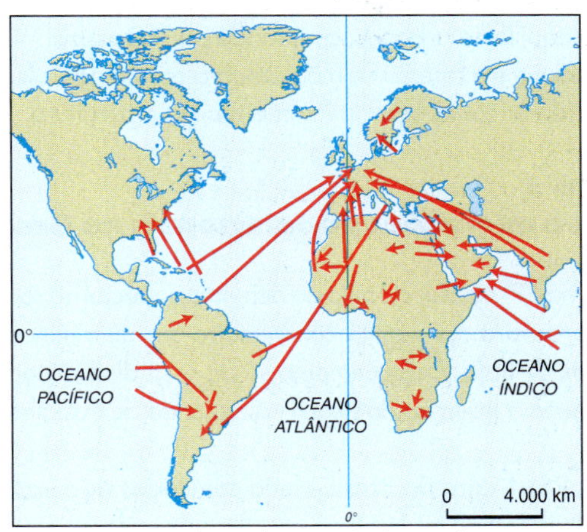

Fonte: CASTLES, Stephen e MILLER, Mark. *The age of migration*. Londres, Macmillan, 1993.

Hagar, de Dik Browne.

A partir da situação da imigração para a Europa Ocidental, onde o exemplo francês é significativo, explique:

a) a importância para o continente europeu dos fluxos de população após a Segunda Guerra, identificando a origem geográfica destes;
b) a tendência à restrição à imigração estrangeira na atualidade.

5 (Fuvest-SP) Observe a figura abaixo:

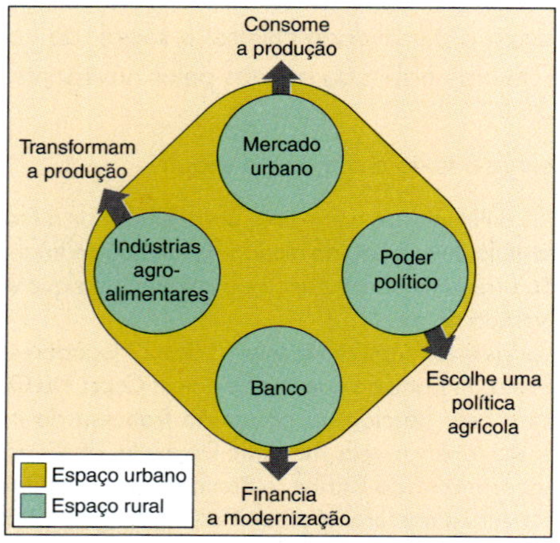

A análise da figura mostra as relações cidade-campo na atualidade. Neste contexto, o tema principal por ela sugerido é:

a) Modernização da agricultura e conseqüente domínio do rural sobre o urbano.
b) Equilíbrio entre o mundo rural e o espaço urbano.
c) Desequilíbrio urbano acentuando o êxodo rural.
d) A cidade e a reserva de mão-de-obra para a agricultura.
e) A cidade como lugar de comando da agricultura.

Capítulo 5
Etnia e migrações populacionais no Brasil

1 (Unicamp-SP) Apesar do mito da democracia racial na sociedade brasileira, os negros continuam a ser discriminados nos dias de hoje. Explique como se dá essa discriminação em relação à inserção do negro no mercado de trabalho.

2 (UFSM-RS) A cara do Brasil é feita com todas as cores. A riquíssima fotografia étnica vem sendo revelada no decorrer do processo histórico que formou nosso povo. Quanto à composição étnica da população brasileira, pode(m)-se afirmar:

I. Em números absolutos, houve uma diminuição da população indígena, desde o "descobrimento" até hoje, provocada pela morte em conflitos e pelas epidemias.
II. Os brancos que compõem a população brasileira possuem, em sua maioria, origem européia; nesse conjunto, os italianos e alemães formam os grupos mais numerosos na formação étnica do Brasil.
III. A população brasileira passa por um processo de "embranquecimento" motivado pelos cruzamentos entre brancos e outras etnias, diminuindo progressivamente o número de negros e mestiços.

Está(ão) correta(s):

a) apenas I.
b) apenas II.
c) apenas III.
d) apenas I e II.
e) apenas I e III.

3 (UFC-CE) Com relação à situação das comunidades indígenas no Brasil, é correto afirmar que:

a) após a criação do Estatuto do Índio, em 1973, o governo brasileiro demarcou todas as terras indígenas, tornando-as asseguradas legalmente.
b) a abertura de estradas e a implantação de projetos agropecuários e de mineração, na Amazônia, têm favorecido a preservação das reservas indígenas.
c) desde o início da colonização, os indígenas foram perdendo suas terras e sua cultura, sendo ainda submetidos a processos de dependência econômica.
d) os indígenas, devido ao seu modo de vida, costumam desmatar os ambientes naturais, quebrando o equilíbrio ecológico das reservas florestais e dos ecossistemas naturais.
e) a Funai (Fundação Nacional do Índio) tem efetivado uma política indigenista que assegura plenamente o *hábitat* natural das comunidades indígenas.

4 (Enem-MEC) Michel Eyquem de Montaigne (1533-1592) compara, nos trechos, as guerras das sociedades Tupinambá com as chamadas "guerras de religião" dos franceses que, na segunda metade do século XVI, opunham católicos e protestantes.

> "[...] não vejo nada de bárbaro ou selvagem no que dizem daqueles povos; e, na verdade, cada qual considera bárbaro o que não se pratica em sua terra. [...] Não me parece excessivo julgar bárbaros tais atos de crueldade [o canibalismo], mas que o fato de condenar tais defeitos não nos leve à cegueira acerca dos nossos. Estimo que é mais bárbaro comer um homem vivo do que o comer depois de morto; e é pior esquartejar um homem entre suplícios e tormentos e o queimar aos poucos, ou entregá-lo a cães e porcos, a pretexto de devoção e fé, como não somente o lemos mas vimos ocorrer entre vizinhos nossos conterrâneos; e isso em verdade é bem mais grave do que assar e comer um homem previamente executado. [...] Podemos portanto qualificar esses povos como bárbaros em dando apenas ouvidos à inteligência, mas nunca se compararmos a nós mesmos, que os excedemos em toda sorte de barbaridades". (MONTAIGNE, Michel Eyquem de. *Ensaios*. São Paulo, Nova Cultural, 1984.)

De acordo com o texto, pode-se afirmar que, para Montaigne:

a) a idéia de relativismo cultural baseia-se na hipótese da origem única do gênero humano e da sua religião.
b) a diferença de costumes não constitui um critério válido para julgar as diferentes sociedades.

c) os indígenas são mais bárbaros do que os europeus, pois não conhecem a virtude cristã da piedade.
d) a barbárie é um comportamento social que pressupõe a ausência de uma cultura civilizada e racional.
e) a ingenuidade dos indígenas equivale à racionalidade dos europeus, o que explica que os seus costumes são similares

5 (Enem-MEC) Os fluxos migratórios humanos, representados nos mapas abaixo, mais do que um deslocamento espacial podem significar uma mudança de condição social.

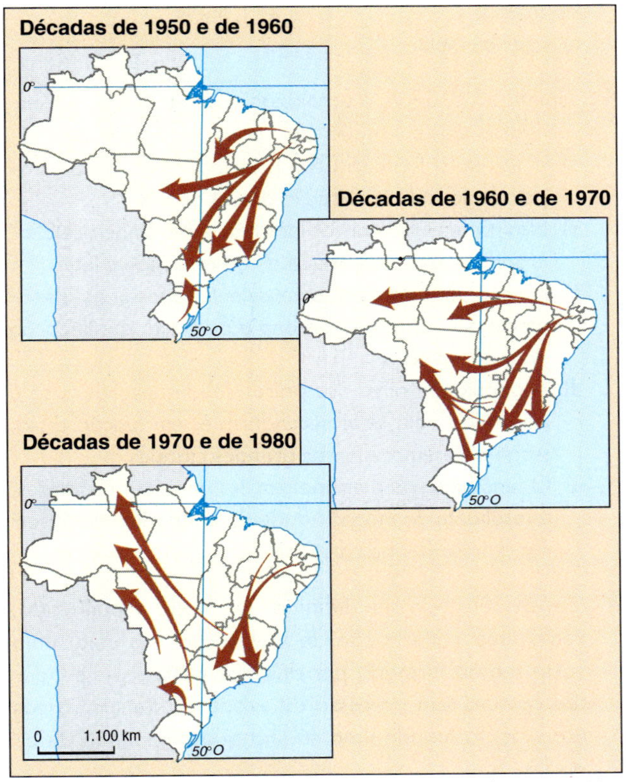

Fonte: Adaptado de SANTOS, Regina Bega. *Migrações no Brasil*. São Paulo, Scipione, 1994.

Analisando-se os mapas, pode-se afirmar que essa mudança ocorreu com:
a) trabalhadores rurais nordestinos, que migraram para São Paulo nas décadas de 1950 e de 1960, transformando-se em operários do setor industrial.
b) agricultores sulistas, que migraram para o Centro-Oeste na década de 1960, transformando-se em empresários de mineração.
c) trabalhadores rurais nordestinos, que migraram para a Amazônia na década de 1960, transformando-se em grandes proprietários de terras.
d) moradores das periferias das grandes cidades, que migraram para o interior do país na década de 1970 atraídos pelas oportunidades de emprego nas reservas extrativistas.
e) pequenos proprietários rurais nordestinos que, na década de 1970, migraram para São Paulo para trabalhar como bóias-frias na colheita de café.

6 (Fuern) Desde a década de 1980, que o Brasil se transformou de país imigratório em país emigratório. Em 1991, mais de 600 mil brasileiros estavam vivendo em países desenvolvidos do Norte.
Esse fato é decorrente:
a) da crise econômica que teve início a partir da década de 1970, gerando desemprego e baixos salários.
b) do racismo contra as populações de cor negra.
c) dos incentivos econômicos oferecidos por esses países.
d) dos conflitos e perseguições religiosas.
e) dos incentivos dados pelo próprio Brasil, interessado em resolver seu problema de superpovoamento.

7 (UFES) A imigração japonesa se iniciou no Brasil em 1908. Entretanto, nos últimos anos, tem havido uma inversão do fluxo migratório. São os *dekasseguis* que partem em direção ao Japão.
É **correto** afirmar que os *dekasseguis* são**:**
a) trabalhadores brasileiros, bem remunerados, interessados em turismo a baixo custo.
b) trabalhadores brasileiros que foram para o Japão atuar em linhas de produção, ocupando posições subalternas.
c) trabalhadores brasileiros que foram em busca de trabalhos altamente especializados e bem pagos.
d) trabalhadores brasileiros que se engajaram definitivamente no mercado de trabalho japonês e que não têm intenção de retorno.
e) trabalhadores brasileiros que se destacam nos melhores empregos, competindo com a classe trabalhadora japonesa.

8 (Mackenzie-SP) "Este tipo de migração ocorre entre o interior do Nordeste (principalmente o Agreste) e o litoral. Logo após a colheita do milho e feijão no interior, os pequenos produtores deslocam-se para a Zona da Mata onde vão trabalhar no corte e na moagem da cana. Terminada a tarefa, retornam ao interior. No ano seguinte a migração se repete". (COELHO, Marcos A. *Geografia do Brasil*. São Paulo, Moderna.)
O tipo de migração descrita no texto é classificada como:
a) transumância.
b) migração pendular.
c) êxodo rural.
d) *commuting*.
e) emigração.

Capítulo 6
Urbanização mundial

1 (UEL-PR) No final dos anos 1990, as taxas de urbanização nos países ricos estão estabilizadas e atingem cerca de 80% na Europa Ocidental e na América do Norte. Em outras

partes do mundo, o crescimento urbano tem um ritmo acelerado mas desigual, pois enquanto a ...**I**... praticamente tem seu processo de urbanização em fase de conclusão, alguns países da ...**II**... estão no início do processo.
Identifique a alternativa que completa corretamente as lacunas **I** e **II** do texto.

	I	II
a)	África	América Latina e Ásia
b)	África	América Latina e Oceania
c)	Ásia	África e América Latina
d)	Ásia	África e Oceania
e)	América Latina	Ásia e África

2 (UFC-CE) "Na estruturação dos espaços mundiais, a internacionalização da economia vem consolidando, nas últimas décadas, as chamadas cidades globais — os vetores mais importantes da globalização". (*Folha de S.Paulo*, 2 maio 1999. Especial Cidades Ano 2000.)
Com base no texto acima, pode-se afirmar que:

I. As cidades globais são aquelas que concentram conhecimentos em serviços ligados à globalização (escritórios das principais empresas mundiais em consultoria, publicidade, bancos, entre outros).
II. Elas formam uma rede de cidades por onde transita a maior parte dos fluxos de capital que alimentam os mercados financeiros internacionais.
III. Entre as cidades globais, destacam-se Nova York, Tóquio, Londres (no Primeiro Mundo), além de outras, como São Paulo e México (nos países em desenvolvimento ou no Terceiro Mundo).

De acordo com o exposto acima, identifique a opção correta:

a) I e II estão corretas.
b) II e III estão corretas.
c) I, II e III estão corretas.
d) apenas I está correta.
e) apenas II está correta.

3 (UFSM-RS)

ANGELI

Fonte: DIMENSTEIN. *Revista Paradidática*. São Paulo, 1998.

A proliferação da violência urbana vem criando um novo modelo de segregação espacial. Em relação a essa segregação, pode(m)-se afirmar:

I. Os condomínios fechados, que oferecem a possibilidade de um novo estilo de vida, caracterizam-se pelo isolamento e distância da cidade, instalando-se muitos deles na antiga periferia.
II. Os condomínios privados tendem a ser ambientes socialmente homogêneos, sendo, na maioria das vezes, formados por classes média e alta.
III. A segregação urbana contemporânea é decorrente da violência urbana, pois o medo do crime é usado para legitimar medidas de segurança e vigilância.

Está(ão) correta(s):

a) apenas I.
b) apenas II.
c) apenas I e III.
d) apenas II e III.
e) I, II e III.

4 (Uniderp-MS) Sobre a urbanização dos países subdesenvolvidos e suas conseqüências, pode-se afirmar que:

a) A estrutura fundiária é o principal fator responsável pela lenta industrialização desses países.
b) Nos países subdesenvolvidos não existe "macrocefalia" urbana porque o processo de urbanização é lento.
c) A economia informal é inexistente, apesar do crescimento da população urbana e da baixa qualificação da mão-de-obra.
d) A população ativa dos países subdesenvolvidos só é absorvida pelo setor secundário e, em função disso, surge o desemprego nas grandes cidades.
e) O fenômeno da metropolização, entre outros fatores, é resultante da incapacidade da zona rural de absorver a mão-de-obra disponível.

5 (Fuvest-SP) Pode ser definida, de modo simplificado, como uma conurbação de metrópoles, ou seja, uma vasta região formada por diversas metrópoles e cidades comuns, em processo de expansão de suas áreas urbanas, formando uma cadeia quase contínua de *cidades*.
O conceito descrito é o de:

a) uma região metropolitana.
b) uma megalópole.
c) um sítio urbano.
d) um processo de desmetropolização.
e) uma acrópole.

Capítulo 7
A urbanização brasileira

1 (Fuvest-SP) Podemos afirmar que a rede urbana no Brasil é:

a) pouco densa no Sul, devido ao desenvolvimento agrícola baseado no minifúndio familiar, voltado à produção de trigo para o consumo interno.
b) densas no Centro-Oeste, devido ao desenvolvimento agrícola baseado na produção de soja e trigo, constituindo uma hierarquia urbana completa.

c) rarefeita no Nordeste, devido à migração da população para outras regiões do país, que oferecem oportunidades de trabalho.
d) pouco densa no Norte, apresentando uma estrutura hierárquica incompleta, apesar dos investimentos estrangeiros em infra-estrutura urbana, a partir de 1970.
e) densa no Sudeste, devido à bem desenvolvida infra-estrutura de transporte e ao número de cidades, viabilizando um sistema de fluxos de mercadorias e de pessoas.

2 (Unicamp-SP) "Correndo por fora, existe uma camada geográfica e socialmente periférica [...] sempre vista com suspeição pela polícia. Só no Rio, por exemplo, são quase 2 milhões reunindo-se todos os fins de semana para, à sua maneira, se manifestar numa furiosa comunhão feita sem palavras, de sons e gestos: os bailes *funks*. Não se conhece dessas galeras nenhuma manifestação política do tipo convencional. Suas demonstrações ainda não foram devidamente codificadas. A mais impressionante delas ocorreu num domingo de outubro de 1992, o arrastão. Era a tomada de um território 'inimigo', feita de maneira virtual e provisória, meio simbólica. [...] 'nós só queria arrepiar os bacanas, mostrar que a praia não é só deles". (VENTURA, Zuenir. A sucessão. *Veja, 25 Anos: reflexões para o futuro.*)
Este fragmento de texto expressa uma segregação espacial.
a) O que é segregação espacial?
b) Quais são os fatores (sociais e econômicos) responsáveis por ela?

3 (PUC-MG) São causas do acentuado êxodo rural no Brasil, exceto:
a) o avanço do modo de produção capitalista no campo, com grande produtividade, tecnologia e mecanização.
b) a melhor qualidade de vida encontrada nos grandes centros urbanos, pela oferta ampla de trabalho.
c) as atividades industriais, comerciais e de serviços serem basicamente urbanas, fragilizando a estrutura rural.
d) o empobrecimento do camponês em função da expansão das grandes propriedades rurais.
e) o desequilíbrio estrutural entre a oferta de mão-de-obra e de empregos no campo.

4 (Ceeteps-SP) No Brasil, em curto intervalo de tempo, as cidades se transformam: residências são substituídas por comércio, ruas e avenidas são construídas ou alargadas, e os edifícios se multiplicam. Entretanto, algumas cidades brasileiras têm história diferente, ou seja, foram inicialmente "planejadas".
O exemplo brasileiro mais típico é Brasília, mas podemos ainda citar:
a) Goiânia (GO) e São Luís (MA).
b) Belo Horizonte (MG) e Curitiba (PR).
c) Belo Horizonte (MG) e Goiânia (GO).
d) Palmas (TO) e São Luís (MA).
e) Campo Grande (MS) e Curitiba (PR).

5 (UFC-CE) O Brasil vem passando por um rápido processo de urbanização: de 46% em 1940, as cidades passaram a abrigar 75% do total da população, em 1991.
A esse respeito, é correto afirmar que:
a) o referido processo de urbanização foi concentrado apenas na Região Centro-Sul, onde está localizado o maior número de indústrias.
b) o intenso processo de urbanização na Região Norte, nos últimos anos, gerou um sistema hierarquizado de centros urbanos.
c) este processo de urbanização ocorre através da continuidade do predomínio do campo sobre a cidade.
d) a industrialização que vem se processando no Nordeste a partir da Sudene explica o rápido crescimento das cidades nesta região.
e) os últimos censos do IBGE demonstram um aumento nos índices de crescimento dos centros regionais e uma interiorização do crescimento urbano.

6 (Ceeteps-SP) No Brasil, o intenso processo de urbanização que vem ocorrendo nas últimas décadas está propiciando o surgimento da primeira megalópole do País.
Trata-se de uma expressiva aglomeração urbana, que está se formando:
a) com a conurbação ocorrida entre o município de São Paulo e o ABCD (Santo André, São Bernardo do Campo, São Caetano do Sul e Diadema).
b) ao longo do Vale do Paraíba, entre as duas metrópoles nacionais, São Paulo e Rio de Janeiro, com tendência à expansão em direção a Campinas.
c) devido à acentuada expansão horizontal dos municípios que compõem a Região Metropolitana de São Paulo.
d) no eixo de expansão da indústria para o interior do estado de São Paulo, ao longo das rodovias Castelo Branco e Anhangüera.
e) entre as Regiões Metropolitanas de São Paulo e Belo Horizonte, no percurso da Rodovia Fernão Dias.

Capítulo 8
O meio ambiente

1 (UCB-RJ) Considere as seguintes afirmações:
I. Disseminou-se a idéia de que o "mundo é um só" e que os danos ambientais que ocorrem em um determinado local podem afetar grande parte do Globo.
II. A identificação e a utilizacão da biodiversidade são cada vez mais discutidas pelos mais diferentes setores da sociedade mundial.
III. A conservação da natureza e o desenvolvimento sustentável são alvos das atenções mundiais.
Pode-se afirmar que:

a) I, II e III são corretas e se referem à problemática ecológica.
b) I e II são corretas mas III é falsa: conservação e desenvolvimento sustentável eram bandeiras dos regimes socialistas que se desintegraram.
c) I e III são corretas mas II é falsa porque a biodiversidade ainda é utopia.
d) II e III são corretas mas I é falsa porque os maiores problemas ambientais ainda estão restritos às áreas mais industrializadas.
e) I, II e III são falsas porque está provada a capacidade de auto-regeneração da natureza, não havendo, portanto, motivo para preocupações.

2 (Enem-MEC) A chuva em locais não poluídos é levemente ácida. Em locais onde os níveis de poluição são altos, os valores do pH da chuva podem ficar abaixo de 5,5, recebendo, então, a denominação de "chuva ácida". Este tipo de chuva causa prejuízos nas mais diversas áreas: construção civil, agricultura, monumentos históricos, entre outras.

A acidez da chuva está relacionada ao pH da seguinte forma: concentração de íons hidrogênio = 10-pH , sendo que o pH pode assumir valores entre 0 e 14.

Ao realizar o monitoramento do pH da chuva em Campinas (SP) nos meses de março, abril e maio de 1998, um centro de pesquisa coletou 21 amostras, das quais quatro têm seus valores mostrados na tabela:

Mês	Amostra	pH
Março	6ª	4
Abril	8ª	5
Abril	14ª	6
Maio	18ª	7

A análise da fórmula e da tabela permite afirmar que:
I. da 6ª para a 14ª amostra ocorreu um aumento de 50% na acidez.
II. a 18ª amostra é a menos ácida dentre as expostas.
III. a 8ª amostra é dez vezes mais ácida que a 14ª.
IV. as únicas amostras de chuvas denominadas ácidas são a 6ª e a 8ª.

São corretas **apenas** as afirmativas:
a) I e II.
b) II e IV.
c) I, II e IV.
d) I, III e IV.
e) II, III e IV.

3 (Udesc) "O modelo de desenvolvimento imposto ao mundo pela cultura ocidental moderna tem sido responsável por uma avalanche de problemas socioambientais [...] que se generalizaram, extrapolando grandemente os antigos limites."

A alternativa que **não** está de acordo com o texto é:
a) O crescimento de metrópoles nos países pobres vem acompanhado da solução de problemas como moradia, saúde e educação dos imigrantes rurais.
b) A chuva ácida, devido à ação das massas de ar, não respeita nem áreas urbanas e rurais nem fronteiras políticas.
c) O efeito estufa corresponde à manutenção do calor da Terra, provocado por excesso de certos gases, com efeito planetário.
d) Os desmatamentos e as queimadas nas florestas tropicais e equatoriais têm provocado sérios problemas, como os ocorridos no Sudeste Asiático e no Brasil.
e) A produção mundial de alimentos é suficiente para alimentar a todos, mas a fome é real para milhões de pessoas.

4 (Enem-MEC) Um dos grandes problemas das regiões urbanas é o acúmulo de lixo sólido e sua disposição. Há vários processos para a disposição do lixo, dentre eles o aterro sanitário, o depósito a céu aberto e a incineração. Cada um deles apresenta vantagens e desvantagens.

Considere as seguintes vantagens de métodos de disposição do lixo:
I. diminuição do contato humano direto com o lixo;
II. produção de adubo para agricultura;
III. baixo custo operacional do processo;
IV. redução do volume de lixo.

A relação correta entre cada um dos processos para a disposição do lixo e as vantagens apontadas é:

	Aterro sanitário	Depósito a céu aberto	Incineração
a)	I	II	I
b)	I	III	IV
c)	II	IV	I
d)	II	I	IV
e)	III	II	I

5 (Enem-MEC) O Protocolo de Kyoto — uma convenção das Nações unidas que é marco sobre mudanças climáticas — estabelece que os países mais industrializados devem reduzir até 2012 a emissão dos gases causadores do efeito estufa em pelo menos 5% em relação aos níveis de 1990. Essa meta estabelece valores superiores ao exigido para países em desenvolvimento. Até 2001, mais de 120 países, incluindo nações industrializadas da Europa e da Ásia, já haviam ratificado o protocolo. No entanto, nos EUA, o presidente George W. Bush anunciou que o país não ratificaria "Kyoto", com os argumentos de que os custos prejudicariam a economia americana e que o acordo era pouco rigoroso com os países em desenvolvimento. (Adaptado do *Jornal do Brasil*, 11 abr. 2001.)

Na tabela encontram-se dados sobre a emissão de CO_2

Países	Emissões de CO_2 desde 1950 (bilhões de toneladas)	Emissões anuais de CO_2 per capita
Estados Unidos	186,1	16 a 36
União Européia	127,8	7 a 16
Rússia	68,4	7 a 16
China	57,6	2,5 a 7
Japão	31,2	7 a 16
Índia	15,5	0,8 a 2,5
Polônia	14,4	7 a 16
África do Sul	8,5	7 a 16
México	7,8	2,5 a 7
Brasil	6,6	0,8 a 2,5

Fonte: *World Resources 2000/2001*.

Considerando os dados da tabela, identifique a alternativa que representa um argumento que se contrapõe à justificativa dos EUA de que o acordo de Kyoto foi pouco rigoroso com países em desenvolvimento.

a) A emissão acumulada da União Européia está próxima à dos EUA.
b) Nos países em desenvolvimento as emissões são equivalentes às dos EUA.
c) A emissão *per capita* da Rússia assemelha-se à da União Européia.
d) As emissões de CO_2 nos países em desenvolvimento citados são muito baixas.
e) A África do Sul apresenta uma emissão anual *per capita* relativamente alta.

6 (Cesgranrio-RJ) Outro direito assegurado às crianças é o direito à vida. Entretanto, no Brasil, cerca de 15 milhões de habitantes estão excluídos das redes de abastecimento de água potável. É, portanto, urgente expandir essas redes, por ser alta a correlação entre oferta de água e saneamento e redução da mortalidade infantil. Isto requer, entre outras medidas, que se preservem os grandes mananciais, especialmente os rios que, a exemplo do Tietê, cortam regiões densamente urbanizadas. As grandes regiões urbanas e metropolitanas são responsáveis diretamente pelas fontes de poluição fluvial a seguir, com **exceção** de uma. Identifique-a.

a) Descargas acidentais do vinhoto e outros subprodutos por alambiques produtores de álcool.
b) Lançamento de efluentes industriais ricos em metais pesados.
c) Esgotamento sanitário sem anterior tratamento em estações construídas para esse fim.
d) Contaminação com resíduos de inseticidas de uso doméstico.
e) Retirada de grandes volumes de areia das margens para construção civil.

7 (Vunesp) Com relação ao lixo doméstico produzido pela sociedade urbana do Brasil, é verdadeiro afirmar:

a) Um elevado porcentual da receita municipal provém da reciclagem.
b) A quase totalidade é constituída por plásticos, vidros e metais, facilmente decompostos em ambientes anaeróbicos.
c) A maior parte é enterrada em aterros sanitários apropriados, o que elimina a possibilidade de contaminações.
d) As áreas onde o lixo é depositado são inóspitas devido à proliferação de animais transmissores de doenças.
e) Os aterros sanitários são fertilizados pelos resíduos sólidos, enquanto os mananciais se beneficiam com o chorume.

8 (Unicamp-SP) O buraco da camada de ozônio transformou mais uma vez em pesadelo a vida de 120 mil habitantes de Punta Arenas, no sul do Chile. Eles foram alertados de que, se tivessem de sair de casa entre 11 e 15 horas, deveriam necessariamente utilizar mangas compridas, óculos escuros, chapéus e protetor solar. (Adaptado de *Veja*, 18 out. 2000.)

a) Por que o sul do Chile sofre com mais intensidade as influências do fenômeno assinalado?
b) Por que o buraco da camada de ozônio exige das pessoas os cuidados especiais mencionados?
c) Considerando a hipótese de que os danos na camada de ozônio sejam fruto da ação humana, quais as ações que poderiam contribuir para a sua estabilização no tamanho atual, ou para sua diminuição dentro de 10 anos, aproximadamente?

GLOSSÁRIO

A

África subsaariana: países africanos localizados ao sul do Deserto do Saara (com exceção da África do Sul) e que apresentam, entre outros problemas, baixa renda *per capita*, estagnação econômica e grande incidência de pobreza.

Arbitramento: decisão de um litígio ou disputa por intermédio de um árbitro.

Automação: substituição do trabalho humano por equipamentos e aparelhos automáticos, com pouca interferência humana.

B

Balanço de pagamentos: registro contábil de todas as transações econômico-financeiras realizadas entre um país e outros países. Envolve o movimento de mercadorias e serviços e o movimento de capitais.

Benemérito: digno de honras por procedimento louvável.

Biodegradável: que se decompõe biologicamente, por ação de microorganismos.

Biotecnologia: estudo e aplicação dos avanços científicos e de dispositivos tecnológicos aos organismos vivos (ou a suas células e moléculas) para a produção de substâncias, gerando produtos comercializáveis com aplicações diversas nas áreas de saúde, agropecuária e meio ambiente.

Bolchevique: em russo, significa maioria. Facção do Partido Operário Social-Democrata Russo, surgida em 1903 e liderada por Vladimir Illich Ulianov, Lênin.

C

Calagem: aplicação de calcário para corrigir a acidez do solo.

Capital: bem econômico (dinheiro acumulado, matéria-prima ou instrumento de trabalho) empregado na produção de outro bem econômico.

Capixaba: natural do estado do Espírito Santo.

Chapada: planalto com elevações íngremes de topo plano.

Chovinismo (ou chauvinismo): patriotismo, nacionalismo ou entusiasmo exagerado e agressivo por uma causa ou por uma idéia.

Cibernética: estudo do comando e controle dos fenômenos em organismos vivos e mecânicos como máquinas, autômatos, cérebros eletrônicos, aparelhos teleguiados etc. Campo de estudo que tenta explicar tanto fenômenos mecânicos quanto humanos, tanto computadores quanto homens.

Clone: indivíduo produzido por manipulação genética, a partir da multiplicação de novas células.

Commodity: "mercadoria" em inglês. Nas relações comerciais internacionais, o termo designa um tipo particular de mercadoria em estado bruto ou um produto primário de importância comercial, como é o caso do café, do chá, do algodão, do estanho, do cobre etc.

Cone Sul: denominação dada a um grupo de países do sul da América do Sul, composto de Argentina, Chile, Paraguai e Uruguai.

Congruente: coerente, que converge para o mesmo ponto e apresenta harmonia com o fim a que se destina.

Crista: cume ou aresta de montanhas.

Cuesta: relevo planáltico que apresenta camadas com declive suave no reverso e íngreme do outro lado.

Cultivo de jardinagem: agricultura tradicional que utiliza irrigação, adubação, terraços artificiais, cuidados especiais em relação aos vegetais e ao solo. Geralmente feita em propriedades pequenas, com mão-de-obra abundante e reduzida utilização de máquinas.

D

Destocamento: retirada dos tocos ou restos de árvores, para limpar o terreno.

Dieese: Departamento Intersindical de Estatística e Estudos Sócio-Econômicos.

Divisa forte: letra, cheque, moeda de que uma nação dispõe em poder de suas entidades públicas ou privadas, passível de ser trocada por moeda estrangeira de valor.

Dumping: venda de produtos a preços baixos com a finalidade de conquistar o mercado, eliminar o empresariado local e outros concorrentes mais fracos.

E

Economia de mercado: sistema econômico voltado para a produção e venda de mercadorias. Tornou-se dominante com o desenvolvimento do capitalismo.

Economia informal: parte da economia que utiliza, em geral, mão-de-obra familiar para prestação de serviços, venda ou produção de mercadorias, como por exemplo camelôs e vendedores ambulantes. Por não fazer parte da economia formal (que está de acordo com as leis), é denominada também de economia clandestina.

ECO-92: Conferência Nacional sobre Meio Ambiente e Desenvolvimento da qual participaram 114 chefes de Estado e 170 delegações oficiais, além de representantes de organismos internacionais. Seu principal objetivo foi examinar a possibilidade de elaboração de direitos e obrigações gerais dos Estados em matéria ambiental.

Emancipação: ato de se tornar independente, de se libertar da tutela.

Enclave econômico: país ou região encravado no território de outro país.

Escarpa: rampa ou aclive, modelado pela erosão, nas bordas ou limites dos planaltos.

Espectro eletromagnético: distribuição da intensidade da radiação eletromagnética com relação ao comprimento de ondas. A luz visível, os raios gama e as microondas são manifestações do fenômeno de radiação eletromagnética, possuindo comprimentos de onda diferentes.

Estalactite: rocha sedimentar encontrada em grutas calcárias e formada por bicarbonato de cálcio dissolvido em água. Essa formação pende do teto.

Estalagmite: rocha sedimentar encontrada em grutas calcárias e formada por bicarbonato de cálcio dissolvido em água; provém de pingos de água que se acumulam no chão.

Estaqueamento: ação de colocar estacas de madeira, metal ou concreto armado para escorar ou sustentar uma obra.

Europocentrismo: visão que considerava a Europa como o centro do mundo.

F

Feudalismo: modo de produção que predominou na Europa do século IX ao XIII. Sistema essencialmente agrário, baseado em relações de produção servis.

Fundo de pensão: dinheiro aplicado geralmente por empresas financeiras, proveniente da soma do dinheiro de pequenos poupadores que quase sempre investem para obter rendimentos futuros e complementar sua aposentadoria.

G

Garrotear: no texto, estrangular, impedir o desenvolvimento.

H

Hierarquia: grau ou categoria em ordem crescente ou decrescente de importância.

Higrófita: planta adaptada a lugares úmidos.

Hominídeo: indivíduo pertencente a espécies aparentadas do homem.

Hordização: formação de bandos, que se deslocam.

I

Informática: ciência que cuida do tratamento e transmissão da informação, suporte das comunicações.

L

Latifoliada: planta que possui folhas largas.

Latifúndio: grande propriedade rural, em geral improdutiva.

Leguminosa: vegetal que frutifica em vagem, como o feijão.

Lei da oferta e da procura: conceito segundo o qual o mercado é regulado pela disponibilidade entre bens e serviços que estão à venda (oferta) e sua demanda (procura).

Liberalização econômica: relaxamento de medidas que restringem a liberdade econômica.

Livre iniciativa: concorrência livre entre empresas, proposta pelo liberalismo econômico, segundo a qual todas elas competiriam pelos mercados em iguais condições, ou seja, sem privilégios.

M

Manejo: ato de manusear, de ter conhecimento de uma arte ou disciplina.

Maresia: movimento das águas do mar.

Matéria-prima: material utilizado na fabricação de outros produtos.

Meios de produção: conjunto formado pelos objetos de trabalho (terra, matérias-primas, minerais, plantas, águas e outros recursos) e os meios de trabalho (transporte, máquinas, ferramentas, combustível, pontes, instalações, edifícios, armazéns etc.).

Monarquia absolutista: sistema de organização política em que o poder se encontra concentrado nas mãos dos reis que governam de acordo com sua vontade.

Monocultura: cultura de um só produto agrícola.

Monolitismo: doutrina ou teoria que se comporta como um conjunto rígido, não admitindo interpretação autônoma ou discordante por parte dos seus adeptos.

Moratória: prorrogação do prazo para pagamento de uma dívida.

Mutante: que pode mudar, sofrer alterações.

O

OCDE: Organização para Cooperação e Desenvolvimento Econômico.

Oleaginosa: planta que fornece óleo, como dendê, babaçu e girassol.

P

Países platinos: Argentina, Uruguai e Paraguai, países da região da Bacia Platina formada pelos rios Paraná, Paraguai e Uruguai.

Patente: documento emitido por um governo dando a um inventor o monopólio (fabricação, uso e comercialização) de sua invenção durante um tempo determinado (quinze anos no Brasil).

Perene: que não tem interrupção; vegetação que não perde as folhas no outono.

Plataforma continental: parte do relevo submarino que se estende do litoral. Área plana ou quase plana de largura variável e 200 metros de profundidade média.

Propriedade privada: propriedade individual, particular, que não é pública.

Q

Química fina: ramo da química que utiliza tecnologia de ponta para produzir substâncias complexas.

R

Radioatividade: capacidade que certos átomos, presentes em minerais radioativos (como o urânio e o rádio), possuem de emitir radiação eletromagnética com o objetivo de dar estabilidade a seus núcleos instáveis.

Reino Unido: formado por Inglaterra, Escócia, País de Gales e Irlanda do Norte ou Ulster.

Relação servil: relação econômica predominante no feudalismo. O servo, em vez de receber um salário, era obrigado a trabalhar durante uma parte do tempo para o dono da propriedade e pagar-lhe um tributo. Durante outra parte do tempo, trabalhava nas terras próximas ao feudo para conseguir o seu sustento.

Robótica: ciência que produz máquinas e supercomputadores capazes de realizar tarefas humanas que requerem o uso da inteligência, como diagnósticos, tomadas de decisão, reconhecimento de fala e padrões de linguagem etc.

Rotação: rodízio ou revezamento de cultivos.

Royalty: valor pago para exploração ou comercialização de um produto ou obra. Patente, marca.

S

Sondagem acústica: tipo de prospecção em que são emitidas ondas sonoras cujo eco é captado por um receptor, permitindo verificar a natureza de um objeto ou terreno, sua profundidade, distância, composição etc.

Subordinante: que subordina, que domina.

T

Terceirização: prática empresarial de contratar serviços externos, necessários ao processo produtivo, com o objetivo de complementar as atividades de produção e reduzir custos. Geralmente empresas menores prestam serviços para empresas grandes.

Tratado de Tordesilhas: assinado entre Portugal e Espanha em 1494, dividia as terras americanas por meio de um meridiano que passava a 370 léguas a oeste das ilhas de Cabo Verde. As terras situadas a leste do meridiano eram de Portugal e as localizadas a oeste pertenciam à Espanha.

V

Vasectomia: ligadura dos canais que levam o esperma dos testículos até as vesículas seminais com a finalidade de esterilização masculina.

Vetusto: antigo; antiquado.

Voçoroca: desmoronamento que provoca fendas no solo, causado por erosão das águas pluviais e subterrâneas. Pode aprofundar-se até o lençol freático, tornando o solo impróprio para a agricultura.

Z

Zona Franca: área de livre comércio, de exportação e importação de produtos que conta com incentivos fiscais.

SIGLAS

ENTIDADES

Aladi: Associação Latino-Americana de Integração.

Alalc: Associação Latino-Americana de Livre Comércio.

Alca: Área de Livre Comércio das Américas.

Anai: Associação Nacional de Apoio ao Índio.

Anatel: Agência Nacional de Telecomunicações.

Aneel: Agência Nacional de Energia Elétrica.

ANP: Agência Nacional de Petróleo.

Apec: Cooperação Econômica da Ásia e do Pacífico.

Asean: Associação das Nações do Sudeste Asiático.

Bird: Banco Internacional para a Reconstrução e o Desenvolvimento.

BNDES: Banco Nacional de Desenvolvimento Econômico e Social.

Capes: Fundação Coordenação de Aperfeiçoamento de Pessoal de Nível Superior.

Caricom: Mercado Comum e Comunidade do Caribe.

Ceca: Comunidade Européia do Carvão e do Aço.

Cedeao: Comunidade Econômica dos Estados da África Ocidental.

CEE: Comunidade Econômica Européia.

CEI: Comunidade de Estados Independentes.

Cepal: Comissão Econômica para a América Latina.

Cimi: Conselho Indigenista Missionário.

Cnen: Comissão Nacional de Energia Nuclear.

CNP: Conselho Nacional do Petróleo.

CNPq: Conselho Nacional de Desenvolvimento Científico e Tecnológico.

Comecom: Conselho de Ajuda Econômica Mútua.

Conama: Conselho Nacional do Meio Ambiente.

DNER: Departamento Nacional de Estradas de Rodagem.

DNIT: Departamento Nacional de Infra-Estrutura de Transportes.

EEE: Espaço Econômico Europeu.

Embrapa: Empresa Brasileira de Pesquisa Agropecuária.

FAO: Organização das Nações Unidas para a Alimentação e a Agricultura.

Fase: Federação de Órgãos para Assistência Social e Educacional.

Finam: Fundo de Desenvolvimento da Amazônia.

Finor: Fundo de Desenvolvimento do Nordeste.

FMI: Fundo Monetário Internacional.
Fronape: Frota Nacional de Petroleiros.
Funai: Fundação Nacional do Índio.
Gatt: Acordo Geral de Tarifas e Comércio.
Gerasul: Centrais Elétricas Geradoras do Sul S.A.
Ibama: Instituto Brasileiro do Meio Ambiente.
IBGE: Instituto Brasileiro de Geografia e Estatística.
Infraero: Empresa Brasileira de Infra-Estrutura Aeroportuária.
MCCA: Mercado Comum Centro-Americano.
MCE: Mercado Comum Europeu.
Mercosul: Mercado Comum do Sul.
Nafta: Acordo de Livre Comércio da América do Norte.
OEA: Organização dos Estados Americanos.
OIT: Organização Internacional do Trabalho.
OMC: Organização Mundial do Comércio.
OMT: Organização Mundial de Turismo.
ONU: Organização das Nações Unidas.
Opep: Organização dos Países Exportadores de Petróleo.
Otan: Organização do Tratado do Atlântico Norte.
Pnud: Programa das Nações Unidas para o Desenvolvimento.
Proálcool: Programa Nacional do Álcool.
Sema: Secretaria Especial do Meio Ambiente.
Sivam: Serviço de Inteligência e Vigilância da Amazônia.
SPI: Serviço de Proteção ao Índio.
Start: Tratados de Redução de Armas Estratégicas.
Sudam: Superintendência do Desenvolvimento da Amazônia.
Sudeco: Superintendência do Desenvolvimento da Região Centro-Oeste.
Sudene: Superintendência do Desenvolvimento do Nordeste.
Sudesul: Superintendência do Desenvolvimento da Região Sul.
TNP (ou NTP): Tratado de Não-Proliferação Nuclear.
UE: União Européia.
Unctad: Conferência das Nações Unidas para o Comércio e o Desenvolvimento.
Unesco: Organização das Nações Unidas para a Educação, a Ciência e a Cultura.
UNI: União das Nações Indígenas.
Unicef: Fundo das Nações Unidas para Infância.
WWF: World Wildlife Fund.

VESTIBULARES

Acafe-SC: Associação Catarinense das Fundações Educacionais.
Ceeteps-SP: Centro Estadual de Educação Tecnológica Paula Souza.
Cefet-PR: Centro Federal de Educação Tecnológica do Paraná.
Cefet-RJ: Centro Federal de Educação Tecnológica Celso Suckow da Fonseca.
Cesgranrio-RJ: Fundação Cesgranrio (UFRJ, UFF, Unirio, Cefet, Uerj, PUC, UGF, USU, UCP e Cesva).
Eaesp/FGV-SP: Escola de Administração de Empresas São Paulo/Fundação Getúlio Vargas.
Eaesp: Escola de Administração de Empresas de São Paulo.
Enem-MEC: Exame Nacional do Ensino Médio.
FGV-SP: Fundação Getúlio Vargas.
Fuern: Fundação Universidade do Estado do Rio Grande do Norte.
Fuvest-SP: Fundação Universitária para o Vestibular.
Mackenzie-SP: Universidade Presbiteriana Mackenzie.
PUC-Campinas-SP: Pontifícia Universidade Católica de Campinas.
PUC-MG: Pontifícia Universidade Católica de Minas Gerais.
PUC-RS: Pontifícia Universidade Católica do Rio Grande do Sul.
U. São Camilo-SP: Centro Universitário São Camilo.
UCB-DF: Universidade Católica de Brasília.
UCB-RJ: Universidade Castelo Branco.
UCG-GO: Universidade Católica de Goiás.
UCSal-BA: Universidade Católica do Salvador.
Udesc: Universidade do Estado de Santa Catarina.
Uece: Universidade Estadual do Ceará.
UEL-PR: Universidade Estadual de Londrina.
UEMG: Universidade do Estado de Minas Gerais.
Uerj: Universidade do Estado do Rio de Janeiro.
Uern: Universidade Estadual do Rio Grande do Norte.
UFC-CE: Universidade Federal do Ceará.
Ufes: Universidade Federal do Espírito Santo.
UFFRJ: Universidade Federal Fluminense.
UFG-GO: Universidade Federal de Goiás.
UFMG: Universidade Federal de Minas Gerais.
UFPB: Universidade Federal da Paraíba.
UFPE: Universidade Federal de Pernambuco.
UFPI: Fundação Universidade Federal do Piauí.
UFRGS-RS: Universidade Federal do Rio Grande do Sul.
UFSC: Universidade Federal de Santa Catarina.
UFSCar-SP: Fundação Universidade Federal de São Carlos.
UFSM-RS: Universidade Federal de Santa Maria.
UFU-MG: Fundação Universidade Federal de Uberlândia.
UFV-MG: Fundação Universidade Federal de Viçosa.
Unama-PA: Universidade da Amazônia.
UnB-DF: Fundação Universidade de Brasília.
Unesp: Universidade Estadual Paulista.
Unicamp-SP: Universidade Estadual de Campinas.
UnicenP-PR: Centro Universitário Positivo.
Uniderp-MS: Universidade para o Desenvolvimento do Estado e da Região do Pantanal.
Unifor-CE: Universidade de Fortaleza.
Unip-SP: Universidade Paulista.
Unirio-RJ: Fundação Universidade do Rio de Janeiro.
UniSantos-SP: Universidade Católica de Santos.
Vunesp: Fundação para o Vestibular da Unesp.

BIBLIOGRAFIA

AB'SÁBER, Aziz N. O relevo brasileiro e seus problemas. In: AZEVEDO, Aroldo de. *Brasil, a terra e o homem*. São Paulo, Nacional, 1968. v. 1.
ALCOFORADO, Fernando. *Globalização*. São Paulo, Nobel, 1997.
ALMEIDA, Fernando F. de. Os fundamentos geológicos. In: AZEVEDO, Aroldo de (org.). *Brasil, a terra e o homem*. São Paulo, Nacional, 1968. v. 1.
ANDRADE, José Vicente de. *Turismo, fundamentos e dimensões*. São Paulo, Ática, 1992.
ANDRADE, Manuel Correia de. *Imperialismo e fragmentação do espaço*. São Paulo, Contexto/Edusp, 1991. (Coleção Repensando a Geografia)
ASIMOV, Isaac. *111 questões sobre a Terra e o espaço*. São Paulo, Nova Cultural/Best-Seller/Círculo do Livro, 1991.
ATKINSON, Bruce W. e GADD, Alan. *O tempo: um guia actual da previsão*. Lisboa, Círculo de Leitores, 1990.
AYOADE, J. O. *Introdução à climatologia para os trópicos*. 2. ed. Rio de Janeiro, Bertrand Brasil, 1988.
AZEVEDO, Aroldo de. O Planalto Brasileiro e o problema de classificação de suas formas de relevo. *Boletim da AGB*. São Paulo, Associação dos Geógrafos do Brasil, 1949.
BECKER, Bertha K. e EGLER, Cláudio A. G. *Brasil: uma nova potência regional na economia-mundo*. Rio de Janeiro, Bertrand Brasil, 1993.
BECKOUCHE, Pierre. *Indústria: um só mundo*. São Paulo, Ática, 1995. (Série Geografia Hoje)
BRANCO, Pérsio de Moraes. *Glossário gemológico*. Porto Alegre, Sagra, 1992.
BRANCO, Samuel Murgel. *O meio ambiente em debate*. São Paulo, Moderna, 1991.
BRANCO, Samuel Murgel e BRANCO, Fábio Cardinale. *A deriva dos continentes*. São Paulo, Moderna, 1994. (Coleção Polêmica)
BRENNER, Jayme. *O mundo pós-Guerra Fria*. São Paulo, Scipione, 1994.
CAMERON, Eugene N. *At the crossroads*. Nova York, Wiley-Interscience, 1986. Apud: CASTRO, Iná Elias de; GOMES, Paulo César da Costa e CORRÊA, Roberto Lobato (orgs.). *Geografia: conceitos e temas*. Rio de Janeiro, Bertrand Brasil, 1996.
CARLOS, Ana Fani Alessandri e OLIVEIRA, Ariovaldo Umbelino de. *Reformas no mundo da educação: parâmetros curriculares e geografia*. São Paulo, Contexto, 1999.
CARLOS, Ana Fani Alessandri (org.). *Novos caminhos da geografia*. São Paulo, Contexto, 1999.
CAVALCANTI, Clóvis (org.). *Desenvolvimento e natureza: estudos para uma sociedade sustentável*. São Paulo/Recife, Cortez/Fundação Joaquim Nabuco, 1995.
CHOSSUDOVSKY, Michel. *A globalização da pobreza*. São Paulo, Moderna, 1999.
CORREA, Roberto Lobato. *A rede urbana*. São Paulo, Ática, 1994.
CORSON, Walter H. (org.). *Manual global de ecologia*. São Paulo, Augustus, 1993.
CUNHA, Sandra Batista e GUERRA, Antonio José Teixeira (orgs.). *Geomorfologia: exercícios, técnicas e aplicações*. Rio de Janeiro, Bertrand Brasil, 1996.
ENS, Hendrik Herman e MORAES, Paulo Roberto. *A história da Terra*. São Paulo, Harbra/Anglo, 1997.
FAISSOL, Speridião. *O espaço, território, sociedade e desenvolvimento brasileiro*. Rio de Janeiro, IBGE, 1994.
FERNANDES, Laetitia. *Terceiros mundos*. São Paulo, Ática, 1996. (Série Geografia Hoje)
FERREIRA, Edson Alberto Carvalho. *Nova ordem mundial*. São Paulo, Núcleo, 1997. (Coleção Temas da Atualidade)
FIGUEIRAS, Marcos Simão. *Mercosul no contexto latino-americano*. São Paulo, Atlas, 1994.
FORSDYKE, A. G. *Previsão do tempo e clima*. São Paulo, Melhoramentos/Edusp, 1969.
GIOVANNETTI, Gilberto e LACERDA, Madalena. *Melhoramentos: dicionário de geografia*. São Paulo, Melhoramentos, 1996.
GOMES, Horieste. *A produção do espaço geográfico no capitalismo*. São Paulo, Contexto, 1991. (Coleção Repensando a Geografia)
GORENDER, Jacob. *Globalização, revolução tecnológica e relações de trabalho*. São Paulo, USP/IEA, 1996. (Coleção Documentos)
GUERRA, Antônio Teixeira. *Dicionário geológico e geomorfológico*. Rio de Janeiro, IBGE, 1972.
GUERRA, Antonio José Teixeira e CUNHA, Sandra Batista (orgs.). *Geomorfologia: uma atualização de bases e conceitos*. Rio de Janeiro, Bertrand Brasil, 1994.
——. *Geomorfologia e meio ambiente*. Rio de Janeiro, Bertrand Brasil, 1996.
HAESBAERT, Rogério (org.). *Globalização e fragmentação do mundo contemporâneo*. Rio de Janeiro, EdUFF, 1998.
HOBSBAWM, Eric J. *Nações e nacionalismo desde 1780: programa, mito e realidade*. 2. ed. Rio de Janeiro, Paz e Terra. 1998.
——. *A era dos extremos: o breve século XX*. 10. ed. São Paulo, Companhia das Letras, 1995.
HUGON, Paul. *Demografia brasileira*. São Paulo, Atlas/Edusp, 1973.
HUNT, E. K. e SHERMAN, Howard J. *Economia comparada: mundo socialista, URSS, China, Iugoslávia*. Petrópolis, Vozes, 1977.
IBGE. *Brasil: uma visão geográfica nos anos 80*. Rio de Janeiro, 1988.
——. *Censo agropecuário 1987-1988*, Rio de Janeiro, 1990.
——. *Censo agropecuário 1995-1996*. Rio de Janeiro, 1998.
——. *Censo demográfico 2000: resultados preliminares*. Rio de Janeiro, 2000.
——. *Censo demográfico 2000: sinopse preliminar*. Rio de Janeiro, 2001.
——. *Estatísticas históricas do Brasil*. Rio de Janeiro, 1990.
——. *Síntese dos indicadores sociais 2000*. Rio de Janeiro, 2001.
——. *Tendências demográficas: uma análise preliminar do censo demográfico 2000*. Rio de Janeiro, 2001.
Investigando a Terra. Versão brasileira. São Paulo, McGraw-Hill do Brasil, 1973. v. 1.
LANGONI, Carlos Geraldo (coord.). *Os novos blocos econômicos: desafios e oportunidades*. Rio de Janeiro, FGV, 1993.

LAVINAS, Lena; CARLEIAL, Liana M. da Frota e NABUCO, Maria Regina (orgs.). *Integração, região e regionalismo*. Rio de Janeiro, Bertrand Brasil, 1994.
LEINZ, Viktor e AMARAL, Sérgio Estanislau do. *Geologia geral*. São Paulo, Nacional, 1989.
LEPSH, Igo F. *Formação e conservação do solo*. São Paulo, Oficina de Texto, 2002.
MAIA, Jayme de Mariz. *Economia internacional e comércio exterior*. São Paulo, Atlas, 1994.
MARTIN, André Roberto. *Fronteiras e nações*. São Paulo, Contexto, 1992. (Coleção Repensando a Geografia)
MARTINELLI, Marcello. *Gráficos e mapas: construa-os você mesmo*. São Paulo, Moderna, 1998.
MEDEIROS, Rosa Maria Vieira; SUERTEGARAY, Dirce M. Antunes e DAUDT, Helena Maria L. (orgs.). *Eia-Rima: estudo de impacto ambiental*. Porto Alegre, Metrópole, 1993.
MENDES, Josué Camargo. *Conheça o solo brasileiro*. São Paulo, Polígono, 1968.
MENDONÇA, Sérgio Eduardo Arbulu. *Salário mínimo: será que desta vez é para valer?* Disponível em: http://www.dieese.org.br/esp/salmin/sergio/html
MONSERRAT FILHO, José. In: *Jornal do Brasil*, 3 abr. 2000, Opinião, p. 11.
MONTEIRO, Carlos Augusto F. *Geografia do Brasil: Grande Região Sul*. Rio de Janeiro, IBGE, 1968. v. 4, tomo 1.
MOREIRA, Nelson. A energia que vem da natureza. *Revista Rural*, São Paulo, Publicê, 2000.
MYERS, Norman e outros (orgs.). *Gaia: el atlas de la gestión del planeta*. Madri, Tursen/Hermann Blume, 1994.
NAGLE, Garret e SPENCER, Kris. *Advanced geography*. Oxford, Oxford University Press, 1997.
NOVO, Evelyn M. L. de Moraes. *Sensoriamento remoto: princípios e aplicações*. São Paulo, Edgard Blücher, 1988.
OLIC, Nelson Bacic. *A desintegração do Leste: URSS, Iugoslávia, Europa Oriental*. São Paulo, Moderna, 1993. (Coleção Polêmica)
OLIVEIRA, Cêurio de. *Curso de Cartografia moderna*. Rio de Janeiro, IBGE, 1988.
——. *Dicionário cartográfico*. Rio de Janeiro, IBGE, 1983.
PARKER, Steve; MORGAM, Sally e STEELE, Philip. *Quase tudo sobre o mundo*. São Paulo, Impala, 1998.
PIRES, Célia Maria Carolino e outros. *Parâmetros curriculares nacionais*. Brasília, MEC, 1998.
POPP, José H. *Geologia geral*. São Paulo, Livros Técnicos e Científicos, 1988.
RIBEIRO, Darcy. *O povo brasileiro*. São Paulo, Círculo do Livro, 1995.
ROSS, Jurandyr L. S. Relevo brasileiro: uma nova proposta de classificação. *Revista do Departamento de Geografia*. São Paulo, FFLCH/USP, n. 4, 1992.
——. In: *Nova Escola*. São Paulo, Abril, out. 1995.
ROSS, Jurandyr L. S. (org.). *Geografia do Brasil*. São Paulo, Edusp/FDE, 1996.
SAFRAM, William. In: *Folha de S.Paulo*. São Paulo, 20 jul. 1991. (Caderno Especial Planeta em Movimento)
SALAMA, Pierre. *O processo de desenvolvimento*. Petrópolis, Vozes, 1976.
SANDRONI, Paulo. *Novo dicionário de economia*. São Paulo, Best-Seller, 1994.
SANTOS, Boaventura de Sousa. In: *Folha de S.Paulo*. São Paulo, 21 mar. 2000.
SANTOS, Milton. *A urbanização desigual*. 2. ed. Petrópolis, Vozes, 1982.
——. *Metamorfoses do espaço habitado*. São Paulo, Hucitec, 1988.
——. *A urbanização brasileira*. São Paulo, Hucitec, 1993.
——. *A natureza do espaço, técnica e tempo, razão e emoção*. São Paulo, Hucitec, 1996.
——. *Globalização e meio técnico-científico informacional*. São Paulo, Hucitec, 1996.
SANTOS, Milton e outros. *Fim de século e globalização*. São Paulo, Hucitec/Anpur, 1993.
SAYWELL, John. *Canadá: passado e presente*. Toronto, Clarke Irwin, 1983.
SCARLATO, Capuano Francisco e outros (orgs.). *Globalização e espaço latino-americano*. São Paulo, Hucitec/Anpur, 1993.
SILVA, Rogério Forastieri. *Geopolítica mundial: uma perspectiva histórica*. São Paulo, Núcleo, 1993. (Coleção Núcleo de Bolso)
SIMON, Cheryl e DEFRIES, Ruth S. *Uma Terra, um futuro*. São Paulo, Makron Books, 1992.
SKINNER, Brian J. *Recursos minerais da Terra*. São Paulo, Edgard Blücher, 1970.
SOUZA, Maria Adélia de. *A identidade da metrópole*. São Paulo, Hucitec/Edusp, 1994.
TEIXEIRA, Armando Luís de Almeida e CHRISTOFOLETTI, Antonio. *Sistemas de informação geográfica: dicionário ilustrado*. São Paulo, Hucitec, 1997.
THE OPEN UNIVERSITY. *Os recursos físicos da Terra*. Bloco 1 — Recursos, economia e geologia: uma introdução. Campinas, Ed. da Unicamp, 1994. (Série Manuais)
TITARELLI, Augusto H. V. In: *Orientação*, n. 8, 1990.
TUNDISI, Helena da Silva Freire. *Usos de energia – sistemas, fontes e alternativas: do fogo aos gradientes de temperatura oceânicos*. São Paulo, Atual, 1991.
VALLE, Ciro Eyer do. *Qualidade ambiental: o desafio de ser competitivo protegendo o meio ambiente*. São Paulo, Pioneira, 1995.
VICENTINO, Cláudio e SCALZARETTO, Reinaldo. *O mundo atual: da Guerra Fria à nova ordem internacional*. São Paulo, Scipione, 1994.
ZAMBONI, Ernesta e MIGUEL, Antônio (orgs.). *Representações do espaço*. São Paulo, Autores Associados, 1996.
ZIMBRES, Eurico. *O aqüífero Guarani*. Disponível em: http://www.meioambiente.pro.br

Atlas e enciclopédias

A Terra. São Paulo, Ática, 1998. (Série Atlas Visuais)
Alexander Pro. Gotha, Klett-Perthers, 1996.
Atlante geografico metodico De Agostini. Novara, Istituto Geografico De Agostini, 1995.
Atlante geografico moderno. Novara, Istituto Geografico De Agostini, 1998.

Atlas da história do mundo. Londres/São Paulo, The Times/Folha de S.Paulo, 1993.
Atlas geográfico mundial. São Paulo, Empresa Folha da Manhã, 1994.
Atlas Mirador internacional. Rio de Janeiro, Encyclopaedia Britannica do Brasil, 1975.
Atlas of the world. Nova York, Oxford University Press, 1988; 1998.
CHALIAND, Gérard e RAGEAU, Jean-Pierre. *Atlas politique du XXe siècle.* Paris, Seuil, 1988.
Conhecer 2000: Enciclopédia ilustrada de pesquisa. São Paulo, Nova Cultural, 1995. v. 7.
EMBRAPA. *Atlas do meio ambiente do Brasil.* Brasília, Terra Viva, 1996.
Enciclopédia da ciência. São Paulo, Globo, 1993.
Enciclopédia do mundo contemporâneo. São Paulo/Rio de Janeiro, Publifolha/Terceiro Milênio, 2000; 2002.
ESPENSHADE, Edward B. e MORRISON, Joel L. *Goode's world atlas.* Chicago/Nova York/San Francisco, Rand McNally, 1986.
FERREIRA, Graça Maria Lemos. *Atlas geográfico: espaço mundial.* São Paulo, Moderna, 1998; 2002.
——. *Moderno atlas geográfico.* São Paulo, Moderna, 2002.
FONT-ALTABA, M. e ARRIBAS, A. San Miguel. *Atlas de geologia.* Rio de Janeiro, Livro Ibero-Americano, 1975.
Geoatlas Larousse. Paris, Larousse, 1984.
IBGE. *Atlas geográfico.* Rio de Janeiro, MEC/FAE, 1986; 1990.
——. *Atlas geográfico escolar.* Rio de Janeiro, 2002.
——. *Atlas nacional do Brasil.* Rio de Janeiro, 1992; 2000.
Retrato do Brasil. São Paulo, Três/Política, 1984. v. 3.
SERRYN, Pierre. *Atlas universel Bordas.* Paris, Bordas, 1998.
Store Verdens — Atlas. Oslo, Kunnskapsforlagets, 1997.
The Times atlas of the world. Londres, Times Books, 1997.
The Times atlas of the 20th century. Londres, Times Books, 1996.
WHITFIELD, Peter. *The images of the world: 20 centuries of world maps.* 5. ed. Londres, 1994.

Periódicos, informativos e jornais

Almanaque Abril 2001; 2002; 2003. São Paulo, Abril, 2001; 2002; 2003.
Anuário Estatístico do Brasil. Rio de Janeiro, IBGE, 1980; 1981; 1984; 1988; 1993; 1994; 1995; 1998; 1999; 2000; 2002.
BANCO MUNDIAL. *Relatório sobre o desenvolvimento mundial 1997 e 1998.* Washington. Disponível em: http://www.worldbank.org
——. *Relatório sobre o desenvolvimento mundial 2000/2001; 2002.* Washington, Oxford University Press, 2000; 2002.
——. *World development indicators 2001.* Washington, World Bank, 2001.
Brasil em números. Rio de Janeiro, IBGE, 1997; 2000, v. 8.
BRASIL. Ministério dos Transportes. Disponível em: http://www.transportes.gov.br/bit/mapas/mapclick/portos/jporto.htm
Cadernos do Terceiro Mundo, n. 204. Rio de Janeiro, Terceiro Mundo, dez. 1997.
Calendario Atlante De Agostini 2000; 2001; 2002; 2003. Novara, Istituto Geografico De Agostini, 1999; 2000; 2001; 2002.
Ciência Hoje, n. 110. SBPC, jun. 1995.
Conjuntura Econômica. Por dentro da globalização, v. 50. São Paulo, FGV, nov. 1996.
DNPM. *Anuário mineral brasileiro 2000.*
GEIPOT. *Anuário estatístico dos transportes, 2000.* Disponível em http://www.geipot.gov.br/anuario2000/ferroviario/tabelas/412.xls
Imagens da formação territorial do Brasil. Rio de Janeiro, Fundação Emílio Odebrecht, 1993.
Images économiques du monde 2001. Paris, Sedes, 2001.
INTERNATIONAL SOCIETY FOR EDUCATIONAL INFORMATION. *The Japan of today.* Tóquio, Maruzen, 1989.
IPEA/PNUD. *Relatório sobre o desenvolvimento humano no Brasil 1996.* Rio de Janeiro/Brasília, 1996.
L'état du monde 2000; 2001; 2002; 2003. Paris, La Découverte, 1999; 2000; 2001; 2002.
ONU/PNUD. *Relatório do desenvolvimento humano 1997; 1999; 2002.* Nova York/Lisboa, Tricontinental, 1997; 1999; 2002.
Cadernos do Terceiro Mundo. Rio de Janeiro, Terceiro Mundo, n. 204, dez. 1997.
Folha de S.Paulo, 16 fev. 1989; 2 jun. 1991; 18-20 jul. 1991 (Especial Planeta em movimento 1-3); 9 mar. 1993; 15-16 mar. 1994; 1 maio 1994; 2 fev. 1997; 17 maio 1998 (Caderno Especial Oceanos); 30 maio 1999 (Caderno Especial Ano 2000, Trabalho).
Globo Ciência. São Paulo, Globo, ano 6, n. 65, 1996.
IstoÉ. São Paulo, Editora Três, 21 ago. 1985
Le Monde Diplomatique — Edición Española. *Geopolítica del caos.* Madri, Editorial Debate, 1999.
National Geographic Brasil, set. 2002. (Encarte A Saúde do Planeta)
Nova Escola. São Paulo, Abril, ago. 1995; out. 1995.
O Correio da Unesco. Rio de Janeiro, FGV/Unesco, maio 1996; out. 1998; jan.-fev. 1999; abr.-maio 1999; ago. 1999; out. 1999.
Os caminhos da Terra. São Paulo, Azul, 23 mar. 1994; ano 4, n. 3, set. 1996; abr. 2000 (Seção Volta ao Mundo).
O Estado de S. Paulo, 4 abr. 2001; 8 mar. 2002; 13 mar. 2002.
Revista do Departamento de Geografia. São Paulo, FFLCH/USP, n. 4, 1992.
Superinteressante. São Paulo, Abril, mar. 1993; set. 1997 (Pôster 400 anos em 10); set. 2001; nov. 2001.
The world factbook. Disponível em http://www.odci.gov/cia/publications/factbook/index.html
Veja. São Paulo, Abril, 7 set. 1994; 19 jul. 1995; 16 ago. 1995.

ÍNDICE REMISSIVO

A

Abrasão marinha 119
Acidez do solo 122
Acordo do Jardim das Rosas 93
Aerofotogrametria 130
Afélio 101
Afluente 174
Agenda 21 383
Agente de relevo 115
  externo 118
  interno (ou endógeno) 115
Aglomerados rurais 373
Agreste 31
Agricultura
  arcaica 257
  biológica (ou orgânica) 267
  contemporânea 257
  de roça 260
  de subsistência 260
  familiar 277
  itinerante 260
  moderna 257
Agroexportador 84
Agroindústria 258
Agropecuária
  extensiva 260, 276
  intensiva 260, 276
Aladi 92
Alalc 91
Albrás-Alunorte 143
Alca 64, 93
Altitude 113
Alumar 143
Amazônia Legal 32
América
  Anglo-saxônica 92
  espanhola 92
  Latina 92
  portuguesa 92
Amplitude térmica 152
Analfabetismo funcional 90
Anamorfose 40
Anatel 297
Anecúmeno 312
Aneel 248
ANP 250
Antracito 234
Apec 64
Aqüífero Guarani 186
Área
  agrícola 270
  anticiclonal 156
  ciclonal 156
  de conservação do meio ambiente 389
  de Proteção Ambiental (BRA) 192
  de Relevante Interesse Ecológico (BRA) 192
  especial 191, 389
Área urbana 373
  aglomerados rurais 373
  categoria 373
  extensão urbana 373
  núcleo 373
  povoado 373
Arenito 119
"Arquipélago econômico" 25
Arrendamento 276
Artesanato 196
Asean 65
Assentamento 273
Assoreamento 121, 172
Astenosfera 109
Ataque especulativo 289
Aterro
  controlado 391
  sanitário 391
Atlanto-mediterrâneo 350
Atração populacional 341
Autonomia 22

B

Babaçu 189
Bacia
  Amazônica 184, 248
  de Campos 251
  do Paraguai 186
  do Paraná 185, 246
  do Rio Jordão 174
  do Rio Nilo 174
  do São Francisco 185, 248
  do Tigre e Eufrates 174
  do Tocantins-Araguaia 184, 248
  do Uruguai 186
  hidrográfica 174, 183, 184
  Platina 186
  sedimentar 110
"Bolha especulativa" 209
Balança comercial 47
Balança de pagamentos 54
Banco Mundial 64, 87, 284
Banquisa 164
Banto 351
Barcarena 143
Barômetro 156
Bauxita 141, 143
Benelux 63
Biodegradável 238
Biodiversidade 162
Bioindústria 258
Biopirataria 173, 193
Biosfera 153, 163
Biotecnologia 52, 258
Bipolarização do mundo 59
Bird 64, 284
Bloco cratônico 110
BNDES 249
Bóia-fria 277
Bolchevique 58
Boswash 366
Brasiguaios 355
Brisa 156, 158
Buraco na camada de ozônio 386
Burguesia 46

C

Caatinga 190
Cabo óptico 297
Caldeira ou câmara magmática (vulcão) 116
Camadas
  da atmosfera 148
  da Terra 105
Câmbio flutuante 285
Campo 190
  limpo 190
  sujo 190
Canal 175
  de Suez 177
  do Panamá 177
  fechado (ou isolado) 175
  natural 177
Canga (ou solo laterítico) 122
Canyon *137*
Capital 48
  de curto prazo 289
  especulativo 289
  financeiro 51
  produtivo 52, 288
  volátil 52, 289
Capitalismo
  comercial ou mercantil 46
  de Estado 58
  financeiro ou monopolista 50
  flexível 53
  industrial 49
Caricom 65
Carnaúba 189
Carta da Terra 383
Carta geográfica ou topográfica 38
Cartel 50
Cartografia 34
Carvão 136
  de pedra 234
  energético 252
  metalúrgico 252
  mineral 234, 235
Cassiterita 141, 143
Ceca 63
CEE 63
CEI 61, 65, 265
Censo 310
Centro
  regional 377
  submetropolitano 377
  sub-regional ou local 377
Cepal 91
Cerrado 189
CFC 385
Chaminé (vulcão) 116

Chapada 115, 130
Chorume 391
Chuva 154
  ácida 387
  convectiva 155
  frontal 155
  orográfica (ou de relevo) 155
CIA (Agência de Inteligência dos EUA) 59
Cibereconomia 289
Cibernética 55
Ciclo
  da água ou hidrológico 153
  das rochas 137
Cidadania 328
Cidade 27, 361
  espontânea 368, 372
  formal 365, 378
  global 363
  informal 365, 378
  origem 368
  planejada 368, 372
Cidade-Estado 18
Cinturão agrícola (*belt*, EUA) 263
Circulação
  geral da atmosfera 158
  secundária 158
  terciária 158
Cirro 154
Classificação climática
  de Köppen 159
  de Strahler 159
  dinâmica ou genética 159
  estática ou genérica 159
Clima 149, 167-168
Clone 259
Código
  de Águas 389
  de Minas 140
  florestal 389
Colonialismo 48
Colônia
  de exploração 71
  de povoamento 71
Colono 277
Combustível fóssil 136
Comecom 59
Comércio 284
  de emissões 387
  eletrônico ou virtual 297
  externo 284
  informal 292
  real 288
Commodities 79, 262
Commuting 341
Complexo
  agroindustrial 258
  Cristalino Brasileiro 126
  industrial 227
Comunidade
  Andina 95
  remanescente dos quilombos 353
Comunista 58
Conama 389
Concentração financeira 199
Concessões de rodovias (BRA) 304
Condensação 154
Condições atmosféricas ou meteorológicas 149
Cone Sul 94
Conferência
  de Bretton Woods 284
  de Estocolmo 382
  de Kyoto 387
Conglomerado (de empresas) 199
Conservação de recursos 388
Continentalidade térmica 152
Controle da natalidade 321
Coordenada geográfica 35
Coque 252
Coral 119
Cordilheira 111
Cornubação 366, 374
Corredor de exportação (BRA) 305
Corrente
  convectiva 154
  fria 152
  marítima 152
  quente 152
Corrida
  armamentista 60
  espacial 60
  imperialista 51
***Cotton belt* (EUA)** 263
Coxilha 191
Cratera 116
Cráton 110
Crescimento
  demográfico 339
  populacional (fases) 318
  vegetativo ou natural 312, 322
Criação nômade 260
Crista 115
Crosta terrestre 135
CSN (Companhia Siderúrgica Nacional) 139
Cuba 75
Cuesta 114, 130
Cultivo de jardinagem 170
Cultura
  de alimentação básica 271
  de áreas temperadas 281
  de subsistência 271
  tropical 281
Cúmulos 154
Curdos 21
Curso dos rios 173
Curva de nível 261
CVRD (Companhia Vale do Rio Doce) 139

D

Década perdida 86
Defensivo agrícola 275
Dekasseguis 355
Delta 118
Democracia racial 352
Densidade demográfica 310
Depressão
  absoluta 114
  continental 114
  interplanáltica 131
  marginal 131
  periférica 131
  relativa 114
Desconcentração industrial 199
Descolonização 51
Desemprego 326
  conjuntural 67
  estrutural 67
Desenvolvimento sustentável 144, 172
Desertificação 281
Deserto 169
  Verde 280
Desmatamento 390
Desmetropolização 374
Desmoronamento interno 117
Desregulamentação 54
Desterritorialização 343
Deslocamento 260
Diáspora 344
Diastrofismo 115
Discriminação 352
Distâncias máximas (BRA) 26
Distrito Federal 27
DIT (divisão internacional do trabalho) 47, 72, 197
Diversidade
  de espécies 162
  ecológica 162
  genética 162
Divisão
  de trabalho 46
  territorial de indústrias 200
Divisor de águas 174
DNIT 303
Dobramento (ou dobra) 111, 115
  antigo 111, 126
  moderno 111
Domínio morfoclimático 190, 191
Dorsal submarina 108
  Meso-Atlântica 108
Dumping 199
Duna (ou erg) 169

E

ECO-92 382
Ecodesenvolvimento 392
Economia
  de transição 76
  informal 68, 292, 326
  nacional 27
  socialista de mercado 75
  virtual 289
Ecossistema 163
Ecoturismo 306
Ecúmeno 312
EEE 65
Efeito
  estufa 386
  tequila 53
EIA (Estudo de Impacto Ambiental) 186
El Niño 158
Eletrobrás (Centrais Elétricas Brasileiras S.A.) 245
Eletronuclear (Eletrobrás Termonuclear) 253
Emancipação (movimentos de) 18
Emigração 339
Empreguismo 335
Empreitada 277

Empreiteiro 278
Empresa
atacadista 292
multinacional 51
pontocom 290
transnacional 51
varejista 292
virtual 290
Enclave 18
econômico 77
Energia
da biomassa 233, 242
dos oceanos 241
eólica 233, 242
geotérmica 242
nuclear ou atômica 239-241
solar 242
"Equilíbrio do terror" 60
Engenharia genética 258
Enxurrada 119
Equador 26
Equinócio 102
Equipamento urbano 358, 362
Era geológica 104
Erg 169
Erosão 118
acelerada 120
antrópica 120
fluvial 118
glaciária 118
marinha 119
pluvial 119
Escala 36
de Mohs 135
de Richter 117
de temperatura 150
gráfica 38
grande 38
métrica 37
pequena 38
Escarpa 114, 191
Escolaridade 90
Escolarização 90
Escudo 126
Brasileiro 126
Cristalino 110, 136
das Guianas 126
Eslavo 351
Espaço 12
de lucro 54
geográfico 13
tipos de 12
Espectro eletromagnético 41
Especulação imobiliária 365
Esperança de vida 318
Estação
Comandante Ferraz 166
do ano 101
Ecológica (BRA) 192
Estado 18
Mínimo 54
moderno 18
multinacional 20
Estados (BRA) 27
Estalactite 136
Estalagmite 136
Estância 190
Estaqueamento 253
Estatuto
da cidade 380
da Criança e do Adolescente 277
da Terra (BRA) 273
do Índio 348
Estrato 154
Estratosfera 148
Estreito 175, 177
Estrutura
etária 329, 330
fundiária 271
geológica 110
Estuário 118
ETA (Pátria Basca e Liberdade) 21
Etnia 17
Euro 54, 64
Europocentrismo 39
Evaporação 154
Evapotranspiração 154, 163
Êxodo rural 272, 340, 358, 359
Exosfera 148
Expansão do assoalho oceânico 108
Expectativa de vida 318
Exploração da terra 276
Explosão demográfica 313
Exportação 47
Extrativismo 144
mineral 144
vegetal 187
Extremo Oriente 40

F

Faixa de transição 190
Falésia 119
Falha (ou falhamento) 115
FAO 64
Farmers (EUA) 263
Fatores econômicos
conjunturais 339
estruturais 339
Favela 365, 379
Federação (BRA) 27
Fepasa (Ferrovias Paulistas S.A.) 302
Feudalismo 46
Finam 32
Finor 32
Fiorde 118
Fissão nuclear 240
Floresta
aciculifoliada 189
latifoliada tropical úmida de encosta 188
pluvial ou equatorial 188
Florestas Nacionais (BRA) 192
FMI 53, 87, 284
Fome 266
Fonte 173
Fonte de energia 233
alternativa 233, 241
antiga ou arcaica 233
moderna (BRA) 245
moderna ou alternativa 233
não-renovável 233
primária 233
renovável 233
tradicional (BRA) 245
Forma residual 130
Formação
arbustiva 188
florestal 188
Fóssil 103
Frente 157
fria 157
quente 157
Friagem 151
Fronteira 16
agrícola 273
Fuga
de cérebros 344, 355
de dólares 289
Fumarola (vulcão) 116
Função urbana 368
Fundação Nacional do Índio 348
Fundo de pensão 52
Furacão 156

G

G-7 (Grupo dos Sete) 64, 205
G-8 64, 87, 205
Gás
natural 249
sulfuroso 116
Gasoduto 251
Bolívia—Brasil 94
Gatt 53, 284
Geada 154
Gêiser 116
Geodésia 42
Geografia 12
de gênero 328
Geologia 103
Geomorfologia 110, 115
Geoprocessamento 42
Geo-referenciamento 42
Germano ou teutão 350
Glaciação 105
Glasnost 61
Globalização 52, 55
Globo terrestre 36
GPS (*Global Positioning System*) 41
Grande Depressão (EUA) 205
Grau geotérmico 105
Green belt (EUA) 263
Green card 344
Greenwich 100
Grilagem 273
Grupo Andino 92
Guerra
fiscal (BRA) 224
Fria 59
justa 348
Gueto 344

H

Hábitat 168
Hamada 169
Hemisfério sul 26
Hidroeletricidade 238-239, 246 (BRA)
Hidrovia Tietê—Paraná 96, 185
Hierarquia urbana 368, 376
Higrômetro 154

Hipertrofia do setor terciário 335
Hipocentro (ou foco) 117
Holding 199
Horizonte 120
Hulha 234
Húmus 120

I

Ibama 193, 389
IBGE 27
Idade mediana 332
Ideologia do branqueamento 348
IDH (Índice de Desenvolvimento Humano) 73
Ilha
continental 107
de calor 159
isolada ou oceânica 107
Imigração 339
Impacto ambiental 186
Imperialismo 51
Importação 47
Incentivo fiscal (BRA) 223
Inchação 327, 335
Inchaço urbano 364
Índice de Gini 88
Índio
aculturado 350
isolado (ou não aculturado) 350
Indústria 196
da agricultura (ou agroindústria) 258
da Seca 30
de alta tecnologia 197
de beneficiamento (ou de processamento) 196
de bens de capital (ou de equipamentos) 197
de bens de consumo 197
de bens de produção 197
de bens intermediários 197
de construção 196
de ponta 197, 200
de transformação 196
de transformação mineral 141
dinâmica 197
extrativa 196
leve 196
para a agricultura 258
pesada 196
Industrialização 210-212 (ALE), 209-210 (CAN), 205-206 (EUA), 210 (EUR), 215-216 (RUS e CEI), 214 (FRA), 214-215 (ITA), 207-209 (Novos Tigres Asiáticos), 212-213 (RUN), 217 (Tigres Asiáticos)
clássica 197
da agricultura 274
tardia (ou retardatária) 197
tradicional 197, 198
Informática 52
Infraero 306
Iniciativa para as Américas 92
Insumo 274
Intemperismo (ou meteorização) 118, 120
Internet 289
Ionosfera 148
IRA (Exército Republicano Irlandês) 21
Irradiação (do calor) 151
Isóbara 156
Isoieta 155
Isostasia 106
Isoterma 152

J

Joint venture 95, 199

K

Kolkhozes (RUS) 265

L

Lacólito 116
Lago de várzea 183
Lagoa 183
Laguna 183
Laterita 122
Laterização 122
Latifúndio 25, 271
Latitude 35
Lava 116, 136
Lei
da oferta e da procura 48
de Biossegurança 279
de cotas 352
de cotas da imigração 354
de patentes 173
de Terras (BRA) 272
Lençol freático 154
Liberalismo econômico 48
Liberalização econômica 76
Liga das Nações 64
Limite 16
prático 100
teórico 100
territorial (BRA) 26
Linha
de pobreza 77
internacional de data 100
Linhito 234
Litosfera 105
Livre iniciativa 48
Lixiviação 121
Lixo 388, 391
Longitude 35
Lugar 14

M

Maciço de Urucum 142
Macrocefalia urbana 365
Macrorregião homogênea 28
Magma 105
Manchas solares 158
Manganês 141, 142
Mangue 176, 190
Manto 105
Manufatura 46, 196
Manufaturing belt 198
Mapa 36, 38
hipsométrico 128
-múndi 38
temático 37
Maquinofatura 46, 196
Mar
aberto (ou costeiro) 175
mediterrâneo (ou interior) 175
Morto 175
Marabá-Itupiranga 142
Maré vermelha 385
Maremoto 118
Mares de morros 191
Marketing 200
Marxismo 58
Massa
afanítica 136
de ar 157
Equatorial Atlântica (Ea) 180
Equatorial Continental (Ec) 180
Polar Atlântica (Pa) 180
Tropical Atlântica (Ta) 180
Tropical Continental (Tc) 180
Massapê 121
Mata
de Araucárias (ou Mata dos Pinhais ou floresta aciculifoliada) 189
de igapó 188
de terra firme ou caaetê 188
de várzea 188
dos Cocais 189
dos Pinhais 189
Material
biodegradável 203
piroclástico 116
sintético 203
Matéria-prima 196
MCE 59, 63
Média térmica 152
Medida real 37
Megalópole 366, 376
Meia (ou meação) 276
Meio-Norte 30
Meios de comunicação 296
Meios de produção 46
Meios de transporte 297
aéreos 298
aquaviários ou hidroviários 298
terrestres 298
Mercado
comum 66
de divisas 289
emergente 70, 77, 290
maduro 290
Mercantilismo 47
Mercosul 65, 95
Meridiano 35
Mesosfera 148
Mestiços 347
Metalismo 47
Metas do Milênio 383
Metrópole 366
nacional 376
regional 377
regional incompleta 377
Microclimas 158
Microempresa (BRA) 226
Microrregião 28
Mídia 54
Migração 339
definitiva 339
espontânea 341
externas ou internacionais 340, 322
forçada 341
internas ou nacionais 340
inter-regional 340, 357

intra-regional 340, 357
sazonal 340
temporária 340, 341
Mineral 135
metálico 136
não-metálico 136
Mineralóide 136
Minério 138
Minifúndio 271
Minoria
étnica 344
nacional 20
Miscigenação 347
Modelo
excludente e concentrador 86
toyotista 53
Modo de produção capitalista 46
Monarquia absolutista 46
Monções 156
Monocultura 25
Monolitismo 61
Monopólio 47, 50, 199
Montanha 114
Moraina 119
Moratória 86, 96
Movimento
aparente do Sol 100
de rotação 100
de translação 101
epirogenético 115
feminista 328
orogenético 111, 115
MST (Movimento dos Trabalhadores Rurais Sem-Terra) 274
Municípios (BRA) 27, 371
Muro de Berlim 60

N

Nação 17
Nafta 64, 92
Nasa (National Aeronautics and Space Administration) 41
Nascente 173
Natureza primitiva 12
Navegação
costeira ou de cabotagem 299, 304
internacional 305
Neblina 154
Neocolonialismo 51
Neoliberalismo 54
Neomalthusianos ou alarmistas 321
Neve 154
Nevoeiro 154
New Deal (EUA) 205
Nimbos 154
Nióbio 141
Nomadismo 340
Nova ordem mundial 62
Novos países industrializados 217
Novos Tigres Asiáticos 64, 78
NPIs ou NICs 77
Núcleo ou nife 105, 126
Nuvem 154

O

OCDE 286, 373
Oceano 175
Atlântico 175
Índico 175
Pacífico 175
Ocupação da terra 276
OEA 91
OIT 64
Oleoduto 251
Oligopólio 50, 275
OMC 53, 87, 284
ONU 64
Opep 237
Órbita 101
Ordem internacional 63
Organismo transgênico 259
Oriente Médio 20, 40
Oriente Próximo 40
Oriximiná 143
Orvalho 154
Otan 59
Ozônio 385

P

Pacto de Varsóvia 59
Padrão dólar-ouro 285
Padrão-ouro 285
País 18
Paisagem 13
Países
centrais 70
de industrialização tardia 218
desenvolvidos 70, 74
do norte 70
do sul 70
em desenvolvimento 70, 77
endividados 70
industrializados (ou centrais) 197
industrializados semiperiféricos 198
não-industrializados periféricos 198
periféricos 70
platinos 94
pobres 70
pobres e pouco industrializados 79
recentemente industrializados 70
socialistas 75
subdesenvolvidos 70
Pampa 191
Pangéia 106
Pântano 176
Paralelos 35
Parceria 276
pela Paz 62
Paraíso fiscal 327
Pardos 347
Paridade cambial 284
Parque científico 201
Parques Nacionais (BRA) 192
Pastoreio 260
Patente 202
Pátria 343
Pedágio 304
Pedologia 120
Peregrinação 340
Perestroika 61
Perfil de relevo 131
Periélio 101
Período
glacial 158
imigratório 353
Pesquisa espacial 52
Petrobras 139, 245
Petróleo 136, 236
breve histórico 236-237
importância e localização 236
Petroquímica 251
pH (potencial de hidrogênio) 122
PIB (produto interno bruto) 72
Pirâmide etária 329
Placa
Sul-Americana 108
tectônica 108
Planalto 114, 128
Central 130
cristalino 126
Plâncton 153
Planejamento familiar 321
Planície 113, 128
aluvional ou fluvial 113
Amazônica 129
continental 114
costeira ou marinha 114
de piemonte 114
lacustre 114
Planisfério 38
Plano
Austral 96
da eclíptica 102
de Metas (BRA) 221
Marshall 59
Planta 38
Plantation 48, 261
Plataforma 111
continental 107
de exportação 77
Pluviômetro 155
PNB (produto nacional bruto) 72
Pnud 73
Pobreza humana 77
Poder
aquisitivo 284
Executivo (BRA) 27
Judiciário (BRA) 27
Legislativo (BRA) 27
Polígono das Secas 30
Política
antinatalista 320, 321, 324
de não-discriminação ativa 352
"desenvolvimentista" 86
do "pleno emprego" 76
natalista 321, 323
rodoviarista 303
Pólo
exportador 304
tecnológico 201
Poluição do ar 148, 390
Ponto
culminante 127
de orvalho 154
de saturação 154
extremo (BRA) 26
População
absoluta 310
economicamente ativa 326
economicamente inativa 326

ocupada 326
relativa 310
subempregada 292
Populoso 310
Posse 350
Posseiro 272
Povo 17
PPC (paridade de poder de compra) 74
Praia 119
Precipitação atmosférica
não-superficial 154
superficial 154
Pressão atmosférica 156
Primeira natureza 12
Primeira Revolução Industrial ou Tecnológica 48
Primeiro choque do petróleo 237
Primeiro Mundo 70
Privatização 54, 140
Proálcool 246, 254
Processo
just in time 54
morfoestrutural 132
"sanduíche" 274
Produção agrícola 258
Produtividade agrícola 258
Produto primário 287
Programa
Nacional de Florestas 389
Nuclear (BRA) 246
Projeção
cartográfica 38
cilíndrica 39
conforme 39
cônica 39
de Aitoff e de Goode 40
de Mercátor 39
de Peters ou equivalente 40
plana ou azimutal 39
Projeto
Carajás 142
Genoma 280
Radam (Radar da Amazônia) 43
RadamBrasil 129
Trombetas 143
Proletariado 46
Propriedade privada 16
Protecionismo 47, 86
Protocolo
de Madri 166
Montreal 386

Q

Quadrilátero Ferrífero 141
Química fina 52

R

Racismo 352
Raça 17
Radioatividade 103
Ranching belt (EUA) 263
Razão de sexo 333
Recenceamento 310
Reciclagem 388
Recife 119
de corais 176
Recurso
genético 173
mineral 144
natural não-renovável 144
natural renovável 144
Rede urbana 368
Redistribuição global de recursos 46
Redução certificada de emissões 387
Reforma agrária 267
Reforma urbana 383
Reformistas 321
Refugiados 80, 343
Região
emigratória 356
geoeconômica 29
homogênea 28
imigratória 356
metropolitana 366, 374
Regime
fordista 53
fordista/taylorista 53
terceirizado 54
Regime demográfico
de população envelhecida 330
em fase de envelhecimento, de população madura ou intermediária 330
jovem 331
Regionalização 27, 70
Reino Unido 62
Relação servil 46
Relevo 113
vulcânico 116
Renda *per capita* 72
Repúblicas do Cáucaso 21
Repulsão populacional 341
Reserva
Biológica (BRA) 192
da Biosfera 163
Extrativista (BRA) 192
Reservatório genético 267
Ressurgência 153
Restinga 119
Revolução
Agrícola 361
Verde 257
RFFSA (Rede Ferroviária Federal S.A.) 302
Rift 109
Rift valley 109
Rima (Relatório de Impacto Ambiental) 186
Rio 173
de planalto 246
de planície 246
temporário (ou intermitente) 169
Rio+10 383
Rio-92 382
Robótica 201
Rocha 136
abissal 136
efusiva 136
extrusiva 136
intrusiva 136
matriz 120
plutônica 136
vulcânica 136
Rodada
do Desenvolvimento 287
do Milênio 285
do Uruguai 285
Rotação, movimento de 100
Royalties 202

S

Salinidade 175
Salinização 122
Saneamento básico 391
Saúde (BRA) 91
Savana 189
Sedimento 136
Segregação
econômica 365
espacial 365
étnica 365
Segunda natureza 12
Segunda Revolução Industrial ou Tecnológica 49
Segundo choque do petróleo 237
Segundo Mundo 70
Sensor 41
Sensoriamento remoto 41
Separatistas bascos 21
Serra 114, 130
dos Carajás 142
Sertão 30
Serviço de Proteção ao Índio 348
Sérvios 21
Setor
primário 75, 201
quaternário 201
secundário 201
terciário (ou de prestação de serviços) 75, 201
Sial 105
SIG (Sistema de Informação Geográfica) 42
Silicon Valley 202
Sima 105
Símbolo 36
Simum 158
Sismógrafo 117
Sistema agrícola 260
Sítio urbano 367
Situação urbana 368
Sivam 43
Soberania 18
Socialismo 60
Socialista 58
Sociedade de consumo 75
Solidariedade, Movimento 61
Solo 120, 121
ácido 122
alcalino (ou básico) 122
aluvial 121
azonal 120
eluvial 121
interzonal 120
loess 121
massapê 280
negro de tchernozion 121
terra-roxa 280
zonal 120
Solstício 102
Sondagem acústica 108
Sovkhoses (RUS) 265
Start 62

Subdesenvolvimento 71
Subducção 109
Subemprego 326
Substituição de importações 78, 220
Sudam 32
Sudanês 351
Sudeco 32
Sudene 32
Sudesul 32
Sumidouros de carbono 253
Superpovoamento 311

T

Taiga 167
Taliban 22
Taxa
  de fecundidade ou fertilidade 319
  de mortalidade 312
  de mortalidade infantil 312, 319
  de natalidade 312
  de urbanização 364
Tecnologia de ponta 202
Tecnopólo 201, 206 (EUA), 363
Telecomunicações 296
Temperatura atmosférica 150
Tempo 149
Teoria
  da Deriva Continental ou da Translação dos Continentes 106
  da Tectônica das Placas 106, 108, 111, 115
  do Desenvolvimento 71
Terceira Revolução Industrial, Tecnológica ou Informacional 52
Terceirização 67, 378
Terceiro Mundo 70
Terciarização 363
Terminal marítimo 251
Termoelétrica convencional 238
Termômetro 150
Termosfera 148
Terra
  devoluta 274
  emersa 166
  indígena 350
  negro 353
  -roxa 121
Terraceamento 261
Território 16
Tigres Asiáticos 64, 77
TNP (ou NTP) 62
Tômbolo 119
Tornado 156
Torrente 119
Toyotismo 208
Trabalhador temporário 277
Trabalho 12
  infantil 277
Transgenia 259
Transição demográfica 318
Translação, movimento de 101
Transporte
  aéreo 301, 306 (BRA)
  aquaviário ou hidroviário (BRA) 304
  ferroviário (BRA) 302
  fluvial 299, 305 (BRA)
  informal ou clandestino (BRA) 304
  internacional ou de longo curso 299
  marítimo 299
  rodoviário 301, 303
  urbano (BRA) 304
Transposição 187
Transumância 340, 359
Tratado
  da Antártida 166
  de Maastricht 63
  de Madri 26
  de Roma 63
Trópico de Capricórnio 26
Tropopausa 148
Troposfera 148
Truste 50
Tsumani 118
Tundra 164
Turfa 234
Turismo ecológico 306

U

UC (Unidades de Conservação) 192
UE 63
Umidade
  absoluta 154
  relativa 154
Unctad 285
Unesco 64
União (BRA) 27
União aduaneira 66
Unicef 64
Unidade
  de conservação de proteção integral (BRA) 192
  de conservação de uso sustentável (BRA) 192
  geotectônica 110
  morfoescultural 130
Urbanização 361
Urbanização concentradora 373
Urbano 361
Usina
  de compostagem 391
  de incineração 391
  de reciclagem 391
  hidroelétrica 246
  termoelétrica 246
  termonuclear 246
Usufruto 350

V

Vazadouro a céu aberto 391
Vegetação
  higrófita 168
  latifoliada 168
  litorânea 190
  perene 168
Vento 156
  alísio 156
  contra-alísio 156
  minuano 158
  pampeiro 158
Verticalização 362
Via de circulação 297
Vietnã 76
Vinhoto 255
Voçoroca 121
Vulcanismo 116
Vulcão 116
  ativo 116
  extinto 116

W

***Wheat belt* (EUA)** 263

X

Xenofobia 344

Z

Zaibatsu (JAP) 207
ZEE (Zonas Econômicas Especiais) 75, 218
Zona
  climática 152
  da Mata 31
  de livre comércio 66
  franca 77
  polar 152
  temperada 152
  tropical 26, 152
Zootecnia 258

PLANISFÉRIO POLÍTICO — 2003

Fonte: FERREIRA, Graça Maria Lemos. *Atlas geográfico: espaço mundial*. São Paulo, Moderna, 2003. p. 4-5.